2025 개정판

알기쉬운
무역실무
길라잡이

한국무역협회

차례

무역실무 길라잡이

I 무역업의 창업

II 수출입절차

III 국제거래의 전개, 무역계약 및 클레임

Ⅳ 결제방법 및 신용장

Ⅴ 거래형태별 수출입

Ⅵ 품목별·용도별 수출입

Ⅶ 무역관련 금융 및 수출물품 조달

Ⅷ 운송 및 보험

Ⅸ 수출입통관제도

Ⅹ 관세환급제도

Ⅺ FTA 관세특례제도

부록

I

무역업의 창업

제1절 무역업 창업

1. 업종선정 및 기업설립

창업을 하려면 먼저 업종을 선정한 후 이에 대한 사업계획을 수립하여 해당 업종을 담당하는 관청에서 사업 인·허가를 받은 후 "개인" 또는 "법인" 형태로 사업주체를 결정하여 해당관청에 등록 또는 등기를 해야 한다.

개인기업의 설립절차는 법인에 비해 간단하여 사업장을 관할하는 세무서에 사업자등록 신청서를 제출하고 사업자등록증을 교부 받으면 되고, 주식회사 등 법인의 경우는 관할 지방법원이나 등기소에 설립등기를 한 후 관할 세무서에 법인설립신고를 하고 사업자등록증을 교부 받아야 한다.

공장설립이 필요한 때에는 먼저 사업계획 수립단계부터 다음 사항을 검토하여 자신이 설립하고자 하는 공장의 업종·규모 등에 대한 이해를 충분히 한 후에 관계법령에 맞추어 설립절차를 이행하여야 시행착오를 줄일 수 있다. 사업계획 수립단계에서 다음 사항을 검토 없이 추진하는 창업자가 공장설립 시 애로를 많이 겪는다. 따라서, 필수적으로 다음 사항을 검토해야 한다. 공장설립이 필요한 경우 사전검토를 위하여 관련 부처, 시·군·구청 또 중소기업상담회사에 상담을 받는 것이 바람직하다.

■ 창업의 기본 3단계

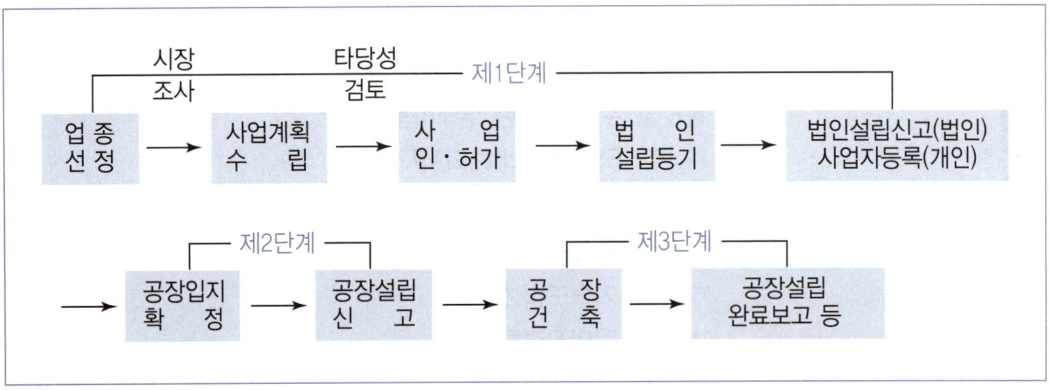

2. 창업사업계획 승인제도

(1) 사업개요

성장가능성이 있는 창업기업과 벤처기업을 지원하고 창업 중소기업의 신속한 공장설립을 지원하기 위해 관련 인·허가 사항을 「창업사업계획승인」으로 일괄처리(『중소기업창업지원법』 제33조)하여 20일 내에 승인여부를 결정하는 제도

(2) 지원대상

○ 창업일로부터 7년이 경과하지 아니한 중소기업자
○ 자기명의의 공장등록증이 없고 제조업종을 영위하기 위해 공장을 설립하고자 하는 자 (임대공장을 보유한 자도 대상에 포함)

(3) 지원조건 및 내용

○ 창업자의 공장설립 관련 29개 법률에 의한 53개 인 · 허가 사항의 일괄의제처리
○ 창업사업계획승인신청서 작성 및 제출 대행 지원
- 중소기업청의 컨설팅 풀에 등록된 중소기업상담회사에 사업계획승인신청. 대행을 맡기는 경우 컨설팅비용의 80%를 쿠폰방식으로 지원
- 쿠폰구입대금 중 업체부담금은 7% 세액공제 혜택
  ※ 세부사항은 쿠폰제 경영컨설팅 지원사업 참조

○ 대체산림조성비 면제
- 창업 3년 이내에 (중소기업창업지원법) 제33조의 규정에 따라 사업계획의 승인을 받아 최초로 설립하는 공장

(4) 지원절차

창업자(업체)(사업계획승인신청) → 시 · 군 · 구 창업민원실(소관 인허가사항 검토 및 다른 기관 소관사항 해당기관에 협의요청) → 창업관련 인허가사항 처리기관(인허가 검토 및 시 · 군 · 구에 결과통보 → 시 · 군 · 구(승인여부 결정 및 신청자에게 통보)
○ 사업계획승인신청 전에 창업자의 필요에 따라 사전협의 가능
○ 사업계획의 신청일로부터 20일 이내 처리

(5) 신청방법 및 구비서류

사업계획승인신청서
부동산권리자의 사용동의서

(6) 담당기관 및 문의처 : 중소벤처기업부 창업정책총괄과 042-481-4384

〈창업사업계획 승인제도 절차도해〉

절　　차	참　고　사　항
사업계획승인신청 ↓	① 접수 : 시, 군, 구청의 중소기업창업민원실 ② 처리 : 창업사업계획승인서를 제출받은 시장, 군수, 구청장은 30일 이내에 그 결과를 신청인에게 통보하도록 되어 있다. ☞ 창업자는 여러기관을 방문할 필요없이『창업사업계획』신청을 통해 공장설립 신고등 공장설치에 따른 인 · 허가(29개 법률에 의한 53개 인 · 허가 사항)를 일괄적으로 처리받을 수 있다. 〈첨부서류〉 ① 창업사업계획승인신청서　　② 부동산권리자의 사용동의서 ③ 중소기업 창업지원법 제21조 4항의 규정에 의한 지침에서 정하는 서류(의제처리 인 · 허가 사항과 관련된 서류)
협의 요청 및 협의 통보 ↓	시, 군, 구의 창업민원실에서 관계기관(창업관련 인 · 허가 사항 처리기관)에 협의 요청후 동 협의 결과를 통보받을 수 있다.
승 인 통 지	창업사업계획 승인 절차의 흐름 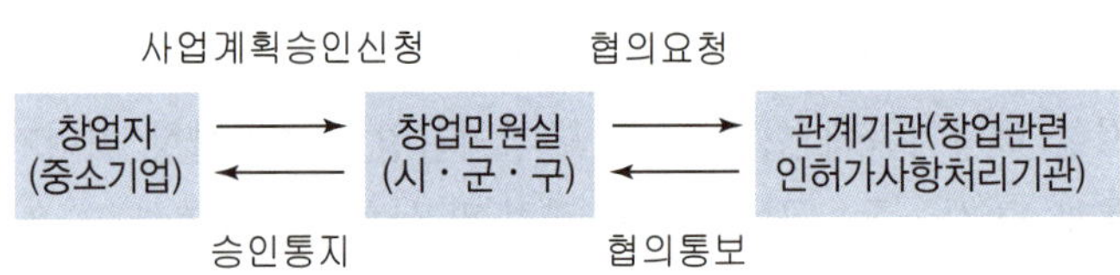

3. 중소기업 창업의 범위(창업지원법)

(1) 중소기업 창업지원 대상업종

금융 및 보험업, 부동산업, 숙박 및 음식점업(호텔업, 휴양콘도 운영업 및 상시근로자 20인 이상의 법인인 음식점은 제외), 무도장 운영업, 골프장 및 스키장 운영업, 기타 갬블링 및 베팅업, 기타 개인서비스업(산업용 세탁업은 제외), 기타 제조업이 아닌 업종으로서 중소벤처기업부령이 정하는 업종

(2) 창업지원법상 창업이 아닌 경우

타인의 기업을 승계하여 승계전과 동일한 기업인 경우

법인전환 또는 기업형태를 변경하여 변경전의 사업과 동종의 사업인 경우

폐업후 사업을 개시하여 폐업전의 사업과 동종의 사업을 계속하는 경우

(3) 창업사업계획 승인신청대상

창업일로부터 7년이 경과하지 않은 사업자로 자기명의의 공장등록증이 없고 제조업종을 영위하기 위해 공장을 설립하고자 하는 자(임대공장을 보유한 자도 대상에 포함)

4. 창업지원제도

〈세제지원 주요내용〉

구 분	대상(감면요건)	조세감면범위
법인세 소득세	• 조세특례제한법에 의한 창업중소기업 • 창업후 2년 이내에 벤처기업으로 확인받은 기업 • 중소기업창업지원법에 의한 창업보육센터 사업자로 지정받은 내국인	창업중소기업과 창업벤처기업에 대하여 창업 후 소득발생 연도부터 4년간 매년 납부할 법인세(소득세)의 50% 감면
취득세 등록세	• 창업벤처기업(창업일로부터 2년 이내 벤처기업으로 확인받은 기업)에 해당될 것 • 창업일(벤처기업확인일)로부터 2년 이내 취득 • 사업용 재산 • 2년 이내 당해 사업에 직접 사용할 것 • 감면대상업종에 해당할 것	• 창업중소기업의 법인설립등기에 대하여 등록세 면제 • 당해사업을 영위하기 위하여 벤처기업 확인일로부터 2년 이내 취득하는 사업용 재산에 대한 취득세(등록세) 면제. 다만 취득일(등기일)로부터 2년 이내에 당해 재산을 정당한 사유없이 당해사업에 직접 사용하지 않는 경우는 면제세액을 추징
재산세 종합토지세	• 창업벤처기업(창업일로부터 2년 이내 벤처기업으로 확인받은 기업)에 해당될 것 • 감면대상업종에 해당할 것	• 당해사업을 영위하기 위하여 소유하는 사업용 재산에 대하여 창업일로부터 5년간 재산세 및 종합토지세 50% 감면
인지세	중소기업창업지원법에 의한 창업자가 창업일로부터 2년 이내에 당해사업과 관련하여 금융기관으로부터 융자를 받기 위하여 작성하는 증서, 통장, 계약서 등	• 중소기업이 창업 후 2년 이내에 금융기관의 융자 관련 문서에 대한 인지세 면제

〈중소기업 주요 창업자금 지원 관련 기관〉

자 금	지 원 기 관
지방자치단체의 창업지원자금	지방자치단체
중소 · 벤처기업창업 자금	중소벤처기업진흥공단, 기술신용보증기금
신기술창업 보육자금	한국산업기술평가원
소상공인 창업자금	소상공인 지원센터
우수발명시작품 제작지원자금	한국발명진흥회
지방중소기업 육성자금	시 · 도청
창업자금 융자	각 은행

제2절 무역업고유번호 신청

1. 개 요

산업통상자원부장관은 대외무역법 시행령 제21조 및 제22조의 규정에 의한 전산관리체제의 개발 · 운영을 위하여 무역거래자별 무역업 고유번호를 부여할 수 있다.

대외무역법 제2조 제1호의 규정에 의한 무역을 업으로 하고자 하는 자가 무역업고유번호를 부여받고자 하는 경우 한국무역협회장에게 신청하여 한국무역협회장은 접수 즉시 신청자에게 무역업고유번호증을 발급하여야 한다.

2. 무역업 고유번호 신청

① 신청장소 : 한국무역협회 본 · 지부(업체의 소재지와 관계 없이 편리한 지역에서 신청 가능)

② 처리기간 : 즉시

3. 구비서류

① 무역업고유번호부여(신청)서 1부(소정양식) ② 사업자등록증 원본 1부

지 역	신청기관	주 소	전화번호 / FAX
서 울	한국무역협회 회원지원실	서울시 강남구 영동대로 511(삼성동 159-1) 무역센터 트레이드타워 1층	(02) 1566-5114
부 산	부산지역본부	부산시 중구 충장대로 11(중앙동4가 87-7) 부산무역회관 7층	(051) 993-3300~1
			(051) 463-4402
대 구	대구경북지역본부	대구시 동구 동대구로 489(신천동 89-6) 대구무역회관 5층	(053) 753-7531, 3
			(053) 753-7530
광 주	광주전남지역본부	광주시 광산구 무진대로 282(우산동 1589-1) 광주무역회관 3층	(062) 943-9400
			(062) 943-9404
전 북	전북지역본부	전북 전주시 덕진구 팔과정로 164(팔복동1가 337-2) 전북경제통상진흥원 6층	(063) 214-6991~2
			(063) 214-6993
충 북	충북지역본부	충북 청주시 흥덕구 풍산로 50(가경동 1508-1) 충북중소기업종합지원센터 5층	(043) 236-1171, 3
			(043) 236-1174
대 전	대전세종충남지역본부	대전시 서구 청사로 136(월평동 282) 대전무역회관 4층	(042) 338-1001~4
			(042) 338-1000
경 남	경남지역본부	경남 창원시 성산구 중앙대로 257(용호동 7-4) 경남무역회관 5층	(055) 282-4115~6
			(055) 282-2010
인 천	인천지역본부	인천광역시 연수구 갯벌로 12(송도동 7-50) 미추홀타워 1703호	(032) 260-1100
			(032) 260-1101
강 원	강원지역본부	강원도 춘천시 남춘로 20(퇴계동 1072) 국민연금 춘천회관 7층	(033) 256-3067~8
			(033) 256-3069
경 기	경기남부지역본부	경기도 수원시 영통구 광교로 107(이의동 906-5) 경기도중소기업종합지원센터 12층	(031) 259-7850, 7
			(031) 259-7854
	경기북부지역본부	경기 고양시 일산서구 킨텍스로 217-60 (제1킨텍스) 1층	(031) 995-6161
			(031) 995-6169
울 산	울산지역본부	울산시 북구 산업로 915(연암동 758-2) 울산경제진흥원 4층	(052) 287-3060~1
			(052) 287-3062
제 주	제주지부	제주시 연삼로 473(이도 2동 390) 제주경제통상진흥원 5층	(064) 757-2811~2
			(064) 757-2890

제3절 무역업 관련 세무

1. (개인)소득세와 법인(소득)세

소득세에는 엄밀하게는 두 가지 종류, 즉 법인(주식회사)사업자에게는 법인(소득)세, 개인사업자에게는 (개인)소득세가 있다.
세법에서는 이를 줄여서 법인세와 소득세라 한다. 둘다 세전이익, 즉 소득금액에 대해서 과세하는 세금이며, 세금체계가 다소 다르지만 결국 소득에 대해 과세하는 본질은 동일하다.

(1) 소득세 관련 용어

수입금액 : 매출액과 동일한 의미로 세법에서는 반드시 수입금액이라 한다.
소득금액 : 세금납부전 순이익과 같은 개념이다.
익　　금 : 경리회계에서는 수익이라 부르며 순재산을 늘리는 거래를 의미한다.
손　　금 : 경리회계에서는 비용이라 부르며 순재산을 줄이게 되는 지출을 의미한다.
과세표준 : 최종적으로 세금이 부과되는 기준금액을 말하며 줄여서 '과표'라고도 한다.

(2) 세율

가) 법인세(법인세법 제55조)

과세표준이 2억 원 이하 → 10%
2억 원 초과 200억 원 이하 → 2,000만 원+2억 원 초과금액×20/100
200억 원 초과 3,000억 원 이하 → 39억 8,000만 원+200억 원 초과금액×22/100
3,000억 원 초과 → 655억 8,000만 원+3,000억 원 초과금액×25/100
※ 지방소득세(법인세액의 10%) 별도

나) 소득세(소득세법 제55조, 2021.1.1)

과세표준이 1,200만 원 이하 6%
1,200만 원 초과 4,600만 원 이하 → 72만 원+1,200만 원 초과금액×15%
4,600만 원 초과 8,800만 원 이하 → 582만 원+4,600만 원 초과금액×24%
8,800만 원 초과 1억 5,000만 원 이하 → 1,590만 원+8,800만 원 초과금액×35%
1억 5,000만 원 초과 3억 원 이하 → 3,760만 원+1억 5,000만 원 초과금액×38%
3억 원 초과 5억 원 이하 → 9,460만 원+3억 원 초과금액×40%
5억 원 초과 10억 원 이하 → 1억 7,460만 원+5억 원 초과금액×42%
10억 원 초과 → 3억 8,460만 원+10억 원 초과금액×45%
※ 지방소득세(소득세액의 10%) 별도

세율을 단순히 비교해 보면 소득세 세율이 법인세율보다 훨씬 높아 보이나 법인은 세후이익을 배당으로 받아갈 때 다시 주주 개인의 배당금에 대한 소득세(Gross-up제도에 의하여 이중과세 방지)를 내야 하므로 반드시 높은 것 만이라고 볼 수는 없다.

(3) 신고 및 납부기한

세금계산은 원칙적으로 1년을 기준으로 하나 세금납부는 납세자의 자금부담을 덜어주고 국가의 원활한 재정집행을 위해 1년에 두번 '중간예납' 그리고 '확정신고' 형태로 납부한다. 중간예납은 별도의 신고절차는 없으며 전년에 납부한 세금의 절반을 과세당국이 고지서로 보내오면 납세자가 이를 납부하도록 되어 있다. 그러나 확정신고는 소정의 결산신고서류를 작성하여 과세당국에 신고하면서 자진해서 계산한 세금을 납부하여야 한다. 다만 전년도가 결손일 경우에는 '중간예납'의 경우에도 반기결산을 하여 신고해야 한다.

가) 법인세

확정신고 및 중간예납은 각각 결산기일로부터 3월말, 반기기일로부터 2월말까지이며 12월말 결산법인인 경우 확정신고는 익년도 3월말까지이며 중간예납은 당해연도 8월말까지이다. 법인의 경우 결산기일을 최초에 1월부터 12월까지중 임의로 선택 가능하다.

나) 소득세

법인사업자와 달리 개인사업자는 소득세의 귀속기간을 임의로 선택할 수 없으며 확정신고기한은 5월말까지, 중간예납기한은 11월말까지이다.

(4) 개인사업자와 법인사업자 선택

사업자형태를 선택하는 것은 세금문제만 가지고 판단할 일은 아니며 사업의 규모 및 중요성을 가지고 선택하는 것이 바람직하다. 일반적으로 개인사업자로 출발하여 외형과 수입금액이 어느 정도 커지는 경우 법인으로 전환하게 된다.

2. 부가가치세

(1) 개 요

부가가치세는 재화나 용역이 생산, 유통되는 모든 단계에서 창출되는 부가가치에 대하여 과세하는 조세로서 세부담자와 세납부자가 동일한 소득세와는 달리 부가가치세는 세부담자와 세납부자가 서로 다르기 때문에 간접세라하며 세율은 10%이다.

(2) 부가세 관련 용어

매입세액 : 구매자가 재화나 용역의 매입시 공급자에게 지불하는 세액

매출세액 : 공급자가 재화나 용역의 매출시 구매자에게 부과하여 영수하는 세액

부가가치세 납부세액 = 매출세액 - 매입세액

(3) 납부세액 계산

사업자가 부가가치를 창출하는 과정은 일반적으로 전단계에서 생산된 재화용역을 외부로부터 구입사용하여 새로운 생산물을 창출한 후 매출하는 형태로 이루어지게 되는 데 이 때 부가가치세는 매입하는 재화 등에 대해서는 사업자가 매입세액을 직접 부담하고 매출하는 재화 등에 대해서는 구매자로부터 매출세액을 받아두는 형식이다.

이에 따라 기업이 최종적으로 납부할 부가가치세는 매출세액에서 매입세액을 차감공제한 부분만 납부하면 된다.

(4) 영수증 등

대부분의 경우 세금계산서 형태로 교부하거나 교부받아서 보관하여야 하지만 전화요금이나 전기요금등은 영수증으로 세금계산서를 대체하며 수출하는 재화 등에는 세금계산서 교부가 면제된다.

그밖에 비영업용 소형승용차 관련 매입세액, 접대비적 성격의 식대 및 유흥비 등 관련 매입세액은 공제되지 아니한다.

(5) 영세율제도

가) 개요

정책적으로 수출 및 외화획득을 지원할 목적과 국제적 이중과세를 방지하기 위하여 수출하는 재화나 용역에 대하여는 영세율을 적용한다. 영세율이란 매출세율을 "0"으로 하기 때문에 자기가 부담한 매입세액을 전액 환급받게 되므로 수출을 주로 하는 사업자에게는 대단히 중요한 제도이다.

나) 대상 재화와 용역

수출하는 재화(구매확인서나 내국신용장에 의하여 공급하는 재화를 포함한다)
국외에서 제공하는 용역
선박 또는 항공기의 외국항행용역
기타 외화획득사업

다) 영세율 첨부서류

수출하는 재화에 대해서는 '수출실적명세서'만 제출(디스켓)하면 되나 내국신용장, 구매확인서에 의한 국내공급, 중계무역수출, 외국인도수출, 위탁가공무역방식수출 등 기타 형태의 수출거래에 대해서는 수출사실을 확인할 수 있는 수출계약서 사본이나 또는 수출대금의 획득사실을 입증할 수 있는 외화입금증명서 등을 첨부해야 한다.

(6) 신고기한

부가가치세의 1과세기간은 각 6개월이나, 신고 및 납부방식은 매분기별로 예정과 확정으로 나누어 한 과세기간에 두 번 신고하도록 다음과 같이 규정한다.

1월~ 3월까지는 1기 예정신고기간이며 신고기한은 4월 25일
4월~ 6월까지는 1기 확정신고기간이며 신고기한은 7월 25일
7월~ 9월까지는 2기 예정신고기간이며 신고기한은 10월 25일
10월~12월까지는 2기 확정신고기간이며 신고기한은 다음해 1월 25일

다만, 개인사업자의 경우 예정 신고기간에는 별도의 신고가 필요 없으며 전기 납부액의 50% 금액이 고지된다.

예정고지로 납부된 금액은 확정신고 시점에 최종 정산된다. 단, 예정신고기간의 공급가액 또는 납부세액이 직전 과세기간의 공급가액 또는 납부세액의 1/3에 미달하는 자와 조기환급을 받고자 하는 자는 예정신고를 할 수 있다.

(7) 영세율 조기환급 제도

가) 영세율 등 조기환급기간

수출업을 영위하는 사업자는 예정신고기간 중 또는 과세기간 최종 3월 중 매월 또는 매 2월에 영세율 등 조기환급기간 종료일로부터 25일 내에 영세율 등 조기환급기간에 대한 과세표준과 환급세액을 정부에 신고하는 경우에는 영세율 등 조기환급기간에 대한 환급세액을 각 영세율 등 조기환급기간별로 당해 조기환급신고기한 경과 후 15일 이내에 환급받을 수 있다.

나) 영세율 조기환급 신고시 첨부서류

영세율 등 조기 환급신고에 있어서는 다음의 사항을 기재한 영세율 등 조기환급 신고서에 당해 과세표준에 대한 영세율첨부 서류와 매출처별세금계산서합계표 및 매입처별세금계산서합계표를 첨부하여 제출하여야 한다.

① 사업자의 인적사항
② 과세표준과 환급세액 및 그 계산근거
③ 매출 · 매입처별세금계산서합계표 제출내용
④ 기타 참고사항

제4절 HS Code 및 관세율

1. 의의

HS Code란 "국제통일상품분류제도"(The International Convention on the Harmonized Commodity Description And Coding System : 통일 상품 부호체계에 관한 국제협약으로 약칭 HS)에 따른 상품분류체계로 국제적으로 상위 6단위까지는 동일하며, 하위 단위는 각 국별로 독자적으로 부여한다. (우리나라는 10단위를 사용) HS 코드에 따라 관세율이나 수출입요령이 정해지므로 그 분류가 중요하다.

2. 우리나라 HS Code 및 관세율 찾기

우리나라 HS 코드를 HSK라하며 인터넷 검색 관세법령정보포털 (unipass.customs.go.kr/clip) 품목분류 정보를 이용하거나 관세청 고객지원센터(125)나 무역협회 Trade Call Center(1566-5114)로 전화 또는 인터넷 상담(www.kita.net)을 이용한다.

3. 외국 관세율 찾기

외국관세율은 국가별로 HS Code와 관세율이 변경될 수 있으므로 해당 국 세관 등에 문의하여야 할 것이다. EU 및 미국, 일본, 멕시코, 중국, 사우디아라비아, 오스트레일리아, 러시아, 브라질, 튀르키예 등 26개국의 관세율에 대해서는 관세법령정보포털 (unipass.customs.go.kr/clip)에서 서비스 하고 있다.

또한 다른 국가들에 대해서는 KOTRA 홈페이지(www.kotra.or.kr) → 무역자료실 → 관세율 Fax 서비스를 이용할 수 있다.

(1) 관세청 홈페이지의 관세법령정보포털 (unipass.customs.go.kr/clip) 이용

(2) KOTRA 무역자료실(www.korta.or.kr:무역자료실 → 관세율 Fax 서비스) 및 각 국별 국가정보(www.globalwindow.org) 중 관세제도에서 관세율 검색사이트로 이동하여 검색 가능하다.

(3) 무역협회 홈페이지 이용(www.kita.net) → FTA 활용지원단(okfta.kita.net:한국무역협회 FTA포탈 → 상대국의 수입관세율) : 미국, EU, Asean 10개 국가, EFTA(유럽 자유무역 연합) 4개 국가, 칠레, 인도, 페루, 튀르키예 등의 관세율을 조회할 수 있다.

한편 2012. 1월 오픈한 통합무역정보서비스(www.tradenavi.or.kr)에서는 세계 주요 90개 국가의 관세율을 조회할 수 있다. 특히 EU 27개국, 미국, 인도, 아세안 10개국에 대해서는 협정세, 감면세, 내국세 등 세율정보와 인증, 수입요건 그리고 HS코드로 통합검색도 가능하다.

(4) 국가별 관세청 홈페이지(일부국가는 관세율표도 안내)

☞ 아시아 및 중동

대만	eweb.customs.gov.tw/ct.asp?xItem=15226&ctNode=6488
라오스	www.laotradeportal.gov.la/index.php?r=site/index
말레이시아	www.customs.gov.my/
몰디브	www.customs.gov.mv/en/regional/
미얀마	www.myanmarcustoms.gov.mm/faqs.aspx
바레인	www.bahraincustoms.gov.bh/traiff_find.php?SID=WWxRd2VFNVRXbnBpVkRBelRXYzlQUT09
방글라데시	www.nbr-bd.org/index.html
베트남	www.customs.gov.vn/Lists/BieuThue2012/TraCuu.aspx
브루나이	www.mof.gov.bn/English/RCE/CustomsMatters/Pages/TariffCode.aspx
스리랑카	www.customs.gov.lk/tariff.htm
싱가포르	https://www.tradexchange.gov.sg/tradexchange/default.portal?_nfpb=true&_nfls=false&_pageLabel=main_tn&_action=searchHSCA
아랍에미리트연합국	www.dxbcustoms.gov.ae/content/home
예멘	www.customs.gov.ye/tariff.php
요르단	www.customs.gov.jo/English/default.shtm
이란	www.irica.gov.ir/Portal/Home/Default.aspx?CategoryID=84ce9da5-edb7-40ff-93f1-202b49eb8285
이스라엘	ozar.mof.gov.il/customs/eng/taarif_eng.htm
인도	www.cbec.gov.in/cae1-english.htm
인도네시아	www.beacukai.go.id/wwwbcgoid/index.ikc
일본	www.customs.go.jp/english/tariff/index.htm
중국	english.customs.gov.cn/publish/portal191/
캄보디아	www.customs.gov.kh/
쿠웨이트	www.customs.gov.kw/en/HSCode.aspx
태국	igtf.customs.go.th/igtf/en/main_frame.jsp
파키스탄	www.fbr.gov.pk/TarrifSearch.aspx?view=ExternalLink&ActionID=&ArticleID=
필리핀	www.tariffcommission.gov.ph/ahtn2012public-hearing.htm
홍콩	www.customs.gov.hk/

☞ 아메리카

과테말라	portal.sat.gob.gt/sitio/
니카라과	www.dga.gob.ni/
멕시코	www.aduanas.sat.gob.mx/aduana_mexico/2011/home.asp
미국	www.usitc.gov/tata/hts/bychapter/index.htm/
브라질	www.receita.fazenda.gov.br/Principal/Ingles/Versao2/default.asp
아르헨티나	www.afip.gov.ar/home/index.html
우루과이	www.aduanas.gub.uy/
자메이카	www.jacustoms.gov.jm/home_template.php?page=duties&group_id=1
칠레	www.aduana.cl/prontus_aduana_eng/site/edic/base/port/home.html
캐나다	cbsa.gc.ca/menu-eng.html
콜롬비아	www.dian.gov.co/
트리니다드 토바고	www.finance.gov.tt/
파나마	www.ana.gob.pa/
파라과이	www.aduana.gov.py/
페루	www.sunat.gob.pe/index.html

☞ 오세아니아 · 아프리카

나이지리아	https://www.customs.gov.ng/Tariff/index.php
남아프리카공화국	www.sars.gov.za/
뉴질랜드	www.customs.govt.nz/news/utilities/Pages/tariff-classifications.aspx
르완다	www.rra.gov.rw/rra_section3.html
모로코	www.douane.gov.ma/web/guest
세네갈	www.douanes.sn/
수단	www.customs.gov.sd/
스와질랜드	www.gov.sz/
알제리	www.douane.gov.dz/
우간다	www.ugrevenue.com/
이집트	www.customs.gov.eg/
잠비아	www.zra.org.zm/
케냐	www.kra.go.ke/
탄자니아	www.tra.go.tz/
튀니지	www.douane.gov.tn/
호주	www.customs.gov.au/tariff/default.asp

☞ 유럽(EU)

<table>
<tr><td>그리스</td><td rowspan="19">www.exporthelp.europa.eu/thdapp/index_en.html 또는
www.tradenavi.or.kr (종합무역정보서비스)

☞ 라트비아, 루마니아, 룩셈부르크, 리투아니아, 몰타, 불가리아, 키프로스 등의 국가들도 EU 국가(총 27개국)로서 동일한 HS Code와 관세율을 적용

* 2014.5.26 크로아티아 EU가입, 2013. 7. 1 소급적용. 총 27개국
* 2021.1.1 영국 EU 탈퇴</td></tr>
<tr><td>네덜란드</td></tr>
<tr><td>덴마크</td></tr>
<tr><td>독일</td></tr>
<tr><td>벨기에</td></tr>
<tr><td>스웨덴</td></tr>
<tr><td>스페인</td></tr>
<tr><td>슬로바키아</td></tr>
<tr><td>슬로베니아</td></tr>
<tr><td>아일랜드</td></tr>
<tr><td>에스토니아</td></tr>
<tr><td>오스트리아</td></tr>
<tr><td>이탈리아</td></tr>
<tr><td>체코</td></tr>
<tr><td>포르투갈</td></tr>
<tr><td>폴란드</td></tr>
<tr><td>프랑스</td></tr>
<tr><td>핀란드</td></tr>
<tr><td>헝가리</td></tr>
<tr><td>영국</td><td>www.gov.uk/government/publications</td></tr>
<tr><td>노르웨이</td><td>www.toll.no/default.aspx?id=3&epslanguage=EN</td></tr>
<tr><td>러시아</td><td>www.customs.ru/</td></tr>
<tr><td>스위스</td><td>www.ezv.admin.ch/ezv/index.html?lang=en</td></tr>
<tr><td>아르메니아</td><td>www.customs.am/Content.aspx?itn=csCICustomsFees</td></tr>
<tr><td>아이슬란드</td><td>www.tollur.is/default.asp?cat_id=66</td></tr>
<tr><td>우크라이나</td><td>www.customs.gov.ua/dmsu/control/en/index</td></tr>
<tr><td>카자흐스탄</td><td>www.customs.kz/wps/portal/customs/</td></tr>
<tr><td>크로아티아</td><td>www.carina.hr/Pocetna/index2.aspx</td></tr>
</table>

제5절 수출 · 수입 사전원가 계산

1. 의의

수출입 원가는 크게 보아 물품대금, 수출입부대비용, 기타 원가항목으로 구성된다. 물품대금은 수출의 경우 물품 제조원가를 의미하며 수입은 선하증권을 수취하기 위해 은행에 결제하는 금액을 의미한다. 수출입 부대비용은 물류비용, 결제비용, 행정비용 등을 의미한다. 특히 수입원가 계산 시 이자항목과 여신비용을 반드시 고려하여야 한다.

2. 세부항목

수 출 원 가	항 목	수 입 원 가
① 원자재투입비용(재료비) ② 노무비, 관리비, 세금 ③ 검사비용, 포장비용 ④ 제조자의 이익 등 ※ 제조원가	물 품 대 금	B/L 결제대금
	수출입부대비용	
① 내륙운송비 ② 해상운송비 ③ 창고료, 보관료, THC 등 ④ 해상보험료 ⑤ 화재보험료 등	물류비용	① 해상운송비 ② 내륙운송비 ③ 입항료, 하역료, THC 등 ④ 창고료, 보관료 ⑤ 입출고비용 ⑥ 해상보험료 ⑦ 화재보험료 등
① 신용장통지 수수료 ② Local L/C 개설 수수료 ③ 환가료, Delay charge, Less charge 등 ④ 수출보험료 등 ※ 환차손익	결제비용	① 신용장개설수수료 ② L/G charge ③ Usance 이자 등 ※ 환차손익
① 수출추천, 인증비용(필요 시) ② 수출통관비용 ③ 허가비용, 제증명료 ④ 인지 대금 및 서류 확보비용 등	행정비용	① 수입제세(관세, 내국세) ② 수입추천, 인증비용(필요 시) ③ 수입통관비용 ④ 선적전 검사비용, 검정료 등
① 수출자의 이익 ② 대리점 수수료/중개수수료 ③ 견본비용 ④ 통신비용 등	기타 원가항목	① 이자 : 재고이자, 여신이자 ② 대리점 수수료/중개수수료 ③ 통신비용 등

3. 재고이자와 여신이자

재고이자	자금투입일 즉, B/L 대금 결제일로부터 판매일까지의 이자. 판매되지 않는 악성재고는 손실로 처리한다. 일반적인 완제품 수입시 악성재고(Dead Stock)는 10%선으로 본다.
여신이자	수입물품 국내영업시에는 대부분의 경우 결제수단으로 어음을 이용하고 있음에 따라 수입물품 판매일로부터 어음대금이 현금화될 때까지 발생하는 이자. 이때에는 어음부도 등에 따른 어음사고발생율을 고려하여야 한다.

4. 수입물품의 취득원가 산정

(1) 취득원가의 계상시점

수입물품의 경우 미착상품(재고자산)으로 언제 계상할 것인가가 중요한 문제이다. 재고자산으로 계상하는 시점은 다음과 같은 시점에서 계상하는 것이 실무관행이다.

① 수출상의 B/L(선적일)일자로 계상하는 방법
② 수입상이 외국환은행으로부터의 선적서류 인수일자로 계상하는 방법
③ 수입물품 통관일자로 계상하는 방법
④ 수입상의 창고입고 일자로 계상하는 방법

기업회계기준에서는 운송 중에 있어 아직 도착하지 않은 미착상품은 법률적인 소유권(B/L과 상환으로 물품대금을 지급하는 때)의 유무에 따라서 재고자산 포함여부를 결정한다. 법률적인 소유권 유무는 매매계약상의 거래조건에 따라서 다르다. 선적지인도조건인 경우에는 상품이 선적된 시점에 소유권이 수입상에게 이전되기 때문에 미착상품은 수입상의 재고자산에 포함된다. 그러나 목적지 인도조건인 경우에는 상품이 목적지에 도착하여 수입상이 인수한 시점에 소유권이 매입자에게 이전되기 때문에 수입상의 재고자산에 포함되지 않는다. 즉, 수입물품의 재고자산 계상시점은 인도조건에 따라 수입원가 계상시점을 정하여야 한다. 예를 들어 인도조건이 수출상의 본선인도조건(FOB, CIF, CFR)인 경우에는 본선인도시점에서 수입상은 미착상품(미착원재료)으로 계상하고 창고입고시에 상품 또는 원재료계정으로 대체하여야 한다.

(2) 취득원가의 범위

수입물품에 대한 취득원가는 매입가액에 운임, 하역료 및 보험료 등 취득과정에서 정상적으로 발생한 부대비용을 가산한 금액이다. 다만, 매입과 관련된 할인, 에누리, 기타 유사한 항목은 매입원가에서 차감한다.

1) 연지급 수입이자의 처리

연지급수입에 있어서 취득가액과 구분하여 지급이자로 계상한 금액은 취득가액에 포함하지 않도록 하고 있다.

2) 관세의 원가산입 여부

관세를 납부한 경우에는 수입원가에 포함하여 처리하였다가 수출하여 환급을 받는 경우 매출원가에서 차감한다.

3) 무상으로 수입한 물품

① 소득세법

사업자가 사업과 관련하여 해외에서 무상으로 수입한 물품을 사업용으로 제공한 때에는 다음 각호와 같이 처리한다.

1. 그 물품이 재산적 가치가 있는 경우 소득금액계산상 총수입금액에 산입한다. 이 경우 총수입금액에 산입할 금액은 당해 물품의 관세과세표준금액으로 하며 관세 및 부대비용은 취득가액에 합산한다.
2. 그 물품이 필요경비에 산입할 성질인 경우 관세 및 부대비용은 견본비, 소모품비 등 그 성질에 따라 필요경비에 산입한다.

② 법인세법

법인이 해외에서 물품을 무환으로 수입하는 경우에는 이를 각 사업연도의 소득금액계산상 익금으로 한다. 이 경우에 익금에 산입할 금액은 당해 물품의 통관시 관세 과세표준금액이 되는 감정가액으로 하며 관세 및 부대비용은 취득가액에 합산한다.

반환할 것이 약정된 무상수입자산의 통관비용 등은 그 효익이 미치는 기간에 안분하여 손금에 산입한다.

제6절 수출입 관련 부대비용

1. 의의

수출입 화물의 통관 및 운송, 대금회수 및 지급 등과 관련하여 국내에서 발생되는 부대비용이며 주운임 및 보험료는 제외한다. 통관 및 운송비용 등은 화물의 특성 및 금액, 대행업체 등에 따라 달리할 수 있으며 수출입과 관련된 은행수수료도 은행에 따라 약간씩 달리한다.

2. 항공화물

구분		비용 · 수수료항목	내 용	징수주체	비 고
세관통관비용		세금(관세, 부가가치세, 개별소비세, 농특세 등)	세금	세 관	
		보세구역외 장치허가 수수료	보세구역외 장치허가 시	세 관	
		검사수수료(파출검사료)	자가보세창고 검사에 한함	세 관	
		임시개청료(보세운송, 수입, 수출)	세관의 개청시간외(공무원 근무시간)통관절차 · 보세운송을 하고자 하는 경우	세 관	
		물품취급시간외 물품취급수수료	물품취급시간외 물품을 취급하는 때	세 관	
기타부대비용	하역	조업료	항공기에서하기장소까지 운송하여 브랙다운하기까지	조 업 사	
	보관	보관료	보세창고 보관	보세창고업자	
		터미날핸들링차지(THC)	화물조작료	보세창고업자	
		화물화재보험료	화재발생에 대비한 손보	대한손해보험 협회	보세창고가원천징수, 대한손해보험협회에 납부
	통관	B/L핸들링차지	B/L 발급비용	포 워 더	
		검역신청수수료	정부수입인지대	검 역 소	검역물품에 한함
		관세사 대행 수수료	관세사에 통관 의뢰한 경우	관 세 사	
	운송	시외운송료	하기장소 ⇒ 화주지정장소	운송회사	
		시내운송료	항공사 창고에서복운창고, 공항까지	운송회사	

3. 해상화물

<table>
<tr><th colspan="2">구분</th><th>비용 · 수수료항목</th><th>내 용</th><th>징수주체</th><th>비 고</th></tr>
<tr><td colspan="2" rowspan="4">세관통관비용</td><td>세금(관세부가가치세, 개별소비세, 농특세 등)</td><td>세 금</td><td>세 관</td><td></td></tr>
<tr><td>보세구역외장치 허가 수수료</td><td>보세구역외 장치허가시</td><td>세 관</td><td></td></tr>
<tr><td>검사수수료 (파출검사료)</td><td>자가보세창고 검사에 한함</td><td>세 관</td><td></td></tr>
<tr><td>임시개청료(보세 운송, 수입, 수출)</td><td>세관의 개청시간외(공무원근무시간)통관절차 · 보세운송을 하고자 하는 경우</td><td>세 관</td><td></td></tr>
<tr><td rowspan="17">기타부대비용</td><td rowspan="3">입항</td><td>화물입항료 (WHG, Wharfage)</td><td>선박회사가 도착지 항구에 화주를 대신하여 납부</td><td>해양항만청</td><td>선박회사가원천징수, 해양수산청에 납부</td></tr>
<tr><td>터미날핸들링차지 (THC)</td><td>선박과 CY간 화물조작료</td><td>선박회사</td><td>선박회사에서 하역회사 지급</td></tr>
<tr><td>DOC (Document Charge)</td><td>선사가 화주에게 제공하는 서류비용을 보전키위함</td><td>선박회사</td><td></td></tr>
<tr><td rowspan="3">하역</td><td>하역료</td><td>본선에서 육상으로 하역</td><td>하역회사</td><td>-컨테이너는 하역료 무관
-벌크(Bulk)화물 발생
-화주가 창고배정 요청한 경우는 하역비 발생</td></tr>
<tr><td>CFS조작비(하차료)</td><td>CFS에 반입할시</td><td>하역회사</td><td></td></tr>
<tr><td>검수료</td><td>검수, 검량 필요할 시</td><td>검정회사</td><td>검수한 경우에 한함</td></tr>
<tr><td rowspan="3">보관</td><td>보관료</td><td>보세창고 보관</td><td>보세창고업자</td><td></td></tr>
<tr><td>출고상차료</td><td>보세창고에서 출고때 화물에 적재 시 장비 등 사용</td><td>보세 창고업자</td><td></td></tr>
<tr><td>화물 화재보험료</td><td>화재발생에 대비한 손보</td><td>대한손해 보험협회</td><td>보세창고가원천징수, 대한손해보험협회에 납부</td></tr>
<tr><td rowspan="5">통관</td><td>검사료</td><td>세관검사를 위한 CY노무자 인건비</td><td>CY업체</td><td>세관검사 · 관리대상물품</td></tr>
<tr><td>검역신청수수료</td><td>정부수입인지대</td><td>검 역 소</td><td>검역물품에 한함</td></tr>
<tr><td>검역수수료</td><td>검역(소독 등)시 화주 대신 입회 하는 관세사 · 포딩회사 직원 인건비</td><td>관 세 사
포딩회사</td><td>〃</td></tr>
<tr><td>검역소독비</td><td>검역소 검역결과 소독명령 받은때 소독하는 약품비용 등</td><td>보건복지부지정 검역기관</td><td>검역후소독명령을 받은 물품에 한함</td></tr>
<tr><td>관세사 대행 수수료</td><td>관세사에 통관의뢰한 경우</td><td>관 세 사</td><td></td></tr>
<tr><td rowspan="2">운송</td><td>시외운송료</td><td>부두 · 보세창고 ⇒ 화주지정장소</td><td>운송회사</td><td></td></tr>
<tr><td>시내운송료</td><td>본선에서 보세창고까지</td><td></td><td>화주가 창고배정 요청한 경우에 한함</td></tr>
<tr><td>기타</td><td>Handling Charge</td><td>포워더에 화물취급 의뢰한 경우</td><td>포워더</td><td></td></tr>
</table>

4. 주요 은행수수료

<table>
<tr><th colspan="2" rowspan="2">항목별</th><th colspan="2">은 행 별</th></tr>
<tr><th>A 은행</th><th>B 은행</th></tr>
<tr><td rowspan="7">수
출</td><td>① 일람불환가료</td><td>매입금액 ×
(대고객매매기준율×표준일수/360×해당 환가요율)</td><td>1개월 LIBOR+1.9%
※ 매입 취급수수료(건당 30,000원) 별도</td></tr>
<tr><td>② 기한부(90일)환가료</td><td>매입금액 ×
(대고객매매기준율×Usance 기간/360×해당 환가요율)</td><td>3개월 LIBOR+2.4%
※ 매입 취급수수료(건당 30,000원) 별도</td></tr>
<tr><td>③ 양도수수료</td><td>건당 30,000원</td><td>양도:건당 30,000원
기타변경:건당 15,000원</td></tr>
<tr><td>④ 통지수수료</td><td>건당 20,000원</td><td>건당 20,000원
(단 EDI건당 15,000원)</td></tr>
<tr><td>⑤ 입금지연이자</td><td>–신용장방식(보증부매입) :
매입금액×매매기준율×지연일수/360×입금일의 3개월물 환가료율+1.5%
–D/P : 매입금액×매매기준율×지연일수/360×입금일의 보증부 환가료율
–D/A : 매입금액×매매기준율×지연일수/360×징수당시 외화여신 연체이자율</td><td>–신용장방식(보증부매입)
:징수 당시 환가료율+1.5%
–D/P
CLEAN매입:징수당시환가료율
하자매입:징수당시환가료율+1.5%
–D/A:징수당시 은행계정 연체이자율</td></tr>
<tr><td>⑥ 확인수수료</td><td>–3개월마다 0.8~3.0%
※ 최저 USD 150</td><td>–0.7~2.0%(확인일~유효기간)
※ 최저 USD 50</td></tr>
<tr><td>⑦ 추심수수료</td><td>매입금액의 0.1%
※ 최저 20,000원–최고 30,000원</td><td>매입금액의 0.1%
※ 최저 20,000원~최고 30,000원</td></tr>
<tr><td rowspan="4">수
입</td><td>① 개설/증액/기간연장 수수료</td><td>–신용별 차등적용 : 0.8~1.2%
※ 최저 20,000원</td><td>–신용별 차등적용:0.4~1.6%
(개설일~유효기간)
※ 최저 20,000원</td></tr>
<tr><td>② 조건변경수수료</td><td>건당 10,000원</td><td>건당 10,000원
※ EDI이용시:건당 4,000원</td></tr>
<tr><td>③ 인수수수료</td><td>연 1.6%
※ 최저 8,000원</td><td>3개월마다 0.4~2.0%
※ 최저 20,000원</td></tr>
<tr><td>④ 수입화물선취보증서(L/G)</td><td>–발급수수료:건당 10,000원
–보증료:3%</td><td>–발급수수료:건당 10,000원
–보증료:연 3%</td></tr>
<tr><td rowspan="3">내
국
신
용
장</td><td>① 개설/증액/기간연장 수수료</td><td>신용별 차등적용 3개월마다 0.4–0.8%
※ 최저 15,000원</td><td>0.4%(개설일~유효기일)
※ 최저 10,000원</td></tr>
<tr><td>② 조건변경수수료</td><td>건당 4,000원</td><td>건당 5,000원</td></tr>
<tr><td>③ 매입이자율</td><td>원화대출기준금리+신용등급별 차등적용</td><td>원화기간별 대출기준금리+2.0%</td></tr>
</table>

제7절 국내기업의 해외지사 설치

1. 의 의

해외지사(비금융기관 해외지사)는 지점, 지사, 출장소, 사무소, 지부, 주재소, 현지법인 등 여러 가지 명칭으로 호칭되고 있으나 외국환거래법에서는 국내업체가 외국에 설치, 운영하는 해외지사를 해외지점과 해외사무소로 구분하여 관리하고 있다.

2. 해외지사의 활동범위

구분 항목	해 외 지 점	해 외 사 무 소
의 의	독립채산제를 원칙으로 하여 외국에서 영업활동을 영위하는 해외지사(일정한도의 영업기금 보유) ☞ 현지법인 현지주재국의 법률에 따라 법인격을 갖춘 경우로 해외투자 허가를 받아 합작법인을 설립하는 경우가 대부분이다.	직접 L/C개설 등 외국에서 영업활동은 영위하지 못하고 업무연락, 시장조사, 연구개발활동 등 비영업적인 기능만 수행하거나 비영리단체가 국외에서 당해 단체의 설립목적에 부합하는 활동을 수행하기 위하여 설치하는 해외지사
활 동 범 위	① 주재국의 법률에 따라 본 · 지사간의 독립채산제에 의거 해외 영업기금을 바탕으로 자유롭게 영업활동 ② 본국으로부터 대리점수수료, 대행지급금, 기타 중계수수료 등을 지급받을 수 있다. ③ 본국의 외국환은행 및 본사의 지급보증에 의거 현지에서 금융지원(현지금융)을 받을 수 있다.	직접적인 영업활동을 제외한 단순 세일즈업무, 시장조사, 본 · 지사간 업무연락 등
사 후 관 리	① 설치신고를 한 날로부터 6월 이내에 현지 법규에 의한 등록증 등 지사설치를 확인할 수 있는 서류를 첨부하여 지정 거래 외국환은행의 장에게 설치행위의 완료내용을 보고하여야 한다. ② 부동산의 취득이나 처분시 그 취득 또는 처분일부터 6월 이내에 취득 또는 처분내용을 지정거래 외국환은행의 장에게 보고하여야 한다. ③ 당해 해외지사의 연도별 영업활동상황(외화자금의 차입 및 대여명세표 포함)을 해당년도 종료일로부터 2월 이내에 지정거래 외국환은행의 장에게 제출하여야 한다. ④ 영업기금, 설치비, 유지활동비의 지급은 해외지사설치 신고를 한 지정거래 외국환은행을 통하여야 한다. ⑤ 지정거래 외국환은행은 해외지사별 부동산 취득, 처분현황, 영업기금, 유지활동비 지급현황을 해당연도 종료일부터 3월 이내에 한국은행총재에게 보고하여야 한다.	좌 동

3. 해외지사의 설치신고

항목 \ 구분	해 외 지 점	해 외 사 무 소
신고대상	① 과거 1년간 외화획득실적이 미화 100만불 이상인 자 ② 한국무역협회장 또는 주무부장관이 외화획득전망 등을 고려하여 해외지점의 설치가 필요하다고 인정하는 자 ☞ 한국무역협회회장 추천기준 무역업고유번호 부여업체이고 다음 조건에 해당하는 업체 ① 신청일 현재 과거 1년간 수출실적이 10만불 이상인 업체 ② 10만불 이상의 취소불능신용장 수취 또는 수출계약을 체결한 업체 ③ 상기 두 가지 조건 가운데 한가지 이상을 충족한 업체의 사업계획서를 검토하여 설치가 필요하다고 인정되는 경우(수출실적, 수출의지, 수출전망 등을 중점 평가) 〈구비서류〉 ① 추천서(소정양식) ② 수출실적(외화회득)증명서 또는 L/C 사본 ③ 사업계획서 ④ 법인등기부등본(개인은 사업자등록증) 사본	① 과거 1년간 외화획득실적이 미화 30만불 이상인 자 ② 외화획득업자로서 외화획득실적이 미화 30만불에 미달하는 2인 이상이 공동으로 하나의 해외사무소를 설치하고자 하는 자 ③ 대외무역법에 의하여 무역업을 영위하는 법인으로서 설립 후 1년이 경과한 자 ④ 기타 주무부장관 또는 한국무역협회장이 해외사무소의 설치가 불가피하다고 인정하는 자 ☞ 한국무역협회회장 추천기준 사업계획서를 검토하여 수출실적 유무, 수출경험, 수출의지 등을 종합적으로 감안하여 설치가 필요하다고 인정되는 경우 ※ 수출입과 관련없는 업종은 업종관할 주무부 장관 추천 〈구비서류〉 ① 추천서(소정양식) ② 외화획득증명서 또는 L/C 사본 ③ 사업계획서 ④ 법인등기부등본(개인은 사업자등록증) 사본 ☞ 무역업자 이외의 자에 대한 해외사무소 설치 허용대상 ① 정부투자기관 ② 금융감독원 ③ 과거 1년간 유치한 관광객 수가 8천명 이상인 국제여행 알선업자 ④ 외화획득업자나 수출품 또는 군납품 생산업자로 구성된 협회 또는 조합 등의 법인 ⑤ 중소기업협동조합 ⑥ 국내의 신문사 · 통신사 및 방송국 ⑦ 기술개발촉진법령에 의하여 교육과학기술부장관으로부터 국외에 기업부설연구소의 설치가 필요하다고 인정 받은 자

4. 설치비 등 지급 인증

구분 항목	해 외 지 점	해 외 사 무 소
설치비, 영업기금 및 유지활동비	① 영업기금(해외지점의 설치비, 유지운영비 및 영업활동을 위한 운전자금을 포함하고 현지금융차입에 의한 자금 제외)을 지급하고자 할 경우 지정거래 외국환은행을 통하여 지급해야 한다. ② 해외지점 설치 신고시 신고한 영업기금을 초과하여 영업기금을 송금할 경우에는 지정 거래 외국환은행의 장에게 신고해야 한다. ③ 다음에 해당하는 자의 해외지점은 독립채산제를 적용하지 아니하며, 이 경우에는 영업기금을 지급할 수 없다. −외항운송업자 및 원양어업자 −해외건설 및 용역사업자	① 해외사무소의 설치비 및 유지활동비는 지정거래 외국환은행을 통하여 지급해야 한다. ② 해외사무소의 확장에 따른 경비를 지급하고자 하는 경우에는 지정거래외국환은행의 장에게 신고해야 한다. ☞ 설치비의 사전 개산지급 설치비 지급시 증빙서류에 의한 지급이 곤란한 경우 설치계획서에 의거 사전 개산지급할 수 있으며 설치 신고일로부터 1년 이내에 증빙서류를 제출, 정산하여야 한다. 이때 미사용 잔액은 유지활동비로 전용이 가능하며, 그 전용금액은 유지활동비, 지급총액에 합산하여 관리해야 한다.

5. 해외지사 설치절차

절 차	구 비 서 류	
	해 외 지 점	해 외 사 무 소
지사설치 계획확정 → 해외지사 설치신고	〈신고기관 : 지정거래 외국환은행의 장〉 ① 해외지점설치 신고서 ② 외국환은행 또는 한국무역협회회장이 발급하는외화획득(수출실적)증명서(과거 1년간) (또는 주무부장관이나 무역협회장의 추천서)	〈신고기관 : 지정거래 외국환은행의 장〉 ① 해외사무소설치 신고서 ② 외국환은행 또는 한국무역협회회장이 발급하는 외화획득(수출실적)증명서(과거 1년간) (또는 주무부장관이나 무역협회장의 추천서)
→ 해외지사 설치비 지급	〈설치비 지급시 구비서류〉 ① 해외지사 경비지급신고서 ② 해외지점 설치신고 필증	〈설치비 지급시 구비서류〉 ① 해외지사 경비지급신고서 ② 해외사무소 설치신고필증
→ 해외지점의 영업기금 보유 및 유지경비지급인증	〈영업기금 지급〉 ① 해외지사경비지급 신고서 ② 해외지점설치 신고필증	〈유지활동비 지급〉 ① 지급신청서
→ 주재원 출국수속 → 사후관리	① 해외지사 설치 신고수리를 받은 자는 설치신고수리를 받은 날로부터 6월 이내에 현지 법규에 의한 등록증등을 첨부하여 설치신고 수리한 지정거래 외국환은행의 장에게 설치 완료내용 보고 ② 해외지사가 부동산을 취득 또는 처분한 경우 6월 이내에 지정거래 외국환은행의 장에게 그 취득 또는 처분내용을 보고 ③ 해외지사를 설치한 자는 당해 해외지사의 연도별 영업활동 상황을 해당 연도 종료일부터 2월 이내에 지정거래 외국환은행에 제출 ④ 지정거래 외국환은행은 부동산의 취득 및 처분, 결산, 자금의 차입 및 대여 등에 대하여 해외지사별로 종합관리카드를 작성, 비치 ⑤ 지정거래 외국환은행의 장은 해외지사별 부동산 취득·처분 현황, 영업기금, 유지활동비 지급 현황을 해당연도 종료일로부터 3월이내에 한국은행 총재에게 보고	

제8절 외국기업의 국내지사 설치

1. 의의

외국기업이란 함은 설립준거법주의에 의거 외국법에 의해 설립된 기업을 말하며 외국기업의 국내지사란 외국기업이 국내에서 영업활동을 영위하기 위하여 설치하는 영업소로서 그 형태는 법인, 자연인, 지사, 지점, 사무소, 출장소 등이 있다.

- 지　점 : 국내에서 수익을 발생시키는 영업활동을 영위하는 외국기업의 국내지사
- 사무소 : 국내에서 수익을 발생시키는 영업활동을 영위하지 아니하고 업무연락, 시장조사, 연구개발활동 등 비영업적 기능만을 수행하는 외국기업의 국내지사

※ 대외교역 증대 및 개방화에 따라 외국기업의 진출이 확대됨에 따라 이를 효율적으로 관리하기 위해 외국기업의 국내지사 설치, 영업자금의 도입, 영업활동 등에 대한 관리를 실시한다.

2. 외국기업의 국내지사 설치 절차도해

절　　차	참　고　사　항
지사 설치신고 ↓	☞ 신고처 사업계획서상 영업의 범위에 따라 신고처가 다름 ① 기획재정부장관의 신고대상 -자금의 융자, 해외금융의 알선 및 중개, 카드업무, 할부금융 등 은행업 이외의 금융관련업무 -증권업무 -보험업무 등 ② 지정거래 외국환은행장 신고대상 : 기획재정부 장관의 신고 대상이 아닌 국내 지사 〈구비서류〉 ① 외국기업국내지사 설치신고서 ② 본점인 외국법인의 명칭, 소재지 및 주된 영위업무의 내용을 증빙하는 서류 ③ 타법령에서 허가를 요하는 경우 그 증빙서류 ④ 국내에서 영위하고자 하는 업무의 내용과 범위에 관한 명세서

절 차	참 고 사 항
사업자 등록	☞ 관할세무서에 신청 〈구비서류〉 ① 국내지사 설치신고서 ② 사업장 부동산 임대차 계약서 ③ 본점 등기 증명원 → 한글번역 ④ 지사장 임명장 ※지점인 경우에는 사업자등록번호를 사무소는 고유번호를 부여받게 된다.
↓	
영업자금의 도입	☞ 영업자금 도입방법 ① 국내지사가 외국의 본사로부터 영업자금을 도입하고자 하는 경우에는 지정거래외국환은행을 통하여 도입해야 한다. ② 국내지사의 지정거래 외국환은행의 장은 도입된 영업자금에 대하여 익년도 2월말까지 한국은행총재에게 보고
↓	
결산순이익금의 대외송금	☞ 지정거래 외국환은행의 장을 통해 결산순이익금의 대외송금 가능 〈구비서류〉 ① 외국기업국내지사 결산순이익금 송금신청서 ② 대차대조표 및 손익계산서 ③ 납세증명서 ④ 공인회계사의 감사증명서(당해 회계기간 순이익금이 영업자금도입액의 100% 이상이거나 순이익금액이 1억 원을 초과하는 경우)
↓	
국내지사 폐쇄 등	① 외국기업의 국내지사를 폐쇄할 경우에는 외국기업국내지사 폐쇄신고서를 설치 신고를 한 자에게 제출 ② 위의 폐쇄신고를 한 자가 국내보유자산의 처분대금을 외국으로 송금하고자 할 경우에는 지정거래 외국환은행의 장에게 당해 국내지사의 관할 세무서장이 발급한 납세완납증명서를 제출

제9절 외국인 국내투자

1. 의의

외국인 투자란 외국인이 주식인수와 함께 경영에 직접 참여하는 형태로 현금, 자본재 또는 공업소유권 등 자본적 가치물을 납입하고 그에 따라 국내법상의 경영활동을 하는 것을 의미한다.

차관과 같은 간접적 자본이동과 달리 외국인투자는 대부분의 경우 현금 및 자본재 외에 생산기술의 이전을 수반하여, 외국인투자가가 소유와 경영에 참여하여 기업에 대한 지배력을 갖게 된다.

2. 외국인 국내투자 절차도해

절　　차	참　고　사　항
투자상담 ↓	☞ 상담처 : KOTRA내 외국인투자/옴부즈만(www.i-ombudsman.or.kr) -외국인투자 상담(조세/세무, 투자절차/인센티브, 관세/무역, 금융/외환, 노무/인사, 건축 토지 및 공장입지, 비자/출입국 등) -국내합작파트너 일선 -세금혜택 및 각 지방의 투자환경안내 -공장입지 선정 및 공장설립 업무대행 -출입국관리, 사업자등록, 현물출자 확인 등 행정지원 ☞ 신고인 -외국인 투자가 또는 대리인(대리인의 경우 위임장 첨부)
신고서작성, 제출 ↓	☞ 제출서류 ① 신주 또는 기존주식 등의 취득에 의한 외국인투자신고서 2부 ② 대리인을 증명하는 서류(위임장) ③ 기타 투자확인 가능한 서류 ☞ 신고접수기관 -국내은행 본지점, 외국은행 국내지점 ☞ 투자금액 ① 투자금액(2인 이상의 외국인이 함께 투자하는 경우에는 1인당 투자금액)이 5,000만 원 이상이어야 한다. ② 외국인 투자비율은 원칙적으로 10% 이상이나 외국인이 외국인투자기업의 경영에 실질적인 영향력을 행사하는 것이 합작투자계약서 등에 나타날 경우에는 10% 미만도 가능

절 차	참 고 사 항
↓	☞ 외국인투자대상 업종 ① 최근의 적극적인 외국인투자 업종개방 추진으로 외국인투자 대상 1,058개 업종 중 외국인 투자가 제한되는 업종은 60개 업종으로서 우편업, 중앙은행, 행정기관, 각종 학교 등 주로 공공기관임.
신고필증 교부	신고접수기관에서 교부 –기재사항 누락여부, 제외업종 · 제한업종 등의 확인 후 신고필증 교부
외국자본송금	〈현금 도입의 경우〉 ① 외화로 국내 외국환은행에 송금 ② 세관을 통한 휴대 반입 〈자본재 도입의 경우〉 ① KOTRA 사장 또는 외국환은행장의 도입물품 명세확인 ② 현물출자 완료 확인(관세청)
법 인 설 립	〈제출서류〉 (신설시) • 외국인 투자신고 수리서 및 주금납입보관증 • 회사설립신청서 및 공증된 정관 • 주식인수 증명서류 • 이사와 감사 또는 검사인의 조사보고서와 그 부속서류 • 창립총회 의사록 및 이사회 또는 주주총회 의사록 • 검사인 보고서 또는 현물 출자확인서(현물출자의 경우)
사업자 등록	〈사업자등록과 법인설립신고를 동시에 하는 경우〉 • 신청장소 : 본점소재지 관할 세무서 또는 KOTRA 외국인투자지원센터 • 기　　한 : 사업개시일로부터 20일 이내 • 필요서류 –법인 설립신고 및 사업자등록 신청서 –정관 –법인 등기부등본 –개시 대차대조표 –주주 및 출자자 명세서(법인인감 날인) –외국인 투자신고서 사본 –외화매입증명서 –사업허가증(허가 · 인가 · 신고 등을 요하는 사업에 한함) 사본 –대표자가 국내거주자가 아닌 경우에는 외국인등록증(혹은 여권) 원본 제시 후 사본 제출 –사무실 임대인의 인적사항 확인(성명, 주민등록번호, 법인인 경우에는 사업자등록번호, 임대보증금, 임대료) –납세관리인설정신고서(대표자가 외국인이며 서류송달 받을 국내인 종업원이 없는 경우에 한하며 세관리인의 주민등록등본 또는 사업자등록증 사본 첨부)

절 차	참 고 사 항
	〈사업자등록을 먼저 하는 경우〉 • 일반적으로 법인설립신고와 사업자등록신청은 동시에 한다. • 외국인 투자자가 현물출자를 하여 법인설립을 하는 경우에는 현물출자 목적물의 통관시 부가가치세의 환급을 받기 위해서 사업자등록증이 필요하므로 반드시 투자목적물의 수입에 앞서 사업자등록을 끝마쳐야 한다. • 이러한 경우 사업자등록 신청시는 법인등기부등본 대신에 –발기인 전원의 주민등록등본 –사업허가 신청서 –사업계획서가 필요하며 기타 법인설립시 필요한 서류는 법인설립 후 모두 제출해야 한다.
납입자본 법인계좌 이전	• 법원등기 및 사업자등록절차가 완료되면 신설회사는 법적으로 효력을 갖는 법인이 되는 것이며, 비로소 은행에 보관되어 있는 납입자본금은 신설법인 계좌로 이체된다. • 투자자에 따라서는 사업자등록을 하지 않고 법원등기후 바로 법인계좌로 이체되는 경우도 있다.
	신고 접수기관에 등록신청
외국인투자기업등록	〈제출서류〉 • 외국인 투자기업 등록신청서 • 법인등기부 등본 사본 1부(개인사업자인 경우 사업자등록증 사본 1부) • 외화 매입(예치)증명서 사본 1부(현물출자의 경우 현물출자완료확인서 사본 1부) ☞ 일괄처리민원사무 민원을 몇 개의 민원군으로 분류하고, 그 중 주요 민원사무에 대한 허가등이 있는 경우에 의제대상 민원의 허가등이 있는 것으로 간주되는 민원사무

일괄처리 민원사무의 처리기간

구 분	처 리 기 간
• 공업배치 및 공장설립에 관한 법률 제13조 제1항의 규정에 의한 공장설립등의 승인	–의제처리가 필요하지 아니한 경우 : 7일 –승인신청 내용의 전부가 시장/군수/구청장의 권한에 속하는 경우로서 국토이용관리법상의 용도지역 변경을 수반하지 아니하는 경우 : 14일 –국토이용관리법상의 용도지역변경을 수반하는 경우 등 기타의 경우 : 30일
• 중소기업창업지원법 제21조의 규정에 의한 사업계획의 승인	–의제처리가 필요하지 아니한 경우 : 7일 –승인신청 내용의 전부가 시장/군수/구청장의 권한에 속하는 경우로서 국토이용관리법상의 용도지역 변경을 수반하는 경우 : 14일 –다른 행정기관과의 협의 등 기타의 경우 : 21일

절 차	참 고 사 항
사 후 관 리	☞ 외국인 투자기업 사후관리 〈외국인투자기업 변경등록〉 ① 사유 • 합병 등에 의하여 외국투자자가 주식 등을 취득한 경우 등 • 외국투자가가 외국인투자기업의 주식을 타인에게 양도한 경우등 • 외국인투자기업의 상호 또는 명칭이 변경되거나 당해기업의 주식 또는 지분을 소유하고 있는 외국인의 상호 · 명칭 또는 국적이 변경된 때 • 외국인투자금액 · 외국인투자비율 등 신고내용이 변경된 때 • 주식 등의 양도자, 차관 제공자, 차관조건 등이 변경된 때 ② 신청방법 • 사유발생일로부터 30일 이내에 사후관리기관(외국인투자 신고접수기관 또는 허가신청기관)에 제출 • 제출서류 : 외국인투자기업 등록신청서(변경등록), 사유증명서류 〈신고된 영업외의 추가사업 영위〉 ① 외국인 투자비율이 10% 미만인 외국인 투자기업 • 완전개방업종, 부분제한업종, 미개방업종 등 모든 업종에 대해 추가적으로 사업 영위 가능(신고 불필요) ② 외국인 투자비율이 10% 이상인 외국인투자기업 • 추가사업영위가 자유로운 경우 –완전개방업종을 추가적으로 영위하는 경우 –부분제한업종을 그 허용기준 범위내에서 영위하는 경우 • 추가사업영위가 금지되는 경우 –부분제한업종을 그 허용기준을 초과하여 영위하는 경우 –금지업종을 추가적으로 영위하는 경우 〈외국인 투자기업이 다른 국내기업 주식 취득〉 ① 외국인 투자비율이 50% 미만이고 외국투자자가 최대 주주가 아닌 외국인 투자기업 • 다른 모든 국내기업의 주식을 자유롭게 취득가능 ② 외국인 투자비율이 50% 이상이거나, 외국투자자가 최대주주인 외국인 투자기업 • 다른 국내기업의 주식취득이 자유로운 경우 –완전개방업종을 영위하는 다른 국내기업의 주식 등을 취득 –부분제한업종을 영위하는 다른 국내기업의 주식 등을 그 허용기준 범위내에서 취득 • 다른 국내기업의 주식취득이 금지된 경우 –부분제한업종을 영위하는 국내기업의 주식 등을 그 허용기준을 초과하여 취득 –금지업종을 영위하는 다른 국내기업의 주식 등을 10% 이상 취득

※ 절차는 신주 등의 취득에 의한 외국인투자인 경우의 절차이다.

[외국인 직접투자에 대한 인센티브]

〈조세감면 대상〉

① 고도기술수반사업 및 산업지원서비스업

국내산업의 국제경쟁력 강화를 위하여 필요하다고 인정되어 기획재정부장관이 외국인투자위원회의 심의를 거쳐 정하는 고도기술수반사업(467개 업종) 및 산업지원서비스업(111개 업종)에 해당되어야 한다.

② 외국인투자지역 입주사업

외국인투자지역의 지정

외국인투자를 유치하기 위하여 외국인투자자가 희망하는 지역을 외국인투자위원회의 심의를 거쳐 시 · 도지사가 지정한다.

외국인투자지역의 지정대상 기준

제조업 또는 산업지원서비스업 및 고도기술수반사업을 영위하기 위하여 새로이 공장 시설을 설치하는 외국인투자로서 다음에 해당하는 경우

외국인투자금액이 미화 5,000만불 이상인 경우

외국인투자비율이 50% 이상인 외국인투자기업으로서 신규상시 고용규모가 1,000명 이상인 경우

이미 개발이 완료된 국가산업단지 또는 지방산업단지의 일부 또는 전부를 외국인투자지역으로 지정한 때에는 외국인 투자금액이 미화 3,000만불 이상이고 당해 외국인투자기업의 신규상시 고용규모가 300명 이상인 경우

시설을 새로 설치하는 관광호텔업, 수상관광호텔업, 종합휴양업 및 종합유원시설업, 국제회의시설

복합터미널사업, 공동집배송단지운영산업, 항만시설운영사업 및 항만배후단지에서 영위하는 물류산업으로서 외국인투자금액이 미화 3,000만불 이상인 경우

③ 자유무역지역등에 입주하는 사업

자유무역지역의 지정등에 관한 법률의 규정에 의한 입주기업체가 영위하는 제조업 및 물류업

국제물류기지 육성을 위한 관세자유지역의 지정 및 운영에 관한 법률에 의한 등록사업인 물류업

※종전의 마산 및 익산 수출자유지역 입주사업

종전의 수출자유지역은 자유무역지역으로 지정된 것으로 보며, 조세감면적용에 있어서 외국인투자지역과 동일하게 적용

따라서 수출자유지역에 입주한 외국인투자기업은 외국인투자지역에 입주한 기업과 동일한 조세 감면혜택을 받는다.

④ 기존주식투자 등에 대한 조세감면 배제

기존주식 등의 취득에 의한 외국인투자에 대해서는 조세감면배제

국공유재산 임대, 행정지원서비스 제공 등 기타지원제도는 적용

외국의 유가증권시장에 상장 또는 등록된 외국법인의 주식 또는 외국환거래법에 따라 외국인이 소유하고 주식을 출자한 경우 조세감면 배제
해외진출 기업의 국내 재투자 : 해외 현지법인에 대한 대한민국 법인(또는 국민)의 직 · 간접 출자 비율(10% 이상)에 상당하는 부분은 조세감면 배제
장기차관 : 장기차관은 감면비율 계산시 적용하는 외국인투자 비율에 포함되지 아니한다.

〈조세감면 세부내용〉

① 법인세 · 소득세
감면세액범위 : 감면대상사업에서 발생한 소득에 대한 법인세 또는 소득세(총산출세액×소득/총과세표준)에 외국인투자비율을 곱한 금액
감면기간 및 비율 : 감면대상사업에서 최초로 소득이 발생한 해로부터 5년간은 100%, 이후 2년간은 50% 감면
단, 사업개시후 5년이 될 때까지 소득이 발생하지 아니하면, 5년이 되는 해부터 3년간은 100%, 이후 2년간은 50% 감면

② 배당금에 대한 법인세 · 소득세
감면세액범위 : 산출 배당소득세에서 전체사업소득 중 감면대상사업소득이 차지하는 비율을 곱한 금액
감면기간 및 비율 : 외국인투자기업의 법인세, 소득세와 동일하다.

③ 토지 · 건물에 대한 취득세 · 등록세 · 재산세
감면세액범위 : 세출세액에서 외국인 투자비율을 곱한 금액
감면기간 및 비율 : 사업개시일로부터 5년간은 100%, 이후 2년간은 50%
단, 사업개시일전이라도 조세감면결정 이후 취득재산의 경우 취득세, 등록세는 전액면제, 재산세는 취득일로부터 3년간은 100%, 이후 2년간은 50%
지방자치단체가 조례로 감면기간을 15년까지 연장하거나 감면비율을 높인 경우 이에 따른다.

④ 종합토지세
공제대상금액 : 과세표준에 외국인투자비율을 곱한 금액을 과표에서 공제한다.
공제기간 및 비율 : 사업개시일로부터 3년간은 100%, 이후 2년간은 50%
단, 사업개시일전 취득재산의 경우 취득일로부터 3년간은 100%, 이후 2년간은 50%
지방자치단체가 조례로 공제기간을 15년까지 연장하거나 공제비율을 높인 경우 이에 따른다.

⑤ 증자의 조세감면

외국인투자기업이 증자하는 경우에 당해 증자분에 대한 조세감면(관세포함)은 최초투자의 경우와 마찬가지로 관련조세감면규정을 준용한다.

준비금, 재평가적립금 기타 적립금의 자본전입에 따른 증자의 경우 증자분에 대한 조세감면은 기존주식의 감면 예에 따라 그 감면기간의 잔여기간과 감면비율에 따라 감면한다.

단, 외국인투자기업이 유상감자를 한 후 5년 이내에 증자하여 조세감면신청을 하는 경우 순증부분에 대한 외국인투자비율에 한하며 감면한다.

⑥ 사업양수 방식의 외국인투자에 대한 조세감면 특례

고도기술수반사업 및 산업지원서비스업에 대한 사업양수방식의 외국인투자의 경우에는 다음과 같이 감면기간 및 감면비율이 단축 및 축소된다.

법인세 및 소득세 : 최초 소득이 발생한 해로부터 3년간은 50%, 이후 2년간은 30% 감면

배당금에 대한 법인세 · 소득세 : 외국인투자기업의 법인세 · 소득세와 동일하다

취득세 · 등록세 · 재산세 · 종합토지세 : 취득세 · 등록세 · 재산세 · 종합토지세는 사업개시일로부터 3년이내는 50%, 이후 2년간은 30% 감면

단, 조세감면결정을 받고 사업개시전에 취득한 재산의 경우 취득세 · 등록세는 50%, 재산세 · 종합토지세는 취득일로부터 3년간 50%, 이후 2년간은 30% 감면

〈국유재산 임대 및 임대료 감면〉

① 임대기간 및 임대요율

임대기간을 종전 20년에서 50년 범위내로 확대

50년 범위내에서 임대기간 갱신 가능

임대료는 토지 등의 가액의 1% 이상의 요율을 곱하여 산출한 금액으로 산업통상자원부 장관이 결정

② 임대료의 감면

감면대상 : 외국인기업전용단지, 국가산업단지 및 외국인투자지역내 국가소유토지 등

감면기준 및 감면비율

100%까지 감면 : 외국인투자지역입주 외국인투자기업, 외국인기업 전용단지 외국인투자금액이 미화 100만불 이상인 조세감면대상 고도 기술사업

75%까지 감면 : 외국인기업전용단지 입주 미화 5백만불 이상의 제조업, SOC 확충 · 산업구조의 조정 · 지방자치단체의 재정자립 등에 기여하는 사업(외국인투자위원회에서 결정)

50%까지 감면 : 국가산업단지내 국유재산을 100만불 이상 고도기술수반사업, 5백만불 이상 일반제조업, SOC 확충 등 외국인투자위원회가 정하는 사업을 영위하는 외국인투자기업이 임대하는 경우

제10절 기술도입 신고

1. 의의

외국인으로부터 기술을 도입하는 계약을 체결하거나 계약내용을 변경하고자 하는 경우에는 외국인투자촉진법 및 「외국인투자 및 기술도입에 관한 규정」에 의거 주무부장관에게 기술도입신고를 해야 한다. 주무부장관은 신고된 기술도입계약 및 사업계획의 내용을 검토함에 있어 기술제공자와 기술도입자의 합의내용을 존중하여 신속히 처리하여야 한다.

2. 기술도입 신고 절차도해

절 차	참 고 사 항
기술도입계약체결 ↓ 기술도입신고 (주무부장관)	☞ 신고대상 기술도입대가의 지급기간 또는 계약기간이 1년 이상인 경우로서 다음 중 하나에 해당하는 기술의 도입 ① 항공우주산업개발촉진법에 따른 항공기 및 우주비행체와 그 부분품에 관한 기술을 도입하는 계약 ② 방위사업법에 따른 방산물자에 관한 기술을 도입하는 계약 〈구비서류〉 ① 기술도입계약신고서 2부 ② 기술도입계약서 사본 ☞ 기술도입계약에 대한 조세감면 -기술도입계약에 대하여는 조세특례제한법이 정하는 바에 따라 법인세 또는 소득세 등의 조세를 감면할 수 있다. 〈구비서류〉 ① 기술도입대가에 대한 법인세 등의 면제신청서 ② 당해 기술 또는 제품에 대한 공인기관의 인증시험합격 내지는 평가서 ③ 당해 기술에 대한 특허권 및 공업소유권에 관한 자료 ④ 당해 기술에 대한 개발 관련 자료 ⑤ 당해 기술의 고도기술성을 증명하는 자료 ☞ 기술도입계약의 신고가 있는 경우 신고인에게 신고필증이 바로 교부되며, 기술도입계약신고와 함께 조세감면신청을 하는 경우에는 7일 이내이다.
↓ 기술도입 대가지급 ↓ 신고 필증 교부	☞ 기술도입대가 대외송금 ① 주무부처에 신고대상 기술은 주무부장관으로부터 기술신고수리서 확인을 받은 후 대외송금 가능

제11절 해외직접투자

1. 의의

해외직접투자는 국제간 장기자본이동의 한 형태로 자본, 기술 및 인력 등을 해외로 이전하는 것으로서 외화증권 취득, 외화대부채권 취득, 공동사업 참여, 개인기업 영위의 방법으로 허용되고 있으며 경영참가 없이 이자, 배당 또는 시세차익만을 목적으로 하는 투자는 해외직접투자로 허용되지 않는다. 아울러 해외직접투자를 하고자 할 경우 반드시 사전에 해당기관으로부터 신고수리를 받도록 하고 있다.

2. 자격요건

해외직접투자 신고기관의 장은 다음의 사항을 심사하여 수리여부를 결정

① 금융기관의 신용정보 교환 및 관리규약에 의한 신용불량자로 분류되지 않는자
② 조세체납자가 아닌자
③ 개인 또는 개인사업자인 경우 해외이주 수속 중이 아닌자

3. 해외투자의 형태

① 외화증권 취득 : 외국에서 경영에 참여하기 위한 현지법인의 설립, 기 설립된 법인의 인수 등을 말하며 해외직접투자방법의 주종을 이루고 있다.
② 외화대부채권 취득 : 비거주자 등에게 업무수행에 필요한 자금을 대부하는 경우로서 현지법인 및 합작사업의 공동출자자에 대한 대부 등이 있다.
③ 공동사업 참여 : 비거주자의 명의 또는 비거주자와 공동명의로 영위하는 사업에 투자하는 경우로서 해외자원개발사업 또는 기술개발사업에 참여하는 경우 등에 인정되고 있다.
④ 개인기업 영위 : 외국에서 법인형태가 아닌 기업(주유소, 슈퍼마켓 등)을 투자자가 단독으로 소유하여 경영하는 방법

4. 해외직접투자 절차도해

절 차	참 고 사 항
정보수집 및 현지 투자환경 조사	① 해외사업의 구상 및 관련정보 • 사업목적 또는 진출동기의 구체화 • 진출대상국 및 업종의 선정을 위한 기초자료수집 및 분석(→대상국 및 업종 선정) • 투자형태(단독, 합작, 합자), 투자방법(출자, 대부)등의 결정 • 투자환경 조사 • 투자사업의 타당성 검토(Feasibility Study)
↓ 사업계획 수립	② 사업계획서 및 관련 계약서 입안 • 자금의 소요 및 조달 • 설비투자, 생산 및 판매 • 인력수급방법 • 투자자금 회수 및 차입금 상환계획 • 합작투자계약서, 대부계약서, 현지법인의 정관 등 입안
↓ 관련기관과의 사전협의	③ 관련기관(신고수리 등)과의 사전협의 • 투자절차 전반 상담 : 해외투자진출종합포털 (www.ois.go.kr, 1600-7119) • 해외투자금융 지원요청(필요시, 외국환은행본점, 외국은행 대표지점) • 해외투자보험 청약 상담(필요시, 한국무역보험공사) • 현지금융 또는 제3국 금융지원 협의 ④ 투자의향서 합의 및 관련기관에의 지원요청 • 합작투자의향서의 작성 및 합의(합작투자의 경우) • 현지 외국인투자 허가당국의 투자허가의향서 취득(단독투자의 경우) • 해외투자자금 대출 융자상담(필요시, 외국환은행 본점, 외국은행 대표지점) • 해외투자보험 예비신청(필요시 한국무역보험공사)
↓ 각종 인 · 허가 취득 및 계약 체결	⑤ 본계약 체결 및 각종 인허가 취득 • 본 계약 등 관계계약서 체결 • 현지정부의 외국인투자허가 취득(필요시) • 해외직접투자 신고수리(주채권은행, 여신최다은행 또는 거주자가 지정하는 은행) • 해외자금 대출승인(필요시, 외국환은행 본점, 외국은행 대표지점) • 해외투자보험 본청약(필요시 한국무역보험공사)
↓ 해외직접투자 신고 ↓	☞ 해외직접투자의 신고수리 ① 주채무계열 소속기업체인 경우 : 당해기업의 주채권은행 ② 거주자가 주채무계열 소속기업체가 아닌 경우 : 여신최다은행 ③ ①내지 ②에 해당하지 않는 거주자의 경우 : 거주자가 지정하는 은행 * 다음 각호의 1에 해당하는 경우로서 미화 1,000만불 이상을 투자하고자 하는 자는 기획재정부장관에게 신고하여 수리받아야 한다. 1. 해외직접투자를 하고자 하는 거주자의 자본금이 잠식중인 경우 2. 이미 투자한 현지법인에 대하여 증액투자하고자 하는 경우 당해 현지법인이 5년 이상 적자를 나타내고 있거나 자본금이 1/2 이상 또는 1억불 이상 잠식된 경우

절 차	참 고 사 항
↓	〈해외직접투자시 구비서류〉 ① 해외직접투자 신고(수리)서 2부 ② 거래외국환은행지정(변경) 신청서 2부 ③ 투자개요서(투자금액 1백만불 이하의 경우) 또는 사업계획서(투자금액 1백만불 초과의 경우) ④ 사업자등록증 사본 등 투자자 확인서류 –법인 : 사업자등록증 사본, 납세증명 –개인사업자 : 사업자등록증 사본, 주민등록등본, 납세증명 –개인 : 주민등록등본, 재산세 또는 소득세 납세사실증명서 ⑤ 금전대차계약서(공증기관의 공증요, 대부투자인 경우) ⑥ 합작투자계약서(합작투자인 경우) ⑦ 현지법인의 최근 결산대차대조표(증액투자인 경우) ⑧ 국내 관계기관 사전신고서류(필요시) ⑨ 현물투자명세표 2부(현물투자의 경우) –현물가액에 대한 감정평가서(중고품) 또는 견적서(신품) : 현물투자 금액이 미화 1백만불 초과하는 경우에 한함 ⑩ 해외직접투자관련 공시서류(필요시) ⑪ 부동산관련업에 대한 해외직접투자의 경우 부동산 감정평가서 및 등기부등본 등(신고시 부동산 취득이 포함된 경우에 한함) –개인 및 개인사업사의 경우 두자금액에 대한 관할 세무서장이 발행한 "자금출처 확인서" 필요 ⑫ 주식을 통한 해외직접투자일 경우 공인회계사법에 의한 회계법인의 주식평가에 관한 의견서 ⑬ 기타 수리권자가 필요하다고 인정하는 서류
투자자금 송금 및 현물출자대상 반출	☞ 투자자금 송금 신고수리를 득한 후 미리 지정한 외국환은행에서 지급인증을 받아 송금하고 송금 후 즉시 보고하여야 한다.
↓ 현지법인 설립 및 사업개시	
↓ 사 후 관 리	☞ 사후관리 〈보고서등의 제출〉 해외직접투자자는 다음 각호의 서류를 신고기관의 장에게 제출해야 한다. ① 외화증권취득보고서 : 투자금액 납입 또는 대여자금 제공 후 6월 이내 ② 송금(투자)보고서 : 송금 또는 투자 즉시 ③ 연간사업실적 및 결산보고서 : 회계기간 종료후 5월 이내 –공동사업 참여 및 개인기업 영위시는 연간사업실적 보고서 ④ 청산보고서 : 청산자금 수령 또는 원리금회수 후 즉시 ⑤ 기타 신고기관의 장이 해외직접투자의 사후관리에 필요하다고 인전하여 요구하는 서류

절 차	참 고 사 항
	〈신고기관의 사후관리〉 신고기관의 장은 신고수리를 하였거나 사전협의를 한 건에 대하여 다음의 방법으로 사후관리 실시 ① 해외직접투자 관리대장 작성하며 다음의 서류를 작성허여 한국수출입은행장에게 제출해야 한다. –해외직접투자 신고서, 해외직접투자 신고 및 투자실적 : 매익월 15일 이내 – 연간 사업실적보고서 : 해외직접투자자로부터 제출받은 즉시 – 사후관리종합내역 등 기타 통계 또는 사후관리에 필요한 서류 ② 한국수출입은행장은 매년 해외직접투자기업 현황을 작성, 기획재정부장관 및 해외공관의 장에게 송부하여야 한다. ☞ 신고수리를 받은 내용의 변경 당해 신고기관의 장에게 신고하여 수리받아야 함(현지법인의 자회사 및 손회사 설립도 포함)

제12절 수출입대행

1. 의의

① 수출입대행은 무역업자가 위탁자와의 수출 또는 수입의 「대행계약」에 따라 일정한 수수료를 받고 수출입을 수행하는 것으로 수출입대행과 관련한 강행법국 또는 규칙이 없으므로 대행자와 위탁자의 관계 및 대행계약의 내용은 순전히 「대행계약서」의 내용에 의하여 정해진다.
② 위탁자가 수출입을 할 수 있는 자격을 갖춘 경우에도 특정한 거래처나 특수한 상품의 경우 보다 전문적인 지식과 경험을 필요로 할 경우에는 대행을 의뢰하는 경우가 있다.

2. 대행계약의 주요 내용

가) 당사자의 표시

대행자와 대행의뢰자(위탁자)를 명확하게 표시

나) 수출입절차의 이행범위

수출입승인부터 통관까지의 관련된 모든 절차별로 이행주체를 정한다. 즉, 대행업무의 한계를 명확하게 약정하는데 그 내용에 따라 대행수수료율이 결정된다.

다) 대행수수료

수수료는 당사자 간의 합의에 따라 결정된다. 수출의 경우 대행의 범위 또는 거래방법에 따라, 수입의 경우는 대행의 유형, 범위에 따라 당사자 간의 합의에 의해서 결정하면 된다.

라) 클레임 처리

해외 거래상대방으로부터 클레임이 제기될 경우나 클레임을 제기할 때의 당사자를 정하여 사전에 책임소재를 명확히 해야 한다.

마) 관세환급권

수출대행시 환급신청권자 및 환급금의 귀속을 명확히 해야 한다.

3. 수출대행 유형

(1) 단순수출대행 : 대행자의 명의만 사용

대행위탁자가 양도가능 수출신용장을 자기명의로 받음
대행계약에 따라, 수취한 신용장을 대행자에게 양도

전적으로 대행위탁자의 책임 하에 수출물품의 조달 또는 제조가공
대행위탁자가 신용장의 양수인인 대행자의 명의로 수출이행

(2) 내국신용장(또는 구매확인서)개설방식의 수출대행

(1)과 같이 대행자에게 신용장을 양도 후, 대행자가 대행위탁자를 수혜인으로 내국신용장/구매확인서 발급 → 동 내국신용장 등에 의하여 수출물품을 제조가공하여 대행자에게 공급 → 대행자가 수출이행

(3) 신용장 직접수취방식의 수출대행

대행계약 체결 → 대행위탁자의 해외 거래상대방이 직접 대행자 앞으로 신용장 개설 → 대행위탁자가 수출물품으로 조달 또는 제조가공후 물품공급 → 대행자가 수출이행

(4) 위탁자 명의로 수출이행

무역전담 인력부족 및 무역업무 이행능력이 부족한 업체의 경우 선적, 운송, 물류, 결제 및 영문서식 작성 등 모든 절차를 위탁자의 명의로 하되 대행자가 이행

4. 수출대행의 절차

절 차	참 고 사 항
수 출 계 약 체 결 ↓ 양도가능신용장 수취 ↓ 수출대행계약 체결 ↓ 신 용 장 양 도 수출추천 ↓	☞ 대행가능 신용장 신용장방식거래인 경우 반드시 양도가능신용장(Transferable Credit)을 수취해야 한다. ☞ 수출대행관련 사항 ① 수출실적 －대행자 : 직수출실적 인정 －대행위탁자 : 대행자로부터 내국신용장 또는 구매확인서를 발급받은 경우에 한하여 공급물품에 대한 수출실적을 인정받는다. ② 무역금융 －대행자와 대행위탁자간에 내국신용장이 개설되었는지 여부에 따라 무역금융의 수혜자가 달라짐. －완제품내국신용장을 개설한 경우에는 대행위탁자가 동 내국신용장을 근거로 생산자금과 원자재금융 수혜 －내국신용장을 개설하지 않은 경우는 대행자가 대행자의 담보로 금융을 수혜받아서 대행위탁자에게 제공한다.(금융비용은 대행위탁자가 부담)

절　　차	참 고 사 항
↓ 수출승인(필요시) <단순대행> ↓ 수출물품확보 / ↓ 완제품내국신용장개설 ↓ 수출물품인수 ↓ 수출절차이행 ↓ 수출대금회수	③ 관세환급 －대행계약에 의거 대행자나 대행위탁자중 택일하여 결정 －관세환급특례법상 환급청구권자는 원칙적으로 수출자(대행자)로 제한된다. －대행위탁자 명의로 관세환급을 신청할 시엔 대행자 및 대행위탁자가 모두 관세체납사실이 없어야 하며, 환급신청에 필요한 기본서류에 대행계약서, 대행자 및 대행위탁자의 인감증명서를 추가하여 제출해야 한다. ④ 클레임에 대한 책임 －수출계약의 당사자인 대행위탁자가 클레임의 당사자이다. －대행자의 책임부담 범위는 신용장상에 명기된 사항 이내이며, 동 사안에 대하여는 수입자가 클레임 제기 대상자에 대한 Option이 있다. －대행자가 클레임에 따른 손해를 면하기 위해서는 대행계약서상에 매수인의 지급거절이나 클레임 제기시 대행위탁자에게 구상할 수 있도록 하는「구상권 조항」을 두거나, 매수인과 특약을 하여 클레임의 대상을 대행위탁자로 한다는 것을 명확히 해 두어야 한다. ☞ 대행수수료의 지급 대행자는 수출신용장 Nego시 수출대금에서 대행수수료 등을 공제하고 대행의뢰자에게 수출대금 지급

5. 수입대행의 유형

(1) 수출용원자재 수입대행

주로 내국신용장을 받았거나 무역업고유번호를 부여받지 않은 경우에 이용되나, 무역업고유번호를 가지고 있는 경우에도 해외 물품공급자와의 특정거래관계(독점계약 등)에 따라 이용되기도 한다.

수출입공고 등 적용배제, 관세환급, 무역금융 등 수출용원자재 수입에 따른 여러 가지 혜택은 대행위탁자도 수혜할 수 있다.

(2) 내수용 물품의 수입대행

대행위탁자의 수입목적에 따라 자가 수요용, 단순판매용으로 구분되며, 관세 등 수입통관시 제세의 납세의무자가 누구인가에 따라 대행위탁자가 납세의무자인 단순대행과 대행자가 납세의무자인 실수대행(직수입 대행)이 있는데, 납세의무자가 누구인가에 따라 수입대행수수료가 결정된다.

☞ 수입대행 유사거래

① Offer Sale

외국의 물품공급자로부터 독점적인 계약대리권을 부여받은 자가 국내의 수입자에게 Offer를 발행한 대가로 일정한 수수료를 영수하는 거래

② Stock Sale

자기명의, 자기책임 하에 물품을 수입한 후 실수요자와의 국내거래로 원상태로 수입물품을 매각하는 거래

6. 수입대행의 절차도해

절 차	참 고 사 항
수 입 계 약 체 결 ↓ 수입대행계약 체결 ↓ (허가 또는 추천) 수입승인(필요시) ↓ 수입신용장 개설 ↓ 운송서류 내도 및 대금결제 ↓ 수 입 통 관 ↓ 사 후 관 리	☞ 수입대행 관련사항 ① 납세의무 –수입시 납부하는 관세 및 부가가치세의 납세의무자는 수입대행계약서에 의거 대행자나 대행위탁자중 수입신고사항에 표시하는 자가 된다. –수출용원재료를 수입하여 수출물품을 제조 · 가공하여 수출하고 부가가치세를 환급받으려면 수입대행 위탁자를 납세의무자로 하여야 한다. ② 수출용원자재 수입에 따른 금융절차 –수출용 원자재 수입에 따른 무역금융 지원 시 채무자는 대행자 또는 대행위탁자 중 한사람으로 할 수 있으며, 동 수입분에 대한 융자한도 및 수출의무액은 실수요자(대행위탁자)에게 계상된다. –수입대행자가 실수요자를 위하여 수입신용장을 개설하는 경우 수입신용장 개설은행은 실수요자의 주거래 외국환은행으로부터 융자한도를 배정받은 후 신용장을 개설하여야 하며, 실수요자의 주거래 외국환은행은 이를 실수요자의 한도에 포함하여 관리 –수입신용장에 대한 원자재수입자금은 대행자 또는 실수요자 명의로 융자 취급할 수 있는데, 대행자 명의로 융자취급한 은행은 동 융자금의 회수 및 회수상황을 실수요자의 주거래은행에 통보하여야 한다. –주거래 외국환은행은 위의 통보에 의거하여 실수요자에 대한 융자한도 및 무역금융 사후관리를 한다. ☞ ① 수입보증금적립 등 수입에 따른 담보 및 자금(비용)부담은 대행위탁자 부담 ② 대행위탁자가 수입대금을 결제하지 않을 경우 신용장개설은행은 선적서류 도착통지 후 5영업일 째에 대행자 명의의 지급확약 대지급(대불)

제13절 외국 규격인증제도

세계 각국은 자국민의 보호와 자국민들이 양질의 제품을 사용할 수 있게 하기 위해 여러 가지의 규격에 대한 인증 또는 등록 등의 절차를 요구하고 있습니다. 따라서 특정지역에 수출하기 위해서는 특정 인증획득이 필수적입니다. 현재 국가적으로 규격인증을 강제화하거나 또는 기술장벽을 강화하여 인증을 받지 않은 제품은 해당시장에서 불이익을 받는 경우도 있습니다. 따라서 해외에 안정적으로 수출하기 위해서는 인증을 받지 않을 수 없는데 그 인증의 내용이 너무나 다양하고 인증비용도 작지 않으므로 중소기업에게는 상당히 어려운 일입니다. 중소벤처기업부에서는 이러한 중소기업의 해외규격 인증획득의 어려움을 해결하고 규격정보를 지원하기 위해 해외규격인증정보센터를 설치 운영하고 있습니다. 해외규격인증정보센터는 중소기업 해외시장개척지원사업의 일환으로 수출대상 국가의 제품규격 및 인증정보를 국내 중소기업에 널리 보급, 기업의 대외 경쟁력을 향상시키고 해외인증 취득에 필요한 최신 정보를 제공과 인증획득 비용을 지원하고 있습니다.

–지원분야 및 내용(【별표1】 참조)

- 중소기업이 수출할 경우에 요구되는 국제규격, 지역규격, 국가규격 및 단체규격을 대상으로 수출 기여도, 사업의 효율적 추진 등 제반여건을 감안하여 지원 : 원칙적으로 수출필요성 등을 고려하여 시스템 인증은 제외하며, 제품인증에 대해 우선적으로 지원한다.

- 추진절차에 따라 선정된 참여기업에 대하여 해외규격 인증획득에 소요되는 제품 시험 · 인증비용과 컨설팅기관 과제수행 대행료, 인증 심사과정에 필수적으로 소요되는 공장심사 등의 비용(이하 "인증소요비용"이라 함)의 일부를 출연할 수 있다.

- 해외규격인증(【별표1】 참조)과 기타규격인증으로 나누어 접수 · 평가 : 해외규격 인증은 공고된 【별표1】과 무역위원회의 심의를 거쳐 지원되는 기타규격인증

- 참여기업은 동일 모집 차수에서 최대 4개까지 규격인증획득지원을 신청할 수 있고, 영국 내 인증기관을 통해 CEO인증을 받은 기업이 EU회원국 내 인증기관으로 전환인증을 신청하는 경우에도 지원 가능하며, 중국, 신난방, 신북방국가의 인증을 신청하는 경우 최대 15년까지 지원 가능하며 신청서 작성 및 구비서류 업로드

- Internet 해외인증 신청 · 접수 방법
  - · 중소기업 수출지원센터 홈페이지(www.exportcenter.go.kr) 접속
  - · www.exportcenter.go.kr → 회원가입 → 로그인 → 사업신청(해외규격인증획득지원)

【별표 1】 국가별 해외규격인증 지원대상 현황(444개)

국가별	규격인증		
미국	3-A (미국낙농 및 식품가공기기인증)	AAR (미국철도협회)	ABS (미국선급협회)
	ACMI AP (미국창작재료협회)	AGA (미국가스협회)	AHRI (미국규격협회)
	AISC (미국강구조물협회)	AMECA (미국자동차안전부품인증)	ANSI (미국규격협회)
	ANSI/ASHRA (미국냉동공조학회규격)	ANSI/BHMA (미국건축제품인증)	ANSI/BIFMA (미주사무 및 가구제품 인증)
	API (미국석유학회)	ASME (미국기계학회)	ASTM (미국시험재료협회)
	BPI (미국생분해성제품인증)	CADR (공기정화률인증)	CEC (캘리포니아에너지효율관리제도)
	CPSC (미국소비자제품안전위원회)	CPSIA (미국소비자제품안전개선법)	CTI (미국냉각탑협회, 미국열성능)
	DLC (북미에너지절감인증)	DOE office of Energy Efficieny and Renewable Energy	DOT (미국운수성)
	Energy Star (미국에너지스타)	EPA (미국환경보호국인증)	ETL (미국전기시험연구소)
	ETL SANITATION (국제보건위생인증)	FCC (미국연방통신위원회)	FCN (미국식품포장제등록제도)
	FDA (미국식품의약품국)	FDA-GRAS (미국식품안전물질등록)	Federal Aviation Administration (미국연방항공국)
	FedRAMP (미국클라우드보안인증서비스)	FHWA (미국연방고속도로관리국)	FIPS (연방정보처리표준인증)
	FMVSS (미연방자동차안전기준)	Fugitive Emission Test (밸브유해물질누설인증)	Gluten Free (글루텐안전인증)
	Gold Seal (미국음용수관련인증)	Green Seal (친환경인증)	Greenguard (실내공기질시험·인증)
	GSA (미국연방조달청)	Halogen Free (할로겐안전인증)	HIRF (고강도전자기장)
	IACP (국제경찰청장협회)	IAPMO (미국배관자재환경인증)	ICC-ES Evaluation Reports (미국건축자재관련제도)
	ITE Compliance (북미신호등인증)	MiamiDADE NOA (미국건축자재인증-플로리다주)	MIL-STD-810G (미국육군장비규격)
	MIL-STD-901D (미국해군장비규격)	MIL-STD-461g (미군전자파적합성규격)	NCHRP (미국고속도로관련시설물연구프로그램)
	NEBS (미국네트워크장비구축시스템)	NFPA	NFRC

국가별	규격인증		
미국	NGV2 (고압연료탱크규격)	NIJ (미법무성사법연구소)	NIOSH (미국국립산업안전보건연구원)
	NMMA (미국요트트레일러인증)	NOP (유기제품인증)	NPC (소음공해규제기관)
	NRC (미국국가위원회원자력부품수리인증)	NRTL (미국국가인정시험소)	PTCRB (북미휴대폰인증)
	SCS (미국과학적환경인증시스템)	SRCC (미국태양열집열기인증)	UL CAP (사이버보안평가프로그램인증)
	UL ECV (환경성주장검증)	UPC (미국배관 및 기계인증)	USCG (미국해양안전관련규제)
	USDA (미국농무성환경인증)	Water Sense (미국환경보호국인증)	WH-ETL (북미건축자재마크)
	WHI (북미지역건축자재인증)	WQA (미국수질협회)	
유럽	DNV GL (노르웨이-독일 선급협회)	AdBlue (유럽자동차매연저감제인증)	BPR (유럽살생물제관리법)
	BSI BS EN489 (열(히트)파이프지침)	CCNR (라인강항해중앙위원회인증)	CE (유럽공동체마크)
	CEN/TS 17342 (오토바이도로안전기술규격)	COSMOS (유럽유기농 및 천연화장품인증)	CPNP (유럽화장품등록)
	ECB-S (유럽금고안전인증)	Eco-Labeling (EU환경마크)	ECO-PASSPORT (섬유제조공정인증)
	EFSA (유럽식품안전청)	EHEDG (유럽위생설계 및 디자인협회)	e-Mark (유럽연합차량용부품안전인증마크)
	EN 15267 (유럽대기질자동차측정시스템평가인증)	EN ISO 20471 (반사색안전조끼인증)	ENFC (유럽규격전기인증)
	ESV (유럽위성지구국관련인증)	EU ORGANIC-EEC834/2007 (EU유기농식품인증)	EU-MED (유럽선박장비인증)
	European Privacy Seal (유럽프라이버시씰)	FIBC (산업용포장재의 정전분류)	Green Dot (유럽포장재폐기물관련인증)
	M Classification (공공건물 내 섬유재료규제)	Novel Food (신규식품과 신규식품첨가제인증)	Oeko-tex (유럽섬유환경인증)
	REACH (유럽의 신화학물질관리제도)	Regulation EC No.1223, 2009 (유럽화장품유해물질규제지침)	Regulation EC No.1935, 2004 (유럽식품접촉물질규제지침)
	Regulation EC No.79, 2009 (유럽수소자동차규제지침)	Seeding (생분해인증제도)	SEMI (유럽반도체장비인증)
	Solar Keymark (유럽태양열제품적합성인증)		
네덜란드	KEMA (네덜란드전기시험소)	Kiwa Water Mark (네덜란드위생안전인증)	Mifare Security Certification (반도체RF보안인증)

국가별	규격인증		
덴마크	DEMKO (덴마크전기기기검사협회)		
독일	AD2000 (독일압력용기인증)	BDIH (독일유기농마크인증)	BV-043 (독일해군장비규격)
	Dermatest (화학제품인피자극성등급인증)	DIN (독일규격협회)	DVGW (독일가스식음료전문가협회)
	GS (독일품질안전)	IT-Grundschutz (정보보호인증제도)	KTW test certification (독일식수관련인증)
	LFGB (독일식품용품법)	LGA (독일바이에른공업시험청)	LTF (독일감항성시험)
	MPA (독일건축자재인증)	TUV (독일기술관리협회)	VDE (독일전기기술자협회)
	VdS (독일보험협회인증)		
영국	Allery UK (영국알러지협회)	ASTA (영국안전규격)	BABT (영국통신기기승인)
	BBA (영국건자재인증)	BSI (영국표준협회)	CPA (영국상업용제품인증)
	FIRA (영국가구산업연구협회)	I-LIDS (영국경찰비디오분석인증)	LR (영국선급협회)
	WRAS (영국수질협회인증)	UKCA (영국제품적합인증마크)	UK REACH (영국화학물질등록)
	UK Cosmetic Reguation (영국화장품등록)		
이탈리아	ACCREDIA (이탈리아전기제품인증)	IMQ (이탈리아전기기술협회)	RINA (이탈리아선급협회)
프랑스	ACS (프랑스보건위생적합증명)	BV (프랑스선급협회)	CSTB (프랑스건축자재인증)
	DGCCRF (프랑스소비자보호 및 불공정경쟁감시국인증)	ECOCERT (프랑스생산공장인증)	GTT (프랑스GTT선급)
	NF (프랑스표준규격)		
벨기에	CEBEC (벨기에전기기기시험소)	Vincotte (벨기에환경인증)	
스페인	AEI Seal of Cybersecurity for Organizations (사이버보호인증제도)	AENOR (스페인규격협회)	National Security Framework (스페인국가보안인증제도)
핀란드	FIMKO (핀란드전기기기검사협회)		
스웨덴	RISE (스웨덴국립시험연구협회)	SEMKO (스웨덴전기기기협회)	

국가별	규격인증		
노르웨이	NEMKO (노르웨이전기기기협회)	NIPH (노르웨이음용수관련인증)	NORSOK (노르웨이표준해양규격)
스위스	ESTI Safety Mark (전기자동차충전플러그인증)		
슬로바키아	슬로바키아 장비검증		
일본	BAA (일본자전거승인)	BOKEN (일본방적검사협회)	F☆☆☆☆ (일본친환경규격)
	FESC (일본소방설비인증)	CMJ Mark (일본전기용품 및 부품)	
	JAPEIC (일본용접관리프로세스인증)	JAS (일본유기제품인증)	
	JET PVM (일본태양광인증)	JHOSPA (일본위생수지협의회인증)	
	JISEC (IT시큐리평가 및 인증)	JPAL (일본의료기기)	
	MIC (일본우정통신성)	NK (일본선급협회)	
	Privacy Mark (프라이버시마크제도)	PSC (일본소비생활용제품안전인증)	
	SIAA (일본향균제품기술협의회)	S Mark (일본전기용품시험소)	
	일본 ECO Mark (일본친환경제품인증)	일본건축자재평가	
	일본무선통신인증 (JAPANMIC, JATE, TELEC)	일본불연재료인증	
	일본철골제작 공장인증 (Fire Protecxtion Certificate)		
러시아 (신북방)	소방안전증명서 (Fire Protection Certificate)	FSS (러시아암호화인증)	GOST (러시아표준규격)
	러시아계측기인증 (Pattern Approval Certificate)	RS (러시아선급협회)	RTN (러시아연방유해산업시설인증)
	러시아위생증명 (Russia Hygienic Conclusion)	러시아항공조명인증	수출입 수산물, 수산가공품의 품질관리 및 위생안전
	의료기기러시아연방보건감독청 (Registration Certificate of Medical Devices)		
말레이시아 (신남방)	DOSH (말레이시아산업안전보건국)	MDA (말레이시아의료기기등록)	NPRA (말레이시아국가의약품관리청인증)
	SIRIM (말레이시아표준산업규격)		
멕시코	IFETEL (멕시코통신인증)	NOM (멕시코제품안전규격)	SSA (멕시코보건부위생등록)

국가별	규격인증		
대만	VSCC (대만자동차 및 부품인증)	BSMI (대만표준검험국)	CNS (대만국가표준)
	CR (대만선급)	NCC (대만통신기기인증)	TFDA (대만의료기기)
태국 (신남방)	TISI (태국공산품규격제도)	태국식약청	
브라질	ABESE (브라질전자보안제품인증제도)	ANATEL (브라질국가정보통신국)	ANVISA (브라질식품의약품인증)
	INMETRO (브라질강제인증)	브라질농약약품등록	
사우디아라비아	SASO (사우디아라비아표준화기구)		
튀르키예	KKDIK (튀르키예화학물질관리제도)	TSE (튀르키예강제인증)	
싱가포르 (신남방)	BS476-22 (방화도어테스트)	CPS (싱가포르제품안전표시)	Data Protection Trustmark (데이터보호표준 및 적합성인증)
	HSA (싱가포르의료기기등록)	IMDA (싱가포르생산성표준원)	MTCS (클라우드보안인증)
	NITES (NITES보안인증)	PSB (싱가포르생산성표준원)	Singapore Green Label (싱가포르친환경인증마크)
아르헨티나	ANMAT (아르헨티나의료기기인증)	IRAM (아르헨티나전기안전협회)	
인도 (신남방)	ARAI (인도자동차협회)	BIS (인도제품인증)	CDSCO (인도약품표준통제국)
	CPRI (인도전기전력인증)	CRS (인도전자제품강재등록제도)	DCG (인도식약청)
	IBR (인도보일러규정)	IRS (인도선급인증)	MTCTE (인도통신장비보안규제)
	RDSO (인도철도인증)	STQC (인도생채인식장치인증)	TRA (인도 및 티벳지역농자재인증)
	WPC (인도통신기기인증)	Central Motor Vehicle Regulation Approval (인도자동차부품인증)	
인도네시아 (신남방)	BKI (인도네시아선급인증)	BPOM (인도네시아식약청등록)	SNI (인도네시아국가규격)
	인도네시아유무선통신기기인증		
중국	AQSIQ (중국국가질량감독검험총국)	CCC (중국강제인증)	CCIS (네트워크핵심설비 및 사이버보안전용제품안전인증)
	CCS (중국선급인증)	CEL (중국에너지효율라벨)	CGAC (중국가스용품품질감독관리)

국가별	규격인증		
중국	China Environmnet Labeling (중국환경표지인증)	China Reach (중국화학물질관리제도)	CMA (중국계측학허가인증)
	CPA (중국계측기형식승인)	CRCC (중국철도제품인증)	CSEL (중국보일러 및 압력용기인증)
	CSQL (중국안전품질승인)	GB 18030 (중국어인코딩인증)	GB Test (중국국가표준시험성적서)
	HG/T 2888-2010 (중국고무장갑시험검사)	ICAMA (중국농업부등록)	LA Mark (중국노동보호용품마크인증)
	MOH (중국수입식용수관련안전제품위생허가)	NAL (중국통신장비허가제도)	NIM (중국계량과학원)
	NMPA (중국국가약품관리감독국)	SAMR (중국보건식품허가등록)	SRRC (중국통신제품형식승인)
	건설산업과학기술성과평가인증	상용암호화제품인증	신식품원료허가
	중국비료허가	중국소독제등록	중국수입첨가제등록
	중국유기농식품인증	중국컴퓨터안전제품판매허가	중국미생물수입등록
	중국식품수화인등록 (입경화물검사검험증명)	중국자율제품인증 (CQC, CVC 등)	폐기물선적전검사
카자흐스탄 (신남방)	GOST K (카자흐스탄인증)		
중동	GCC (중동적합성마크)		
캐나다	CAN CGSB155.20 (캐나다방염원단인증)	CCMC (캐나다건축자재인증)	CNF (캐나다화장품사전신고)
	CRN (캐나다압력제품등록)	CSA (캐나다표준규격)	CSA Star (클라우드서비스인증)
	CWB (캐나다용접협회)	HC (캐나다의료기기인증)	IC (캐나다산업성)
	ISO/IEC 27018 (개인식별정보보안통제)	NRCan Energy Efficiency (캐나다에너지효율관리제도)	TC (캐나다위험물질운송인증)
쿠웨이트	KUCAS (쿠웨이트제품적합인증)		
페루	Registro Sanitario (보건등록증)		
콜롬비아	ICONTEC (콜롬비아표준산업규격)	RETIE (변압기강제인증)	
폴란드	B Mark (폴란드전기안전인증)	NTA (폴란드건축자재인증)	폴란드농약약품등록
에티오피아	에티오피아판매인증서		

국가별	규격인증		
필리핀 (신남방)	ERC (필리핀에너지규제위원회)	ETV Philliphines (필리핀환경기술검증)	ICC (필리핀표준규격인증)
	PEFC (필리핀산림제품인증)	PFDA (필리핀식품의약청)	
라오스 (신남방)	MPT (라오스우정통신부인증)		
베트남 (신남방)	CR Mark (베트남품질안전인증)	VNEEP (베트남에너지효율인증)	VNTA (베트남유무선통신인증)
	베트남식품인허가	베트남의료기기수입허가	베트남보건부의약청화장품등록
호주	ASD (호주ASD암호화평가인증)	ACRS (호주신뢰성인증)	ADR (호주자동차안정 및 배기량규격)
	AFRDI (호주사무가구품질인증)	AGA (호주가스안정인증)	AISEP (호주정보보안평가프로그램)
	APEC CBPR (APEC개인정보보호인증)	AS (호주규격협회)	Code Mark (호주건축법규위원회건축자재인증)
	RCM (호주전기전자강제인증규격)	Sai Global (호주품질보증협회 QAS)	TGA (호주의약품규제기관)
	Water Mark (호주배관제품인증)	WELS (호주물효율라벨링제도)	호주농약약품등록
홍콩	HKSM (홍콩제품안전마크)	OFCA (홍콩이동통신인증)	
이라크	COSQC (이라크표준)		
남아프리카	ICASA (남아프리카공화국독립통신위원회)		
이란	CRA (무선통신기기인증)	ISIRI (이란강제인증)	MOH (이란보건부등록)
나이지리아	SONCAP (나이지리아강제인증)		
아랍에미레이트	Dubai Civil Defence (두바이화재예방제품승인)	ECAS (전자기기인증제도)	EQM (아랍에미레이트제품적합성마크)
이스라엘	SII (이스라엘표준연구소)		
우크라이나 (신북방)	Ukr Sepro (우크라이나제품인증)		
모로코	모로코화장품사전등록		
칠레	SEC (칠레에너지관리국)		
미얀마	MPU		

국가별	규격인증		
이집트	CAPA (이집트의료기기등록)		
뉴질랜드	뉴질랜드농약약품등록		
국제	AEC Q (자동차용전자부품품질인증)	AEM (장비제조 및 서비스국제무역협회인증)	ALE 1.0 (RFID제품인증)
	AMCA (공조기시스템국제협회)	ASC CoC (지속가능한 수산물(양식)인증)	ATP (부패성음식의 수송적합승인)
	BLUESIGN (섬유화학물질인증제도)	Bluetooth (블루투스제품인증)	BQB (블루투스제품간호환성확보목적의 인증)
	BRC IOP (국제식품안전협회포장재승인규격)	BRC Food (식품안전글로벌규격)	Chip Card Approval (스마트카드사승인)
	CMMI Lv3~5	Common Criteria for Information Technology Security Evaluation (정보기술보안평가)	Conforming Golf Balls (국제골프제품안전인증)
	Cospeas Sarsat (조난경보기 또는 위치정보제품인증)	DLMS COSEM (계량장비프로토콜의 시험인증)	EAC (구. CU-유라시아적합성인증, 신북방)
	EFFCI (유럽화장품원료협회)	EMV (국제IC카드보안인증)	EtherCAT Compliance Test (이더캣적합성테스트)
	Fair Quality Pro (국ㅈ축구연맹품질인증)	FIDO (생체인증)	FIFA IMS (International Match Standard)
	FIFA Quality Pro (국제축구연맹품질인증)	FSC (국제산림관리협의회)	FTC (화염시험인증)
	G7 Master (국제인쇄표준)	Global GAP (국제우수농수산물인증)	GOTS (국제유기농섬유규격)
	GRS (국제재생섬유친환경인증마크)	Halal (이슬람음식 및 영양협회, 신남방)	HDMI (PC와 디스플레이의 인터페이스표준규격)
	HSNO Approval (유해물질과 신규생물관련인증)	IAAF (국제육상경기연맹)	ICSA Labs (IT보안제품성능인증)
	IECEE (IEC안전규격상호인증) CB	IECEX (국제방폭상호인증)	IFOAM (세계유기농업운동연맹)
	ILO (국제노동기구)	IPA (클린룸인증)	ISO 12500 (압축공기용필터국제표준)
	ISO 22899 (해양제트화재발생위험안전인증)	ISO 26262 (자동차기능안전성국제표준)	ISO 27017 (클라우드정보보안지침)
	ISO 3834 (용접ISO인증)	ISO 7096 (토공기계인간관련진동규격)	ITF Ball Approval (국제테니스연맹테니스볼승인)
	ITF Classified Court Pace (국제테니스연맹테니스코트제품인증)	IWA 14-1 (국제차량보안전인증)	KOSHER (유대교식품적법인증)
	LPCB (보안 및 화재예방인증)	MPR2 (전자파측정 및 검사규격)	MSC CoC (지속가능한 수산물인증)
	NADCAP (국제항공기자동차부품인증)	NON GMO (유전자변형농산물미사용인증마크)	OCS (유기농섬유인증)

국가별	규격인증		
국제	OE (유기농목화섬유에 대한 인증)	OIML (국제법정계량기구)	OK Compost (생분해성인증)
	OpenADR (전력수요관리인증)	PCI (신용카드단말기보안국제규격)	Profibus (국제공장자동화기기인증)
	QI (무선충전표준인증)	R&A Certificate (골프공공인구)	RoHS (유해물질사용제한)
	RSPO (국제친환경팜유인증)	SG Mark (소비자제품안전인증)	SIL (국제안전레벨등급인증)
	SQF (식품품질안전)	TCO05 (정보사무기기효율인증)	The Skin Cander Foundation's Seal of Recommendation (피부유해자외선차단검증인증)
	Toxproof (환경유해물질안전마크)	UCI (국제사이클연합인증)	UN38.3 (리튬배터리운송안정성시험)
	USB IF (USB임플리멘터스포럼)	Visa Paywave (신용카드단말기인증)	WHO (세계보건기구)
	Wi-Fi Certifed (Wi-Fi상호운용성인증)	WPS (선급용접절차승인)	Z Wave Product Certification (전자제품상호호환성인증)

※ 위 지원대상이 아닌 규격인증은 '기타규격 인증지원'으로 신청가능하며, 윤영위원회 심의를 거쳐 지원여부 결정

※ 수출필요성 등을 고려하여, 제품인증에 대해 우선적으로 지원하되, 시스템 인증만을 신청하는 경우에는 지원대상에서 제어될 수 있음

※ NRTL(Nationally Recognized Testing Laboratory/미국국가인정시험소) 미국노동부 산하 직업안전보건청에서[1] 인정한 시험소로, 현재 20개기관[2]이 인정을 받음

※ RoHS : EU, RoHS, 일본 J-Moss, 중국 RoHS, ELV(폐자동차처리지침) 등 국제환경규제에 대비한 유해물질분석을 지원(단, 동일제품은 1회에 한하여 지원)

1) 미국노동부 산하 직업안전보건청(OSHA) www.osha.gov
2) NRTL 인정 20개 기관 : ARL, BACL, BVCPS, CSA, DEKRA, FM, IAPMO, ITSNA, MET, NNA, NSF, QAI, QPS, SGS, SPTL, SWRI, TUV Rheinland, TUV SUD, TUV PSG, UL

해외규격인증획득지원사업 문의처

담당기관명		전화번호
사업총괄	중소벤처기업부 (글로벌성장정책과)	042-481-3980
관리기관	한국화학융합시험연구원 (수출인증사업단)	02-2164-0173~8

지방중소벤처기업청 수출지원센터

지방청명	TEL	FAX	주소
서울지방청	02-2110-6330	02-2110-0663	13809 과천 관문로 47 정부과천청사 1동 105호
부산지방청	051-601-5161	051-341-0364	48060 부산 해운대구 APEC로 55 벡스코 제2전시장 3층 371호
대구경북지방청	053-659-2244	053-626-8771	42724 대구 달서구 성서4차첨단로 122-11
광주전남지방청	062-360-9194	062-366-9671	61902 광주 서구 천변우하로 391 광주나라키움총합청사
경기지방청	031-201-6946	031-201-6949	16705 수원 영통구 반달로 87
경기북부사무소	031-820-9033	031-820-9039	11497 양주 평화로 1215 섬유종합지원센터 2층
인천지방청	032-450-1136	032-818-8364	21632 인천 남동구 은봉로 82
대전세종지방청	042-865-6151	042-865-6159	34111 대전 유성구 가정북로 104
충남지방청	041-415-0678	041-415-2856	31169 천안 서북구 광장로 215 충남경제종합지원센터 9층
울산지방청	052-210-0062	052-283-0354	44248 울산 북구 산업로 915 울산경제진흥원 3층
강원지방청	033-260-1672	033-260-1679	24427 춘천 안마산로 262
충북지방청	043-230-5374	043-235-2492	28119 청주 청원구 오창읍 중심상업2로 48
경남지방청	055-268-2565	055-262-5012	51439 창원 의창구 창이대로 532번길 50
전북지방청	063-210-6485	063-210-6489	54966 전주 완산구 서원로 77
제주 수출지원센터	064-753-8757	064-753-8759	63217 제주 연삼로 473 경제통상진흥원 2층

※ 한국무역협회 TradeSOS 해외인증관련 상담센터 www.kita.net 1566-5114

II

수출입절차

제1절 수출절차

1. 개요

수출입대금결제방식에는 송금방식, 추심방식, 신용장방식, 혼합방식 등이 있는데 이중에서 어떠한 방식으로 결제하느냐에 따라서 그 절차도 달라진다. 신용장방식에 의한 수출절차는 아래와 같다. (신용장의 정의나 거래과정에 대해서는 4-3의 화환 신용장 방식에 의한 수출입을 참고)

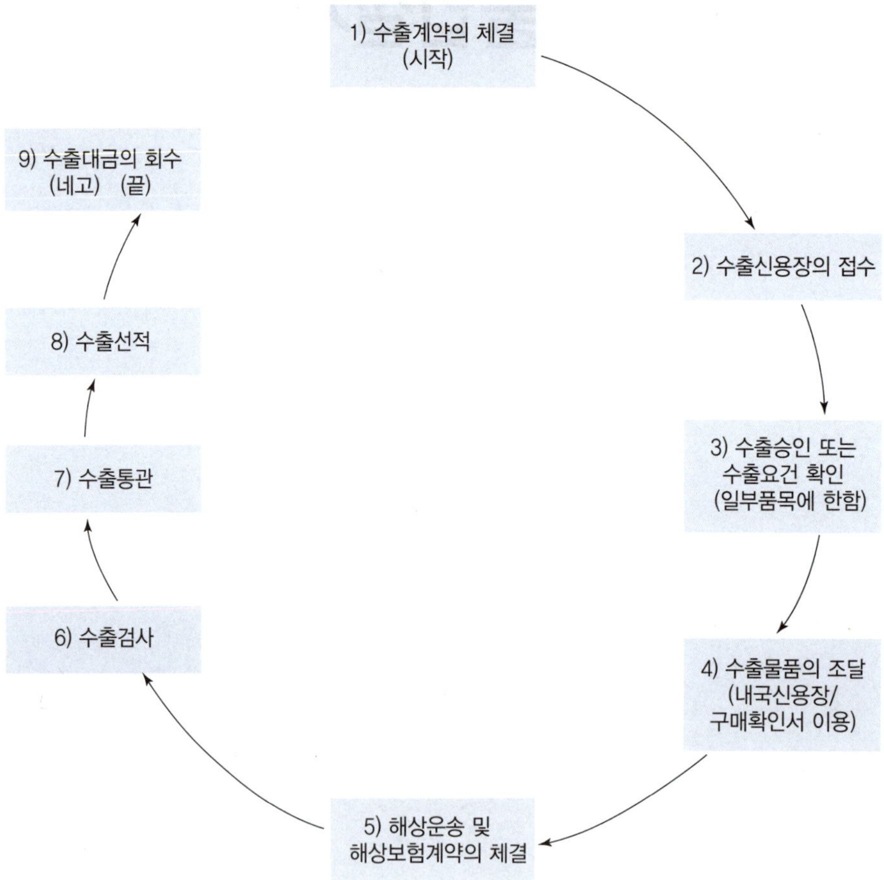

2. 바이어 선정 및 수출계약의 체결

수출을 이행하기 위해서는 우선 목표시장을 설정하여 시장조사를 한 다음 적합한 바이어를 선정하여 상담의 과정을 통하여(offer and acceptance) 수출계약을 체결한다.

3. 수출신용장의 접수

수출계약이 신용장 결제방식인 경우에는 수입상이 개설한 신용장이 도착하면 통지은행을 통하여 이를 입수하여 아래와 같은 사항들을 검토하여 수정(Amend)을 요구한다.

특히 신용장의 개설 전, 수입상으로부터 신용장 개설신청서(Draft)를 요구하여 검토하는 것이 보다 안전할 것이다.

① 수출계약 내용과의 일치여부
② 취소불능신용장인지의 여부
③ 개설은행의 신용상태를 은행, 무역보험공사 등에 조회하여 필요한 경우 확인신용장 요구
④ 특수조건 및 이행에 지장을 초래할 수 있는 내용 및 서류요구 사항 검토
⑤ 지급확약문구
⑥ 오자, 탈자의 존재여부, 단가와 합계의 정확여부 등

4. 수출승인이나 수출요건확인(일부 품목에 한함)

수출대상 물품이 대외무역법의 수출입공고상으로 수출제한 품목일 경우에는 해당기관이나 단체로부터 수출승인(E/L)을 받아야 수출할 수 있으며, 통합공고 상으로 수출이 규제되고 있는 품목인 경우에는 해당 기관으로부터 수출요건 확인을 받는다.

해당물품이 2개 이상의 법령에 관련되어 요건기관이 2개 이상이면 요건기관마다 확인을 다 받아야 수출할 수 있다.

수출입공고나 통합공고에 의한 제한이나 규제 대상 품목이 아닌 대부분의 품목들은 수출승인이나 수출요건 확인이 필요 없다.

〈수출승인신청 시 구비서류〉

① 수출승인신청서 2부
② 수출신용장 또는 계약서 사본 1부
③ 기타 수출승인기관에서 요구하는 서류

5. 수출물품의 조달 및 무역금융의 이용

수출물품을 자체생산하거나 구매하여 수출물품을 조달해야 하는데 내국신용장 또는 구매확인서

등에 의해 조달할 수 있으며 이와 관련된 무역금융을 거래은행에서 받게 된다.

6. 수출검사와 포장

수출물품을 수출자가 스스로 검사하는(Exporter's inspection is final) 것이 가장 간편한 방법이다. 계약서나 신용장에서 아래와 같이 규정하고 있는 경우에는 그에 따라야 한다.

① 수입자가 직접 검사하는 경우
② 수입자의 대리인(the representative of buyer)이 검사하는 경우
③ 수입자가 지정하는 검사기관이 검사하는 경우

7. 해상운송 및 해상보험 계약의 체결

수출검사가 끝나면 수출통관 준비와 함께 선적할 선박을 수배하여 선박회사(또는 포워더, Forwarder)와 해상운송계약을 체결하고 가격조건이 CIF나 CIP인 경우에는 수출품에 대하여 해상보험회사(손해보험사)와 해상보험계약도 체결하여야 한다.

8. 수출통관

수출품에 대하여 세관에 수출신고를 하고(대부분의 경우 관세사 경유) 수출신고필증을 받는다. 수출신고 시 구비서류는 아래와 같다.

① 수출신고서
② 수출승인서(해당되는 경우에만)
③ 상업송장 및 포장명세서
④ 기타 수출통관에 필요한 서류

9. 수출선적

수출신고수리일로부터 30일 이내에 선박에 수출품을 선적하고 선박회사로부터 선하증권(B/L)을 발급받는다.

10. 수출대금의 회수

수출자가 신용장조건에 기재되어 있는 선적서류들을 구비하고 환어음을 발행하여 수출신고필증과 수출환어음매입신청서를 첨부하여 수출자의 거래은행에 제시하면 은행은 서류가 신용장 조건과 일치하는지의 여부를 조사하고 이상이 없으면 이들 서류를 매입하고 수출대금을 선지급한다.

이를 매입(Negotiation : Nego)이라 한다.

만약 수출자가 무역금융을 받은 경우에는 이를 공제하고 지급한다. 이로써 수출자는 수출대금을 회수하게 되며 수출자의 서류를 매입한 수출자의 거래은행은 매입은행이 된다.

11. 관세환급

수출자가 수출품 제조용 원자재를 해외에서 수입하여 그 수입신고수리일로부터 2년이내에 수출한 경우에는 그 원자재 수입 시에 납부한 관세를 정액 또는 개별환급 방법으로 수출신고수리일로부터 5년(2023년 개정) 이내에 세관에 신청하여 환급받을 수 있다. 그리고 부가가치세는 이와는 별도로 관할 세무서로부터 부가가치세 예정신고 기한 경과 후 15일 이내에 환급받는다.

12. 기 타

① 수출물품에 대한 클레임 해결

수출물품과 관련하여 수입자가 클레임을 제기해오면 계약서상의 조항에 의거하여 원만하게 클레임을 해결해야 하는데 이를 해결하는 방법으로 당사자 간 화해, 알선, 조정, 중재 및 재판이 있다.

② 수입자에 대한 독점권 부여 여부 결정

수입자가 자기나라에서 독점적으로 수입하도록 요구해오는 경우 상대방에 대한 철저한 신용조사와 영업능력 등의 조사를 통해 독점권의 부여 여부와 기간, 지역, 내용 등을 결정하여야 한다.

제2절 수입절차

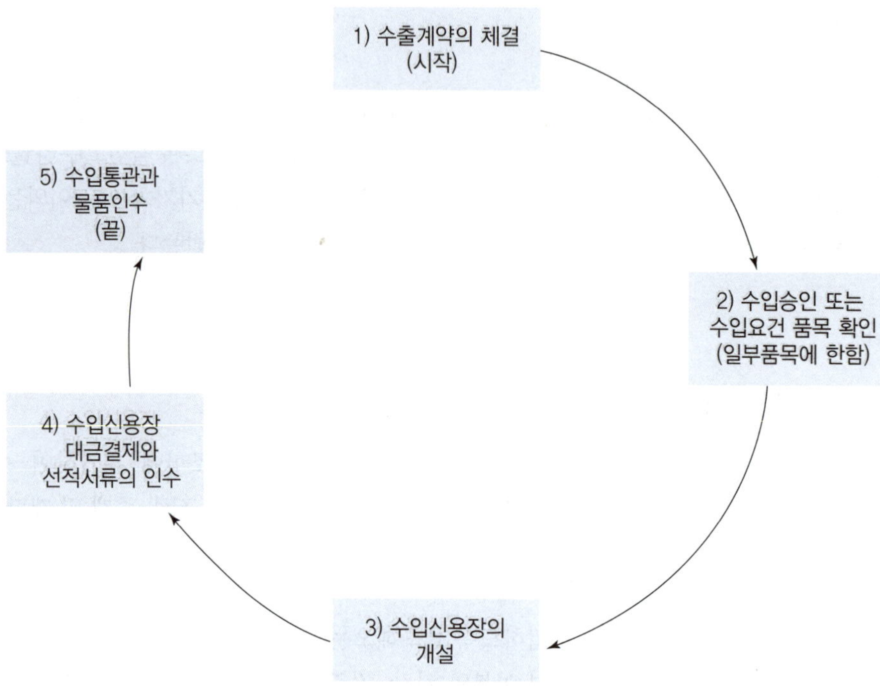

1. 수입계약의 체결

수입시장조사 후 적절한 외국 수출자를 찾아내서 수입제의를 한 다음 외국의 수출자로부터 직접 혹은 그의 국내 대리점을 통하여 간접으로 전달받은 오퍼(물품매도확약서)를 잘 검토하여 이상이 없으면 그것을 수락하여 수입계약을 성립시킨다. 그리고 그러한 계약 내용을 확인하기 위한 목적으로 별도로 정식 수입계약서를 작성하여 상호 서명한다.

2. 수입승인 또는 수입요건 품목 확인 : 일부품목에 한함

수입하고자 하는 물품이 대외무역법에 의한 수출입공고상으로 수입제한 품목이면 수출입공고상의 해당 수입요령에 규정되어 있는 기관, 단체의 장으로부터 수입승인(I/L)을 받아야 하며, 수입하고자 하는 물품이 통합공고상으로 수입요건확인품목으로 되어 있으면 통합공고상의 요건확인 기관에 수입요건 확인신청을 하여 수입요건 확인서를 발급받아야 한다. 해당물품이 2개 이상의 법령에 관련되어 요건기관이 2개 이상이면 요건기관마다 확인을 다 받아야 수입할 수 있다. 수입승인의 유효기간은 1년이다. 대부분의 품목은 이와 같은 수입승인이나 수입요건 확인의 대상으로 규정되어 있지 않아 수입승인이나 수입요건 확인 절차가 필요 없다.

〈수입승인신청 시 구비서류〉

① 수입승인신청서
② 수입계약서 또는 물품매도확약서
③ 수입대행계약서(필요한 경우)
④ 기타 수출입공고등에서 규정한 요건을 충족하는 서류

3. 수입신용장의 개설

신용장 결제방식으로 계약한 경우, 수입계약서의 내용과 일치하도록 수입신용장 개설신청서를 작성하여 자신의 거래은행(외환거래약정을 체결한 은행)에 아래의 서류를 구비하여 수입신용장 개설신청을 하여야 한다.
① 수입신용장 개설신청서
② 외국환거래 약정서
③ 수입승인서(필요시)
④ 물품매도확약서(offer) 또는 수입계약서
⑤ 기타 필요한 서류 : 담보제공증서 등

이와 같이 수입자가 수입신용장 개설신청을 하면 거래은행은 신용장을 개설하여 자행의 해외 환거래은행(환거래계약을 체결한 외국은행)을 통하여 신용장을 수출자에게 통지해준다. 이로써 수입자의 거래은행은 개설은행이 되고 개설은행의 해외 환거래은행은 통지은행이 된다.

4. 수입신용장 대금결제와 선적서류의 인수

수출자로부터 환어음과 선적서류를 매입한 수출자의 거래은행(매입은행)이 개설은행에 환어음과 선적서류를 보내오면 개설은행은 도착한 서류가 신용장 조건과 일치하는가의 여부를 심사하고 일치하면 수입자에게 서류도착 사실을 통지해준다.

수입자는 서류를 검토하여 이상이 없으면 개설은행에 대금을 결제하고 서류를 인수한다.

5. 수입통관과 물품인수

수입자는 개설은행으로부터 받은 서류 중에서 선하증권 원본을 선박회사에 제출하고 선박회사로부터 화물인도지시서(Delivery Order : D/O)를 받는다.

이와 함께 관세사 등에게 수입통관을 의뢰하여 보세구역 반입 후 30일 이내에 세관에 수입신고를 한 다음 관세를 납부하고 세관으로부터 수입신고필증을 교부받는다.

☞ 수입신고 시 필요서류

① 수입신고서
② 수입승인서(필요시)
③ 가격신고서(송장포함)
④ 선하증권 사본
⑤ 기타 필요서류(C/O, 수입물품 명세확인서등)

수입자는 선박회사의 화물인도지시서(D/O)와 세관의 수입신고필증을 수입물품이 보관되어 있는 보세장치장에 제시하고 수입물품을 인수한다.

> 만약 인수한 수입물품에 손상과 수량부족 등의 문제가 발견되면 그 원인을 조사하여 그 결과에 따라서 선사 · 보험회사, 수출자 중 하나에게 클레임을 제기한다.
> 그리고 수입물품의 국내 판매가 잘되면 외국의 수출자와 독점판매점 계약을 추진한다.

제3절 수출입승인

1. 개요

수출입승인이라 함은 수출입공고에 의해 수출입이 제한되는 물품을 수출입이 가능하게 하는 절차이다.

즉, 과거에는 모든 수출입행위에 대해 매 계약건별로 물품의 이동과 대금결제를 결부시켜 수출입승인을 받도록 함으로서 물품에 대한 규제는 물론 외환의 지급이나 영수까지도 그 관리의 대상으로 하였으나, '97년 1월 1일부터 발효되고 있는 대외무역법에서는 대금결제사항은 외국환거래법에 일임하고 오직 물품에 대한 관리만을 하는 것을 원칙으로 함에 따라 수출입승인의 개념이 물품의 이동만을 관리하는 종전의 추천과 같은 성격으로 변모되었다.

다시 말해서 수출입승인이라는 것은 대금결제 사항이 배제된 상태로 단지 국내외의 이동이 제한되는 물품을 이동될 수 있도록 인가하여 주는 절차이다.

2. 수출입승인 신청

항 목	세 부 내 용
1. 승인기관	각 품목별로 공고에 의해 고시되어 있는 협회나 조합 등의 단체
2. 승인요건	물품별 승인기관에서 정함
3. 구비서류	• 수출입승인신청서 3부(업체용, 세관용, 승인기관용) • 수출신용장, 수출계약서 또는 주문서(수출의 경우) • 수입계약서 또는 물품매도확약서(수입의 경우) • 수출 또는 수입대행계약서(수출자와 화주가 상이, 실수요자와 수입자가 상이한 경우에 한함) • 수출입공고 등에서 규정한 요건을 충족하는 서류(다만 승인기관에서 제한요건을 충족하는지를 확인할 수 있는 경우는 제외)
4. 승인유효기간	승인일로부터 1년(단, 물가안정 및 수급조절 등의 사유로 인해 승인기관이 별도로 정하는 경우에는 1년 이내의 기간을 부여할 수도 있으며 물품의 제조가공기간이 1년을 초과하는 경우 등 물품의 선적 또는 도착기일을 감안하여 1년 이내에 물품의 선적이나 도착이 어려울 것으로 인정하는 경우에는 1년을 초과하여 20년의 범위 내에서 인정)

〈수출입승인의 면제〉 *대외무역법 시행령 제19조

① 긴급물품
② 무역거래의 원활화를 위한 부수적 거래
③ 주된 사업 목적을 달성하기 위한 부수적인 수출입물품
④ 무상수출입물품
⑤ 특정지역(산업통상자원부장관이 고시하는 지역)과의 수출입물품
⑥ 공공용품으로서 별도의 수출입관리가 요구되지 않는 물품
⑦ 기타 상행위 목적 이외의 물품의 수출입
⑧ 외국환거래 없이 수입하는 물품 등으로서 산업통상자원부장관이 고시하는 물품 등
⑨ 외교부장관 또는 외교부장관이 지정하는 기관의 장이 인정하는 해외 이주자용 물품
⑩ 외교관 등의 휴대품

3. 수출입승인사항 변경 *대외무역관리규정 제18조

수출입승인은 원칙적으로 수출입에 제한이 있는 물품을 예외적으로 허용해주는 것이기 때문에 물품의 변경은 새로운 승인의 대상이며 변경승인의 대상이 되지 않는다. 그러나 물품을 제외한 승인사항의 경우에는 승인사항의 경중에 따라 변경승인대상과 신고대상으로 나누어 각각 변경승인이나 신고를 하여야 한다.

	대 상	요 건
1. 변경승인	수량, 가격, 승인유효기간, 당사자의 변경	• 수출입공고에서 "추가적인 제한 충족할 것"이란 사항이 있는 경우 등 제한사항을 충족하는 경우 • 수출물품의 단가를 인하하거나 수입물품의 단가를 인상하는 내용의 수출 또는 수입승인사항의 변경은 다음 사항에 해당될 것 –거래상대방의 파산, 지급거절 등이 현지의 거래은행, 상공회의소 또는 공공기관에 의하여 객관적으로 확인되는 경우에 수출물품을 제3자에게 전매하는 경우 –물품의 성질과 국제거래관행상 승인시점에 단가를 확정할 수 없는 경우 –기타 급격한 시장상황의 변화등 변경사유가 불가피하다고 인정되는 경우 • 변경하고자 하는 내용이 수출신용장, 수출계약서, 주문서, 물품매도확약서 등에 명시되어 있을 것 • 수출대상국의 변경은 수출제한 사유 등을 고려할 때 타국으로 변경해도 지장이 없을 것
2. 변경신고	원산지, 도착항(수출의 경우에 한함), 규격, 용도, 승인조건	• 수출대상국의 변경 –변경사실

제4절 수출입 실적

1. 수출입 실적 인정범위 및 인정금액

인 정 범 위	인정금액	인정시점	증명발급기관
〈일반수출입〉 ① 일반수출, 위(수)탁판매, 위(수)탁가공방식, 구상무역방식, 중장기 연불방식, 임대차 방식, 대북한 유상반출 실적, 계약상이물품의 보충품, 무상 샘플 및 광고용품	수출 통관액(FOB) 수입 통관액(CIF)	수출신고수리일 수입신고수리일	한국무역협회 〃
② 중계무역	가득액(FOB 수출 금액－CIF 수입금액)	입금일	외국환은행
③ 외국인도수출	외국환은행 입금액	〃	〃
④ 위탁가공물품을 외국에 판매하는 경우	판매액－원자재－가공임	〃	〃
⑤ 원양어로에 의한 수출중 현지공급분	외국환은행 입금액 또는 확인액	외국환은행장의 입금일 또는 확인일 지급일	〃
⑥ 외국인수 수입	지급액	지급일	〃
외화획득용원료(완제품 및 임가공 포함)의 공급 ① 내국신용장 및 구매확인서에 의한 공급 ② 산업통상자원부장관이 지정하는 생산자의 수출 물품 포장용 골판지 상자의 공급	외국환은행의 결제액 또는 확인액 〃	결제일 〃	외국환은행 〃
〈기타 수출입〉 ① 외국에서 개최되는 박람회 등에 출품하기 위하여 반출된 물품 중 현지에서 매각된 것	입금액	입금액	외국환은행
② 해외에서 투자, 건설, 용역, 산업설비수출 등의 사업에 종사하는 우리나라 업자에게 무상, 반출 물품으로서 주무부장관 등이 확인한 것으로 해외건설공사에 직접 공하여 지는 원료 · 기재, 장비, 기계 등의 수출(수출신고필증에 재반입 않는 조건 명시)	수출통관액(FOB)	수출신고일	한국무역협회
③ 외국인으로부터 외화를 영수하고 외화획득용 시설기재를 외국인과 임대차계약을 맺은 국내 업체에 인도하는 경우	입금액	입금일	외국환은행
④ 외국인으로부터 대금을 영수하고 자유무역 지역 또는 보세구역으로 물품 등을 공급하는 경우	입금액	입금일	한국무역협회
⑤ 용역 또는 전자적 형태의 무체물(소프트웨어, 솔루션, 영화, 게임, 애니메이션, 만화 등 영상물, 전자서적, 데이터베이스 등) 수출입 결제금액	외국환은행 입금(수출) 및 지급(수입)확인액 외국환은행 입금확인액	지급일	• 한국무역협회장 • 용역 중 해운업은 한국선주협회장 • 관광사업의 경우 관광협회중앙회장
⑥ 전자상거래물품 등의 목록통관수출(종전의 수출신고항목 12개에 수출자 사업자등록번호, HS Code, 거래종류(전자상거래, 기업견품, 기타)를 추가한 경우	통관액	목록 수출신고수리일	관세청장
⑦ 보세판매장(면세점)에서 외국인에게 판매한 국산품	수출통관액	수출신고수리일	한국무역협회
⑧ 외화를 받고 외항선박에 내국선박용품의 공급	적재허가서 기재금액	적재허가일지	한국무역협회

2. 전자적 무체물/용역의 수출입 실적확인 및 증명

(1) 개요

IT 산업의 발달로 인하여 국제간에 IT Solution 등의 거래가 활발해짐에 따라 국제간에 거래되는 전자적 형태의 무체물에 대해서도 수출입을 관리지원하기 위해 대외무역법 체계에 흡수하여 입금액 및 지급액을 기준으로 수출입실적으로 인정하게 되었다.

또한 2003년 대외무역법의 개정에 따라 소프트웨어(솔루션 포함), 영화, 게임, 애니메이션, 만화 등 영상물, 음향, 음성물, 전자서적, 데이터베이스 등 전자적 형태의 무체물에 대한 온라인 수출입뿐만 아니라 경영상담, 법무서비스, 회계 및 세무서비스, 디자인, 컴퓨터시스템설계 및 자문, 문화산업, 운수 및 관광사업, 특허 · 실용신안 · 의장 · 상표 · 저작 · 저작인접권 · 프로그램저작권 · 반도체 집적회로의 배치설계권의 양수도, 전용실시권의 설정 또는 통상실시권의 허락 등 용역의 제공도 수출입 실적으로 인정받을 수 있게 되었다.

한국무역협회는 업계의 편의를 도모하기 위해 용역과 전자적 형태의 무체물의 수출입 실적 확인과 증명발급기관을 정부기관과 협의를 통해 일원화함과 더불어 온라인 증명발급 시스템 구축을 통해 실적확인 증명 절차를 대폭 간소화하여 시행하고 있다.

(2) 수출입실적 확인 및 증명서 발급절차

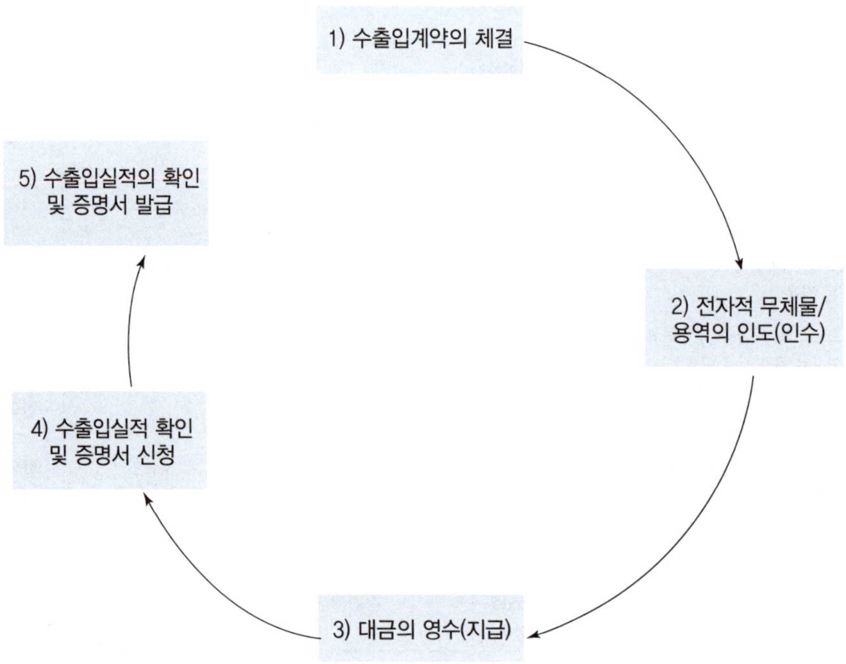

(3) 대상품목

가) 전자적 무체물

① 소프트웨어산업진흥법 제2조 제1호의 규정에 의한 소프트웨어 : 컴퓨터 통신, 자동화 장비와 그 주변장치에 대하여 명령 · 제어 · 입력 처리 저장, 출력 상호작용이 가능하도록 하는 지시명령의 집합과 이를 작성하기 위해 사용된 기술서 등 기타 자료

② 부호 · 문자 · 음성 · 음향 · 이미지 · 영상 등을 디지털방식으로 제작하거나 처리한 자료 또는 정보 등으로 산업통상자원부장관이 정하여 고시하는 것

- 영상물(영화, 게임, 애니메이션, 만화, 캐릭터를 포함)
- 음향 음성물, 전자서적, 데이터베이스

나) 용역

① 다음의 1에 해당하는 업종의 사업을 영위하는 자가 제공하는 용역

- 경영 상담업
- 법무관련 서비스업
- 회계 및 세무관련 서비스업
- 엔지니어링 서비스업
- 디자인
- 컴퓨터시스템 설계 및 자문업
- 문화산업진흥 기본법」제2조제1호에 따른 문화산업에 해당하는 업종
- 운수업 및 관광진흥법」제3조제1항에 따른 관광사업에 해당하는 업종
- 그 밖에 지식기반용역 등 수출유망산업으로서 산업통상자원부장관이 정하여 고시하는 업종

② 국내의 법령 또는 대한민국이 당사자인 조약에 따라 보호되는 특허권 · 실용신안권 · 디자인권 · 상표권 · 저작권 · 저작인접권 · 프로그램저작권 · 반도체집적회로의 배치설계권의 양도(讓渡), 전용실시권(專用實施權)의 설정 또는 통상실시권(通常實施權)의 허락

③ 용역의 제공 방법 : WTO 서비스 공급방법에 관한 4가지 유형을 준용

구 분	서비스의 수출입 방법
유형 1	서비스의 국경간 이동에 의한 공급 (사례 : 우리나라 업체가 온라인을 통해 해외업체에 컨설팅 제공)
유형 2	비거주자(거주자)의 국내(외국) 소비에 의한 공급 (사례 : 해외업체가 우리나라에 들어와서 우리나라 업체로부터 컨설팅을 제공받음)
유형 3	거주자(비거주자)의 상업적 해외(국내)주재에 의한 공급(사례 : 우리나라 SI업체가 해외지점을 통해 해외업체에 컨설팅 제공)
유형 4	거주자(비거주자)의 외국(국내) 이동에 의한 공급 (사례 : 우리나라 업체 직원이 해외로 파견되어 해외업체에 컨설팅 제공)

(4) 수출입확인 및 증명서 발급(신청) 절차

수출입계약 및 제품 인수, 인도

절 차	참 고 사 항
수출입확인 및 증명서 발급 신청	
↓	
용역 및 전자적 형태의 무체물 수출입 실적증명 발급 시스템 (http://onlinetrade.kita.net/)	- 무역업체 * 구비서류 준비 (스캔본, PDF형식) - 사업자등록증 - 거래증명서류(계약서, 인보이스 등) - 송금 및 입금 증명서류(거래번호, 담당자, 연락처 포함)
↓	
검색 및 자료입력	- 무역업체 (온라인 작성 구비서류 등록)
↓	
신청사항 심사	- 확인기관 (신청서류 검토)
↓	
수출입확인서 승인	- 확인기관 (SMS, E-Mail 개별 통보)
↓	
수출입실적 증명발급	- 무역업체(직접인쇄 출력)

III

국제거래의 전개, 무역계약 및 클레임

제1절 국제 거래

가. 국제거래의 정의

국제거래인 무역은 당사자간(*수출자와 수입자)의 계약에 따라 물품을 국가간에 이동시키고 그에 따른 이익을 향유하는 국제상거래를 의미한다. 이러한 국제상거래는 무역의 행위별로 크게 수출과 수입으로 나누어진다. 이러한 국제거래는 수출과 수입을 중심으로 다음의 추진 단계별로 진행된다. 1) 목표 시장조사 및 분석, 2) 거래선의 신용조사, 3) 거래내역 협의, 4) 거래조건 확정 및 계약체결, 5) 대금결제 조건 이행(신용장 개설등), 6) 수출입 승인, 7) 상품 수배, 8) 검사 및 통관, 9) 선적, 10) 보험부보, 11) 사후관리(관세환급)

수출상과 수입상 표현 비교

거래내용	수 출 자	수 입 자
매매관계	Seller, Vendor	Buyer, Vendee
무역관계	Exporter	Importer
신용장관계	Beneficiary	Applicant
어음관계	Drawer	Drawee
계정관계	Accounter	Accountee
화물관계	Consignor	Consignee

해외시장에 진출할 때는 현지시장에서 경쟁업체가 누구인지를 확인해서 대비하는 것이 중요하다. 경쟁업체에 대한 정보를 확인 할 때는 해당업체가 공급하는 제품의 품질, 디자인, 가격은 물론 유통방식, 사후관리 정책까지 철저히 분석해서 비교우위를 점할 수 있는 마케팅전략을 수립하는 것이 바람직하다.

해외시장 정보는 현지에 직접 출장을 가거나 현지주재 지사원이나 에이전트(대리인) 등을 통해서 수집할 수 있다. 또는 무역 유관기관 및 해외시장조사 기관을 통하여 제반 시장여건 등을 파악하고 판매지역을 선정하거나(수출), 국내수입 동향, 시장수요, 상대국의 산업구조, 기후, 문화 등을 감안하여 수입대상국을 선정한다(수입). 주요 관련기관은 무역협회, KOTRA 등이 있으며 참고 자료로는 코트라의 해외정보, 무역협회의 국별 품목별 수출입 실적통계(각 기관의 홈페이지에서 확인)등을 활용할 수 있다.

나. 무역거래의 위험의 종류

국제무역은 언어와 문화 등이 상이한 국가와의 상거래이므로 국내거래보다 그 위험성이 상대적으로 높고, 다양한 위험이 발생할 수 있다. 수출자와 수입자는 당해 무역거래에서 자신에게 어떠한 위험이 발생될 수 있는지 파악하여 적절한 위험관리(Risk Management, R/M)를 함으로써 안전한 무역거래를 도모할 수 있을 것이다.

무역거래의 위험

위험의 종류	위험 설명	위험 관리
신용위험 (Credit Risk)	수출자가 수입자로부터 대금을 확실하게 받을 수 있는 지 여부의 위험	수입자 신용조회, 수출보험, 신용장결제, 은행보증서 또는 보증신용장
상업위험 (Commercial or Mercantile Risk)	수입자가 약정 기일 내에 계약과 동일한 물품을 받을 수 있는지 여부의 위험	수출자 신용조회, 공인검사기관을 통한 선적전 물품검사 (또는 수입자의 선적전 검사 (Pre-shipment inspection, PSI), 은행보증서 또는 보증신용장
국가위험 (비상위험)[1]	정치/경제적 안정성, 외환보유고, 수출입 규제	수출보험, 국가별 신용등급 확인
외환위험	환율변동에 따른 환차손	선물환, 환변동보험
실무 절차 위험	제품별, 국가별 까다로운 실무절차와 특수한 서류 요구	- 세관, 외국환은행 등에서 인 · 허가를 위한 서류 요구 - 신용장, 선하증권, 원산지증명서 등 여러 가지 서류 구비

1) 비상위험 : 개인이 통제할 수 없는 위험으로 수입국 외환위기, 수입제한 또는 금지조치, 전쟁, 내란 등

제2절 거래선 발굴 방법

가. 해외 오퍼 검색 및 등록

1. 전자거래알선 사이트 활용(e-Marketplace)

전세계적으로 Internet의 발달과 Smart Phone의 보급 확대 등으로 구글(Goolge) 같은 검색엔진이나 링크드인(Linkedin), 페이스북(Facebook), 유튜브(Youtube) 같은 SNS 이용이 보편화 되면서 거래알선사이트 이마켓플레이스(e-Marketplace)가 수출입거래알선 부분에서 강력한 역할을 하고 있다.

이마켓플레이스는 국제 간의 전자거래를 지원하기 위한 B2B의 한 분야로, 매도인과 매수인 간의 정보를 등록, 열람, 검색할 수 있는 기능을 가지고 있고, 인터넷상에서 다수의 수출자와 수입자의 거래기회를 유발시켜주는 가상시장이다. 이마켓플레이스를 활용하여 전세계를 대상으로 기업 및 제품정보를 등록 또는 조회하고, 거래하고자 하는 제품에 대한 오퍼를 등록하고 조회함으로써 전통적인 방식보다 저렴하고 편리하게 자사 제품의 해외홍보 및 거래선 발굴을 할 수 있다.

이마켓플레이스의 주요 기능으로는 ① 상품정보 등록(Product Post) ② 거래알선정보 열람(Selling/Buying Trade Lead View) ③ 기업정보 검색(Company Profile Search) ④ 광고(Banner) ⑤ 커뮤니티(Community) 등이 있으며 관심 있는 제품에 대한 적극적인 의사표시 기능으로 Inquiry 발송/수신이 있다.

보통 'IEBBS(Import-Export Bulletin Board System)' 또는 '트레이드리드(Trade Lead)'로 알려져 있는 이마켓플레이스는 대부분 게시판 형태로 제공되며, 구매 및 수입(Buying Lead), 수출(Selling Lead) 정보를 열람할 수 있다. 이러한 정보를 제공하는 게시판은 전세계 1,000여 개 이상 있으며 규모가 크고 인지도가 높은 곳이 상대적으로 많은 정보가 등록(Posting)되어 있으므로 활용에 유용할 것이다.

이마켓플레이스의 기능

검색 기능	Trade Leads	Selling Leads, Buying Leads
	Product Catalogs	거래제품 정보등록 및 조회
	Company Directory	기업리스트, Profile 제공
정보제공 기능	Contents	인기제품, 키워드, 전시회 정보
커뮤니티 기능	Communitny	메신저, 뉴스레터
광고 기능	배너 광고	메인화면, 키워드, 카테고리 광고

국내 이마켓플레이스

사이트	운영기관	비 고
TradeKorea www.tradekorea.com	한국무역협회	회원사의 온라인 글로벌 시장 개척을 지원하고 국내 수출중소기업과 해외 바이어와의 거래를 활성화하기 위한 e-Marketplace
바이코리아 www.buykorea.org	KOTRA	KOTRA 해외무역관에서 발굴한 구매오퍼에 특화된 B2B사이트
고비즈코리아 www.gobizkorea.com	중소기업청	온라인을 통한 중소기업 제품의 해외홍보를 지원하기위해 1996년 출범한 인터넷 중소기업관
EC21 www.ec21.com	(주)이씨이십일	80여만 바이어 DB를 보유한 한국 e-마켓플레이스
ECPlaza www.ecplaza.com	이씨플라자(주)	KTNET 자회사로 40만개의 회원사를 보유(영, 일, 중, 한 4개국어 사이트 운영)

2. 한국무역협회 활용

(1) 셀러 스토어 제작 지원

해외수출 시장 개척을 위한 글로벌 e마케팅 확대를 위해 제작되는 셀러 스토어는 무역협회의 글로벌 e마켓플레이스인 tradeKorea.com에 등록되며, 자사의 홈페이지로 활용이 가능할 뿐 아니라 해외마케팅 · 바이어 발굴 · Inquiry 상시 수신 등 온라인 무역 전반에 활용된다.

☞ kr.tradekorea.com → 회원 가입→셀러 스토어 신청→회사 및 제품 콘텐츠 제출

(2) 바이어 DB 타겟 마케팅

무역협회가 보유한 전세계 바이어 DB 중 회원사가 직접 원하는 바이어를 검색하여 거래제안서(Circular Letter) 를 발송할 수 있는 서비스로, 거래 제의할 상품이 tradeKorea에 등록되어 있어야 한다. 국내 기업이 바이어 DB 추출 및 거래제안서를 작성하면 한국무역협회에서 거래제안서를 검토 후 발송한다.

☞ kr.tradekorea.com → 바이어 DB 타겟 마케팅

(3) 글로벌 유망 바이어 거래알선 지원

매월 글로벌 유망 바이어 3개사를 온라인으로 초청하여 국내기업과 상시적으로 거래알선을 지원하는 무역협회 온라인 거래알선 서비스이다. 국내기업이 참가신청하면 한국무역협회가 심사 후 글로벌 기업에 소개하게 된다.

☞ kr.tradekorea.com → 글로벌 유망 바이어 거래알선

(4) 해외바이어 구매오퍼 제공

tradeKorea가 발굴한 해외 바이어들의 구매오퍼(Purchase Order, P/O)를 실시간으로 확인하고 바로 거래알선을 신청할 수 있는 서비스이다. 해외 바이어가 구매오퍼를 등록하면 국내기업이 거래알선을 신청하고 이를 한국무역협회가 적격 심사 후 바이어에게 국내기업의 정보를 전달한다. 그러면 바이어가 국내기업과 직접 연락을 해서 거래를 진행하게 된다.

☞ kr.tradekorea.com → 해외 바이어 구매오퍼

(5) 해외 비즈니스 매칭

한국무역협회의 해외 지부 네트워크를 활용하여 현지 바이어와 1:1 매칭 서비스를 제공한다. 이용절차는 국내기업이 신청서를 작성해서 제출하면 한국무역협회에서 가능성을 판단하여 해외바이어를 발굴해서 국내기업을 소개한다. 바이어가 거래의향이 있으면 한국무역협회에서 상담지원을 하게 된다.

3. KOTRA 활용

(1) 맞춤형 해외시장조사

대한무역투자진흥공사(KOTRA)에서는 전세계에 주재하는 무역관을 통해서 현지 시장정보 전달 및 현지 마케팅을 지원한다. 대표적인 지원 서비스는 ① 항목별 시장조사, ② 현지 매장 방문 조사, ③ 샘플 테스트 조사, ④ 사업파트너 연결 지원, ⑤ 바이어 실태조사 등이 있으며, 이러한 서비스를 묶어서 패키지 서비스도 제공하고 있다.

특히 사업파트너 연결지원 서비스는 수출업체가 특정 국가의 특정 제품에 대해서 거래교신 의사를 보인 해외 수입업체 2~3곳을 조사하여 업무교신을 지원하는 서비스로, 이 서비스를 활용하면 신규수출시장 진출에 용이하다. 비용은 중소기업의 경우 30만원(부가세 별도)이다.

☞ kotra.or.kr →상세검색→검색창에 '맞춤형 해외시장조사' 입력→검색 클릭

(2) 해외바이어 정보

KOTRA 무역투자 빅데이터 서비스인 트라이빅(TriBIG)을 이용해서 해외바이어 정보를 얻을 수 있다. 제품 키워드 또는 HS Code로 바이어 검색이 가능하며 제공된 해외바이어 리스트에서는 홈페이지, 대표 품목, 연락처 등을 포함한 기업정보를 조회할 수 있다.

☞ kotra.or.kr →상세검색→검색창에 '트라이빅' 입력→검색 클릭

(3) 해외전시회 지원

해외전시회 한국관 단체 참가 지원사업이 있다. 참가 신청방법은 다음과 같다.

① '해외전시회 단체참가 한국관 참가기업 모집공고'를 담당자가 GEP(글로벌 전시포털) 상에 게재

② 관심기업은 모집공고문을 확인하여 GEP로 참가 신청하고, 신청금(기업분담금)을 별도 안내 계좌로 납부
③ 신청서류를 바탕으로 참가기업 선정
④ KOTRA 단체참가 한국관으로 전시회 참가
⑤ 전시회 참가 이후 KOTRA의 사후지원

나. 해외기업 디렉토리 활용

1. 인터넷 웹 디렉토리

대부분 해당국가의 수출유관기관이나 협회, 단체 등에서 무료로 제공하고 있으나, 정보 제공 대상이 제조업이나 수출업체 위주로 구성되어 있다. 품목별 유통업자나 수입자 등의 바이어 정보는 대부분 사기업에서 유료로 운영되고 있는 곳이 많으며 Kompass사에서 운영하고 있는 사이트(한국 콤파스 kompass.co.kr)가 대표적인 유료 사이트이다. 지원 서비스는 다음과 같다.
① 수출유망국가 추천 서비스는 수출기업의 HS Code 6단위를 기준으로 수출 가능성 높은 국가를 추천하는 서비스
② 온라인 수출마케팅 서비스는 Kompass 상품페이지를 통해서 전세계에 서비스 신청업체의 제품을 홍보할 수 있으며, 26개 언어로 자동 번역되어 구글 검색엔진에 업체를 효과적으로 홍보 가능.

다. 수출상품 해외마케팅

1. 인터넷을 통한 해외홍보

오퍼정보나 기업디렉토리를 활용하는 방법 이외에도 검색엔진, 유명 디렉토리 및 전자거래알선 사이트 등에 자사의 상품을 등록하거나 상품(회사)홍보를 게재하는 방법도 있다.
해외 인터넷 마케팅에도 소셜미디어 영역으로 확산되고 있으며 최근에는 SNS(Social Network Service)를 활용한 중소기업들의 해외수출 마케팅활동이 새로운 수단으로 등장하고 있다. 대표적인 SNS로 Facebook(지인 기반), Google(검색 기반), Linkedin(비즈니스 기반) 등이 활용되고 있다.

SNS(Social Network Service) : SNS마케팅

① 온라인 인맥구축을 목적으로 개설된 커뮤니티형 웹사이트. 미국의 트위터, 마이스페이스, 페이스북, 한국의 싸이월드와 같은 1인 미디어, 정보공유 등을 포괄하는 개념이다. 현재 많은 사람들이 다른 사람들과 의사소통을 하거나 정보를 공유, 검색하는데 SNS를 일상적으로 이용하고 있다.

② SNS 마케팅 : SNS마케팅은 고객과의 소통을 중시하고 고객의 참여도를 이끌어내며, 고객들 스스로가 기업을 홍보하게 만드는 것이 최종 목표이다.
③ 블로그 마케팅
④ 유튜브 마케팅

【실무지식】

● 중소기업의 SNS마케팅 Key Word

국내외 중소기업들의 성공적인 SNS 활용 사례를 분석, 여섯 가지 포인트를 도출하여 정리.
첫째, 공감(共感), 공익(共益), 공유(共有) 등 소비자 감성을 자극할 콘텐츠를 지속적으로 발신함으로써 소비자와의 긍정적 관계 구축에 주력해야 한다.
둘째, 사람들의 SNS를 통한 소통 욕구를 자극할 신선하고 센스있는 콘텐츠는 대기업 보다 중소기업 풍토에서 탄생할 가능성이 높다.
셋째, SNS 활용시 "입"(정보발신)과 "귀"(정보수신) 둘 다 중요하지만, 소비자의 의견을 낮은 자세로 청취한다는 "소통 중시"기업의 이미지를 심어주기 위해서는 "입"보다 "귀"가 보다 더 중요하다.
넷째, 소비자의 "입"을 빌린 마케팅(viral marketing, viral advertising, 口傳마케팅)이 효과적이다. 소비자는 SNS를 통해 제품 출시 전의 전망, 출시 후의 상품평 등을 발신하는 등 과거 기업이 전담했던 마케팅 업무를 자발적으로 대신하고 있다. 기업은 소비자에게 더 큰 마케팅 권한과 능력을 부여하되, 기업 브랜드에 유리한 방향으로 진행되는지 관리하여야 한다.
다섯째, 제품과 서비스의 특징을 효과적으로 보여줄 매체를 활용해야 한다. 기계, 화학, 부품 등 소비재의 경우 제품의 장점 및 사용법 시연 등 설명이 용이한 유튜브 마케팅이 효과적이다. 반면, 화장품, 미용제품, 의류/잡화 등 소비재의 경우 의견 공유 및 전달이 용이한 페이스북 마케팅의 성과가 크다.
여섯째, SNS는 매출 증대를 위한 판매 루트가 아니라 소비자와의 커뮤니케이션 도구임을 명심, 소비자와의 친밀도 제고 등 기업 위상 강화를 지향해야 한다.

2. 수출상품 홍보지 활용

국내에서 영문으로 간행되어 해외의 바이어에게 배포되는 주요 수출상품 홍보용 잡지는 다음과 같다.

World Trade Zone

World Trade Zone은 세계 최대의 e-Marketplace 운영 노하우를 바탕으로 EC21에서 온라인과 오프라인의 장점을 최대한 활용하는 차원에서 제안하는 전세계 수출기업을 위한 수출상품종합광고 서비스이다. 기존의 수출상품홍보는 책자 홍보 위주였으나, World Trade Zone은 홍보책자 외에 e-Book, 온라인 광고 등을 병행하는 종합광고매체로서, EC21 자체 보유 100만 바이어 DB, EC21.com 사이트 100만 방문자, EC21 참가전시회, 전세계 유력전시회, 국제제휴 네트워크, 해외에이전시 등을 활용해 전세계 유력 바이어들에게 효과적인 상품홍보를 실시한다.

Korea Buyers Guide (http://www.buykorea21.com/)

Korea Buyers Guide는 1974년에 창간된 국내 유일의 수출상품 홍보 영문월간지로서, 50만 이상의 바이어 DB를 보유하고 있다. 광고게재상품과 바이어 DB를 HS 코드기준으로 코드별로 구분하여, 세계 180여 개국의 해외 유력 바이어들에게 항공우편으로 직접 발송하고 있다. 또한 검색엔진 연계, SNS 확산 모바일, IPAD 등 스마트기기에 최적화된 디지털 매거진 korean-products.com, Korean-Electronics.com, Korean-Machinery.com을 제작하여 오프라인의 한계를 보완하였다.

홍보지명	간행주기	간 행 처	연 락 처
Buyer Guide	월간	(주)매경바이어스가이드	02) 558-5104, E-mail : info@bg21.co.kr
Electronics	월간		
Automatives & Machinery	월간		

3. 사절단 및 해외 전시회 참가

해외바이어와 직접적인 상담을 통하여 바이어를 발굴하는 방법으로 해외전시회 또는 사절단, 구매상담회 등에 참가하는 방법이 있다. 해외전시회는 해외유명박람회 디렉토리 또는 인터넷을 통해 직접 참가할 수 있으나, 무역협회나 KOTRA 같은 무역지원기관 또는 지방자치단체에서 참가지원하는 전시회에 참가하는 것이 비용, 행정면에서 유용하다. 구매상담회나 사절단의 경우에도 각 무역지원기관이나 지방자치단체를 이용하는 것이 도움이 된다.

한국무역협회는 지원사업분야에서 해외마케팅 사업 일정으로 들어가면 각종 전시회, 상담회 및 시장개척단 지원사업을 한눈에 볼 수 있다.

☞무역협회 홈페이지 → 자주 찾는 서비스 → 해외마케팅 사업 일정

KOTRA의 경우 홈페이지->사업소개->한눈에 보는 코트라 서비스->서비스 가이드북을 다운로드 받아서 보면 당해 년도 코트라 무역사절단 사업 정보를 확인할 수 있다.

정부/기관 지원 해외전시회 일정

www.akei.or.kr (한국전시산업진흥회)

www.kotra.or.kr → 사업신청 → 검색에서 '전시회' 검색 → 상시신청 가능 사업과 신청기한이 있는 사업 중에서 선택해서 신청

해외전시회 및 박람회 참가시에는 기획단계에서부터 사후관리까지 철저한 준비를 통하여 전시회 참가 효과를 높이고 수출 마케팅 기회를 확대할 필요가 있다. 이를 위한 사전 준비사항은 다음과 같다.

4. 해외전시회 참가방법 절차도해

절 차	해 설
목표설정	○ 전시회 참가목적 구체화 －신규 거래선 발굴 －수출상담, 계약 및 현장판매 －정보수집, 시장조사 －기업 및 제품의 해외인지도 제고 －신제품 발표 －현지 에이전트 발굴 ○ Target Market 결정 －자사제품의 수요가 증가하는 지역은? －수출다변화를 위해 개척해야 할 시장은? －제품의 개발, 생산계획과 부합되는 지역은? －주어진 예산범위 내에서 참가가 가능한가? －해외 유력 바이어들이 참관하는 전시회는? －국내 경쟁업체들이 참가하지 않는 지역은?
↓ 전시회 발굴	○ 전시회 디렉토리 검색 ○ 인터넷 검색 －무역유관기관(한국무역협회, KOTRA, 전시산업진흥회) ○ 국고보조금 지원 전시회 여부확인 －산자부 지원전시회 : 글로벌 전시플랫폼(www.gep.or.kr)에서 확인 * 개별참가지원은 한국전시산업진흥회(www.akei.or.kr) 홈페이지 참조 – 중소기업중앙회지원전시회: 중소기업해외전시포털(smes.go.kr) 확인 – 기타 지자체, 무역유관기관, 업종별 단체 홈페이지 등 참조
↓ 전시회 참가준비 ↓	○ 전시회 참가관련 마케팅플랜 작성 (사전, 현장, 사후) ○ 소요예산 산정 및 확보 ○ 주관기관 또는 주최사에 참가신청서 제출 – 디렉토리, 출입증, 집기, 비품 등 필요사항 신청 ○ 전시물품의 선정, 제작, 운송 준비(공식 운송사 활용) ○ 파견자 선정 및 담당업무 배정 ○ 비자발급(필요시), 항공 및 숙박 예약(공식여행사 활용) ○ 전시물품 운송방법 결정시 고려사항(적시, 안전, 최소 비용으로 통관) – Hand Carry시 유의사항 확인(Invoice, Packing list 준비할 것) * 해외전시품 임시통관 증서(A.T.A Carnet) 발급 필요 (대한상공회의소 무역인증서비스센타에서 발급)

절 차	해 설
사전 마케팅 (Pre-show Promotion)	○ 해외바이어 리스트 및 정보 수집 -기존 고객 및 잠재 고객 -해외 업종별 단체의 회원사 명부 -국가별 Yellow Page -업종별 전문지 구독자 리스트 -D&B, Kompass 등 해외기업 Directory 활용 -e-marketplace site 활용 등 ○ 기타 Pre-show Promotion -광고 (Trade magazine, Show directory 등) -홈페이지 Banner, Pop-up 광고 -보도자료 배포 (신제품 소개 등) -스폰서 프로그램 활용 -특별이벤트 홍보 등
현장 마케팅 (On-Site Promotion)	○ 부스 홍보물 부착 및 제품 디스플레이 ○ 전시회 참가시 Promotion 방법 -현지홍보 (보도자료 배포) -스타마케팅 활용 -부스요원들을 활용(유니폼 통일, 기업/제품 이미지 홍보가능) -판촉품 배포, 게임 및 경품추첨 -홍보자료(브로슈어, 카타로그 등) 배포
사후 마케팅 (Post-show Promotion)	○ 방문객 명함 등 주요 정보 정리 ○ 상담바이어별 인콰이어리 및 상담내용 정리 ○ 전시회 관련 인콰이어리 추진상황 follow-up ○ DB 정리, 지속적 전화/e-mail 접촉 -신기술/신제품 정보 지속적인 Update 실시 ○ 차기 전시회 및 각종 행사 등에 초대

Tip ATA Carnet

ATA 까르네는 ATA협약 가입국 간에 일시적으로 물품을 수입/수출 또는 보세운송하기 위하여 필요로 하는 복잡한 통관 서류나 담보금을 대신하는 증서로서 통관절차를 신속하고 편리하게 하는 제도이다. 따라서 ATA 협약가입국간 통관 시에 ATA까르네를 이용하면, 부가적인 통관서류의 작성이 필요 없음은 물론 관세 및 부가세, 담보금 등을 수입국 세관에 납부할 필요 없이 신속하고 원활한 통관을 할 수가 있다.

(1) 용도

① 상품견본(Commercial Samples), 직업용구(Professional Equipments), 전시회(Fairs/Exhibitions)의 용도로 물품을 해외에서 사용 후, 우리나라로 다시 가져올 물건에 대해서만 사용할 수 있다.

② 농산물, 식료품, 위험물품, 소모품 등 부패의 우려가 있거나 1회용품 또는 수입국이 수입을 금지하고 있는 물품에 대해서는 사용할 수 없다.

(2) 유효기간

① ATA까르네 유효기간은 발급일로부터 최장 1년으로 연장할 수 없지만 일부 협약국에 한해서 1년 추가로 연장이 가능하다.(ATA 까르네 협약국 참조. 대한상공회의소 문의 TEL 02-6050-3303)

② 또한 유효기간이내라도 수입국 세관이 ATA까르네 증서에 재수출기간을 명시적으로 지정한 경우에는 동 기간 내에 재수출되어야 한다.

(3) 대한상공회의소 ATA Carnet 온라인 신규발급신청 방법

1) 서명등록 구비서류(PDF 파일로 준비, 신규 신청업체는 서명등록을 필해야 함)
 ① 법인/개인 인감증명서 원본 1부
 ② 사업자등록증
 ③ 인감도장 : 법인/사용인감 + 대표자 자필 서명
 ④ 공동인증서

2) 대한상공회의소 무역인증서비스센터 홈페이지 접속 : http://cert.korcham.net
 ① 사전등록→온라인 서명등록 바로가기→서명등록
 ② ATA Carnet 발급신청서 작성(양식은 대한상의 홈페이지→ATA Carnet→양식 및 견본에서 다운)
 ③ 발급신청서와 총괄목록으로 보증보험 가입
 ④ 무역인증서비스센터 홈페이지→ATA 까르네→신청서 작성→발급심사(2~3일 소요)→수수료 결제

(4) 발급 ATA Carnet 서류 사용

발급서류의 사용

· 물품과 함께 Carnet 증서로 국내는 물론 외국세관에 수출입신고를 하여야 한다.
· 특히 전시회 국가에서 수입시 Carnet로 신고한 물품을 재수출신고없이 반출하여 불필요한 클레임을 당하지 않도록 주의하여야 한다.

(5) 서류 반납

· Carnet 증서의 사용을 필하였을 경우에는 즉시 상공회의소에 반납한다.
· 심사 후 사용이 정확히 이루어진 Carnet 증서는 이행지급보증보험의 해지를 통해 납부한 보험료의 일부를 환급받을 수 있다.

제3절 거래상대방의 신용조사

가. 의의

무역이란 언어, 관습, 문화, 법률이 상이한 서로 다른 나라와의 거래이므로 거래상대방의 능력이나 성실성 등을 파악하기가 어렵고, 상대방의 선택이 잘못되었을 경우 이로 인한 피해를 사후에 바로잡는 과정 또한 쉽지 않다. 따라서 거래를 시작하기 전에 상대방에 대한 정보를 입수하여 거래여부를 결정하는 것은 장래의 손실을 미연에 방지할 수 있는 위험관리방안(Risk Management)이 되는 것이다. 요약하면 신용조회는 상대방의 계약이행능력을 파악하는 것이라고 할 수 있으며, 부수적으로 상대 거래처의 실체 여부를 확인할 수 있는 방법이 되기도 한다. 국내기업이 외국기업과 무역거래를 하기 위해 가장 먼저 해야 할 일은 거래를 희망하거나 거래를 할 수 있는 상대 업체를 찾아내는 거래선 발굴이며, 계약체결 전에 반드시 상대방의 신용조사가 이루어져야 한다. 신규 거래처의 경우 신용조사는 필수이며 기존의 거래처도 정기적으로(년간 최소 1회 이상) 신용조회를 실시하여 신용등급에 따라 계약조건 (대금결제 방법 등)을 변경할 수 있도록 한다.

☞ 신용조사 사항

거래상대방의 신용조사사항으로는 기본적으로 다음의 3'C를 주장하고 있다. 그러나 이러한 3'C 이외에도 Condition(거래조건), Collateral(담보능력), Currency(거래통화), Country(소속국가) 가운데 2가지를 추가하여 5'C를 주장하기도 한다.

① CHARACTER(상도의)

해당업체의 개성, 성실성, 평판, 영업태도 등 계약이행과 관련된 도의심의 파악은 신용조회에 있어서 가장 중요시 되어야 하는 사항이다. 이는 Market Claim 방지기능을 가진다고 할 수 있다.

② CAPITAL(대금지불능력)

해당업체의 재무상태, 즉 수권자본과 납입자본, 자기자본과 타인자본, 기타 자산상태 등 지불능력과 직결되는 내용을 의미한다. 해당업체의 대차대조표(B/S)와 관련되는 사항을 조사해야 한다.

③ CAPACITY(거래능력)

해당업체의 연간매출액, 업체의 형태(개인회사, 주식회사, 주식의 공개 여부 등), 연혁, 경력 및 영업권 등 영업능력에 관한 내용을 의미한다. 해당업체의 손익계산서(P/L)와 관련되는 사항을 조사해야 한다.

Tip **Market Claim**

계약 체결 후 주로 매수인이 제품 시장가격 하락 또는 시황이 악화되어 손실이 발생하는 경우 이를 만회하기 위하여 매도인의 사소한 실수, (클레임이 되지 않는) 제품의 사소한 하자 등을 이유로 가격인하를 요구하거나 물품 인수를 거부하는 등의 의도적인 Claim

나. 신용조사 의뢰방법

(1) 거래은행을 통한 조사(Bank Reference) : 해당업체에 거래은행 정보를 제공받아서 거래은행을 통한 신용조사, 비용이 발생할 수 있음.

(2) 동업자를 통한 조사(Trade Reference) : 상대국의 기존 거래선이나 상공회의소를 통해 조사

(3) 해외지사나 사무소를 통한 조사

(4) 세계적인 「상업신용소」를 통한 조사

Dun & Bradstreet의 한국 서비스는 NICE D&B Global Service임. (02-2122-2511이나 이메일 dnb1@nicednb.com)

(5) 국내신용조사 전문기관을 통한 조사

① KOTRA 무역투자24(www.kotra.or.kr) 접속→ 상단 메뉴 중 '사업신청'→ 사업명 검색어에 '수출24' 검색→ 희망하는 서비스를 선택→ 지원내용 및 약관 확인 후 '신청하기' 버튼 클릭→ 약관 동의 및 신청서 접수

문의처 KOTRA 해외진출상담센터 / 02-3460-7339 or 7335

② 한국무역보험공사 조사팀(1588-3884)

③ NICE D&B(02-2122-2550)

다. 국내신용조사 전문기관을 통한 신용조사방법

1. 한국무역보험공사(K-SURE)

〈인터넷 신청〉

1) https://on.ksure.or.kr/ksureOn→ 국외기업신용조사→ 신청→ 신용조사신청 클릭 (Find Buyer System)

2) 국가 조회 : 국가코드를 아는 경우 국가코드 입력, 모르는 경우 국가명 입력 후 조회버튼

3) 국외업체 명을 영문으로 입력

- 기존에 조사된 적이 있는 수입자→ 새로 신청
- 최근 6개월 이내에 기평가된 보고서가 있는 수입자→ 구매버튼을 누르면 당일 또는 익영업일에 보고서 확인 가능
- 국외업체명이 나타나지 않을 경우→ 신규신청 버튼을 눌러서 신용조사 신청

4) 신용조사 신청에 관한 약관을 확인/동의

5) 2단계 국외업체정보 입력

- 국외업체 구분 : (교포, 국내기업의 자회사 등이 아닌 순수 해외업체인 경우) 비교포 선택

6) 국외기업에게 신용조회 사전협조를 요청한 경우 "유"에 표시, 하지 않은 경우에는 "무"에 표시

7) 서비스 구분

- 요약보고서 : 중소중견은 33,000원, 대기업은 66,000원
- Full Report(요약보고서+원문보고서) : 중소중견은 49,500원, 대기업은 99,000원

8) 신청 : 신용조사 신청자 공개 여부

- 무역보험공사만 공개
- 의뢰기업 공개 : 신청자가 공개됨
- 모두 비공개

9) 신청접수 클릭

2. 대한무역투자진흥공사

(1) 조사의뢰절차 : 무역투자24(www.kotra.or.kr) 접속→ 상단 메뉴 중 '사업신청'→ 사업명 검색어에 '바이어실태조사' 검색→ 사업신청→ (수출24)바이어 실태조사→ 신청

(2) 요금 및 문의 : KOTRA 해외진출상담센터 / 02-3460-7339 or 7335, 450,000원(VAT 별도)

제4절 무역계약

가. 무역계약의 의의

무역계약은 넓게는 무역거래와 관련하여 체결되는 일체의 계약을 뜻하나 보통은 물품의 수출입시 매도인과 매수인간에 체결되는 계약을 말한다. 무역계약서는 통일된 양식이나 형식이 없다. 그리고 계약체결 방법도 서면이나 구두 방식 등 어느 것을 채택하여도 무방하며 정해진 절차가 있는 것도 아니다. 그러나 후일 분쟁 발생시 서면 계약서는 일방의 계약위반을 입증할 수 있는 증거(Evidence)로서 활용되므로 반드시 쌍방의 합의서명이 기재된 서면 계약서를 작성하여 원본을 가지고 있어야 한다. 무역계약은 국제간 거래의 특성을 갖고 있으며, 그 특성으로는 불요식 계약(서면 또는 일정한 양식을 필요로 하지 않는 법률행위)이고, 유상계약(계약의 당사자가 서로 대가적 의미를 가지는 출연을 하는 계약)이면서, 쌍무계약이고, Seller의 Offer(청약)와 Buyer의 Acceptance(승낙) 또는 Buyer의 Order(주문)와 Seller의 Acknowledgement(주문승낙)이 결합되는 낙성계약(諾成契約 ; 당사자의 의사의 합치, 즉 합의만으로 성립하는 계약)이라는 법률적 특성을 갖는다.

이러한 무역계약에 있어서 중심이 되는 사항은 계약물품의 특정, 품질, 수량, 가격 및 포장조건과 관련된 사항이고, 그러한 계약의 이행조건의 중심이 되는 사항은 선적, 결제, 보험, 검사 및 클레임에 대한 사항 등이다.

나. 무역계약의 기본사항

1. 계약당사자의 확정 및 계약 성립의 확인

☞ We as Seller confirm selling the following goods to Buyer on the terms and conditions as stated below and on the back hereof.

☞ This Contract is made this [1st] day of [March, 2025] by and between [HAN KOOK Co., Ltd.], with its registered office at [159, Samsung-dong, Kangnam- ku, Seoul, Korea] ("Seller") and [ABC Corp.], with its registered office at [140 West 51st Street New York, N. Y., U.S.A] ("Buyer") :

2. 주요 계약 조건

(1) 품질조건 (Terms of Quality)

당사자들이 거래하는 물품을 어떤 상태로 인도하기로 하는거를 약정하는 조건이 품질조건이다. 매수인이 제기하는 대부분의 Claim이 품질문제와 관련된 것이므로 품질에 이상이 있는지 여부를 결정할 수 있도록 정확한 기준이 제시되어야 한다. 따라서 품질 관련 사항은 가능한 한 상세히 기재되어야 할 것이다.

① 품질결정방법 : 견본매매(sale by sample), 표준품매매(sale by standard), 규격매매(sale by type or grade), 상표매매(sale by brand), 명세서 매매(sale by specification/description)

☞ 견본매매에 의하는 경우 수입자의 Market Claim을 예방하기 위해서 초정밀 제품을 제외하고 견본과 (완전) 동일하다는 표현보다는 "Quality to be as per sample"과 같이 견본과 같은 수준(유사한 수준)으로 한다고 약정하는 것이 좋다.

☞ 명세서 매매의 경우 "The Specification of the Goods shall be prescribed and specified in specification attached hereto"로 규정할 수 있다.

② 품질결정시기 : 선적품질조건(Shipped Quality Terms)과 양륙품질조건(Landed Quality Terms) 중 수출시는 선적품질조건으로 하는 경우가 많다.

③ 실무에서 대부분의 Claim은 수입자가 품질과 관련된 Claim을 제기하는 경우가 많으므로 품질조건은 수출자의 입장에서 가능한한 명확하고 상세하게 기재하도록 한다. 필요하다면 품질조건만 별로도 작성하여 계약서에 첨부할 수도 있다.

(2) 수량조건 (Terms of Quantity)

수량이란 개수만을 의미하는 것이 아니라 제품에 따라 길이, 부피, 중량 등도 수량의 범위에 포함된다.

① 개수는 낱개로 셀 수 있는 제품의 단위로 주로 piece, each 등의 단위를 사용한다.
이러한 제품은 특수한 경우 (예를 들어서 못이나 나사 등을 대량으로 거래하는 경우)를 제외하고 수량의 과부족이 발생되어서는 안 된다. 그러나 무게, 부피, 길이 등의 단위로 거래하는 제품은 과부족이 발생될 수 있으므로 거래 당사자는 계약서 상에 과부족 범위를 정할 필요가 있으며, 이 범위 내에서 발생되는 과부족에 대해서는 계약위반으로 인정되지 않는다.

② 과부족용인약관(More or Less Clause) : 신용장통일규칙(UCP 600)은 살물(撒物)의 경우 명시적인 과부족용인약관이 없더라도 5%의 과부족은 허용하고 있다.

③ Approximate Quantity(About, Circa, Approximately) : 신용장통일규칙(UCP 600)은 수량 앞에 about을 사용한 경우 10% 과부족을 허용한다.

☞ 명시적과부족 허용예 : Quantity shall be subject to a variation of 3% plus or minus at seller's option.

④ 수량 과부족이 발생한 경우 매도인과 매수인은 그에 대한 정산을 하여야 한다. 적용할 수 있는 단가는 선적시의 단가, 도착시의 단가, 계약단가 중에 어떤 것을 적용할 지 계약서에 명시해 두는 것이 좋다.

⑤ 송금, 추심방식은 과부족이 발생할 수 있는 제품에 대해서 수출자가 계약서 상에 과부족용인조항을 명시적으로 규정해야 하고 이를 명시하지 않고 계약을 체결해서 과부족이 발생하는 경우 계약위반이 될 수 있음을 유의하여야 한다.

(3) 가격조건 (Terms of Price)

가격조건은 물품가격 이외에 무역거래에서 발생되는 여러 비용을 매도인과 매수인중에서 누가 부담할 것인지를 정하는 조건이다. 이는 현재 가장 널리 사용되고 있는 국제상업회의소(ICC)의 Incoterms 규칙을 사용하여 비용부담을 규정하는 것이 일반적이다.

① 해상운송(Port to Port)과 내수로 운송에 사용 가능한 조건
FAS, FOB, CFR, CIF / Incoterms 2020

② 모든 운송수단에 사용 가능한 규칙(단일운송, 복합운송 포함)
EXW, FCA, CPT, CIP, DAP, DPU, DDP / Incoterms 2020

(4) 포장조건 (Terms of Packing)

포장을 요하는 물품의 경우 어떤 포장재로 어떻게 포장할 것인가 등에 대한 사항을 규정하는 것이다. 포장의 불완전으로 인한 물품의 손실은 운송인의 면책에 해당되므로 수출입 당사자들은 내품을 안전하게 보호할 수 있는 견고한 포장에 대해서 명확하게 약정하여야 한다.

① 화인을 표시하는 경우 Main Mark(주로 수입자의 Initial 표시), 목적항, 일련번호(화번)는 반드시 명확하게 표시되어야 한다.

② 포장의 견고성에 대한 의무는 매도인에게 부과된다.
☞ Packing shall be export standard packing specification.

(5) 선적조건 (Terms of Shipment)

선적조건은 인도조건을 의미하므로 선적시기, 분할선적 허용 여부, 환적 허용 여부 등에 대해서 명확하게 규정해 두어야 한다. 또한 필요하다면 선적 관련 계약위반(선적 미이행, 지연 선적 등)에 대한 처리 방침 등도 약정해 둘 수 있다.

① 항공운송의 경우 일반적으로 항공화물운송장(AWB)의 발행일을 기준으로 한다.

② 선적항(Port of loading), 양하항(Port of discharge)

③ 분할선적 / 환적(Partial Shipment / Transshipment)
- 신용장결제방식에서는 분할선적에 아무런 표시가 없으면 분할선적을 허용, 환적에 아무런 표시가 없으면 환적금지로 이해된다.
- 송금이나 추심결제방식은 이러한 규정이 없으므로 계약서에 반드시 분할선적과 환적의 허용 여부에 대해서 명확하게 규정해 두어야 한다.
- 신용장에 환적금지로 되어 있더라도 컨테이너 복합운송을 하는 경우 환적금지는 무시된다.

☞ The date of bill of lading shall be accepted as conclusive date of shipment. Partial shipment and / or transhipment shall be permitted.

④ 용선의 경우 선적 · 양하의 제비용(Free In, Free Out, Free In & Out)
컨테이너 복합운송의 경우 일반적으로 Berth Term이 적용되므로 이 경우 별도의 선적 · 양하비용은 발생하지 않음.

(6) 보험조건 (Terms of Insurance)

매도인과 매수인이 CIF 또는 CIP 규칙으로 계약을 체결한 경우 해상보험조건이 적용된다. 일반적인 Incoterms 규칙을 사용한 경우 해상보험은 필요한 당사자가 선택적으로 부보하면 되므로 CIF, CIP 규칙과 같은 부보의무는 없다.

① ICC 1963(구약관)의 FPA와 ICC 1982 또는 2009(신약관)의 ICC(C)
② ICC 1963(구약관)의 WA와 ICC 1982 또는 2009(신약관)의 ICC(C)
③ ICC 1963(구약관)의 A/R과 ICC 1982 또는 2009(신약관)의 ICC(C)
☞ 부보의무를 매도인이 부담하는 CIF, CIP조건 수출의 경우 : In case of CIF(CIP) basis, 110% of the invoice amount will be insured by the seller.

(7) 결제조건 (Terms of Payment)

대금결제조건은 결제수단, 결제시기, 수수료, 안전한 결제(위험관리)를 고려하여 당사자간에 합의된 결제방식을 적용한다.

① 선급(advance payment), 즉시불 또는 일람불(at sight), 연불(deferred payment), 분할지급 (installment payment)
② 송금방식의 서류상환 지급방식(CAD: Cash Against Documents), 현품인도 지급방식(COD: Cash On Delivery)
③ 신용장에 의한 지급(At sight L/C, Usance L/C 등)
☞ All the payment for the goods shall be made in US Dollars by an irrevocable letter of credit in favor of the seller. The letter of credit shall be established at least 2 months prior to stipulated shipping date.
④ 추심방식 D/P(Documents Against Payment), D/A(Documents Against Acceptance)

(8) 불가항력 (Force majeure)

매매당사자의 귀책사유가 아닌 불가항력으로 인하여 약정된 선적기일 내지 인도기일 이내에 선적 또는 인도를 하지 못한 경우 등과 같이 계약내용을 이행하지 못한 경우에는 이를 계약불이행으로 보지 않고 그 당사자는 면책된다는 것과 불가항력의 정의 또는 예시 및 면책 받기 위하여 그 당사자가 해야 하는 조치 등을 그 내용으로 한다.
여기서의 불가항력은 당사자들이 통제할 수 없는 우발적 사태나 사고(contingencies or accidents beyond seller or buyer's control)를 말하는 바, 그러한 것에는 자연적인 불가항력 즉 acts of God(천재지변)과 인위적인 불가항력이 있다.

(9) 클레임 조항 (Terms of Claim)

· 클레임조항은 기본적으로 클레임 제기기간, 제기방법을 당사자간에 합의하여 명시한다. 특히

매도인의 입장에서는 매수인의 무분별한 Claim 제기, Market Claim 등을 방지하기 위한 방안이 될 수 있으므로 명확하게 규정할 필요가 있다.

- 매수인은 두 요건, 즉 제기기간과 제기방법을 준수하여야만 Claim을 제기할 수 있고, 둘 중 하나라도 요건을 갖추지 못하면 제기할 수 없음에 주의하여야 한다.
- The Buyer is entitled to make a survey of quantity and quality of the Products at the port of discharge and to lodge first claim by cable with Seller as soon as possible, if the Buyer finds any defect in the Products, Within (21) days(제기기간) after the arrival of the Products at the said port, the Buyer shall make a formal claim, accompanied by proof certified by an authorized surveyor.(제기방법) Unless such notice shall be given to the Seller within the specified period in the said manner, the Buyer shall be deemed to have waived any claim.

(10) 중재조항 (Arbitration Clause)

- 분쟁이 발생한 경우 당사자간에 화해를 하는 것이 가장 좋은 방법이지만 화해가 되지 않을 경우 제3자를 통해서 해결할 수 밖에 없다. 국제적으로 무역거래에서는 비용, 시간, 외국에서의 강제집행 등을 고려하여 소송보다는 중재를 선호하고 있다.
- 중재는 서면에 의한 중재합의가 필수적이므로 분쟁 발생 전에 합의를 해 두는 사전중재합의를 하도록 한다.
- 중재의 3요소는 중재기관(반드시 공식명칭 기재), 중재지, (중재의)준거법이고, 중재조항에 명확하게 기재되어야 한다.
- 중재조항(대한상사중재원의 표준 중재조항)

  Any disputes arising out of or in connection with this Contract shall be finally settled by arbitration in accordance with the International Arbitration Rules of the Korean Commercial Arbitration Board (중재기관) and under the Law of Korea (중재의 준거법). The award rendered by the arbitrator(s) shall be final and binding upon both parties concerned.

  The number of arbitrators shall be [one / three]

  The seat, or legal place, of arbitral proceedings shall be [Seoul / South Korea] (중재지)

  The language to be used in the arbitral proceedings shall be [language]

3. 위 2에서 설명한 무역계약조건은 다음의 범주로 구분될 수 있다.

범 주	구체적인 계약사항
기본사항	– 당사자(Principal) 및 서명 – 계약확정문언 – 계약체결일 – 계약의 유효기간(Validity) 등
상품자체사항	– 품질조건(Terms of Quality) – 수량조건(Terms of Quantity) – 가격조건(Terms of Price) – 포장조건(Terms of Packing)
계약이행사항	– 선적조건(Terms of Shipment) – 결제조건(Terms of Payment) – 보험조건(Terms of Insurance)
계약불이행사항	– 클레임조항(Claim Clause) – 중재조항(Arbitration Clause) – 불가항력조항(Force majeure)
정형거래조건등	– 정형거래조건(Trade Terms) – 준거법(Governing Laws)

다. 무역계약과 Incoterms

1. Incoterms

Incoterms 규칙은 물품매매계약에 널리 사용되는 정형거래조건을 규정하는 국제규칙이다.

국제상업회의소(ICC)에서 1936년 제정한 이래 범세계적으로 수많은 무역거래에서 줄곧 통용되고 있다.

이 규칙은 무역계약 조건 중 주로 가격 조건, 선적 조건, 해상보험조건과 관련된다. 무역거래의 촉진을 위하여 운송이 수반되는 무역거래에서는 비용의 배분(운송비, 보험료, 적재비, 하역비, 통관비 등의 분담), 위험의 이전(물품의 위험이 언제 매수인에게 이전되는지), 인도 장소 등을 명확하게 정하는 것이 요구된다.

Incoterms 2020은 2020년 1월 1 일부터 시행을 기준으로 2019년 9월 10일 국제상업회의소(ICC)에서 인코텀즈(Incoterms) 제8차 개정분 "인코텀즈 2020(Incoterms 2020®)"을 공표하였다.

Incoterms는 임의규정이므로 당사자간의 합의에 의해서 적용 가능하다. 따라서 현재 최신 version인 Incoterms 2020이 있지만 당사자간의 합의에 의해서 구 version인 Incoterms 2010도 적용 가능하다. 그러므로 Incoterms의 조건을 사용하는 경우 당사자간의 오해와 분쟁을 방지하기 위해서 조건 뒤에 version을 기재하는 것이 중요하다.

☞ FCA Incheon Airport Incoterms 2020

Incoterms 2020의 주요 내용을 보면 다음과 같다.

① 소개문(Introduction to Incoterms 2020)의 내용이 확대되었는데, 특히 Incoterms의

적용사항과 미적용사항을 제시함으로써 Incoterms의 적용범위를 명확히 하였다.

② 터미널인도(DAT)를 도착지양하인도(DPU)로 변경하였으며, 각 규칙 내의 10개 조항(A1~A10, B1~B10)의 순서와 조문 표제를 일부 변경하였다.

③ CIP와 CIF의 해상화물보험 가입 수준을 차별화하여 CIP에서는 ICC(A)조건으로 부보수준을 강화하였고, CIF에서는 ICC(C)조건을 유지하였다.

④ FCA, DAP, DPU 및 DDP에서 매도인 또는 매수인 자신의 운송수단에 의한 운송을 허용하였다. 운송의무 및 비용 조항에 보안관련요건을 포함시켰고, FCA에서 당사자의 합의로 '본선적재표시가 있는 선하증권'을 요구할 수 있도록 하였다.

⑤ 모든 운송방식용 규칙(Rules for any Mode or Modes of Transport)"에서는 EXW, FCA, CPT, CIP, DAP, DPU, DDP 7개의 규칙을 규정하고, "해상 및 내수로 운송방식용 규칙(Rules for Sea and Inland Waterway Transport)"에서는 FAS, FOB, CFR, CIF 4개의 규칙으로 하였다.

⑥ 각 11개 규칙의 시작 부분에 사용자를 위한 설명문(Explanatory Note for Users)을 두고, 그 후로 매도인의 의무 10개 항목(A1~A10)과 매수인의 의무 10개 항목(B1~B10)을 대칭적으로 규정하고 있다. 모든 운송방식용 규칙(EXW, FCA, CPT, CIP, DAP, DPU, DDP)은 운송수단에 관계없이 사용될 수 있고, 둘 이상의 운송방식이 이용되는 경우에도 사용될 수 있다(즉 복합운송방식에도 사용 가능). 그러나 해상 및 내수로 운송방식용 규칙(FAS, FOB, CFR, CIF)은 해상운송이나 해수로운송에만 사용될 수 있다.

Incoterms 개별 규칙은 운송수단과 인도장소에 따라 정확하게 사용되어야 한다. 예를 들어서 해상운송전용규칙인 FOB 규칙은 "FOB Busan port"와 같이 장소가 항구가 기재되어야 하는데, "FOB Seller's Warehouse"와 같이 수출국 내륙을 기재하는 것은 문제가 될 수 있다. 또한 "FOB Incheon Airport"로 사용하는 것도 잘못된 사용방법이다. 항공기의 경우 "on board"라는 개념 또는 규정이 없으므로 어느 시점에서 위험이 이전되는지 알 수 없기 때문이다. 이 경우에는 모든 운송수단에 사용할 수 있는 FCA 규칙을 사용하는 것이 적절하다.

Incoterms 2020 개정에서 눈에 띄는 점은 우선 각 정형거래조건 내부조항들의 순서를 중요성에 따라 먼저 배치함으로써 인코텀즈에 대한 정확한 이해를 돕는데 우선을 두었다.

당사자들이 Incoterms 2020 규칙이 계약에 적용되도록 하고자 하는 경우에 가장 안전한 방법은 계약에서 다음과 같은 문구를 통하여 그러한 의사를 명백하게 표현하는 것이다.

("〔선택된 인코텀즈규칙〕〔지정항구, 장소 또는 지점〕 Incoterms 2020".)

CIF Los Angeles Incoterms 2020 또는 DAP No 123, ABC Street, Importland(주소로 인도장소 기재 가능) Incoterms 2020.

☞ 계약서 상의 정형거래조건 조항

Trade Term : Unless otherwise stated, the trade terms under this contract shall be governed and interpreted by the Incoterms 2020.

○ 앞에서 언급하였듯이 Version을 빠뜨리면 해결하기 어려운 문제가 발생할 수 있다. 즉 Incoterms 적용에 대한 이견으로 분쟁이 발생했을 때 당사자, 또는 중재인, 판사가 어떤 Version의 Incoterms 규칙이 계약에 적용되는지 결정해야 하기 때문이다.

○ 선택된 Incoterms 규칙 바로 다음에 기명되는 장소는 더 중요하다.

- C규칙을 제외한 모든 인코텀즈규칙에서 그러한 지정장소는 물품이 어디서 "인도"되는지, 즉 위험이 어디서 매도인으로부터 매수인에게 이전하는지를 표시한다.
- D규칙에서 지정장소는 인도장소이자 목적지이고 매도인은 그 지점까지 운송을 마련하여야 한다.
- C규칙에서 지정장소는 매도인이 그 운송을 마련하고 그 비용을 부담하여야 하는 물품운송의 목적지이지만 인도장소나 인도항구는 아니다.

【Incoterms의 적용사항과 미적용 사항】

Incoterms 2020 소개문 제 I 절에서는 'Incoterms 규칙이 하는 것(WHAT THE INCOTERMS® RULES DO)'을 기술하고 있다

○ 제 I 절에서 기술하고 있는 적용사항은 다음과 같다.

- 의무(Obligations) : 매도인과 매수인 중에서 누가 무엇을 하는지? (Who does what as between seller and buyer)
- 위험(Risk) : 매도인은 어디서 그리고 언제 물품을 인도하는지? (Where and when the seller "delivers" the goods)
- 비용(Costs) : 어느 당사자가 어떤 비용을 부담하는지? (Which party is responsible for which costs).

○ 제 II 절에서 기술하고 있는 미적용사항은 다음과 같다.

- 매매계약의 존부(whether there is a contract of sale at all)
- 매매물품의 사양(the specification of the goods sold)
- 대금지급시기, 대금지급장소, 대금지급방법, 또는 대금지급통화(the time, place, method or currency of payment of the price)
- 매매계약위반에 대한 구제수단(the remedies which can be sought for breach of the contract of sale)
- 계약상 의무이행의 지체와 그 밖의 위반의 결과(most consequences of delay and other breaches in the performance of contractual obligations)
- 정부의 재제조치의 효과(the effect of sanctions)
- 관세부과(the imposition of tariffs)

2. Incoterms 2020에 의한 11가지 규칙의 요약

Incoterms 규칙은 모든 운송방식용 규칙(Rules for any Mode or Modes of Transport)"과 "해상 및 내수로 운송방식용 규칙(Rules for Sea and Inland Waterway Transport)"으로 구분되는데, 전자에는 EXW, FCA, CPT, CIP, DAP, DPU, DDP 7개의 규칙이 있고, 후자에는 FAS, FOB, CFR, CIF 4개의 규칙이 있다.

규칙	주요내용	위험이전 · 인도장소	비용분기점	수출 통관	주운송비 (적재비) (양하비)	보험료	수입 통관
EXW	지정인도장소에서 수취용 차량에 적재하지 않은 채 매수인의 처분하에 둠	지정 인도장소 (수출국)	지정 인도장소 (수출국)	매수인	매수인 (매수인) (매수인)	–	매수인
FCA	지정인도장소에서 매수인이 지정한 운송인(또는 제3자)에게 인도(또는 그렇게 인도된 물품 조달)	지정 인도장소 (수출국)	지정 인도장소 (수출국)	매도인	매수인 (*) (매수인)	–	매수인
CPT	지정인도장소에서 매도인과 운송계약을 체결한 운송인에게 물품 교부(또는 그렇게 인도된 물품 조달) 매도인이 지정목적지까지 운임 부담	지정 인도장소 (수출국)	지정 목적지 (수입국)	매도인	매도인 (매도인) (매수인)	–	매수인
CIP	지정인도장소에서 매도인과 운송계약을 체결한 운송인게 물품 교부(또는 겋게 인도된 물품 조달) 매도인이 지정목적지까지 운임 및 보험료 부담	지정 인도장소 (수출국)	지정 목적지 (수입국)	매도인	매도인 (매도인) (매수인)	매도인	매수인
DAP	지정인도장소에서 도착운송수단에 실어둔 채 양하준비된 상태로 매수인의 처분하에 둠(또는 그렇게 인도된 물품 조달)	지정 목적지 (수입국)	지정 목적지 (수입국)	매도인	매도인 (매도인) (매수인)	–	매수인
DPU	지정목적지에서 도착운송수단으로부터 양하하여 매수인의 처분하에 둠(또는 그렇게 인도된 물품 조달)	지정 목적지 (수입국)	지정 목적지 (수입국)	매도인	매도인 (매도인) (매도인)	–	매수인
DDP	지정목적지에서 도착운송수단에 실어둔 채 양하준비된 상태로 매수인의 처분하에 둠(또는 그렇게 인도된 물품 조달) 매도인이 수입통관(수입관세와 기타 수입관련 조세 납부)	지정 목적지 (수입국)	지정 목적지 (수입국)	매도인	매도인 (매도인) (매수인)	–	매도인
FAS	지정선적항에서 매수인이 지정한 선박의 선측에 둠(또는 그렇게 인도된 물품 조달)	지정 선적항 (수출국)	지정 선적항 (수출국)	매도인	매수인 (매수인) (매수인)	–	매수인

FOB	지정선적항에서 매수인이 지정한 본선에 둠(또는 그렇게 인도된 물품 조달)	지정 선적항 (수출국)	지정 선적항 (수출국)	매도인	매수인 (매도인) (매수인)	–	매수인
CFR	지정선적항에서 매도인이 지정한 본선에 적재(또는 그렇게 인도된 물품 조달) 매도인이 지정목적항까지 운임 부담	지정 선적항 (수출국)	지정 목적항 (수입국)	매도인	매도인 (매도인) (매수인)	–	매수인
CIF	지정선적항에서 매도인이 지정한 본선에 적재(또는 그렇게 인도된 물품 조달) 매도인이 지정목적항까지 운임 및 보험료 부담	지정 선적항 (수출국)	지정 목적항 (수입국)	매도인	매도인 (매도인) (매수인)	매도인	매수인

(1) EXW(공장인도)

사용 예 : EXW Seller's Warehouse Incoterms 2020

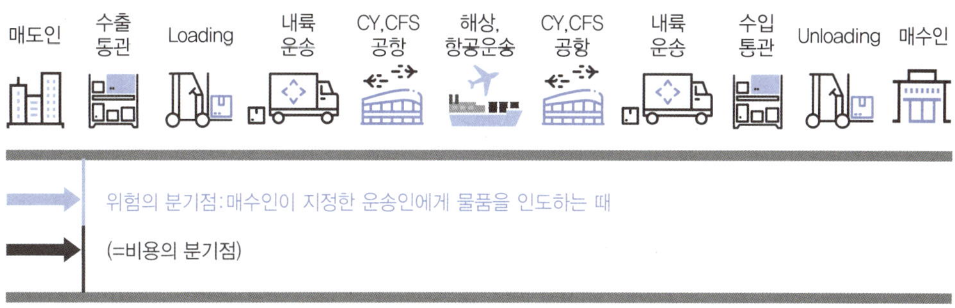

- 공장인도(Ex Works: EXW)에서 매도인은 지정인도장소(그 지정인도장소에 합의된 지점이 있는 경우에는 그 지점)에서 물품을 '수취용 차량에 적재하지 않은 채(not loaded on any collecting vehicle)'로 매수인의 처분하에 둠으로써 인도하여야 한다. 물품이 인도된 때로부터 물품의 멸실 또는 훼손의 모든 위험은 매수인이 부담한다.
  그 지정인도장소는 매도인의 영업구내(예: 공장이나 창고 등)일 수도 있고, 영업구내가 아닐 수도 있다. 매도인은 물품을 수취용 차량에 적재하지 않아도 된다.
- EXW 규칙에서는 매도인이 수취용 차량에 물품을 적재하는 동안에 발생하는 물품의 멸실 또는 훼손의 위험에 대한 규정이 없다. 매도인이 적재작업을 수행하는 동안에 발생하는 물품의 멸실 또는 훼손 위험을 누가 부담하는지 미리 합의하는 것이 바람직하고, 매도인의 영업구내에서 일어나는 적재작업 중의 위험을 매수인이 피하기 위해서는 FCA 규칙을 선택하는 것을 고려해야 한다.

• EXW 규칙에서 원칙적으로 매도인은 물품을 수취용 차량에 적재할 의무가 없고, 인도는 물품이 적재된 때가 아니라 매수인의 처분하에 놓인 때에 일어나고, 그때 위험이 이전된다.
매도인은 매수인에 대하여 운송계약이나 보험계약을 체결할 의무가 없다.
또한, 수출통관과 수입통관은 모두 매수인이 수행한다. 따라서 매도인은 수출통관도 수행하지 않는다. 매도인은 매수인에게 서류제공의무가 없으나, 매수인은 매도인에게 인도를 수령하였다는 적절한 증거를 제공하여야 한다.

• 매수인은 자신이 결정할 권리를 가지는 경우 인도시간과 인도지점을 매도인에게 통지하고, 매도인은 매수인이 물품의 인도를 수령하는데 필요한 통지를 하여야 한다.

EXW 규칙은 11개 규칙 중에서 매도인의 의무가 가장 작다.
(EXW조건 요약)

① GROUP : 운송수단 불문규칙, 복합운송 규칙
② 위험=비용 분기점 : 매수인이 지정한 운송인에게 물품을 인도하는 때 (공장,Premises 등에서)
③ 수출통관, 수입통관 : 모두 매수인의 책임
④ 매수인의 임의보험(부보하는 경우 보험계약자=피보험자=매수인)
⑤ 운임후불규칙

(2) FCA(운송인인도)

사용 예 : FCA Seller's Warehouse Incoterms 2020 또는 FCA Incheon Airport(CY, CFS 등) Incoterms 2020

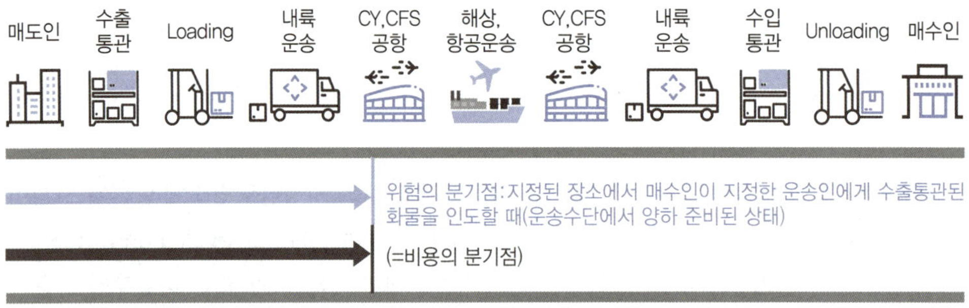

• 운송인인도(Free Carrier: FCA)에서는 매도인은 물품을 지정인도장소(그 지정인도장소에 지정된 지점이 있는 경우에는 그 지점)에서 매수인이 지정한 운송인(또는 제3자)에게 인도하거나 그렇게 인도된 물품을 조달하여야 한다. 물품이 인도된 때로부터 물품의 멸실 또는 훼손의 모든 위험은 매수인이 부담한다.

• 매매계약에서 매도인의 영업구내 또는 그 밖의 장소 중에서 하나를 인도장소로 지정할 수 있다. 지정인도장소가 ① 매도인의 영업구내인 경우 물품이 매수인이 마련한 운송수단에 적재된 때, 또는 ② 매도인의 영업구내가 아닌 경우 물품이 매도인의 운송수단에 적재되어 지정인도장소에

도착하고 매도인의 운송수단에 실린 채 양하준비상태로 매수인이 지정한 운송인이나 제3자의 처분하에 놓인 때에 인도된다.
매매계약에서 매도인의 영업구내 또는 그 밖의 장소 중에서 하나를 인도장소로 지정할 수 있다.

• 매도인은 매수인에 대하여 운송계약이나 보험계약을 체결할 의무가 없다.
수출통관은 매도인이 수행하고, 수입통관은 매수인이 수행한다. 매도인은 물품이 인도되었다는 통상적인 증거를 제공하고, 매수인은 그 증거를 인수하여야 한다. 당사자들이 합의한 경우에는 매수인은, 물품이 적재되었음을 나타내는 운송서류(예를 들면 본선적재표시가 있는 선하증권(B/L with an onboard notation))를 매도인에게 발행할 것을 운송인에게 지시하여야 하고, 매도인은 그러한 운송서류를 매수인에게 제공하여야 한다.

• 매수인은 매도인에게 (1) 지정된 운송인(또는 제3자)의 이름 (2) 합의된 인도기간 내에서 운송인 또는 제3자가 물품을 수령할 것으로 선택된 시기가 있는 경우 그 선택된 시기 (3) 지정인도장소 내에서 물품을 수령할 지점을 통지하고, 매도인은 물품이 인도된 사실(또는 매수인이 지정한 운송인(또는 제3자)가 합의된 시기 내에 물품을 수령하지 않은 사실)을 매수인에게 통지하여야 한다.

(FCA 요약)

① GROUP : 운송수단 불문규칙, 복합운송 규칙
② 위험=비용 분기점 : 수출국의 지정된 장소에서 매수인이 지정한 운송인에게 인도할 때
③ 수출통관 : 매도인, 수입통관 : 매수인
④ 매수인의 임의보험(부보한다면 보험계약자=피보험자=매수인)
⑤ 운임후불규칙 (매수인이 수입국가에서 운송인과 운송계약 체결, 운송인(주로 포워더) NOMINATION)
- 매도인의 구내에서 인도 : 매도인의 적재(Loading) 의무
- 다른장소에서 인도 : 도착한 운송수단에서 매도인의 양하(Unloading) 의무 없음

(3) CPT(운송비지급인도)

사용 예 : CPT Shanghai CY(CFS, Airport, Buyer's warehouse 등)

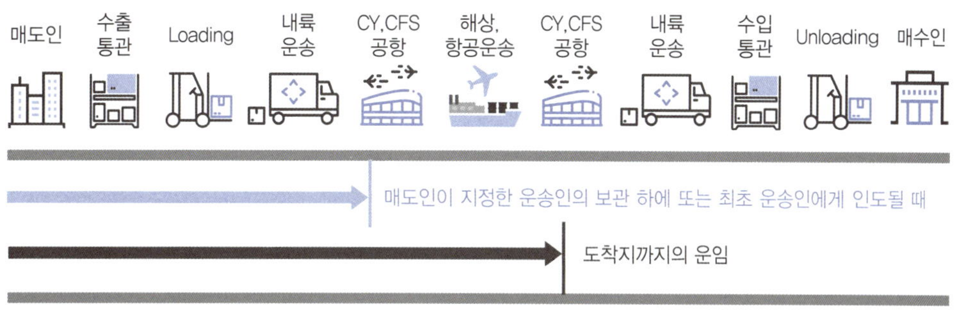

- 운송비지급인도(Carriage Paid To: CPT)에서는 매도인은 지정인도장소(그 지정인도장소에 합의된 지점이 있는 경우에는 그 지점)에서 물품을 매도인과 운송계약(지정목적지(그 지정목적지에 합의된 지점이 있는 경우에는 그 지점)까지 물품을 운송하는 계약)을 체결한 운송인에게 교부하거나 그렇게 인도된 물품을 조달함으로써 인도하여야 한다. 물품이 인도된 때로부터 물품의 멸실 또는 훼손의 모든 위험은 매수인이 부담한다.
- 수출통관은 매도인이 수행하고, 수입통관은 매수인이 수행한다. 매도인은 운송계약과 보험계약의 체결의무가 있다. 매도인은 사용되는 운송수단에 적합한 방법으로 그리고 장소에서 운송인에게 물품의 물리적 점유를 이전함으로써 물품을 인도할 수 있다. 매도인은 인도장소(그 인도장소에서 합의된 인도지점이 있는 경우에는 그 인도지점)으로부터 지정목적지(합의가 있는 경우에는 그 지정목적지의 어느 지점)까지 물품을 운송하는 운송계약을 체결하거나 조달하여야 한다. 운송계약은 매도인의 비용으로 통상적인 조건으로 체결되어야 한다.
  CPT 규칙에서는 물품의 인도장소(위험이전장소)와 물품의 목적지를 구분해야 한다.
- 인도와 위험은 인도장소에서 이루어지지만, 매도인은 물품의 목적지까지 운송계약을 체결하고 운송비를 부담한다. 따라서 인도지점(위험이전지점)과 비용부담지점이 상이하다.
  CPT 규칙에서는 물품의 인도장소(위험이전장소)와 물품의 목적지를 구분해야 한다.
  매도인은 매수인에 대하여 보험계약 체결의무가 없다. 관행 또는 매수인의 요청이 있는 경우에 매도인은 매수인에게 운송에 관한 통상적인 운송서류를 제공하고, 매수인은 운송서류가 계약에 일치하는 때에는 그 운송서류를 인수하여야 한다. 운송서류가 유통가능한 형식으로 수통의 원본으로 발행된 경우에 그 원본 전통이 매수인에게 제시되어야 한다.

(CPT 요약)

① GROUP : 운송수단 불문규칙, 복합운송 규칙
② 비용 : 목적지까지의 운송비
③ 위험 : 물품이 매도인이 지정한 운송인의 보관 하에 또는 최초 운송인에게 인도될 때
④ 수출통관=매도인, 수입통관=매수인
⑤ 매수인의 임의보험(부보한다면 보험계약자=피보험자=매수인)
⑥ 운임선불규칙

(4) CIP(운송비 · 보험료지급인도)

사용 예 : CIP Shanghai CY(CFS, Airport, Buyer's warehouse 등)

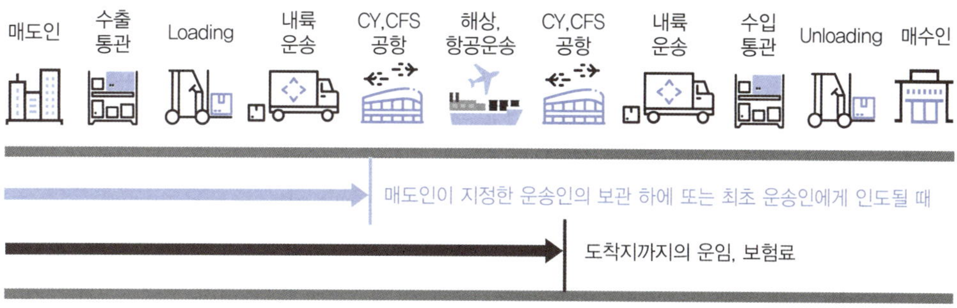

- 운송비 · 보험료지급인도(Carriage and Insurance Paid To: CIP)에서는 매도인은 지정인도장소(그 지정인도장소에 합의된 지점이 있는 경우에는 그 지점)에서 물품을 매도인과 운송계약(지정목적지(그 지정목적지에 합의된 지점이 있는 경우에는 그 지점)까지 물품을 운송하는 계약)을 체결한 운송인에게 교부하거나 그렇게 인도된 물품을 조달함으로써 인도하여야 한다. 물품이 인도된 때로부터 물품의 멸실 또는 훼손의 모든 위험은 매수인이 부담한다.
- 수출통관은 매도인이 수행하고, 수입통관은 매수인이 수행한다. 매도인은 운송계약과 보험계약의 체결의무가 있다. 매도인은 사용되는 운송수단에 적합한 방법으로 그리고 장소에서 운송인에게 물품의 물리적 점유를 이전함으로써 물품을 인도할 수 있다. 매도인은 인도장소(그 인도장소에서 합의된 인도지점이 있는 경우에는 그 인도지점)으로부터 지정목적지(합의가 있는 경우에는 그 지정목적지의 어느 지점)까지 물품을 운송하는 운송계약을 체결하거나 조달하여야 한다. 운송계약은 매도인의 비용으로 통상적인 조건으로 체결되어야 한다.
  관행 또는 매수인의 요청이 있는 경우에 매도인은 매수인에게 운송에 관한 통상적인 운송서류를 제공하고, 매수인은 운송서류가 계약에 일치하는 때에는 그 운송서류를 인수하여야 한다. 운송서류가 유통가능한 형식으로 수통의 원본으로 발행된 경우에 그 원본 전통이 매수인에게 제시되어야 한다.
- 매도인은 인도지점부터 적어도 지정목적지점까지 매수인의 물품의 멸실 또는 훼손의 위험에 대하여 보험계약을 체결하여야 한다. 부보조건은 협회적하약관(A)[Institute Cargo Clause(A)] 또는 이와 유사한 약관으로 적하보험계약을 체결해야 한다. 그리고 보험금액은 매매계약에서 정한 대금의 최소한 110% 이상이고, 보험계약통화는 매매계약통화와 동일해야 한다. 매도인은 매수인에게 보험증권(insurance policy)이나 보험증명서(insurance certificate), 그 밖의 보험부보의 증거를 제공하여야 한다. Incoterms 2010에서는 보험부보조건이 협회적하약관(C)[Institute Cargo Clause(C)]였으나, Incoterms 2020에서는 부보범위가 협회 적하약관(A)[Institute Cargo Clause(A)]로 강화되었다.

• CIP에서는 물품의 인도장소(위험이전장소)와 물품의 목적지를 구분해야 한다. 인도와 위험은 인도장소에서 이루어지지만, 매도인은 물품의 목적지까지 운송계약을 체결하고 운송비를 부담한다. 따라서 인도지점(위험이전지점)과 비용부담지점이 상이하다.

① GROUP : 운송수단 불문규칙, 복합운송 규칙
② 위험 : 매도인이 지정한 운송인의 보관 하에 또는 최초 운송인에게 물품이 인도될 때
비용 : CPT + 지정된 목적지까지의 보험료 부담
③ 수출통관=매도인, 수입통관=매수인
④ 매도인의 강제보험 (보험계약자 : 매도인, 피보험자 : 매수인)⇨보험증권 배서
– Incoterms 2020 : 매수인이 부보조건을 명시하지 않은 경우 매도인의 최대 부보조건(합의하여 정할 수 있음) Invoice value or CIP 금액 X 110% + ICC (A/R) or ICC(A)
⑤ 운임선불규칙

(5) DAP(도착지인도)

사용 예 : DAP DALLAS CY(CFS, Air port, Buyer's Warehouse 등) Incoterms 2020

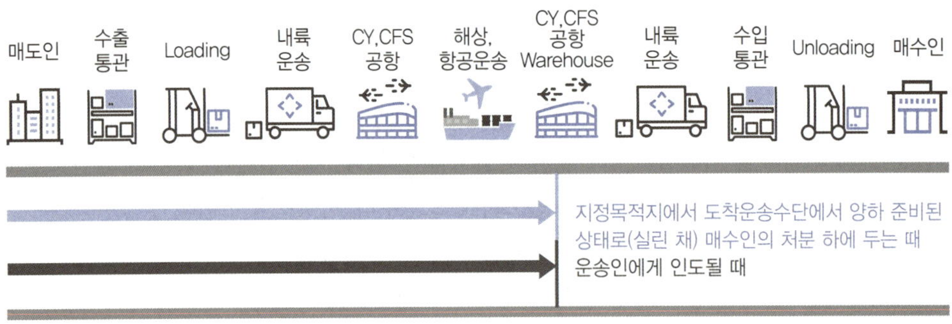

• 도착지인도(Delivered at Place: DAP)에서는 매도인은 물품을 지정목적지(그 지정목적지에 합의된 지점이 있는 경우에는 그 지점)에서 도착운송수단에 실어둔 채 '양하준비 상태(ready for unloading)'로 매수인의 처분하에 두거나 그렇게 인도된 물품을 조달함으로써 인도하여야 한다. 물품이 인도된 때로부터 물품의 멸실 또는 훼손의 모든 위험은 매수인이 부담한다.
매도인은 물품을 지정목적지(지정목적지에 합의된 지점이 있는 경우에는 그 지점)까지 가져가는 데 수반되는 모든 위험을 부담한다.
DAP에서는 물품이 목적지에 도착하는 때에 인도되는바, DAP에서는 인도와 목적지의 도착은 동일하다.
• 매도인은 도착운송수단으로부터 물품을 양하(unload)할 필요가 없다.
그러나 매도인이 체결한 운송계약에서 인도장소(또는 목적지)에서의 양하 관련 비용이 발생한

경우에 이러한 비용은 매도인이 부담하며, 당사자간 달리 합의되지 않는 한 매도인은 그 양하 관련 비용을 별도로 매수인에게 청구할 권리가 없다.
매도인은 물품을 지정목적지(지정목적지에 합의된 지점이 있는 경우에는 그 지점)까지 운송하는 운송계약을 체결하거나 그러한 운송을 마련하여야 한다.

• 매도인은 매수인에게 보험계약 체결의무를 부담하지는 않는다. 다만, 물품을 지정목적지까지 운송하는데 발생하는 위험을 매도인이 부담하므로 매도인은 보험계약을 체결할 필요가 있다. 수출통관은 매도인이 수행하고, 수입통관은 매수인이 수행한다. 매도인은 매수인이 물품을 수령하는데 필요한 서류를 제공하고, 매수인은 그러한 서류를 인수하여야 한다.

① GROUP : 운송수단 불문규칙, 복합운송 규칙
② 위험=비용 : 지정목적지에서 도착운송수단에서 양하 준비된 상태로 매수인의 임의처분 하에 두는 때
③ 수출통관=매도인, 수입통관=매수인
④ 매도인의 임의보험 (부보한다면 보험계약자 = 피보험자 = 매도인)
⑤ 운임선불규칙

(6) DPU(도착지양하인도)

사용 예 : DPU DALLAS CY(CFS, Air port, Buyer's Warehouse 등) Incoterms 2020

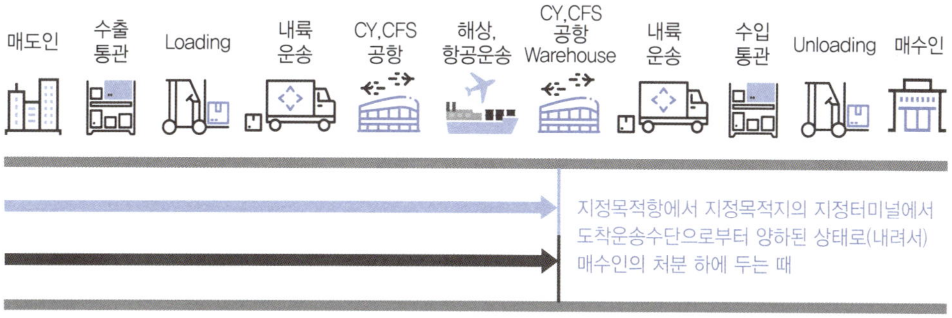

• 도착지양하인도(Delivered at Place Unloaded: DPU)에서는 매도인은 물품을 지정목적지(그 지정목적지에 합의된 지점이 있는 경우에는 그 지점)에서 '도착운송수단에서 양하하여(unload the goods from the arriving means of transport)' 매수인의 처분하에 두거나 그렇게 인도된 물품을 조달함으로써 인도하여야 한다. 물품이 인도된 때로부터 물품의 멸실 또는 훼손의 모든 위험은 매수인이 부담한다. 매도인은 물품을 지정목적지까지 가져가고 그곳에서 물품을 양하하는데 수반되는 모든 위험을 부담한다.

• 매도인이 도착지에서 물품을 양하할 수 없는 경우 또는 매도인이 도착지에서의 양하 관련 위험과

비용을 부담하는 것을 원하지 않는 경우에는 DPU는 적합하지 않고 그 대신 DAP를 사용하여야 한다 도착지에서 매도인에게 물품의 양하를 요구하는 것은 DPU가 유일하다.

- DPU에서는 매도인은 수입통관의무가 없다. 수출통관은 매도인이 수행하고, 수입통관은 매수인이 수행한다. 매도인은 운송계약 체결의무가 있다.
  매도인은 물품을 지정목적지(지정목적지에 합의된 지점이 있는 경우에는 그 지점)까지 운송하는 운송계약을 체결하거나 그러한 운송을 마련하여야 한다.
  매도인은 매수인에게 보험계약 체결의무를 부담하지는 않는다. 다만, 물품을 지정목적지까지 운송하는데 발생하는 위험을 매도인이 부담하므로 매도인은 보험계약을 체결할 필요가 있다. 매도인은 매수인이 물품을 수령하는데 필요한 서류를 제공하고, 매수인은 그러한 서류를 인수하여야 한다.

(DPU 요약)
① GROUP : 운송수단 불문규칙, 복합운송 규칙
② 위험=비용 : 지정목적지에서 도착운송수단에서 양하하여 매수인의 임의처분 하에 두는 때
③ 수출통관=매도인, 수입통관=매수인
④ 매도인의 임의보험 (부보한다면 보험계약자 = 피보험자 = 매도인)
⑤ 운임선불규칙
  – DPU = DAP + 운송수단에서의 양하비

(7) DDP(관세지급인도)

사용 예 : DDP DALLAS CY(CFS, Airport, Buyer's Warehouse 등) Incoterms 2020

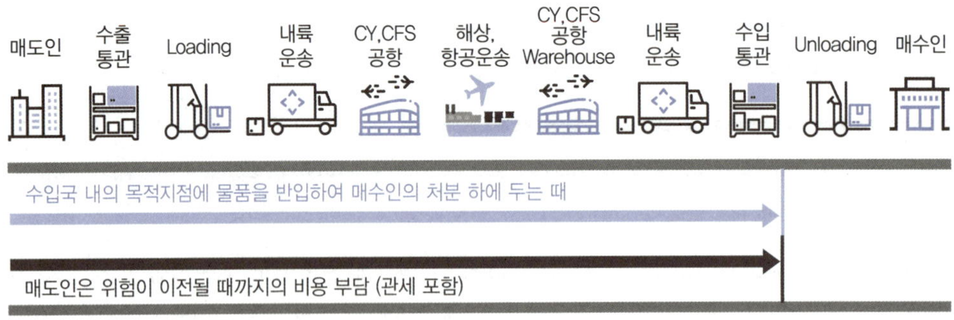

- 관세지급인도(Delivered Duty Piad: DDP)에서는 매도인은 물품을 지정목적지(그 지정목적지에 합의된 지점이 있는 경우에는 그 지점)에서 도착운송수단에 실어둔 채 '양하준비 상태(ready for unloading)'로 매수인의 처분하에 두거나 그렇게 인도된 물품을 조달함으로써 인도하여야 한다. 물품이 인도된 때로부터 물품의 멸실 또는 훼손의 모든 위험은 매수인이 부담한다.

• 매도인은 수출통관과 수입통관 모두 수행한다. 매도인은 수입통관하고, 수입관세와 기타 수입 관련 조세를 납부해야 한다. 매도인은 물품을 지정목적지(지정목적지에 합의된 지점이 있는 경우에는 그 지점)까지 가져가는 데 수반되는 모든 위험을 부담한다. DDP에서는 물품이 목적지에 도착하는 때에 인도되는 바, 인도와 목적지의 도착은 동일하다.

• 매도인은 물품을 지정목적지(지정목적지에 합의된 지점이 있는 경우에는 그 지점)까지 운송하는 운송계약을 체결하거나 그러한 운송을 마련하여야 한다.
매도인은 매수인에게 보험계약 체결의무를 부담하지는 않는다. 다만, 물품을 지정목적지까지 운송하는데 발생하는 위험을 매도인이 부담하므로 매도인은 보험계약을 체결할 필요가 있다. 매도인은 매수인이 물품을 수령하는데 필요한 서류를 제공하고, 매수인은 그러한 서류를 인수하여야 한다. DDP 규칙은 11개 규칙 중에서 매도인의 의무가 가장 크다.

(DDP 요약)
① GROUP : 운송수단 불문규칙, 복합운송 규칙
② 위험=비용 : 지정된 수입국 내의 목적지점에 물품을 반입하여 운송수단에서 양하 준비된 채로 매수인의 처분 하에 두는 때(양하의무 없음)
③ 수출통관, 수입통관 모두 매도인 책임 (관세 및 조세는 매수인의 명의로 납부)
④ 매도인의 임의보험 (부보한다면 보험계약자 = 피보험자 = 매도인)
⑤ 운임선불규칙 (매도인이 운송인과 운송계약 체결(선사 또는 포워더))
- DDP = DAP + 수입통관 + 관세
- 매도인은 계약서 상에 "VAT Excluded(not included)" 명기하여야 함. (또는 이와 유사한 수입국 발생 세금)

(8) FAS(선측인도)

사용 예 : FAS Busan port Incoterms 2020

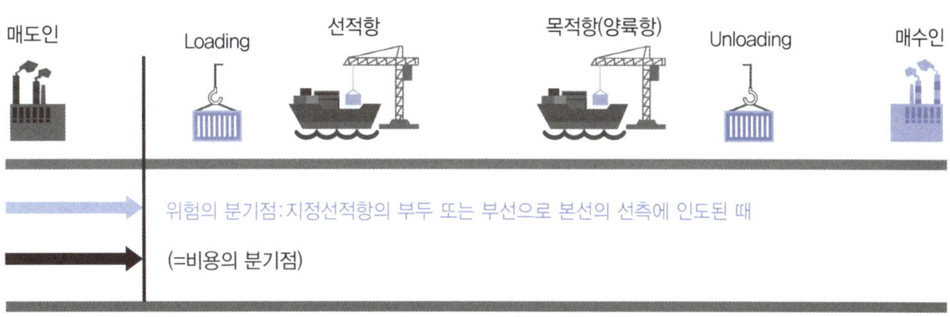

• 선측인도(Free Alongside Ship: FAS)에서는 매도인은 물품을 지정선적항(그 지정선적항에 매수인이 표시한 인도지점이 있는 경우에는 그 인도지점)에서 매수인이 지정한 선박의 선측에 두거나 그렇게 인도된 물품을 조달함으로써 인도하여야 한다. 물품이 인도된 때로부터 물품의 멸실 또는 훼손의 모든 위험은 매수인이 부담한다. 물품의 멸실 또는 훼손 위험은 물품이 선측(예: 부두 또는 바지선)에 놓인 때 이전하고, 매수인은 그 순간부터 향후의 모든 비용을 부담한다. 당사자들은 지정선적항의 적재지점을 가능하면 명확하게 특정하는 것이 바람직하다.

• 매도인은 매수인에 대하여 운송계약이나 보험계약을 체결할 의무가 없다. 수출통관은 매도인이 수행하고, 수입통관은 매수인이 수행한다. 매도인은 물품이 인도되었다는 통상적인 증거를 제공하고, 매수인은 그 증거를 인수하여야 한다. 매수인은 매도인에게 선박명, 적재지점 및 합의된 인도기간 내에서 선택된 인도일자가 있는 경우에는 그 일자를 충분히 통지하고, 매도인은 물품이 인도된 사실(또는 매수인이 지정한 선박이 물품의 인도를 수령하지 않은 사실)을 매수인에게 통지하여야 한다.

(FAS 요약)

① GROUP : 해상운송 전용규칙(Port to Port)

② 위험=비용 : 수출국의 지정선적항의 부두 또는 부선으로 본선의 선측에 인도된 때
(부선사용료는 매도인이 부담)

③ 수출통관=매도인, 수입통관=매수인

④ 매수인의 임의보험 (부보한다면 보험계약자 = 피보험자 = 매수인)

⑤ 운임후불규칙

– 컨테이너 운송의 경우 선측인도가 아니라 터미널에서 운송인에게 인도되므로 부적절⇨FCA 규칙 사용 권장

(9) FOB(본선인도)

사용 예 : FOB Busan port Incoterms 2020

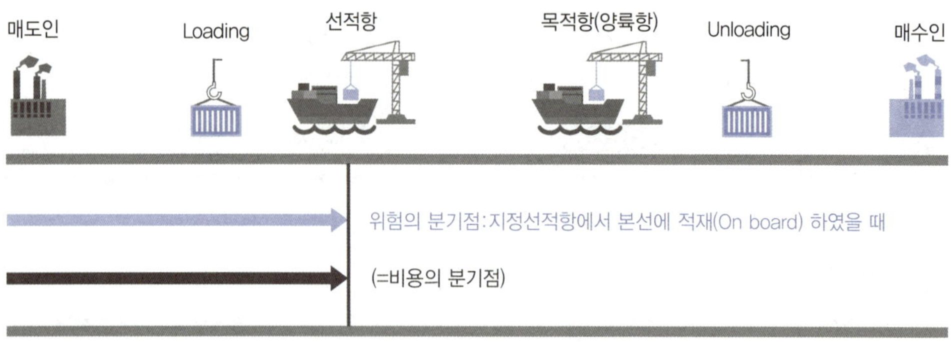

- 본선인도(Free on Board: FOB)에서는 매도인은 물품을 지정선적항(그 지정선적항에 매수인이 표시한 적재지점이 있는 경우에는 그 적재지점)에서 매수인이 지정한 본선에 적재하거나 그렇게 인도된 물품을 조달함으로써 인도하여야 한다. 물품이 인도된 때로부터 물품의 멸실 또는 훼손의 모든 위험은 매수인이 부담한다. 물품의 멸실 또는 훼손의 위험은 물품이 본선에 적재된 때 이전하고, 매수인은 그 순간부터 향후의 모든 비용을 부담한다.
- 매도인은 매수인에 대하여 운송계약이나 보험계약을 체결할 의무가 없다. 수출통관은 매도인이 수행하고, 수입통관은 매수인이 수행한다. 매도인은 물품이 인도되었다는 통상적인 증거를 제공하고, 매수인은 그 증거를 인수하여야 한다. 매수인은 매도인에게 선박명, 적재지점 및 합의된 인도기간 내에서 선택된 인도일자가 있는 경우에는 그 일자를 충분히 통지하고, 매도인은 물품이 인도된 사실(또는 매수인이 지정한 선박이 물품의 인도를 수령하지 않은 사실)을 매수인에게 통지하여야 한다.
- FOB는 물품을 본선에 적재함으로써 인도하는 해상운송이나 내수로운송에만 사용되어야 하는바, 물품이 본선에 적재되기 전에 운송인에게 교부되는 경우에는 FCA가 적합하다.

(FOB 요약)

① GROUP : 해상운송 전용규칙(Port to Port)
② 위험=비용 : 수출국의 지정선적항에서 본선(매수인이 지정)에 적재하였을 때
③ 수출통관=매도인, 수입통관=매수인
④ 매수인의 임의보험 (부보한다면 보험계약자 = 피보험자 = 매수인)
⑤ 운임후불조건
  - 컨테이너 운송의 경우 On board가 아니라 CY 또는 터미널에서 운송인에게 인도되므로 부적절⇨FCA규칙 사용 권장

(10) CFR(운임포함인도)

사용 예 : CFR Shanghai port Incoterms 2020

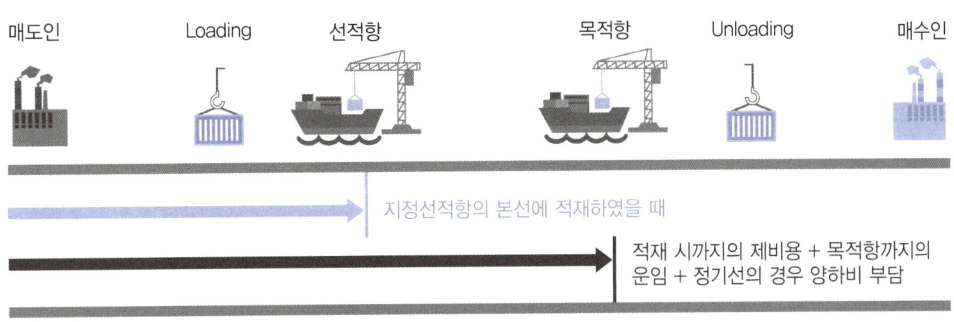

- 운임포함인도(Cost and Freight: CFR)에서는 매도인은 물품을 본선에 적재하거나 그렇게 인도된 물품을 조달함으로써 인도하여야 한다. 물품이 인도된 때로부터 물품의 멸실 또는 훼손의 모든 위험은 매수인이 부담한다. 물품의 멸실 또는 훼손의 위험은 물품이 본선에 적재된 때 이전한다.
  매도인은 인도장소(그 인도장소에서 합의된 인도지점이 있는 경우에는 그 인도지점)으로부터 지정목적항(합의가 있는 경우에는 그 지정목적항의 어느 지점)까지 물품을 운송하는 운송계약을 체결하거나 조달하여야 한다. 운송계약은 매도인의 비용으로 통상적인 조건으로 체결되어야 한다.
- 매도인은 매수인에 대하여 보험계약을 체결할 의무가 없다. 수출통관은 매도인이 수행하고, 수입통관은 매수인이 수행한다. 운송서류가 유통가능한 형식으로 수통의 원본으로 발행된 경우에 그 원본 전통이 매수인에게 제시되어야 한다. 매도인은 매수인에게 합의된 목적항에서 필요한 통상적인 운송서류를 제공하고, 매수인은 그 운송서류를 인수하여야 한다.
- 매수인은 자신이 결정할 권리를 갖는 것으로 합의된 경우에는 선적시기 및 지정목적항 내에서 물품수령지점을 매도인에게 통지하여야 한다. 매도인은 물품이 인도되었음을 통지하고, 매수인이 물품을 수령하는데 필요한 통지를 하여야 한다.
  CFR에서는 인도항(port of delivery)과 목적항(port of destination)을 구분해야 한다. 인도와 위험은 인도항(port of delivery)에서 이루어지지만, 매도인은 목적항(port of destination)까지 운송계약을 체결하고 운송비를 부담한다.
  따라서 인도지점(위험이전지점)과 비용부담지점이 상이하다. 물품이 컨테이너터미널에서 운송인에게 교부되는 경우에는 둘 이상의 운송수단이 이용되는데, 이 경우 CFR은 적합하지 않고, CPT가 적합하다.
  (CFR 요약)
  ① GROUP : 해상운송 전용규칙(Port to Port)
  ② 위험 : 지정선적항에서 본선에 적재하였을 때
  　비용 : 적재 시까지의 제비용(COST) + 목적항 까지의 운임(양하비 불포함)
  ③ 수출통관=매도인, 수입통관=매수인
  ④ 매수인의 임의보험 (보험계약자 = 피보험자 = 매수인)
  ⑤ 운임선불규칙 (매도인이 운송인과 운송계약 체결(선사 또는 포워더))
  　– 컨테이너 운송의 경우 On board가 아니라 CY 또는 터미널에서 운송인에게 인도되므로 부적절⇨CPT규칙 사용 권장

(11) CIF(운임 · 보험료포함인도)

사용 예 : CIF Shanghai port Incoterms 2020

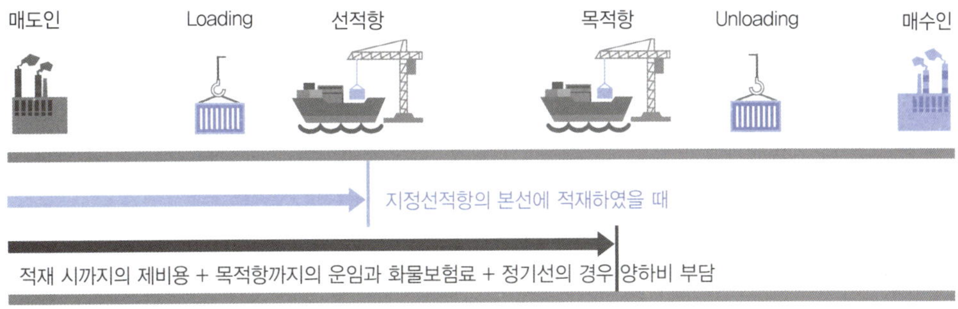

- 운임 · 보험료포함인도(Cost, Insurance and Freight: CIF)에서는 매도인은 물품을 지정선적항에서 매도인이 지정한 본선에 적재하거나 그렇게 인도된 물품을 조달함으로써 인도하여야 한다. 물품이 인도된 때로부터 물품의 멸실 또는 훼손의 모든 위험은 매수인이 부담한다. 물품의 멸실 또는 훼손의 위험은 물품이 본선에 적재된 때 이전한다.
- 매도인은 인도장소(그 인도장소에서 합의된 인도지점이 있는 경우에는 그 인도지섬)으로부터 지정목적항(합의가 있는 경우에는 그 지정목적항의 어느 지점)까지 물품을 운송하는 운송계약을 체결하거나 조달하여야 한다. 운송계약은 매도인의 비용으로 통상적인 조건으로 체결되어야 한다. 매도인은 선적항부터 적어도 목적항까지 매수인의 물품의 멸실 · 훼손 위험에 대하여 보험계약을 체결하여야 한다. 매도인은 협회적하약관(C)[Institute Cargo Clause(C)] 또는 이와 유사한 약관으로 적하보험계약을 체결해야 한다. 보험금액은 매매계약에서 정한 대금의 최소한 110% 이상이고, 보험계약통화는 매매계약통화와 동일해야 한다.
- 수출통관은 매도인이 수행하고, 수입통관은 매수인이 수행한다. 운송서류가 유통가능한 형식으로 수통의 원본으로 발행된 경우에 그 원본 전통이 매수인에게 제시되어야 한다. 매도인은 매수인에게 합의된 목적항에서 필요한 통상적적인 운송서류를 제공하고, 매수인은 그 운송서류를 인수하여야 한다.
- 매수인은 자신이 결정할 권리를 갖는 것으로 합의된 경우에는 선적시기 및 지정목적항 내에서 물품수령지점을 매도인에게 통지하여야 한다. 매도인은 물품이 인도되었음을 통지하고, 매수인이 물품을 수령하는데 필요한 통지를 하여야 한다.

  인도와 위험은 인도항(port of delivery)에서 이루어지지만, 매도인은 목적항(port of destination)까지 운송계약과 보험계약을 체결하고 운송비와 보험료를 부담한다. 따라서 인도지점(위험이전지점)과 비용부담지점이 상이하다. 물품이 테이너터미널에서 운송인에게 교부되는 경우에는 둘 이상의 운송수단이 이용되는데, 이 경우 CIF는 적합하지 않고, CIP가 적합하다.

(CIF 요약)

① GROUP : 해상운송 전용규칙(Port to Port)

② 위험 : 지정선적항에서 본선에 적재하였을 때

비용 : 적재 시까지의 제비용(COST) + 목적항 까지의 운임과 해상보험료

③ 수출통관=매도인, 수입통관=매수인

④ 매도인의 강제보험 (보험계약자 = 매도인, 피보험자 = 매수인) ⇨보험증권 배서

- Incoterms 2020 : 매수인이 부보조건을 명시하지 않은 경우 매도인의 최소 부보 조건(합의하여 정할 수 있음) Invoice value or CIF 금액 X 110% + ICC (C) or ICC(FPA)

⑤ 운임선불규칙

- 컨테이너 운송의 경우 On board가 아니라 CY 또는 터미널에서 운송인에게 인도되므로 부적절⇨CIP규칙 사용 권장

라. 무역계약 체결과정

1. 무역계약 체결의 단계

수출입마케팅

거래제의(Business Proposal)
협상(Business Negotiation)
신용조회(Credit Inquiry)

↓

청약과 승낙

청약(Offer) : 유효기간, 확정적 구속의 의사표시
승낙(Acceptance) : 경상(鏡像)의 원칙(Mirror Image Rule/완전일치의 원칙)

↓

수출입 본계약

개별계약(Case by Case Contract)
포괄계약(Master Contract)

※ Mirror Image Rule : 경상의 원칙은 계약법에서 적용되는 원칙으로, 상대방의 승낙의 내용이 청약의 내용과 조금이라도 다른 경우(거울에 투사된 이미지 그대로가 아닌 경우) 이는 상대방에 의한 반대/대응청약(counter-offer) 또는 조건부 승낙이 되고 유효한 승낙이 되지 않는다는 원칙

2. 무역계약 체결 방법

(1) 개별계약방법(Case by Case Contract)

① 개별계약방법은 거래 건별로 특정 계약조건을 우선적으로 또는 전반적인 조건을 일괄적으로 협의, 확정하여 수출입 본계약을 확정하는 방법으로서 통상 거래상대방과 최초 거래시나 건별 거래시에 활용하는 방법이다.

② 일반적으로 이용되는 개별계약방식에 의한 수출입계약서는 특별조건(Specific conditions, 표면)과 일반조건(Genenral terms and conditions, 이면) 양면으로 구성되어 있다. 무역계약서의 특별조건에 포함되는 사항은 거래건별로 확정하여야 하는 개별약정사항으로서의 물품의 품질수준, 수량 및 가격 등 거래상품에 관한 사항과 선적일자, 결제방법 및 보험조건 등이 여기에 해당한다.

③ 무역계약서의 일반조건사항은 무역에 관한 일반약정(General Terms and Conditions)으로서 무역계약에 대리인이 개입되지 않고, 계약상 권리와 의무의 당사자인 본인대 본인계약(Principal to Principal Basis Contract)이라는 사항과 계약서 표면약정사항인 품질, 수량, 가격 및 선적조건 등을 정하는 기준 등 개별약정사항을 해석하는 기준과 계약불이행과 관련한

조항인 불가항력조항, 클레임조항, 중재조항 및 준거법조항 등 수출입거래시 일반적으로 적용되는 공통사항이 여기에 포함된다.

④ 개별계약방법으로 수출입계약을 체결할 경우 (통상)계약당사자는 청약(Offer)과 수차례의 반대청약(Counter Offer)을 교환하는 방법으로 사전에 계약내용을 협의한 후 이를 확정하여 어느 일방(수출자 또는 수입자 중에서 아무나 작성 가능)이 통상 2부의 계약서를 작성하여 서명한 후 이를 다른 일방에게 송부하면 상대방은 이에 서명한 후 1부를 송부, 당사자들의 합의 서명이 기재된 원본을 각각 1부씩 보관한다.

(2) 포괄계약방법(Master Contract)

① 포괄계약방법은 통상 동일한 거래상대방과 계속적으로 거래가 이루어지는 경우에 채택하는 방법으로서 이는 매거래시마다 건별로 모든 거래조건을 새로이 협의, 결정하여 수출입본계약을 체결함에 따른 번거로움을 피하는데 적합한 방법이다. 포괄계약방법에서의 수출입거래 당사자는 당사자간의 향후 수출입 거래준칙에 해당하는 일반거래조건협정(Agreement of Memorandum on General Terms and Conditions of Business)을 약정한다. 여기에는 개별 계약체결시 무역계약서 특별조건에 포함되는 무역거래일반약정(General Terms and Conditions) 사항과 함께 거래건별로 구체적 수량과 인도 시기 등을 확정하는 방법을 정한다.

② 이후에 건별 거래시는 포괄계약에서 정한 방법에 따라 간단한 오퍼(Offer)나 오더(Order)를 교환함으로써 무역계약을 확정한다.

(3) 무역계약 체결방법

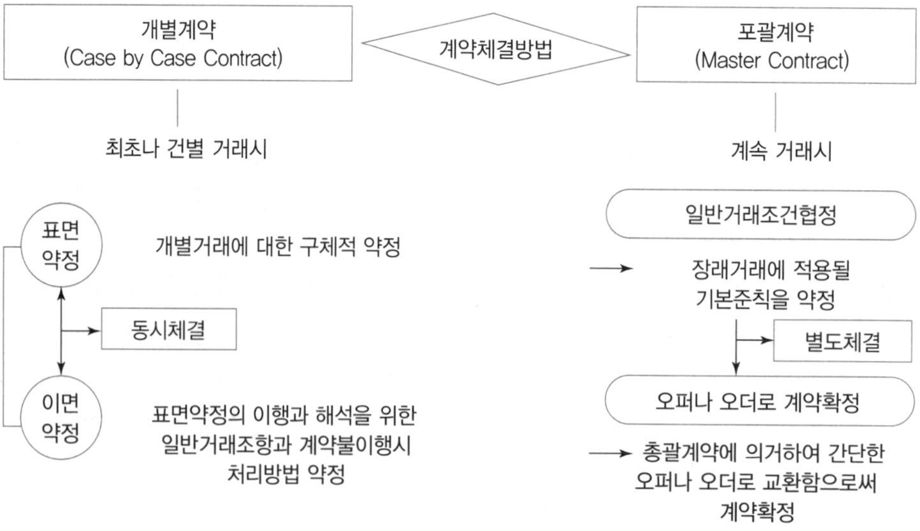

3. 오퍼와 오더(Offer Sheet, Purchase Order)

(1) 의의

① Offer(청약)란 그에 응하는 Acceptance(승낙)에 따라 계약을 성립시키는 일방적 의사표시이다. 무역 거래시 Offer는 통상 Selling offer를 의미하며, 수출자가 상대방인 수입자에게 일정한 물품을 일정한 가격, 품질, 선적, 결제 조건 등으로 매도하겠다는 의사표시를 말한다. 반면, 수입자의 매입 의사 표시는 Buying Offer로서 이를 주문(Order)이라고 한다.

② Offer의 형식은 특정한 방식에 의할 필요는 없으며 구두로 행하여도 무방하지만(불요식) 국제무역거래는 외국과의 거래이므로 당사자간에 발생될 분쟁 및 계약위반에 대비하여 증거(evidence)로 남기기 위해서 서면으로 작성한 일정한 양식의 Offer Sheet, Proforma Invoice 또는 Purchase Order를 서신, Fax 또는 e-mail 발송 또는 수취한다.

③ 거래처를 선정하고 거래처와의 거래교섭(Circular inquiry, Free offer와 Counter offer 등) 후 거래 당사자 일방의 확정 의사표시인 Firm Offer나 Order를 전신이나 서신으로 거래 상대방에게 보내고 상대방은 그 조건에 이의가 없는 경우 무조건(Unconditional) 동의하는 확정적 의사표시(Acceptance)를 전신이나 서신으로 보냄으로써 법률상 계약(Contract)이 성립되어 효력이 발생한다. 한국법 및 국제물품매매계약법인 Vienna Convention 1980에서는 청약에 대해서 승낙으로 계약이 성립된다고 규정하고 있으므로 계약서에 서명을 하지 않았다고 해서 계약이 성립되지 않았다는 주장을 할 수 없다.

(2) 오퍼의 종류

① Firm offer(확정오퍼) : 청약자가 승낙의 유효기간을 지정하고 그 기간 내에 승낙여부에 대해 회답할 것을 조건으로 하는 오퍼 또는 승낙기간을 정하지 아니한 경우에는 그 오퍼가 확정적(firm) 취소불능(irrevocable)이라는 것을 표시한 경우의 그 오퍼를 말한다. 이 경우 승낙기간을 정한 오퍼는 그 기간 동안, 승낙기간을 정하지 아니한 오퍼는 상당한 기간(a reasonable time) 동안 청약자를 구속하여 일방적으로 오퍼를 취소하거나 가격 등 기타 오퍼의 내용을 상대방의 동의 없이 변경할 수 없다. 그러므로 그 기간 내에 상대방으로부터 승낙의 통지가 오면 오퍼의 조건대로 계약이 성립된다.

② Free offer(불확정 오퍼) : 확정오퍼와는 달리 구속력이 없어서 청약자는 상대방의 동의 없이 언제든지 청약 조건을 변경하거나 취소할 수 있다. 청약서에 유효기간이 설정되어 있더라도 청약서 상의 조건들이 변경 가능하다는 표현이 있는 경우에는 Free offer가 된다.

③ Offer subject to prior sale(선착순 매도조건오퍼) : 매수희망자의 승낙이 내도했을 때 해당 물품이 판매되지 않고 재고가 있어야만 계약이 성립된다는 것을 조건으로 하는 오퍼로서 offer subject to being unsold(재고잔류 조건 오퍼)라고도 한다. 이는 물품을 신속히 처분하기 위하여 여러 곳에 동시에 오퍼할 때 이용된다.

④ Offer on approval(승인오퍼) : 오퍼와 함께 현품을 보내서 상대방이 실험 또는 사용해 보아 만족할 것을 조건으로 하는 오퍼로서 상대방이 만족하지 아니하면 일정 기간 내에 반품할 수 있다.

⑤ Offer subject to confirmation(Sub-con offer, 확인조건오퍼) : "subject to our final confirmation"이라는 단서가 붙는 오퍼로서 Free offer이다. 따라서 발행되어도 구속력이 없어서 상대방이 승낙하더라도 계약이 성립되는 것이 아니고 다시 청약자의 최종확인이 있어야만 계약이 성립된다.

⑥ Counter offer(반대오퍼) : 매도인의 오퍼에 대하여 매수인이 가격, 수량, 선적조건 등 오퍼내용의 일부 변경 또는 추가를 제의해 오는 경우가 있다. 이를 Counter offer라 하는데, 이는 원 오퍼(original offer)에 대한 거절이고 동시에 매수인에 의해서 새로운 조건의 오퍼가 생성되는 것이다. 원청약자는 상대방의 새로운 오퍼(Counter offer)에 대해서 승낙을 하면 계약이 성립되고 그 조건에 대해서 또다시 새로운 조건을 제시하면 Counter offer가 된다. 이렇게 당사자간에 Counter offer가 몇 차례 반복되다가 한쪽의 최종적인 승낙으로 계약이 성립되는 것이 일반적이다.

(4) 오퍼에 포함되는 주요 사항

① 품명(Commodity Name) : 보통상품에 대해서는 별 문제가 없으나 비슷한 종류가 여러 가지 있는 상품이나 상품명이 유사한 것은 혼동을 일으키지 않도록 분명하고 완전하게 기재한다. 예를 들면 만년필의 경우 단순한 Pen이라 기재하는 것보다 Fountain Pen으로 표시하여 Ball Pen과 구별하여야 한다.

② 규격(Grade or Specification) : 같은 품목이라도 그 품질과 규격에 따라 가격의 차이가 많이 생길 수 있다. 예를 들면 같은 금(Gold)이라도 24K와 14K는 다르며 전구도 100W와 30W 짜리는 그 성질에 많은 차이가 생긴다. 따라서 후일 분쟁 등이 발생하지 않도록 규격의 표시를 정확히 기재한다.

③ 품질(Quality) : 품질조건은 향후 수입자의 클레임 제기 가능성과 직접적으로 연관이 있으므로 명확하고 상세하게 기재되어야 한다. 간단하면서도 명확하게 기재할 수 있는 경우, 즉 수출자가 제공하는 Sample에 의해서 품질이 결정되는 경우에는 오퍼에 바로 기재한다. 그리고 품질 관련 내용이 많은 경우에는 첨부양식(attached)으로 해서 상대방에게 발송한다.

④ 유효기간(Validity) : 상대방이 유효기간 내에 승낙을 할 수 있도록 유효기간을 명시한다. 유효기간을 기재하지 않을 경우 상대방의 승낙이 계약을 성립시키는 승낙인지 여부로 인한 분쟁이 발생할 수 있다.

⑤ 선적일(Shipping date, Delivery date) : Offer에는 반드시 언제까지 계약상품을 선적해 줄 수 있다는(도착일이 아님) Delivery Date가 표시되어야 한다. 대개는 선적일이 빠를수록 수입자에게 유리하나 반드시 그런 것은 아니다. 경우에 따라서는 적기에 판매하고 보관료를 물지 않게 하기 위해서 선적을 언제부터 언제사이에(not earlier than~not later than) 이행해 달라고 요구하는 수도 있다. 특히 계절을 타는 상품, 즉 크리스마스 장식용구 등과 같이 적기에 선적하지 못하면 치명적인 손해를 입는 상품은 정확한 선적기일을 제시하여야 한다.

⑥ 포장방법(Packing Method) : 철근 같은 것은 포장되지 않은 상태로 거래되나 대개의 상품은

포장된 상태로 거래가 이루어진다. 그러므로 어떤 종류의 포장재인지, 또한 포장에 몇 단위씩 들어가는지 알려주어야 된다.
포장은 수출자가 하지만 포장방식을 요구하는 것은 수입자이다. 따라서 수출자는 오퍼에 기본 포장조건을 기재하여 제시하고 수입자가 이에 승낙을 하면 그대로 포장을 하여 선적한다. 수입자가 다른 방식의 포장을 요구하면 수출자는 수입자가 제시한 방식을 검토하고 승낙하게 된다.
〈예〉 "Each in a vinyl bag, 100 pieces in a carton box."
"Standard Export Packing."
"Export standard packing, Completely free from moisture and water."

⑦ 수량(Quantity) : 상품이란 무한정 공급되는 것이 아니고 기한 내에 얼마나 공급해 줄 수 있느냐가 문제가 되므로 기일 내에 반드시 공급할 수 있는 수량만 Offer해야 한다. 특히 Buying Offer일 때는 수량이 꼭 정해져 있다. 또한 수량의 기준도 개수(piece), 무게(weight), 길이(length), 용적(measurement)등 다양하며 이들의 단위도 각각 상이하므로 그 수량의 단위 사용에 주의하여야 한다. 살화물(Bulk)의 경우 수량에 과부족이 발생될 수 있으므로 과부족 범위를 기재하도록 한다.

⑧ 단가(Unit Price) 또는 가격 : Offer에서 가장 중요한 것이 단가이다. 상품규격과 마찬가지로 각국의 화폐단위가 다르므로 사용화폐를 분명히 명시하여야 하며 특히 Dollar나 Franc으로 표시될 때는 어느 나라의 Dollar이며(U.S. dollar, Australian dollar 등) 어느 나라의 Franc(France franc, Swiss Franc 등)인지 분명히 하여야 한다. 물품의 수출입 대금결제 통화를 어느 나라 화폐로 결정하느냐 하는 것은 환위험(Exchange Risk)을 회피하는데 중요하다. 일반적으로 통화 결정은 ① 안전성 ② 교환성 ③ 유통성 등을 고려하여 결정해야 한다. 가격은 일반적으로 국제상업회의소(ICC)의 Incoterms 규칙을 사용하여 기재한다. Version에 따라 규칙이 개정되었을 수 있으므로 반드시 Version을 표시해준다.
〈예〉 FCA BUSAN PORT UNIT PRICE USD 100/PC X TOTAL 100 PCS Incoterms 2020

⑨ 대금결제방법(Payment Condition) : 대금결제를 송금결제로 할 것인가, 신용장으로 할 것인가 또는 추심결제로 할 것인가 등 대금결제방식과, 상품인도일과 대금지급일의 시차를 나타내는 대금결제기간을 제시한다. 결제방법은 오퍼를 하기 전에 상대방의 신용조회 결과에 따라 결정되어야 한다.

⑩ 청약자와 피청약자 기재 : 국제물품매매계약법인 Vienna Convention 1980 제14조 1항에서 피청약자는 1인 이상으로 특정되어야 하는 것으로 명시하고 있다. 따라서 청약자와 상대방인 피청약자가 특정되어 기재되어야 한다. 주소 및 연락처 등의 정보도 함께 기재한다.

⑪ 기타: 이외에도 분할선적, 환적, 검사, 클레임(Claim)등 여러 가지를 들 수 있겠으나, 이들 모두가 Offer상 꼭 명시되어야 하는 것은 아니다. 최근 전자통신 수단의 발달로 e-mail 및 첨부 file을 활용할 수 있게 되어 특별조건 뿐만 아니라 일반거래조건도 교환하여 거래(계약)의 구체적인 세부사항도 쉽게 정할 수 있게 되었다.

마. 무역계약 체결시 사용되는 양식

1. 양해각서

일반적으로 양해각서(MOU : Memorandum of Understanding)는 공식적 계약 체결의 이전 단계 또는 계약의 일부 사항의 이해를 문서화한 것이다.

상품거래 시에는 장기 물량확보를 위해서 간단한 MOU형태로 진행하거나 당장 확정하기 어려운 사항은 추후 합의하기로 하면서 거래의 일반조건만 합의하여 진행하기도 하며, 제품의 특성상 품질이나, 제품인도, 가격결정의 구조, 기타 사전에 기본원칙을 정할 필요가 있을 경우에는 여러 장의 문서를 작성하는 경우도 있다.

MOU에 제품의 특성, 계약의 이행에 직접 필요한 사항을 일부 기재하고 있으나 가격, 대금지급, 기타 조건들을 별도 건별 계약으로 합의하도록 되어 있는 경우에는 당사자 모두 동 MOU에 크게 구속되지 않으며 또한 당장 이행 청구할 수 있는 계약은 아니다. 그러나 당사자 일방이 악의로 가격 등의 핑계로 MOU의 실행을 기피할 경우 불성실(bad faith)로 손해배상 등 구제를 청구할 수 있으나 현실적으로 법원에서 상대방의 악의를 입증하는 것이 용의하지 않아 구제받기는 곤란하다.

- 양해각서의 효력

  양해각서는 일반적으로 집행할 수 있는 법적 문서로서 효력이 있는 것은 아니다. 그러나 양해각서의 명칭이 붙었다고 하여 일방적으로 효력이 있다 / 없다고 단정할 수는 없고 양해각서라는 명칭을 가지고 있다하더라도 계약의 이행에 필요한 모든 요건들을 갖추고 있을 경우는 계약으로서의 효력을 갖는다. 국제적으로 서류를 볼 때는 제목으로 내용을 판단하는 것이 아니고 내용으로 제목을 추출하여야 한다.

2. 개별계약(Case by Case Contract)시 사용하는 양식

(1) 개별 무역 계약 양식

〈양식의 실례〉

HAWOO CORPORATION
W.T.P.O. BOX 1010
Trade Tower 30F.
Kangnam-Ku, Seoul, Korea
TEL: 02-6000-5353 FAX: 02-6000-5161

SALES CONTRACT NO.123

DATE : Feb 10, 20××

MESSRS, PFISTER & VOGEL INC.
Los Angeles, U.S.A.

We as Seller confirm having sold you as Buyer the following goods on the terms and conditions as stated below and on the back hereof.

QUANTITY	DESCRIPTION	PRICE	SHIPMENT
10,000yards	Printed Synthetic Fabric 44 x about 500yards 100% Acrylic Fast Color	CIF New York Incoterms 2020 in U.S. Currency $0.72/yard	Mar. 2021

Total Amount : US$7,200.00

PAYMENT : By irrevocable freely negotiable Documentary Letter of Credit at 90 days after sight in favour of Seller.
INSURANCE : Seller to cover the CIF price plus 10% against All Risks including War and SRCC Risks.
PACKING:About 500 yards in a carton box
DESTINATION : New York, U.S.A.

〈SHIPPING MARK〉
P&V
New York
BOX NO. 1/UP
MADE IN KOREA

PLEASE SIGN AND RETURN THE DUPLICATE

BUYER	SELLER
PFISTER & VOGEL INC.	HAWOO CORPORATION.
(Signed)	(Signed)
David Jones	GIL DONG HONG
President	Export Manager

【General Terms and Conditions】

1. Principal to Principal Basis : This Contract recognizes the fact that it is on a principal to principal basis between Seller and Buyer.

2. Quantity : Quantity is subject to a variation of five percent(5%) plus or minus at Seller's option.

3. Shipment : The date of Bill of Lading shall be taken as the conclusive date of shipment. Partial shipment and / or transshipment shall be permitted, unless otherwise stated on the face hereof. Seller shall not be responsible for non-shipment or late shipment in whole or in part by reason of Force Majeure, such as fires, floods, earthquakes, tempests, strikes, lockouts, and other industrial disputes, mobilization, war, threat of war, riots, civil commotion, hostilities, blockade, requisition vessel, and any other contingencies beyond Seller's control.

4. Price : The price(s) is (are) on the rate of freight and insurance premium prevaling at the time of accepting the order, and any increase in the rate of freight and insurance premium at the time of shipment shall be born by Buyer.

5. Inspection : Inspection performed under the export regulation of Korea is final in respect of quality and / or conditions of the contracted goods, unless otherwise stated on the face hereof.

6. Trade Terms : The trade terms used in this contract shall be governed and interpreted by the provisions of Incoterms(2020 edition) unless otherwise specifically stated.

7. Infringement : Buyer shall hold Seller harmless from liability for any infringement with regard to patent, trade mark, design and/or copyright originated or chosen by Buyer.

8. Claim : Any claim by Buyer must be made in writing within fourteen(14) days from the date of final discharge at destination.

9. Arbitration : All disputes, controversies, or differences which may arise between Seller and Buyer, out of or in relation to or in connection with this Contract, or for the breach thereof, shall be finally settled by arbitration in Seoul, Korea in accordance with the Commercial Arbitration Rules of The Korean Commercial Arbitration Board. The award rendered by the arbitrator(s) shall be final and binding upon both parties.

10. Governing Law : This Contract shall be governed in all respects by the laws of Korea.

-양식의 사용 요령

상품을 공급하는 경우 위 양식을 사용하여 계약을 체결한다. 상품을 수입하는 경우에는 첨부된 Purchase Contract를 사용하여 계약을 체결한다.

해외구매자/공급자에게 위 양식의 내용 및 조건대로 거래를 제안하면서 상대방의 승인시한을 정하는 경우

We offer firm for your reply within seven days from the date of this offer.

We offer firm for your reply reaching us by OCT 31, 20××.

등과 같은 표현으로 유효기일 문구를 삽입한다.

General Terms and Conditions를 e-mail 첨부 file 등의 방법으로 반드시 포함시키도록 한다.

서명난에 서명을 받아 두거나 첨부 파일을 포함하여 합의된 내용을 이메일/팩스로 교환해 둔다.

(2) 개별무역계약의 간단한 양식

〈양식의 실례〉

판매의 경우 : Offer Sheet

〈표 1〉

DAESUNG INDUSTRIAL CO., LTD

① Manufacturers, Exporters & Importers
#146-1, SOOSONG-DONG, CHONGRO-KU,
SEOUL, KOREA

TEL 735/5671
732/1985
733/8194

OFFER SHEET

② Messrs. OKAMOTO INDUSTRIES INC.

③ Offer No. DS01227
④ Date. DEC. 27, 20××

Gentleman :
⑤ We are pleased to offer you the following :

⑥ Origin : REPUBLIC OF KOREA
⑦ Shipment : WITHIN 45 DAYS AFTR RECEIPT OF YOUR L/C.
⑧ Shipping Port : BUSAN, KOREA
⑨ Payment Terms : BY AN IRREVOCABLE AT SIGHT L/C TO BE OPENED IN OUR FAVOR.
⑩ Validity of Offer : BY JAN. 31. 20××

Item	⑪ Commodity & Description		⑫ Quantity	⑬ Unit Price	⑭ Total Amount
			⑮ FOB BUSAN PORT/PC Incoterms 2020		
	AUTOMOBILE TUBES				
	SIZE	VALVE			
	550-13	TR13	2,100 PCS	@US$ 1.80	US$ 3,780.00
	600-14	TR13	3,900 PCS	1.90	7,410.00
	TOTAL :		6,000 PCS		US$11,190.00
	********************************		********	*************	*************

Very truly yours,

⑯ Packing : SELLER'S EXPORT STANDARD PACKING
⑰ Quality : AS PER SAMPLE PROVIDED BY THE SELLER
⑱ All disputes, controversies, or differences which may arise between the parties, out of, or in relation to, or in connection with this contract, or for the breach thereof, shall be finally settled by arbitration in Seoul, Korea in accordance with the Arbitration Rules of The Korean Commercial Arbitration Board and under the laws of Korea. The award rendered by the arbitrator(s) shall be final and binding upon both parties concerned.

⑲ Accepted by : ____________________
Date of acceptance ____________________

⑳ DAESUNG INDUSTRIAL CO., LTD.
____

구매의 경우 : Purchase Order

〈표 2〉

① OKAMOTO INDUSTRIES, INC.
PURCHASE ORDER

② Messrs.
DAESUNG INDUSTRIAL CO., LTD.
10th Floor, Leema Bldg.,
146-1 Susong-Dong,
Chongro-Ku, Seoul, Korea.

③ Your Ref ....
④ Our Ref ..........D.I.C.-.07009..........
⑤ Date & Place ..December.27, 20×× ....

⑥ Dear Sirs.
We OKAMOTO INDUSTRIES, INC., as Buyer, hereby confirm our purchase of the following goods in accordance with the terms and conditions given below.

⑦ DESCRIPTION	AUTOMOBILE TUBES 500-13 TR13 2,100 PCS. 600-14 TR13 3,900 PCS.
⑧ QUALITY	AS PER PREVIOUS SHIPMENT.
⑨ PACKING	EACH 20 PCS. TO BE PACKED INTO AN EXPORTABLE CARTON BOX. EXPORT STANDARD PACKING
⑩ QUANTITY	6,000 PCS. ONLY.
⑪ PRICE	CIF YOKOHAMA, JAPAN IN U.S. DOLLARS.550-13 TR13 @U$1.80/PCE Incoterms 2020 600-14 TR13 @U$1.90/PCE
⑫ AMOUNT	TOTAL : US$11,190.00
⑬ INSURANCE	INSURANCE POLICY/CRETIFICATE BLANK ENDORSED FOR 110% OF C.I.F VALUE WITH CLAIMS PAYABLE IN JAPAN IN THE CURRENCY OF THE DRAFT INSURANCE TO INCLUDE I.C.C.(A) WITH INSTITUTE WAR CLAUSES, S.R.C.C CLAUSES.
⑭ PAYMENT	BY L/C AT SIGHT IN YOUR FAVOUR ADVISING THROUGH ABC BANK, SEOUL, KOREA FROM THE FUJI BANK LTD., TOKYO.
⑮ SHIPMENT	SHIPMENT SHOULD BE EFFECTED DIRECTLY FROM BUSAN, KOREA TO YOKOHAMA, JAPAN BY DIRECT CONTATNER VESSEL AS FOLLOWS : BY THE END OF FEB/2021
⑯ MARKS & NO	TO BE MARKED ON BOTH SIDES OF EACH CARTON BOX AS FOLLOWS : C/NO. 1-1/UP ITEM : AUTO TUBE SIZE : Q'TY :
⑰ REMARKS	1. ONE ORIGINAL CRETIFICATE OF ORIGIN FORM "A" & TWO COPIES OF NON-NEGOTIABLE B/L, INVOICE, PACKING LIST, INSURANCE POLTCY SHOULD BE GIVEN BY YOU UNDER A CAPTAIN'S CARE FOR DELIVERY TO US. 2. All disputes, controversies, or differences which may arise between the parties, out of, or in relation to, or in connection with this contract, or for the breach thereof, shall be finally settled by arbitration in Seoul, Korea in accordance with the Arbitration Rules of The Korean Commercial Arbitration Board and under the laws of Korea. The award rendered by the arbitrator(s) shall be final and binding upon both parties concerned.

Yours faithfully,

⑱ Confirmed & accepted by :   ⑲ OKAMOTO INDUSTRIES, INC.

〈Offer Sheet 및 Purchase Order 양식의 기재 요령〉

간단한 양식보다 비교적 완전한 양식을 사용하는 것이 더 좋다.

〈표 1〉 Offer Sheet(또는 제목이 Proforma Invoice의 경우에도 동일)의 기재 요령은 아래와 같다.

(1) ①은 수출자를 기재한다.

(2) ②는 청약을 받는자(피청약자)인 수입자를 기재한다. 피청약자는 반드시 특정되어야 한다.

(3) ③은 offer 번호(기재하지 않아도 무방)

(4) ④는 offer의 발행일자

(5) ⑤는 오퍼를 한다는 간단한 문구를 기재한다. 상대방에 대한 offer 및 order를 아래조건으로 제시하는 것이다.

(6) ⑥은 수출품의 원산지를 표시

(7) ⑦은 선적조건이다. 수출자가 L/C 수취 후 45일 이내에 부산에서 선적할 것을 제시하고 있다.

(8) ⑧은 선적항이다. 이 조항은 기재하지 않아도 된다.

(9) ⑨는 결제조건이다. 수출자를 수익자로 한 Sight L/C 개설을 표시하고 있다.

(10) ⑩은 Offer의 유효기간이다. Offer가 유효하게 성립될 수 있는 최종 일자를 기재한다.

(11) ⑪, ⑫ 는 상품명 및 수량이다. 수출상품의 명칭, 종류 및 수량을 표시한다.

(12) ⑬, ⑭, ⑮는 가격조건 및 단가와 총액을 기재한다. 기재된 가격조건이 Incoterms 2020의 FOB조건이라는 것을 명시한다.

(13) ⑯은 포장조건이다. 수출자는 수출표준포장을 제시하고 있다.

(14) ⑰은 품질조건이다. 수출자가 제공한 견본과 유사한(as per sample) 제품을 제공한다는 의미이다. 견본과 완전동일한 제품을 제공한다는 것은 수입자가 Market Claim을 제기할 수 있는 위험이 있으므로 유의한다. 품질은 명확하고 상세하게 기재되어야 한다. 만약 품질에 대한 내용이 많을 경우 별도의 품질명세서를 작성하여 Offer Sheet에 첨부할 수 있다.

(15) ⑱은 중재조항이다. 혹시라도 발생될 수 있는 분쟁을 중재로 해결하기 위해서 기재한다.

(16) ⑲는 수입자의 서명이다. 수입자가 이 Offer조건을 승낙하는 경우 서명을 하고 서명일을 기재한다. 서명은 반드시 유효기일 이내에 해야 하고 서명일도 유효기일 이내이어야 한다. 수입자가 서명한 날에 계약은 법적으로 성립된다.

(17) ⑳은 수출자의 서명이다.

〈표 2〉 Purchase Order의 기재 요령은 아래와 같다.

(1) ①은 P/O의 발행자, 즉 수입자를 기재한다.

(2) ②는 수출자를 기재한다. 반드시 특정 수출자를 기재하여야 한다.

(3) ③은 수출자의 Offer Sheet 번호를 기재한다. 이러한 번호를 기재하는 경우는 수출자의 Offer에 대해서 수입자가 Counter Offer를 발행하는 경우이다. 만약 Counter Offer가 아니면 생략한다. 〈표 1〉은 판매 offer를 하는 당사자 〈표 2〉는 order를 하는 당사자이다.

(4) ④는 order 번호를 기재한다. (생략 가능)

(5) ⑤는 발행일자를 기재한다.

(6) ⑥은 거래제시를 기재하는데 수입자가 order를 아래조건으로 제시하는 것이다.

(7) ⑦은 물품명세를 기재한다

(8) ⑧은 상품의 품질을 기재하는데 동 서식에서는 반복된 거래로서 전에 선적된 수출품과 동일한 품질을 요구하고 있다.

(9) ⑨는 포장조건을 기재한다. 수출표준포장방식을 요구하고 있다.

(10) ⑩은 상품의 수량을 기재한다.

(11) ⑪, ⑫는 가격조건 및 총액을 기재한다. Incoterms 2020의 CIF 조건이라는 것을 명시하여야 한다.

(12) ⑬은 보험조건을 기재한다. CIF 조건은 수출자의 강제보험조건이므로 수출자가 수입자를 위해서 보험을 가입해 주어야 한다. 이 양식에서는 수입자가 수출자에게 기재된 조건으로 보험을 가입해 줄 것을 요청하고 있다.

(13) ⑭는 결제조건을 기재한다. 수출자를 수익자로 하는 일람출급 신용장을 개설하고, 통지은행은 한국의 ABC은행으로 한다.

(14) ⑮는 선적조건을 기재한다. 수입자는 2월 말까지 선적해 줄 것을 요청하고 있다.

(15) ⑯은 화인을 기재한다. 화인을 기재하는 경우 필수적으로 주화인, 도착항, 화물번호는 기재되어야 한다. 이러한 화인이 없는 경우 N/M(No Mark)로 기재한다.

(16) ⑰은 기타 사항을 기재한다. 동 서류에서는 기타사항에 중재조항을 기재하여 분쟁 발생 시 중재로 해결한다.

(17) ⑱은 수출자가 서명하면서 서명 날짜를 같이 기재한다. 유효기일이 있는 경우 서명일은 유효기일 이내가 되어야 한다. 서명한 날짜에 계약은 성립되어서 법적 효력이 발생된다.

(18) ⑲는 수입자의 서명이다.

(3) 견적송장 : Proforma Invoice

〈양식의 실례〉

SAM YONG CO., LTD.

159 SAMSUNG-DONG KANGNAM GU SEOUL, KOREA

Tel : 02-6000-6000 Fax : 02-6000-6001, E-mail : samyong@hotkey

PROFORMA INVOICE

To : FABRY CO., LTD.

Ref. NO :
MAR. 15, 20××

We are pleased to make the Proforma Invoice of the following goods on the terms and conditions as stated below :

COMMODITY : POLYESTER STAPLE FIBRE OPTICAL BRIGHT RAW WHITE
QUALITY : "A" GRADE
QUANTITY : 36,000.00KGS
PACKING & MARKING : 250.00KGS/BALS 250.00KGS/BALE 250.00K
UNIT PRICE & TERMS OF DELIVERY : USD1.75.00/KG FOB BUSAN PORT Incoterms 2020
TOTAL AMOUNT : US$63,000.00
PAYMENT : IRREVOCABLE FREELY NEGOTIABLE LETTER OF CREDIT AT SIGHT IN OUR FAVOR
TIME OF SHIPMENT :

MAY. 31, 2021 12,000.00KGS
JUN. 30, 2021 12,000.00KGS
JUL. 31, 2021 12,000.00KGS

PORT OF SHIPMENT : BUSAN, KOREA
DESTINATION : LONDON
INSURANCE : TO BE COVERD BY BUYER ____________________
INSPECTION : SELLER'S INSPECTION TO BE FINAL
SPECIAL TERMS & CONDITIONS:

1. L/C SHOULD BE ARRIVED HERE AT LEAST 30DAYS IN ADVANCE
2. All disputes, controversies, or differences which may arise between the parties, out of, or in relation to, or in connection with this contract, or for the breach thereof, shall be finally settled by arbitration in Seoul, Korea in accordance with the Arbitration Rules of The Korean Commercial Arbitration Board and under the laws of Korea. The award rendered by the arbitrator(s) shall be final and binding upon both parties concerned.

Accepted
(상대방 서명)

Date :

SAM YONG CO., LTD.

W. K. Park
President

____

가) 견적송장 (Proforma Invoice)의 개요

매매계약 성립 이전에 수출자가 수입자에게 제시하는 거래물품 가격 계산 자료이다.

견적송장도 계약의 주요내용을 포함하고 있고 수출자의 제안에 수입자가 승낙하면 계약서로서 효력을 가진다.

무역계약은 불요식 계약으로서 일정한 형식에 구애되지 않는다. 즉, 요식에 구애받지 않고 ① 당사자간에(Specific person), ② 확정적이고(Definite), ③ 유효기간 이내에 상대방이 승낙하면 계약내용에 구속된다는(To be bound) 의사표시이기만 하면 확정적인 청약이 된다.

따라서 구두, 서면에 구애받지 않고 Offer나 Order이든 또는 Proforma Invoice이든 심지어는 Price List라도 위 세 가지 요건만 갖추면 확정적인 의사표시로서 이에 대해 상대방이 승낙(Acceptance)하면 계약이 성립된다.

나) 견적송장의 기재요령

OFFER SHEET와 마찬가지로 형식이 특별히 정하여진 것은 아니며, 그 기재요령도 유사하므로 앞에 수록된 OFFER SHEET의 기재요령을 참고하도록 한다.

3. 장기 · 계속적 거래시 이용하는 계약서의 양식

(1) 포괄계약(Master Contract) 양식의 실례

〈조건일반의 합의〉

GENERAL AGREEMENT

Agreement Date:
Agreement No.:

Between ; Pfister & Vogel Inc., the buyer,
and Hawoo Corporation, the seller.

1. Business : Both parties shall act as principals, and not as agents.
2. Offers : All firm offers shall be made by e-mail or fax, unless otherwise stipulated, shall remain in force for four days including the day e-mailed or faxed. Sundays and national holidays shall not be counted as days.
3. Acceptance : Acceptance must be made by e-mail or fax within the time specified.
4. Order : An order by cable must be confirmed by e-mail or fax on receipt ; subsequently a separate contract note or order sheet shall be sent by following mail. Orders thus confirmed can not be cancelled unless by mutual consent.
5. Price : Unless otherwise stated in letter or by e-mail or fax, prices shall be in U.S. Currency on CFR Los Angeles basis.
6. Quality : (a) Goods sold on sample shall be warranted by the seller to conform exactly to sample upon arrival at destination.
(b) Goods sold without sample shall be warranted by the seller to be equal to the fair average of the season's crop.
7. Quantity : Weight and quantity determined by the seller, as set forth in shipping documents, shall be final.
8. Marking : All shipments shall be marked

P&V
LOS ANGELES
MADE IN KOREA
and given running numbers.

9. Terms : Banker's Irrevocable Letter of Credit is to be opened at the time each contract is concluded. Draft is to be drawn at sight, under the Credit for the full invoice amount with full set of Shipping Documents attached, namely, Bills of Lading, Insurance Policies or Certificates, Commercial Invoices, Consular Invoices and other documents which particular contracts require.
10. Shipment : Shipment shall be made within the time specified in the contract of sale. In case of force majeure one month's delay is allowed. The date of the Bill of Lading shall be full and sufficient evidence of the date of shipment.
11. Destination : Los Angeles unless expressly specified by cables or letters. The port of discharge, however, shall be at the buyer's option in accordance with the special agreement when each contract is made.

12. Insurance : Insurance shall be effected by the seller on W.A., including risks of Theft, Pilferage and Non-Delivery for the invoice amount plus ten percent. War Risk or any other additional insurance, if required, shall be covered for account of the buyer. Policies or Certificates are to be made out in U.S. Currency, and claims payable in Los Angeles.

13. Claims : Claims, if any, shall be filed by cable within fourteen days from the date of final discharge at destination. Certificates by recognized surveyors shall be sent by airmail without delay.

14. Arbitration : All disputes, controversies, or differences which may arise between Seller and Buyer, out of or in relation to or in connection with this Contract, or for the breach thereof, shall be finally settled by arbitration in Seoul, Korea in accordance with the Commercial Arbitration Rules of The Korean Commercial Arbitration Board. The award rendered by the arbitrator(s) shall be final and binding upon both parties.

This agreement shall be valid from the date of May 1, 2021

(Buyers) PFITER & VOGEL INC., LOS ANGELES

(Sellers) HAWOO CORPORATION, SEOUL

(2) 포괄계약에 따라 건별로 물량, 가격 등을 확정하는 계약 양식

가) 수출의 경우에 사용하는 양식

Trade Tower.30F
Samsung-dong Kangnam-ku
SEOUL, KOREA
TEL : 81-2-6000-5353

HAWOO CORPORATION

OFFER SHEET(Proforma Invoice)

Messrs, ABC Co., Ltd

Offer No.________________

Date ________________

Ref. No. ________________

We are pleased to offer the under-mentioning article(s) as per conditions and detalis described as follows based on the General Agreement of ------ 2021,(No.   ) between you and us.

HS	Description	Q'ty	Unit price	Amount

Quality :

packing :

Shipment :

Inspection :

Payment :

Validity :

Remarks :

Looking forward to your valued order for the above offer, we are

Yours faithfully,

HAWOO CORPORATION

____

Accepted
ABC Co., Ltd

III 국제거래의 전개, 무역계약 및 클레임

나) 수입의 경우에 사용하는 양식

Trade Tower, 30F
Samsung-dong Kangnam-ku
SEOUL, KOREA
TEL : 81-2-6000-5353

HAWOO CORPORATION

【PURCHASE ORDER】

Messrs, XYZ Co., Ltd.

Offer No.______________

Date ______________

Ref. No. ______________

We are pleased to offer the under-mentioning article(s) as per conditions and detalis described as follows based on the General Agreement of ------ 2021,(No.) between you and us.

HS	Description	Q'ty	Unit price	Amount

Quality :

Packing :

Shipment :

Inspection :

Payment :

Validity :

Remarks :

Looking forward to your valued order for the above offer, we are

Yours faithfully,

Accepted

HAWOO CORPORATION

XYZ Co., Ltd.

____

제5절 클레임의 제기 및 해결방법

가. 클레임의 제기

1. 의의

① 무역거래시 손해를 입은 당사자는 손해를 유발시킨 당사자에게 무역클레임을 제기하고 손해배상청구를 할 수 있다. 무역클레임은 객관적 타당성을 가져야 하며 세심한 절차 없는 클레임 처리는 법률적 효력을 보장받을 수 없다.

② 클레임은 무역계약의 불이행이나 이행지체에 따라 발생되는데 통상 계약상 상품자체에 대한 약정인 품질조건, 수량조건 또는 포장조건 등의 위반이 클레임의 사유가 된다. 계약의 이행에 대한 약정인 선적조건, 보험조건 및 결제조건의 경우는 부수계약인 운송계약, 보험계약 및 환거래계약 조건의 위반 여부 등이 클레임의 기초가 된다.

③ 클레임 사유가 발생하여 클레임을 제기할 때에는, 제기방법에 대하여 당사자간에 약정이 있는 경우는 약정에 따르고, 약정이 없는 경우는 대체로 다음의 요건을 갖추어야 한다.

2. 클레임 제기절차

(1) 클레임 당사자의 확정

① 클레임 사유가 발생하면 우선 누구에게 클레임을 제기해야 할 것인가를 결정해야 한다.

② 클레임의 당사자는 계약당사자가 되는 것이 일반적이지만, 예외적으로 계약당사자에게 책임 없이 발생된 손해에 대하여는 제3자에게 청구하는 경우도 있다.(예 : 운송인, 창고업자 등)

(2) 클레임의 통지

① 클레임을 제기할 때에는 먼저 가장 빠른 방법으로 신속하게 클레임이 발생한 사실을 상대방에게 통지한 후 즉시 서면에 의한 정식 클레임을 제기해야 한다.

② 클레임에 대한 사전통지는 모든 증빙자료를 갖추기 전에 먼저 클레임의 발생사실을 신속하게 통보하는 것이다.

☞ 클레임 제기기간

① 당사자간에 약정이 있으면 그 기간 안에 제기

② 약정이 없는 경우는 나라마다 그 기간을 달리 보고 있다.

ㄱ. 한국 : 즉시 통지, 즉시 발견할 수 없는 하자에 대해서는 6개월의 기간 내

ㄴ. 일본 : 즉시 검사하고 곧 통지

ㄷ. 미국 : 합리적인 기간 내(Within Reasonable Time)

ㄹ. Warsaw Oxford Rules for CIF Contract(1932) : 합리적인 검사, 검사완료후 3일 이내에 통보

ㅁ. 국제물품매매계약에 관한 UN 협약 : 단기간내 검사, 합리적인 기간내 통지, 어떠한 경우도 제척(除斥)기간은 2년

* 제척기간(除斥期間) : 어떤 종류의 권리에 대해 법률상으로 정해진 존속기간을 말한다. 일정한 기간 안에 행사하지 않으면 해당 권리가 소멸된다

(3) 클레임의 청구

① 클레임 제기내용을 육하원칙에 따라 작성하되, 양당사자, 거래사실관계, 분쟁발생 경위, 청구내용 등을 기재한다.

② 수출입관련 클레임의 경우 계약번호, 일자, 품명, 수량, 선적항, 도착항, B/L 및 L/C번호 등도 포함한다.

- 클레임을 입증하는 서류

① 제기내용 및 사실관계를 입증할 수 있는 모든 자료, 서류

② 품질불량이나 수량부족일 경우 검사보고서(Surveyor's Report)

☞ 클레임을 제기받은 경우 검토사항

① 계약조건의 미비에 기인한 것인가?

② 인도후 합리적인 기간내에 제기된 것인가?

③ 하자를 입증할 객관적인 자료가 있는가?

④ 물품의 검사는 공인검정기관에 의하여 합리적인 기간내에 행하여졌는가?

⑤ 청구금액은 합리적인 산출에 의한 타당성을 지니고 있는가?

⑥ 당해 계약의 특성을 충분히 감안한 것인가?

☞ 클레임을 제기받을 경우 대응

클레임 제기내용을 검토한 후 클레임에 관한 입장과 해결방안에 대하여 신속하고 설득력 있는 답변을 전달

① 특히 첫 응답이 클레임 해결에 매우 중요

② 상대방의 의도가 불분명하거나 Market Claim 기타 부당한 클레임이 아닌가 하는 의문이 있다면 클레임 내용의 정당성 여부 및 증거서류를 면밀히 검토

☞ 클레임 조항 예

Any claim or complaint by Buyer of whatever arising under this contract shall be made in cable within one week after arrival of cargo in destination port. Full particulars of such claim shall be made in writing and forwarded by email airmail or e-mail to seller within 15 days after cabling. Buyer must submit with such particulars as (Sworn Public Surveyor's) Report, when the quality and/or quantity of merchandise is in dispute.

나. 클레임 해결방안

1. 당사자간 해결

(1) 청구권의 포기(Waiver of Claim)

손해배상 청구를 하지 않는 경우, 즉 피해자가 클레임제기를 일방적으로 철회하는 것으로, 이러한 경우는 상대방에게 다른 조건을 제안하였거나 또는 클레임 제기를 통하여 향후 있을 거래에 대한 주의를 환기시키는데 그 의의가 있다. 대체로 상대가 손해배상 청구 취지를 이해하고 즉각적으로 이를 개선해 주었을 경우 이루어진다.

(2) 타협(compromise)과 화해(amicable settlement)

타협과 화해는 당사자 사이의 교섭에 의하여 타협점을 모색하는 것으로서 가장 바람직한 분쟁해결 방안이며, 실제로 클레임의 대부분이 타협에 의해 해결되고 있다. 이 경우 대체로 화해계약을 체결한다.

화해는 다음을 요건으로 한다(민법 제731조)

① 당사자가 서로 양보할 것

② 분쟁을 종결할 것

③ 그 뜻을 약정할 것 등 3가지 요건을 필요로 함

2. 제3자 개입에 의한 해결

(1) 알선 (Intermediation)

① 화해에 의하여 해결책을 찾지 못하였을 경우에는 제3자의 개입에 의해 해결을 하게 되는데 알선, 조정, 중재 및 소송 4가지 방법이 고려된다.
알선은 상공회의소, 상사중재원, 대사관, 영사관 등과 같은 공신력이 있는 제3자가 당사자 일방 또는 쌍방의 요청에 의하여 사건에 개입하여 원만한 해결을 위한 조언을 해 주는 것이다. 그러므로 알선은 강제력이 없으며, 당사자 쌍방의 협력을 얻지 못하면 실패하게 된다. 알선수임기관의 역량에 따라 그 실효성이 나타나는데 대한상사중재원에 의뢰된 건 중 90% 이상이 알선단계에서 처리된다.

② 알선이 조정이나 중재와 다른 점은 형식적인 절차를 필요로 하지 않고 당사자 한편의 의뢰에 의해서도 가능하다는 점이다.

(2) 조정 (Conciliation)

① 조정은 당사자의 일방 또는 쌍방의 요청에 의거, 양당사자가 공정한 제3자를 조정자로 선임하여 분쟁해결방안을 제시해 줄 것을 부탁하고 조정인이 제시하는 조정안에 양당사자가 합의함으로써 분쟁을 해결하는 방식이다.

② 우리나라 중재규칙상 중재신청후 양당사자가 요청할 경우 상호협의하에 조정인을 선정, 조정을 시도할 수 있도록 되어 있어 조정안이 성립되면 조정결정은 중재판정과 동일한 효력을 갖게 된다. 그러나 실패하면 30일 내에 조정절차는 자동적으로 폐기되며, 중재인을 선정, 중재절차가 진행된다. 당사자의 약정에 의하여 조정기간(30일)을 연장할 수 있다.

(3) 중재 (Arbitration)

① 중재란 분쟁당사자간의 합의(「중재합의」라 칭함)에 의거 법원 소송절차에 의하지 않고 개인인 제3자를 중재인(Arbitrator)으로 선정하여 최종적으로 중재인의 판정에 맡겨 그 판정에 복종함으로써 분쟁을 해결하는 방법으로 비 사법적 분쟁 해결 방법의 하나이다.

② 조정은 당사자 일방의 요청이 있을 때에도 가능한데 반하여 중재는 반드시 양당사자의 합의가 있어야 한다. 조정은 양당사자의 자유의사에 따른 해결이지만 중재판정은 복종해야 하는 구속력을 가질 뿐 아니라 그 효력이 법원의 확정판결과 유사하며 외국에서도 별도의 절차를 거쳐 집행이 보장된다는 측면에서 법적 효력이 있다.

☞ 중재판정의 효력

① 「외국중재판정의 승인 및 집행에 관한 국제연합협약(the United Nations Convention on the Recognition and Enforcement of Foreign Arbitral Awards : 일명 뉴욕협약)」이 UN 경제사회이사회의 주도 아래 1958년 6월 10일 미국 New York에서 채택됨으로써 각 체약국내에서는 외국중재 판정의 승인 및 집행을 보장받게 되었다.(2014년 1월 현재 가입국 수 : 150개국)

② 우리나라도 1973년 2월 8일 가입, 동년 5월 9일부터 그 효력이 발효됨에 따라 국내 유일한 상설중재 기관인 대한상사중재원의 중재판정도 본협약 체약국간에서는 그 승인 및 집행을 보장받게 되었다.

③ 2003년부터 대한상사중재원의 중재판정도 중국에서 집행이 용이해졌으므로 중국과의 계약시 대한상사중재원 중재를 따를 것을 약정하는 것도 고려할 만 하다.

(4) 소송 (Litigation)

① 소송은 국가기관인 법원의 판정에 의하여 분쟁을 강제적으로 해결하는 사법적 분쟁해결 방법이다. 소송은 사건의 내용에 따라 민사소송, 형사소송, 행정소송 등으로 분류할 수가 있으나 무역 클레임의 대부분은 민사소송이다. 이것은 화해나 알선, 조정 또는 중재에 의하여 분쟁을 해결할 수 없는 경우에 최후의 수단으로써 국가공권력의 발동에 의한 물리적인 힘에 의해

분쟁을 해결하는 방법이다.

② 무역거래에서는 상대방이 법역을 달리하는 외국에 있는 것이 보통이므로 자국의 관할권이 상대국에 미치지 못한다는 한계가 있으나 국가 공권력을 동원하여 강제집행을 할 수 있다는 측면에서 최종적이고 종결적인 분쟁 해결 방안의 하나이다. 다만 계약서에 분쟁해결 방법으로 중재를 지정한 경우 중재 조항이 우선하여 적용되기 때문에 바로 소송절차를 밟는 것이 불가하므로 중재와 소송의 장단점을 자세하게 검토한 후 계약서에 분쟁해결조항을 삽입할 필요가 있다.

다. 중재절차

1. 의의

① 무역분쟁이 발생할 시 중재(Arbitration)는 재판(Litigation)보다 낫고, 조정(Conciliation)은 중재보다 나으며, 분쟁의 예방은 조정보다 낫다.

② 중재라 함은 분쟁 당사자들의 합의에 의하여 법원 이외의 제3자(중재인)에게 그 해결을 부탁하고, 그 판정에 복종함으로써 분쟁을 최종적으로 해결하는 방법이다.

③ 중재와 조정제도는 장시간을 요하는 소송에 의한 분쟁해결을 피하고, 신속하고 간편한 절차에 의해 합리적으로 분쟁을 해결할 수 있다. 다만 당사자간의 합의가 있어야 중재에 회부할 수 있다는 점, 중재판정에 대하여 외국 법원에서 중재판정을 승인하는 판결을 다시 받아야 한다는 점, 국가 공권력이 개입하지 않음으로서 일방 당사자가 합의한 내용을 이행하지 않을 경우 이행을 강제할 방법이 없다는 것은 불리한 측면이다.

2. 유리한 점

① 분쟁의 신속, 공정한 해결

② 절차의 비공개

③ 단심제

④ 거래실정에 밝은 중재인이 판정

⑤ 법원확정판결과 동일한 효력

⑥ 외국에서도 중재판정에 대한 집행보장

3. 대한상사중재원의 중재절차 요약

절 차

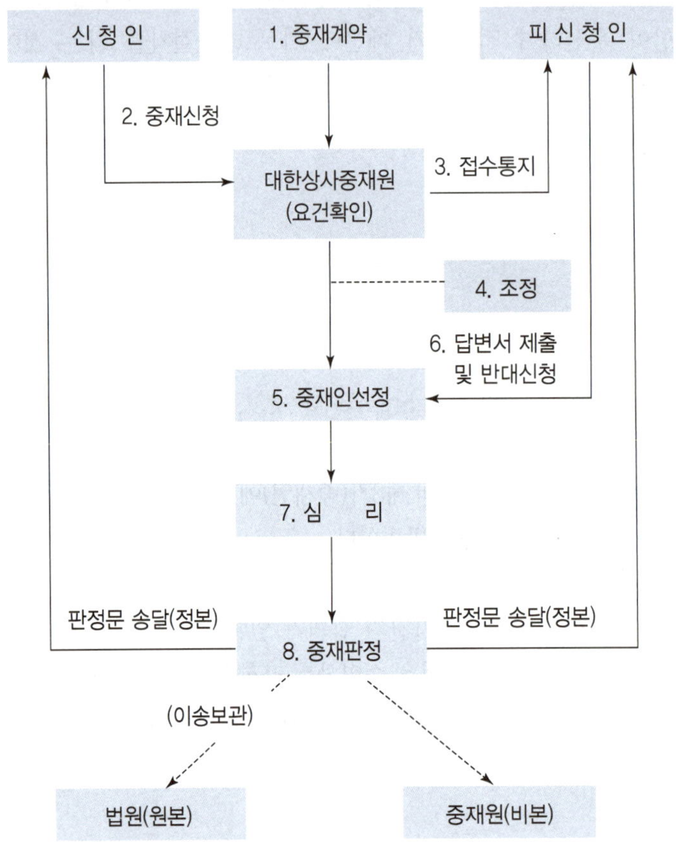

구 비 서 류

중재신청시 필요 서류
- 중재신청서
- 중재합의서 (계약서에 중재조항이 있는 경우 계약서 제출로 갈음)
- 입증서류
- 위임장 (대리인이 있는 경우)
- 법인등기부등본 (개인은 주민등록등본)
- 중재비용 예납
- 제출부수 : 3부 (단독중재) 또는 5부 (3인중재)
- 국내중재의 신청금액이 2억원 이하인 경우 3부, 2억원 초과시는 5부
- 피신청인이 다수인 경우 그 숫자만큼, 정부인 경우에는 1부 추가 제출

제출방법 : 내방 또는 우편으로 제출
※서류제출처 : 대한상사중재원 사무국(551-2000)

① 중재계약 : 당사자간 중재합의

② 중재신청 : 중재계약에서 정하는 중재기관(예 : 대한상사중재원)에 중재신청

③ 접수통지 : 사무국(대한상사중재원)은 중재의 신청을 접수하면 신청이 적합한지 여부를 확인하고 적합한 경우에는 쌍방당사자에게 이를 수리하였음을 통지

④ 조정 : 양당사자가 합의할 경우 중재절차 개시 이전에 조정을 시도하며, 조정에 실패하면 30일 이내에 자동적으로 중재절차 진행

⑤ 중재인 선정 : 사무국은 접수, 수리통지와 함께 중재인단 명부에서 중재인후보자 10명을 선정하여 양당사자에게 보내면, 양당사자는 의장 중재인과 기타 중재인에 대하여 선호순위를 표시하여, 송부일로부터 국내중재의 경우 15일, 국제 중재의 경우 30일 이내에 사무국에 제출(피신청인에게 중재신청서등 송부)

⑥ 답변서 제출 및 반대신청 : 사무국은 양당사자로부터 중재인후보자 선정명단과 피신고인으로부터 답변서를 접수(신고인에게 답변서 송부)

⑦ 심리 : 사무국은 양당사자의 희망순위에 따라 선정된 중재인에게 수락서를 받아「중재판정부」를 구성하고, 제1차 심리기일을 결정

→ 사무국은 양당사자에게 중재인 선정통지 및 제1차 심리기일 통지

→ 심리개시 및 진행

→ 중재판정부는 사건내용에 따라 당사자가 주장 및 입증을 다하였다고 인정할 때까지 수차에 걸쳐 심문을 진행한 후에 심리종결선언

⑧ 중재판정→중재재판부는 심리종결일로부터 30일 이내에 중재판정
사무국이 중재요금 및 비용예납에 대해 판정부담비율에 따라 작성된 중재판정문 정본을 양당사자에게 발송함으로써 중재절차 종료

☞ 중재계약(중재합의)

① 중재계약(중재합의)의 형식은 사전에 계약서에 중재조항(Arbitration Clause)을 삽입하는 방식과 분쟁이 발생한 후에 당사자간에 분쟁의 해결을 중재에 부탁한다고 합의하여 부탁계약(Submission to Arbitration)을 체결하는 방식이 있다.
대부분의 경우 분쟁이 발생된 후에는 불리하다고 판단하는 쪽에서 중재부탁계약의 체결에 동의하지 않거나, 동의하는데 장기간을 지체하는 것이 보통이므로 당초의 계약체결시 중재조항을 통하여 합의하여 두는게 좋다.
※ 중재합의의 요건 : ① 중재지 ② 중재기관 ③ 중재규칙

② 중재합의는 분쟁에 대한 법원의 재판관할권을 배제하고 중재인에게 제한적인 관할권을 줌으로써 중재인이 당사자들의 주장과 증거에 입각하여 최종적인 결정을 내리는 자주적 분쟁해결방식인 바, 중재합의가 있는 경우에는 일반적으로 그 분쟁에 대하여는 법원에의 직소가 금지된다.

- 중재(Arbitration) 조항 예

① 대한상사중재원 중재

All disputes, controversies or differences which may arise between the parties, out of or in relation to or in connection with this contract, or for the breach thereof, shall be finally settled by arbitration in Seoul, Korea in accordance with the Commercial Arbitration Rules of The Korean Commercial Arbitration Board and under the Laws of Korea.
The award rendered by arbitrator(s) shall be final and binding upon both parties concerned.
(해석)
"이 계약으로부터 또는 이 계약과 관련하여 또는 이 계약의 불이행으로 말미암아 당사자간에 발생하는 모든 분쟁, 논쟁 또는 의견차이는 대한민국 서울에서 대한상사중재원의 중재규칙 및 대한민국법에 따라 중재에 의하여 최종적으로 해결한다. 중재인(들)에 의하여 내려지는

판정은 최종적인 것으로 당사자 쌍방에 대하여 구속력을 가진다."

② 중재신청인 소재지 중재의 경우(한국. 중국기업간 예)

"All disputes in relation to this contract shall be finally settled by arbitration in the country of the claimant. In case the claimant is (a Korean enterprise), the arbitration shall be held at The Korean Commercial Arbitration Board. In case the claimant is (a Chinese enterprise), the arbitration shall be held at the China International Economic and Trade Arbitration Commission."

(해석)

"이 계약과 관련하여 발생하는 모든 분쟁은 신청인의 국가에서 중재로 최종 해결한다. 만일 신청인이 (한국기업)일 경우 대한상사중재원에서, 만일 신청인이 (중국기업)일 경우 중국국제경제무역중재위원회에서 진행한다."

※참고 : 대한상사중재원 (02-551-2000)

라. 해외미수채권의 회수

1. 의의

해외미수채권이란 수출대금이나 용역대금으로서 당초 예정된 대금 영수일이 지나도록 상대방의 의무불이행으로 회수되지 않은 금액과, 수입대금으로서 이미 지급되었으나 이에 대응하는 물품 수입이 이루어지지 않아서 반환 받아야 할 금액 등을 말한다.

외국환거래법에 따르면 1건당 비거주자에 대한 채권으로서 건당 미회수잔액이 50만불을 초과하는 채권을 보유하고 있는 거주자는 만기일 또는 조건 성취일로부터 1년6월 이내에 국내로 회수하여야 한다 만일 동 기한내에 회수할 수 없는 경우에는 한국은행 총재에게 기한 연장 신고를 하거나 대상채권제외신고를 해야 한다. 기한연장이나 회수대상채권제외신고 없이 채권을 국내로 회수하지 아니한 경우에는 관련법령에 의하여 처벌받게 되므로 유의하여야 한다.

그러나 다음의 채권은 회수대상에서 제외되고 있다.

1.이 규정에 의하여 해외보유가 인정된 채권

2. 외국인 거주자가 외국에 있는 비거주자로부터 상속 · 유증 · 증여에 의하여 취득한 채권

3. 이 규정에 의하여 인정된 자본거래로 전환한 경우의 전환 전 채권
(자본거래로 전환하는 경우에는 반드시 외국환거래법령에서 정하고 있는 신고 등의 절차를 밟아야 한다.)

※ 관련규정

- 외국환거래법 제7조, 동 법 시행령 제12조
- 외국환거래규정(재정경제부장관 고시) 제1-3조

2. 채권회수 의무의 면제 또는 연장

〈채권회수 의무가 면제되는 경우〉

① 1건당 미화 50만 달러 이하의 해외미수채권
② 거래상대방의 파산 · 행방불명 등으로 인하여 채권회수가 불가능할 때는 현지의 거래은행이나 상공회의소에서 확인서를 받아 거래하는 외국환은행에 제출하면 채권회수 의무를 면제받을 수 있다.
③ 거래상대방의 인수거절 · 지급거절로 대금 회수가 불가능하거나 불가피하게 대금을 감면해주기로 거래당사자 사이에 합의했을 때는 현지의 거래은행, 검사기관, 공증기관 등의 확인을 받아서 거래 외국환은행에 제출하여 채권회수 의무를 면제받을 수 있다.
④ 거래당사자간에 분쟁이 발생되어 중재기관 · 법원 또는 보험기관 등이 결정한 채권금액을 감면하기로 결정하거나 그 소요경비로 하기로 확정한 경우다.

〈채권회수 기간을 연장하고자 할 때〉

① 거래당사자 간의 합의, 거래상대방의 지급여부 또는 지급불능에 의해 채권의 최초 만기일로부터 3년 이내에 기한 연장을 하는 경우로서 외국환 은행이 불가피 하다고 인정하는 경우 연장할 수 있다.
② 한국은행총재에게 신고수리된 경우 연상할 수 있다.

3. 해외 미수채권의 회수방법

외국과의 무역거래나 용역거래를 하다가 발생한 해외 미수채권은 민간기업 사이의 상거래 활동으로 인하여 발생한 민사 사건이므로 원칙적으로 경찰이나 정부기관 등이 임의로 개입할 수 없고 당사자간의 합의나 제3자에 의한 중재, 법원의 판결을 통해 해결하여야 한다. 그런데 외국과의 거래에서 발생한 미수채권을 회수하기란 서로 국경을 달리하여 멀리 떨어진 다른 나라의 업자를 상대해야 할 뿐만 아니라 우리나라와는 법 제도와 언어 등이 서로 다르다 보니 쉽지 않다. 언어 장벽 등으로 당사자간의 합의가 용이하지 않으며 재판을 통한 해결도 적지 않은 비용과 시간을 들여야만 가능하다. 따라서 외국과의 거래에서는 사전에 상대방에 대한 철저한 신용조사를 실시하여 미수채권이 발생할 소지를 미리 방지해야 하고, 또 계약서에 중재에 관한 조항을 넣어서 분쟁해결과 채권회수를 수월하게 할 수 있도록 조치하여야 한다.

(1) 상사중재

중재란 분쟁 당사자들의 합의에 의하여 법원이 아닌 제3의 중재기관(예 : 대한상사중재원)에게 그 판정을 부탁하여 신속하고 공정하게 분쟁을 해결하는 방법이다. 중재판정의 결과는 외국에서도 그 집행(집행관에 의한 강제집행이나 압류 등)이 국제조약에 의해 보장되고 법원의 확정판결과 똑같은 효력을 가지고 있다. 또한 단심제로 복잡한 사안이 아닌경우 보통 1년 이내에 판정이 나기 때문에 저렴하고 신속하게 분쟁을 해결할 수 있다.
중재는 반드시 분쟁 당사자들이 중재에 의한 해결에 문서로 합의해야만 효력이 발생하므로 중재제도를 이용하려면 계약을 맺을 때 미리 계약서에 중재조항을 넣어두거나 분쟁이 발생했을 때 분쟁 당사자가 합의하여 중재를 의뢰하던가 해야 한다.

(2) 민사재판

분쟁당사자 사이의 합의에 실패하고 또 계약서에 중재조항도 들어있지 않을때는 부득이 소송을 통하여 해결할 수밖에 없는데, 일반적으로 민사재판의 효력은 그 나라의 주권이 미치는 영토 안에서만 효력을 가지고 있으므로 집행을 용이하게 하기 위하여 채무자의 나라에서 소송을 제기하는 것이 효율적이다. 재판에는 변호사 고용 등 많은 비용과 시간(1심에서 2, 3심까지 1~3년 이상 소요)이 들어가므로 미리 변호사와 협의하여 승소 가능성을 충분히 검토하여야 하고, 승소했을 때 상대방으로부터 회수할 수 있는 재산이 남아있는지 상대방에 대한 신용조사를 철저히 하여야 한다. 만약 승소 가능성이 그리 높지 않거나 상대방의 재산이 충분하지 못할 때는 민사재판을 대신하여 채권추심 전문기관을 통한 해결방법을 검토할 필요가 있다.

(3) 해외채권추심 전문기관

해외채권 추심이란 외국에 받아야 할 미수채권을 가지고 있으나 민사재판을 통한 승소 가능성이 그리 높지 않거나 상대방의 재산 상태가 불분명할 때, 또는 채권금액이 그리 크지 않아서 직접 소송을 진행할 만한 가치가 없다고 판단될 때 해외채권추심 전문기관에 의뢰하여 미수채권을 회수하는 것을 말한다.
채권추심기관은 소정요율(회수금액의 약 5~25%)의 채권회수 성공 수수료를 청구하게 된다.

※ 국내에서 이용할 수 있는 채권추심 전문기관
① 무역보험공사 국외보상채권부
전화 : 1588-3884 (고객센터 : 업무상담 및 직원연결)
02-399-6800 (본사교환 : 직원연결)
팩스 : 02-399-6910, 7068
② 나이스신용정보(주)(전화 : 02-2122-2000)/ 팩스 : 02-2122-2495
③ 서울신용평가정보(02-3449-1582)
관련사이트 : http://www.seoulcredit.co.kr/collection_global

제6절 무역구제제도

가. 의의

1. 개념

특정물품의 불공정한 수입으로 인하여 국내산업이 피해를 입거나 받을 우려가 있을 경우 해당 수입물품에 대하여 관세부과 또는 수입수량 제한 조치 등을 통하여 공정경쟁을 확보하고 국내산업을 보호하는 제도이다.

무역구제제도는 WTO 협정, 불공정무역행위조사 및 산업피해구제에 관한 법률, 관세법으로 보장된 국제적으로 인정되는 국내산업 보호 수단이다. 글로벌 자유무역시대에 국내 시장은 전면적으로 개방되고 복잡해지고 있어 그만큼 수입으로부터 국내산업이 피해를 입을 우려도 커지고 있다. 따라서, 불공정한 수입 등으로부터 국내산업을 보호하는 무역안전망인 무역구제제도 활용 필요성이 날로 증가하고 있다.

2. 유형 및 내용

① 반덤핑관세제도 : 외국물품이 정상가격(수출국의 국내시장가격) 이하로 덤핑수입되어 국내산업이 실질적인 피해를 입거나, 받을 우려가 있을 때 또는 국내산업이 존재하지 않고 이를 확립하려는 노력이 덤핑으로 인하여 실질적으로 지연될 때 조사를 실시하여 정상가격과 덤핑가격의 차액 범위내에서 반덤핑관세를 부과한다. (Anti-Dumping Duty System, AD)

② 상계관세제도 : 수출국 정부로부터 보조금을 받아 수출경쟁력이 높아진 물품이 수입되어 국내산업이 실질적인 피해를 받거나 받을 우려가 있을 때 또는 국내산업의 확립이 지연될 때, 조사를 실시하여 보조금 범위내에서 상계관세를 부과한다. (Countervailing Duty System, CVD)

③ 세이프가드제도 : 수출국의 공정한 수출행위에 의한 수입이지만 특정물품의 수입이 급격히 증가하여 국내산업이 심각한 피해를 입거나 받을 우려가 있을 때, 조사를 실시하여 수입수량을 제한하거나 관세율을 인상한다. (Safeguard, SG)

3. 법적 근거 : 불공정무역행위조사 및 산업피해구제에 관한 법률, 관세법

4. 특징 : 일방적인 수입규제조치가 아니라 WTO 협정에 의거 국제적으로 인정된 조치

나. 반덤핑관세제도

1. 신청기관

조사신청을 하고자 하는 자는 소정양식의 조사신청서와 덤핑수입으로 인한 실질적인 피해 등의 사실에 관한 증빙자료를 산업통상자원부 무역위원회에 제출

산업피해조사과 : 044-203-5867
무역구제 신청상담
신청서류 사전 검토

2. 신청인 자격

-덤핑수입물품과 동종인 물품을 생산하는 국내생산자
* 신청 당시 찬성 또는 반대의사를 표시한 국내생산자들의 국내생산량 합계 중 찬성의사를 표시한 국내생산자들의 생산량 합계가 50% 이상이고, 찬성의사를 표시한 국내생산자들의 생산량 합계가 국내 총생산량의 25% 이상이어야 함

-생산자 단체 (국내생산자로 구성된 협회, 조합 등)
-당해 산업을 관장하는 주무부장관

3. 신청요건

① 덤핑수입(dumped imports)이 있을 것
덤핑수출국내의 정상가격과 덤핑수출가격과의 차이(덤핑차액)
② 국내산업에 실질적 피해(material injury)가 있을 것
실질적 피해, 실질적 피해의 우려, 국내산업의 확립 지연
③ 덤핑수입과 산업피해간에 인과관계(causation)가 있을 것
국내산업의 피해가 덤핑수입으로 인한 것일 것

4. 신청방법

① 조사신청을 하고자 하는 자는 소정양식의 조사신청서와 덤핑수입으로 인한 실질적인 피해 등의 사실에 관한 증빙자료를 무역위원회에 제출
② 조사신청서에 영업상 비밀자료가 포함되어 있는 경우, 해당자료에 "영업상 비밀자료" 임을 표기

5. 조사 및 처리절

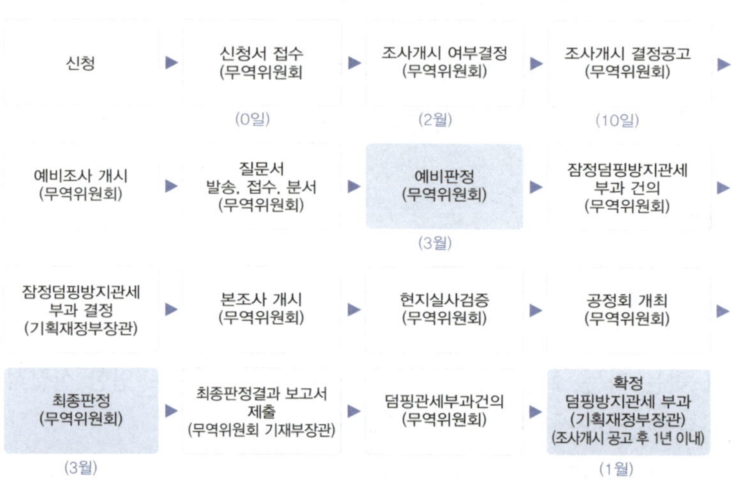

다. 상계관세제도 : 반덤핑관세제도 운용절차 준용

1. 신청기관

조사신청을 하고자 하는 자는 소정양식의 조사신청서와 실질적인 피해 등의 사실에 관한 증빙자료를 무역위원회에 제출

- 산업통상자원부 무역위원회 산업피해조사과 : 044-203-5867
- 무역구제 신청상담
- 신청서류 사전 검토

2. 신청인 자격

① 국내산업의 이해관계자 (국내생산자, 관련 법인단체)
② 당해 산업을 관장하는 주무부장관

3. 신청요건

① 외국에서 특정 산업 또는 기업을 대상으로 보조금을 지급
② 보조금을 지급받은 물품이 수입되어 국내산업에 실질적 피해 발생 또는 발생 우려
③ 보조금을 받은 물품의 수입과 국내산업의 실질적 피해간에 인과관계 존재

라. 세이프가드제도(긴급관세제도)

1. 신청 기관

산업통상자원부 무역위원회
산업피해조사과 : 044-203-5869

- 조사개시 여부의 결정에 관한 사항
- 긴급관세 부과신청에 따른 국내산업피해 유무

2. 신청 자격

① 당해 국내산업에 이해관계가 있는 자 및 당해 국내산업을 관장하는 관계 중앙행정기관의 장
② 당해 산업에서 차지하는 생산량 또는 업체수의 비중이 20% 이상인 생산자
다만, 농림수산업인 경우는 5인 이상의 생산자집단
③ 당해 물품의 국내 생산자 또는 공급자로 구성된 협회 · 조합 또는 산업별 노동조합

3. 신청요건

① 특정물품의 일정기간동안의 수입량이 절대적으로 증가하거나 국내생산과 비교하여 상대적으로 증가할 것
② 동종 또는 직접경쟁 생산하는 국내산업에 심각한 피해(또는 피해의 우려)가 있을 것
③ 수입증가와 국내산업 피해간에 인과관계가 있을 것

4. 세이프가드조치 확정 및 시행 (관계 중앙행정기관의 장)

① 무역위원회의 조치 건의 후 후 1개월 이내에 관계중앙행정기관의 장이 세이프가드 조치내용을 확정하여 시행
② 구제조치의 내용 : 관세율 인상, 수입수량 제한, 국내산업 구조조정 지원(기술생산성향상 등 지원)
세이프가드 조치기간 : 4년 이내(최장 8년)
* 무차별원칙 : 세이프가드조치는 원칙적으로 원산지에 관계없이 수입되는 모든 물품에 대하여 적용(다만, 우리나라가 체결한 FTA에 의하여 발동되는 세이프가드 조치는 해당 국가만을 대상으로 할 수 있음)

5. 처리 절차

기간	절차	비고
(0일)	산업피해조사신청 (이해관계인, 관계중앙행정기관의 장)	신청대상자에 대한 판단
(30일)	▼ 조사개시여부결정 (무역위원회)	
	▼ 산업피해조사 (무역위원회)	질문서, 현지조사 공청회 개최 등
(4개월)	▼ 산업피해유무 판정 (무역위원회)	
(1개월)	▼ 세이프가드조치건의 (무역위원회)	수입 수량제한 관세율 조정 기타 필요한 조치
(1개월)	▼ 세이프가드조치시행 (관계중앙행정기관의장)	해당국가와 협상을 통한 수정조치

마. 불공정무역행위조사제도

1. 신청기관

조사신청을 하고자 하는 자는 소정양식의 조사신청서와 위반내용을 증명할 수 있는 자료를 산업통상자원부 무역위원회에 제출 ※ 문의 : 불공정무역조사과 044-203-5881~9

2. 신청인 자격

지식재산권 권리자, 원산지표시 위반물품 경쟁사업자 등 '누구든지'신청 가능

3. 신청요건

① 지식재산권침해 · 원산지표시위반 · 품질표시위반 물품의 수출입이 있을 것
② 지식재산권이 국내에 등록된 유효한 권리이고, 침해행위를 입증할 증거를 제시할 것
③ 이러한 침해 · 위반 행위가 신청일로부터 2년 이내에 발생한 경우

4. 판정 및 구제조치

① 무역위원회는 조사개시 결정 이후 6개월 이내에 조사를 끝내고 판정
② 구제조치의 내용 : 수출 · 수입 · 판매 · 제조 행위 중지, 반입배제 또는 폐기처분, 정정광고, 시정명령 받은 사실 공표 등의 시정조치 명령과 조사대상 기간 연평균 거래금액의 30%까지 과징금 부과

5. 처리 절차

기간	절차	내용
(0일)	조사 신청 (신청인 → 무역조사실)	• 누구든지, 서면신청(조사신청서+증빙자료) • 불공정무역행위가 있었던 날부터 2년 이내
		직권조사
	조사개시 결정 (무역위원회)	조사신청 후 20일내 결정
(20일)		잠정조치 — 신청인의 잠정조치 신청(담보제공)
	불공정무역행위 조사 (무역위원회)	조사개시결정시점 직전 3년간 대상 (원산지표시위반의 경우 5년)
		피신청인 사전통지 및 의견청취
	불공정무역행위 판정 제재조치 결정 (무역위원회)	조사개시 후 6월내 판정(2월씩 2회 연장 가능)
(20일 +6월)	제재조치 시행 (무역위원회 → 피신청인)	
	이의신청 ((피)신청인 → 무역위원회)	처분을 통지받은 날부터 30일내 신청
	이의신청 심의 · 결정 (무역위원회)	신청일로부터 60일내 결정(30일 연장 가능)

바. 무역구제관련 자금지원제도

1. 개념

덤핑수입, 지적재산권 침해 등의 불공정무역행위로 피해를 입은 중소기업이 무역위원회에 무역구제신청을 목적으로 변호사, 회계사, 변리사 등의 대리인을 선임하는 경우, 대리인 선임비용 또는 무역구제신청을 위한 사전조사 비용의 일부를 지원하는 사업

2. 지원기관 : 중소기업중앙회

3. 지원대상

① 중소기업이 해외시장에서 반덤핑, 보조금 상계, 세이프가드, 지식재산권 침해 등으로 제소를 당해 변호사 또는 회계사를 고용한 경우
② 중소기업이 외국물품의 덤핑수입 및 특정 물품의 수입 증가, 지식재산권 침해행위로 무역위원회에 제소를 하기 위해 변호사, 회계사, 변리사 등을 고용한 경우

4. 지원절차 : 지원신청 → 신청내용 검토 → 중소기업 통상애로 지원심의회 심의 · 의결 → 자금지원

5. 지원한도 : 제소(또는 피소) 건당 변호사 등 고용비용의 1/2 이내(총 5,000만원 이내)

6. 신청서류

① 무역피해구제 지원자금 신청서
② 대리인 선임계약서 사본 1부
③ 무역위 조사개시 결정의결서 사본 1부
④ 계좌통장사본 1부
⑤ 예치증명 사본 1부
⑥ 사업자등록증 사본 1부

7. 문의처

① 무역위원회 무역구제정책과 : 044-203-5857 FAX : 044) 203-4816
② 중소기업협동조합중앙회 : 2124-3114

사. 무역구제 신청방법 및 상담지원

1. 무역구제 신청방법

무역위원회 홈페이지(www.ktc.go.kr)에서 신청서를 다운로드받아 작성한 후 덤핑으로 인한 산업피해 또는 지식재산권 위반 등 증빙자료를 첨부하여 서면 또는 홈페이지를 통해 제출

※ 문의전화

- 덤핑방지제도, 상계관세제도 : 산업피해조사과 044-203—5861~9
  덤핑조사과 044-203-5871~9
- 세이프가드제도 : 산업피해조사과 044-203—5861~9
- 불공정무역행위조사제도 : 불공정무역조사과 044-203-5881~9

2. 상담지원제도

① 온라인 무역구제 자가진단

무역위원회 홈페이지(www.ktc.go.kr)에서 생산 · 판매 지표 등을 입력해 무역구제 신청 요건 및 자격을 진단하고 무역구제 신청 가능성을 알려주는 시스템으로 자가진단 프로그램을 통해 기업이 스스로 단계별로 체크할 수 있음

② 찾아가는무역구제상담서비스

기업의 상담 요청시 담당 조사관이 해당 기업을 직접 방문하여 무역구제에 대해 상담

※ 문의 : 산업피해조사과 044-203—5861~9

③ 무역구제 지원센터

무역구제 상담 안내 등 정보 제공 : 한국무역협회 등 경제단체 15개, 한국철강협회 등 업종단체 11개, 대한변리사회(전국 27개소)

* 무역위원회 홈페이지(www.ktc.go.kr)에서 확인 가능

④ 불공정무역행위 신고센터(19개소)

불공정무역행위를 효과적으로 감시 · 적발하기 위하여 불공정무역행위 신고센터를 지정하여 운영중

* 불공정무역행위 신고센터 현황

신고센터명	홈페이지 주소	연락처
무역관련지식재산권보호협회	www.e-tipa.org	02-3445-3763
한국지식재산보호원	www.koipa.re.kr	02-2183-5888
한국패션산업협회	www.kaia.or.kr	02-460-8381
한국시계산업협동조합	www.kowic.or.kr	02-422-6690
한국기계산업진흥회	www.koami.or.kr	02-369-7868
대한안경사협회	www.optic.or.kr	02-756-1001
한국산업용재협회	www.kimta.kr	02-2275-4071
한국온라인쇼핑협회	www.kolsa.or.kr	02-784-4114
한국완구공업협동조합	www.kotoy.or.kr	02-795-9505
한국판유리산업협회	www.flatglass.or.kr	02-3453-7991
한국베어링공업협회	www.kobema.or.kr	02-784-1705
한국의료기기산업협회	www.kmdia.or.kr	070-7725-8730
한국철강협회	www.kosa.or.kr	02-559-3558
한국무역협회	www.kita.net	02-6000-5447
대한화장품협회	www.kcia.or.kr	070-8709-8614
한국완구협회	www.koreatoy.or.kr	031-348-8674
한국문화콘텐츠라이센싱협회	kocla.org	02-517-6450
한국전자정보통신산업진흥회	www.kea.org	02-6388-6076
한국저작권보호원	www.kcopa.or.kr	02-3153-2479

Ⅳ 결제방법 및 신용장

제1절 송금방식에 의한 수출입

1. 개요

송금방식은 무역거래 당사자간의 약정(계약)에 의해 수입자가 수출자에게 주로 전신환(T/T, Telegraphic Transfer)으로 송금하여 결제하는 방식으로서 아래와 같은 3가지 특징이 있다.

송금거래방식의 특징

① 송금방식은 신용장방식(UCP), 추심방식(URC)과는 달리 국제규범이 존재하지 않는다. 따라서 계약서가 근거가 되므로 계약서 작성에 상당한 주의를 요한다.

② 대금결제와 선적서류/물품의 인수도가 완전히 분리되어 있다. 대금은 은행을 통해서 수입자가 수출자에게 송금하지만 관련 서류(인보이스, 선하증권 등)는 수출자 자신의 책임 하에 수입자에게 직접 송부하여야 한다.

③ 환어음을 사용하지 않는다. 따라서 어음법이 적용되지 않는다. 환어음을 사용하는 결제방식은 기본적으로 추심과 신용장 결제방식이다.

④ 송금시기에 따라 위험부담자가 달라진다. 사전송금의 경우 수출자는 신용위험이 없고 수입자는 물품을 인수하여 확인할 때까지 상업위험이 존재한다. 사후송금은 일반적으로 수입자가 물품을 인수하고 정해진 기일에 대금을 송금하므로 상업위험이 없고 수출자는 대금을 영수할 때까지 신용위험이 존재한다. 사전송금과 사후송금의 구분은 선적일(Date of shipment)을 기준으로 한다.

※ 현재 수출에서 결제방식의 비중은 중견기업 이상의 무역업체들이 해외 유통망을 구축함으로써 대금회수 위험(신용위험)이 낮아지고 있고, 중소기업들도 위험관리방안(사후송금의 경우 수출보험 가입)을 활용함에 따라 송금결제방식의 비중이 해마다 높아지고 있다. 이에 반해 은행 수수료가 송금방식보다 상대적으로 많이 들고 복잡한 신용장 결제는 감소하고 있다.

결제조건 비중 추이('15~'19년)

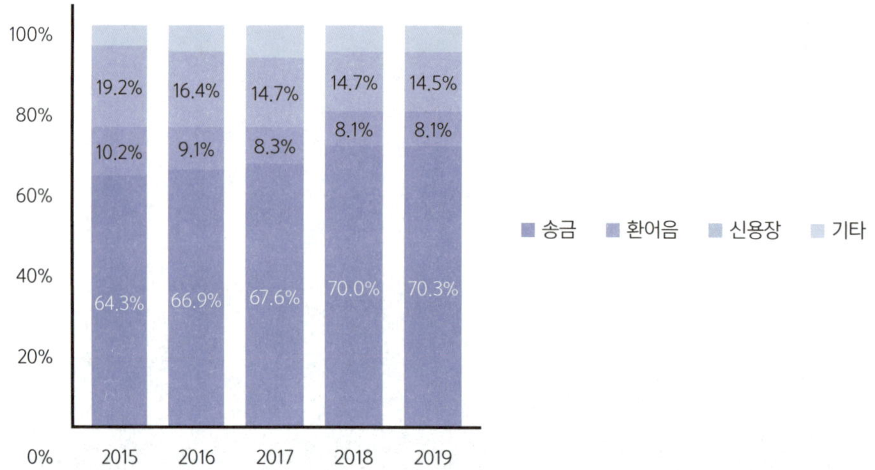

수출결제방식 변화요인 (신용장 ⇨ 송금)

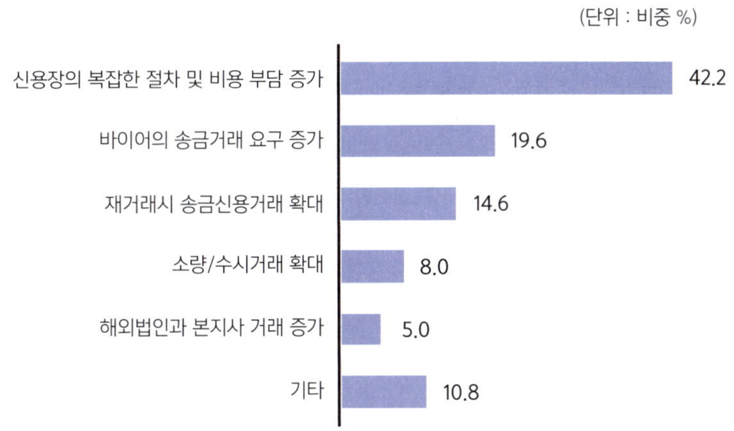

결제형태별 수출입 통계

결제형태	2024년 1월 ~ 12월					
	수출액	비중	수입액	비중	합계	평균
2024년 총 수출입액	683,691,606	100.0%	632,100,032	100.0%	1,315,791,638	100.0%
단순송금 (T/T, M/T)	412,966,734	60.4%	438,755,107	69.4%	851,721,841	64.7%
사후, 동시 송금방식 (COD, CAD)	70,139,145	10.3%	43,927,697	6.9%	114,066,842	8.7%
계좌이체+ 분할영수(지급)	1,997,950	0.3%	1,487,835	0.2%	3,485,785	0.3%
송금방식 합계	485,103,829	71.0%	484,170,639	76.6%	969,274,468	73.7%
D/P	1,762,996	0.3%	1,452,671	0.2%	3,215,667	0.2%
D/A	66,533,262	9.7%	11,116,246	1.8%	77,649,508	5.9%
추심방식 합계	68,296,258	10.0%	12,568,917	2.0%	80,865,175	6.1%
일람출급	26,070,813	3.8%	28,063,891	4.4%	54,134,704	4.1%
기한부	14,764,325	2.2%	45,549,582	7.2%	60,313,907	4.6%
신용장방식 합계	40,835,138	6.0%	73,613,473	11.6%	114,448,611	8.7%
3대 결제방식 합계	594,235,225	86.9%	570,353,029	90.2%	1,164,588,254	88.5%

· 출처 : 한국무역협회 K-stat, 저자 편집
· 단위 : 금액 – 천불, 증감률 – %
· 기타 유상, 임가공료 방식의 위탁(수탁)무역은 결제방식 확인 불가로 통계에서 제외

2. 사전송금방식 (Advance Remittance)

수출대금 전액을 수출물품의 선적전 정해진 기일 이내에 수출자가 수입자로부터 송금받는 방식이다. 수출대금을 미리 받고 물품의 선적은 추후에 하게 되므로 사전송금방식은 수출자에게 유리하다.

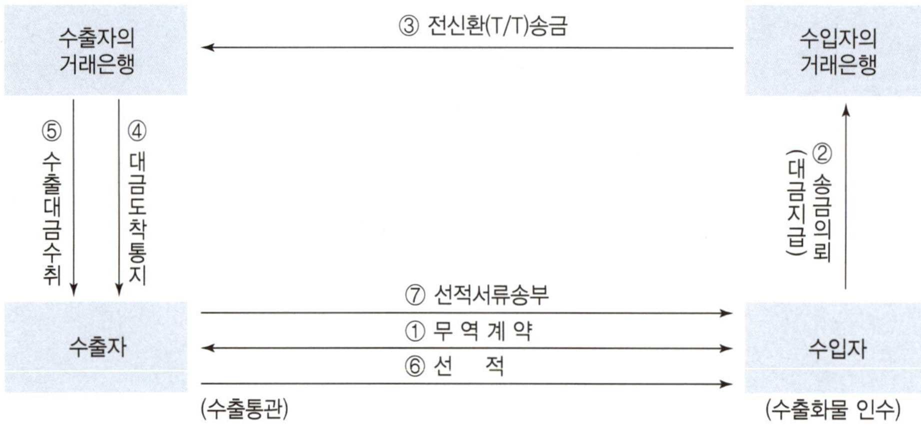

(1) 사전송금 방식 수출입 결제 유의사항

① 계약건당 미화 10만불을 초과하는 수출대금을 물품의 선적 전 1년을 초과하여 수령하고자 하는 경우에는 한국은행총재에게 신고를 하여야 한다. (외국환거래규정 5-8조(신고 등) 1항 1호)
(사례) 질문 : 수출자가 12만 달러의 계약을 체결하고 최초 선금 30%는 2024년 1월에 영수하고 나머지 잔금 70%는 2025년 2월에 영수한다면 한국은행총재에게 신고하여야 할까요?
답 : 외국환거래규정에 따라 계약건당 10만 달러, 1년을 초과하여 영수하는 경우이므로 신고하여야 함.

② 계약건당 미화 10만불을 초과하는 수입대금을 선적서류 또는 물품의 수령 전 1년을 초과하여 지급하고자 하는 경우에는 한국은행총재에게 신고를 하여야 한다. (외국환거래규정 5-8조(신고 등) 1항 2호)
(사례) 질문 : 수입자가 12만 달러의 계약을 체결하고 최초 선금 30%는 2024년 1월에 지급하고 나머지 잔금 70%는 2025년 2월에 지급한다면 한국은행총재에게 신고하여야 할까요?
답 : 외국환거래규정에 따라 수입대금이 계약건당 10만 달러, 1년을 초과하여 지급하는 경우이므로 신고하여야 함.

③ 사전송금방식으로 대금을 영수한 수출자는 수출물품을 국내에서 조달하는 경우 내국신용장은 개설할 수 없으나, 구매확인서 발급은 가능하므로 부가세 영세율 적용과 공급자는 간접수출실적을 인정받을 수 있다.

④ 수출자가 전신환방식이 아닌 송금수표 또는 우편송금방식으로 수입자로부터 대금을 영수하는 경우에는 매우 위험하므로 수출자는 상당한 주의를 요한다.
송금수표는 수입자가 자신의 거래은행으로부터 수표를 발행받아서 이를 우편으로 수출자에게 보내고, 수출자는 거래은행에 수표 추심을 의뢰하여 수표대금을 받게 된다. 수출자 거래은행은 수표를 발행한 외국 은행에 수표를 추심해서 대금을 영수하면서 결제가 종료된다. 그러나

수출자 거래은행(수표 추심은행)이 수표 발행은행에 수표 추심을 하기 전에 수입자가 수표 분실 또는 도난신고를 하게 되면 수표 추심은행은 발행은행으로부터 수표대금을 영수하지 못하게 되고, 결국 수출자는 수표 추심은행에게 수표대금을 상환하여야 한다. (수표 추심은행의 소구권(Recourse) 행사) 따라서 수출자는 신용상태가 우량하고 믿을 수 있는 수입자와의 거래 이외에는 송금수표결제는 삼가고 외국환은행을 통한 전신송금으로 대금을 영수하도록 한다.

⑤ 사전송금방식 수입은 수입자가 계약을 체결하고 선적 전에 물품대금을 전신송금(T/T)하는 방식으로, 주로 소액거래, 단발성 거래 등에 많이 활용된다. 수입자는 상업위험이 있으므로 반드시 한국무역보험공사를 통해서 수출자를 신용조회하여 신용상태를 확인 후 거래를 진행하여야 하고, 신용상태가 좋지 않은 경우 신용장결제 또는 별도의 위험관리를 한 후에 거래를 하도록 한다.

송금수표 결제방식 흐름도

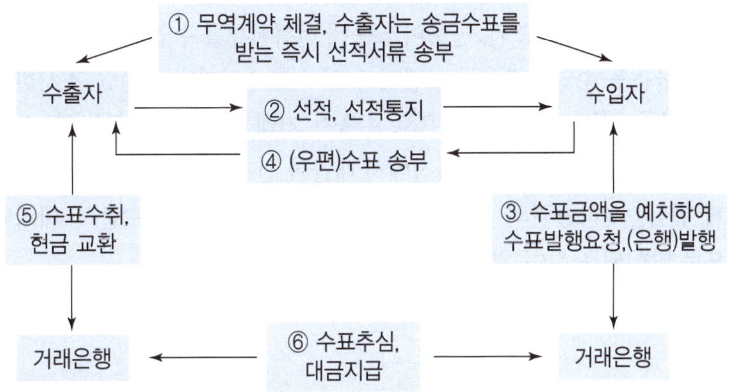

(참고) 외국환거래규정 (2025년 2월 10일 개정)

제3절 기획재정부장관이 정하는 기간을 초과하는 지급등의 방법

제5-8조(신고 등) ① 거주자가 수출입대금을 다음 각호의 1에 해당하는 방법으로 지급등을 하고자 하는 자는 한국은행총재에게 신고하여야 한다. 다만, 선박, 철도차량, 항공기, 「대외무역법」에 의한 산업설비를 수출입하는 경우에는 신고를 요하지 아니한다.

1. 계약건당 미화 10만불을 초과하는 수출대금을 물품의 선적 전 1년을 초과하여 수령하고자 하는 경우

2. 계약건당 미화 10만불을 초과하는 수입대금을 선적서류 또는 물품의 수령 전 1년을 초과하여 지급하고자 하는 경우

② 제1항에도 불구하고 수출입 상대방의 귀책 등 불가피한 사유가 인정되는 경우에는 1년을 초과한 날로부터 3월 이내에 한국은행총재에게 사후신고를 할 수 있다.(신설법안)

③ 제1항 및 제2항에 따라 신고를 받은 한국은행총재는 매월별로 익월 10일 이내에 동 신고사실을 국세청장 및 관세청장에게 통보하여야 한다.

제5-9조(대응수출입 이행의무) (삭제)

※ 외환거래 심사업무 한국은행 담당부서 및 연락처 : 외환업무부 외환심사팀 본부 (02-759-5300)

3. 동시결제방식(COD, CAD)

① 물품 또는 선적서류의 인도와 동시에 수출대금을 외국환은행을 통하여 송금받는 결제방식을 말한다. 이 방식은 송금결제방식의 동시결제방식이지만 수출자의 입장에서는 선적을 진행한 후에 송금을 받으므로 사후송금방식으로 구분된다.

② 동시결제방식은 현물상환방식(COD, Cash On Delivery)과 서류상환방식(CAD, Cash Against Documents)이 있다. 수출자는 수입자와의 외상거래로 인한 신용위험을 줄이기 위해서, 수입자는 선송금에 따른 상업위험을 회피하기 위한 대응방안으로 주로 사용된다. 또한 환어음의 과다한 인지세로 인하여 대금결제시 환어음의 사용을 꺼리는 유럽지역과 거래하는 경우에도 사용되는 결제방식이다.

(1) 현물상환방식(COD : Cash On Delivery)

수출자가 물품을 선적하고 선하증권, 인보이스 등의 선적서류를 수입국에 있는 수출자의 대리인에게 송부하면 대리인은 물품을 수입통관하여 보관하고 있다가 수입자가 물품을 검사한 후 대금과 물품을 교환하는 결제방식이다. 수출자의 대리인으로 수출자 거래은행의 수입국 지점을 활용할 수 있으며 이 경우 수입자는 물품을 검사한 후 은행 지점에서 대금과 선적서류를 교환하고, 수입통관을 진행하여 물품을 인수하게 된다. 선하증권의 수하인(Consignee)은 수입국의 수출자 대리인 또는 대리인의 지시식(Order)으로 발행되는 것이 일반적이다.

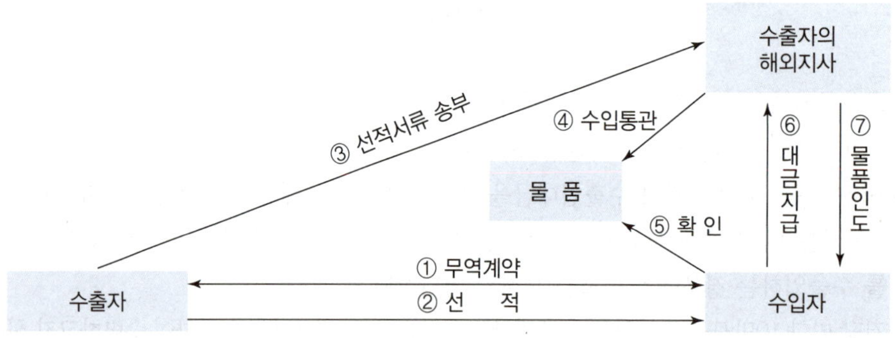

(2) 서류상환방식(CAD : Cash Against Documents)

수입자 또는 수입자의 대리인이 수출국에 있으면서 수출자가 선적하기 전에 물품을 검사하고(PSI, Pre Shipment Inspection, 선적전 검사) 선적을 한다. 선적 후 선적서류를 대금과 교환하는 결제방식이다. 수입자는 자신의 거래은행의 해외지사를 대리인으로 활용할 수도 있는데 이러한 방식을 European D/P 라고 한다.

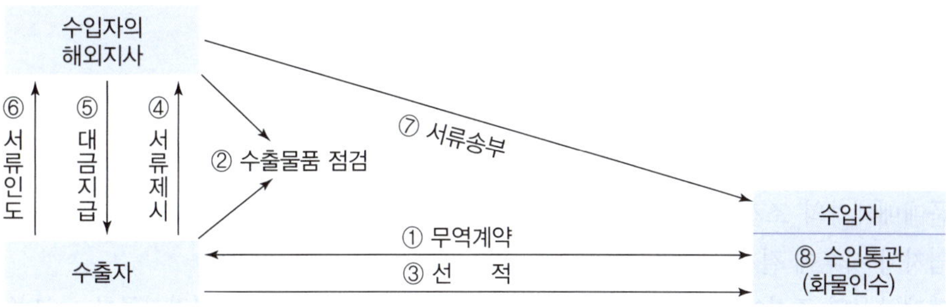

☞ CAD와 D/P의 차이점

① CAD방식 거래시 선적서류를 외국환은행을 통하여 송부하면 형식적으로 D/P방식과 유사하게 된다. 이에 따라 이를 유럽식 D/P방식(European D/P)이라고도 한다.

② 두 거래방식의 근본적인 차이점은 대금결제 시 환어음을 발행하는지 여부에 있다. D/P거래는 어음결제 방식으로서 환어음을 발행하여 「추심에 관한 통일규칙」에 의거 환어음을 추심하여 대금을 영수하고, CAD거래는 수출자가 환어음을 발행하지 않는 송금방식으로서 수입자는 수출자가 원칙적으로 은행을 통하지 않고 대리인 등을 매개로하여 직접 송부한 선적서류를 받은 후 외국환은행을 통하여 물품대금을 송금하여 결제하는데 CAD 방식이지만 은행을 통해 선적서류(환어음 사용 안함) 등을 보내는 방식을 유럽식 D/P라고 한다.

〈European D/P 거래 흐름도〉

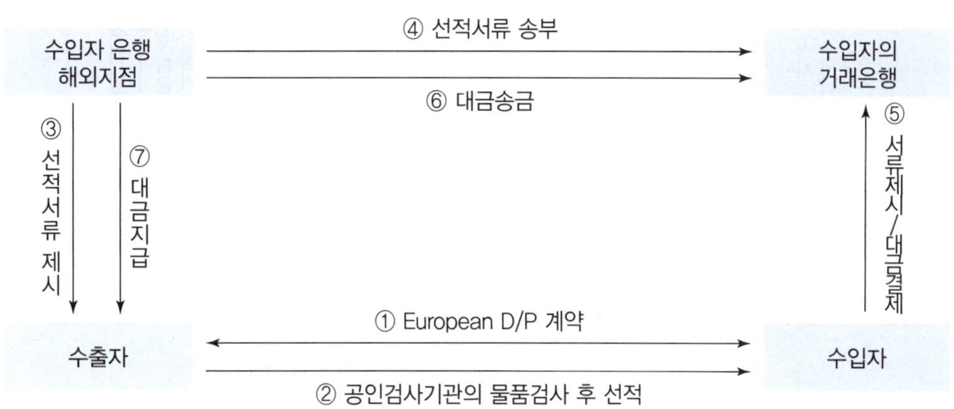

4. 사후 송금방식

물품의 인도(선적)후에 주로 전신환(T/T)으로 대금을 결제하는 방식의 수출입 거래이다.

① 유럽을 중심으로 한 서구에서 보편화된 결제방식으로 사전송금방식과는 정반대로 수출자가 물품매매계약의 조건에 따라 먼저 수출물품을 선적한 후 선적서류를 송부하고, 계약에 따라 수입자가 사후에 결제하는 방식이다.

② 매매계약서의 조건에 따라 수출자가 선적을 이행한 후 수입자에게 선적서류를 송부하면 통상 선적일 기준으로 계약에서 정한 일정기간(통상적으로 30일에서 180일)이 경과한 후에 수입자가 수출자의 은행계좌로 대금을 송금하여 결제한다.

③ 사후송금은 수출자가 수입자에게 정해진 기간동안 신용공여를 해주는 효과가 있으므로 수출자는 수출원가에 신용공여기간에 대한 이자를 계산하여 포함시킬 필요가 있다.
〈이자계산 방법 예〉 물품대금은 USD 10,000, 선적 후 60일, 수출자 거래은행의 연 금리가 5% 인 경우 (60/360 X USD 10,000) X 0.05

〈계약서상 문구〉

Buyer shall remit by wire transfer within 30 days after the date of B/L issuance.(or after the date of shipment)
Buyer shall remit by wire transfer within 60 days after the date of arrival of goods at buyer's warehouse.
Buyer shall remit the proceeds by T/T with in 10 days after the date of shipment.

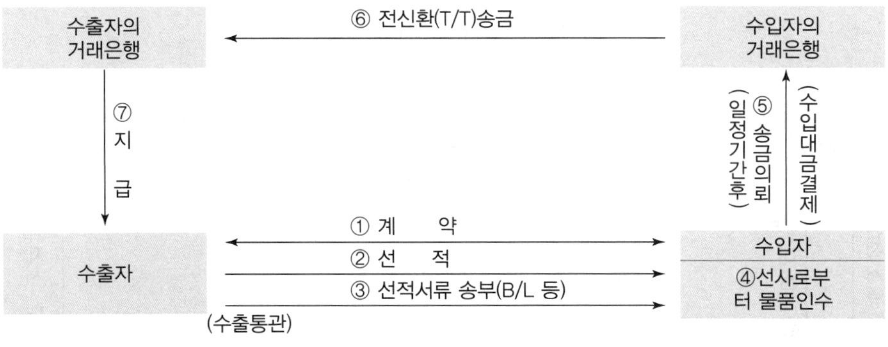

5. Open account 방식

Open Account 방식은 사후송금방식과 유사하나 수출자가 거래은행과 수출채권에 관한 양수도계약을 체결하고 수입자로부터 대금을 약정한 채권은행으로 입금할 것을 승낙받아서 거래하는 결제방식이다. 수출자는 수출선적 후에 수입자에 대한 수출채권을 약정은행에 매각(O/A Nego)하고 약정은행은 만기에 수입자로부터 대금을 송금받게 되므로 주로 신용도가 높은 대기업간 거래나 본지사간 거래에 많이 사용되고 있다. O/A 결제방식은 수출자가 선적을 완료하고 수입자에게 선적사실을 통보함과 동시에 채권이 발생한다는 의미로서 "선적통지조건부 사후송금 결제방식"이라고도 한다.

우리나라 은행들은 Open Account 수출채권 매입(O/A Nego)을 수출자에 대한 여신행위로 취급하므로 상기에서 언급하였듯이 수출자는 거래은행과 O/A Nego가 가능한지 여부를 확인하고 O/A Nego거래 승인을 받은 후에 계약을 진행하여야 한다. 만약 수출자가 O/A Nego를 하지 않는다면 일반적인 사후송금과 다르지 않다.

본 · 지사 간 또는 고정 거래처 간에 지속적으로 수출입거래를 하는 경우 O/A결제방식을 한건에 그치지 않고 3개월, 6개월 등 미리 약정한 결산시기에 채권 · 채무를 상계한 후 차액만을 결제하는 상호계산방식으로 결제할 수도 있는데 이러한 상호계산으로 결제하기 위해서는 외국환거래법(규정)에 의거하여 사전에 거래 외국환은행장에게 상호계산신고를 하여야 한다.

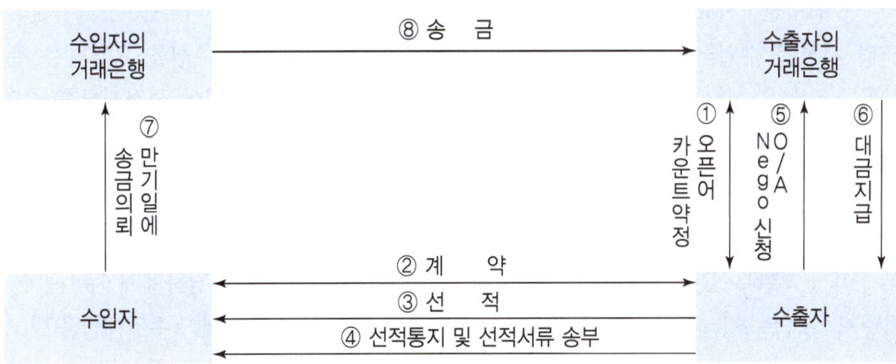

제2절 추심결제방식에 의한 수출입

1. 개요

추심결제방식은 무신용장 결제방식 중의 한 가지로서 수출자가 수입자에게 물품을 송부한 후 물품대금에 대한 환어음을 발행하여 은행을 통하여 추심하여 수출대금을 회수하는 거래방식이다.
추심결제방식에서 수출자는 환어음을 발행해야 하며 또한 은행을 통하여 수출대금을 회수해야 한다.
수입자 은행인 추심은행은 대금지급을 약속하지 않고 단순히 어음을 추심하는 업무만 수행한다.
추심결제 방식의 거래에는 환어음의 만기일 기재방식에 따라 지급인도(D/P)조건 인수인도(D/A)조건이 있다.

(1) 지급인도 조건(D/P : Documents against Payment)

수출자가 수출물품을 선적한 후 수입자를 지급인으로, 수출자를 수취인으로 하는 일람불(At Sight) 환어음을 발행하여 선적서류와 함께 거래 외국환은행에 추심을 의뢰하고, 의뢰받은 은행(추심의뢰은행)은 추심관련 서류를 수입국의 은행에 발송하여 추심요청을 하게 된다. 추심을 요청받은 추심은행(수입자의 거래은행)은 어음지급인(수입자)이 환어음 대금을 지급함과 동시에 선적서류를 수입자에게 인도하고 그 대금을 추심의뢰은행에 송금하여 수출자가 수출대금을 영수하는 거래방식이다. 일람출급 환어음의 경우 추심은행이 지급인인 수입자에게 제시하면 수입자는 이를 인수하면서 동시에 어음대금을 지급해야 하므로 서류와 대금을 동시에 교환하는 동시결제 효과가 있다.

※ 기한부 D/P : 기한부 D/P 결제방식은 서류도착 즉시 추심은행이 수입자에게 추심관련 서류를 인도하면서 대금을 받는 것이 아니고 명시된 기간이 경과한 후에 수입자에게 수입대금을 받고 서류를 인도해주는 D/P거래의 한 형태이다(예 : D/P 30days). 이는 운송구간이 장거리인 경우에 서류가 물품보다 일찍 도착하여 물품이 도착할 때까지 수입자의 결제를 연장해줌으로써 자금부담 등을 덜어주기 위해 만들어진 D/P의 변형이다.

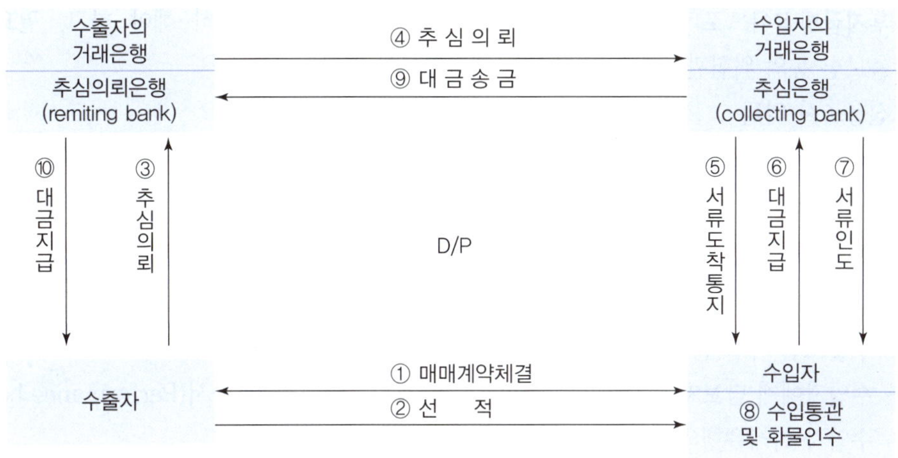

(2) 인수인도 조건(D/A : Documents against Acceptance)

수출자가 기한부 환어음을 발행하여 추심은행을 통해서 수입자에게 제시하면 수입자는 어음상에 어음인수행위(Acceptance)를 해서 환어음을 인수한다. 그러면 추심은행은 수입자에게 선적서류를 인도하고, 추심은행은 어음의 만기일에 어음지급인(수입자)으로부터 대금을 지급받아서 추심의뢰은행에 송금하면 수출자가 대금을 영수하는 거래방식이다. D/A는 어음기간만큼 수출자가 수입자에게 여신을 제공해 주는 효과가 있으므로 수출자는 수출원가 산정시 이자를 계산해서 포함시킬 필요가 있다. (이자계산방법은 Open Account 내용 참조)

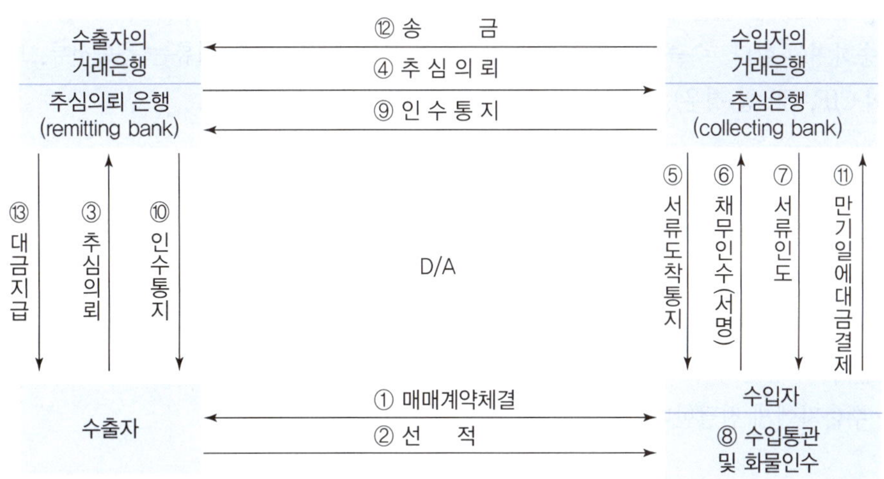

☞ D/P, D/A 계약체결시 유의사항

① 수입자의 신용조사 철저

D/P, D/A 거래에서 은행의 역할은 단순히 서류전달자에 불과하므로 대금지급을 확약하지 않는다. 즉 수입자가 어음을 인수하고 대금을 지급해야만 수출자가 수출대금을 영수하게 되는

사후지급방식이므로 수출자는 수입자에 대한 신용조사를 철저히 해야 하고, 필요하다면 수출보험 등의 위험관리를 하고 계약을 체결하여야 한다.

※신용조사 의뢰

- 한국무역보험공사(1588-3884)
- KOTRA(1600-7119)
- NICE D & B(02-2122-2515)

② 손실방지대책 마련

- 수출보험 가입(한국무역보험공사)
- 수입자에게 담보제공 요구 : Standby L/C 개설, 계약이행보증서(Performance bond) 등
- 수입자 거래은행의 지급보증서(Bank Guarantee) 요구 등

2. URC 522의 주요내용

추심결제는 ICC(국제상업회의소)에서 제정한 추심에 관한 통일규칙(Uniform Rules for Documentary Collection; URC 522)에 따라서 관련 은행들이 절차를 진행한다. 현재 적용되고 있는 'URC 522'는 1995년도에 개정되어 1996년 1월 1일부터 적용되고 있다.

(1) 은행을 통한 선적서류의 송부

수출자는 선적 후 이 규칙에서 정한 선적서류 및 금융서류(환어음)를 서류송부은행 또는 추심의뢰은행(Remitting Bank)에 제출하고 추심의뢰은행이 수입국에 있는 추심은행(Collecting Bank)으로 서류를 우송하여야 한다. 수출자가 환어음에 첨부하여 은행에 제출하는 서류는 운송서류, 보험서류(가격조건이 CIF, CIP일 경우), 상업송장, 포장명세서, 기타서류 등이 있다.

(2) 은행을 통한 대금의 추심

추심은행은 거래조건이 D/P인 경우에는 수입자에게 수입대금을 받고 관련 서류를 넘겨주고, D/A인 경우에는 수입자가 만기에 어음대금을 정히 지급하겠다는 요식행위인 환어음 인수행위를 하면 관련 서류를 넘겨준다. 수입자가 수입대금을 직접 수출자에게 송금하는 행위는 금지되며 반드시 추심은행에 지불해야 한다. 추심은행이 수입자에게 받은 물품대금을 서류송부은행으로 보내면 서류송부은행이 이 대금을 수출자에게 전달한다.

(3) 어음부 거래

수출자가 대금을 결제받기 위해 환어음을 발행한다는 점이 송금방식과의 근본적인 차이이다.

〈매매계약〉

D/P, D/A의 추심결제방식 거래는 신용장결제방식과는 달리 수출자는 수입자의 신용에 의거하여

계약을 체결하기 때문에 계약체결 전에 수입자 신용조회를 통해서 신용도를 확인하고 필요한 경우 수출보험을 가입하는 위험관리를 하고 계약을 체결하여야 한다. 또한 URC 522의 국제규정이 있지만 이는 수출입계약과 관련된 규정이 아니므로 송금결제방식과 동일하게 계약서에 거래 관련 모든 사항을 빠짐없이 꼼꼼하게 체크하여 계약서를 작성하여야 한다.

〈추심의뢰 및 추심전 매입(Bill Purchased)〉

수출자로부터 추심의뢰 요청을 받은 추심의뢰은행(수출자 거래은행)은 어음, 선적서류를 추심은행(수입자 거래은행)에 송달하여 추심해 줄 것을 요청한다.

D/P 또는 D/A 거래방식은 사후지급방식이므로 수출자는 일정기간 경과한 이후 또는 만기일이 되어야 수출대금을 회수할 수 있다. 따라서 수출자의 거래은행인 추심의뢰은행에 추심전 매입을 신청하여 수입자가 대금을 지급하기 전에 추심의뢰은행이 미리 수출대금을 지급하기도 한다. 그러나 추심전 매입은 추심의뢰은행의 수출자에 대한 여신이므로 추심의뢰은행은 일반적으로 대금회수에 따른 위험부담을 줄이기 위하여 채권확보 절차(일반적으로 수출자의 대출한도 이내)를 취한 후 추심전 매입에 응하게 된다.

〈선적서류 도착통지서의 접수〉

어음 및 선적서류가 추심은행에 도착, 접수되면 추심은행은 수입자에게 서류도착통지서(Arrival Notice)를 발송하여 어음의 시급 또는 인수를 요구하게 된다.

〈어음인수, 결제 및 선적서류 인도〉

선적서류 도착통지를 받은 수입자는 D/P의 경우에는 어음대금을 결제하여야 하고, D/A의 경우에는 추심은행에 가서 어음을 인수하여야 한다.

어음의 인수 또는 결제를 필한 수입자는 선적서류를 인도받아 통관절차를 거쳐 화물을 인수하게 되며 추심은행은 수입자로부터 수입대금을 받아 추심의뢰은행에 송금하고 수출자가 추심 의뢰 은행으로부터 수출대금을 회수하면 D/P, D/A거래는 종료된다.

3. 사고어음(부도어음)의 처리

사고어음(부도어음)이란 추심은행이 수입자에게 환어음을 제시하였으나 수입자가 인수 또는 대금지급을 하지 않는 경우를 말한다.

수입자가 수입대금 지급기일전에 불가피한 사유로 인수 또는 대금지급 지연을 신청해 오는 경우 추심은행은 그 사유를 문서로 제출받아 추심의뢰은행에 통보하고 처리방침을 지시받아야 한다.

수입자가 추심서류 도착일로부터 일정기일 내에 서류를 인수하지 않거나, 만기일에 대금을 지급하지 않는 경우에는 인수거절통지서 또는 지급거절통지서를 작성하여 즉시 추심의뢰은행에 송부하여야 한다.

4. 신용장과의 차이점

(1) 수입대금의 지급책임자

신용장 거래에서 신용장은 개설은행의 조건부 지급확약서이므로 개설은행은 대금지급에 대한 법적 책임을 부담한다.
추심결제에서는 채무자가 수입자이므로 수입자가 수입대금을 추심은행에 지불하지 않을 경우 추심은행은 그 사실만 수출상에게 통보하면 되지 그 이상의 책임을 부담하지 않는다. 즉 신용장처럼 은행의 조건부 지급확약이 없고, 관련은행은 수출자의 대리인으로서 단순 심부름 역할만 한다.

(2) 국제규범

신용장은 신용장통일규칙(UCP 600)이 적용되지만 추심 거래는 화환어음 추심에 관한 통일규칙(URC 522)이 적용된다.

(3) 화물의 소유권과 관련한 법적의미

신용장 거래는 신용장 개설시점부터 외환거래약정상의 약정에 따라 지급확약의 대가로 수입화물이 개설은행에 양도담보로 제공되기 때문에 수입자가 대금을 결제를 하지 않으면 개설은행이 수입화물을 처분할 수 있다.
추심거래는 수입자가 추심대금을 결제하기 전까지는 화물의 소유권이 수출자에게 남아 있다. 수입자가 대금결제를 하지 않을 경우 추심은행은 서류를 추심의뢰은행으로 송부하여야 하며, 추심은행은 추심업무의 수임자로서의 역할만을 수행한다.

(4) 은행에 지불하는 수수료

신용장거래의 경우 수출자, 수입자가 은행에 납부해야 하는 수수료의 종류 및 금액이 추심거래보다 훨씬 다양하고 더 많다.

(5) 서류심사 의무

신용장의 경우 은행은 수출자가 제출한 서류가 신용장조건과 일치하는지의 여부를 일일이 확인(서류심사)하여야 하지만, 추심에서는 은행이 지급책임을 지는 것이 아니므로 서류의 내용 심사를 할 의무가 없다.추심의뢰은행은 수출자로부터 서류를 받으면 서류목록이 추심의뢰서에 기재된 목록과 일치되는지 여부만 점검하고 서류의 내용은 심사하지 않는다.

(6) 환어음상의 지급인(drawee)

신용장상에서 수출자가 발행하는 환어음상의 지급인은 반드시 은행(개설은행, 상환은행, 지정은행)으로 표시되어야 하지만 추심에서는 지급인이 수입자로 표기된다.

제3절 화환신용장방식에 의한 수출입

1. 개요

신용장(Letter of Credit : L/C)이란 무역거래에서의 대금결제를 원활히 하기 위해서 수입자의 거래은행(개설은행)이 수입자의 요청에 따라서 신용장을 개설하고 수출자는 신용장 상에 명기된 조건과 일치하는 서류를 제시하면 수입자가 아니라 개설은행이 수출자에게 그 대금을 지급할 것을 확약하는 개설은행의 조건부 지급확약서(Issuing Bank's conditional undertaking)이다.

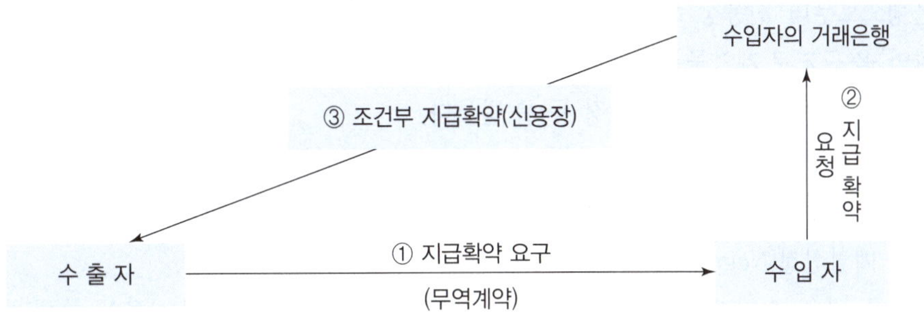

세계무역시장이 점차 구매자 위주 시장(Buyer's market)으로 변화하고, 송금방식에 비해서 상대적으로 수수료가 비싸고 복잡한 신용장 거래는 점차 그 사용 비중이 감소하고 있다. 우리나라의 경우 2024년 물품 수출입거래에서 신용장 결제비중은 약 9.3%로, 송금결제방식에 비해서 그 비중이 매우 낮다. 그러나 아직도 전체 결제비중에서 10% 정도를 신용장결제가 차지하고 있으므로 신용장 결제의 장점이 필요한 거래에서는 동 결제방식이 선택되고 있다.

2. 신용장 방식에 의한 거래 과정

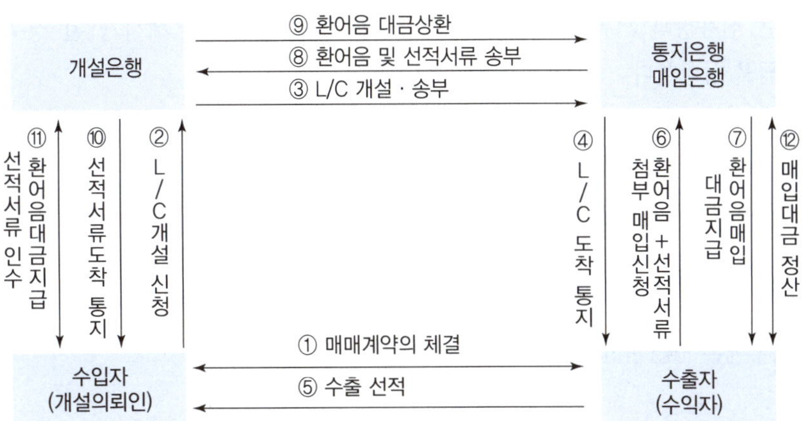

① 수입자와 수출자는 결제방식을 신용장결제방식으로 하는 매매계약을 체결한다.

② 수입자는 매매계약상의 대금결제를 위하여 자신의 거래은행에게 수출자 앞으로 신용장을 개설해 주도록 신청한다.
신용장에서 수입자는 신용장 개설신청인 또는 개설의뢰인(Applicant)이고, 수출자는 수익자(Beneficiary)가 된다.

③ 개설의뢰인의 거래 은행은 의뢰인의 신청에 따라서 신용장을 개설하여 이를 수출국의 거래은행(또는 수출자의 거래은행)에게 송부하고 수익자에게 통지해주도록 지시한다.

④ 개설은행으로부터 신용장을 전달받은 수출국의 거래은행(또는 수출자의 거래은행)은 개설은행의 지시에 따라서 수익자에게 신용장 도착사실을 통지해준다.
이로써 그 은행은 통지은행(Advising Bank)이 된다.

⑤ 통지은행으로부터 신용장 도착 통지를 받은 수익자는 신용장에 기재되어 있는 "개설은행의 지급확약"을 근거로 계약물품의 선적을 진행하고 운송인으로부터 물품인수 또는 선적 증거로서 운송서류(선하증권, 항공화물운송장 등)를 받는다.

⑥ 수익자는 신용장상에 요구하는 서류들(Documents required)을 모두 구비하고 환어음(bill of exchange)과 상업송장(commercial invoice)을 스스로 발행하여 수출국내의 자신의 거래은행에 제시하고 매입신청(Negotiation)을 한다.

⑦ 매입신청을 받은 수익자의 거래은행은 운송서류, 상업송장 등의 부속서류와 함께 환어음을 심사하여 신용장의 조건과 일치하는 제시가 되면(Clean Nego) 매입하고 수익자에게 매입대금을 지급한다. 이로써 그 은행은 매입은행(Negotiating Bank)이 된다.
동시에 수익자는 수출대금을 회수하게 되며, 매입은행은 개설은행 대신 수익자에게 대금을 지불하였으므로 개설은행은 매입은행에 대하여 채무를 지게 된다.(이 순간부터 개설은행은 채무자, 매입은행은 채권자가 된다)
위의 ⑥과 ⑦을 통한 수익자의 수출대금회수를 NEGO(Negotiation, 매입)라고 한다. 매입은행은 통지은행이 겸하는 경우가 많으나 서로 다른 은행으로 이행하는 경우도 있다.

⑧ 매입은행은 수익자로부터 매입한 환어음과 부속서류들을 개설은행에 송부한다.

⑨ 개설은행은 신용장과 서류가 일치하는지 심사를 하고 일치하는 제시가 된 경우 매입은행에 신용장대금을 상환한다.

⑩ 개설은행은 서류도착 사실을 개설의뢰인에게 통지한다.

⑪ 개설의뢰인은 대금을 지급하고 운송서류를 비롯한 서류들을 인도받아서 수입통관 진행 및 운송인으로부터 화물을 인수한다.

⑫ 개설은행으로부터 대금을 수취한 매입은행은 환가료 등에 이상이 없으면 그대로 정산하고 대금이 예정보다 늦게 송금된 경우에는 지연이자(Delay charge), 매입대금보다 적은 금액이 송금된 경우에는 less charge를 수익자에게 징구하여 정산한다.

3. 신용장의 당사자

기준 및 종류	내 용
개설의뢰인 (Applicant)	매매계약에 따라 수출자에게 신용장을 개설해 주어야 할 의무가 있는 자로서 자신의 거래은행에 신용장 개설을 의뢰하는 수입자이다.
개 설 은 행 (Issuing Bank)	개설의뢰인의 요청과 지시에 따라 신용장을 개설, 지급 확약하는 은행을 말하며 Opening Bank 라고도 한다.
통 지 은 행 (Advising Bank)	개설은행의 요청에 따라 신용장을 수출자에게 통지하는 은행을 말하며 Notifying Bank라고도 한다. 통상 개설은행의 본, 지점, 환거래 약정(Correspondent Agreement)이 체결된 은행 중 수출자의 거래은행을 통하여 통지한다.
확 인 은 행 (Confirming Bank)	개설은행의 요청에 따라 신용장에 제2차 지급확약을 하는 은행으로서 그 신용장에 의하여 발행되는 어음을 개설은행과 「동일」하게 지급 또는 인수하겠다는 확약을 한 은행을 확인은행이라 한다. 특히 외환사정이 좋지 않은 국가나 신용도가 낮은 개발도상국가의 개설은행과 거래할 때에는 확인 은행을 지정하여 만일의 사태에 대비하는 것이 바람직하다.
수 익 자 (Beneficiary)	신용장을 수취하는 수출자로서 신용장에 의해 물품대금 영수를 확약받는 혜택을 받는 당사자이다. 보는 각도 및 기능에 따라 Exporter, Seller, Drawer(어음발행인), Consignor(송화인), Shipper(화주)라고도 한다.
매 입 은 행 (Negotiating Bank)	신용장조건에 의거 수출자가 선적서류를 제시할 경우 이를 매입하고 수출대금을 지급하는 수출국의 은행이다. 우리나라 시중 은행들은 수익자의 매입(Nego) 요청은 일종의 여신으로 취급하므로 여신 한도가 설정되어 있는 수출자의 거래은행이 매입은행이 되고, 매입은 여신한도 내에서 가능하다.
양 도 은 행 (Transferring Bank)	양도가능신용장의 원수익자(First beneficiary)의 요청에 따라 제3자(Second beneficiary)에게 신용장을 양도하는 은행을 말한다. 신용장에 매입, 지급, 인수 등의 명칭이 표기된 경우에는 이 은행이 양도은행이 되며, 자유매입신용장인 경우에는 특정은행을 양도은행으로 지정한 후 이 은행을 통하여 양도하여야 한다.
지 급 은 행 (Paying Bank)	신용장의 조건과 일치하는 서류가 제시될 때 대금지급을 이행하는 은행을 말한다. 신용장 개설은행이나, 수익자 소재지에 있는 신용장 개설은행의 환거래은행 또는 제3국의 결제은행(Settlement Bank) 등이 된다.
인 수 은 행 (Accepting Bank)	수익자가 발행한 환어음의 조건이 기한부어음일 경우에는 수출국에서 선적서류를 수령하는 지정은행이 지급에 앞서 인수(수익자(수출자)가 제시하는 환어음에 만기가 되면 당 은행에서 어음대금의 지급을 책임진다는 의사표시 행위)를 하게 되며 이러한 의사표시를 한 은행을 인수은행이라 하며 어음의 만기에 대금지급의 책임을 부담한다.
상 환 은 행 (Reimbursing Bank)	매입은행이 개설은행과 예치환거래은행이 아닌 경우(Non depositary correspondent bank) 개설은행은 매입은행에 신용장대금을 입금할 방법이 없으므로 자행과 예치환거래관계(Depositary correspondent bank)에 있는 제3의 은행을 지정하여 매입은행으로 하여금 이 은행 앞으로 매입은행이 신용장대금 상환을 위해 발행한 환어음을 송부하라고 지시하게 된다. 개설은행으로부터 미리 상환수권(Reimbursement Authorization)을 받아 놓은 제3의 은행은 매입은행의 상환청구가 있으면 그 즉시 상환은행에 예치된 개설은행의 구좌에서 상환요청금액을 인출하여 매입은행구좌로 입금시켜주는 바 이러한 행위를 하는 은행을 상환은행이라 하며, 일명 결제은행(Settling Bank)이라고도 한다.

4. 신용장의 특성

(1) 독립성의 원칙(Principle of Independence)

UCP 600 제4조에서 신용장은 그 성질상 그것이 매매계약 또는 기타 계약에 따라 근거를 두고 발행된 것이기는 하지만 신용장은 계약과는 별개의 독립된 거래이며, 신용장에 그러한 계약에 관한 어떠한 언급이 포함되어 있더라도 그러한 계약과는 하등의 관계가 없으며 또한 이에 구속되지 않는다고 규정하고 있다. 즉 관련 은행은 매매계약서를 보지 않고 신용장만을 독립적으로 본다. 따라서 신용장에 기재된 수익자의 주소, 상품명 등이 계약서와 다르더라도 계약서와 일치하게 신용장의 내용을 조건변경 하지 않는 한 수익자는 신용장에 기재된 내용으로 서류를 작성하여야 한다.

(2) 추상성의 원칙(Principle of Abstraction)

UCP 600 제5조에서 신용장거래에서 은행은 서류에 의해 거래를 하는 것(deal with documents)이지 그 서류와 관련된 상품, 용역 또는 기타 계약이행을 취급하는 것이 아니라고 규정하고 있다. 따라서 상품에 관한 사항도 문서(품질증명서, 선적전 검사증명서 등)로서 요구해야 하며, 품질 등에 관한 문제는 수출입 당사자들끼리 해결하든지 혹은 수입자가 별도의 클레임(claim)을 제기하여 상사분쟁조정에 의해 해결하여야 한다. 서류에 의한 신용장의 거래관행을 추상성의 원칙이라고 한다.

(3) 신용장거래의 한계성(Limitation)

신용장의 독립성과 추상성은 은행이 안심하고 신용장 거래에 개입할 수 있도록 유도하여 대금결제를 원활하게 하기 위하여 불가피한 것이기는 하나, 실물거래인 무역거래를 완벽하게 보장할 수는 없는 한계성을 동시에 지니게 된다. 즉, 수입자의 입장에서는 신용장이 물품의 품질을 완전히 보장할 수는 없으며 수출자의 입장에서는 양질의 물품을 공급하였더라도 서류상의 하자로 인한 대금결제의 지연 또는 지급 거절을 막을 수는 없다.

5. 신용장통일 규칙(UCP)

(1) 신용장통일규칙이란 무엇인가

신용장통일규칙(Uniform Customs and Practice for Documentary Credits : UCP)은 신용장업무 취급시 준수사항 및 해석기준에 관한 국제적인 통일규칙으로서 국제상업회의소(ICC)가 1933년에 제정하여 2007년에 이르기까지 6차에 걸쳐서 개정되었는데 지금 현재 사용되고 있는 것은 제6차 신용장통일규칙(UCP Publication No. 600, 2007. 7. 1부터 적용)으로서 총39개 조로 구성되어 있다.

(2) 신용장통일규칙의 적용

신용장통일규칙은 강제적인 법률효력이 없는 임의규정이므로 거래당사자가 이를 적용하기로 사전에 합의한 경우에 한해서만 그 효력이 발생하여 신용장거래에 적용된다.

따라서 거래당사자가 합의하여 신용장통일규칙 중 일부의 적용을 배제하거나 통일규칙과 다른 내용을 신용장상에 특약으로 규정하는 경우에는 그러한 내용이 신용장통일규칙보다도 우선 적용된다.

그리고 해당국의 강행법규가 신용장통일규칙과 다른 경우에는 해당국의 강행법규가 우선 적용된다.

결국 우선순위는 아래와 같이 요약된다.

1. 해당국의 강행법규 —— 2. 당사자간의 특약 —— 3. 신용장통일규칙

Opening Bank : Bank of China Qingdao Branch

Form of Doc. Credit	*40 A	: IRREVOCABLE
Doc. Credit Number	*20	: LC51K800166
Date of Issue	31 C	: 210419
Expiry	*31 D	: Date 210619 Place KOREA
Applicant	*50	: SHANDONG LI-NING SHOEMAKING CO., LTD. 248 MEISHAN RD. JUNAN, SHAN DONG, CHINA
Beneficiary	*59	: MI SUNG INDUSTRIAL CO., LTD RM503/ 505 PLAZA HOTEL BLDG. 1213-14 CHORYANG DONG DONG-GU, BUSAN KOREA
Amount	*32	: Currency USD Amount 290, 988.00
Available with/by	*41 D	: Bank of china BY ACCEPTANCE
Drafts at…	42 C	: AT 90 DAYS AFTER SIGHT FOR 100 PCT OF THE INVOICE VALUE
Drawee	42 D	: Linyi branch
Partial Shipments	43 P	: ALLOWED
Transshipment	43 T	: NOT ALLOWED
Loading in Charge	44 A	: BUSAN KOREA
For Transport to…	44 B	: QINGDAO PORT CHINA
Latest Date of Ship.	44 C	: 210530
Descript. of Goods	45 A	: RAW MATERIAL FOR SPORTS SHOES QUANTITY : 42,480 PRS UNIT PRICE : USD6.85 ORIGIN : KOREA TOTAL AMOUNT : USD290,988.00 CIF QINGDAO CHINA PACKING : EXPORT STANDARD PACKING

Documents required 46 A :

1. SIGNED COMMERCIAL INVOICE IN 3 COPIES, INDICATING L/C NO. AND CONTRACT NO.
2. FULL SET OF CLEAN ON BOARD OCEAN BILIS OF LADING MADE OUT TO ORDER AND BLANK ENDORSED MARKED FREIGHT PREPAID NOTIFYING APPLICANT.
3. 2 COPYS INSURANCE POLICY/CERTIFICATE FOR 110 PCT OF THE INVOICE VALUE SHOWING CLAIMS PAYABLE IN CHINA IN CURRENCY OF THE DRAFT, BLANK ENDORSED, COVERING OCEAN MARINE TRANSPORTATION ALL RISKS AND WAR RISKS.
4. PACKING LIST IN 3 ORIGINALS INDICATING QUANTITY/GROSS AND NET WEIGHTS OF EACH PACKAGE AND PACKING CONDITIONS AS CALLED FOR BY THE L/C.
5. BENEFICIARY'S CERTIFIED COPY OF FAX/TELEX DISPATCHED TO APPLICANT WITHIN 24 HOURS AFTER SHIPMENT ADVISING NAME OF VESSEL, DATE, QUANTITY, WEIGHT AND VALUE OF SHIPMENT.

Additional Cond. 47 A :

1. A DISCREPANCY FEE OF USD54.00 WILL BE DEDUCTED FROM THE PROCEEDS IF DOCUMENTS ARE PRESENTED WITH DISCREPANCY(IES).

Details of Charges 71 B :

1. ALL BANKING CHARGES OUTSIDE THE OPENING BANK ARE FOR BENEFICIARY'S ACCOUNT.

Presentation Period 48:DOCUMENTS MUST BE PRESENTED FOR NEGOTIATION WITHIN 10 DAYS AFTER BILL OF LADING DATE BUT WITHIN THE VALIDITY OF THIS L/C.

Confirmation *49 : WITHOUT

Instructions 78 :

1. ALL DOCUMENTS ARE TO BE FORWARDED TO BANK OF CHINA, LINYI BRANCH NO. 398 YINMENG ROAD LINYI SHANDONG CHINA IN ONE LOT BY 1ST AVAILABLE AIRMAIL.
2. UPON RECEIPT OF ALL DOCUMENTS IN ORDER, WE WILL DULY HONOUR/ACCEPT THE DRAFTS AND EFFECT THE PAYMENT AS INSTRUCTED AT MATURITY.

Send. to Rec. Info. 72 : THIS LC IS SUBJECT TO UCP 2007 ICC PUB. NO. 600

6. 신용장의 종류

기준 및 종류	내 용
취소가능 여부 (Irrevocable L/C와 Revocable L/C)	신용장은 취소불능(irrevocable)의 표시가 없는 경우에도 취소불능이다.(UCP600 제3조) 취소불능신용장인 경우에는 기본 관계당사자 전원의 서면합의가 없으면 조건변경 및 취소를 할 수 없다.
확인여부 (Confirmed L/C와 Unconfirmed L/C)	수익자가 개설은행의 대외신용을 의심하거나 수입자 소재국의 정치, 경제 상태가 불안정할 경우 등에 신용장의 확인을 요구하게 되며, 통상 개설은행의 요청에 따라 통지은행이 확인을 추가하여 통지한다. 이때 확인은행은 개설은행과 동일한 지급의무를 진다.
매입은행 제한여부 (Restricted L/C와 Open L/C)	Restricted L/C는 수익자가 매입을 의뢰할 수 있는 은행을 개설은행이 신용장상에 미리 지정해 놓은 신용장을 말하며, Freely Negotiable L/C(or Open L/C)는 수익자가 매입은행을 자유롭게 선택할 수 있는 신용장(Available with any bank by Negotiation)이다. 실무에서 매입제한신용장은 수익자가 직접 매입제한은행에 서류를 제시하는 것이 아니고 자신의 거래은행에 1차 매입을 의뢰하고 이 은행은 다시 신용장에서 지정한 매입은행에 서류를 제시하여 2차 매입(Renego)을 하는 방식으로 진행된다. 따라서 수익자의 입장에서는 매입을 1회만 하는 자유매입신용장보다 환가료 수수료가 추가적으로 발생하므로 상대적으로 불리한 신용장이다.
상환청구권 발동여부 (With Recourse L/C와 Without Recoruse L/C)	With Recourse인 때에는 매입은행이 수익자에게 선지급한 대금을 개설은행 등으로부터 받지 못할 경우 수익자로부터 되돌려 받을 수 있으나, Without Recourse인 때에는 일단 매입이 끝나면 매입은행이 수익자에게 지급한 대금을 되돌려 받지 못하는 것을 말한다. 우리나라에서는 어음수표법의 규정에 따라 신용장상에 Without Recourse 조항이 있다 하더라도 상환청구권을 인정한다.(국내법 우선 적용) 실무에서, 매입은 수익자의 거래은행의 여신한도 이내에서 가능하므로 개설은행이 매입은행에게 신용장대금을 지급하지 못하더라도 매입은행은 상환청구권(소구권)을 행사하지 않고 대출로 처리하는 것이 일반적이다.
양도가능여부 (Transferable L/C와 Non-Transferable L/C)	신용장상에 Transferable이라는 문구가 있는 경우에 한하여 양도가 가능하고, 양도는 수직적으로는 1회에 한하여 가능하며, 분할선적이 가능한 경우에는 분할양도가 가능하다.
대금의 지급시기 관련 (Sight L/C 일람불, Usance L/C 기한부)	Sight L/C는 지정은행이 선적서류를 송부하면 개설은행은 서류상의 하자가 없는 한 즉시 신용장 대금을 결제하며, Usance L/C는 신용장 또는 기한부 환어음에 정해진 만기일에 대금을 결제하는 외상방식이다. Usance L/C는 신용공여자에 따라 Shipper's Usance L/C와 Banker's Usance L/C로 구분된다. Banker's Usance L/C의 경우 수익자는 At Sight로 대금을 지급받는다.
보증신용장 (Stand-by L/C)	무화환신용장(Clean L/C)의 일종으로 상품의 대금결제를 목적으로 하는 화환신용장이 아니고 주로 금융이나 보증을 위해 발행되는 특수한 신용장이다. 보증신용장은 주로 현지금융을 보증하거나 국제입찰시 계약보증금, 이행보증금 등을 조달할 때 이용된다.

가. 신용장의 양도

1. 개요

신용장의 수익자(제1수익자)가 신용장 금액의 일부 또는 전부를 제3자(제2수익자)에게 양도하는 것으로서 수익자가 제조업체가 아닌 경우로서 새로운 신용장을 개설할 수 없을 때 또는 개설의뢰인의

Agent 역할을 하는 경우 등으로 수익자가 직접 수출을 이행할 수 없을 때 사용되는 신용장이다.

2. 양도 목적

① 수출자가 수출쿼터(Quota)가 없어서 수출쿼터가 있는 제3자에게 선적을 하고 신용장으로 대금을 받을 수 있도록 하기 위해서(Quota 품목에 한함), 또는 수출자가 상품의 생산자가 아니어서 생산자로 하여금 직접 선적을 진행하고 신용장으로 대금을 받을 수 있게 하는 경우
② 수출국에 있는 수입자의 대리점 또는 지사가 먼저 신용장을 일괄적으로 받아 놓고 실수출자에게 신용장을 분할하여 양도하는 경우
③ 중계무역의 경우와 같이 중간차익의 취득을 목적으로 중계업자가 L/C를 제조자 또는 수출자에게 양도하는 경우
④ 신용장을 근거로 새로운 신용장을 개설할 담보능력 등이 없을 때

3. 양도 조건

① 양도취급 가능은행 : 원신용장에 지급, 인수, 매입은행이 지정된 경우에는 그 은행이 양도은행이 되며, 자유매입신용장인 경우에는 신용장상에 양도은행이 사전에 지정되어 있어야 한다.
② 양도가능신용장 : 신용장상에 「Transferable」이라는 문구가 표시되어 있어야 한다.
③ 양도는 1회에 한해서만 허용된다. 그러므로 제2수익자가 다른 제3수익자에게 다시 양도하는 2차 양도는 금지된다. 단, 양수인이 원수익자에게 양도환원(transfer back)하는 경우는 양도취소로 간주하여 허용된다. 이런 경우, 원수익자는 또 다른 제3자에게 양도가 가능하다.
④ 분할양도는 분할선적이 허용된 경우에만 가능하다. 가능한 경우 제1수익자는 여러 제2수익자에게 분할양도 할 수 있다.
⑤ 원칙적으로 원신용장 조건에 따라 양도되어야 하나 신용장 금액, 단가의 감액, 유효기간, 선적기간 및 서류제시기간을 단축하여 양도하는 등 원신용장의 조건을 변경하여 양도할 수 있다.

4. 양도의 종류

(1) 전액양도와 분할양도

① 전액양도(Total Transfer) : 신용장의 물량 전부가 1명의 제2수익자에게 양도되는 경우
② 분할양도(Partial Transfer) : 복수의 제2수익자에게 분할 양도하는 것으로서 분할선적이 허용된 경우에 한하여 가능하다.

(2) 국내양도와 국외양도

원수익자가 소재하는 국가의 제2수익자에게 양도하는 경우를 국내양도, 타국에 소재하는 제2수익자에게 양도하는 경우를 국외양도라고 한다.

☞ 송장대체(Substitution of Invoice)

① 원수익자가 원신용장금액을 초과하지 않는 범위 내에서 원신용장의 단가대로 작성된 자기의 송장과 제2수익자의 송장을 대체시키는 것으로 양도 시 감액하지 않았다 하더라도 원수익자는 송장을 대체할 권리가 있다.이는 제1수익자가 양도 차액을 취득하는 것을 보장하기 위해서, 그리고 중계무역에서 제2수익자와 원신용장 개설의뢰인의 정보가 서로에게 노출되지 않도록 하기 위함이다.

> (예) 원신용장 금액 : USD 10,000
> 양도신용장 금액 : USD 9,000, 양도차액은 USD 1,000
> 제2수익자가 발행한 인보이스의 Seller는 제2수익자, Buyer는 제1수익자, 금액은 USD 9,000
> 제1수익자의 송장 대체 : 제1수익자가 발행한 인보이스의 Seller는 제1수익자, Buyer는 원신용장의 개설의뢰인, 금액은 USD 10,000

② 원수익자는 양 송장 사이의 차액에 대하여 어음을 발행할 권리가 있다.

> (예) 제2수익자가 발행한 환어음의 발행인은 제2수익자, 지급인은 양도은행, 어음 금액은 USD9,000
> 제1수익자의 환어음 대체 : 제1수익자가 발행한 환어음의 발행인은 제1수익자, 지급인은 개설은행, 어음금액은 USD 10,000

(3) 조건변경여부

① 단순양도 : 원신용장의 조건변경 없이 제2수익자가 현지은행에서 Nego하여 개설은행 앞으로 직송한 후 원신용장 조건에 의거 결제 받도록 하는 양도. 제1수익자의 송장대체가 필요 없고 양도인의 중개 및 알선 수수료는 별도의 계약에 의해 무역외로 영수한다.
② 조건변경부양도 : "송장대체부양도"라고도 하며 제1수익자가 중계차익을 목적으로 신용장의 금액, 단가, 유효기일 등을 변경하여 양도하는 것을 말한다.

5. 절차

양도계약체결 ⇒ 양도신청 ⇒ 양도여부 검토 ⇒ 양도통지 ⇒ 수출이행

제1수익자가 전부(또는 일부) 양도통지서 발행의뢰서 "Application for Advice of Total(or Partial) Transfer"를 신용장에 지정되어 있는 양도은행에 제출

〈구비서류〉

① 수출신용장 원본　　② 양도신청서
③ 양도인 및 양수인의 인감(서명감)신고서(국외양도일 경우 양수인의 오퍼)

6. 양도 시 확인사항

① 당해 L/C가 양도가능(Transferable)신용장인지 여부
② 양도은행이 신용장상에 지급, 인수 또는 매입을 하도록 수권받은 은행인지 여부

③ 원수익자와 제2수익자의 공동연서에 의한 양도신청인지 여부
④ 분할양도의 경우 원수출신용장상에 분할선적을 허용하고 있으며 분할양도금액이 원수출 신용장상의 금액을 초과하지 않는지 여부
⑤ 제시된 원수출신용장에 의하여 기 취급한 금융이 없으며 기타 국내의 여건 등으로 양도를 금지하는 기재내용이 없는지 여부

7. 양도절차

① 양도은행은 제1수익자가 지시하는 의뢰서의 내용에 따라 「Transfer Advices」를 첨부하여 양수인인 제2수익자에게 원본교부, 이때 원신용장의 뒷면에 양도사실을 기재한다. 예를 들면 「This credit had been totally(or partially) transferred to ABC Co. for U$ 12,000 by XYZ Bank」라고 명기한다. 특히 Partial Transfer인 경우 상품이 종류별로 되어 있거나 수량이 명시되어 있는 경우에는 원신용장의 뒷면에 당해 상품명이나 수량도 기재해야 한다.
② 양도은행은 양도인, 개설은행, 통지은행에 「Transfer Advices」의 사본을 교부하고 양수인에게는 양도은행이 작성한 양도신용장을 교부한다.

나. 신용장의 조건변경 및 취소

1. 개요

신용장의 조건변경(Amendment)이란 이미 개설된 신용장의 조건을 어떠한 사정으로 인하여 일부 조건을 변경하는 것을 말하며 신용장의 조건변경은 신용장의 유효기간(expiry date)내에 이루어져야 한다.

수익자는 신용장이 개설되기 전에 개설의뢰인이 작성한 개설신청서 사본을 받아서 계약내용과 동일하게 개설되는지, 수정할 사항은 없는지, 그리고 함정문구조건 등은 없는지 검토한 후에 개설의뢰인에게 개설하도록 한다. 이는 개설 후에 내용을 수정하는 경우 조건변경 절차를 진행해야 되고 이에 따른 수수료와 시간이 소요되는 것을 방지하기 위함이다.

신용장을 통지 받은 수익자는 다시 한번 매매계약서 내용과 상이함이 없는지를 확인하여야 하며, 변경하여야 할 내용이 발견되면 즉시 서면으로 그 내용을 개설의뢰인에게 통보하여 조건변경을 할 수 있도록 하여야 한다.

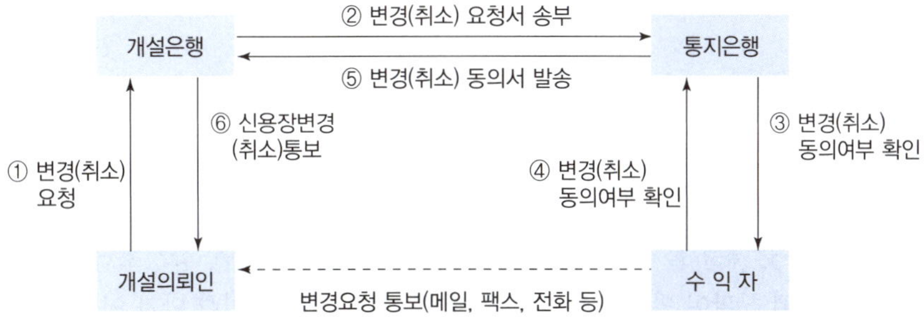

〈신용장의 조건변경 및 취소절차〉

① 개설의뢰인(자신의 요청 또는 수익자의 요청에 의거)이 개설은행에 조건변경(취소) 요청
② 개설은행이 통지은행에게 조건변경(취소) 요청서 발송
③ 통지은행이 수익자에게 조건변경(취소) 동의여부 확인
④ 수익자가 통지은행에게 조건변경(취소) 동의서 송부
⑤ 통지은행이 개설은행으로 수익자의 조건변경(취소) 동의서 송부
⑥ 개설은행이 개설의뢰인에게 조건변경(취소) 통보

신용장은 UCP 600에 의거 개설되는 순간부터 취소불능(Irrevocable)이므로 개설된 이후 조건변경 또는 취소를 하고자 하는 경우 당사자 만장일치의 동의가 있어야 한다.

〈조건변경 및 취소당사자〉

① 개설은행
② 수익자
③ 확인은행(확인신용장의 경우)
※ 변경 및 취소는 당사자 전원이 합의해야만 효력발생

- 변경사항 중 부분적 수락

  동일한 조건 변경통지서 내에 두 가지 이상의 변경내용 중 수익자가 자기에게 유리한 일부의 조건만 수락하는 것은 허용되지 않는다. 따라서 이 경우 모든 내용을 수락하든지 아니면 거부하여야 한다.

- 조건변경서의 유효성

  ① 조건변경서를 접수한 수익자가 수락의 여부에 관한 의사표시를 하지 않으면 조건변경을 수락한 것으로 간주할 수 없다. 즉 침묵은 승낙이 아니다.
  ② 수익자가 아무런 의사표시를 않고 있다가 변경된 조건에 일치시켜 서류를 제시하면 그 시점에 수락의 의사표시를 한 것이 된다.

〈조건변경 시 제출서류〉

① 수입신용장 조건변경 신청서(개설의뢰인이 작성하여 개설은행에 제출)
② 기타 증빙서류

〈수익자의 조건변경의 주요사유〉

① 매매계약서 내용과 상이함이 있을 때
② 계약 당시 언급되지 않았던 조항이 있을 때
③ 지키지 못할 조건 및 제출 불가능한 서류 요청이 있을 때 (함정문구, 함정조건)
④ 계약 당시와 변동된 상황이 발생하였을 때(원자재 가격인상으로 인한 단가 인상, 납기 맞추기가 어려울 경우 등)

〈조건변경의 내용〉

① 신용장의 선적기일 및 유효기일의 연장
② 신용장 금액의 증감
③ 수량, 단가, 총액의 계산 착오
④ 상품명세의 변경
⑤ 선적항 또는 도착항의 변경
⑥ 매매계약서 내용과 다른 사항
⑦ 지키지 못할 모든 조건(특히 중동지역에 소재하는 은행이 개설한 신용장)

〈조건변경사항 예시〉

① 신용장 금액의 증액 또는 감액의 경우(원신용장 금액 USD 300,000)
   증액시 : L/C Amount is increased by US $ 200,000 to US $ 500,000
   감액시 : L/C Amount is decreased by US$ 200,000 to US$ 100,000
② 선적기일 또는 유효기일 연장의 경우
   선적기일 : Shipping date is extended to May 31, 2021
   유효기일 : Expiry date is extended to June 10, 2021
③ 상품명세 변경의 경우
   Descriptions of commodity are changed as follows ;
   10,000pcs of MEN'S cotton shirts U.S.A. origin @US $90 CIF Busan
④ 선적항 또는 도착항 변경의 경우
   선적항 변경 : Shipping port is changed into San Francisco instead of Seattle.
   도착항 변경 : Destination is changed into Busan instead of Incheon

〈조건변경시 유의사항〉

① 신용장통일규칙 제38조(양도가능신용장)에서 달리 규정한 경우를 제외하고는 신용장은 개설은행, 확인신용장의 경우 확인은행 및 수익자의 동의 없이는 조건변경되거나 취소될 수 없다.
② 개설은행은 그 자신이 조건변경서를 발행한 시점부터 그 조건변경서에 의하여 취소불능의 의무를 부담하며, 확인은행은 그 자신의 확인을 조건변경에까지 확장시킬 수 있으며 그 조건변경을 통지한 시점부터 취소불능의 의무를 부담한다. 그러나 확인은행은 그 자신의 확인을 조건변경에 확장하지 않고 통지하기로 결정할 수 있으며 이러한 경우에는 개설은행에게 지체없이 그 사실을 통고하여야 하고, 조건변경서를 통지할 때 수익자에게 그 사실을 통고하여야 한다.
③ 수익자는 조건변경에 대하여 승낙 또는 거절의 통지를 이행하여야 하는데, 만약 수익자가 그러한 통지를 하지 않는 경우 신용장 및 아직 승낙되지 않은 조건변경에 일치하는 제시는 수익자가 그러한 조건변경에 대하여 승낙의 통지를 이행하는 것으로 간주한다. 그 순간부터 신용장은 조건변경 된다.

④ 조건변경을 통지하는 은행은 조건변경을 송부해 온 은행에게 조건변경의 승낙 또는 거절을 통지하여야 한다.

⑤ 수익자가 조건변경통지서를 받았을 때 반드시 수락 또는 거절의 의사 표시를 명시적으로 하여야 하며, 그런 의사표시를 하기 전까지는 효력이 없다.

⑥ 수익자가 조건변경서를 받고 아무런 의사표시를 하고 있지 않다가 그 조건변경서의 변경내용과 일치하는 서류를 제시했다면 그 시점이 조건변경을 수락하는 시점이 된다.

⑦ "만약 조건변경이 특정 기한 내에 수익자에 의하여 거절되지 아니하는 한 유효하게 된다"는 취지의 조건변경서상의 규정은 무시한다.(침묵은 승낙이 아니다) 개설은행이 "특정기간 내에 또는 특정일자까지 수익자가 그 조건변경을 거절하지 않는다면 조건변경이 자동적으로 성립된다."는 문언을 삽입할 경우 이러한 문언은 무시된다는 것을 의미한다.

⑧ 여러 개의 조건변경이 포함된 하나의 조건변경통지서에서 일부의 조건만 선택적으로(일부수락, 일부거절) 수락하는 것은 거절이 된다.

⑨ 확인신용장에서 개설은행이 조건변경을 승낙했다고 하더라도 조건변경에 대하여 확인은행으로부터 별도의 확인을 받지 않았다면 확인은행은 매입시 수익자의 대금지급 청구를 신용장 조건위반을 이유로 지급 거절할 수 있다.

⑩ 1차 조건변경서는 수락하고, 2차 조건변경서는 수익자에게 불리한 조건일 경우 2차 조건변경서만 거절할 수 있다.

⑪ 신용장 금액 및 수량을 변경하면서 신용장 금액은 증액하였으나 상품 명세서상에 수량이나 단가를 변경하지 않거나, 유효기일을 연장하면서 선적기일을 연장하지 않는 경우(또는 그 반대의 경우)에는 조건변경을 하여도 실제로는 의미가 없어진다.

⑫ 사소한 분쟁을 사전에 예방하기 위하여 수익자는 조건변경통지서를 받았을 때 즉시 수락 또는 거절의 의사표시를 명시적으로 하는 것이 좋다.

〈신용장의 취소〉

신용장의 취소(cancel)란 이미 개설된 신용장을 사용하지 않고 취소하는 것을 말한다. 실무적으로 현재 사용하는 신용장은 대부분 취소불능신용장(irrevocable L/C)이며, 수익자(beneficiary), 개설은행(issuing bank) 그리고 확인신용장의 경우 확인은행(confirmed bank)의 동의가 없이는 신용장을 취소할 수 없다. 또한 개설된 신용장의 사용 여부와 상관없이 관계당사자인 수익자, 개설은행, 확인은행(확인신용장일 경우)의 동의가 있고 개설의뢰인의 요청이 있으면 취소가 가능하다.

다. 수출대금 회수(NEGO, NEGOTIATION)

1. 절차

수출물품의 통관·선적 ⇒ 화환어음 거래약정 체결(사전에 거래은행과 약정 체결해 둠) ⇒ 화환어음 및 선적서류작성·구비 ⇒ 화환어음 매입의뢰 ⇒ 은행의 매입서류심사 ⇒ 매입대금의 지급

〈화환어음 거래약정〉

최초거래시만 체결

〈주요내용〉

① 부대서류 및 화물은 매입 외국환은행의 어음채권 및 부대비용 지급의 담보
② 화환어음 및 부대서류의 운송 중 사고에 관한 처리방법 및 책임소재
③ 화환어음이 부도 또는 인수거절 되었을 경우 처리절차 및 부대화물의 처리절차
④ 기타 필요한 경우 담보의 제공 또는 환어음 대금의 상환 및 제비용의 부담문제

☞ 선적서류 심사내용

① 선적서류가 신용장 조건과 일치하는지 여부
② 선적서류 상호간 모순된 사항이 있는지 여부
→ 매입심사 후 선적서류에 불일치나 하자가 없으면 신용장 뒷면에 매입일자, 매입번호, 금액, 은행명 등을 기재한 후 수출자에게 교부(중복매입 방지)
→ 매입대금은 수수료, 무역금융 융자액 등을 공제한 후 수출자의 구좌에 대체입금

☞ 매입금액 및 수수료(환가료)

① 일람출급신용장(at sight)
지급금액 : 매입금액(U$) × 전신환매입율
차감금액(환가료) : 매입금액(U$) × 대고객매매기준율 × 표준우편일수/360 × 년 환가요율
② 기한부신용장(usance)
지급금액 : 매입금액(U$) × 전신환매입율
차감금액(환가료) : 매입금액(U$) × 대고객매매기준율 × (표준우편일수 + usance 기간)/360 × 년 환가요율(일부 확정일 출급조건인 경우는 Usance 해당기간만 징구)

☞ 표준우편일수

Direct매입분 : JPY, MYR, SGD, HKD, THB, IDR－7일, 그 이외 통화－8일
매입제한 신용장의 경우 Re-Nego : 직접 매입기간에 3영업일 추가

〈선적서류〉

– 기본서류

① 송장 : 상업송장(Commercial Invoice), 세관송장(Customs Invoice), 영사송장(Consular Invoice 등)

② 운송서류 : (복합운송)선하증권(Bill of Lading), 항공화물운송장(Air Waybill) 등

③ 보험서류 : 보험증권(Insurance Policy), 보험증명서(Insurance Certificate)

– 보충서류

① 포장명세서(Packing List)

② 검사증명서(Inspection Certificate), 분석증명서(Certificate of Analysis)

– 기타서류

① 원산지증명서(Certificate of Origin)

② 수익자증명서(Beneficiary's Certificate)

– 금융서류

① 환어음(Bill of Exchange)

〈매입의뢰시 구비서류〉

① 수출환어음 매입신청서

② 수출신용장 원본

③ 환어음

④ 신용장에서 요구하는 선적서류 일체

⑤ 수출신고필증

⑥ 기타 필요한 서류

〈매입시 주의사항〉

① 자유매입신용장의 경우 수익자는 자신이 거래 외국환은행에서 매입을 진행한다. 매입제한신용장의 경우 수익자는 자신의 거래은행에서 1차 매입을 진행하고 지정된 매입은행에서 2차 매입(Re-nego)를 진행한다. 1차 매입은행은 엄밀한 의미에서 지정된 매입은행(재매입은행)에 매입을 의뢰하는 은행이다.

② 서류 네고는 서류제시기간 이내로서 유효기일 이내에 제시되어야 한다. 즉 두 가지 기일을 동시에 충족시켜야 한다.

③ 지급, 연지급, 인수, 매입을 위하여 은행이 지정된 경우 지정은행이 아닌 수익자의 거래은행에 유효기일까지 서류를 제시하면 하자가 된다. 그러므로 수익자는 어떠한 경우라도 유효기일 이내에 지정은행으로 서류를 제시하여야 한다.

④ 유효기일이 은행의 영업일이 아닐 경우, 그 다음 영업일까지 유효기일이 연장된다. 그러나 선적일은 은행 영업일 여부와 상관 없으므로 신용장 조건변경을 통해서 연장하지 않는 한 자동 연장되지 않는다.

〈은행의 매입절차〉

① 서류의 접수 : 접수증 발급
② 기장 : 은행비치 매입대장에 기록
③ 신용장 조건과 일치여부 및 서류 상호간의 모순여부 심사
④ 보완지시 : 송장, 어음 등 수익자의 서류에서 사소한 하자(즉시 보완가능한 하자)를 발견한 경우
⑤ 매입이행 : 신용장액면 금액에서 무역금융금액, 제수수료 · 이자 등을 공제한 잔액을 수출자 계정에 입금시킨 후 계산서만 수익자에게 발급함(이때 신용장 원본은 그 뒷면에 매입사실을 기재한 후 수익자에게 반환함)
⑥ Covering Letter 작성 : 매입은행이 작성하는 서류로, 결제은행(개설은행 등)에 서류를 송부할 때 첨부하는 송부서류의 표지이다. 매입사실, 서류의 명세, 검토의견, 상환청구이행여부 등에 관한 사항을 기재한다.
⑦ 서류의 발송 : 분실 등에 대비하여 서류를 2조로 나누어 각각 다른 항공편(특송)으로 2회에 걸쳐 발송하는 것이 일반적이지만, 신용장에 서류 발송에 대한 지시사항이 있는 경우 신용장의 지시대로 이행해야 한다.
⑧ 상환요청서 발송 : 실제로 대금을 지급할 은행에 발송
매입은행은 신용장 상에 Reimbursing Bank가 기재되어 있는 경우에는 선적서류는 개설은행으로 송부하고, T/T Reimbursing accptable인 경우 상환은행에 T/T로 상환을 요청하고 T/T Reimbursing not acceptable인 경우 수익자가 발행한 환어음 이외에 매입은행은 상환용 환어음을 작성하여 발송한다. 송금신용장인 경우에는 개설은행에 매입은행의 계좌를 통보한다.

☞ 하자있는 선적서류의 매입

매입은행은 선적서류가 L/C조건과 일치하지 않을 경우 매입의뢰인의 신용도에 따라 다음 방법 중 하나를 선택하여 처리한다.

① L/C를 선적서류에 맞추어 조건변경을 한 후 매입하는 방법(Amend 후 Nego)
② L/C개설은행 앞으로 하자내용을 통보하여 매입여부를 전신으로 조회한 후 매입하는 방법 전신조회 후 매입(Cable Nego)
③ 매입은행이 환어음을 추심한 후 대금이 입금되었을 때 지급하는 방법(Collection Basis)(매입을 하지 않으므로 여신한도가 필요없고 환가료가 발생하지 않음)
④ 개설은행이 대금지급 거절시 수출자가 책임진다는 각서(확인서, Letter of Indemnity) 또는 보상장(L/G, Letter of Gurantee)을 징구한 후 매입하는 방법(L/G Nego)
불일치 내용이 경미하고 대금의 회수가 확실하다고 판단되는 경우나 개설은행의 하자수용거부로 부도가 난 경우에도 수익자로부터 대금을 상환받는데 문제가 없을 것으로 판단할 때 이용한다.

※ 개설은행의 하자통지는 단 1회이다. 1회의 하자통지서에 모든 하자를 기재해서 통지하므로 수익자는 서류제시기간이 충분히 확보되어 있으면 하자내용을 모두 보완하여 매입은행을 통해서 개설은행에 재송부할 수 있다.

그러면 개설은행은 일치하는 제시에 대해서 대금을 지급하게 된다.

☞ 선하증권(Bill of Lading)

통상적으로 신용장이 요구하는 선하증권의 조건

① Full Set : B/L은 분실의 위험 등을 감안하여 일반적으로 원본 3통이 발행되며, 운송인은 그 중 1통만 제시되면 화물을 인도하므로 개설은행은 당해물품을 담보로 확보하기 위해 통상 Full Set(3통)를 요구한다.

② Clean B/L : 무고장 또는 무사고의 의미로, 화물의 외관상 양호한 상태로 적재되었다는 사항이 증권상에 기재되어 있다.(In apprante good order and condition) 반대로 사고부 또는 고장부 선하증권(Foul B/L(Dirty B/L)은 운송인이 포장 등 외관상 불완전한 화물을 인수하였음을 B/L 상에 기재한 것으로 은행은 이러한 선하증권의 수리를 거절한다. 참고로 컨테이너 운송 시 FCL 화물인 경우 운송인은 컨테이너 내부 화물의 상태를 알 수 없는 경우가 많은 바, 이 경우 운송인은 B/L상 물품의 명세란에 운송인 면책을 의미하는 "Shipper's load & count", "Said to contain" 이라는 不知약관(Unknown Clause)을 표시하는데 이러한 B/L도 Clean B/L로 간주한다.

③ On Board B/L : 선하증권은 선적 B/L(Shipped B/L)과 수취 B/L(Received B/L)이 있다. 운송인이 화주로부터 물품을 받고 발행하는 Received B/L은 향후 화물이 본선에 적재되면 운송인이 선적부기(On Board Notation)를 추가하여 선적 B/L이 된다.

④ Order B/L : 수화인(Consignee)의 배서에 의하여 화물을 인도할 수 있는 선하증권이다. 신용장거래에서는 통상 선하증권 상의 수화인을 개설은행 지시식(to order of ×× bank, 개설은행이 선하증권에 최초로 배서) 또는 송화인 지시식(to order, to order of shipper, 선하증권 상의 Shipper가 최초로 배서)으로 발행한다.

⑤ Notify Party : 일반적으로 L/C 개설의뢰인인 수입자가 되며 화물이 도착하면 운송회사는 Notify Party 앞으로 화물도착통지(Arrival Notice, A/N)를 하여 화물인수 준비를 하도록 한다.

☞ 선하증권 대체 운송서류

B/L을 대신하는 운송서류로서는 복합운송서류(Combined Transport Documents), 항공화물 운송장(AWB, Air Waybill), 우편소포수령증(Parcel Post Receipt), 화물수령증(Cargo Receipt) 등이 있다. 이러한 운송서류들은 신용장에서 요구되는 경우에는 UCP 600의 규정에 부합되는 한 은행은 수리한다.

신용장 통일규칙 제6차개정(UCP600)에서 운송서류를 운송방식에 따라 해상선하증권, 비유통 해상운송장(Sea Waybill), 용선운송 계약부 선하증권(Charter Party B/L), 복합운송선화증권, 항공운송서류, 철도/도로/내수로 운송증권, 특송서류/우편수령 증 등으로 세분화 하였다.

① 해상선하증권 및 비유통 해상운송장의 경우에는 운송인, 선장 또는 대리인이 서명 또는 인증한 운송서류를 수리한다.

② 신용장이 허용한 경우 용선운송계약부 선하증권(Charter Party B/L)은 선장, 선주 또는 대리인이 서명 또는 인증한 운송서류를 수리한다.

③ 복합운송선화증권 경우 운송인, 복합운송인 또는 그들의 대리인 또는 선장이나 그 대리인이 서명 또는 인증한 서류를 수리한다.

④ 항공운송서류 및 도로/철도/내수로 운송서류의 경우 운송인이나 대리인이 서명 또는 인증한 운송서류를 수리한다.

⑤ 기타 특송회사가 Stamp, 서명 또는 기타의 방법으로 인증한 특송서류 또는 우편수령증을 수리한다.

☞ 운송주선인 발행의 운송서류 수리여부

운송인이나 복합운송인 또는 그 대리인으로서의 자격이 명시되지 않은 「운송주선인 발행의 운송서류」는 「FIATA 복합운송서류」여부를 불문하고 수리를 거절하지만 UCP 600 제20조 선하증권의 규정에 따라 서명되고 발행된 운송주선인의 HOUSE 선하증권은 수리된다. 그리고 신용장에서 해상선하증권(Marine 또는 Ocean B/L)을 요구하고 있는 경우 순수한 운송주선인의 B/L, 즉 House B/L은 수리가 불가함에 주의하여야 한다.

〈참고〉 UCP 600 제20조 선하증권

a. 선화증권은 그 명칭에 관계 없이 다음과 같이 보여야 한다.

ⅰ. 운송인의 명칭을 표시하고 다음의 자에 의하여 서명되어 있는 것:

운송인 또는 운송인을 대리하는 지정대리인, 또는 선장 또는 선장을 대리하는 지정대리인, 운송인, 선장 또는 대리인에 의한 모든 서명은 운송인, 선장 또는 대리인의 것이라는 것을 확인하고 있어야 한다. 대리인에 의한 모든 서명은 그 대리인이 운송인을 대리하여 서명하였는지, 또는 선장을 대리하여 서명하였는지를 표시하여야 한다.

☞ 보험증권(Insurance Policy)

① B/L에 기재된 상품의 위험을 담보할 것

② 보험금 청구권이 은행으로 양도되어 있을 것

③ 최저 부보금액으로 신용장금액의 110%를 커버할 것

④ 부보일자가 B/L상의 선적일자 이전일 것

☞ 상업송장(Commercial Invoice)

거래 당사자간의 계약서류로서 수출자에게는 물품대금 청구서, 수입자에게 매입물품 명세서의 역할을 하는 서류이다. 따라서 상업송장은 반드시 매도인이 매수인 앞으로 발행하여야 한다.

● 작성시 유의사항

① L/C개설의뢰인 앞으로 발행할 것

② 신용장상의 물품명세와 동일할 것. 신용장 물품명세에 없는 물품은 비록 무료이더라도 인보이스 물품명세에 기재해서는 안 됨.

③ 기타 신용장번호, 개설일, 원본 인보이스에 서명을 요구한 경우 서명, 정확하게 계산되었는지 확인. 또한 신용장에 정형거래규칙이 있는 경우 인보이스에도 동일하게 기재

☞ 환어음(Bill of Exchange)

국제 상거래시 수출자가 수입자에게 채권금액 전액을 지명인 또는 소지인에게 일정한 기일 및 장소에서

무조건 지급할 것을 위탁하는 요식의 유가증권으로서 무역거래시 제1질권으로 인정됨(제2질권은 선하증권)

- 필수기재사항

  필수기재사항은 한 가지라도 누락되면 법적효력이나 구속력을 갖지 못함(어음법 제1조)(④, ⑤, ⑦의 발행지는 기재되지 않더라도 법적 효력이나 구속력은 유지됨)

  ① 환어음(Bill of Exchange)임을 표시하는 문자
  ② 일정금액을 지급(Pay to~)할 것을 무조건 위탁
  ③ 지급인(Drawn under~)의 명칭
  ④ 만기의 표시(만기 표식이 없는 경우는 일람불어음으로 봄; 어음법 제2조 2항)
  ⑤ 지급지(지급지의 기재가 없는 때는 지급인의 명칭에 부기한 곳; 어음법 제2조 3항)
  ⑥ 지급을 받을 자(Payee) 또는 지급 받을 자(Pay to~)를 지시할 자의 명칭
  ⑦ 발행일과 발행지(발행지의 기재가 없는 때는 발행인의 명칭에 부기한 곳; 어음법 제2조 4항)
  ⑧ 발행인의 기명날인 또는 서명

- 임의기재 사항

  임의기재 사항은 어음효력에는 영향을 미치지 않으나 어음의 성격이나 내용을 명확히 하기 위한 사항이다.

  ① 환어음의 번호
  ② 환어음 발행 근거(신용장의 경우 개설은행, 개설일자, 신용장번호를 기재할 수 있지만 추심인 경우 기재할 수 없음)
  ③ 대가수취문구(법정기재사항은 아니지만 수입자 또는 개설의뢰인을 기재함)

☞ 개설의뢰인 앞 환어음발행 금지

수익자는 개설은행, 확인은행 또는 상환은행, 인수은행 등 지정은행 앞으로 환어음을 발행해야 하며, 개설의뢰인 앞으로 발행할 수 없다. 그럼에도 불구하고 신용장에서 개설의뢰인 앞 환어음 발행을 지시한 경우 은행은 이러한 환어음을 제1질권으로서의 환어음으로 인정하지 않고 「단순한 추가서류」로만 간주한다.

라. 수입 신용장의 개설

1. 개요

수입자는 수출자와의 매매계약서(또는 Offer Sheet)상 약정된 내용을 근거로 거래 외국환은행과 신용장거래약정을 체결한 후 수입신용장 개설신청서를 제출하여 신용장을 개설하게 되는데, 신용장의 개설은 수입자의 거래 외국환은행이 대외적으로 신용장상 금액의 지급을 확약하는 여신행위이므로 은행은 수입자가 대외보증채무 부담에 상응하는 여신한도(대출한도)가 가능한 경우 여신한도 이내, 여신한도가 부족한 경우 신용장금액 만큼의 담보 등을 요구한다.

수입계약 ⇒ 수입승인 ⇒ 신용장거래약정/외국환거래약정 ⇒ 신용장개설신청 ⇒ 수입신용장 개설

2. 개설절차

수출입공고, 통합공고에 의해 수출입이 제한되는 물품인 경우에는 사전에 승인이나 요건확인을 받아야 하며 신용장 개설을 신청하기 위해서는 먼저 은행과 외국환거래 약정을 체결하여야 한다.

(1) 외국환거래 약정 시 구비서류

① 사업자등록증 및 무역업고유번호증 사본
② 법인인 경우에는 법인등기부등본, 정관
③ 인감증명서
④ 인감도장 및 사용인감
⑤ 실명확인증표
⑥ 약정서 등(은행 비치)

☞ 신용장거래약정서의 내용

① 수입대금의 지급확약
② 개설에 따른 수수료 및 신용장과 관련하여 은행이 부담하는 제비용의 보상의무
③ 수입화물의 양도담보 제공 및 처분권
④ 선적서류상 부정 · 불명확한 사항에 대한 처리
⑤ 우편 또는 전신상의 사고에 따른 면책 등

(2) 수입신용장 개설신청 시 구비서류

① 취소불능화환 신용장 개설신청서
② 신용장거래약정서 또는 외환거래약정서
③ (필요한 경우) 보험증권 또는 보험증명서
④ Offer Sheet 또는 계약서
⑤ 수입대행계약서(대행거래 시)
⑥ 담보설정증빙 등

☞ 신용장개설 방법

신용장 개설방법은 우편(Mail), 전신(Cable), SWIFT에 의한 개설이 있는데, 일부 개발도상국들을 제외하고는 거의 대부분 국가에서 SWIFT방식으로 개설되고 있다.

※ SWIFT는 "Society for Worldwide Interbank Financial Telecommunication"의 약어로 국제은행간 자금결제통신망을 의미하며, 일부 개도국 은행을 제외한 전세계 대부분의 은행들이 가입되어 있다. 우리나라의 국책은행 및 시중은행들은 1992년 3월에 일괄 가입하였다.

3. 신용장개설시 유의사항

구 분	유 의 사 항
신용장 자체에 관한 사항	① 수익자(수출자), 개설의뢰인(수입자)의 회사명, 주소 등은 약호를 사용하지 않는 것이 좋다. ② 신용장 금액은 숫자와 문자를 병기하며 금액 앞에 'about' 또는 이와 유사한 표현이 있는 경우 10% 이내에서 과부족을 인정한다. ③ 선적기일(S/D), 유효기일(E/D) 및 서류제시 기일 표기 시 해석상 오해의 소지가 없도록 월 표시는 문자로 하는 것이 좋으며, 날짜 표시 앞에 to, until 등의 표현이 있을 경우 그날 자체도 포함된다. 또한 제시기간을 명시하지 않는 경우 운송서류 발행일 이후 21일 이내로서 유효기간까지 제시해야 한다. ④ 신용장은 개설은행에 의해 명시적으로 "Transferable"이라고 표시된 경우에 한해 양도할 수 있다.
환어음 및 결제에 관한 사항	① 환어음 발행금액은 신용장 액면금액을 초과하지 않아야 한다. ② 지급기일(Tenor)은 계약서 등 지급근거와 일치해야 하는데, 일람불(At Sight)과 기한부(Usance, ×× days after sight)가 있다. ③ 신용장 사용방법에 따른 종류는 지급(Payment), 연지급(Deferred Payment), 매입(Negotiation), 인수(Acceptance) 4가지가 있으며, 매입신용장이 가장 많이 이용된다.
운송서류에 관한 사항	① 요구하는 선적서류의 종류와 통수 및 선적서류의 조건을 구체적으로 명시하여야 한다. ② 선적서류는 선하증권(Bill of Lading), 상업송장(Commercial Invoice), 보험증권(Insurance Policy/Insurance Certificate)등의 기본서류와 원산지증명서(Certificate of Origin), 포장명세서(Packing List), 영사송장(Consular Invoice), 검사증명서(Inspection Certificate) 등의 보충서류로 구분한다.
상품 및 선적에 관한 사항	① 상품에 대한 과다한 명세는 지양하고 명세가 복잡한 경우 대표적인 상품명세만 적고 Details as per Offer(Contract) No ~ 등으로 표시한다. ② 선적기한 및 선적항, 도착항이 계약내용과 일치하는지 여부를 확인한다. ③ 분할선적(Partial Shipment)에 대하여 아무런 언급이 없는 경우 분할선적은 허용되는 것으로 해석된다.
특수조건 (Special Instructions)	특수조건은 개설의뢰인의 국가, 수입상품 및 거래방식 등의 특성에 따라 요구되는 사항으로서 일반적으로 신용장 개설의뢰인(수입자)이 수익자(수출자)의 사전양해 없이 삽입한다. 따라서 수익자는 애매모호한 표현이나 이행 불가능한 사항인 경우 개설의뢰인에게 통보하여 변경이나 삭제를 요청할 수 있다. (1) 은행수수료 부담 일반적으로 수익자(수출자)가 부담하나 Less Charge 등의 처리에 있어서 가끔 신용장거래 당사자 간에 분쟁의 대상이 될 수 있으므로 명확히 표시할 필요가 있다.(예) All banking charges outside Korea are for beneficiary's account.

구 분	유 의 사 항
	(2) 선적서류 제시기간 신용장에 제시기간을 기재하였다면, 그 기간 내에 제시해야 한다. 신용장에 제시기간을 기재하지 않았다면, 선적일 다음날부터 21일까지 제시해야한다. 위 기간이 경과한 경우, Stale Document가 된다. 이 경우 지체서류(기간경과 서류) 용인조항(Stale documents acceptable)이 없는 한 수리거절 사유가 된다. 단, 어떠한 경우에도 선적서류는 신용장의 유효기일 이전에 제시하여야 한다. (제시기간 경과서류 수리허용 조항의 예) Documents presented later than 21days after the date of issuance of shipping document are acceptable. (3) 신용장의 양도 관련 신용장에 명시적으로 'Transferable'이라고 표시된 경우에 한하여 양도할 수 있으며, 달리 명시되어 있지 않는 한 양도가능신용장은 1회에 한하여 양도할 수 있다. (4) 중계무역 시 제3자 서류 허용여부 중계무역의 경우엔 제3자가 송화인(Consignor)으로 되어 있는 운송서류(제3자 선하증권, 수익자 이외의 자가 shipper로 기재된 선하증권)를 수리 거절한다는 문언이 없는 한 수리한다. (5) 과부족 용인조항(More or Less Clause) 신용장에 명시된 상품의 수량이 초과 또는 부족해서는 안된다고 약정하고 있지 않는 한, 어음발행액이 신용장 금액을 초과하지 않으면 5%의 과부족이 허용된다. 단, 이러한 과부족 허용한도는 수량을 포장단위 또는 개개품목의 개수로 명시하고 있는 경우에는 적용되지 않는다. 달리 금지하지 않는 한 과부족이 허용되는 제품은 수량을 길이, 무게, 부피로 기재한 제품(Bulk)이다. (예) Tolerance of 5% more or less in amount and quantity is acceptable. (6) 선박회사 지정조항(Nomination Clause) 정형거래조건을 EXW, FOB, FCA 등과 같이 수입자가 운임을 부담하는 조건으로 채택할 경우 개설의뢰인이 운송회사를 구체적으로 지정할 수 있다.(Nomination 조건) (예) Shipment to be effected by~shipping co. only. (7) 개설은행 인수 신용장(Banker's Usance L/C) 신용장의 개설은행이 기한부 어음을 인수 · 할인하도록 하는 Banker's Usance 신용장인 경우, 수익자는 기한부 어음을 발행하지만 매입은행은 일람불로 매입 처리하게 된다. 즉 물품대금에서 외상기간에 대한 이자를 공제하지 않는다. (예) Beneficiary's drafts drawn under this credit are negotiable on at sight basis irrespective tenor of draft.

수입신용장(SWIFT MT 700) 개설 사례

Application header block :

: Input/Output Identifier	: I Outgoing Message
: Transaction Typer	: 700 issue of a documentary credit
: Transaction Priority	: n Normal
: From	: WOORI BANK, SEOUL
: To	: HANKOOK BANK HONG KONG BRANCH, HONG KONG

Text Block :

/27 : sequence of total	: 1/1
/40A : form of documentary credit	: IRREVOCABLE
/20 : documentary credit number	: M1234 606NS00018
/31C : date of issue	: 21/06/24
/31D : date and place of expiry	: 21/08/20 HONG KONG
/50 : applicant	: KOREA TOYS CO., LTD. 15-1, SAMSUNG-DONG GANGNAM-GU, SEOUL, KOREA
/59 : beneficiary	: CHINA TOYS CO., LTD. RM 1000 CHAI WAN IND. CITY PHASE 1, 60 WING TAIRO, CHAIWAN H.K.
/32B : currency code amount	: USD 119,000.00
/39A : pct credit amount tolerance	: 10/10
/41D : available with/by name, address	: ANY BANK BY NEGOTIATION
/42C : drafts at	: AT SIGHT
/42A : drawee	: HONG KONG FIRST BANK LTD., HONG KONG(ADDR : 2007, JARDINE HOUSE 1 CONNAUGHT PLACE, CENTRAL, HONG KONG)
/43P : partial shipments	: ALLOWED
/43T : transshipment	: NOT ALLOWED
/44A : on board/disp/taking charge	: SHIDAO, CHINA
/44B : for transportation to	: BUSAN, KOREA
/44C : latest date of shipment	: 21/08/10

/45A : descr goods and/or services

700 PAIRS OF CHINESE GIANT BEAR TOY
SIZE : MIN 1.5 METERS AT USD170.00
F.O.B.SHIDAO.CHINA

/46A : documents required

+SIGNED COMMERCIAL INVOICE IN QUINTUPLICATE
+PACKING LIST IN TRIPLICATE
+FULL SET OF CLEAN ON BOARD OCEAN BILL OF LADING MADE OUT TO THE ORDER OF WOORI BANK MARKED FREIGHT COLLECT AND NOTIFY APPLICANT
+CERTIFICATE OF ORIGIN

/47A : additional conditions

ALL DOCUMENTS MUST BEAR OUR CREDIT NUMBER M1234 606NS00018
T/T REIMBURSEMENT NOT ALLOWED
QUANTITY 10 PCT MORE OR LESS ALLOWED
+The documents indicating as the consignor of the goods a party other than the beneficiary of the credit acceptable.

/71B : charges	: ALL BANKING COMMISSIONS AND CHARGES INCLUDING REIMBURSEMENT CHARGES OUTSIDE KOREA ARE FOR ACCOUNT OF BENEFICIARY
/49 : confirmation instructions	: WITHOUT
/53A : reimbursement bank	: HONG KONG FIRST BANK LTD., HONG KONG(ADDR : 2007, JARDINE HOUSE 1 CONNAUGHT PLACE, CENTRAL, HONG KONG)

/78 : instructions to pay/acc/neg bk :
DRAFTS MUST BE SENT TO DRAWEE BANK FOR YOUR REIMBURSEMENT
AND ALL DOCUMENTS TO US BY COURIER SERVICE IN ONE LOT

/72 : sender to receiver information	: THIS CREDIT IS SUBJECT TO U.C.P(2007 REVISION) I.C.C. PUBLICATION NO. 600.

마. 수입대금지급

1. 개요

신용장방식 거래 시 매입은행으로부터 환어음과 선적서류를 접수한 개설은행은 제시된 선적서류가 신용장 조건과 일치하는지 여부를 최대 5영업일 이내에 심사하고 서류에 하자가 없으면 즉시 환어음을 결제 또는 인수한다. 그리고 개설의뢰인(수입자)이 수입대금을 결제(또는 인수)하면 선적서류를 인도한다. 선적서류를 인도받은 개설의뢰인이 수입통관 절차를 거친 후 수입물품을 인수하면 수입절차가 완료된다.

2. 절차

〈수입선적서류에 하자가 없는 경우 : (신용장조건과 일치하는 경우)〉

선적서류 접수 및 심사 → 개설의뢰인에게 선적서류 도착통지 및 대금지급 청구 → 환어음결제 및 선적서류인도 → 물품통관 · 인수

〈수입선적서류에 하자가 있는 경우 : (신용장조건과 일치하지 않는 경우)〉

선적서류 접수 및 검토 → 선적서류 도착통지 및 대금지급 청구 → 선적서류 불일치에 따른 조회 → 하자선적서류 수리 여부를 개설의뢰인과 협의 → 선적서류 수리 여부 통지

☞ 은행의 서류 심사

① 은행이 선적서류가 신용장조건과 일치하는지 여부를 심사할 때 기준은 신용장통일규칙과 「국제표준 은행관행(ISBP, International Standard Banking Practice」에 따라 상당한 주의를 다하여 신용장에 명시된 서류만을 심사하여야 한다.

② 은행의 서류심사와 수리여부 결정은 선적서류를 영수한 익일로부터 "제5영업일"이내에 이루어져야 한다.

③ 신용장에 서류의 지정없이 조건 만을 명시한 경우 그러한 조건은 없는 것으로 간주한다.(무서류 조건), 따라서 Stand-by Credit에서도 차용증 등 서류의 제시가 요구된다.

④ 신용장 조건과 불일치한 서류가 제시된 경우 개설은행은 개설의뢰인과 하자있는 서류의 수리여부(권리포기, Waiver of Discrepancy)를 교섭할 수 있다.

☞ 수입대금 결제금액 산정방법

① 송금방식인 경우
전신환매도율(T.T. Selling rate) × 수입금액 = 결제금액

② 차기 또는 상환방식인 경우
전신환매도율 + 환가료 {통화별 연환가료율 × 7(또는 8일) / 360 × 매매기준율} =

수입어음 결제율
수입어음 결제율×신용장금액 = 결제금액

③ Usance인 경우
물품대금=신용장금액 × Usance 상환일 기준 전신환매도율
Usance 이자=수입금액 × Usance 이자율 × $\frac{\text{Usance 기간}}{360}$ ×수입어음 결제율

☞ L/G 발급 시 유의사항

① L/G가 발급되면 추후 도착하는 서류에 하자가 있더라도 개설은행은 서류제시은행에 하자통지를 할 수 없다.
② 일람 후 정기출급조건의 기한부 신용장인 경우 기간개시의 기산일이 L/G발급일이다.

- L/G발급 신청 시 구비서류
  ① 발급은행소정의 수입화물 선취보증서 및 보증서 발행신청서 각1부
  ② 선하증권 사본
  ③ 상업송장 사본
  ④ 화물도착통지서(Arrival Notice)
  ⑤ 기타 필요하다고 인정되는 서류(각서 등)

제4절 포페이팅(Forfaiting) 방식에 의한 수출입

1. 개요

Forfaiting은 수출자가 현금을 미리 받고 Forfaiter에게 외상채권을 환어음이나 약속어음으로 양도한다는 의미이며 상환청구권 없는(Without Recourse) 조건으로 수출환어음을 매입, 할인하는 금융기법으로서 수출입 거래방식이라기 보다는 국제금융기법의 일종이다. 일반적으로 수출시점으로부터 수출대금의 회수기간까지의 기간이 장기인 경우, 수입국가의 위험도가 높은 새로운 시장을 개척하려는 경우, 신용도가 낮은 수입자와 거래할 때 적합한 무역금융기법이다.

여기서 Without Recourse(무소구조건)라는 것은 수출자로부터 수출채권을 양수받은 Forfaiter가 채무자로부터 어음대금을 받지 못하더라도 수출자에게 할인 지급한 어음대금을 돌려달라고 할 수 없다는 의미로, Forfaiting 거래의 특징이라고 할 수 있다.

Forfaiting 거래란 수출자가 수입자로부터 받을 중장기외상채권(환어음, 약속어음, 통상 1년 이상 10년)을 Forfaiter에게 ① 소구권을 행사하지 않는 조건으로, ②고정금리부로 할인판매하고, ③ Forfaiter는 수입자 거래은행이 발행한 지급보증서나 지급확약(Aval, 수출자가 발행한 환어음이나 수입자가 발행한 약속어음에 수입자의 거래은행이 지급을 보증한다는 문구를 기입한 문서)을 믿고 이 외상채권을 내입, 할인한 후 재권 만기에 원리금을 빋는 방식이다. 포페이딩 방식은 수입싱 또는 개설은행의 지급불능위험의 회피, 수출자의 매입, 할인 담보제공 불필요 및 여신한도에 포함되지 않으므로 자금조달 여력 제고 효과가 있다.

2. 포페이팅(Forfaiting) 방식에 의한 수출입 절차 도해(신용장 개설)

신용장에 의한 포페이팅 거래 절차 도해

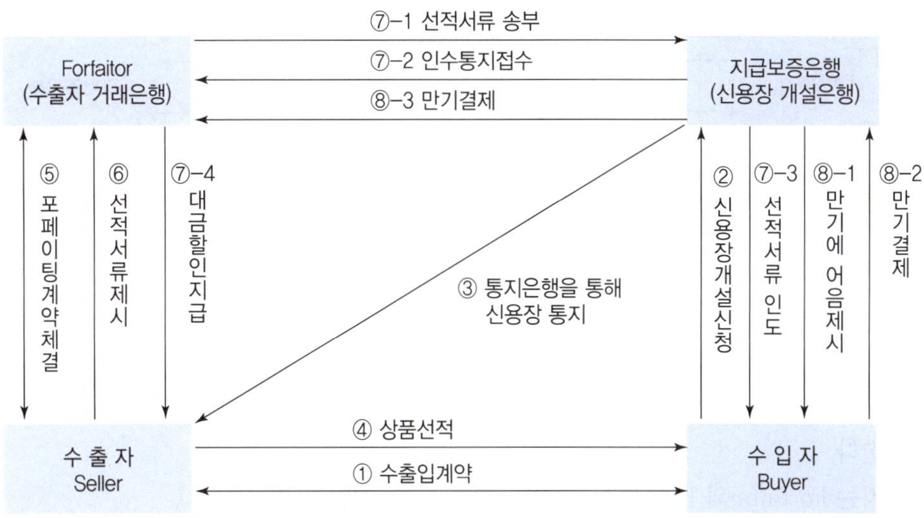

① 수출자와 수입자가 Forfaiting 거래 내용에 합의하고 수출입계약을 체결. 수입자가 Usance L/C로 결제를 원하는 경우에 수출자는 포페이팅 금융이 가능한 국가와 은행에 해당하는지 확인한다.
②-③ 수입자의 요청으로 개설은행은 기한부신용장을 개설, 통지은행을 통해 수출자에게 통지한다.
④ 수출자는 신용장에서 요구하는 조건대로 수출물품을 선적한다.
⑤ Forfaiter는 수입국 및 개설은행의 위험도, 신용도 등을 감안하여 고정이자율 등을 결정해서 수출자와 Forfaiting 계약을 체결한다.
⑥ 수출자는 환어음, B/L, Invoice 등 선적서류를 작성하여 Forfaiter에게 제시한다.
⑦ 선적서류를 제출받은 Forfaiter는 개설은행에 서류를 송부하고 개설은행이 선적서류에 대한 인수의사를 통보받으면 대금을 지급한다.(원칙은 Forfaiter가 선적서류를 접수하면서 대금지급)
⑧ 신용장 개설은행이 선적서류를 인수하면(Acceptance) 수출자는 대금회수 위험으로부터 벗어나며 Forfaiter는 만기일에 개설은행으로부터 대금을 회수하게 된다.

보증에 의한 포페이팅 거래 절차 도해

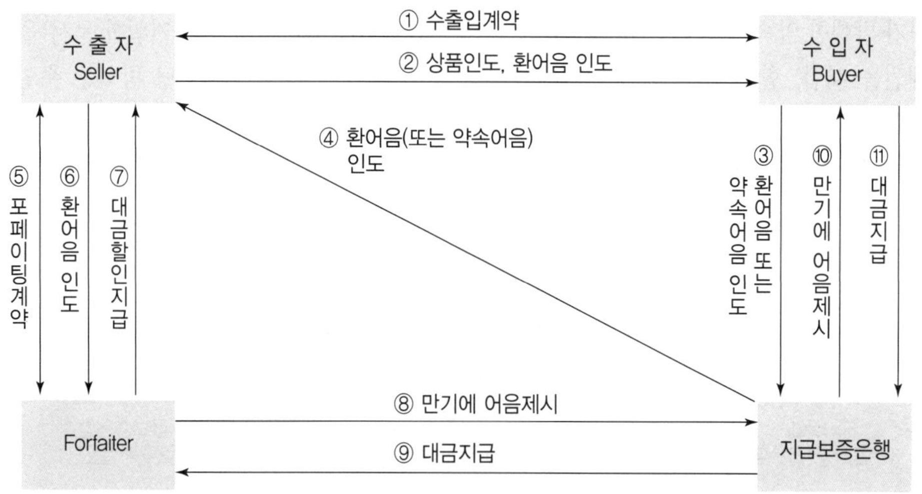

① 수출자와 수입자가 Forfaiting 거래 내용에 합의하고 수출입계약을 체결한다.
② 계약조건에 따라 수출자가 수입자 앞으로 선적한다.
③ 수입자는 수출자가 자기 앞으로 발행한 환어음 또는 자신이 발행한 약속어음을 거래은행인 지급보증은행에 제출하며 보증을 요구한다.
④ 지급보증은행은 어음에 AVAL(어음보증)을 하거나 별도의 지급보증서를 발급하여 수출자에게 송부한다.
⑤ 수출자는 Forfaiter와 Forfaiting 계약을 체결한다.

⑥ 포페이팅 계약체결 시 수출자는 보증은행에서 받은 지급보증서 또는 “AVAL”을 추가한 어음을 Forfaiter에게 인도한다.
⑦ Forfaiter는 환어음을 인수한 후 할인대금을 수출자에게 지급한다.
⑧ 어음의 만기에 Forfaiter는 “AVAL”또는 지급보증서를 보증은행에 제시한다.
⑨ 지급보증은행은 Forfaiter에게 대금을 결제한다.
⑩-⑪ 지급보증은행은 수입자에게 어음 등을 제시하고 대금을 수취하여 거래를 종료한다.

제5절 팩토링(Factoring)방식에 의한 수출입

1. 개요

팩토링방식이란 수출자는 대금회수의 안전문제 때문에 신용장 거래를 원하지만 수입자는 상품의 품질보장 등을 이유로 신용장 거래를 기피하고, 수출자는 일람지급거래를 원하나 수입자는 외상거래를 희망할 때, 대금결제에 대한 양자의 요구사항을 모두 수용하기 위해 만들어낸 국제금융기법의 일종이다.

국제팩토링(International Factoring)은 국제팩토링기구에 가입한 회원(팩터)의 신용을 바탕으로 이루어지는 무신용장방식의 거래로서 팩터링회사(Factor)가 수출자와 수입자의 사이에서 신용조사 및 신용위험의 인수(지급보증), 전도금융의 제공, 외상채권의 회수, 기타 업무대행 등의 서비스를 제공하는 일련의 금융서비스를 의미한다. 즉, 무신용장방식인 O/A, D/A 등 후불 결제방식에 수입팩터의 "신용승인"이 첨가되어 수출자의 수출대금회수 위험을 줄이는 거래이다.

신용승인(Credit Approval)이란 수입자가 자금부족, 파산 등 재무상의 이유로 수입대금을 결제하지 못하는 경우에 수입팩터가 그 대금을 대신하여 지급할 것을 약속하는 일종의 보증이다.

우리나라에서는 국제팩토링 그룹인 FCI(Factors Chain International)에 수출입은행과 기업은행이 회원으로 가입되어 있어서 국제팩터링 업무를 취급하고 있다.

2. 특징

① Factoring 대상거래는 O/A와 D/A, 즉 사후결제방식을 대상으로 한다.
② 원칙적으로 수출자에게 지급한 전대금에 대한 소구불능(Without recourse)조건으로 진행되지만 Factor의 조건부 소구도 가능하다.
③ 수출입당사자의 입장에 따라 수출 Factoring과 수입 Factoring으로 구분된다.
④ Factoring 수수료는 수출자가 부담하고 수출자는 수수료를 수출원가에 반영한다.
⑤ 수출팩터와 수입팩터를 같이 이용할 때는 제휴방식 팩토링(Two factors), 수출팩터만 이용할 때는 직접방식 Factoring(One factor)이 된다.

3. Factoring(팩토링) 방식에 의한 수출입 절차도해

직접방식 거래 구조

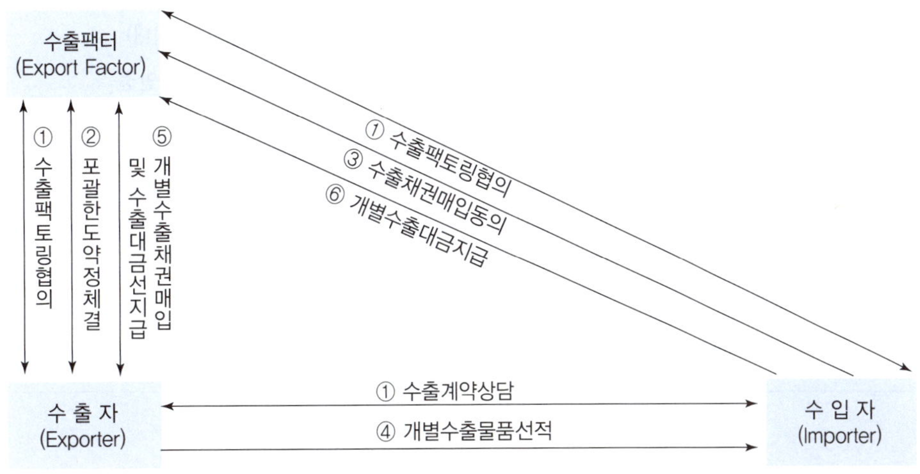

제휴방식 거래구조

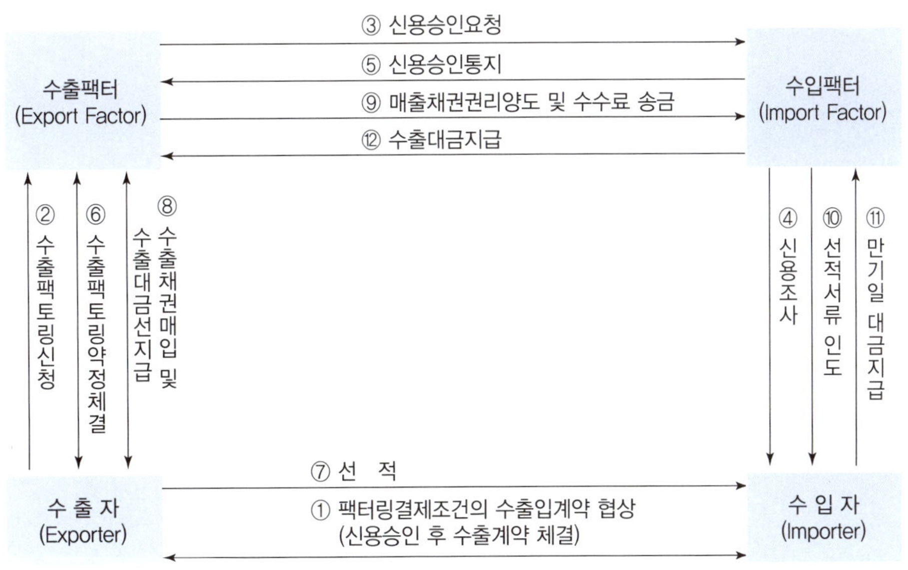

4. Factoring 거래와 Forfaiting 거래 비교

항 목	Factoring	Forfaiting
1. 금액	일반적으로 소액(수입자 신용한도 이내)	비교적 거액(소액도 가능)
2. 외상기간	단기(6개월 이내. 1년까지 연장 가능)	장기(2년 이상 10년 이내)
3. 소구권	with Recourse, without Recourse 둘 다 가능	without Recourse만 인정
4. 금리	제한 없음	고정금리로만 할인
5. 지급근거	Factor의 신용승인	수입자거래은행의 지급보증(또는 Aval)
6. 거래방식	사후송금방식(가장 많음), D/A방식	환어음 또는 약속어음이 매개체
7. 대상채권	현재뿐만 아니라 미래에 발생할 매출채권까지 포함될 수 있다.	개별적으로 확정된 매출채권에 국한
8. 취급은행	수출입은행, 기업은행 등	수출입은행 및 일부 외국계 은행

제6절 보증신용장

1. 개요

① 보증신용장(standby credit)은 수출입거래에 수반되는 상품대금의 결제를 목적으로 하는 화환신용장(documentary credit)과 달리 금전대차 또는 채무보증 등과 관련하여 신용장 개설은행이 지급보증상대은행으로 하여금 특정인에게 금융지원 또는 채무보증 등을 이행하도록 하고, 특정인이 만기에 채무의 상환을 하지 않을 경우에 지급을 대신 이행하겠다는 내용을 기재한 약속증서로 특수한 무화환신용장(clean credit)이다.

② 일반적으로 보증신용장은 해외현지법인이나 지점 또는 관련 거래선이 자국 상사의 물품수입과 관련하여 현지은행에 현지금융담보의 조건이나 건설, 용역 및 플랜트수출과 관련한 입찰보증, 계약이행보증, 하자보증, 선수금환급보증 등에 대한 지급보증서의 대용으로 개설은행이 수익자 앞으로 발행하여 개설의뢰인이 채무의 상환 등을 이행하지 않을 경우에 수익자가 거래은행에서 보증금액을 받을 수 있도록 발행하여 사용되고 있다.

2. 보증신용장의 절차 도해

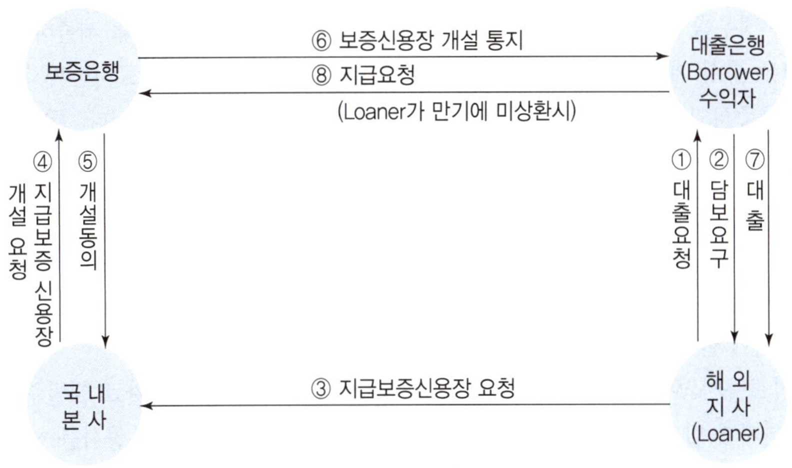

3. 수출입거래와 관련된 보증

① 수출선수금 환급보증서(advance payment bond) : 계약이 차질없이 진행되도록 수입자가 사전에 상품의 공급자에게 미리 계약의 일정금액(대개 10% 내지 20%)을 선수금(先受金)으로 지급하는 경우가 있다. 이때 상품의 공급자측이 계약이행을 하지 아니하는 경우 지급한 선수금의 반환을 요구하게 되는데, 이에 불응하는 경우 보증서 발행은행에 지급을 청구한다.

② 현지금융 담보보증 : 국내기업의 해외현지법인이 현지의 외국은행에서 운영자금을 위한 현지금융을 융자받거나, 건설업체가 해외현지에서 사용할 장비나 운영자금 등 현지금융(local finance)을 조달하고자 할 때 국내본사의 거래은행이 해외지사의 거래은행을 수익자로 하여 발행하는 보증서

③ 수출계약 이행보증서(performance bond) : 수출자가 수입자에게 수출이행을 위한 계약이행 보증서인 P-Bond를 발행하여 계약이행을 하지 못한 경우에 선수금 등을 반환한다.

4. 해외건설 용역 사업과 관련된 보증

① 입찰보증서(Bid bond) : 주로 건설공사에 관련된 입찰보증금으로서 응찰자가 현금(예상입찰금액의 5~10%)을 예탁해 두는 대신에 자신의 거래은행에 요청하여 은행의 보증서를 발주처 앞으로 발행하여 제시함으로써 대신할 수 있는데 이를 입찰보증서라고 한다.

② 계약이행보증서(Performance bond) : 건설공사의 계약시 발주처는 계약의 내용과 상이하게 이행되는 경우를 대비하여 낙찰자에게 은행이 발행한 계약이행보증서를 제출하도록 요구한다. 그 금액은 통상 계약금액의 전액에 해당하며 기간은 계약의 이행완료시점까지 정하게 된다. 그러나 보증서의 금액은 추후 계약의 이행율에 따라 점차 줄어들게 된다. 통상 P-bond라고 한다.

③ 선수금환급보증서(Advance Payment bond) : 계약이 차질 없이 진행되도록 발주처가 사전에 건설회사에게 미리 계약의 일정금액(대개 10~20%)을 선수금으로 지급하는 경우가 있다. 이때 발주처는 건설회사 측이 계약의 이행을 하지 아니하는 경우 지급한 선수금의 반환을 요구하게 되는데, 이에 불응하는 경우에 보증서 발행은행에 지급을 청구하게 된다.

④ 하자보상보증서(Warranty bond or Maintenance bond) : 건설공사 완료 후 발주처는 일정기간 이내에 하자가 발생하는 경우 건설회사가 책임을 지고 수리 또는 보수공사를 하도록 요구하게 되는데 이에 대한 보증금 대신 은행이 발행하는 보증서이다.

제7절 무역보험제도

1. 개요

무역보험이란 해상적하보험과 같이 통상의 보험으로는 구제할 수 없는 위험을 담보해주는 비영리 정책보험이다. 수입자의 계약 파기, 파산, 대금지급지연 또는 거절 등의 신용위험(Commercial Risk)과 수입국에서의 전쟁, 내란 또는 환거래 제한 등의 비상위험(Political Risk) 등으로 수출자 또는 수출금융을 제공한 금융기관이 입게 되는 손실을 보상함으로써 궁극적으로 우리나라의 수출을 촉진하고 진흥하기 위한 수출지원제도로서의 수출보험제도가 있다. 또한 원유, 철, 시설재 등 국민경제에 중요한 자원이나 물품을 수입하는 경우 국내기업이 부담하는 선급금 미회수 위험을 담보하거나 국내기업에 대한 수입자금 대출지원이 원활하도록 지원하는 제도인 수입보험제도를 합한 개념을 무역보험이라 할 수 있다.

가. 수출보험

수출보험제도란 수출거래에 수반되는 여러가지 위험 가운데에서 해상보험과 같은 통상의 보험으로는 구제하기 곤란한 위험, 즉 수입자의 계약파기, 파산, 대금지급지연 또는 거절등의 신용위험(Commercial Risk)과 수입국에서의 전쟁, 내란, 또는 환거래 제한 등의 비상위험(Political Risk)으로 인하여 수출자, 생산자 또는 수출자금을 대출해 준 금융기관이 입게 되는 불의의 손실을 보상함으로서 궁극적으로 수출진흥을 도모하기 귀한 비영리 정책보험이다.

나. 수출 단계별 무역보험 지원제도

· 수입자 신용상태 및 실체 확인 → 국외기업신용조사 서비스
· 수입자 신용위험/수입국 비상위험 → 단기 수출보험, 중장기 수출보험
· 수출금융조달 → 수출신용보증
· 원화환율 변동성 확대 → 환변동보험

1. 운영종목 (K_SURE 사업안내에서 인용, 발췌)

〈단기성 보험〉

(1) 단기수출보험(선적 후)

1) 개요 : 수출자가 수출대금의 결제기간 2년 이하의 수출계약을 체결하고 물품을 수출한 후, 수입자(L/C결제의 경우 개설은행)로 부터 수출대금을 받을 수 없게 된 때에(신용위험, 비상위험) 입게되는 손실을 보상하는 제도

2) 대상거래 : 결제기간 2년 이내의 일반수출, 위탁가공무역, 중계무역, 재판매 거래
3) 이용 요건
· 수출자 : 국내에 주소를 둔 수출기업으로 공사 수출자 신용등급 F급 이상
· 수입자 : 공사 국별인수방침 인수제한국에 소재하지 않는 수입자로, 공사의 수입자 신용등급 F급 이상
4) 부보율
· 일반수출, 위탁가공무역 : 중소기업 100% / 중견기업 97.5% / 대기업 95%
· 중계무역 : 95%이내
· 재판매 : 95%
5) 개별보험, 포괄보험으로 운영

(2) 단기수출보험(농수산물 패키지)

1) 개요 : 간편한 한 개의 보험으로 농수산물 수출 시 발생하는 여러가지 위험(대금미회수위험, 수입국 검역위험, 클레임비용위험)을 한 번에 보장하는 농수산물 수출기업용 맞춤 상품
2) 상품 특성 : 한 개의 보험으로 농수산물 수출의 All-Risk 보장, 또한 고객의 필요에 따라 맞춤형 설계(담보위험의 종류와 위험별 책임금액을 고객이 자유롭게 선택가능)
3) 이용요건
· 수출자 : 공사 신용등급 G급 이상 중소중견 농수산물업체(단기수출보험(중소중견Plus+) 이용기업 제외)
· 수입자 : 공사 신용등급 R급 또는 자본잠식 G급 수입자, 30일 이상 결제지연 수입자, 이란 또는 고위험 인수제한국주 소재 수입자 제외
5) 보상금액
· 기본계약(대금미회수) : 1억~3억원(100%)
· 선택계약(검역위험) : 1백 ~ 1천만원(100%)
· 선택계약(클레임비용 위험) : 1천~5천만원(50%~100%)

(3) 단기수출보험(중소중견Plus+)

1) 개요 : 보험계약자인 수출자가 보험계약기간(1년) 중 이행(선적)한 수출거래에 대하여, 선택한 담보위험으로 손실이 발생할 때 K-SURE가 연간 책임금액 범위 내에서 손실을 보상하는 제도
2) 상품 특성
· 단기수출보험 이용 시, 대상 수입자별 신용조사 및 한도책정, 수출건별 통지 및 보험료납부 등 일련의 절차가 필요하나, 중소중견Plus+보험은 간소화된 절차 및 저렴한 보험료로 이용이 가능함
· 단일 수입자와의 거래가 아닌 최대 50개사 수입자와의 거래를 일괄 담보 함
· 담보위험의 종류와 위험별 책임금액을 고객이 자유롭게 선택할 수 있음
5) 이용요건
· 수출실적 U$50백만 이하 G급 이상 중소중견기업

· 공사 신용등급 G급 이상(특례G급*제외)
· 단기수출보험(포괄 · 준포괄 · 농수산물패키지) 이용업체는 제외

6) 기본보상위험
· 중소기업 : 신용위험, 비상위험, 특약으로 무역클레임 위험, 결제기간 1년 이내,
· 중견기업 : 신용위험, 비상위험, 결제기간 180일 이내

7) 수입자 (보험 청약 시 최대 50개 까지 사전 등록)
· 수입자 신용조사 생략
· 공사 신용등급 R급(정보부족기업 제외) 또는 자본잠식 G급 수입자, 30일 이상 결제지연 수입자, 이란 또는 고위험 인수제한국가 주1) 소재 수입자 제외

7) 중소기업 책임금액 (100%)
· 기본위험 :최대 U$150만 (개별 수입자별 최대 U$50만) (개별 신용장 은행별 최대 U$30만)
· 클레임위험 : 최대 U$50천
· 최소책임금액 : U$10천

8) 중견기업 책임금액 (95% 이내)
· 기본위험 :최대 U$450만 (개별 수입자별 최대 U$50만) (개별 신용장 은행별 최대 U$30만)
· 클레임위험 : 담보 안함
· 최소책임금액 : U$10천

9) 보험계약기간 : 1년 단위 체결 · 갱신

(4) 단기수출보험(단체보험)

1) 개요 : 지자체 등 지원기관 또는 단체(협회 등)가 보험계약 절차를 진행하여 일괄 보험계약을 체결하고, 수출자는 단체보험의 피보험자로서 수출대금 미회수 위험 발생 시 최대 U$10만(지자체별 상이)까지 보상받는 제도

2) 상품특성
· 수입자 신용조사, 한도책정 등을 생략
· 1회 가입으로 1년간 수출거래 전체에 대해 대금 미회수 위험을 담보
· 보험료는 지자체, 협회 및 단체, 금융기관 등이 대신 납부
· 일반수출, 위탁가공무역, 중계무역 대상
· (중소) 결제기간 1년 이내 / (중견) 결제기간 180일 이내
· 연간 최대 U$10만 이내(지자체별 책임금액 상이)

(5) 단기수출보험(다이렉트-중소Plus+)

1) 개요 : 연간 직수출실적 미화 U$50백만불 이하이고, K-SURE가 정한 이용요건에 부합하는 중소기업을 대상으로 별도의 수출통지 절차나 수입자 신용조사 없이 보험계약기간동안 발생한 보험계약자의 모든 정상 수출거래에 대한 대금 미회수위험을 담보하는 비대면 간편 보험제도

2) 상품특성
· K-SURE ON 전용 비대면 상품(단, 보험료지원은 기업 소재 지역 담당 영업부서 문의)
· 단기수출보험 이용 시, 대상 수입자별 신용조사 및 한도심사, 수출건별 통지 등 일련의 절차가 필요하나, 단기수출보험(다이렉트-중소Plus+) 이용 시에는 간소화된 절차 및 저렴한 보험료로 보험 이용이 가능함
· 수입자 수의 제한 없이 보험계약기간(1년)동안 발생한 보험계약자의 모든 정상 수출 거래에 대해 일괄 담보함

3) 대상기업
· 연간 수출실적 U$50백만 이하 공사 신용등급 G급 이상(특례G급 제외) 중소기업
· 단기수출보험(포괄 · 준포괄 · 농수산물패키지 · 중소중견Plus+) 이용업체는 이용불가 (단, 단체보험 · 수출안전망 이용업체는 이용가능)

4) 신용위험 및 비상위험 담보, 결제기간 1년 이내의 일반수출, 위탁가공, 중계무역 담보
5) 보험기간 : 1년(보험개시일 지정 가능), 1년 단위로 계약체결 및 갱신
6) 책임금액 : 최대 U$20만(개별 수입자별 최대 U$10만)
7) 조건
· 일반형 : 보상비율 95%, 보험요율 0.6%
· 보장우대형 : 보상비율 100%, 보험요율 0.8%

8) 수입자 제한 대상
· 수입자 공사 신용등급 : 자본잠식 G급 또는 R급(정보부족기업 제외)
· 클레임 : 클레임 등 사유로 분쟁 · 소송중
· 만기도래 미결제 : 만기도래 후 30일 이상 결제지연
· 국별인수방침 : 고위험 인수제한국가주) 또는 이란, 러시아, 벨라루스 소재
· 중국 무신용장 수입대행거래 : 수입대행계약체결 중국 수입자

(6) 단기수출보험(다이렉트-선적후)

1) 개요 : K-SURE가 정한 이용요건에 부합하는 중소 · 중견기업을 대상으로 관세청에서 수출신고가 수리된 수출신고 건별로 수출보험에 가입하고 해당 수출거래에 대한 대금 미회수위험을 담보하는 비대면 소액 간편 보험제도

2) 상품 특성
· K-SURE ON 전용 비대면 상품
· 단기수출보험 이용 시, 대상 수입자별 신용조사 및 한도심사, 수출통지 등 일련의 절차가 필요하나, 단기수출보험(다이렉트-선적후) 이용 시에는 별도의 수입자 신용조사, 한도심사절차 및 수출통지가 생략되어 간소화된 절차 및 저렴한 보험료로 보험 이용이 가능함 (단, 수입자 지정형의 경우 수입자 신용조사가 필요할 수 있음)
· 청약기간(수출신고수리일 익일~10일 이내) 이내라면 수출 전 · 후 보험가입이 가능함
· 수입자 지정 여부에 따라 “일반형(수입자 미지정)”과 “수입자 지정형”으로 구분

3) 대상기업

· 공사 신용등급 G급 이상(특례G급 제외) 중소 · 중견기업

· 단기수출보험(포괄 · 준포괄 · 농수산물패키지 · 중소중견Plus+) 또는 단기수출보험(다이렉트-중소Plus+) 특약을 이용하고 있는 경우 이용불가

4) 청약기간 : 수출신고수리일 익일~10일 이내

5) 적용대상거래 : 관세청에서 수출신고가 수리된 결제기간 1년 이내의 일반수출 거래

6) 인수한도

· 수입자 미지정 : 수출자별 USD 10만, 수출건별 USD 5만

· 수입자 지정(A~C등급) : 수출자별 USD 30만, 수입자별 USD 20aks

· 그 외 수입자 등급 : 수입자별 USD 10만

7) 보상비율 : 95%

8) 수입자 제한사항

· 수입자 등급 : 자본잠식 G급 또는 R급(정보부족기업 제외)

· 클레임 : 클레임 등 사유로 분쟁 · 소송중

· 만기도래 미결제 : 만기도래 후 30일 이상 결제지연

· 국별인수방침 : 고위험 인수제한국가주) 또는 이란, 러시아, 벨라루스 소재

· 중국 무신용장 수입대행거래 : 수입대행계약체결 중국 수입자

〈신용보증〉

(1) 수출신용보증(선적전)

1) 개요

· 중소 · 중견기업이 수출물품을 제조, 가공하거나 조달할 수 있도록 금융기관으로부터 필요한 자금을 대출받을 때 K-SURE가 연대보증하는 제도

· 금융기관이 수출신용보증서(선적전)를 담보로 대출을 실행한 후 수출자로부터 대출금이 상환되지 않는 경우 K-SURE가 보상

2) 보증대상

· 금융기관이 수출자에 대해 아래 대출자금에 해당되는 신용보증부 대출 또는 지급보증을 실행하는 경우에 적용

* 한국은행의 「한국은행 금융중개지원대출관련 무역금융지원 프로그램 운용세칙」에 의한 무역금융 및 관련 지급보증

* 한국수출입은행에서 취급하는 수출자금으로서 K-SURE가 인정하는 자금대출

* 한국은행의 「금융기관여신운용세칙」에서 정한 무역어음 인수

* 수출용원자재 수입신용장 개설(내국수입유산스 신용장 개설 포함) 다만, 중계무역 방식에 의한 수출용원자재 수입신용장 개설은 제외

* 기타 수출 진흥을 위한 자금대출(aT의 농식품글로벌육성지원자금, 무역협회의 무역기금 등)

(2) 수출신용보증(다이렉트-선적전)

1) 개요
- 수출초보 중소기업이 ㈜신한은행 또는 ㈜하나은행의 수출신용보증(다이렉트-선적전) 전용 상품을 선택하여 대출받을 때 한국무역보험공사가 연대보증하는 제도
- 보증서 신청부터 대출까지 K-SURE 및 은행 영업점 방문 없이 온라인으로 진행되는 신속·간편 비대면 상품

2) 대상기업
- 한국기업데이터(KoDATA) 신용등급 B+ 이상
- 매출액 1억원 초과 100억원 미만
- 직수출실적 1만불 이상 200만불 미만 (다만, 직수출실적 1만불 미만시 KT-NET을 통해 집계되는 간접수출실적도 인정)

3) 보증한도 : 5천만원 ~ 1억 한도

4) 보증비율 : 100%

5) 보증요율 : 약 3.2%(연0.8%)

6) 지원제외대상
- 공사 신용등급 G급 또는 R급 (6개월 미만 재무제표 G급 제외)
- 공사 금융성 상품 기존 이용기업
- 국세·지방세·4대보험 연체중인 기업
- 공동사업자 또는 대표자 2인 이상 기업
- 금융기관 대출금 연체중인 기업 등

7) 보증기간
- 신한은행 : 총 4년(2년 거치 2년 상환)
- 하나은행 : 총 4년(1년 거치 3년 상환)

(3) 수출신용보증(선적후)

1) 개요 : 수출자가 수출계약에 따라 물품을 선적한 후 금융기관이 환어음1) 등의 선적서류를 근거로 수출채권을 매입하는 경우 K-SURE가 연대보증하는 제도

2) 대상거래 : 결제기간 2년 이내의 일반수출, 위탁가공무역

3) 대상기업 : 신용상 문제가 없는 수출자

4) 보증하는 채무 : 대출원금에 보증비율을 곱한 금액 및 약정이자

5) 담보위험 : 비상위험 및 신용위험으로 인한 수입자의 미결제 위험

6) 보증비율 : 90% 이내

7) 보증서 유효기간 : 최종 매입일(보증 이용건)로부터 1년(단, 보증 이용실적이 없는 경우는 보증서 발급일로부터 1년), 단기수출보험 연계 가입 필수

(4) 수출신용보증(매입)

1) 개요 : 수출자가 수출계약에 따라 물품을 선적한 후 금융기관이 환어음1) 등의 선적서류를 근거로 수출채권을 매입하는 경우 K-SURE가 연대보증하는 제도

2) 상품특성

· 수출신용보증(매입)은 수출자의 네고를 통한 자금조달을 지원하기 위한 제도로서 수출신용보증(선적후)에 비해 이용절차가 간편하며 담보력을 높인 보증제도

· 수출자는 단기수출보험 연계가입을 선택할 수 있음

· 수출신용보증(매입)에서 수입자의 수출대금 미결제 여부와 무관하게 최종상환책임은 수출자에게 있음

3) 대상거래 : 결제기일 360일 이내의 수출거래(일반수출, 위탁가공무역, 중계무역)

4) 대상기업 : 신용상 문제가 없는 수출자

5) 보증하는 채무 : 대출원금에 보증비율을 곱한 금액 및 약정이자

6) 담보위험 : 수출자의 대출금 미상환 위험

7) 보증비율 : 90% 이내

8) 보증서 유효기간 : 보증서 발급일로부터 1년

〈수입보험〉

(1) 수입보험(수입자용)

1) 개요 : 수입보험(수입자용)은 원유, 가스 등 주요 전략물자의 장기 안정적 확보를 위하여 국내수입기업이 선급금 지급조건 수입거래에서 비상위험 또는 신용위험으로 인해 선급금을 회수할 수 없게 된 경우에 발생하는 손실을 보상하는 제도.

2) 대상거래

· 주요자원 : 철, 동, 아연, 석탄, 석유 등

· 관세법 제95조 제1항 제3호의 공장자동화 물품

· 관세법 제90조 제1항 제4호의 산업기술연구, 개발용 물품

〈환변동보험〉

(1) 환변동보험

1) 개요

· 수출 또는 수입을 통해 외화를 획득 또는 지급하는 과정에서 발생할 수 있는 환차손익을 제거, 사전에 외화금액을 원화로 확정 시킴으로써 환율변동에 따른 위험을 헤지(Hedge)하는 상품

· 환변동보험은 환위험 관리여건이 취약한 중소중견기업이 환위험을 손쉽게 헤지할 수 있도록 제도 · 비용면의 도움을 드림으로써, 적극적인 무역활동을 할 수 있도록 지원

· K-SURE는 보험인수 시 시중은행을 통해 전액 헤지하므로, 환변동보험 운영에 따른 K-SURE의 이익은 없음

2) 환변동보험 상품

· 일반형 : 환율 하락시 손실을 보상받고, 환율 상승시 이익금 납부

· 부분보장 옵션형 : 이익금 납부 의무를 면제하고, 환율 하락시에는 하락분의 일정수준까지 보상
· 완전보장 옵션형 : 이익금 납부 의무를 면제하고, 환율 하락시에는 하락분 전액을 보상

(2) (선물환방식) 일반형 환변동보험

1) 개요 : 보험가입시 환율보다 환율 상승시에는 이익금 납부, 환율 하락시에는 보험금을 지급하는 선물환 상품(수출거래 기준)

2) 특징

· 최장 3년 6개월까지 환리스크 헤지 가능 : 청약시점부터 일반수출거래는 1년 6개월까지, 중장기 수출계약건은 3년 6개월까지 헤지 가능
· 저렴한 비용 : 계약이행관련 증거금 또는 담보 제공 없이 저렴한 보험료만으로 이용가능(6개월 동안 U$1백만 헤지 시 보험요율은 0.02% ~ 0.03%(U$200~350))
· 자유로운 조기결제 실시 : 수출입계약의 변경, 수출입대금 조기결제 등 외화자금 흐름과 환위험 관리를 일치시킬 수 있도록 만기일 이전 조기결제 가능
· 외화자금의 실제인도가 필요 없는 차액정산방식 : 실제 외화자금의 매매는 시중 금융기관과 이루어지며 K-SURE와는 보장환율과 결제환율 차이에 따라 발생하는 원화차액만 정산
· 수입환변동보험의 경우에는 대상거래 품목에 제한이 있음

(3) 옵션형 환변동보험

1) 개요

· 보험가입시 환율(청약일 시장평균환율)보다 환율 상승시에는 이익금 납부의무를 면제하되, 환율 하락 시 보험금을 지급하는 상품
· 부분보장 옵션형 환변동보험, 완전보장 옵션형 환변동보험(조기결제형), 완전보장 옵션형 환변동보험(조기결제 불가형)

2) 대상통화

· USD : 최소 1만 달러 이상
· EUR : 최소 1만 EUR 이상
· JPY : 최소 1백만 엔 이상

3) 특징

· 보험가입시 환율보다 환율 상승 시 이익금 부담이 없는 것이 가장 큰 장점
· 최장 6개월까지 환리스크 헤지 가능
· 일반형 환변동보험 보다 다소 비싼 보험료 (평균 2%)
· 월말 결제만 가능, 조기결제 및 월중결제 불가(완전보장 옵션형 조기결제형 조기결제 가능)
· 외화자금의 실제인도가 필요 없는 차액정산방식

2. 담당기관

한국무역보험공사(Tel 1588-3884), http://www.ksure.or.kr

제8절 수출입대금 결제방법과 외국환거래법

1. 개요

① 외국환거래와 관련하여 거주자와 비거주자 간 외국환의 지급, 영수 또는 계정간 이체를 함에 있어 결제기간, 금액 등을 국제적인 표준방법으로 결제토록 한다.

– (외국환거래법 제3조 제①항)

14. "거주자"란 대한민국에 주소 또는 거소를 둔 개인과 대한민국에 주된 사무소를 둔 법인을 말한다.

15. "비거주자"란 거주자 외의 개인 및 법인을 말한다. 다만, 비거주자의 대한민국에 있는 지점, 출장소, 그 밖의 사무소는 법률상 대리권의 유무에 상관없이 거주자로 본다.

② 결제방법에 대하여 별도의 허가가 요구되는 경우만을 정하고, 나머지는 자유롭게 거래할 수 있도록 한다.(negative list system)

③ 경상대외거래의 지급 · 영수 절차를 외국환은행 신고제 또는 자유화로 전환, 외화의 영수는 물론 지급에 있어서도 외국환은행은 증빙서류만 확인하고 일정한 요건에 해당할 경우 수리 · 처리한다.

2. 결제방법의 일반적인 요건

항 목	요 건
1) 통 화	① 통화의 지정제도를 폐지(96년 6월 1일)하여 자기 책임하에 자유롭게 결제통화를 선택할 수 있도록 한다. 즉 예를 들어서 한국과 미국의 매매계약인데 결제통화는 원화로 가능하다. 또한 한국과 베트남 거래에서 결제통화는 일본 엔으로 결제할 수 있다. ② 현실적으로 경상거래시 미달러화에 대한 의존율이 높은 수준이며(80% 이상), 대고객 전신환매매율이 고시되는 40개 통화만을 사용할 수 있다. 그 밖의 통화로 계약하려면 사전에 각 외국환은행에 확인하여야 한다.
2) 수출입대금 결제	제5-6조(대차기 항목 및 기장시점) ① 상호계산계정을 통하여 대기 또는 차기할 수 있는 항목은 상호계산상대방과의 채권 또는 채무로 한다. ② 상호계산계정의 기장은 당해 거래가 수출입인 경우에는 그 수출입의 완료 후 30일 이내, 기타의 경우에는 당해 거래에 따른 채권 · 채무의 확정 후 30일 이내에 행하여야 한다.

<table>
<tr><td></td><td>제5-7조(결산 등) ① 상호계산계정의 결산은 회계기간의 범위내에서 월단위로 결산주기를 정하여 실시하여야 한다. 다만, 필요한 경우 회계기간의 범위 내에서 결산주기를 달리 정할 수 있다.

② 상호계산계정의 결산에 있어서의 대기 및 차기잔액은 각 상대방별 계정의 대차기잔액을 합산한 금액으로 한다.
③ 상호계산계정의 대차기잔액은 매 결산기간 종료 후 3월 이내에 지정거래외국환은행의 장에게 신고한 후 지급하거나 수령하여야 한다.
④ 상호계산을 실시하는 자는 결산보고서 등 지정거래외국환은행의 장이 정하는 보고서를 지정거래외국환은행의 장에게 제출하여야 한다.
⑤ 상호계산을 실시하는 자는 장부 및 관계증빙서류를 5년간 보관하여야 한다.

• 대외채권 회수의무
① 과거에는 비거주자에 대하여 건당 미회수 잔액이 미화 50만불을 초과하는 채권을 보유하고 있는 거주자는 채권의 만기일 또는 조건 성취일로부터 1년 6개월 이내에 국내로 회수하도록 규정하였으나 외국환거래규정 제1-3조(채권의 회수)를 2017. 6.29 폐지함으로써 법적 강제성은 폐지되고 이제 자신을 위해 회수하는 문제만 남게 되었다.</td></tr>
<tr><td>3) 대응수출입 이행의무</td><td>건당 5만불 이상의 수출대금을 선적 전에 영수한 경우, 건당 2만불 이상의 수입대금을 선적서류나 물품을 받기 전에 지급한 경우 대응수출입 이행의무가 있었으나 2025년 2월 10 외국환거래규정 개정으로 삭제되었다. 따라서 수출금액의 사전 영수, 수입금액의 사전 지급에 대한 대응수출입의무는 없다.</td></tr>
<tr><td>4) 제3자에 대한 지급 또는 영수
(외국환거래규정)</td><td>제5-10조(신고 등) ① 다음 각호의 어느 하나에 해당하는 경우에는 제3자 지급등에 관한 신고를 요하지 아니한다.
1. 미화 5천불 이하의 금액을 제3자 지급등을 하는 경우(분할하여 지급등을 하는 경우에는 각각의 지급등의 금액을 합산한 금액을 말한다)
2. 거주자간 또는 거주자와 비거주자간 거래의 결제를 위하여 당해 거래의 당사자인 거주자가 당해 거래의 당사자가 아닌 비거주자로부터 수령하는 경우
3. 비거주자간 또는 거주자와 비거주자간 거래의 결제를 위하여 당해 거래의 당사자가 아닌 거주자가 당해 거래의 당사자인 비거주자로부터 수령하는 경우 및 동 자금을 당해 거래의 당사자인 거주자가 당해 거래의 당사자가 아닌 거주자로부터 수령하는 경우</td></tr>
</table>

4) 제3자에 대한 지급 또는 영수 (외국환거래규정)	14. 수입대행업체(거주자)에게 단순수입대행을 위탁한 거주자(납세의무자)가 수입대행계약시 미리 정한 바에 따라 수입대금을 수출자인 비거주자에게 지급하는 경우 15. 거주자가 인터넷으로 물품 수입을 하고 수입대금은 국내 구매대행업체를 통하여 지급하는 경우 및 수입대금을 받은 구매대행업체가 수출자에게 지급하는 경우 16. 비거주자가 인터넷으로 판매자인 다른 비거주자로부터 물품을 구매하고 구매대금을 거주자인 구매대행업체를 통하여 지급하는 경우 및 구매대금을 받은 거주자인 구매대행업체가 판매자인 다른 비거주자에게 지급하는 경우 19. 거주자간 거래의 결제를 위하여 당해 거래의 당사자인 거주자가 당해 거래의 당사자가 아닌 거주자와 지급등을 하는 경우 ② 제1항에 해당하는 경우를 제외하고 거주자가 미화 5천불을 초과하고 미화 1만불 이내의 금액(분할하여 지급등을 하는 경우에는 각각의 지급등의 금액을 합산한 금액을 말한다)을 제3자와 지급등을 하려는 경우에는 외국환은행의 장에게 신고하여야 한다. (미화 1만불 이상인 경우에는 한국은행총재에게 신고하고 승인을 득한 후 거래하여야 한다.)

제9절 환율 및 환위험 관리방안

1. 환율(Exchange Rate)

(1) 정의

환율(foreign exchange rate)이란 자국화와 외화의 교환비율로써 외국환이라는 상품에 대한 자국화의 가격을 말한다. 한 나라의 통화는 국내에서만 통용력을 갖는 것이 원칙이나 외국에서 구매력을 나타내기 위하여 외국내에서 통용력을 가지고 있는 외화와의 교환이 필요하게 된다. 이 외국화와의 교환비율을 환율이라 한다.

(2) 우리나라의 환율

우리나라의 환율은 크게 나누어 매매기준율(=시장평균환율, 기준환율), 재정된 매매기준율, 외국환매매율(외국환은행간매매율, 외국환은행 대고객매매율)이 있으며 수출업체가 은행에 서류를 매입하거나 기타 수출입 거래에 적용하는 환율은 외국환매매율중 외국환은행 대고객매매율이다. 외국환은행 대고객매매율은 다시 대고객매매기준율, 전신환매매율, 현찰매매율, 여행자수표 매도율로 구분된다.

(3) 환율 구조

외환시장에서 은행 간 거래에 의하여 외국환은행간매매율(매매기준율)이 결정되면 이를 근거로 외국환은행이 자율적으로 對고객매매율을 결정한다.

※ 당일 거래된 Value Spot(자금결제일, 외환거래 또는 자금거래에서 실제 자금의 결제가 이루어지는 날을 말함) 거래의 가중평균치가 다음 일자의 매매기준율이다.

① 전신환(T/T) 매매율

매매기준율을 기준으로 외환매매에 따른 환리스크 부담에 대한 보험료적 성격과 수수료를 가감하여 전신환 매매율을 결정한다.

이러한 전신환매매율은 다른 대고객매매율의 기준이다.

* 對고객 전신환 매입율=매매기준율−매매 Margin(1% 정도), 은행이 수출업체로부터 매입, 송금받을 때의 환율
* 對고객 전신환 매도율=매매기준율+매매 Margin(1% 정도), 은행이 수입업체에게 매도, 송금할 때의 환율

② 일람출급환어음매입율

환어음을 수출업체로부터 매입한 후 지급은행에 제시하여 매입은행으로 어음대금이 입금될 때까지 일정 기간이 소요되므로 그 기간에 대한 금리(환가료)에 해당하는 부분만큼을 공제하게 된다. 일람출급환어음매입율=전신환매입율−환가료

③ 기한부어음매입율

일람후정기출급환어음매입율＝전신환매입율－환가료(일람불 환어음매입율 환가료에 환어음 기간 이자를 포함한 환가료임)

④ 현찰매매율

현찰은 그 보관비용이나 운송비용 등이 발생하므로 그만큼 매매마진폭이 크다.

현찰매매율＝매매기준율±매매 Margin(2% 정도)

※ 현물환거래의 결제일 차이에 따른 분류

Value Today : 당일 거래하고 당일에 결제가 이루어지는 거래

Value Tomorrow : 거래일 다음 영업일에 결제가 이루어지는 거래

Value Spot : 거래일 익익영업일 후에 결제가 이루어지는 거래

2. 환리스크관리

구분	관 리 기 법	내 용
내부적 기법	매 칭 (Matching)	외화자금의 흐름, 즉 자금의 수입과 지출을 통화별로 일치시킴으로써 외화 자금 흐름의 불일치에서 발생할 수 있는 환 리스크를 원칙적으로 제거하는 방법
	리딩과 래깅 (Leading & Lagging)	환율변동에 대비하여 외화자금의 수입 또는 지출시기를 의도적으로 앞당기거나 (Leading) 또는 지연(Lagging)시킴으로써 환율변동에 따른 환차손을 극소화하거나 환차익을 극대화하기 위한 환노출 관리기법 의도적으로 선지급 또는 지연지급을 하므로 거래상대방과 이해관계가 상충될 수도 있으며 또한 자금조달 비용에 대한 고려 필요
	네 팅 (Netting)	기업이 본사와 지사 간에 일정기간동안 발생하는 채권/채무를 개별적으로 결제하지 않고 서로 상계한 후 차액만을 결제함으로써 외환거래 비용을 절감하고 환리스크를 최소화하는 방법
	가격정책 (pricing policy)	가격정책이란 수출입 상품의 가격을 수시로 조정하거나 거래통화를 조정하여 환리스크에 대응하는 기법. 즉, 환리스크를 없애기 위하여 수출입거래를 자국통화로 하거나 또는 수출은 강세통화, 수입은 약세통화로 하는 방법
	자산/부채 관리 (Asset-Liability Management)	ALM 기법, 환율(금리) 전망에 따라 기업이 보유하고 있는 자산, 부채의 포지션을 조정함으로써 환(금리)리스크를 효율적으로 관리하는 기법. 주로 환산 위험이나 거래적 위험을 관리하는데 주목적이 있다.
	포트폴리오 전 략	Portfolio 전략, 여러 종류의 통화로 자산과 부채를 구성하여 통화간의 환율변동이 서로 상쇄되는 효과를 통하여 자연스럽게 환율변동에 따른 위험을 줄이는 전략

구분	관리기법	내 용
외부적기법	선물환거래 (Forward Transaction)	외화자산 또는 외화부채의 환율변동위험을 방지하기 위하여 거래 당사자 간에 외화를 장래의 일정시기(or 일정기간)에 미리 약정한 환율에 의하여 매매하기로 약정하고 만기일에 가서 약정된 환율로 외화를 매매하는 거래. 이는 계약시점과 결제시점간의 차이에서 발생하는 환율변동위험을 회피하는 방법
	통화스왑 (Currency Swap)	두 거래 당사자가 해당 통화(이종 통화)를 약정된 환율 따라 일정시점에 상호 교환하는 방법이다. 예를 들어서 원화를 차입한 기업과 달러를 차입한 기업이 원금을 맞교환하고 만기에 약정된 환율에 따라 서로 상환.
	외환스왑 (FX Swap)	특정통화를 현물환 거래로 매도(or 매입)함과 동시에 선물환으로 동일금액을 매입(or 매도)하여 환리스크를 회피하는 방법으로 양 통화의 금리차이에 의한 이자를 만기일의 선물환율에 반영시킴
	통화선물 (Futures)	선물환거래와 같이 장래의 환율변동위험을 회피하기 위하여 특정통화를 미래의 일정시점에 매입 또는 매도하기로 약정하는 금융선물거래의 일종. 선물거래소를 통해 거래가 이루어지기 때문에 반드시 증거금이 필요(신용도와는 관계 없음)하며 선물환거래와는 달리 통화, 거래금액, 가격, 만기일 등이 정형화되어 있어 실수요거래와 일치시키기 어려움
	옵 션 (Option)	기초자산(Underlying Asset : 통화, 주식, 금리 등)을 장래의 특정일자 또는 일정기간 이내에 정해진 행사가격(Strike Price)으로 매입 또는 매도할 수 있는 권리. 옵션의 매입자는 자신에게 유리한 경우에 권리를 행사할 수 있으므로 권리취득의 대가로 보험료 성격을 지닌 프리미엄(Premium)을 옵션 매도자에게 지급. 반대로 옵션 매도자는 프리미엄을 수취하는 대신 옵션 매입자가 옵션을 행사할 경우에는 언제든지 매매에 응할 의무가 따름

V

거래형태별 수출입

제1절 수위탁가공무역방식에 의한 수출입

가. 수탁가공무역방식에 의한 수출입

1. 개요

① 거래 상대방의 위탁에 따라 원자재의 전부 또는 일부를 위탁자로부터 수입하여 가공한 후 가공임을 대가로 받고 위탁자 또는 위탁자가 지정하는 자에게 수출하는 거래

② 외국의 무역업자가 우리나라의 숙련된 노동력 또는 고도의 기술을 이용하고자 하는 거래형태로서 수출과 수입이 하나의 계약으로 이루어진다.

③ 원자재 수입시 유상·무상 여부에 따라 유환수탁가공무역과 무환수탁가공무역으로 구분, 일반적으로 무환수탁가공무역방식을 택하고 있으며, 유환수탁가공무역은 수출용 원자재를 수입하여 가공수출하는 경우와 유사하다.

2. 절차

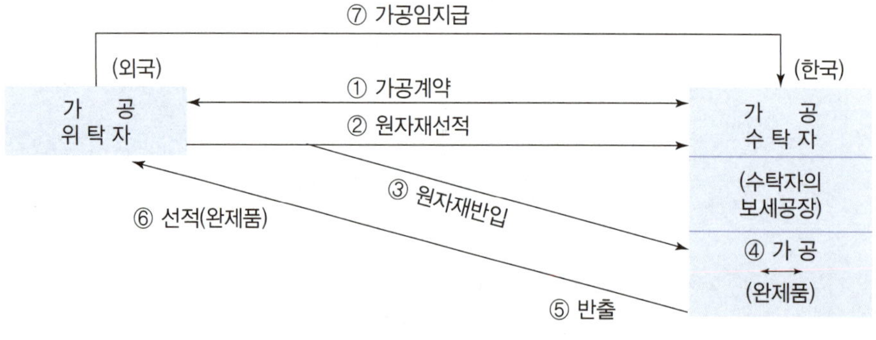

수탁가공 계약체결 ⇒ 원자재의 수입통관–제조–가공 ⇒ 완제품 수출통관 ⇒ 가공임회수 ⇒ 사후관리

3. 가공무역계약

① 가공무역계약은 CMT(Cutting, Making, Trimming) Contract 또는 Consignment Processing Contract로 표현

② 주요 계약내용

ㄱ. 원자재 대금의 결제방법(유상, 무상 여부)

ㄴ. 원자재 수량 및 관리방법
ㄷ. 제조공정 관리방법
ㄹ. 가공임 결정 및 결제방법
ㅁ. 분쟁발생시 처리방법 등

☞ 가공임 영수방법

가공임은 통상 사전송금방식이나 신용장 등에 의하여 영수

4. 가공임에 대한 대금청구시 구비서류

① 결제방식에 따라 다름
② 기본적으로 B/L, 상업송장, 포장명세서
③ 원산지증명서, 검사증명서 등 수입자의 요구서류

5. 수탁가공무역의 부가가치세

(1) 위탁자가 지정하는 국내의 다른사업자에게 인도

1) 영세율 적용요건

수탁가공무역에 의해 가공된 재화를 국내사업자에게 인도하는 경우에 영세율을 적용받기 위해서는 다음 요건을 충족하여야 한다.

① 국외의 비거주자 또는 외국법인과 직접계약에 의하여 공급할 것
② 대금을 외국환은행에서 원화로 받을 것
③ 비거주자 등이 지정하는 국내의 다른 사업자에게 인도할 것
④ 국내의 다른 사업자가 비거주자 등과 계약에 의하여 인도받은 재화를 과세사업에 사용할 것

2) 공급시기

국내거래에 해당되므로 가공된 재화를 인도(입고)하는 때이다.

3) 과세표준

공급시기 이전에 수출대금을 원화로 환가한 경우에는 그 환가한 금액이 과세표준이다. 공급시기 이후에 환가한 경우에는 공급시기의 기준환율 또는 재정환율로 환산한 금액이다.

4) 세금계산서 발급

세금계산서 발급의무 없다.

5) 영세율 첨부서류

국내의 다른 사업자가 비거주자 등과 계약에 의하여 인도받은 재화를 그대로 반출하거나 제조 · 가공 후 반출한 사실을 입증할 수 있는 관계증빙서류 또는 외국환은행이 발행하는 외화입금증명서이다.

(2) 외국의 위탁사업자에게 반출

1) 과세대상 및 과세표준

① 유환수탁가공무역

대상 원재료를 유환으로 수입하여 가공 후 수출하는 거래로 원자재의 수입대금과 가공제품의 수출대금이 직접 지급되고 수취되는 것으로서, 가공제품의 수출대금전액이 영세율과세 표준이다.

② 무환수탁가공무역

대상원재료를 무환으로 수입하여 가공 후 가공료 만을 받고 수출하는 것으로서 보세공장의 설영특허를 받아 외국의 구매자가 제공하는 원재료를 무환으로 수입하여 임가공 후 반출하는 때에는 수출하는 재화로 본다(통칙 11-24-6). 이 경우 과세표준은 가공수수료이다.

2) 공급시기 : 수출재화의 선(기)적일이다.

3) 세금계산서 발급 : 세금계산서의 발급의무가 없다.

4) 영세율 첨부서류 : 수출실적명세서이다.

나. 위탁가공무역방식에 의한 수출입

1. 개요

가공임을 지급하는 조건으로 외국에서 가공(제조, 조립, 재생, 개조를 포함)할 원료의 전부 또는 일부를 거래 상대방에게 수출하거나 외국에서 조달하여 이를 가공한 후 가공물품등을 수입하거나 외국으로 수출하는 수출입을 말한다.

외국의 저렴한 노동력을 활용하거나 외국의 고도 기술을 이용하고자 하는 경우에 주로 이용되는 거래로서 국내인건비가 상승함에 따라 중국, 베트남 등에서 현지생산을 하기 위하여 활용되고 있다. 다만 최근 중국에서는 가공 무역금지품목을 지속적으로 증가시키고 있으며 증치세 환급율도 축소하고 있는 바 주의가 요망된다.

2. 절차

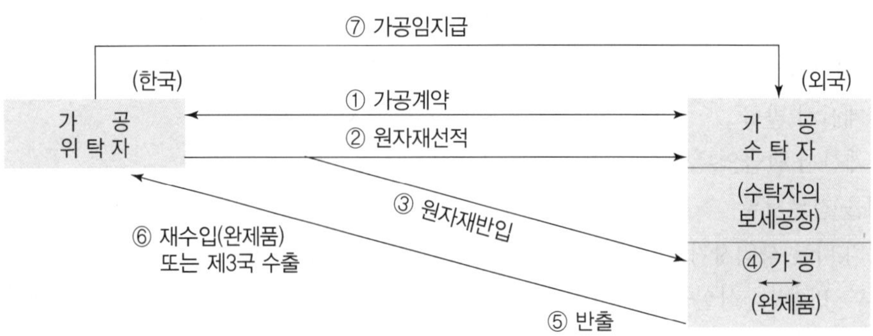

위탁가공계약체결 ⇒ 원자재의 수출 ⇒ 해외제조 가공 ⇒ 가공물품선적 ⇒ 가공임지급 및 선적서류인수 ⇒ 가공물품의 재수입 또는 수출 ⇒ 사후관리

3. 기본계약과 오퍼

① 기본계약에는 원자재 및 가공물품의 수량 · 인도방법, 가공임 지급방법, 계약기간, 분쟁처리방법 등을 명시
② 가공무역 계약은 Consignment Processing Contract 또는 CMT(Cutting, Making, Trimming) Contract라고 하며 통상 가공임을 CMT charge라 한다.
③ 오퍼에는 건별 거래물품의 수량 · 규격 · 단가 · 납기등 명시

4. 원자재 국내조달방법

원자재 국내조달시 일부 가공한 경우나 완제품 상태로 조달한 경우에도 Local L/C 또는 구매확인서에 의한 구매허용 → 무역금융 수혜대상에 포함
다만 위탁가공물품을 국내로 수입하는 경우에는 외화획득으로 인정받을 수 없으므로 Local L/C 또는 구매확인서의 발급대상이 아님

5. 현지 또는 제3국에서의 원자재 조달

위탁가공무역방식에 의한 수출입을 하는 자는 가공할 원자재의 전부 또는 일부를 현지 또는 제3국으로부터 직접 수입하여 사용할 수 있다(외국인수수입 허용).
→ 물품(원자재)은 가공국인 외국에서 인수하고, 물품대금은 위탁자가 국내에서 지급

6. 가공물품 재수입시의 과세표준

① 가공임에 원자재 가액을 더한 가공물품대금 전액에 대하여 과세(생산지원비용 포함)
② 그러나 원자재와 가공물품의 HS 10단위가 동일하면 관세법에 의해 해외 임가공품 등의 감세 대상에 해당하므로 운송비와 가공임에 대하여만 과세
HS 85류와 9006호는 HS 10단위가 다르더라도 수출된 원재료의 신고가액(FOB)에 해당하는 세액을 감면

7. 위탁가공무역의 부가가치세

(1) 공급시기

외국에서 당해 재화가 인도되는 때이다.

즉, 위탁가공목적으로 국외(중국, 동남아 등)로 무환 반출하는 원 · 부자재는 부가가치세의 과세대상인 재화의 공급(재화의 수출)에 해당하지 아니한다. 이 법 개정 전에는 공급시기에 관하여 행정해석에 의하여 국내에서 원자재가 선적되는 때를 공급시기로 하여 부가가치세 영세율과세표준 신고를 하도록 하여 왔으나 대법원판례에서 '재화가 외국에서 인도되는 때'를 공급시기로 하도록 하여 부가가치세법에 규정하게 되었다.

따라서 개정 전에는 부가가치세법 과세표준과 법인세법상 수입금액이 차이가 발생했으나 공급시기와 손익의 귀속사업연도의 일치로 부가가치세법상 과세표준 및 법인세법상 수입금액이 일치하게 되었다.

(2) 과세표준과 세금계산서 발급

완성된 제품의 인도가액을 과세표준으로 한다. 즉, 국내에서 무환반출 하는 원자재가액은 부가가치세 과세대상 및 법인세법상 수입금액이 아니다. 위탁가공무역의 완제품공급은 국외거래에 해당되어 세금계산서 발행의무가 없다.

(3) 영세율 첨부서류

수출계약서사본 또는 외국환은행이 발행하는 외화입금증명서이다. 다만, 외국인도수출 사업자로서 위탁가공무역방식의 수출을 적용받는 사업자로부터 매입하는 경우 매입계약서를 추가로 첨부한다.

제2절 수위탁판매방식에 의한 수출입

가. 위탁판매방식에 의한 수출

1. 개요

① 물품등을 무환으로 수출하여 해당 물품이 판매된 범위안에서 대금을 결제하는 계약에 의한 수출을 말한다.

② 위탁자는 자신의 계산과 위험하에 물품을 수출하므로 물품이 이동되더라도 소유권은 위탁자(수출자)에게 있으며, 수탁자(수입자)는 계약에 따라 물품을 판매하고 판매대금에서 경비와 수수료를 공제한 금액을 위탁자에게 송금한다.

③ 이 거래방식은 수탁자입장에서 보면 물품관리 책임만 있고 자금부담과 위험부담이 없으나, 위탁자는 거의 전적인 부담을 지기 때문에 위탁자가 자금여유가 있는 상태에서 적극적으로 새로운 수출시장을 적극적으로 개척하고자 할 때 주로 사용된다.

④ 대금결제 방법은 일반적으로 사후송금방식이 이용된다.

2. 절차

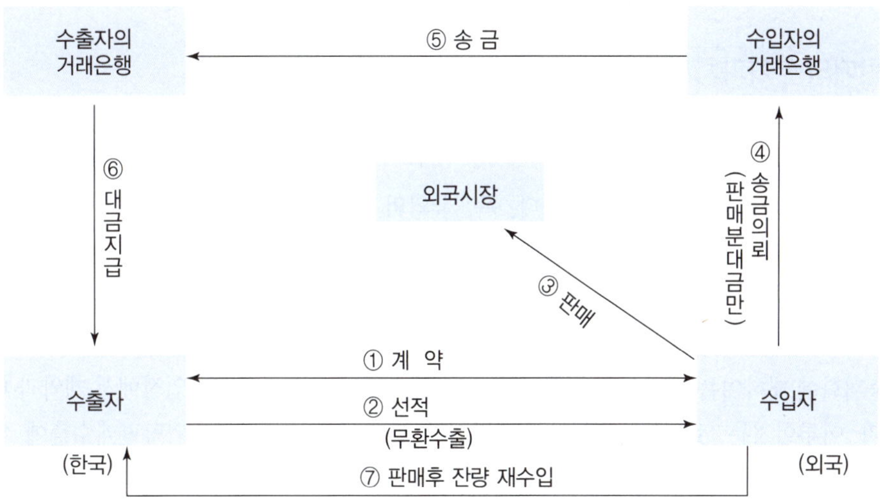

위탁판매계약체결 ⇒ 수출승인(해당되는 경우) ⇒ 수출통관 ⇒ 판매 ⇒ 판매대금 영수 ⇒ 미판매물품 재수입 ⇒ 사후관리

3. 계약서내용

① 물품의 인수 인도
② 소유권 및 물품관리
③ 보험
④ 판매경비, 대금지급, 수수료
⑤ 지급보증
⑥ 가격정책, 판매조건
⑦ 계약의 종료, 갱신
⑧ 계약위반, 분쟁해결 방법 등

4. 결제방법

외국환거래법상 위탁판매 방식에 대해선 별도의 결제방법은 정해져 있지 않다. 따라서 통상 사후송금방식(By T/T within 30days after B/L date)이 이용된다.

5. 재수입면세대상

우리나라에서 수출된 물품으로서 수출신고 수리일로부터 2년 이내에 다시 수입되는 경우 재수입 면세

6. 위탁판매의 부가가치세

(1) 공급시기

수출재화의 공급가액이 확정되는 때이다. 즉, 국외의 수탁자가 판매하는 때이다. 한편, 사업자가 무상투자한 외국의 현지인과 합작으로 외국에 재화의 보관 · 관리시설만을 갖춘 보관창고를 설치하고 자기가 생산하거나 취득한 재화를 국내항구에서 선적하여 당해 외국의 보관창고로 반출한 후 당해 국가의 수입상에게 판매하는 경우에는 그 대금을 판매되는 시점에 수입상으로부터 받는 경우에도 당해 수출재화에 대하여는 선적일을 공급시기로 하는 것이다. 다만, 국내사업장에서 계약과 대가수령 등 거래가 이루어지는 것으로서 당해 수출방식이 대외무역법에 의한 위탁판매수출에 해당하는 경우에는 수출재화의 공급가액이 확정되는 때를 공급시기로 하는 것이다(서면 3팀-2167, 2004.10.25). 따라서 국내에서 수탁판매업자에게 무환으로 반출하는 것은 부가가치세 과세대상이 아니다. 이 경우 수출신고필증은 거래구분 31번(위탁판매를 위한 물품의 수출)으로 표시되는데 부가가치세 신고를 하지 않고 수탁자가 판매하는 때 부가가치세를 신고하여야 한다.

(2) 과세표준

공급시기 도래 전에 수출대금을 원화로 환가한 경우에는 그 환가한 금액을, 수출물품 공급시기까지 수출대금을 원화로 환가하지 아니하였거나 공급시기 이후에 지급받은 경우에는 공급시기의 외국환거래법에 의한 기준환율 또는 재정환율로 환산한 금액이다.

(3) 세금계산서 발급 및 영세율 첨부서류

국외거래에 해당되어 세금계산서 발급의무가 없다. 영세율 첨부서류는 수출계약서 사본 또는 외화입금증명서이다. 다만, 동 규정에서 정하는 서류를 제출할 수 없는 경우에는 외화획득명세서에 영세율이 확인되는 증빙서류를 첨부하여 제출하여야 한다.

나. 수탁판매방식에 의한 수입

1. 개요

① 수탁판매계약에 의거 물품 등을 무환으로 수입하여 해당 물품이 판매된 범위안에서 대금을 결제하는 계약에 의한 수출을 말한다.
② 이 거래방식은 물품의 소유권을 가진 수출자가 자금과 위험을 부담하고 수입자는 수출자가 지정한 조건에 따라 상품을 판매한 후 판매경비와 수수료 등을 뺀 나머지를 수출자에게 송금하므로, 수입자는 아무런 위험부담이나 자금부담 없이 손쉽게 거래할 수 있다.

2. 절차

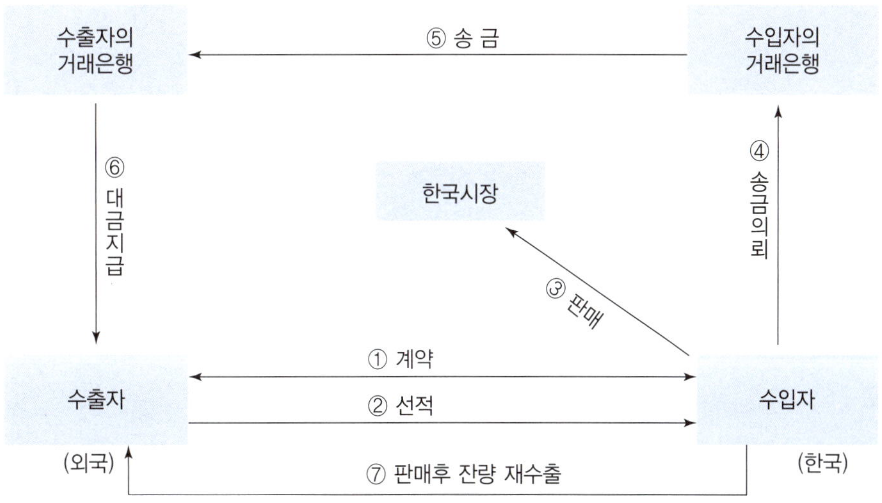

수탁판매계약 체결 ⇒ 수입승인(해당되는 경우) ⇒ 수입통관 ⇒ 판매 ⇒ 판매대금지급 ⇒ 미판매물품 재수출

3. 계약서 내용

위탁판매계약서와 유사하다.

4. 가격정책

수 · 위탁판매방식 거래시 가격을 책정하는 방식은 지정가위탁방식과 시가위탁방식이 있다.

① 指定價委託 : 위탁자가 최저판매가격을 지정하여 위탁하는 조건

② 時價委託 : 위탁자가 수탁자에게 시세에 따라 판매하도록 위탁하는 조건

제3절 임대차방식에 의한 수출입

가. 임대방식에 의한 수출

1. 개요

임대(사용대차를 포함) 계약에 의하여 물품 등을 수출하여 일정기간 후 다시 수입하거나 그 기간의 만료 전 또는 만료 후 해당 물품 등의 소유권을 이전하는 수출을 말한다.

2. 절차

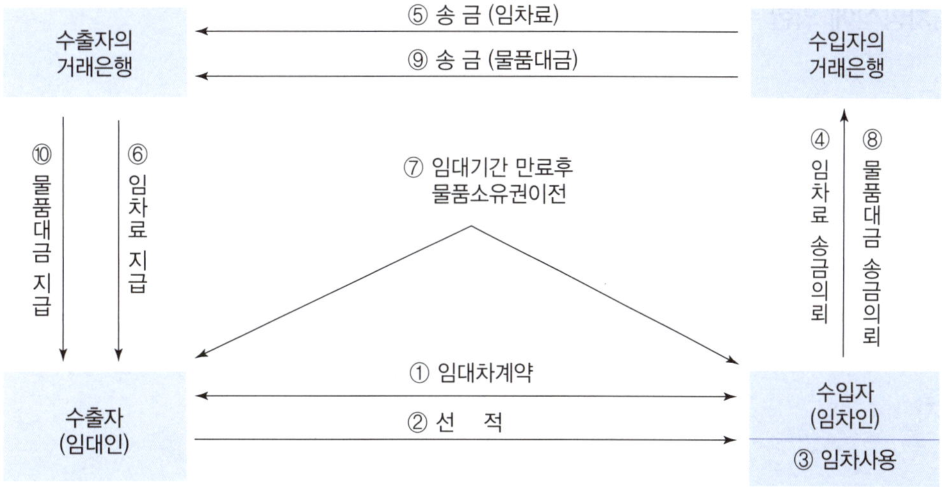

임대계약체결 ⇒ 계약허가(신고) ⇒ 수출승인 ⇒ 수출통관 및 선적
⇒ 재수입 통관 또는 소유권 변경신청(재수입조건면제) ⇒ 사후관리

3. 신고기관(외국환거래규정)

① 외국환은행장 신고(계약건당 3천만불 이하 임대계약),
한국은행총재 신고(계약건당 3천만불 초과 임대계약 및 무상임대 또는 증여계약)
ㄱ. 부동산 이외의 물품임대차계약(소유권 이전하는 경우 포함)을 체결하는 경우
ㄴ. 소유권 이전의 경우를 제외하고 국내의 외항운송업자와 비거주자간의 선박이나 항공기를 임대차 기간이 1년 이상인 조건으로 외화표시 임대차계약을 체결하는 경우

4. 임대료의 영수

① 대외지급 수단으로 외국환은행을 통하여 전액 영수하여야 한다. 단, 부득이한 경우 당해 목적물의 임대에 따라 직접적으로 발생하는 경비를 공제하고 영수할 수 있다.
② 임대료는 운송비, 수수료 등 기타 비용은 포함하지 아니한다.

5. 임대차계약 인증신청 시 구비서류

① 임대차계약신고서
② 임대차계약서 원본 및 동 사본
③ 임대차물품 증빙서류
④ 임대차사유 증빙서류(원본은 확인후 반환)
임대차계약 목적물의 현재가격과 이자율 및 이자부담액이 있는 경우 별도 명시되어야 한다.

나. 임차방식에 의한 수입

1. 개요

임차(사용대차를 포함한다) 계약에 의하여 물품등을 수입하여 일정기간 후 다시 수출하거나 그 기간의 만료 전 또는 만료 후 해당 물품의 소유권을 이전받는 수입을 말한다.
주로 영세한 중소기업이 설비투자를 하거나 외자도입업체가 추가 생산시설을 도입할 때 활용하며, 임차한 시설을 사용하여 생산한 제품을 임대인에게 수출하는 조건으로 거래하는 경우가 많다.

2. 절차

임차계약체결 ⇒ 계약허가(신고) ⇒ 수입승인(해당되는 경우) ⇒ 수입통관 ⇒ 임차료지급
⇒ 재수출통관 또는 소유권 이전

3. 신고기관(외국환 거래규정)

① 외국환은행장 신고(계약건당 3천만불 이하 임차계약),
한국은행총재 신고(계약건당 3천만불 초과 임차계약)
ㄱ. 부동산이외의 물품임대차계약(소유권 이전하는 경우 포함)을 체결하는 경우
ㄴ. 소유권 이전의 경우를 제외하고 국내의 외항운송업자와 비거주자간의 선박이나 항공기를 임대차 기간이 1년 이상인 조건으로 외화표시 임대차계약을 체결하는 경우
② 거주자가 비거주자로부터 무상으로 임차하는 경우에는 신고를 요하지 않는다.

4. 임대차계약 인증신청 시 구비서류

① 임대차계약신고서

② 임대차계약서 원본 및 동 사본

③ 임대차물품 증빙서류

④ 임대차사유 증빙서류(원본은 확인후 반환)

임대차계약 목적물의 현재가격과 이자율 및 이자부담액이 있는 경우 별도 명시되어야 한다.

제4절 외국인수수입

1. 개요

수입대금은 국내에서 지급되지만 수입 물품 등은 국내에서 인수하지 않고 외국에서 인수하거나 제공받는 수입을 말한다.

산업설비수출, 해외건설, 해외투자, 위탁가공무역 등에 필요한 기자재 또는 원자재를 외국 현장으로 수입하여야 할 경우 운송시간과 경비를 절감하기 위하여 수입대금은 국내에서 지급하고 물품은 곧바로 해외 현장에서 인수하고자 하는 경우에 이용되는 거래방식을 말한다.

2. 절차

수입계약체결 ⇒ 신용장 개설 ⇒ 선적서류 인수 대금지급 ⇒ 선적서류 송부 ⇒ 물품인수

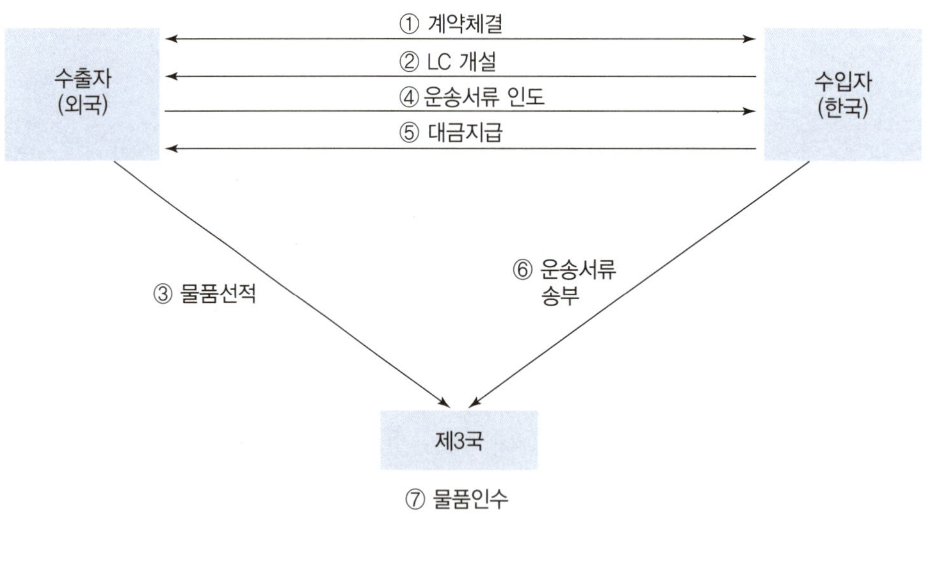

제5절 외국인도수출

1. 개요

외국인도수출이라 함은 수출대금은 국내에서 영수하지만 국내에서 통관되지 아니한 수출 물품 등을 외국으로 인도하는 수출을 말한다. 동 거래방식은 산업설비수출, 해외건설, 해외투자 등 해외사업현장에서 필요한 기자재 등을 외국인수수입형태로 구입하여 사용한 후 국내로 반입하지 않고 다시 매각할 때 또는 항해중이거나 어로작업중인 선박을 현지에서 매각하는 경우 등에 사용되는 거래조건이다.

2. 절차

해외현장사용 또는 어로작업 ⇒ 수출계약체결 ⇒ 물품현지 인도 또는 제3국 수출 ⇒ 대금영수

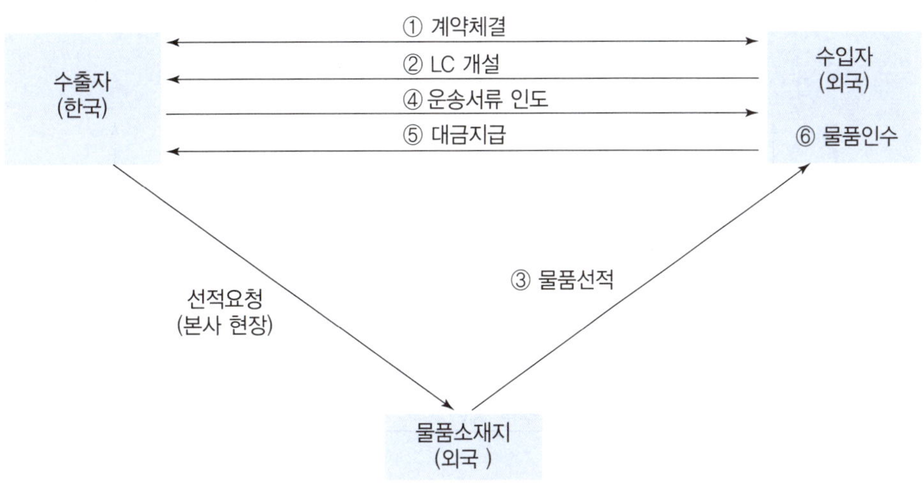

3. 원양어로에 의한 수산물 수출

B/L 대신 화물수령증(Cargo Receipt)을 요구하는 신용장이 사용된다.

4. 수출실적 인정금액

외국환은행의 입금액

5. 외국인도수출의 부가가치세

국내사업자가 국외에서 물품을 구입하여 국외의 비거주자 등에게 양도하는 경우에는 외국인도수출에

해당하여 영세율 신고대상이 되는 것이나, 국내사업자(갑)가 다른 국내사업자(을)와의 계약에 의하여 국외에서 물품을 구입하여 국외에서 국내사업자(을) 또는 (을)이 지정하는 국외의 비거주자 등에게 인도하는 경우는 국외거래에 해당하여 부가가치세 신고대상 거래에 해당하지 아니하며 세금계산서 발급의무 없으며 (면세)계산서 만을 발행한다.

참고 1 외국인도수출과 외국인수수입이 결합된 4자거래

우리나라에서는 특정 수출물품에 대한 생산여건이 맞지 않아 해외로 생산기지를 이전하는 경우가 많으며 한편 제조시설을 보유하고 있지 않아도 마케팅능력을 이용하여 무역거래를 하는 경우도 늘어나고 있다.

이에 따라 외국인도수출과 외국인수수입이 결합된 거래가 발생하는데 이에 대해 알아보기로 한다.

국내의 갑은 해외의 바이어 A로부터 합성수지제품의 수출을 주문받았다. 갑은 이 제품을 취급하는 국내의 을에게 주문했는데 을은 마침 그 생산시설을 해외로 이전했으므로 해외의 B에게 이 제품을 A에게 선적, 인도하도록 주문하였다.

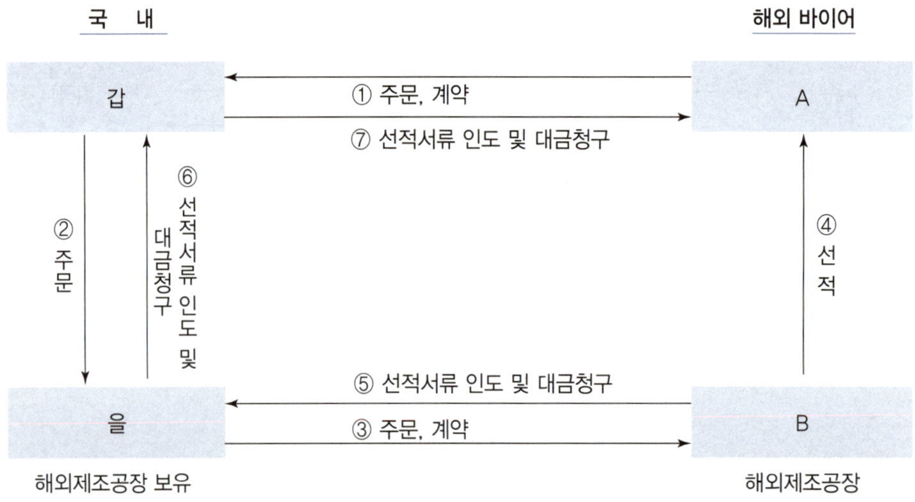

① 해외의 A는 국내의 갑에게 합성수지제품을 주문함
② 국내의 갑은 국내의 을에게 동 제품을 해외의 A에게 수출해주도록 주문함
③ 국내의 을은 해외의 B에게 동제품을 해외의 A에게 선적, 인도하도록 주문함
④ 해외의 B는 을의 주문대로 A에게 선적해 보냄
⑤ B는 을의 주문대로 A에게 물품을 선적해 보내고 B/L, 인보이스, 포장명세서, 기타 서류들을 을에게 보내며 대금을 청구하고 을은 계약에 따라 대금을 결제함
⑥ 을은 갑에게 B로부터 받은 B/L, 포장명세서, 기타서류들과 을이 갑을 대상으로 작성한 거래명세서(인보이스)를 갑에게 제시하며 대금을 청구하여 수취하며 (면세)계산서를 발급함
⑦ 갑은 을로부터 받은 B/L을 필요에 따라 스위치하거나 제3자 운송서류로 하고 A를 대상으로 한 인보이스와 포장명세서를 작성하여 기타 요구서류들과 함께 A에게 보내며 대금을 청구하여

영수하게 되면 거래는 완료됨.

이 때 갑은 국내에서 통관되지 않은 물품을 외국에서 외국으로 인도하고 해외의 A로부터 외화를 수취하게 되므로 외국인도수출이 된다.

한편 을은 B에게 물품을 주문하고 대금을 지급했으나 국내로 물품을 들여오지 않고 외국에서 인수하였으므로 외국인수수입이 됨. 따라서 갑과 을은 외화를 송금, 영수한 은행에 신청하여 각각 외국인도수출에 따른 수출실적증명서와 외국인수수입에 따른 수입실적증명서를 발급받을 수 있다.

참고2 외국업체의 주문에 의해 국내업체간 인도, 인수하는 거래

가. 국내업체 갑은 해외의 A로부터 주문을 받았는데 물품을 국내의 을에게 인도하라고 하여 대금은 외국으로부터 영수하지만 물품은 국내로 인도하는 거래형태이다.

이는 국내의 을이 해외의 A에게 주문하여 국내의 갑으로부터 물품을 인수하는 것과 마찬가지이다. 을은 해외의 A에게 대금을 결제한다.

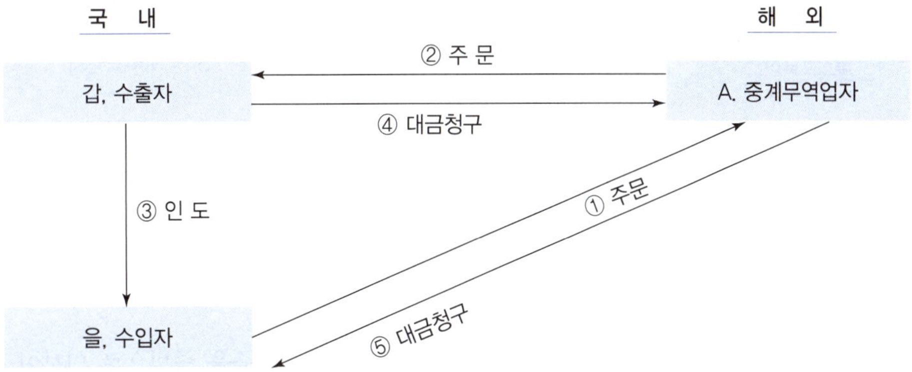

① 을은 해외의 A에게 물품을 주문한다.
② 해외 A는 국내 갑에게 주문하여 국내의 을에게 물품을 인도하도록 한다.
③ 갑은 A가 주문한대로 국내의 을에게 물품을 인도하고 물품수령증을 받는다.
④ 갑은 을로부터 받은 물품수령증을 증빙으로 인보이스 등을 작성하여 A에게 대금을 청구하여 영수한다.
⑤ 해외 A는 을에게 갑으로부터 받은 물품수령증과 인보이스 등을 작성하여 대금을 청구하고 영수한다.
⑥ 을은 해외 A에게 외화를 송금하면 이 거래는 완료된다.

이 때 갑과 을은 계약(거래)관계가 아니므로 세금계산서 등의 발급은 하지 않으며 갑, 을은 각각 거래당사자가 외국인이므로 세금계산서의 발급은 생략되며 부가가치세도 발생하지 않는다.

또한 대외무역법령에 의거, 외국인으로부터 외화를 영수하고 외화획득용 시설기재를 외국인과 임대차계약을 체결한 국내업체에 인도한 경우(즉 외국인인 A가 국내의 을과 임대차계약을 체결하여 자신의 물품을 을에게 임대한 경우)이거나 을이 자유무역지역 입주업체인 경우 또는 보세구역

입주업체인 경우 등에는 갑이 수출실적으로 인정받을 수 있다.

나. 국내업체 갑, 을과 각각의 거래선인 해외업체 A, B가 거래에 참여한 4자거래
-국내업체들은 해외업체와 주문, 계약하지만 국내업체간에 물품의 인수도가 이루어짐

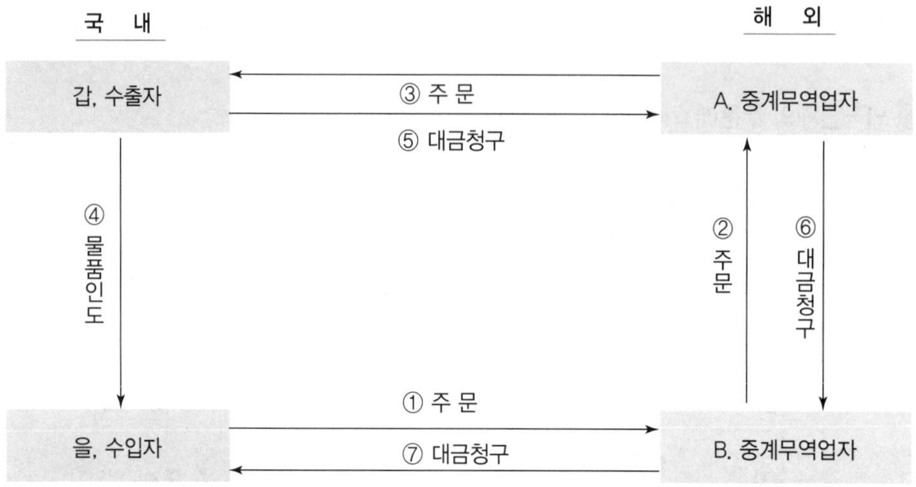

① 을은 해외의 B에게 물품을 주문한다.
② 해외 B는 해외의 A에게 주문하여 국내의 을에게 물품을 인도해주도록 주문한다.
③ 해외의 A는 B가 주문한대로 국내의 을에게 물품을 인도하기 위해 국내의 갑에게 물품을 을에게 인도하도록 주문한다.
④ 갑은 A로부터 주문받은대로 을에게 물품을 인도하고 물품수령증을 증빙으로 인보이스 등을 작성하여 A에게 대금을 청구하여 영수한다.
⑤ 해외 A는 갑으로부터 받은 물품수령증을 증빙으로 하여 인보이스 등을 작성하여 B에게 송부하고 대금을 청구하고 영수한다.
⑥ B는 A로부터 받은 물품수령증을 증빙으로 하여 국내의 을에게 인보이스 등을 작성하여 송부하고 대금지급을 청구한다.
⑦ 국내의 을이 해외의 B의 청구대로 대금을 송금하면 본 거래는 완료된다.

본 거래는 외국업체와 계약하여 거래하지만 물품의 인도, 인수가 국내에서 이루어지고 국내의 갑은 외국의 A로부터 외화를 영수하지만 물품은 국내의 을에게 인도하므로 수출로 인정받는 경우는 임대차 계약을 체결한 업체에 공급 또는 보세구역이나 자유무역지역에 입주한 업체에 인도하는 경우 등에 한하고 그 이외에는 외국인의 주문에 의한 국내인도 매출이 되고, 국내의 을은 외화를 B에게 송금하지만 물품은 국내에서 인수하게 되므로 외국인에게 주문하여 국내인수 매입이 된다.
(이러한 거래를 국내인도수출, 국내인수수입이라고 하는 경우도 있으나 이는 대외무역법 등의 법령상의 용어가 아니다)

제6절 중계무역방식에 의한 수출입

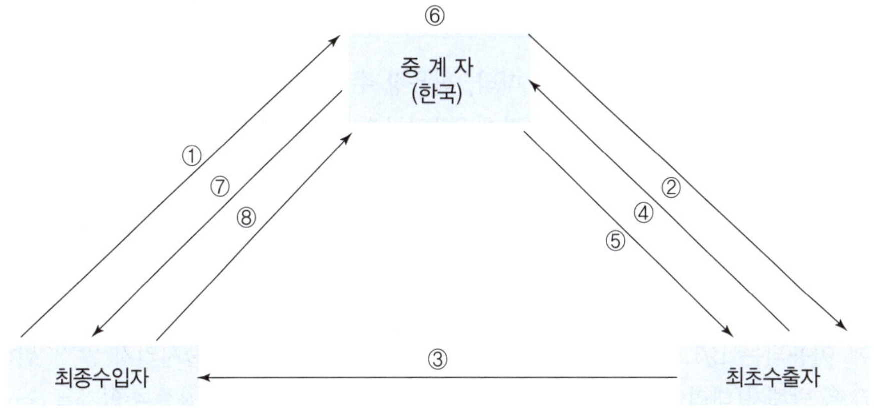

① 신용장 개설 ③ 물품선적 ⑤ 수입대금지급 ⑦ 운송서류송부
② 신용장 개설 ④ 운송서류송부 ⑥ 송장 환어음대체 ⑧ 수출대금영수

1. 개요

중계무역은 자국 상품의 공급능력에 한계가 있을 때 수출국에서 상품을 수입하여 이를 또 다른 제3국에 수출함으로써 지속적으로 해외시장을 관리하고자 할 때 활용, 최종 수입국 수입자에게 물품이 최초수출국에서 조달된다는 사실을 수출 계약체결 시 알려줘야 한다.

최종수입국이 최초 수출국으로부터의 수입을 제한하고 있는 경우에는 최종수입국의 무역정책에 혼란을 가져와 수입제한 등 보복조치가 취해질 수도 있음에 유의해야 한다.

2. 절차

수출계약체결 ⇒ L/C 수취 ⇒ 수입계약체결 ⇒ 신용장개설 ⇒ 물품선적, 환어음매각(네고)
⇒ 수입대금결제 및 수출대금영수(한국 중계자)

3. 물품인도방법

① 통상 중계무역에서는 물품이 최초 수출국에서 최종 수입국으로 직접 운송된다.
이 경우엔 상업송장을 제외한 B/L등 선적서류를 「제3자서류」로 한다.
ㄱ. Shipper(Consignor) : 최초수출자
ㄴ. Notify Party : 최종수입자(또는 중계무역자를 병기)
ㄷ. Consignee : 최종수입자 또는 최종수입자 은행의 지시식

4. 신용장상 제3자서류 용인조항 예

The transport documents indicating as the consignor of the goods a party other than the beneficiary of the credit acceptable

신용장통일규칙(UCP600) 제14조 K항에 따라, 신용장 수익자와 서류상 화주/송화인이 다르더라도 수리가 가능하다. 따라서 중계무역시 신용장에 3자서류수리가능 취지의 위 문구는 더 이상 필요하지 않다.

5. Switch B/L

중계무역에 이용되는 B/L로서 중계자가 원수출자와 최종수입자를 노출시키지 않기 위하여 처음 발행된 B/L을 발행자(대리인)에게 제시, 반납하고 Shipper를 중계자로, 최종 수입자를 consignee로 교체하여 발급받은 B/L

6. 송장대체

중계자는 가득액을 영수하기 위하여 최초수출자가 제시한 상업송장, 환어음을 대체함(Substitution of Invoice and Drafts)

7. 수출실적 인정범위

수출실적은 가득액 만을 인정 〈수출금액(FOB기준)수취액－수입금액(CIF 기준)지급액〉

8. 中繼貿易과 仲介貿易

① 중계무역(Merchandising Trade)과 중개무역(Intermediary Trade)은 물품의 인도방법 즉, 물품이 중간상의 소재국가를 경유하는지 여부를 기준으로 하여 구분하지 않고, 중간상이 계약의 당사자인지 여부에 따라 구분된다.

② 중계무역 시는 중간상인이 계약당사자로서 매매차익(가득액)을 목적으로 거래에 개입하나, 중개무역의 경우에는 최종 수입자나 최초 수출자의 대리인으로서 중개수수료만을 목적으로 거래를 알선한다.

③ 중계무역은 수출할 것을 목적으로 수입하여 이를 제3국으로 수출하는 수출입 거래방식으로서, 수입한 상품의 성질을 변경시키지 않고 원 상태로 수출하여 수입대금 지급액과의 차액 즉, 가득액 [수출금액 (FOB기준) － 수입금액(CIF기준)]을 취하는 거래형태를 말한다.

9. 신용장의 국외양도

① 신용장의 국외양도는 중계무역과 유사한 효과가 있으나, 전액양도 시는 수수료를 취하는 중개무역의 일종에 해당
② 양도조건 : 원신용장보다 단가인하, 납기단축, 보험부보 비율을 높여서 양도할 수 있다.
③ 단가인하에 따른 차액은 제1수익자가 별도로 송장과 새로운 환어음을 발행하여 청구할 수 있다(송장대체권).

〈구비서류〉

① 원신용장　　② 신용장양도신청서　　③ 상대방의 동의서(오퍼)

10. 중계무역과 외국인도수출의 차이점

중계무역과 외국인도수출은 물품이 외국에서 외국으로 이동한다는 점에서는 같으나 중계 무역은 수입, 수출 2건의 거래가 각각 발생하나 외국인도수출은 1건의 수출행위만이 발생한다.

11. 중계무역과 부가가치세

(1) 공급시기 및 과세표준

중계무역의 공급시기는 수출재화의 선적일이다.
중계무역에 의한 매출은 총액주의에 의하여 계상하여야 하므로 과세표준은 수출대금전액이다.
즉, 공급시기 이전에 환가한 경우에는 그 금액을, 공급시기 이후에 환가한 경우에는 공급시기의 기준환율 또는 재정환율로 환산한 금액이다.

(2) 세금계산서 발급과 영세율 첨부서류

중계무역은 국외에 재화를 수출하므로 세금계산서 발급의무가 없다. 영세율 첨부서류는 수출계약서 사본 또는 외화입금증명서이다. 즉, 사업자가 외국에서 외국으로 바로 수출입하거나 외국으로부터 물품을 국내의 보세구역까지만 반입한 후 다시 「관세법」에 따라 세관장에 반송신고를 하고 외국으로 반출하는 「대외무역법」에 의한 중계무역방식의 수출에 있어서 부가가치세 예정신고 또는 확정신고 시에 제출하여야 하는 영세율 첨부서류는 「부가가치세법 시행령」 제64조 제3항 제1호의 2의 규정에 의한 수출계약서 사본 또는 외국환은행이 발행하는 외화입금증명서로 하는 것이나, 부득이한 사유로 인하여 당해 서류를 첨부할 수 없는 때에는 영세율 규정에 의한 외화획득명세서에 당해 외화획득내역을 입증할 수 있는 반송신고서나 반송신고내용을 기재한 수출실적명세서를 제출할 수 있는 것이다(부가-2170, 2008.07.22).

(3) 중계무역의 업종구분

중계무역은 자기책임 하에 국내사업장에서 계약을 체결하고 대가를 수령하는 형태로 수입물품의 성질을 변형시키지 않고 원상태로 수출하는 것으로 한국표준산업분류상 도매업으로 분류한다. 따라서 중소기업 해당업종의 범위에 포함되어 일정한 요건이 충족되면 조세특례를 받을 수 있다(서이 46012-11271, 2003.07.07). 도매업으로 분류되기 때문에 수입금액의 인식은 총액으로 하여야 한다. 다만, 수출실적의 인정금액은 수출금액(FOB가격)에서 수입금액(CIF가격)을 공제한 가득액으로 한다.

제7절 연계무역방식에 의한 수출입

1. 개요

동일한 거래당사자간에 수출과 수입이 연계된 무역거래로서 대응구매기간, 대금청산의 형태, 교환되는 상품과의 관계 등에 따라 물물교환, 구상무역, 대응구매, 산업협력 등으로 나누어진다.

다만, 이러한 연계무역방식은 현대에는 이용도가 매우 드물다.

2. 연계무역별 절차

(1) 물물교환(Barter Trade)

하나의 계약서에 의해 환거래가 발생하지 않고 상품을 1대1로 교환하는 무역

(2) 구상무역(Compensation Trade)

하나의 계약서에 의해 환거래가 발생하고 대응수입의무를 제3국에 전가할 수 있는 거래

① 원칙적으로 수출, 수입거래를 하나의 계약서로 작성
② 통상 Back to Back L/C, Escrow L/C, Thomas L/C등 특수신용장 이용
③ 환거래가 발생하여 상호간에 합의된 통화로 대금결제
④ 대응수입 이행기간은 통상 3년 이내
⑤ 대응수입비율은 통상 20~100%
⑥ 대응수입의무를 제3국으로 전가하는 3각 구상무역도 있다.

(3) 대응구매(Counter Purchase)

대응수입계약조건에 따라 수출액의 일정비율에 상당하는 상품을 대응 수입해야 한다는 점에서 구상무역과 비슷하나, 수출과 수입이 별도의 계약서나 신용장에 의해 이행된다는 점이 다르다.

① 수출, 수입거래를 각각 별도 계약서에 의해 거래
② 두 개의 일반신용장 개설
③ 형식상 완전히 분리된 두 개의 별도 일반 무역거래 형태
④ 대응 수입이행기간은 통상 5년 이내
⑤ 환거래가 발생하며 상호간에 합의된 통화로 결제
⑥ 대응수입의무를 제3국으로 전가할 수 있다.

(4) 산업협력(Industrial Cooperation)→제품 환매(Buy-Back)

플랜트, 기술 등의 수출에 대응하여 그 설비나 기술로 생산되는 제품을 수입하는 형태이다.

산업협력은 제품수입(Buy Back Deal), 자본참여, 판매망 제공 등 수출자가 수입자의 사업에 참여하는 합작투자(Joint Venture) 형태로 구분된다.

3. 연계무역에 사용되는 특수신용장

(1) 동시개설신용장(Back to Back L/C)

거래당사자가 신용장(A)을 개설시 거래상대방이 동액의 신용장(B)을 개설한 경우에 한하여 개설한 신용장(A)이 유효하도록 하는 조건의 신용장

(2) 기탁신용장(Escrow L/C)

신용장을 개설시 그 신용장에 의하여 발행되는 어음의 매입대금이 수익자에게 지급되지 않고 수익자 명의로 매입은행, 개설은행 또는 제3국의 환거래은행 기탁계정에 예치하여 두었다가 수익자가 원신용장 개설국으로부터 수입하는 물품대금 결제에만 사용하도록 하는 조건의 계좌(기탁계정) 개설을 조건으로 하는 신용장

(3) 토마스신용장(Tomas L/C)

물품인도시기가 달라 쌍방이 동시에 같은 액수의 신용장을 개설할 수 없을 때 일방이 개설한 신용장이 상대방이 나중에 동액의 신용장을 개설하겠다는 보증서를 발행해야만 유효하도록 하는 조건을 삽입한 신용장

제8절 BWT방식에 의한 수출입

1. 개요

BWT(Bonded Warehouse Transaction) 방식은 보세구역(보세창고) 인도조건이며, 수출입은 수출자가 자신의 책임하에 수입국내의 관리인(해외지점, 사무소 등)을 지정 하고 물품을 무환으로 반출하여 수입국내 보세창고에 반입시키고 현지에서 물품 구매 계약을 체결하여 판매하는 거래방식을 말하며 주로 범용성 원자재나 선용품 등의 거래에 이용된다.

BWT수출입이 일반적인 수출입형태와 다른 점은 수출업자와 수입업자간에 사전계약이 체결되지 않고 수출업자의 책임하에 보세창고에 물품을 반입, 거래선을 발굴하여 매매계약이 성립되기까지는 수입자가 정해지지 않은 상태에서 거래가 진행된다는 점이며, BWT물품으로 반입된 경우에는 판매가 완료될 때까지 보세창고에 보관이 가능하다.

즉, 국제물류촉진을 위하여 장기간 장치가 필요한 BWT물품으로서 세관장이 인정하는 물품에 대하여는 비축에 필요한 기간만큼 장치를 할 수가 있으며, B/L상 수하인은 통상 보세창고로 하여 BWT물품임을 표기하고 있다.

따라서 BWT물품인 경우에는 보세창고 반입시 반입유형코드를 22로 하여 반입신고를 하면 장치기간에 제한을 받지 않는다. (「보세화물 장치기간 및 체화관리에 관한 고시」 제3조 5호 및 제4조 ⑤항)

수하인(Consignee)이 보세 창고로 지정(포워더로 하는 경우도 있음) 되므로 일반 수입처럼 번거로운 절차 없이 창고로 입고된 당일도 출고가 가능하며, 수출자의 관리 하에 믿을 수 있는 보세창고에 보관되므로 수입자의 구매결정 후 즉시 INVOICE, B/L 등 선적서류를 발행하고, 발행된 선적서류로 무역대금 결제 및 통관도 가능하다.

2. 절차(BWT 방식 수입)

해당지역 보세창고에 물품반입 ⇒ 수입계약체결 ⇒ 수입승인 ⇒ 수입신용장 개설 ⇒ 대금결제 ⇒ 수입통관 ⇒ 보세구역내 팔리지 않은 물품 반송

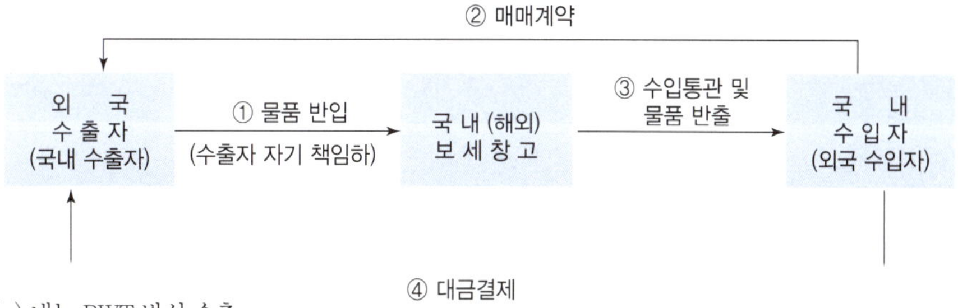

* ( ) 내는 BWT 방식 수출

3. 국내 보세창고에 물품반입

보세장치장은 물품을 통관하기 위하여 일시장치하는 보세구역이며, 보세창고는 물품을 보관하기 위하여 장기간 장치하는 보세구역이다.

4. 일반 수출입절차와 비교

BWT방식 수출입은 물건이 이미 국내 보세창고에 입고된 상태에서 무역계약을 체결하고 거래가 진행된다는 점을 제외하고는 일반 수출입절차와 같다.

5. 신용장결제방식으로 거래하는 경우

BWT방식에 의한 거래는 서류제시 기간이 선적후 21일을 초과할 가능성이 큼. 따라서 신용장에 "Documents presented later than 21 days after the date of shipment Acceptable"이란 문구를 넣거나, 구체적으로 선적서류제시 기간을 「선적후 21일이 경과한 후 ㅇㅇ일 이내에 서류를 제시하도록」 표시해야 한다.

6. BWT 수출입의 장점

① 현물확인후 수입가능
② 수입자의 비용절감
③ 납기단축
④ 국내 보세구역 내에서 판매되지 않은 물품은 반송이 가능하다.

제9절 남북교역물품 반출입

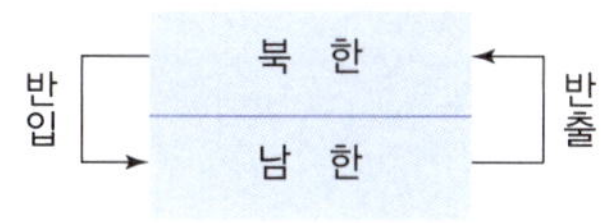

남북교역 = 반출 + 반입

1. 개요

남북교역은 민족간 내부 거래로서 수출 · 수입이란 용어대신 반출 · 반입이라는 용어를 사용한다. 반출 · 반입이란 남한과 북한의 물품매매, 교환, 임대차, 사용대차, 증여 등을 원인으로 하는 남 · 북간의 물품 이동(단순히 제3국을 경유하는 물품이동 포함)을 의미한다. 남북한 교역은 직교역보다는 홍콩, 중국, 일본 등 제 3 국의 중개상을 통한 간접교역이 주류를 이루고 있다.

2. 절차

북한주민접촉승인 ⇒ 거래선발굴 및 계약체결 ⇒ 반출입승인 ⇒ 물품운송 ⇒ 통관 ⇒ 대금결제 ⇒ 관세환급

3. 북한주민 접촉승인

남한주민 및 재외국민이 교역 및 합작사업 등 남북한 경제협력사업을 위해 북한주민과 접촉하고자 할 때는 사전에 통일부의 승인을 받아야 하며, 접촉결과를 접촉 후 10일 이내에 통일부장관에게 보고하여야 한다.

〈유의사항〉

북한주민과의 직접접촉은 물론 편지, 전신, FAX, TLX, 전화등 간접접촉도 승인 필요.
접촉장소는 남북한을 제외한 모든 곳이 가능하며, 중국, 일본, 홍콩 등이 대표적이다.

4. 접촉승인 신청절차

① 신청시기 : 접촉예정일 10일전까지 통일부 홈페이지 남북교류협력시스템에서 ON-LINE으로 신고서 제출
② 신청장소 : 통일부 홈페이지 남북교류협력시스템 단, 재외국민은 재외공관장 경유 신청

〈구비서류〉

① 북한주민 접촉 신청서
② 인적사항
③ 회사소개서
④ 대북사업계획서
⑤ 중개상사 소개서
⑥ 북한회사 소개서
⑦ 사업자등록증 사본
⑧ 무역업고유번호부여증 사본

5. 거래선 발굴

① 북한 개성의 남북경제협력협의사무소에서 접촉 상담(현재 일시중단)
② 중국 소재 민경련(민족경제협력련합회) 대표부(북경, 단동) 접촉
③ 홍콩, 중국, 일본 등 제3국의 중개상 또는 현지법인을 통해 북한거래선 발굴

6. 계약체결

① 계약당사자간 직접계약 체결
② 제3국 중개상을 통해 간접교역하는 경우에는 북한상사와 중개상과의 계약이 선행된 후 남한의 반입상사와 중개상이 계약을 체결

7. 반출 · 입 승인

① 수출입공고 등의 제한승인품목 여부 확인
수출입공고 및 통합공고상에 수출입 제한이 없는 자동승인품목은 당사자간의 계약에 의해, 제한승인품목은 통일부의 승인을 받아야 한다.
② 통일부의 남북교역대상물품 및 반출, 반입 승인절차에 관한 고시확인

〈승인시 구비서류〉

① 대북한반출(북한물품반입) 승인신청서(소정서식)
② 반출(입)계약서 또는 물품매도확약서
③ 반출(입)대행계약서(대행인 경우)
④ 특정물품취급 면허증 사본(해당자)
⑤ 기타 통일부 장관이 정하는 서류

⑥ 북한물품반입관련내역서(소정양식), 무역업고유번호부여증 사본

8. 남북간 물품 반출입 유의사항

① 제3국산 물품 등이 남북간을 이동할 경우에도 남북교역에 해당하므로 반출반입 승인을 받아야 함

② 포괄승인물품 등이라 하더라도 거래형태가 임대 또는 무상이거나, 대금결제 방법이 「외국환거래법」 제4장에 의해 허가 또는 신고를 요하는 지급과 거래(현금, 제3자 지급 등), 청산결제를 통한 결제인 경우에는 별도의 승인을 받아야 함

③ 북한산 농림수산물은 제3국산 농림수산물의 북한산 위장반입을 방지하기 위해 남북간 직접수송인 경우에만 반입을 허용하고 있음

④ 북한산 소프트웨어는 모두 반입 승인을 받아야하고, 노트북을 포함한 모든 컴퓨터는 반출승인을 받아야 함

⑤ 전략물자 및 사치품류는 대북 반출이 제한되며, 물품을 반출하고자 하는 경우 이에 해당하는지 여부를 사전에 확인하여야 함. 다만, 사치품류는 위탁가공, 북한 현지 체류 우리국민 사용 등을 목적으로 하는 경우 승인을 받고 반출할 수 있음

⑥ 반출, 반입 승인을 받지 않고 물품등을 반출하거나 반입하면 3년 이하의 징역 또는 1천만원 이하의 벌금에 처함

제10절 기타 특수거래의 세무처리

가. 오퍼상(상품종합중개업)의 세무처리

1. 개요

물품매도확약서(Offer)의 발행용역을 제공하는 사업자로 외국의 수출업자를 대리하여 국내에서 수입업자와 수입거래 계약을 체결 · 중개해 준 대가로 용역수수료를 받는 사업이다. 오퍼상은 외국의 수출상이 물품을 선적했을 때 오퍼수수료를 받을 권리가 발생하게 된다.

2. 과세대상

오퍼수수료수입(수출입알선용역)은 영세율이 적용되는 부가가치세 과세대상이다. 즉, 국내에서 국내사업장이 없는 비거주자 또는 외국법인에게 공급되는 상품중개업중 상품종합중개업으로 그 대금을 외국환은행에서 원화 또는 기획재정부령으로 정하는 방법으로 받는 것은 영의 세율이 적용된다. 따라서 그 대금을 국내 제3자 또는 국내대리인으로부터 받거나 외국에서 직접 수령하는 경우에는 영세율을 적용 받을 수 없다.

(1) 수출입 알선용역의 영세율 적용

국내에서 국내사업장이 없는 비거주자 또는 외국법인에게 수출알선용역을 제공하고 그 대가를 외국환은행에서 원화로 받는 경우에는 영의 세율을 적용한다. 다만, 외국으로부터 수출신용장을 받아 수출업자에게 양도하고 받는 대가는 국내거래수수료로 영의 세율을 적용하지 아니한다.

(2) 국내사업장이 없는 외국법인 등이 지정하는 자에게 공급하는 재화 또는 용역

국내에 사업장이 없는 비거주자 또는 외국법인이 지정한 자에게 국내에서 재화 또는 용역을 공급하고 그 대가를 당해 비거주자 또는 외국법인으로부터 외국환은행을 통하여 원화로 받는 경우에는 영의 세율을 적용한다.

(3) 대가의 지급방법에 따른 영세율 적용범위

국내사업장이 없는 비거주자 또는 외국법인에게 재화 또는 용역을 공급하고 그 대가를 다음과 같은 방법으로 받는 때에는 영의 세율을 적용한다.

① 국외의 비거주자 또는 외국법인으로부터 외화를 직접 송금 받아 외국환은행에 매각하는 방법
② 국내사업장이 없는 비거주자 또는 외국법인에게 재화를 공급하거나 용역을 제공하고 그 대가를 해당 비거주자 또는 외국법인에게 지급할 금액에서 빼는 방법

(4) 영세율 과세표준

수출알선수수료를 수출상품가액에 포함한 수출신용장을 개설 받은 수출업자가 재화를 수출하고 동 신용장 결제금액 중에서 수출알선수수료를 지급하는 경우 수출업자 영세율 과세표준은 동 수수료를 포함한 전체금액이 되는 것이며, 수출알선업자가 수출업자로부터 동 수수료를 지급받는 경우에는 부가가치세를 거래징수하고 세금계산서를 교부하여야 하는 것이다.

3. 공급시기 및 귀속시기

물품매도확약서 발행용역의 공급시기는 계약조건에 따라 역무의 제공이 완료되는 때이나 당해 역무의 제공이 완료되는 때에 그 대가가 확정되지 아니한 경우에는 대가가 확정된 때를 그 공급시기로 본다. 한편, 물품매도확약서 발행업에 있어서 수익실현시기는 당해 물품을 선적한 날이 속하는 사업연도로 하는 것이고, 수익이 실현된 그 다음 사업연도에 그 선적한 물품의 하자로 당해 물품이 반환된 경우에는 그 반환된 날이 속하는 사업연도의 손금에 산입한다. 다만, 물품매도확약서 발행에 관한 장부와 제증빙서류를 비치하지 아니한 경우에는 신용장개설일이 속하는 사업연도로 한다.

4. 영세율첨부서류

용역공급계약서 사본, 외환매입증명서 또는 외국환매각증명서는 외화입금증명서에 갈음한다.

직접외화가 입금되지 아니하는 경우에는 영세율 규정에 의한 외화획득명세서에 외화획득사실을 증명하는 서류를 첨부하여 제출하여야 한다.

나. 수출재화임가공용역의 세무처리

1. 개요

수출재화 임가공이란 수출업자(수출품생산업자)의 의뢰에 의하여 수출업자가 공급한 재화에 주요자재를 전혀 부담하지 아니하고 단순히 가공만 하여 주고 대가(가공임)를 받는 경우를 말한다.

2. 과세대상

(1) 영세율 적용대상

다음에 해당하는 경우에는 영의 세율을 적용한다.

① 수출업자와 직접 도급계약에 의하여 수출재화를 임가공하는 수출재화임가공(염색임가공)용역. 다만, 사업자가 부가가치세를 별도로 기재한 세금계산서를 발급한 경우에는 과세대상으로 일반세율을 적용한다.
② 사업자가 주요자재의 전부 또는 일부를 부담하고 일부 자재는 상대방으로부터 인도받아 공작을 가하여 생산한 재화를 거래상대방이 수출하는 경우에 당해 사업자간의 거래는 재화의 공급에 해당하므로 내국신용장 또는 구매확인서에 의한 공급에 한하여 영의 세율을 적용한다.
③ 수출업자와 직접 도급계약에 의하여 수출재화의 부분품·반제품 및 포장재를 임가공 하는 용역은 직접 도급계약을 체결한 사업자 자신이 임가공하였는지의 여부에 불구하고 수출재화 임가공용역으로 본다. 다만, 재하도급업자는 내국신용장 또는 구매확인서에 의하여 공급하여야 영세율을 적용받을 수 있다.

(2) 대가의 수수여부

수출재화임가공용역은 대가를 원화로 받든지 외화로 받든지 내국신용장에 의하여 받든지에 불구하고 영세율을 적용한다.

3. 과세표준 및 세금계산서 발급

내국신용장에 의하여 공급하는 수출재화임가공용역은 내국신용장이나 구매확인서에 의한 재화의 공급과 동일하게 계산하며, 내국신용장 등이 없는 수출재화임가공용역은 계약상 약정된 금액으로 한다.

수출재화임가공용역의 영세율이 적용되므로 영세율 세금계산서(일반세금계산서도 가능)를 발급하여야 한다.

4. 영세율첨부서류

임가공계약서 사본과 당해 수출업자가 교부한 납품사실을 증명할 수 있는 서류, 내국신용장, 구매확인서 사본 또는 수출대금입금증명서이다.

다. 비거주자 및 외국법인에게 공급시의 세무처리

1. 적용범위

재화나 용역의 공급이 국내에서 거래되지만 외화획득을 장려하기 위하여 일정한 요건을 갖춘 다음의 경우에 영세율을 적용한다.

① 국내에서 국내사업장이 없는 비거주자 또는 외국법인에게 공급되는 다음 각 목(2. 영세율 적용업종 내용 참고)의 어느 하나에 어느 하나에 해당하는 재화 또는 사업에 해당하는 용역으로서 그 대금을 외국환은행에서 원화로 받거나 기획재정부령으로 정하는 방법으로 받는 것

② 비거주자 또는 외국법인의 국내사업장이 있는 경우에 국내에서 국외의 비거주자 또는 외국법인과 직접 계약에 의하여 공급되는 재화 또는 용역 중 법에 열거된 항목에 해당하는 재화 또는 사업에 해당하는 용역으로서 그 대금을 해당 국외의 비거주자 또는 외국법인으로부터 외국환은행을 통하여 원화로 받거나 기획재정부령으로 정하는 방법으로 받는 것

2. 영세율 적용업종

① 비거주자 또는 외국법인이 지정하는 국내사업자에게 인도되는 재화로서 당해 사업자의 과세사업에 사용되는 재화

② 전문, 과학 및 기술서비스업[수의업(獸醫業), 제조업 회사본부 및 기타 산업회사본부는 제외한다]

③ 임대업 중 무형재산권 임대업

④ 통신업

⑤ 컨테이너수리업, 보세구역의 보관 및 창고업, 「해운법」에 따른 해운대리점업 및 해운중개업

⑥ 출판, 영상, 방송통신 및 정보서비스업 중 뉴스제공업, 영상 · 오디오 기록물 제작 및 배급업(영화관 운영업과 비디오물감상실 운영업은 제외한다), 소프트웨어개발업, 컴퓨터프로그래밍, 시스템통합관리업, 자료처리, 호스팅, 포털 및 기타 인터넷 정보매개서비스업, 기타 정보서비스업

⑦ 상품중개업중 상품종합 중개업(오퍼상)

⑧ 사업시설관리 및 사업지원 서비스업(조경 관리 및 유지 서비스업, 여행사 및 기타 여행보조 서비스업은 제외한다)

⑨ 교육 서비스업(교육지원 서비스업으로 한정한다)

⑩ 「관세법」에 의한 보세운송업자가 제공하는 보세운송용역이 경우 업종의 구분은 통계청장이 고시하는 한국표준산업분류에 의한다.

⑪ 위②항의 전문서비스업과 ⑧항에 해당하는 용역의 경우 해당국가에서 우리나라의 거주자 도는 내국법인에 대하여 동일하게 면세하는 경우(부가가치세 도는 유사한 조세가 없거나 면세하는 경우)에 한한다.

3. 대금수령 요건

(1) 요건

일부 업종에 대해서는 대금수령요건을 제한하여 외국환은행에서 원화로 수출대금을 회수하는 경우에 한해 영세율을 적용하고 있다. 따라서 대금을 원화로 받는 경우에는 그 요건을 충분히 살펴야 한다.

(2) 영수방법과 영세율 적용여부

구분	관련 사례
영세율 적용	• 대금을 외국환은행을 통하여 외화로 송금받아 외국환은행에 외화예금계좌로 예치한 경우 • 비거주자(외국법인)가 발행한 외화수표를 외국환은행에 매각한 경우 • 외국신용카드로 받는 경우 • 국외 금융기관이 발행한 개인수표를 받아 외국환은행에 매각 • 외화를 외국환은행을 통하여 직접 송금받아 외화예금 계좌에 예치 (외화입금증명서에 따라 외화 입금사실이 확인되는 경우에 한함)
영세율 배제	• 그 대금을 외국법인의 국내 외국환은행의 "비거주자 자유원화계정"에서 원화로 송금받는 경우 • 그 대금을 여행자수표/외화/현금통화에 의하여 결제하는 경우 • 그 대금을 타인 명의의 구좌를 통하여 외화를 송금받아 원화로 받는 경우 • 그 대가를 외국법인의 대리인(제3자)으로부터 받는 경우

* 출처 : 박성욱,김선일 공저, 부가가치세법 실무, 삼일인포마인, 2022년, 150p.

Ⅵ

품목별·용도별 수출입

제1절 산업설비 수출 (플랜트 수출)

1. 개요

산업설비(Plant)는 각종 상품을 제조하기 위한 기계 · 장치 등 Hardware와 그 설치에 필요한 엔지니어링, Know-How, 건설시공 등의 Software가 결합된 생산단위체를 지칭한다. 따라서 산업설비 수출절차는 산업설비의 규모나 특성에 따라 다양하며, 실무절차에 있어서 일반상품의 수출형태와 크게 다르다.

즉, 일반상품의 경우에는 기존에 생산되고 있는 물품이나 새로 개발된 샘플을 제시하고 수출입 당사자간의 상담에 의하여 계약이 이루지는데 반하여, 산업설비는 통상 국제경쟁입찰 과정을 거치고, 사양에 따라 신규로 제작하여야 하므로 상담에 들어가기 전에 면밀한 사전조사 즉, 철저한 사업타당성 검토가 요구되며, 사업타당성 검토후 이를 토대로 수주의사를 결정하게 되면「응찰→낙찰→계약교섭」을 거쳐서 계약을 체결하게 된다.

일반수출시는 계약후 통관 · 선적을 거쳐 인도함으로써 거래가 종결되나, 산업설비수출시에는 설비시공이 포함될 경우 설계 · 현지건축 · 토목 등 복잡한 업무가 추가로 요구되며, 산업설비가 설치완성된 후에도 시운전 및 요원훈련을 통하여 테스트를 하고, 인도한 다음 다시 일정기간 성능보증(하자보증)책임이 뒤따르는 것이 일반적이며, 수출상은 보증기간이 끝나야만 모든 책임에서 벗어나 거래가 종결된다.

※ 최근에는 산업설비수출 보다 플랜트 수출이란 표현을 주로 사용한다. (대외무역법에서도 플랜트 수출로 표기 하고 있음)

2. 플랜트수출의 정의 (대외무역법 32조)

(1) 국내생산 기자재 비율에 적합한 미화 50만달러(FOB가격기준) 이상의 설비 수출

농업, 임업, 어업, 광업, 제조업, 전기 · 가스 · 수도사업, 운송 · 창고업 및 방송 · 통신업을 위하여 설치되는 기계장치

대외무역법 시행령에 따른 다음의 설비(14개)

발전설비, 담수설비 및 용수처리설비, 해양설비 및 수상구조설비, 석유처리설비 및 석유화학 설비, 정유설비 및 송유설비, 저장탱크 및 저장기지설비, 냉동 및 냉장설비, 제철.제강설비 및 철강재구조설비, 공해방지설비, 공기조화설비, 신에너지 및 재생에너지 설비, 정치식(定置式)운반하역설비 및 정치식건설용설비, 시험연구실비, 그 밖에 산업 활동을 위하여 필요한 설비

(2) 일괄수주방식에 의한 수출(산업설비와 기술용역 및 시공을 포괄적으로 하는 수출)

일괄수주방식에 의한 수출은 미화 50만달러 이하라도 산업설비수출로 간주된다.

3. 산업설비수출의 절차

절 차	참 고 사 항
사업성 조사 (FS/Feasibility Study) ↓	☞ 사업성 조사시 주요 검토사항 (1) 수출사업에 대한 타당성 검토 ① 대외무역법, 외국환거래법, 해외건설촉진법 등 제규정에의 부합여부 ② 수출자 또는 제작자의 자격요건 및 신용상태 ③ 수출목적물의 제작, 설치능력 ④ 제작, 설치비용 및 자금조달 방법 검토 ⑤ 대외채권 보전방안 및 수출효과 분석 (2) 현지 사업에 대한 타당성 검토 ① 상대국의 정치, 경제 등 일반상황 ② 발주처(수입자)의 신용상태 ③ 사업의 목적, 범위, 규모 등 구체적인 내용 ④ 현지 부존자원의 활용 등 사업효과 ⑤ 동 업종에 대한 상대국 정부의 정책 및 사업여건 ⑥ 기술적 측면(제조공법, 시설규모, 입지조건)의 타당성 ⑦ 시장성 및 수익성의 분석
국제입찰 참가 ↓	☞ 국제입찰 정보 ① 입찰예정시기 ② 예정품목, 수량 및 규격/기술상의 문제점 - 원 · 부자재 사전확보, 생산시설 확보, 생산성예측으로 정확한 원가계산을 가능하게 해줌 ③ 과거의 구매실적 - 이전의 시행착오 및 정보를 바탕으로 입찰전략 수립 ④ 공급일정 또는 공가시간 - 약속 불이행에 따른 지체보상금과 신뢰도 상실, 차기입찰의 기득권 상실등 미리 조정 ⑤ 결제조건 - 결제조건이 복잡하면 일단 응찰을 재고 ⑥ 응찰자의 자격 - 부적격업체, 특정국가의 봉쇄정책, 사전자격심사제도, 공급실적, 자금공급의 참가규제, 비제조업체의 참가규제, 사전품질검사제도 등이 있음 ⑦ 낙찰심사기준 - 입찰기관의 우선 고려사항을 파악하는 입찰기관 심사기준과 가격중심, 품질중심, 납기중심, 입찰위원회의 낙찰업체 선정 등이 있음

절차	참고사항
산업설비 수출계약체결 ↓	☞ 산업설비수출계약의 종류 ① 계약자 선정방식에 따라 – 경쟁입찰계약(Competitive Bid Contract) – 수의계약(Negotiated Contract) ② 계약금액에 따라 – Lump Sum Contract : 산업설비, 용역, 시공 전부를 일괄 약정 – 단가계약(Unit Price Contract) : 공사단위마다 견적(Estimation)별 단가표시 계약 – Cost Plus Contract : Cost를 명확하게 구분하여 계약 ③ 업종의 범위에 따라 – Turn Key Contract : 플랜트 건설에 필요한 전체의 업무를 제공하는 계약 – 기기공급계약(일명 FOB계약)
산업설비 수출승인 ↓	☞ 산업설비 수출승인 신청기관 ① 일괄수주방식에 의한 수출인 경우 : 산업통상자원부(1577-0900) ② 연불금융지원거래인 경우 : 한국수출입은행(02-3779-6114) ③ 기타 : 한국기계산업진흥회(02-369-8600) 〈산업설비 수출승인신청시 구비서류〉 – 산업설비수출승인신청서(승인기관용, 세관용, 업체용, 한국기계산업진흥회용 및 일괄수주방식에 의한 수출로서 연불금융지원의 경우에는 한국수출입은행용) – 수출승인신청시의 첨부서류 – 수출이행계획서
수출신고수리 ↓	
산업설비공사 ↓	
준공 및 인계(도) ↓	
조업지도 및 After Service	〈문의처〉 한국플랜트산업협회(www.kopia.or.kr)(02-3452-7974)

제2절 전략물자 수출

1. 개 요

전략물자란 재래식 무기 또는 대량파괴무기와 이의 운반수단인 미사일의 제조, 개발 사용 또는 이용 가능한 물품, 소프트웨어 및 기술을 의미한다. 이러한 전략물자는 국제평화와 안전유지, 국가안보를 위해 수출입의 제한을 받고 있으며, 우리나라의 경우 대외무역법 및 다자간 국제수출통제체제의 원칙에 따라 산업통상자원부장관이 전략물자수출입고시를 통하여 전략물자를 고시하고 있다.

전략물자의 수출입 등 전략물자를 취급하는 자에게는 여러 가지 의무가 있으므로 반드시 취급 품목의 전략물자 여부를 가리는 '판정'을 시행하여 전략물자 관련 법률을 준수 해야 한다.

2. 전략물자 수출의 절차

절 차	구 비 서 류
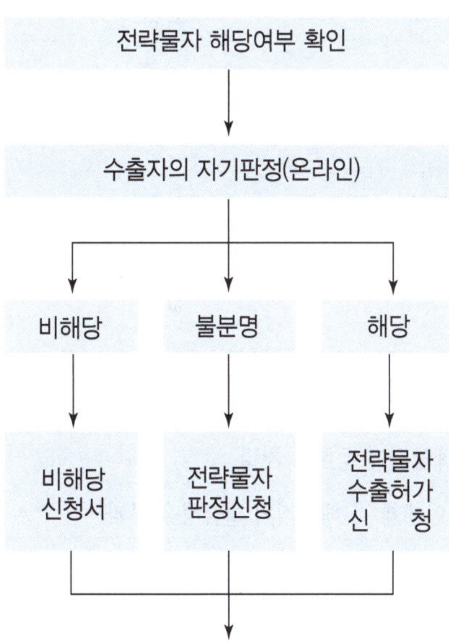	〈전략물자 비해당 또는 판정신청〉 ① 신청기관 : 전략물자관리원 전략물자관리시스템(https://www.yestrade.go.kr)을 통하여 온라인 신청 ② 구비서류 – 전략물자 전문 판정 (신청)서 – 매뉴얼, 카탈로그 또는 사양서 등 해당 전략 물자의 성능과 용도를 표시하는 서류 – 전략물자의 기술적 특성명세서 – 기타 수출허가기관의 장이 필요하다고 인정하는 서류

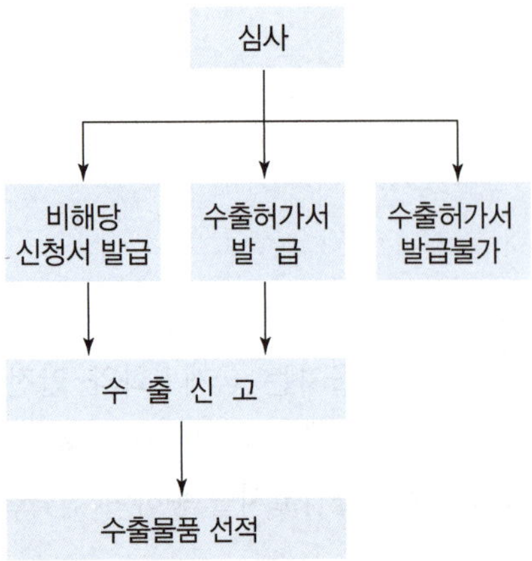

〈수출 허가신청 구비서류〉

① 전략물자 수출허가서
② 수출신용장, 수출계약서, 수출가계약서
③ 전략물자 등의 기술적 특성명세서
④ 매뉴얼 카탈로그 또는 사양서 등 수출품 성능과 용도 표시 서류
⑤ 수입국 정부 발행 전략물자 수입증명서
⑥ 수입자 또는 최종 사용자의 존재 및 사용목적 설명서
⑦ 수출자서약서
⑧ 최종수하인 진술서
⑨ 최종사용자의 서약서
⑩ 기타 세관장이 필요하다고 인정하는 서류(전략 물자 판정서, 전략물자 비해당신고서 등)

참고자료

<table>
<tr><th colspan="2">구 분</th><th>전략물자</th><th>전략기술</th></tr>
<tr><td colspan="2">자가판정</td><td colspan="2">대외무역법 제20조 (기술은 자율준수무역거래자 AA등급 이상 가능)</td></tr>
<tr><td colspan="2">전문판정기관</td><td>전략물자관리원</td><td>좌동</td></tr>
<tr><td colspan="2">전문판정 유효기간</td><td>판정일로부터 2년</td><td>좌동</td></tr>
<tr><td colspan="2">수출승인 유효기간</td><td>1년이내
(포괄수출허가: 2년 또는 3년 이내)</td><td>기술수출 계약서 상의 계약기간</td></tr>
<tr><td colspan="2">포괄수출 허가제도</td><td>국제평화 및 안정유지에 저해하지 않는다고 인정될 경우 일정기간동안 자율판단에 따라 수출가능토록 허용</td><td>없음</td></tr>
<tr><td colspan="2">자율준수 제도</td><td>있음</td><td>없음</td></tr>
<tr><td rowspan="5">무허가
수출 시
제제사항</td><td>벌칙</td><td colspan="2">대외무역법 제53조(5년 이하의 징역 또는 거래가의 3배 이하의 벌금 부과),
목적범의 경우 가중처벌(7년 이하의 징역 또는 거래가의 5배 이하의 벌금 부과)</td></tr>
<tr><td>미수범</td><td colspan="2">각 해당죄에 준하여 처벌</td></tr>
<tr><td>양벌규정</td><td colspan="2">해당법인 또는 개인에게 각 해당죄의 벌금형을 부과</td></tr>
<tr><td>과태료</td><td colspan="2">각 위반사항에 해당 시 2천만원 이하의 과태료 부과</td></tr>
<tr><td>행정제재</td><td colspan="2">3년 이내의 전략물자 수출입 제한</td></tr>
</table>

제3절 미국에 대한 식품수출

1. 개요

미국으로 식품 수출을 안전하고 신속하게 하려면 수출전에 FDA의 법적 요구사항과 2003년 12월부터 시행중인 바이오테러리즘법상의 식품시설 등록사항 등을 숙지하는 것이 필수적이다.

미국에 식품을 수출하기 위해서는 먼저 시설등록(Facility Registration)을 하여야 하며 식품의 샘플만 보내는 경우에도 반드시 시설등록번호가 필요한다. 그리고, 식품의 성분검사를 하여 FDA Label법에 맞게 Label을 부착하여야 한다. 통조림이나 파우치와 같이 밀봉된 용기에 포장된 모든 열가공된 저산성 식품(LACF)이나 산성화된 식품(AF)의 경우에는 공장등록(FCE: Food Canning Establishment)과 공정등록(SID: Submission Identifier)을 하여야 한다.

2. 미국에 대한 식품수출 절차도해

절　　차	참　고　사　항
시설등록 (Facility Registration) ↓	• 개 요 – 미국은 9월 11일 테러후 식품을 이용한 테러를 예방하기 위해 바이오 테러리즘법(The Bioterrorism Act)을 제정하여 2003년 12월 12일부터 시행. – 미국에서 인간과 동물이 섭취하는 식품을 제조/처리, 포장, 보관하는 미국 내, 외 시설을 FDA에 등록(Facility Registration)하도록 의무화하고 등록하지 않은 외국 시설의 식품이 수입되면, 시설이 등록될 때까지 제품이 입국항에 억류되거나, FDA 지시하에 제3의 장소로 옮겨지도록 되어 있다. ※ 제외대상 시설:비영리 시설, 소매자, 농장, 식당, 공정시설이 없는 어선(HACCP 규정 (21 CFR 123.3(k)), 미 농무성(USDA)의 규제만 받는 시설 • 등록방법 등록방법은 전자등록과 서류등록이 있지만 인터넷을 이용한 전자등록을 권하고 있으며 시설에 관한 일반적 기록사항(시설명, 주소, 전화번호, 팩스번호, 이메일 주소, 브랜드명, 미국 Agent명, 식품의 제품범주(21 CFR 170.3))를 영문으로 작성하면 된다. ※ FDA 웹사이트(http://www.fda.gov)를 통하여 직접등록하거나, FDA 에이전트한국지사(chemron FDA Korea, 568-7744)나 TUV Korea (783-9251) 등을 통하여 대행도 가능
식 품 검 사 ↓	• 등록갱신 매짝수년 10월부터 12월 사이에 등록을 갱신하여야 한다. • 일반식품검사 식품을 수출하기 위해서는 의무사항은 아니지만 일반성분검사 및 Nutrition Facts와 중금속 검사, 잔류농약검사를 하는 것이 바람직함 일반적으로 3가지 검사를 하며 제품성분의 특징에 따라 추가적인 검사를 시행 또한, 한국은 식품에 대하여 사전규제 조치를 취하는데 반해, 미국은 사후 규제조치로서 확실한 검사를 않고 수출을 하다가 문제가 되면 큰 불이익이 생길 수 있다.

절　　차	참 고 사 항
↓	• 건강보조식품검사(Dietary Supplements) 건강보조식품도 일반식품과 같이 3가지 검사를 받으면 통상적으로 미국에 수출을 할 수 있지만, 건강보조식품으로서 제품의 특정 성분을 강조하여 포장에 표시하기 위해서는 Supplements Facts를 하여야 한다. 예를 들어, 버섯에서 Dietary Fiber가 함유되어 있어 "대장 기능을 강화시켜준다."는 표기를 하면 식품이 아닌 의약품으로 규제를 받기 때문에 일반적으로 소비자가 Dietary Fiber가 대장에 좋다는 사실을 알고 있으므로 간접적인 방법이기는 하지만 Dietary Fiber를 별도 검사하여 Label에 표기하는 것이 Supplements Facts이며 일반식품의 Nutrition Facts 대신에 Supplements Facts가 부착된다. 이는 제품의 특징 및 특정 성분을 보다 확실하게 나타내 주는 방법이다.
Label 부착 ↓	식품의 Label 부착은 의무사항이며 Nutrition Facts(성분분석표)를 검사를 통하여 정확히 기입하여야 한다.
수입자의 사전신고 ↓	식품을 수입통관하기 위해서는 수입자는 미국세관에 반드시 사전신고(Prior Notice of Imported Food Shipments) 하여야 한다. ㅇ 신고인 : 미국에 주재하거나 사무실을 가진 식품의 매입자 또는 수입자, 에이전트 ㅇ 신고사항 : 물품 정보, 제조자와 발송자, 재배자(만약 안다면), 원산지(국가), 선적 국가, 예상 도착항, 도착일시 등 ㅇ 신고기한 : 도착예정일 5일 이전에는 받지 않으며 도로로 도착한다면 식품도착 2시간 전까지, 기차나 비행기로 도착한다면 4시간 전까지, 항구로 도착한다면 8시간 전까지 신고 ㅇ 신고방법 : FDA 웹사이트(http://www.fda.gov)를 통한 전자적 방법(PNSI : Prior Notice System Interface)을 이용하거나 미국 세관의 자동전송/자동화 통상시스템(ABI/ACS : Automated Broker Interface of the Automated Commercial System)을 이용 ㅇ 기　타 : 예상도착시간이 접수된 예상도착시간보다 1시간 또는 그 이상 빨라질 경우나 예정도착시간보다 3시간이나 그 이상 늦어질 경우 식품이 도착하기 2시간 전까지 수정을 해야 한다. 신고의 불이행이나 정확한 신고가 안되었을 경우에 물품은 입국이 거부되며 신고가 될 때까지 도착지나 제3의 안전한 창고에 억류된다.(운송비와 보관비는 소유주, 구매자, 수입자, 수하인 부담)
Confirmation NO. 부여	상기 일련의 절차가 완료되면 FDA에서 Confirmation NO.를 부여하게 되며 이에 따라 수입자는 수입통관을 진행하면 된다.

※ 저산성식품의 가공시설 등록(LACF : Low-Acid Canned Food)

LACF는 저산성 식품으로서 pH4.6이상일 경우를 말하며 수분활성도가 0.85이상일 경우는 박테리아가 제품 안에서 생존가능하고 번식을 할 수 있기 때문에 FDA에서는 해당제품의 공장등록과 공정등록을 해서 FDA에서 별도의 번호를 부여하여 특별한 관리를 하게된다.

공장등록은 FCE(Food Canning Establishment)라고 하며 공정등록은 SID(Submission Identifier)라고 하는데 FCE는 생산공장이 변경이 없는 한 1회만 하면 되지만 SID는 해당제품에 대하여 모두 하여야 한다.

공장등록은 공장주소(영문), 전화번호, 팩스번호, 그 공장에서 생산되는 전품목(제품이 pH 4.6 이상인지 이하인지를 밝혀야 함)등을 작성하여 FDA에 제출한다.

공정등록에 필요한 사항은 FCE No.(소유하고 있다면), 공장주소, 공장대표자명, 제품명, 제품의 형태나 종류, 충진물질(예, 시럽, 식용유), 살균기 제조사명, 살균방법, 충진기 제조사명, 충진방법, 살균시험일자, 시험기관명, 충진살균 시험일자, 시험 기관명, 콘테이너 종류(예, 철캔, 알루미늄캔, 유리병, 기타), 수분활성도, 정상 pH 수치(Processing 하기 전)와 Maximum pH 수치(Processing 한 후), 다른 중요한 Control Factors 등의 검사 자료가 필요하다.

SID가 면제되는 경우는 8가지가 있는데 모두 박테리아가 살 수 없거나 증식할 수 없는 경우이다. SID가 면제되는 경우는 ① 산성식품(자연적으로, 혹은 정상적으로 pH 4.6 이하), ② 산성식품(드레싱, 조미료) ③ 알코올 음료, ④ 탄산음료, ⑤ 발효 식품(산을 생성하는 미생물에 의해 산도가 4.6이하로 될 경우), ⑥ 수분활성도 0.85 미만, ⑦ 냉장 보관되어 판매되고 배포되는 식품("상하기 쉬움, 냉장요"라고 표기된 경우), ⑧ 잼, 젤리 등(21 CFR 150)의 식품이 해당된다.

예외사항으로는 원래 산성식품이었지만 식품첨가제나 수분이 첨가되어 저산성식품으로 되었다가 다시 산성식품이 된 식품을 Acidified Food라고 하는데 Acidified Food는 SID를 받아야 한다.

제4절 식품 등 수입

1. 개요

식품 등을 수입하여 판매하고자 하는 경우에는 수입식품안전관리 특별법 규정에 의하여 식품의약품안전처장에게 영업등록을 하여야 하며, 수입 할때 마다 식약처에 식품검역을 받아야 한다.

수입식품안전관리 특별법이 시행(2016.2.4.)됨에 따라 수입자뿐만 아니라 수입식품을 제조하는 해외제조업소 또한 식품의약품안전처에 등록하여야 하며, 특정물품에 대하여는 수입식품 등의 유통이력추적관리 등록을 하여야 한다.

2. 식품 등 수입의 절차도해

참 고 사 항	절 차	구 비 서 류
☞ 식품 등의 범위 "식품"에는 HS 02류(육류)에서 HS 22류(음료. 주류)까지 음식물에 속하는 것을 일컬으며 "식품 등"에는 식품과 식품첨가물, 식품용기구 · 용기 · 포장류를 포함하되 식품 등의 채취 · 제조 또는 가공에 사용되는 기계를 수입하는 경우를 제외한다. ☞ 식품 등 수입허용 기준 - 식품위생법 제7조 및 제9조의 규정에 의거 식품의약품안전처장이 정하여 고시하는 식품 등의 규격 및기준또는식품의약품안전처장이 인정하는 "자가기준 및 규격"에 적합하고 식품위생상 제조, 가공, 소분, 판매 및 조리를 금지하고 있지 아니한 경우에 수입할 수 있다. - 또한 외국의 가공공장이 식품의약품안전처에 등록되어 있어야 수입할 수 있다.	식품 등 영업등록 ↓ 수 입 계 약 체 결 ↓	수입식품 등 영업등록기관 식품의약품안전처(www.mfds.go.kr) 1577-1255(종합상담센터) 식품 등 수입판매업 신고(영업허가)기관 • 축산물, 축산가공식품 : 관할 시(군, 구)청 • 상기 품목을 제외한 식품 등 : 지방 식품의약품안전처 (서울 02-2640-1300) 식품 등의 수입시에는 품목마다 수입이 제한(수입금지지역 등) 되거나 고율의 관세(일부 농산물)로 수입이 곤란할 수 있으므로 반드시 수입계약전에 그 품목의 수입절차를 확인하는 것이 필요하다.

참 고 사 항	절 차	구 비 서 류
☞ 수입식품 자가기준, 규격인정 신청 ① 대상 : 자연식품, 첨가물을 사용하지 않고 단순가공한 농림수산물을 제외한 모든 가공식품 ② 인정기관 : 국립보건원, 시도보건환경연구소 등 식품연구소	↓ 수입신용장개설	**개설기관 :** 외국환은행 〈구비서류〉 ① 수입신용장 개설신청서 ② 신용장 거래약정서 ③ 수입계약서 또는 Offer Sheet ④ 기타필요한서류(담보제공증서등)
☞ 수입식품 등의 한글표시 사항 수입하는 식품, 첨가물, 식품용 기구, 용기 · 포장류 등으로서 국내에서 재가공, 재포장등의 과정을 거치지 않고 원래의 포장상태로 유통되는 제품의 경우에 다음 사항이 한글로 표시되어야 한다. ① 제품명 ② 식품의 유형 ③ 영업허가번호 ④ 업소명 ⑤ 제조년월일 ⑥ 유통기한 ⑦ 내용량 ⑧ 성분 또는 원재료명 ⑨ 영양성분	↓ 수 입 물 품 국 내 도 착 ↓ 수 입 대 금 결 제 ↓ 해외제조업소의 등록	해외제조업소의 명칭, 소재지 및 생산 품목 등을 수입신고 7일 전까지 식품의약품안전처장에게 등록하여야 함.
☞ 식품 등 수입신고 축산물, 수산물, 식물의 경우에는 관련기관의 검역과 식약처의 식품검사를 모두 받아야 한다. ☞ 식품 등 검사요령 ① 검사방법은 식품의 종류나 용도 등에 따라 서류검사, 관능검사, 정밀검사, 무작위 표본검사로 구분된다. ② 부적합 판정시 처리 : 반송, 폐기, 식용외 용도전환	↓ 식 품 등 수 입 신 고 및 검 사 / 검 역 ↓	검역기관 : ○ 수산물 : 관할 국립수산물품질 관리원 (051-400-5600) (www.nfps.go.kr) ○ 축산물, 축산가공식품 및 채소류 등 식물 : 관할 농림축산검역본부 (본원 031-467-1700) 054-912-1000) (www.qia.go.kr) 검사기관 : ○ 식품 등 : 관할 지방식품의약품안전처 (www.mfda.go.kr, 1577-1255)

참고사항	절차	구비서류
☞ 수입금지식품 등 ① 식용을 목적으로 채취·가공·제조 또는 관리되지 아니한 것 ② 식품의 원료로서 안전성 및 건전성이 입증되지 아니한 것 ③ 신개발 원료로서 안정성에 대한 입증이나 확인이 되지 아니한 것 ④ 주요 원재료 또는 제품의 성분등으로 보아서 의약품이라고 인정될 수 있는 것	↓ 수입신고수리	〈구비서류〉 품목별로 상기 해당 사이트를 참조 ※ 수입신고 및 검사기관이 인정하는 국내외 검사기관에서 검사를 받아 그 검사성적서 또는 검사증명서를 제출하는 때에는 이로써 전단의 규정에 의한 검사에 갈음하거나 그 검사항목을 조정하여 검사할 수 있다.
	↓ 국내판매등	**신고기관 :** 통관지 세관 〈구비서류〉 ① 수입신고서 ② 상업송장 ③ 가격신고서 ④ 납부서 ⑤ B/L 사본 ⑥ 관세법 규정에 따라 허가 또는 신고등을 요하는 품목의 경우 당해 사실을 입증하는 서류(식품검사필증 등)
	↓ 유통이력추적관리 등록	**등록기관:** 지방식품의약품안전청 유통이력추적관리 대상 수입식품: ① 영유아식(영아용 조제식품, 성장기용 조제식품, 영유아용 곡류조제식품 및 그 밖의 영유아용 식품을 말한다) ② 건강기능식품 ③ 조제유류 ④ 영업자가 유통이력추적관리 등록을 하려는 수입식품등

제5절 중고자동차 수출

1. 개요

중고자동차(등록된 자동차)는 자동차관리법 규정에 따라 등록을 말소하고 말소등록된 차량에 한하여 수출신고를 할 수 있으며, 말소등록을 신청한 자는 그 말소등록일부터 6개월 이내에 수출신고 완료 후 해당 자동차의 수출 이행 여부를 해당 말소등록을 한 등록관청에 신고하여야 한다. 이 경우 해당 자동차 수출을 이행하지 못한 경우에는 자동차해체 재활용업자에게 폐차를 요청하거나 신규등록을 신청할 수 있다.

또한 시 · 도지사가 전산정보처리조직 또는 행정정보의 공동이용을 통하여 자동차 수출의 이행 여부를 확인할 수 있는 경우에는 말소등록을 신청한 자가 시 · 도지사에게 수출의 이행 여부를 신고한 것으로 본다.

2. 중고자동차 수출의 절차도해

참고사항	절차	구비서류
☞ 등록말소 ① 수출목적으로 등록말소한 자동차가 국외로 수출되는 경우에는 수출신고후 1개월이내 수출이행신고를 하고 ② 등록말소일로부터 6월 이내에 수출되지 않을 경우에는 재등록신청에 의하여 재등록하여야 하고, 이 경우 부활 신규등록절차에 따라 재등록한다.	수출계약체결 ↓ — 수출신용장수취 중고자동차확보 ↓ 등록말소신청 ↓ 등록말소	**신청기관 :** 시 · 군 · 구청 〈구비서류〉 ① 자동차등록말소신청서 ② 수출사실을 입증하는 계약서 ③ 자동차등록증 원본 ④ 사업자등록증 사본 ⑤ 차주 인감 증명서 ⑥ 자동차세 완납증명서 ⑦ 위임장

참고사항	절차	구비서류
☞ 임시운행허가기간 수출을 하기 위하여 임시운행허가를 받은 경우 허가기간은 20일 이내임.	임시운행허가신청	**신청기관 :** 자동차의 사용 본거지를 관할하는 시 · 군 · 구 등록 관청 〈구비서류〉 임시운행허가신청서 등
	임시운행허가	
	수출신고수리	
	수출물품선적	
	수출대금회수	
☞ 수출이행신고기간 수출신고필증 교부일로부터 1개월 이내	수출이행신고	**신청기관 :** 차적지 소재 시 · 군 · 구 등록관청 〈구비서류〉 ① 당해 자동차의 수출을 확인할 수 있는 수출신고수리필증 원본 또는 원본대조필 수출신고수리필증 사본

제6절 자동차 수입(신차, 중고차)

1. 개요

자동차를 수입하기 위해서는 크게 두가지 인증과정이 필요하다. 하나는 자동차 관리법 규정에 따라 자기인증을 받아야 하며, 다른 하나는 대기환경보전법 및 소음진동규제법에 따른 배기가스 및 소음인증이다. 자기인증은 국토교통부에서 관할하며, 배기가스 및 소음인증은 환경부에서 관할한다.

2. 자동차 수입의 절차도해

절 차	참 고 사 항
조건부 매매계약 체결 ↓	안전검사 등에 불합격한 제품이 있을 때 취소할 수 있게 조건부 계약 필요
자동차 수입자등록 ↓	국토교통부 자동차관리과(1599-0001) 자동차를 제작, 조립 및 수입하고자 하는 자는 등록을 하여야 한다.
시험일정 통보서 수령 ↓	한국환경공단 환경인증검사처(032-590-4000)
자동차 기술검토 ↓	한국자동차연구원(041-559-3114) 〈구비서류〉 1. 기술검토 신청서 2. 자동차의 제원표 및 외관도 3. 차대번호 표기 시행계획(필요시) 4. 자기인증표시 내용 및 부착방법 등 5. 사후관리 계획서
배출가스 · 소음인증 신청 ↓	한국환경공단 환경인증검사처 처리기간 : 20일 ① 자동차 배출가스 인증 〈구비서류〉 1. 자동차원동기의 배출가스 감지, 저감장치 등의 구성에 관한 서류 1부 2. 자동차의 연료효율에 관련된 장치 등의 구성에 관한 서류 1부 3. 인증에 필요한 세부계획에 관한 서류 1부 4. 자동차배출가스 시험결과 보고서에 관한 서류 1부 5. 제작자, 수입자간의 계약서 또는 자동차배출가스 보증에 관한 제작자의 확인서 (제작자가 아닌자 로부터 수입하는 때는 "당해 사업자단체로 구성된 법인의 배출가스 보증에 관한 보증서"나 "보험사업자의 배출가스 보증에 관한 보증서"로 갈음할 수 있다) ② 자동차 소음 인증 〈구비서류〉 1. 자동차의 제원명세에 관한 서류 1부 2. 자동차 소음저감에 관한 서류 1부 3. 기타 환경부장관이 필요하여 정한 서류

절 차	참 고 사 항
조건부 인증서 발급 ↓	한국환경공단 환경인증검사처 –서류만 검토한 뒤 조건부 인증서 발급, 통관한 뒤 자동차 시험. ※서류검사를 생략하고 곧장 자동차를 수입통관한 뒤 검사를 받을 수 있다.
수입신용장 개설 ↓	수입자 거래은행에 수입신용장 개설을 신청하거나 송금신청 〈구비서류〉 1. 수입신용장 개설신청서 또는 송금신청서(각 은행 소정양식) 2. 매매계약서 또는 오퍼시트 3. 기타 은행거래와 관련하여 은행이 요구하는 서류
자동차 수입통관 ↓	〈구비서류〉 1. 수입신고서 2. 상업송장 3. 포장명세서 – 수 입 관 세 : 물품가격(CIF 기준)의 8%(WTO 양허세율) – 개별소비세 : 5%(배기량이 1,000cc 이하의 것으로서 길이가 3.6미터 이하이고 폭이 1.6미터 이하인 것은 면제) – 교육세 : 개별소비세액의 30% – 부가가치세 : (물품가격 + 수입관세 + 개별소비세 + 교육세)*10%
안전검사 신청 ↓	자동차부품연구원 – 차종별로 최초의 1대를 검사신청, 엔진 등 자동차 형식이 변경된 동일차종을 수입할 때는 변경형식승인 신청
안전검사증 발급 ↓	한국자동차연구원
배출가스, 소음 인증시험 ↓	한국환경공단 환경인증검사처 – 모든 자동차에 대해 시험한다.
배출가스, 소음 인증서 발급 ↓	한국환경공단 환경인증검사처
자동차 등록	자동차 등록관청(관할 구청)

제7절 의약품 등 수입

1. 개요

의약품 등(의약품 및 의약외품, 원료의약품, 한약재)을 수입하려는 자는 약사법 등에서 정하는 바에 따라 식품의약품안전처장에게 수입업 신고를 하여야 하며, 수입하는 품목마다 식품의약품 안전처장의 허가를 받거나 신고를 하여야 한다.

수입자는 '수입관리자'로 1명 이상의 약사 또는 한약사를 두어야 하며 1인 이상의 안전관리 책임자를 두어야 한다. 다만, 한약재, 원료의약품, 의료용고압가스 또는 체외진단용 의약품의 수입자의 경우에는 안전관리책임자를 두지 아니할 수 있다.

수입자는 대통령령으로 정하는 시설 기준에 따라 필요한 시설을 갖추어야 한다. (시설기준령 제6조, 시행규칙 제9조)

수입자는 대외무역법에서 정하는 의약품등의 수출입요령과 식품의약품안전처장이 정하는 수입의약품등의 관리에 관한 규정을 준수하여야 하며, 전자무역촉진에관한법률에 따른 전자무역문서로 표준통관예정보고를 하여야 한다.

2. 의약품 등 수입의 절차도해

참 고 사 항	절 차	구 비 서 류
〈의약품 등 수입자 자격요건〉 의약품 등을 수입하려는 자는 처음으로 품목허가/신고를 할 때 다음 서류를 준비하여 신청해야 한다. ① 무역업고유번호 부여서 사본 ② 수입관리자 허가증 사본 (수입관리자의 자격증, 건강진단서를 지방식품의약품안전청에 제출하여 발급받음) ③ 법인등기부 등본 ④ 수입자 시설 등 관련서류 (건축물 관리대장 창고 임대차 계약서, 실험시설, 기구 이용계약서 등) ※ 위탁자는 의약품등 수입자 또는 도매업자	의약품 등 수입자 자격 취득 ↓	
〈제조/판매증명서 확인〉 ① 생산국 정부에서 발행한 제조/판매 증명서 입수 ② 구성성분, 품목분류, 생산국에서 판매되고 있는지 확인	제조 및 판매증명 ↓	〈품목허가 또는 신고〉 허가기관 : 식품의약품안전처 의약품 안전국(1577-1255) 신고기관 : 각 지방식품의약품안전청

참 고 사 항	절　　차	구 비 서 류
〈기준 및 시험방법 검토의뢰〉 – 지방식품의약품안전청 – 수입자 자격요건과는 무관하지만 동일인이 신청해야 한다. ※ 의약품등 기준 및 시험방법 심사 의뢰서 심사규정	기준 및 시험성방법 검토 ↓	〈구비서류〉 1. 수입자 자격요건 서류 2. 수입품목허가신청서 3. 제조 및 판매증명서 4. 기준 및 시험방법 검토결과 통지서 5. 안전성/유효성 검토결과 통지서
〈안전성/유효성 검토의뢰〉 – 식품의약품안전처 의약품안전국 (1577-1255) – 품목허가시 또는 별도로 신청가능 ※ 기준 및 시험방법 검토결과 통지서와 별개	안전성/유효성 검토 ↓	
	의약품등 수입 품목 허가 또는 신고, 기능성 화장품 심사(일부 품목은 면제) ↓	
〈의약품 등 수입품목 허가/신고〉 ① 대상품목 : 의약품, 의약외품, 의료용구, 한약재, 방사성 의약품 ② 면제대상 : 원료의약품, 체외진단용 의약품 ③ 화장품 : 일반 화장품은 면제. 기능성화장품(피부미백, 주름살 제거, 자외선 차단 화장품 등)은 기능성 화장품 심사 필요 ④ 한약재 : 식품의약품안전처 또는 의약품수출입협회의 검사필증 필요.	수입계약체결 ↓ ─ 수입신용장개설등	〈구비서류〉 ① 수입신용장 개설신청서 ② 신용장 거래 약정서 ③ 수입계약서 또는 Offer Sheet ④ 기타 필요한 서류(담보제공증서 등)
	수입물품 국내도착 ↓	〈구비서류〉 ①통관예정보고서 ② 품목허가(신고)증사본 ③ 수입을 확인할 수 있는 서류 (필요시)
	표준통관예정 보고 ↓	**신고기관** : 통관지 세관 또는 사업장 소재지 관할 세관
〈표준통관예정보고〉 –보고기관 : 한국의약품수출입협회 (02-6000-1851)	수입대금 지급 등 ↓	〈구비서류〉 ① 수입신고서 ② 수입요건확인서 ③ 상업송장 ④ 가격신고서(신고납부의 경우에 한함) ⑤ 납부서 ⑥ B/L 사본 ⑦ 관세법 제226조 규정에 따라 허가 또는 신고등을 요하는 품목의 경우 당해 사실을 입증하는 서류
	수 입 통 관 ↓	
	창 고 보 관	

참 고 사 항	절 차	구 비 서 류
	↓ 품질 검정 의뢰(첫수입품목) 또는 자가품질관리 (재수입 품목) ↓ 국내 판매 등	**검정기관 :** 시 · 도 보건환경연구원 (02- 570-3115)

〈화장품 수입절차〉

① 일반화장품 :
계약 → 표준통관예정보고 → 수입통관 → 자가품질검사 → 판매

② 기능성화장품 :
계약 → 식약청 심사 → 표준통관예정보고 → 수입통관 → 자가품질검사 → 판매

③ 통관예정보고시 준비서류 :

ㄱ. 표준통관예정보고서(EDI)

ㄴ. 물품매도확약서

ㄷ. 제조 및 판매증명서(처음 수입할 때만)

ㄹ. 기능성 화장품 심사결과 통지서

ㅁ. 원료규격, 안전성/유효성 심사결과 통지서(화장품 원료를 처음 수입할 때만)

ㅂ. 과거 통관예정보고서 사본(이미 수입된 화장품을 재수입 할 때)

〈문의처〉

– 식품의약품안전처 종합상담센터(1577-1255)

〈한약재 수입절차〉

① 제조용 한약재 : 한국의약품수출입협회에서 검사필증을 받은뒤 수입

② 녹용/녹각/생녹용/생녹각/우황 등 : 식약청 검정관리 보호담당관실에서 검체수거증을 받아 수입.

③ 일반한약재 : 한국의약품수출입협회에서 검체수거증을 발급받아 수입통관한 뒤 시험기관에서 검사필증 발급받는다.

④ 멸종위기 동식물 협약(CITES) 대상 품목 한약재 : 수출국이 발행한 수출증명서 사본과 사용 계획서를 식약처 의약품안전국에 제출 허가 받은 뒤 수입

☞ 품목별 수입관리자 자격 및 시험시설 관련서류

구 분		수입관리자 자격 및 증빙서류	수입관리자 건강진단서	시험관련시설 분류
의약품	완제의약품 원료의약품 체외진단용 의 약 품 한 약 재	약사 또는 한약사(약사면허 증 사본) ※ 의약품의 수입자는 수입 관리자 외에 1명 이상의 안전관리 책임자를 두어야 한다. 다만, 한약재, 원료 의약품, 의료용 고압가스 또는 인체에 직접 적용하지 아니하는 제품의 수입자의 경우에는 안전 관리책임 자를 두지 아니할 수 있다.	“정신질환자, 정신지체인, 마약, 기타 유독물질의 중독자가 아님을 증명함”이라는 명기가 있어야 한다.	1. 자가시설인 경우 : 시험시설내역서 2. 의약품제조업소 : 제조업 허가증 3. 제3자 시설 이용시 : KGMP 제조업소와의 이용계약서 사본 또는 한국의약품수출입협회와의 이용계약서 사본
화장품		– 약사(약사면허증 사본) – 의사(의사면허증 사본) – 4년제 이공계학과 또는 향장 학·화장품과학·한의학·한약학과 등을 전공한 자(관련 졸업증명서원본) – 전문대학의 화장품 관련 분야를 전공하고 화장품 제조 또는 품질관리 업무에 1년 이상 종사한 경력이 있는 사람(관련 졸업증명서 및 경력증명서 원본) – 화장품 제조 또는 품질 관리 업무에 2년 이상 종사한 경력 이 있는 사람(경력증명서 원본)	상 동	1. 제품보관소 2. 품질관리시험실 3. 품질관리에 필요한 시설 및 기구(제3자 시설 이용 가능). ※ 시·도보건환경연구원, 화장품 제조업소 식약처가 지정한 품질검사기관, 의약품수출입협회에 품질검사를 위탁할 때에는 품질검사 시설, 기구를 갖추지 않아도 된다.

☞ 주의사항

① 영업소는 영업을 하는 장소가 아닌 사무실을 의미하며, 무역업고유번호 부여증상의 소재지와 일치하여야 한다.

② 영업소와 창고에 대한 시설조사는 건물의 준공필 여부, 건물 용도 등을 확인하고, 시설기준령 제11조에 따라 시설 적합여부를 확인(면적 33㎡ 이상)

제8절 의료용구 수입

참고사항	절차	구비서류

참고사항

식품의약품안전처 의료기기과
(1577-1255)

절차

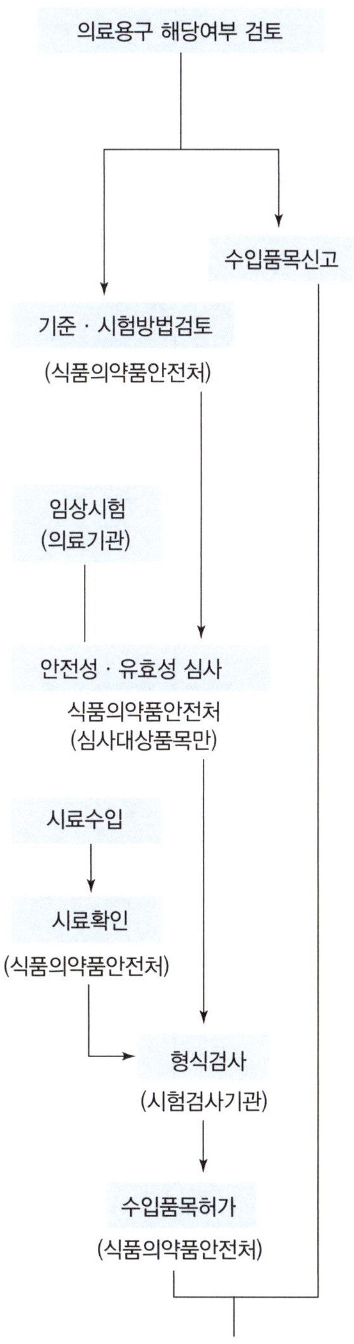

구비서류

☞ 의료용구 수입품목 신고
① 신고대상 : 1등급 품목중 이미 허가 또는 신고된 품목과 구조, 성능, 효능 및 효과, 사용방법 등이 동등한 품목
② 신고기관 : 각 지방 식품의약품안전청
③ 구비서류 :
- 의료용구 수입품목신고서
- 수입품질관리기준 적합인정서
- 수입허가(신고)필증 사본
- 생산국의 정부 또는 공공기관에서 당해 제품이 적법하게 제조 · 판매 되고 있음을 증명하는 제조증명서 또는 판매증명서

☞ 의료용구 수입품목 허가
① 허가대상
• 2등급 또는 3등급 품목
• 1등급 품목 중 이미 허가 또는 신고된 품목과 구조 · 성능, 효능 및 효과, 사용방법 등이 같지 않은 품목
※ 등급분류 : 각 지방 식품의약품안전청에 문의
② 허가기관 : 식품의약품안전처 의료기기안전과(1577-1255)
③ 구비서류 :
- 의료용구 수입품목허가신청서
- 안정성 · 유효성 심사결과 통지서 (심사대상품목만)
- 기준 및 시험방법 검토결과 통지서
- 시험검사성적 적합확인서
- 수입품질관리기준 적합인정서
④ 기타 : 수수료 10,000원
처리기간 25일

참 고 사 항	절 차	구 비 서 류
☞ 표준통관 예정보고 ① 신고기관 : 한국의료기기산업협회 (02-596-7404)	↓ 표준통관예정보고	
	↓ 수 입 통 관	
☞ 시험검사 및 조사기관 - 한국생산기술연구원 (041-589-8114) - 한국건설생활환경시험연구원 (032-858-0011) - 한국화학융합시험연구원 (02-2164-0153) - 한국기계전기전자시험연구원 (031-428-5651) - 한국치과의료기기산업협회 (02-754-5921)	↓ 자 가 검 사	
☞ 의료용구 판매업 신고 - 관할구청 보건소	↓ 판 매	

제9절 주류 수입

1. 의의

주류를 수입하여 판매하고자 하는 경우에는 당해 실수요자(수입통관을 하는 자)가 주세법 규정에 의한 주류 수입업 면허를 갖추고 있어야 가능하다. 즉, 무역업자에게 수입대행을 의뢰하여 수입하는 경우에 당해 의뢰자(실수요자)가 주류 수입업 면허가 있어야 수입이 가능하고, 무역업자에게 수입대행을 의뢰하지 않고 직접 수입하고자 할 때에는 대외무역법 규정에 의한 무역업 고유번호부여와 주세법 규정에 의한 주류 수입업 면허를 동시에 다 갖추고 있어야 수입이 가능하다. 주류 수입의 경우 일반적인 품목 등의 수입절차와는 달리 일종의 식품으로서 식품등의 수입절차와 같이 수입통관전에 수입신고(검역)등의 절차를 거쳐 수입하여야 하고 수입통관시에 주세법 규정에 의한 주세를 납부하여야 수입이 가능하다.

2. 주류 수입 절차도해

참 고 사 항	절 차	구 비 서 류
〈주류 규제대상〉 ① 주정 ② 알콜1도 이상의 음료 (발효주류, 증류주류, 기타주류) 〈주류수입업자의 판매업 면허 요건〉 ① 주세법 제10조 및 주세사무처리 규정 제15조의 면허거부요건에 해당되지 않는 자 ② 주류수입업만을 전업으로 할 것. ③ 자본금 5천만원 이상 (개인은 자산평가액) ④ 무역업고유번호 ※ 주류수입 면허시 국내도매까지 포함하여 면허. ☞ 주류 한글표시사항 ① 수입주류의 종류 ② 수입업자 명칭 및 전화번호 ③ 원산지(국) ④ 알코올 및 용량 ⑤ 첨가물의 명칭 ※ 슈퍼, 연쇄점용등의 구분표시는 병목중앙부위에 특수접착제를 사용한 스티커를 사용	주류 수출입업 면허신청 ↓ 주류수입업면허 ↓ 식품등 영업등록 ↓ ─ 신용장 개설 수입대금결제 ↓	면허기관 : 사업장소재지 관할 세무서 〈구비서류〉 ① 신청서 ② 무역업고유번호 부여서 ③ 법인등기부등본 및 정관 (개인사업자는 주민등록등본) ④ 토지 · 건물등기부등본 또는 사용승낙서 지방식품의약품안전청

참 고 사 항	절 차	구 비 서 류
☞ 원산지증명서 수입통관시 각국의 공공기관이 발행하는 원산지증명서를 첨부통관하여야 한다.	↓ 수 입 신 고 (검 역)	신고기관 : 수입항을 관할하는 검역소나 지방식품의약품안전청 〈구비서류〉 : 식품등 수입절차 참고
〈수입주류의 판매〉 수입업자는 수입주류를 수입, 주류전문도매업자 및 일반주류 도매업자와 주류중개업면허를 받은자 중 수입주류를 판매할 수 있는 자에 한해 공급할 수 있다.	↓ 수 입 신 고 수 리	신고기관 : 통관지세관 또는 사업장소재지 관할세관 〈구비서류〉 ① 수입신고서 ② 수입승인서(해당하는 경우) ③ 상업송장 및 가격신고서 ④ 납부서 ⑤ B/L사본 ⑥ 기타 세관장이 요구하는 서류
	↓ 수입주류전문 도매업자등에게 판매	

☞ **수입종류 등에 따른 주류면허**

① 주류 완제품을 수입하여 판매하고자 할 경우 : 주류수입입업면허(나)

② 원료용 주류를 수입하고자 할 경우 : 당해 품목의 주류제조면허

③ 주류 수입의 중개를 하고자 할 경우 : 주류중개업면허(가)

④ 주세법시행령 제36조의 규정에 의한 특수용도 또는 음식료등의 제조에 사용하기 위하여 주류를 수입하려는 자는 상기 규정에 불구하고 관할 세무서장으로부터 실수요자 증명서를 발급받아 수입할 수 있음

제10절 전시물품 수출입

1. 개요

(1) 전시물품의 수출

해외에서 개최되는 박람회, 전시회, 견본시, 영화제 등에 출품하기 위하여 무상으로 반출하는 물품의 경우에는 수출승인을 면제받아 수출할 수가 있고, 전시중 또는 완료후 현지에서 매각하거나 전시완료후 재수입(재수입 면세) 할 수 있다.

(2) 전시물품의 수입

국내에서 개최되는 박람회, 전시회, 견본시, 영화제 등에 출품하기 위하여 무상으로 반입할 예정인 물품의 경우에는 수입승인을 면제받아 수입(재수출 조건부수입)할 수가 있다. 이때에 관세등 상당액에 대하여 담보를 제공해야 한다. 또한 전시중 판매하거나 전시완료 후 판매할 때는 관할세관에 재수출 조건 변경신청(용도외 사용승인)을 하여 세관장의 승인을 받아야 하며, 용도외 사용승인을 받은 경우 면제받은 관세 등을 납부해야한다.

2. 전시물품 수출입의 절차도해

참고사항	절차	구비서류
☞ A.T.A Carnet 제도 관세협력이사회의 "물품의 일시수입 통관증서에 관한 관세협약"(1961)에 따라 촬영기, 사진기 등의 작업용구, 상품견본, 광고용 물품 등의 일시수입이나 보세운송에 있어 수입세 면제와 통관절차 간소화를 목적으로 발급되는 국제적 통관수첩을 의미한다. ATA는 불어의 Admission Temporaire와 영어의 Temporary Admission의 두문자 가운데 중복되는 T는 하나만 따서 만들었다. A.T.A Carnet를 소지한 자가 협약에 가입한 국가에 일시반입이나 일시수입을 위한 물품 통관시에는 면세가 되나 일정기간 이내에 재반출하여야 한다. 재반출하지 않으면 협약 위반이 되어 관세를 지급하게 되며, ATA Carnet를 발급한 국가의 보증단체가 지급하여야 한다. 우리나라의 보증단체는 대한상공회의소이다.	전시물품등의 출품 계약 ↓ (A.T.A.Carnet 발급신청) ↓ 수출신고수리 ↓	☞ 증명발급기관 대한상공회의소무역인증서비스센터 (02-6050-3303) 〈담보금 등〉 ① 담보금: 물품가격의 40% 로 하나 중국, 인도, 크로아티아는 60%, 이란은 100% 적용 ② 예치방법 : 현금 또는 보증보험 증권 ☞ 수출신고기관 사업장 소재지 관할세관 또는 통관지세관 〈구비서류〉 ① 수출신고서 또는 A.T.A Carnet ② 상업송장 ③ 사유서 ④ 관세법 제145조 규정에 의한 추천서 또는 확인서

참 고 사 항	절 차	구 비 서 류
☞ A.T.A Carnet의 유효기간 발급일로부터 1년 A.T.A Carnet를 사용, 수출신고시에는 동 증서를 수출신고서로 갈음하고, 그밖의 구비서류는 제출을 요하지 아니한다. A.T.A Carnet를 발급받아 수출한 물품의 재수입시에는 관세법의 재수입면세 규정에 따라 수입할 수 있다. 전시물품이 현지에서 매각되었을 경우, 동 대금이 국내 외국환은행에 입금되면 수출실적으로 인정받으며, 관세환급도 가능하다. A.T.A Carnet를 발급받은 물품으로 2개국 이상 순회하고자 할 시에는 수출입신고서류를 필요만큼 더 발급받으면 가능하다. 전시물품의 현지판매 : A.T.A Carnet로 통관한 물품은 원칙적으로 현지판매를 할 수 없다.	수출물품선적 ↓ 전시회 참가 ↓ 재 수 입 → 수입신고수리 현지판매 등 → 판매대금 회수	☞ 재수입신고 신고기관 : 통관지세관 또는 사업장 소재지 관할세관 〈구비서류〉 ① 수입신고서 또는 A.T.A Carnet ② 상업송장 ③ 사유서 ④ B/L 사본 ⑤ 재수입면세신청서 ⑥ 수출면장사본등 ☞ 판매대금 회수시 ① 회수기관 : 국내 외국환은행 ② 구비서류 : 수출사실을 증명하는 서류 등
☞ A.T.A Carnet 제출시 심사내용 ① 통관증서 양식 및 기재된 발급단체, 유효기간, 보증단체, 유효한 국가 등의 여부와 현재 우리나라에서도 유효한지 여부 ② 보증단체의 확인을 받도록 되어 있는 통관증서에 대한 확인의 여부 ③ ATA Carnet의 번호등 수입증서 또는 수입번호와 통관증서 표지와 동일한 내용이 기재되어 있는지 여부 ④ 통관증서에 의한 수입에 있어서는 당해 통관증서에 기재되어 있는 명의인 또는 사용자(당해 명의인으로부터 당해 통관증서에 의한 수입을 할 수 있도록 정당하게 그 권한을 부여받고 있는 자)만이 수입신고자로 될 수 있으므로 수입증서의 수입신고자를 기재하는 란에 정확하게 기재되어 있는지 여부	전시물품 등의 수입계약 ↓ 수 입 신 고 수 리 ↓ 국 내 전 시	☞ 수입신고 기관 사업장 소재지 관할세관 또는 통관지 세관 〈구비서류〉 ① 수입신고서 ② 상업송장 ③ 사유서 ④ B/L 사본 ⑤ 재수출면세신청서

참 고 사 항	절　　차	구 비 서 류
☞ 통관증서(ATA Carnet)에 의하여 수입한 물품은 당초 수입한 용도(전시용 등) 이외에는 사용할 수 없다.	↓	
☞ ATA Carnet를 이용 수입한 후 재수출시에는 당해 통관증서에 기재된 유효기간내에 재수출하여야 하고, 당해 통관증서에 의한 재수출 신고시에는 동 증서를 수출신고서로 갈음하고 관세법의 규정에 의한 구비서류 제출을 생략한다.	수출신고수리 ↓	☞ 재수출 신고 신고기관 : 사업장소재지 관할세관 또는 통관지 세관 〈구비서류〉 ① 수출신고서 ② 상업송장 ③ 사유서 ④ 수입신고필증 사본 등
☞ 전시물품 등의 국내판매 또는 현지판매 ① 전시물품으로 국내 반입후 전시중 판매하거나 전시완료후 판매할 때에는 재수출조건을 변경하여야 가능하다.(ATA Carnet를 이용하지 않은 경우) ② ATA Carnet를 이용하여 수입통관한 물품은 원칙적으로 판매가 불가능하다. 단, 부득이 할 때는 관할세관에 용도외 사용승인을 신청하여 승인을 받고 관세납부한 뒤 판매가능	전시물품 재수출 등	

제11절 야생생물 및 CITES 물품 수출입

1. 의의

1993년 10월 7일부터 「멸종위기에 처한 야생동식물의 국제거래에 관한 협약(CITES)」이 발효됨에 따라, 멸종위기에 처한 야생동식물의 국가간 이동이 제한되고 특정목적에 따라 부득이하게 수출입되는 경우 수출입허가를 받아야 한다. 또한 야생생물 보호 및 관리에 관한 법률에 따라 생태계교란생물, 유해 야생생물 등에 대하여도 수출입을 하기 위해서는 관계기관의 허가를 받아야 한다.

(1) 수출

가. 야생동물 : 시장 · 군수 · 구청장의 야생동물 수출허가증

나. 멸종위기에 처한 야생동 · 식물(국제적 멸종위기종 포함) : 유역(지방)환경청장의 멸종위기 야생동 · 식물(국제적 멸종위기종) 수출허가서

다. 국외반출승인대상 야생동 · 식물 : 유역(지방)환경청장의 생물자원 국외 반출승인서

(2) 수입 (단, 쉽게 식별할 수 없는 가공품은 제외)

가. 야생동물 : 시장 · 군수 · 구청장의 야생동물 수입허가증

나. 멸종위기에 처한 야생동 · 식물(국제적 멸종위기종 포함) : 유역(지방)환경청장의 멸종위기 야생동 · 식물(국제적 멸종위기종) 수입허가서

다. 생태계교란 야생동 · 식물 : 유역(지방)환경청장의 생태계교란 야생동 · 식물 수입허가서

2. CITES 물품 수출의 절차도해

절 차	참 고 사 항
수출계약 및 신용장 수취 ↓ 수출인허가 사전신고 · 추천 등 ↓ 수 출 승 인 ↓ 수출물품의 확인 ↓ 수 출 통 관 ↓ 수 출 신 고 수 리 ↓ 전시물품 재수출 등	☞ 수출허가 ① 해당기관별 수출허가 대상품목 – 환경부(유역(지방) 환경청, CITES부속서에 포함된 양서류, 파충류, 거미류, 곤충류, 식물, 수산생물(고래목 제외) → 유역(지방)환경청 자연환경과 – 산림청(시도):조류와 고래목을 제외한 포유류 – 보건복지부 : 동식물중 의약품으로 사용되는 것(곰과 전종, 사향노루속 전종 제외) → 식품의약품안전처 의약품안전관리과(1577–1255) ② 재수출시 구비서류 – 수출승인신청서(필요한 경우) – 수출국 발행 수출증명서 사본(협약 미가입국인 경우 보통명, 학명, 성장지가 표시된 원산지증명서) – 수입신고필증 사본 – 수출상품의 내용을 확인할 수 있는 사진(8×11.7cm 이상), 가죽제품인 경우 3×4cm 이상 견본 – 수송계획서(산 동식물에 한함) ③ 국내산을 수출할 경우 구비서류 – 수출승인신청서(필요한 경우) – 원산지증명서 – 수출상품의 내용을 확인할 수 있는 사진(8×11.7cm 이상), 가죽제품인 경우 3×4cm 이상 견본 – 수송계획서(산 동식물에 한함) ④ 검토 및 수출승인서 발급 신청용도, 재수출이행 가능 여부, 이송, 사육시설 및 관리능력, 사용계획의 실행 가능 여부 등을 검토한 후 환경부 소관품목은 CITES 수출승인서 3부, 산림청 소관품목은 1부 발급(승인서의 유효기간은 발급일로부터 6개월임) 〈수출신고시 구비서류〉 ① 수출신고서 등 기존의 수출신고시 구비서류 ② 동식물 검역증명서 ③ 주무부처의 허가서 등 – 유역(지방)환경청장의 수출승인서 – 시장, 도지사의 수출허가서 – 보건복지부장관의 수출증명서

3. CITES 물품 수입 절차도해

절 차	참 고 사 항

절 차

수입계약체결
↓
수입승인신청
↓
수입승인
↓
신용장개설
↓
선적서류 인수 및 대금결제
↓
수입통관

참 고 사 항

☞ 수입승인

① 대상품목 : 수출의 경우와 동일

② 허가대상

- 학술연구용(자연환경보전법 제27조 제1항)
- 공원, 관광지, 동물원, 박물관 등 관람용
- 사육, 재배증식 및 가공수출용

※ 허가신청시엔 적법하게 포획 또는 채취하였다는 수출국 정부가 발행하는 증명서가 필요하다.

③ 수입허가시(공해상 반입포함)

〈구비서류〉

- 멸종위기에 처한 야생동식물 수출입 등 승인신청서 1부
- 물품매도확약서
- 보호시설 도면 및 사진
- 사용계획서
- 수송계획서(산 동식물)
- 수출국발행 수출증명서 사본(협약 미가입국인 경우 원산지증명서 사본)

④ 검토 및 수입승인서 발급

- 신청용도, 재수출이행 가능 여부, 이송, 사육시설 및 관리능력, 사용계획서의 실행 가능 여부 등을 검토한 후 CITES 수입승인서 2부를 발급(승인서의 유효기간은 발급일로부터 6개월임)

〈수입신고시 구비서류〉

① 수입신고서 등 기존의 수입신고서류

② 동식물검역증명서

③ 수출국 발행의 수출증명서

④ 원산지 증명서

⑤ 주무부처의 허가서 등

- 환경보전법(환경부)에 의한 지방환경청장의 수입승인서
- 조수보호 및 수렵에 관한 법률(산림청)에 의한 시장, 도지사의 수입허가서
- 약사법(보건복지부)에 의한 통관예정보고서 접수필증

제12절 유해폐기물의 수출입

1. 의의

폐기물의 국가간 이동으로 인한 환경오염을 방지하고, 국제협력을 증진한다는 취지에서 1994년 5월 발표된 "폐기물의 국가간 이동 및 그 처리에 관한 협약(일명 바젤협약)" 부속서에 게기된 유해폐기물(솔벤트류 등) 및 기타의 폐기물(고지 등)을 수출입하려면 사전에 환경부장관으로부터 수출입허가를 받아야 수출입이 가능하다.

2. 유해폐기물의 수출입의 절차도해

절 차	참 고 사 항
유해폐기물의 수출 수출계약체결 및 신용장 수취 ↓	☞ 수출허가 신청 ① 환경부장관이 지정하는 시험소에서 "수출폐기물의 시험성적서"를 교부받음 ② "폐기물 수출허가 수수료 납부서"에 수수료를 산출 · 기재후 외국환 업무를 취급하는 은행에 납부 – 금액 : 수출금액(FOB)×0.1% ※ 본선인도가격 또는 선적가격을 알 수 없는 경우 – 산업통상부장관이 정하는 당해 폐기물의 처리비용×0.1% – 납부시기 : 선적후 20일 이내
수출허가신청 ↓ 수출허가 ↓	☞ 수출허가 ① 허가기관 : 유역(지방)환경청 〈구비서류〉 – 폐기물 수출허가(신청)서 – 수출계약서 또는 주문서(당해 폐기물을 건전하게 관리한다는 내용과 수출가격이 FOB기준으로 명시되어야 함) – 수출폐기물의 시험성적서(환경부고시 폐기물의 경우) – 국내운반계약서(운반경로, 운반수단, 운반업자 표시) – 수출대행계약서(수출대행의 경우) – 포괄수출계약서(포괄수출의 경우) – 폐기물수출허가수수료 납부영수증 – 보험증서 또는 기타 보증서(수입국 또는 경유국의 요청시) ② 포괄수출입 : 물리적, 화학적 특성이 동일한 폐기물을 국내의 동일한 세관 및 수출입국의 동일한 세관을 통하여 동일인에게 수출입하는 경우 12개월내에 기간을 정하여 수출허가

절 차	참 고 사 항
↓	③ 환경부의 수출허가 ㅇ "수출허가신청서"가 접수되면 수출적합여부 판단 ㅇ 수입국 또는 경유국의 주무관청에 "수입 또는 경유"에 대한 동의요청 ㅇ "동의서"가 오면 "폐기물 수출허가서"와 "수출이동서류"를 신청자에게 교부 * 동일한 폐기물, 동일한 수입국과 동일인에게 수출할 때에는 1년간 포괄허가 * 필요한 경우 조건을 붙여 수출허가 또는 수입국 정부의 "통관증명서" 요구 ④ 수출허가후 변경내용에 대한 조치사항 – 당해 폐기물을 수출하지 않을 경우 그 사유서와 폐기물의 처리계획서를 환경부에 제출 – 폐기물의 명칭, 성분, 수량과 수입국, 처리장소 등이 변경된 때에는 환경부에 그 변경내용을 수정 · 신청하여 "변경허가서" 재취득
검토 및 수출허가서 교 부	☞ 수출허가서 교부 ① 환경부장관은 수입국 또는 경유국의 동의를 득한 후 수출허가서 교부 ② 수출이동서류 교부(포괄수출의 경우) ☞ 수출폐기물의 운반시 수출이동서류 기재사항 ① 인도자의 성명, 인수자 또는 운반자의 상호, 대표자명, 주소, 전화번호 ② 인수폐기물의 양, 종류, 운송방법, 인수인도장소
↓	
수 출 통 관	〈수출신고시 구비서류〉 ① 수출신고서 ② 수출허가서 ③ 상업송장 ④ 포장명세서 ⑤ 기타 필요한 서류
↓	
선적 및 대금회수	
↓	
사 후 관 리	☞ 폐기물수출관련 사후관리내용 ① 수입국의 통관증명서 제출(필요시) ② 통관증명서를 제출할 수 없을 경우 입증할 서류 제출

절　　차	참 고 사 항
유해폐기물의 수입	☞ 수입허가 ① 허가기관 : 유역(지방)환경청
수입계약체결 ↓	☞ 수입자의 수입허가 신청 ① 수출국 정부의 주무관청에 "수입동의요청"을 우리정부에 하도록 조치 ② 외국환 취급은행에 "폐기물수입허가수수료" 납부(수수료 산정등은 수출시와 동일)
수입허가신청 ↓	③ 환경부에 "폐기물수입허가신청서" 제출 ④ 수입허가수수료 납부:거래 외국환은행 – 금액 : 수입금액(CIF)×0.1% – 납부시기 : 통관후 20일 이내
수입허가 ↓	〈구비서류〉 – 폐기물수입허가(신청)서 – 수입계약서 또는 주문서(당해 폐기물을 건전하게 관리한다는 내용과 수입가격이 CIF기준으로 명시되어야 함) – 수입폐기물의 특성 또는 용도를 표시하는 서류 – 국내운반계약서(운반경로, 운반수단, 운반업자 표시) – 수입대행계약서(수입대행의 경우) – 포괄수입계약서(포괄수입의 경우) – 수입폐기물의 처리 또는 재활용 용도 및 방법설명서와 그 공정도 – 재활용 후 발생되는 폐기물의 처리계획서 – 폐기물수입허가수수료 납부 영수증
검토 및 수입허가서 교부 ↓	☞ 수입허가서 ① 환경부장관은 수입허가 신청서를 검토 ② 수입자에게 수입허가서 발급 * 동일한 폐기물을 국내 동일세관을 통해서 동일인이 수입하는 경우 1년간 포괄허가 * 필요한 경우 조건을 붙여 허가하거나 하역항구를 지정 또는 제한 ③ 수입이동서류 교부(포괄수입의 경우) * 수입이동서류 기재사항은 수출과 동일
신용장개설 ↓	④ 수입자는 폐기물이 국내에 반입된 30일 이내에 수출국 정부의 "이동서류"를 제출 * 수출국의 "이동서류"와 수입자가 제출한 "허가신청서" 내용의 일치여부를 확인후 국내의 "수입이동서류" 교부
선적서류인도 및 대금결제 ↓	⑤ 수입허가후 변경된 내용에 대한 조치사항 * 수입전 허가내용을 변경해야 할 때에는 그 사유서와 증명서를 첨부하여 변경허가 신청 * 국내수입이동서류의 내용을 변경해야 할 때에는 수입자의 신청에 따라 재교부
수입통관	☞ 수입폐기물의 양수신청 서류 ① 당해 폐기물의 양도, 양수계약서 사본 ② 당해 폐기물의 사용 또는 처리계획서

☞ **수출입 폐기물의 관리 : 폐기물의 포장 및 표지부착 방법**

① 포장방법

ㄱ. 수출입대상 폐기물은 품목별로 분리하여 각각 포장하여야 한다.

ㄴ. 내용품이 외부로 노출되지 않도록 포장하여야 하며, 액체상태의 폐기물은 누출위험이 없는 밀폐용기를 사용하여 포장하여야 한다.

ㄷ. 외부포장재는 충격 등에 잘 찢어지거나 포장형태가 변하지 않도록 튼튼한 포장재를 사용하여야 하며, 수출입폐기물 표지를 부착할 수 있도록 포장하여야 한다.

② 표지부착 방법

ㄱ. 수출입폐기물 표지는 외부포장재에 부착하되 포장된 수량 전부에 대하여 부착하여야 한다.

ㄴ. 수출입폐기물 표지의 크기는 가로 20센치, 세로 30센치 이상이어야 하며, 국영문으로 작성하여야 한다.

ㄷ. 기재내용

- 폐기물명
- UN분류번호
- 허가번호
- 수출국
- 수입국
- 경유국
- 수출자 : 상호, 주소, 전화번호
- 수입자(수하인) : 상호, 주소, 전화번호
- 선적일자

제13절 폐기물 부담금 납부대상물품 수입

1. 의의

특정유해물질 또는 유독물을 함유하고 있거나, 재활용이 어렵고 폐기물관리상 문제를 일으킬 수 있는 제품 · 재료 · 용기에 대해 그 폐기물의 처리에 소요되는 비용을 해당 제품 · 재료 · 용기의 제조업자와 수입업자에게 부담하도록 하여 폐기물의 발생 억제와 자원의 낭비를 막기 위한 제도이다. (1993년부터 시행)

2. 폐기물 부담금 납부대상물품 수입의 절차

절 차	참 고 사 항
수입계약체결 ↓	※ 별도로 수입승인이나 요건확인을 요하는 품목은 통관전 관련기관의 승인이나 확인을 받아야 한다.
수입통관 ↓	
부담금납부대상확인 ↓	☞ 확인기관 한국환경공단 각 지역 환경본부(수도권환경본부 02-3153-0540~6) 〈구비서류〉 -폐기물부담금 납부확인신청서 -수입신고서(또는 수입승인서) 사본 -제품 · 재료 · 용기의 용량 및 가격 등을 확인할 수 있는 서류
부담금 납부고지 및 납부	☞ 폐기물 부담금 납부대상품목 1. 유리병 · 플라스틱용기를 사용하는 살충제 및 금속캔 · 유리병 · 플라스틱용기를 사용하는 유독물제품 2. 유리병을 사용하는 화장품 3. 부동액(자동차, 건설기계 및 농업기계에 사용되는 부동액) 4. 껌 5. 1회용 기저귀 6. 담배(판매가격이 200원 이하인 담배와 담배소비세 면제 또는 환급 담배 제외) 7. 다음 각목의 플라스틱제품 가. 제1차 플라스틱제품 나. 건축용 플라스틱제품 다. 포장용 플라스틱제품 라. 기계장비조립용 플라스틱제품 마. 기타 플라스틱제품 바. 플라스틱을 재료로 사용하여 제조하는 인형 · 장난감 · 오락용품, 사무 · 회화용품, 가구제품, 끈 · 로프, 라이터, 칫솔, 면도기(전기식을 제외한다)

제14절 재활용 부과금 제도

1. 의의

재활용의무대상이 되는 제품을 제조 또는 수입하는 자에게 그 제품의 폐기물에 대하여 일정량의 재활용 의무를 부여하여 재활용하게 하고, 이를 이행하지 않을 경우 재활용에 소요되는 비용 이상의 재활용 부과금을 부과하는 제도로서 종전의 폐기물예치금제도가 변형된 것이다. (2003년부터 시행)

2. 재활용의무대상 품목

제품 : 타이어, 전지류, 윤활유, 전자제품, 형광등

포장재 : 음식료품류, 농 · 수 · 축산물, 세제류, 화장품 및 애완동물용 삼푸 · 린스, 의약품 및 의약외품, 부탄가스, 살충 · 살균제, 전자제품의 완충제 등의 포장재 용도로 사용되는 종이팩, 금속캔, 유리병, 합성수지 재질 포장재

3. 재활용의무 이행

생산자 · 수입자 스스로 재활용

재활용사업자에게 재활용을 위탁

재활용사업공제조합에 가입하여 분담금 납부

4. 재활용의무 이행 절차

재활용의무 이행	기　한
↓ 품목별 재활용의무총량 고시(환경부장관)	9월말
↓ 재활용의무이행계획서 제출(조합, 생산자 → 환경자원공사)	11월말
↓ 재활용의무이행계획서 승인(환경자원공사 → 조합, 생산자) ↓	12월말
재활용의무이행 ↓	당해년도
재활용의무 이행결과보고서 제출(조합, 생산자 → 환경자원공사)	다음해 3월말
↓ 재활용실적조사(환경자원공사 → 재활용사업자)	
↓ 재활용부과금 납부고지(환경자원공사 → 조합, 생산자)	6월 15일까지
↓ 재활용부과금 납부(조합생산자 → 환특회계)	7월 5일까지

Ⅶ 무역관련 금융 및 수출물품 조달

제1절 무역금융제도

1. 무역금융의 의의

무역금융이란 물품의 수출 및 용역의 제공을 통한 외화획득을 촉진하기 위하여 수출업체 등에 대하여 수출물품의 생산, 원자재 및 완제품 구매에 필요한 자금을 지원하는 원화대출 및 관련 지급보증제도를 말한다. 수출업체들은 무역금융제도를 이용하여 외국과의 수출입거래 및 동 거래에 직접 연결되는 국내거래에 소요되는 자금을 외국환은행으로부터 대출받을 수 있게 되어 수출경쟁력을 제고시킬 수 있다. 넓은 의미로는 수출입 등 대외무역거래를 원활하게하기 위하여 지원되는 모든 금융을 의미한다. 은행업무 취급상 의미로는 국내의 수출업체 및 국내 수출물품 생산업체를 지원 대상으로 하여 수출물품 선적 전에 필요한 운전자금을 지원하는 무역관련 금융 및 관련 지급보증을 의미한다.

2. 무역금융제도의 특징

우리나라와 같이 물적 자원이 부족한 반면 비교적 인적자원이 풍부한 국가에서는 경제성장을 도모하고 국제수지를 개선하여 경제적 자립을 이룩하기 위해서는 무엇보다도 수출증대가 중요하다. 그러나 수출이란 국내거래와 달리 주권을 달리하는 국가 간의 국제거래이므로 이의 증대를 도모하기 위해서는 세제, 금융 등에서 다각적인 지원이 필요하다.

무역금융이란 이러한 여러 지원수단 중에서 수출물품의 생산 등에 필요한 소요자금을 적기에 지원, 수출물품을 공급할 수 있게 함으로써 국제경쟁력을 강화하고 수출증대를 달성하기 위하여 지원되는 금융으로 다음과 같은 특징이 있다.

(1) 선적 전에 지원되는 금융

무역금융은 수출물품을 생산하는데 소요되는 자금을 선적 전에 지원하여 동 수출대금으로 융자금을 상환토록 하는 선적전 금융이다. 이에 비하여 수출물품 등을 선적한 후 대금결제 시까지 일정시일이 소요되는 기한부신용장(Usance L/C) 등에 의한 수출환어음을 대금지급기일 전에 매입하는 기한부 수출환어음의 매입(Negotiation)은 선적후 금융이라 할 수 있다.

(2) 수출단계별로 지원

수출신용장 등의 내도 전과 내도 후 또는 과거 수출실적과 연계하여 일정시점으로부터 수출대금의 회수 시까지 수출이행의 전체 과정을 대상으로 생산자금, 원자재자금 및 완제품구매자금의 수출이행 과정별로 연계하여 지원함을 원칙으로 하고 있다. 무역금융은 하나의 수출거래를 이행하기 위하여 필요한 자금을 각 자금별로 소요시기에 맞추어 지원할 수 있다. 단지, 전년도 또는 과거 1년 간

수출실적이 미화 2억 달러 미만인 중소업체에 대해서는 자금용도의 구분 없이 포괄금융의 지원이 가능하다.

(3) 내국신용장제도 운용

우리나라에서만 통용될 수 있는 내국신용장(Local L/C) 제도를 실시하여 대외거래의 직접 당사자로서 수출신용장을 수취하거나 수출계약을 체결한 수출업자 뿐만 아니라 수출용 수입원자재와 국내 생산 '수출용 원자재'나 '수출용 완제품' 생산업자에 대해서도 수출업자와 동등한 차원에서 금융을 지원하고 있다.

(4) 사후관리제도 운용

무역금융은 수출진흥을 위하여 지원하는 금융이므로 자금의 유용 방지를 위하여 거래외국환은행은 해당업체의 업황, 생산시설 및 수출능력 등을 파악하는 등 사후관리제도를 운용하고 있는 바, 융자금의 수출대금 등에 의한 회수원칙과 부당한 금융수혜 등에 대한 제재제도를 실시하고 있다.

(5) 융자취급은행 제한

하나의 수출신용장 등과 관련된 무역금융의 취급 및 수출대금의 영수는 동일한 외국환은행을 통하여 이루어져야 한다.

3. 무역금융의 내용

무역금융은 유형의 물품 및 무형의 용역 수출활동을 대상으로 지원하는 선적 전 금융으로서 상품수출입이 대외거래의 주종을 이루고 있으며 외국환은행이 물품을 직접 해외로 수출하는 직수출업자 또는 국내의 수출품 원자재 등의 제조업자를 대상으로 수출품의 제조, 원자재 또는 완제품 구매에 필요한 대출금을 선적 전에 소요시기에 맞추어 지원하는 제도이다.

융자대상자 구분에 의한 무역금융의 분류

<table>
<tr><th>구 분</th><th colspan="4">내 용</th></tr>
<tr><td rowspan="2">융자대상자 요건에 의한 분류</td><td colspan="2">융자대상증빙 보유자 (신용장기준)</td><td rowspan="2">-생산자금
-포괄금융</td><td rowspan="2">-원자재자금
-완제품구매자금</td></tr>
<tr><td colspan="2">과거수출실적 보유자 (실적기준)</td></tr>
<tr><td rowspan="4">생산능력 보유여부에 의한 분류</td><td rowspan="3">제조자 금융</td><td rowspan="2">용도별 금융</td><td>생산자금</td><td>수출용 완제품 또는 원자재의 제조, 가공, 개발비용</td></tr>
<tr><td>원자재구매자금</td><td>수출용 원자재를 해외로부터 직수입 또는 내국신용장에 의하여 국내 구매하는데 소요되는 비용</td></tr>
<tr><td colspan="2">포괄금융</td><td>상기의 제조 · 가공 · 개발비 · 수입 · 국제원자재 구매자금을 자금용도의 구분 없이 일괄하여 지원하는 자금</td></tr>
<tr><td colspan="2">비제조자 금융</td><td>완제품 구매자금</td><td>완제품구매를 위한 내국신용장 개설 후 결제시점에 지원하는 자금</td></tr>
</table>

무역금융의 융자 절차

수출과정	무역금융 융자절차	융자대상 자금 종류
1. 수출계약		
2. 수출신용장 등 내도		
3. 수출승인	필요시 추천기관 등에서 승인	
↓ ↘② 완제품 Local L/C 개설	---→ 수출물품인수 ---→ 추심의뢰서 내도--------→	완제품 구매자금
① 자가생산개발	--→	포괄금융
4. 소요원자재 확보		
① 국산원자재 ㉠ 자가생산 · 개발	--→	생산자금
㉡ 현금구매	-----------→ 원자재 인수 ----------------------→	생산자금
㉢ Local L/C 개설	-------→ 원자재 인수 ------→ 추심의뢰서 내도 ----→	원자재 자금
② 수입원자재 ㉠ At sight L/C 개설 (D/P, COD, CAD)	-----→ 선적서류 내도 -----→ 수입어음 또는 차기통지서 내도 -----→	원자재 자금
㉡ Local L/C 개설	-------→ 원자재 인수 ------→ 추심의뢰서내도 ----→	원자재 자금
5. 수출품제조 · 가공	--→	생산자금
6. 수출신고 및 통관		
7. 선적		
8. 수출대금 회수(NEGO)	--→	융자금 상환

4. 융자대상

〈신용장기준금융〉

① 수출신용장 또는 추심결제방식 및 '기타 수출관련계약서'에 의하여 물품 (대외무역법에서 정하는 전자적 형태의 무체물 포함), 건설 및 용역을 수출하거나 국내 공급하고자 하는 자

② 내국신용장(Local L/C) 또는 '대외무역법'에 의한 외화획득용원료 · 기재구매확인서에 의하여 수출용 완제품 또는 원자재를 공급(수탁가공 포함)하고자 하는 자

③ 다음 중 하나에 해당하는 외화 또는 원화표시 물품공급계약서에 의하여 물품, 건설 및 용역을 수출하거나 국내 공급하고자 하는 자

- 외국정부, 외국 공공기관 또는 국제기구와 체결된 물품, 건설 및 용역공급계약서
- 선박건조공급(개조공급 포함) 및 '대외무역법'이 정한 산업설비의 수출을 위한 계약서
- 정부, 지방자치단체 또는 정부투자기관이 외국으로부터 받은 차관자금에 의한 국제경쟁입찰에 의하여 국내에서 유상으로 물품, 건설 및 용역을 공급하기 위하여 체결된 계약서

〈실적기준금융〉

① 수출신용장, 추심결제방식 및 기타 수출관련계약서, 외화표시 물품공급계약서 또는 내국신용장 방식에 의한 과거 수출실적 또는 공급실적이 있는 자로서 동 수출실적을 기준으로 융자를 받고자 하는 자

② '관세법'의 규정에 의하여 설치된 보세판매장에서 자가생산품을 외국인에게 외화로 판매한 실적이 있거나 외항항공, 외항해상운송 또는 선박수리업체로서 과거 입금실적이 있는 경우 동 외화판매실적 및 외화입금실적을 기준으로 융자를 받고자 하는 자

〈생산자금 또는 포괄금융 융자〉

① 생산시설을 보유한 제조업체(생산시설 임차업체 포함)

사업자등록증상 업종이 '제조' 여부 확인. 다만, 사업자등록증상 업종이 농수산물 및 중고품 관련인 경우 생산자금 융자취급 가능

공장등록증 또는 공장임대차계약서 등 자가생산을 확인할 수 있는 서류

② 국내 임가공위탁에 의한 수출용 완제품 또는 원자재 제조업체(임가공위탁계약서로 확인)

③ 대외무역법에서 정한 전자적 무체물 수출업체(생산자금에 한함)

☞ **한국은행 금융중개지원대출 관련 무역금융지원프로그램 운용세칙상 무역금융 융자대상 제한**

금융기관별 한도배정에 반영하는 무역금융은 "중소기업기본법" 제2조 및 동법 시행령 제3조의 규정에 의한 중소기업에 대한 대출로 한다. 다만, 다음에 대해서는 "한국은행 금융중개지원대출관련 무역금융지원프로그램 운용세칙"상 무역금융 융자대상에서 제외된다.

① '은행업감독규정' 제79조 제1항에서 정하는 주채무계열 소속기업체

② '신용정보 관리규약'에 의해 최종부도거래처로 분류된 기업체

③ 다만, 각 은행의 내규에 의거 무역금융을 취급하고자 하는 경우에는 무역금융 실행시 또는 무역금융 예정등록시 '한은자금 구분 비대상'으로 거래하여야 한다.

5. 융자대상 수출실적

대외무역법령에 의한 수출실적 중에서 무역금융 관련규정에서 구체적으로 인정한 부분만을 집계한 수출실적을 말한다. 무역금융의 '융자대상 수출실적'은 특정업체의 자금종류별 융자한도를 결정할 뿐만 아니라, 실적기준금융의 경우에는 수출신용장 등의 보유와 관계없이 과거 융자대상 수출실적만으로도 융자가 취급될 수 있다. 따라서 융자대상 수출실적의 개념, 용도 및 분류기준에 관한 정확한 이해와 더불어, 업체별 동 수출실적에 대한 정확한 통계의 작성 및 관리가 매우 중요하다.

6. 융자금의 종류(용도별금융)에 의한 구분

무역금융은 자금용도(용도별 금융)에 따라 생산자금, 원자재(구매, 수입)자금, 완제품구매자금으로 구분되며, 이와는 별도로 일정한 자격요건을 갖춘 소액 수출업체에 대하여 수출물품의 생산에 소요되는 자금(생산자금, 원자재자금)을 용도 구분없이 일괄하여 융자하는 포괄금융이 있다.
단, 포괄금융을 사용하는 업체는 생산자금과 원자재자금을 함께 사용할 수 없다.

일반수출입금융의 융자금

구 분	종 류	내 용
용도별 금융	생산자금	수출용 완제품 또는 원자재의 제조 · 가공비 또는 개발하는데 소요되는 비용
	원자재구매자금	• 수출용 수입원자재를 직수입하거나 내국신용장에 의하여 국내 구매하는 데 소요되는 자금 • 국내에서 생산된 수출용 원자재를 내국신용장에 의하여 구매하는 데 소요되는 자금
	완제품구매자금	국내에서 생산된 수출용 완제품을 내국신용장에 의하여 구매하는 데 소요되는 자금
포괄금융	상기 제조 · 가공비 및 수출용 수입 · 국산원자재구매자금을 일괄하여 자금용도 구분 없이 지원되는 자금	

(1) 생산자금

국내에서 수출용 완제품 또는 수출용 원자재를 제조 · 가공하거나 개발하는데 소요되는 설비 · 인건비 · 운영경비 등에 필요한 자금을 말한다. 그 동안 제조시설을 갖추지 않은 업체들은 수출물품을 직접 제조 · 가공할 수 없다는 이유로 생산자금을 융자받을 수 없도록 제한하였으나, 1999년 5월 1일부터는 제조시설이 없는 업체들도 수출품의 기획 · 개발 및 위탁가공 등에 필요한 자금을 생산자금으로 이용할 수 있도록 허용하였다. 즉, 제조시설이 없는 업체 중에서 수출품의 기획 · 개발 및 위탁가공에 필요한 자금을 융자받고자 하는 경우에는 수출신용장이나 과거 수출실적을 근거로 기획 · 개발자금이나 위탁가공에 소요되는 자금규모를 산출, 거래 외국환은행과 협의하여 생산자금을 융자받을 수 있다.

생산자금은 수출금액(FOB가액 기준) 중 소요원자재금액 "원자재수입액(CIF가액기준) 및 원자재 국내구입액"을 제외한 부분, 즉 가득액(또는 부가가치액)을 대상으로 지원되는 자금이므로 가득액 금융이라고도 한다. 또한 생산자금은 구매자금(원자재구매자금, 완제품구매자금)과 달리 대출금이 차주에게 직접 현금으로 지급된다는 점에 그 특징이 있다.

가득외화액 = 수출금액(FOB 기준) − 소요원자재액(소요량계산서 등에 의함)

다만, 수출용원자재 및 완제품을 상거래 관행상 현금거래에 의하지 아니하고는 조달하기 어려운 중고품, 농수산물 및 자가생산한 원자재 등을 구매하는 경우에는 원자재 구매자금으로 취급하지 않고 생산자금으로 지원할 수 있도록 하고 있다.

(2) 원자재 자금

원자재자금은 수출이행에 필요한 수출용원자재를 해외로부터 수입 시에 지원되는 수입신용장에 의한 원자재 수입자금과 국내에서 내국신용장에 의하여 구매하는데 소요되는 원자재 구매자금으로 나누어 볼 수 있다.

〈원자재수입자금〉

해외로부터 수출용원자재를 수입하는 경우에는 일람출급신용장(At Sight L/C) 및 지급도(D/P)조건 수입의 경우와 물품인수 또는 선적서류와 상환조건으로 수입대금을 지급하여야 하는 대금교환도(COD 및 CAD)조건 수입의 경우에 한하여 동 수입대금 결제에 충당하기 위한 자금으로 취급되는 자금이다. 인수도(D/A)조건 및 기한부신용장(Usance L/C)에 의한 연지급수입의 경우에는 원자재자금의 융자대상에서 제외된다.

※ 화물운임 관련 원자재수입자금의 융자대상금액
원자재수입자금 취급시 융자대상 수입금액은 운임보험료 포함가격(CIF)을 기준으로 하고 있기 때문에 원자재수입에 따른 해상운임을 수입어음금액에 포함하여 결제하지 않고 따로 지급하기로 되어 있는 경우에는 해당 선박회사 또는 대리점이 발급한 운임증명서에 의거하여 동 운임결제를 위한 자금도 원자재수입자금으로 지원할 수 있다.

〈원자재구매자금〉

수출용원자재를 국내에서 내국신용장에 의하여 구매하는 데 소요되는 자금은 내국신용장을 개설한 후, 동 내국신용장 수혜자가 원자재를 공급하고 대금회수를 위하여 당해 내국신용장 개설의뢰인을 지급인으로 하여 발행한 판매대금 추심의뢰서를 결제하는데 필요한 자금이다. 따라서 수출용원자재라 하더라도 내국신용장을 개설하여 구매하지 않는 경우에는 융자대상이 되지 않는다.

※ 임가공내국신용장에 대한 원자재 구매자금의 예외 취급
원자재 구매자금은 자가생산을 위하여 수출용 원자재를 필요로 하는 실수요자를 대상으로 융자취급을 원칙으로 한다. 그러나 임가공 방식으로 수출용 원자재 제조공정 일부를 위탁가공하고 수탁가공업체에 대한 가공임을 내국신용장으로 지급하는 '원자재 임가공 내국신용장'의 경우에는 동 가공임 결제를 위한 자금을 원자재구매자금으로 취급할 수 있다. 또한 수출용 완제품 제조공정 전부를 위탁 · 가공하기 위하여 발행하는 '완제품 임가공 내국신용장'의 결제를 위한 융자취급도 가능하다.

(3) 완제품구매자금

국내에서 생산된 수출용 완제품을 내국신용장에 의하여 구매하는데 소요되는 자금을 지원하기 위한 자금이다. 수출용 완제품을 수출자가 국내에서 구매할 때 공여되는 무역금융을 가리킨다. 당해

수출물품을 제조하지 않은 자가 제품을 생산하는 자로부터 완제품을 구매하여 수출하는 경우가 있는데, 이 때에 금융이 제공된다. 따라서 수출용 완제품이라 하더라도 내국신용장을 개설하여 구매하지 않는 경우에는 융자대상이 되지 않는다.

(4) 포괄금융

포괄금융이란 일정한 요건을 갖춘 자가생산품 직수출업체에 대하여 수출품의 생산에 필요한 자금을 융자할 때 자금용도를 구분하지 않고, 수출신용장 등의 금액 또는 수출실적의 일정비율 해당액을 일괄하여 지원하는 자금을 말한다. 따라서 포괄금융을 융자받은 기업은 생산자금, 원자재자금 또는 완제품 구매자금을 수혜 받을 수 없다.

〈대상업체〉

'은행업감독규정' 제79조 제1항에서 정하는 계열기업군중 상위 30대 계열기업군 소속기업체가 아닐 것(비계열 대기업 및 중소기업)

전년도(1월 1일부터 12월 31일까지를 기준으로 한다) 또는 과거 1년 간 수출실적이 미화 2억 달러 미만인 업체. 다만, 수출실적 보유기간이 1년 미만인 신규업체는 동 기간 동안의 수출실적이 2억 달러 미만인 업체

〈선정〉

① 포괄금융을 이용하고자 하는 업체는 당해 업체의 수출실적관리 등을 담당할 외국환은행(1개 영업점을 기준으로 한다. '주거래외국환은행'이라 함)을 지정하여야 한다.
② 주거래외국환은행은 포괄금융 이용업체 요건에 해당하는 업체의 신청에 의하여 동 업체를 포괄금융 이용업체로 선정할 수 있다.
③ 포괄금융 이용업체의 주거래외국환은행으로 신규 또는 변경 지정되어 포괄금융 이용업체를 선정한 주거래외국환은행은 '포괄금융 주거래외국환은행(신규, 변경) 지정 및 이용업체 선정 신청서' 사본에 의하여 동 사실을 지체없이 당해 업체가 무역금융 및 무역금융관련 지급보증을 이용하고 있는 다른 외국환은행(부거래외국환은행)에 통보하여야 한다.
④ 부거래외국환은행은 주거래외국환은행으로부터 포괄금융 이용대상 선정통보를 받은 후 당해 업체에 대한 무역금융 및 무역금융관련 지급보증을 취급하여야 한다.
⑤ 주거래외국환은행은 선정한 포괄금융 이용업체의 자격을 매년 1월중에 전년도 수출실적을 기준으로 재심사 선정하여야 한다. 포괄금융 이용업체로 선정된 이후 융자대상 수출실적 2억 달러를 초과하더라도 다음해 1월까지는 유효하다.
⑥ 주거래외국환은행이 포괄금융 이용업체의 선정을 취소한 경우에는 포괄금융 이용업체 선정 취소통보서에 의하여 동 사실을 지체없이 당해업체의 부거래외국환은행에 통보하여야 한다.

(5) 무역금융 자금용도 변경

무역금융 자금용도별 대출운영은 '용도별구분' 방식과 '포괄금융' 방식 중 하나의 방식을 선택하여 운영하여야 하며, 두 가지 방식을 중복하여 운영할 수는 없다.

① 용도별 금융을 포괄금융으로 변경하는 경우
   용도별 금융으로 사용한 무역금융 융자자금(지급보증액 포함)을 전액 회수한 후 포괄금융으로 한도 산정 등록 후 거래

② 포괄금융을 용도별금융으로 변경하는 경우
   포괄금융으로 한도를 산정한 후 용도별금융으로 사용한 무역금융 융자자금(지급보증액 포함) 만큼 한도를 차감하여 운영

7. 융자방법에 의한 구분

일반수출입금융의 융자방법은 수출업체의 금융편의와 융자절차 간소화를 위하여 각 자금별(포괄금융의 경우에는 업체별)로 '신용장기준금융방식'과 '실적기준금융방식'으로 구분하여 운용되고 있다. 즉, 무역금융을 융자받고자 하는 모든 업체는 다음과 같이 '신용장기준금융방식'과 '실적기준금융방식'의 두 가지 방법 중에서 자금별로 한 가지를 선택하여 융자받아야 하며, 두 방식을 동시에 이용할 수는 없다.

(1) 신용장기준금융

수출업체 등이 보유하고 있는 수출신용장, 수출계약서, 외화표시 물품공급계약서 및 내국신용장 등(이하 '수출신용장' 등이라 한다)의 매 건별로 당해 수출(공급) 계약금액 및 선적(인도) 기일 범위내에서 대출금 및 지급보증을 수출입절차에 맞추어 취급하고 당해 수출(공급)대금으로 융자금을 회수하는 방식이다.

(2) 실적기준금융

수출신용장 등 개별수출증빙을 확인하지 않고 업체별 과거수출실적(융자대상 수출실적)만을 기준으로 각 자금별 융자한도를 설정하여 동 한도 범위 내에서 대출금 및 지급보증을 취급하되 소정 융자기간 만료일에 융자금을 회수하는 방식이다.

신용장기준금융과 실적기준금융의 비교

구 분	신용장기준금융	실적기준금융
수혜자격	수출신용장 등 보유업체	과거(또는 향후) 수출실적 보유업체
수혜시기	수출신용장 등이 있어야 금융이용 가능	수출신용장 등의 보유여부와 관계없이 과거 수출실적에 의한 융자한도 범위 내에서 금융이용 가능
한도산정	업체가 보유한 수출신용장 등의 금액 범위 이내	과거(또는 향후) 수출실적을 근거로 융자한도 산정기준에 따라 사용
한도관리	융자잔액(지급보증 잔액 포함)으로 관리	좌동
융자기간	당해 수출신용장 등이 유효기일 범위 내에서 선적기일 또는 인도기일에 7일을 가산한 기일 이내에서 최장 365일을 초과하지 못함(완제품 구매자금은 60일)	최장 180일(90일 범위 내에서 기한연장)을 초과하지 못함(완제품 구매자금은 60일)
편 의 성	수출신용장 등을 근거로 건별로 금융취급을 하게 되므로 불편함	수출신용장 등의 보유여부에 관계없이 금융취급할 수 있어 편리함
특 징	신규업체 및 사전 원자재 확보가 필요 없는 업종에 편리함	원자재 사전 비축확보가 용이하므로 원자재자금은 대부분 실적기준을 이용하고 있음

(3) 융자방법의 변경

업체가 융자방법을 변경하는 경우에는 융자방법의 변경시점에서 외국환은행은 기 취급된 대출금 및 지급보증잔액이 융자방법 변경 대상자금의 융자한도를 이미 초과했다면 소정 융자한도 내로 축소될 때까지 신규금융을 취급할 수 없다.

제2절 수출물품 확보방법

1. 의의

수출물품을 확보하는 방법은 수출자의 자가공장에서 수출물품을 직접 제조 · 생산하는 경우와 다른 회사에서 제조 · 생산한 수출물품(완제품)을 국내에서 구매하는 경우로 나눌 수 있다.

또한 수출물품을 제조 · 생산하기 위한 원자재의 확보는 국내에서 구입하는 경우와 외국에서 수입하는 경우가 있는데, 수출 물품 또는 원자재를 국내에서 확보하는 방법은 내국신용장에 의한 방법과 구매확인서에 의한 방법이 있다.

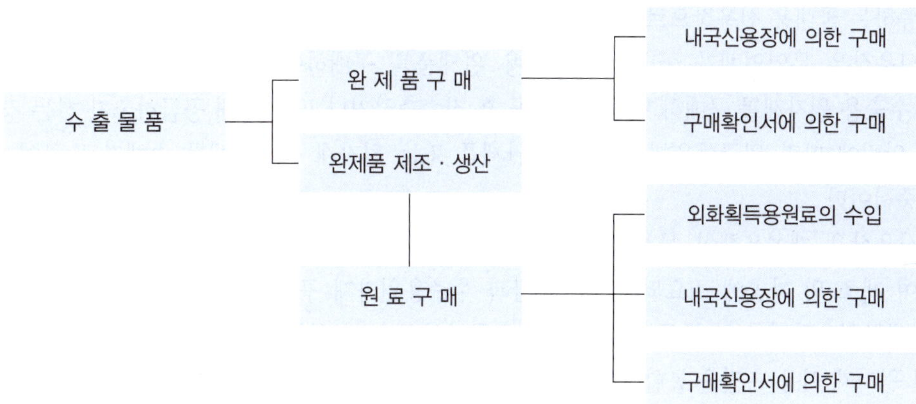

2. 수출물품(수출용원자재) 확보시의 혜택

① 원료 수입시나 국내구매시 무역금융지원(원자재 금융)

② 관세환급(당해원료로 제조 · 가공한 물품의 수출 시)

3. 내국신용장에 의한 구매

수출자는 수출용 완제품이나 소요원료를 공급하는 국내 생산업체 또는 유통업자와 물품공급 계약을 체결하고 유트레이드허브(http://www.utradehub.or.kr)에서 자신의 거래 외국환은행을 선택하여 공급업자를 수혜자로 한 내국신용장을 개설한 후 당해 물품을 공급받을 수 있다.

수혜자(생산업체 또는 유통업체)는 물품을 공급한 후 내국신용장 및 물품수령 증명서를 근거로 매입 추심의뢰서를 발행, 공급대금을 회수한다.

※ 내국신용장의 개설조건, 구비서류, 내국신용장에 의한 구매절차 등 관련 내용은 제3절 "내국신용장 제도"를 참조

4. 구매확인서(외화획득용원료 · 기재구매확인신청서)에 의한 구매

무역금융한도(원자재자금 한도)가 부족하거나 단순송금 방식에 의한 수출 등 내국신용장의 개설이 어려운 상황에서 외화획득용 원료 및 완제품 구매를 원활히 하기 위하여 내국신용장에 준하여 발급하여 주는 증서이다.

※ 구매확인서의 발급조건, 구비서류, 구매확인서에 의한 구매절차 등 관련내용은 제4절 "구매확인서 제도" 참조

제3절 내국신용장제도

1. 의의

외국으로부터 수출신용장 등을 받거나 과거 수출 실적이 있는 국내 수출업체가 수출용 원자재 또는 완제품을 국내에서 원활하게 조달하기 위하여 융자대상 수출실적 또는 원수출신용장 등을 근거로 하여 신청하고, 수출용 원자재 또는 수출용 완제품의 국내공급업자를 수익자로 하여 발행은행이 지급보증하는 국내용 신용장으로서 일명 Local L/C라 한다.

내국신용장은 무역업체가 국내에서 수출용 완제품을 구매하여 직수출하거나, 수출물품제조에 필요한 수출용 원자재를 구매하여 제조 · 가공 후 직수출하거나 또는 국내 공급하고자 하는 경우, 그 업체의 의뢰에 따라 외국환은행이 국내의 완제품 또는 원자재 공급업체를 수혜자로 하여 개설한 지급보증서이다.

내국신용장은 개설은행이 물품대금 지급을 보증할 뿐만 아니라 무역금융 융자대상 증빙으로 인정하여 제조 및 가공에 소요되는 생산자금과 수출용원자재 구입자금을 무역금융으로 융자한다. 그리고 내국신용장에 의한 물품공급 실적을 수출실적으로 인정하고 부가가치세 영세율을 적용하는 등 국산 원자재 사용 촉진을 통한 외화가득률 제고에 중요한 역할을 한다.

2. 내국신용장의 주요기능

개 설 의 뢰 인	수 혜 자
· 수출용원자재를 내국신용장으로 구매 시 개설은행으로부터 원자재금융 융자가능 · 내국신용장에 의해 물품 구매 시 물품 공급 후에 대금을 지급하므로 자금부담 경감 · 개설의뢰인은 내국신용장에서 정한 기일 내에 물품을 공급받으므로 원활한 수출물품 확보 가능	· 내국신용장에 의한 국내 공급실적은 '대외무역법'상 수출실적으로 인정 · 내국신용장에 의한 물품공급실적은 무역금융 융자대상 수출실적으로 인정받고 내국신용장을 융자대상 증빙으로 하여 무역금융 수혜 가능 · 은행의 지급보증으로 물품공급대금 회수보장 · 부가가치세 영세율 적용 및 관세환급

3. 거래당사자와 거래절차

① 개설의뢰인(구매자) : 수출용원자재 또는 수출용완제품을 내국신용장 방식에 따라 구매(또는 임가공 위탁)하고자 하는 업체로서 동 내국신용장 대금의 지급의무를 부담한다. 개설의뢰인의 자격은 원칙적으로 무역금융의 융자대상자, 즉 수출신용장 등을 보유한 자, 자사제품 수출실적 보유자 및 타사제품 수출실적 보유자에 한한다.

② 수혜자(공급자) : 당해 내국신용장의 공급대상 물품을 제조, 생산(또는 임가공 수탁)하여 개설의뢰인에게 매도하는 업체 또는 유통업자 등이 가능하다.
③ 개설은행(외국환은행) : 개설의뢰인의 신청으로 내국신용장을 개설하는 국내 외국환은행으로서 개설의뢰인이 거래하는 은행이다.
④ 매입추심은행 : 내국신용장 수혜자가 물품공급을 완료한 후 동 공급대금을 회수할 목적으로 발행한 매입 추심의뢰서를 매입 또는 개설은행에 추심의뢰하는 국내 외국환은행이다.

※ 내국신용장의 근거규정인 「한국은행금융중개지원대출 관련 무역금융지원프로그램 운용세칙」이 개정됨에 따라 2014.2.14부터는 유트레이드허브(http://www.utradehub.or.kr)을 통해 내국신용장의 개설/통지는 물론 매입 · 추심 신청도 온라인으로만 가능하도록 하였다.

내국신용장 거래절차

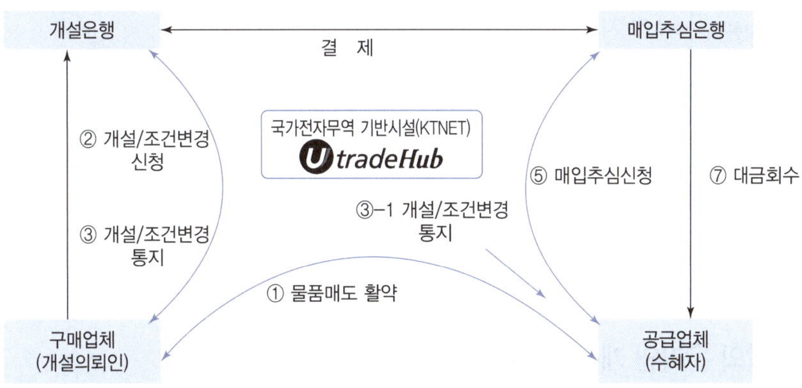

※ 국가 전자무역 기반시설은『전자무역촉진에 관한 법률』에 따라 전자무역 기반사업자인 KTNET이 운영하며, 유트레이드허브(www.utradehub.or.kr)는 정부의 전자정부지원사업의 일환으로 산업통상자원부가 구축하고 KTNET이 운영하는 전자무역 단일창구임

4. 상세 업무절차

전체 업무구성도

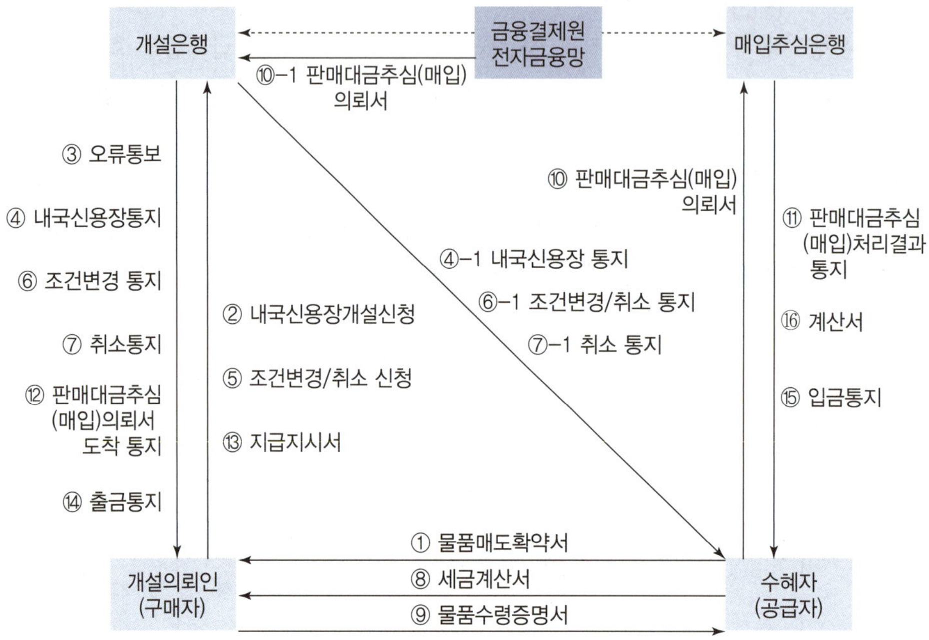

가. 내국신용장의 온라인 개설신청을 위한 준비

○ 기반시설 가입 및 약정체결 · 등록

– 내국신용장 업무처리를 위해 개설의뢰인(구매자) 및 수혜자(공급자)는 관련 규정에 따라 전자무역 기반시설을 통한 전자문서교환방식으로 내국신용장을 개설하여야 하며, 이를 위해 기반시설(KTNET)에 사전에 가입해야 함

○ 업무 절차

① 이용업체는 유트레이드허브 사이트(www.utradehub.or.kr)에서 회원가입 또는 KTNET 전자무역서비스(1566-2119) 신청

② 이용업체는 거래은행을 방문하여 EDI약정체결 및 이용서비스에 약정결과 등록

* 개설의뢰인(구매자)은 개설은행과 EDI약정을 체결하고, 수혜자(공급자)는 매입추심은행과 EDI 약정 체결

※ 은행 EDI 약정 체결시 은행 제출서류 (세부사항은 거래은행 문의)
- KTNET 또는 유트레이드허브 가입승인서 1부
- 전자무역업무 이용(신규 · 변경 · 해지) 신청서(은행서식) 1부
- 등기사항전부증명서(개인은 주민등록등본) 1부
- 법인인감증명서(개인은 인감증명서) 1부

※ 은행EDI약정통보서 (EDIADV)
- 이용업체가 은행창구에서 EDI약정을 체결한 후 이용시스템에 약정결과 등록 실수에 따른 오류를 방지하기 위해, 은행이 약정체결 정보를 업체에게 전자문서로 통보하는 문서임
- 약정은행(지점)은 모든 EDI약정건(신규,변경,취소)에 대해 EDIADV 전자문서를 통해 업체에게 전송하며, 기반시설은 은행이 전송한 약정정보를 유트레이드허브에 자동 등록함

* 이용업체는 유트레이드허브 등 이용 서비스에서 약정정보 정상 등록여부 확인 필수

③ 거래 상대방 약정정보* 등록
- 구매자(개설의뢰인)와 공급자(수혜자)은 상대방의 약정정보를 이용서비스에 각각 등록(유트레이드허브 : MY TRADE 〉 거래약정 〉 거래약정관리)

  * 약정등록을 위해 거래 상대방의 수발신식별자, 상세수발신식별자, 인증키 값 등의 정보를 사전에 확보 필요

나. 개설대상

① 외국환은행은 수출용 수입원자재와 국내에서 생산된 수출용원자재 또는 수출용완제품을 구매(임가공위탁포함)하고자 하는 업체의 신청에 의하여 내국신용장을 개설할 수 있다.
② 내국신용장 수혜자는 당해 내국신용장을 근거로 수출용원자재 및 완제품을 구매하기 위하여 또 다른 내국신용장 개설을 의뢰할 수 있다.
③ 국내업자간 매매계약에 따라 국외에서 어획물을 수집하여 직접 수출하는 경우에도 동 거래의 특수성에 비추어 내국신용장을 개설할 수 있다.
④ 내국신용장 개설 이전에 이미 물품공급이 완료된 분에 대하여는 당해 물품대금 결제를 위한 내국신용장을 개설할 수 없다.
⑤ 수출입업자가 원자재 및 완제품을 임가공계약에 의하여 위탁생산 하고자 하는 경우 당해 수탁가공업자에 대하여 가공임 결제를 위하여 내국신용장(원자재 임가공 내국신용장 또는 완제품임가공 내국신용장)을 개설할 수 있다.
⑥ 위탁가공무역에 소요되는 국산원자재를 구매하여 가공하지 않고 수출하기 위하여 동 소요원자재조달을 위한 내국 신용장을 개설하는 경우에는 원 수출신용장 등에 동 개설내용을 기재하여야 한다.

⑦ 선수금영수조건 수출신용장 등의 경우 동 수출신용장 등을 근거로 당해 원자재 및 완제품 조달을 위하여 내국신용장을 개설할 수 있다. 다만, 원자재자금 및 완제품구매자금의 융자금액은 동 선수금을 제외한 금액 범위내로 한다.

⑧ 완제품 조달을 위한 완제품임가공 내국신용장을 개설하는 경우에는 원 수출신용장등에 동 개설내용을 기재하여야 한다.

〈개설한도〉

원자재 구매를 위한 내국신용장과 완제품 구매를 위한 내국신용장은 수출신용장 등의 금액(신용장기준) 또는 외국환은행에서 정하는 원자재자금 및 완제품 구매자금의 융자한도 범위 내(실적기준)에서 개설할 수 있다.

다. 내국신용장 개설 신청

① 내국신용장 개설신청서(LOCAPP) 작성 및 개설은행에 전송

※ 내국신용장 개설 시 은행 제출서류

- 공급자발행 물품매도확약서 (필요시)
- 해당 내국신용장의 개설근거 (원수출신용장 등)

※ 물품매도확약서는 수혜자가 작성하여 개설의뢰인에게 전자문서로 전송 가능

② 개설은행은 심사 후 개설의뢰인에게 내국신용장통지서(LOCADV) 전송

③ 수혜자 통지를 위해 개설은행 및 전자무역기반시설(KTNET)은 수혜자에게 내국신용장통지서(LOCADV)를 전송

○ 기타 사항

- 개설의뢰인은 개설신청 이전에 KTNET 가입 및 개설은행과 EDI 약정 필수
- 개설신청시 수혜자(공급자) 사업자등록번호는 필수 입력항목이며, 수혜자 자동통지를 위해서는 수혜자의 수발신 식별자를 입력해야 함
- 수혜자 수발신식별자 미입력 등으로 통지가 안 된 경우, 수혜자는 uLocal에 접속하여 내국신용장 조회 가능
- 개설신청시 수혜자 이메일을 입력한 경우 기반시설은 수혜자에게 내국신용장 통지알림 이메일 발송
- 개설의뢰서 작성, 심사 및 승인, 제출서류 등 은행 고유업무 관련사항은 개설은행에 별도 문의

5. 내국신용장제도의 특징

내국신용장은 통용지역이 국내로 제한된 신용장으로서 무역금융제도의 운용과 밀접한 관련하에 발행되는 외국환은행의 지급보증서이기 때문에 국제적으로 통용되는 화환신용장과는 달리 다음과 같은 몇 가지 주요한 특징을 가지고 있다.

① 내국신용장 개설의뢰인은 대외수출신용장 등을 근거로 하여 수평적으로 복수의 내국신용장을 발행할 수 있을 뿐만 아니라, 물품의 제조공정에 따라 수직적으로 개설차수 제한없이 내국신용장의 개설이 가능하다(완제품 내국신용장포함).

② 국제무역거래에서 통용되는 신용장과는 달리 전자 내국신용장에서는 물품대금 회수를 위한 환어음 대신에 매입 추심의뢰서를 발행하여 매입은행을 통한 추심을 통하여 개설은행으로부터 대금이 결제되고 있다.

③ 내국신용장은 국내 업자간 거래용 신용장임을 감안할 때 거래당사자간에 체결된 계약서상의 원화금액을 기준으로 결제되어야 할 것이나, 내국신용장의 표시통화는 순수원화, 외화 또는 원화표시 외화부기로 하여 자유롭게 개설할 수 있다. 다만, 원화표시 외화부기 내국신용장 매입 추심 시에는 부기 외화액을 기준으로 매입당시의 매매기준율을 적용하여 매입하도록 하고 있다.

6. 내국신용장의 종류

(1) 공급(거래) 대상 품목에 따른 분류

외국환은행은 수출용 원자재 또는 수출용 완제품(임가공 위탁 포함)을 구매하고자 하는 업체의 신청에 의하여 내국신용장을 개설

가) 원자재 내국신용장

수출용 원자재(국산 원자재 또는 외국 원자재)를 국내에서 구매하기 위하여 개설하는 내국신용장으로서 개설신청인은 동 원자재 구매자금 결제를 목적으로 원자재 구매자금 융자를 받을 수 있다.

나) 완제품 내국신용장

수출물품을 구매자가 직접 제조 · 가공하지 않고 타 업체로부터 동 수출물품(완제품)을 구매하기 위하여 개설되는 내국신용장으로서 동 완제품 구매자금 결제를 목적으로 완제품 구매자금 융자를 받을 수 있다.

다) 임가공 내국신용장

생산시설이 없거나 부족한 업체가 생산시설을 보유한 업체와 임가공 계약을 체결하고, 수출용 원자재 또는 수출용 완제품을 위탁 가공하기 위한 가공임을 대상으로 하여 내국신용장을 개설할 수 있다.

(2) 표시 통화에 따른 분류

가) 원화표시 내국신용장

내국신용장 금액표시를 외화부기 없이 순수 원화로만 표시한 내국신용장

나) 외화표시 내국신용장

내국신용장 금액표시를 외화로만 표시한 내국신용장

다) 원화표시 외화부기 내국신용장

내국신용장 금액표시를 원화로 표시하고 개설일 현재 매매기준율로 환산한 외화금액을 부기한 내국신용장

7. 내국신용장개설시 검토사항

☞ 한국은행 금융중개지원대출 관련 무역금융지원 프로그램 운용세칙 제14조

(1) 양도가 불가능한 취소불능신용장일 것
(2) 표시통화는 다음 각 목의 어느 하나로 하는 것일 것
가. 원화
나. 외화
다. 원화로 하되 개설일 현재 매매기준율로 환산한 외화금액을 부기
(3) 내국신용장의 금액은 물품대금 전액으로 하고, 제2호 다목에 의한 내국신용장의 경우 금액은 부기외화금액을 판매대금추심의뢰서의 매입일(추심시는 추심의뢰일) 현재의 매매기준율로 환산한 금액으로 하는 것일 것
(4) 물품의 인도기일은 대응수출 또는 물품공급이 원활히 이행되는데 지장이 없도록 책정된 것일 것
(5) 유효기일은 물품의 인도기일에 최장 10일을 가산한 기일 이내일 것
다만, 원수출신용장 등을 근거로 하여 개설되는 내국신용장의 유효기일은 대응되는 원수출신용장 등의 선적 또는 인도기일 이전이어야 한다.
(6) 서류제시기간은 물품수령증명서 발급일로부터 최장 5영업일 이내에서 책정된 것일 것
(7) 판매대금추심의뢰서의 형식은 개설의뢰인을 지급인으로 하고, 개설은행을 지급장소로 하며 일람출급식일 것
(8) 판매대금추심의뢰서의 대금결제방식은 다음 각 목의 어느 하나일 것
가. 일람불 내국신용장 : 개설의뢰인이 자체자금으로 결제하는 방식
나. 기한부 내국신용장 : 개설은행이 융자하여 결제하는 방식

(9) 판매대금추심의뢰서의 발행조건은 원수출신용장 매입조건부 결제 등 수혜자에게 불리한 조건이 아닐 것. 다만, 선박 또는 「대외무역법」에서 정하는 산업설비의 수출을 위하여 개설되는 완제품내국신용장의 경우에는 원수출신용장 등의 대금결제조건에 따른 제조공정별 분할 지급조건으로 할 수 있다.

(10) 제1호부터 제9호까지의 사항 외의 조건에 관하여는 국제상공회의소(ICC) 제정 「화환신용장에 관한 통일규칙 및 관례」를 준용한다는 문언이 기재된 것일 것

8. 내국신용장을 통한 부가가치세 신고

(1) 영세율 적용요건

영세율이 적용되는 내국신용장이라 함은 사업자가 국내에서 수출용 원자재, 수출용 완제품 또는 수출용 재화 임가공용역을 공급받으려는 경우에 해당 사업자의 신청에 따라 외국환은행의 장이 재화나 용역의 공급시기가 속하는 과세기간이 끝난 후 25일(7월 25일, 다음년도 1월 25일) 이내에 개설하는 신용장을 말한다.

(2) 공급시기

내국신용장에 의하여 공급되는 재화는 국내에서 거래되는 재화의 공급시기와 동일하게 적용된다. 즉, 재화의 이동이 필요한 경우에는 재화가 인도되는 때, 재화의 이동이 필요하지 아니한 경우에는 재화가 이용가능하게 되는 때이다. 혹시라도 위의 규정을 적용할 수 없는 경우에는 재화의 공급이 확정되는 때를 재화의 공급시기로 본다.

(3) 과세표준

내국신용장상의 표시된 금액으로 한다.

① 원화로 표시된 금액 : 그 금액

② 외화로 표시된 금액 : 공급시기일 현재의 기준환율 또는 재정환율로 환산한 금액

(4) 세금계산서 발급

내국신용장에 의하여 수출용 원자재 등을 공급하는 사업자는 공급받는 사업자가 재화를 인수하는 때에 당해 일자의 「외국환거래법」에 의한 기준환율 또는 재정환율에 의하여 계산한 금액을 공급가액으로 하여 세금계산서를 교부한다.

(5) 영세율 첨부서류

내국신용장 · 구매확인서 전자발급명세서를 제출하여야 한다.

제4절 구매확인서제도

1. 의의

국내에서 외화획득용 원료 등을 구매하는 수단에는 무역금융규정상의 내국신용장에 의한 방법과 대외무역법령상의 구매확인서(외화획득용원료 · 기재구매확인신청서)에 의한 방법 등이 있다. 여기서 구매확인서라 함은 외화획득용 물품 또는 원자재로 사용하거나 외화획득용 전자적형태의 무체물 또는 용역으로 사용하기 위해 구매하려는 경우에 외국환은행의 장 또는「전자무역촉진에 관한법률」제6조에 따라 산업통상자원부장관이 지정한 전자무역기반사업자가 내국신용장에 준하여 발급하는 증서를 말한다(대외무역관리규정 제2조18호).

따라서 외화획득용 원료 등을 국내에서 구매하고자 하는 자는 2011. 7월부터는 전자발급만을 신청할 수 있으므로 유트레이드허브(http://www.utradehub.or.kr)를 통해 전자무역기반사업자인 KTNET 또는 거래 외국환은행을 선택하여 온라인으로 신청서를 제출하여 발급받아야 한다. 구매확인서 전자발급기관인 외국환은행장과 KTNET는 업자간의 외화획득용 원료 등의 국내 거래를 확인해 줄 뿐이며 대금의 결제에 대해서는 보증하지 않는다.

구매확인서는 ① 수출실적인정(무역금융한도 산정기준 실적 포함) ② 부가가치세 영세율 적용 ③ 관세환급 ④ 외화획득용 원료의 사후관리 이행 등을 목적으로 발급되며, 내국신용장의 개설한도가 부족하거나 내국신용장을 개설할 수 없는 경우에 많이 이용하고 있다.

구매확인서는 수출용원자재를 국내에서 조달하도록 하는 방법이나, 무역금융 대상 실적으로 인정되는 것이 내국신용장과 같은 점이며, 수출자(군납업자 및 해외건설업자 포함)가 국내에서 원자재 또는 완제품을 구매하는 경우 수출자의 신청에 의하여 수출자 및 공급자 앞으로 발급하는 확인서를 말한다. 구매확인서는 선대신용장방식이나 송금방식에 의한 수출 등 수출 대금이 전액 영수된 거래에서도 발급되는 것이 특징이다.

2. 구매확인서제도 절차

참 고 사 항	절 차	구 비 서 류
☞ 발급근거서류 수출신용장, 수출계약서(D/A, D/P 등), 외화매입증명서, 내국신용장, 구매확인서 등 ※ 외화매입(예치) 증명서는 외화획득 이행관련 대금임이 관계서류에 의해 확인되는 경우에 한함 ☞ 구매확인서의 혜택 ① 수출실적 인정(무역금융한도 포함) ② 외화획득용 원료의 사후관리시 공급 이행으로 인정 ③ 관세환급, 부가가치세 영세율 적용 ☞ 내국신용장과 다른점 ① 발급한도에 제한 없다. ② 대금지급에 대한 은행의 보증이 없다. ③ 선금을 받은 경우에도 발급 가능함	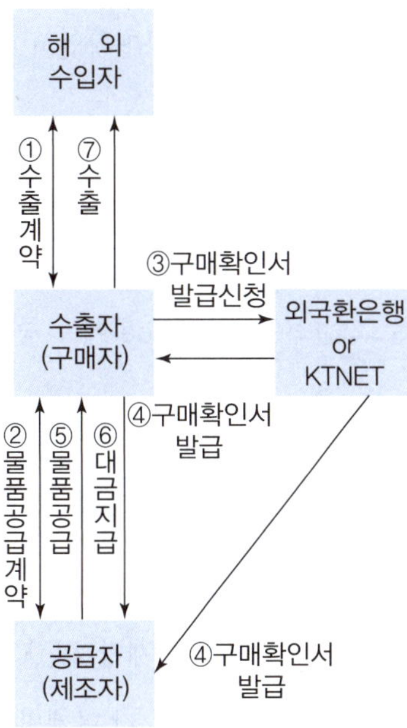	〈구매확인서 발급신청시 구비서류〉 ① 외화획득용원료·기재구매 확인 신청서 ② 외화획득용원료(물품 등) 공급계약서 또는 물품매도확약서 ③ 수출신용장, 수출계약서 등 발급 근거서류 ④ 공급자·공급받는 자의 인감증명서 ☞ 구매확인서 공급분에 대한 수출실적 증명서 발급기관 ① 당사자간 직접대금을 결제한 경우 : 구매확인서 개설은행 ② 은행을 통한 대금결제시 : 결제은행(공급자거래은행) ③ KTNET에서 구매확인서를 발급 받고 당사자들 간에 대금을 결제한 경우에는 KTNET에서 발급

3. 구매확인서의 전자발급 절차

① 구매확인서 온라인 발급 의무화

대회무역법 개정에 따라 2011년 7월 1일부터 구매확인서의 신청과 발급이 유트레이드허브(www.utradehub.or.kr)를 통한 온라인으로만 가능하다.

부가가치세법시행령 개정을 계기로 개별업체의 부가가치세 영세율 신고 시 구매확인서 사본 제출 의무가 없으며 구매확인서 발급시스템을 운영하는 KTNET(전자무역기반사업자)이 발급내역을 국세청에 일괄하여 제출하게 된다.

② 구매확인서 전자발급 방법

구매확인서 발급 신청은 먼저 국가전자무역포털인 유트레이드허브 회원으로 가입해야 하며, 회원가입 시점에서 발급기관을 KTNET 또는 거래은행을 선택할 수 있다.

- KTNET을 발급기관으로 지정할 경우
  ⓐ 유트레이드허브(www.utradehub.or.kr)에 접속하여 회원가입
  ⓑ 가입신청서를 출력하여 사업자등록증 사본과 함께 KTNET 고객센터로 Fax 송부 (Tel 1566-2119, Fax 02-6000-2147)
  ⓒ 가입확인 후 유트레이드허브 로그인, 구매확인서 메뉴를 이용 신청 · 발급

- 거래은행을 발급기관으로 지정할 경우
  ⓐ~ⓑ 상기 KTNET과 동일
  ⓒ 거래은행과 EDI약정 체결을 위해 유트레이드허브 가입승인서를 출력하여 거래은행에 제출
  ⓓ 유트레이드허브에 로그인하여 My Trade 메뉴 중 '거래약정관리'를 통해 약정 체결등록 및 관리
  ⓔ 가입확인 후 유트레이드허브 로그인, 구매확인서 메뉴를 이용 신청 · 발급
  ※ "유트레이드허브 - 국가전자무역 시스템"은 서류없는 전자무역을 실현하는 국가 차원의 전자무역 시스템임. 수출 · 입 관련 요건확인, 외환, 통관, 물류 및 대금결제를 비롯한 수출 · 입 全단계의 업무를 종이서류 없이 온라인으로 처리할 수 있는 싱글 윈도우로서 2011. 7 월 현재 이를 이용하는 무역업체가 28,000개사에 달하고 있음.

- 물품의 제조 · 가공과정이 여러 단계인 경우 각 단계별로 순차적으로 차수 제한없이 차순위의 구매확인서를 발급할 수 있다.
- 구매확인서의 변경 또는 취소의 경우에도 유트레이드허브에 신청함
- 구매확인서의 발급 신청 시에는 반드시 발급근거 서류가 있어야 하므로, 비축용으로는 발급신청을 할 수 없다.
- 구매확인서에 의하여 공급된 분에 대한 수출실적 증명서 발급은 세금계산서 등을 첨부하여 구매확인서 발급은행, 대금의 입금은행 또는 KTNET에 신청하여야 한다. 즉 KTNET에서 구매확인서를 발급받고 당사자 간에 대금을 결제한 경우에는 KTNET이 수출실적증명서를 발급함
- 구매확인서의 발급은 물품의 공급이 이루어지기 전에 신청 및 발급이 원칙이다. 다만 당월에 공급한 건에 대하여 다음 달 10일 이내에 발급 신청한 경우에는 사전 발급 신청과 동일하게 취급한다.

※ 구매확인서 사후 발급 기한 폐지(2017. 11. 17 시행)
구매확인서 사후발급에 대해 부가가치세법에서 정한 부가가치세 확정신고일 이전에 발급하여야 하던 것을 대외무역법령 개정으로 폐지하였음.
※ 구매확인서 발급 의무화(2018. 5. 1 시행)
하도급에 관한 법률 개정으로 수출물품 공급업체가 구매업체(수출업체)에게 구매확인서 발급으로 요청하면 구매(수출)업체는 발급해 주어야 함.

내국신용장과 구매확인서의 비교

구 분	내국신용장	구매확인서
관련법류	한국은행 금융중개지원대출 관련 무역금융 지원프로그램운용세칙(이하 '무역금융지원 운용세칙'이라 함)	대외무역법(대외무역관리규정)
개설기관	외국환은행	외국환은행 또는 KTNET
신청방법	www.utradehub.or.kr 2014.2.14부터 개설·통지는 물론 매입 추심도 ON-LINE 신청만 가능	www.utradehub.or.kr
개설조건	당해업체 무역금융 융자한도 내에서 개설	제한없이 발급(개설근거 확인)
수출실적 인정	'무역금융지원운용세칙' 및 '대외무역관리 규정'상의 수출실적으로 인정	'무역금융지원운용세칙' 및 '대외무역관리 규정'상의 수출실적으로 인정
부가가치세법상 영세율 적용 여부	영세율 적용	좌동
지급보증 여부	개설은행이 지급보증	발급은행 또는 발급기관의 지급보증 없음
발급근거	· 수출신용장 · 수출계약서(D/P, D/A 등) · 외화표시 물품공급계약서 · 외화표시 용역공급계약서 · 내국신용장 · 당해 업체의 과거 수출실적	· 수출신용장 · 수출계약서(D/P, D/A 등) · 외화표시 물품공급계약서 · 내국신용장 · 외화입금(매입)증명서 · 구매확인서
개설(발급) 제한	차수 제한없이 순차적으로 발급 가능 (업체의 무역금융융자한도내에서 개설가능)	차수 제한없이 순차적으로 발급 가능 (거래증빙서류 금액 범위내 발급 가능)
공급실적에 의한 무역금융 수혜가능 여부	무역금융 수혜 가능	무역금융 수혜 대상임
관세환급	관세환급 가능	좌동
거래대상물품	수출용 원자재 및 수출용완제품	좌동

4. 구매확인서를 통한 부가가치세 신고

(1) 영세율 적용요건

영세율이 적용되는 구매확인서라 함은 「대외무역법 시행령」 제31조 및 제91조제11항에 따라 외국환은행의 장이나 전자무역기반사업자가 제1호의 내국신용장에 준하여 발급하는 확인서를 말한다.

(2) 공급시기

구매확인서에 의하여 공급되는 재화는 국내에서 거래되는 재화의 공급시기와 동일하게 적용된다. 즉, 재화의 이동이 필요한 경우에는 재화가 인도되는 때, 재화의 이동이 필요하지 아니한 경우에는 재화가 이용가능하게 되는 때이다. 혹시라도 위의 규정을 적용할 수 없는 경우에는 재화의 공급이 확정되는 때를 재화의 공급시기로 본다.

(3) 과세표준

구매확인서의 표시된 금액으로 한다.

① 원화로 표시된 금액 : 그 금액

② 외화로 표시된 금액 : 공급시기일 현재의 기준환율 또는 재정환율로 환산한 금액

(4) 세금계산서 발급

구매확인서에 의하여 수출용 원자재 등을 공급하는 사업자는 공급받는 사업자가 재화를 인수하는 때에 당해 일자의 「외국환거래법」에 의한 기준환율 또는 재정환율에 의하여 계산한 금액을 공급가액으로 하여 세금계산서를 교부한다.

(5) 영세율 첨부서류

내국신용장 · 구매확인서 전자발급명세서를 제출하여야 한다.

구매확인서, 내국신용장 실적증명서비스

간접수출실적증명서를 인터넷에서 간편하게 발급받을 수 있습니다.

간접수출 : 국내의 제조업자가 무역상사 등을 통해 수출하는 구매확인서, 내국신용장을 말함
('16.8.17 대외무역관리규정 개정, '전자무역기반사업자' 증명발급기관 지정)

Off-Line 발급

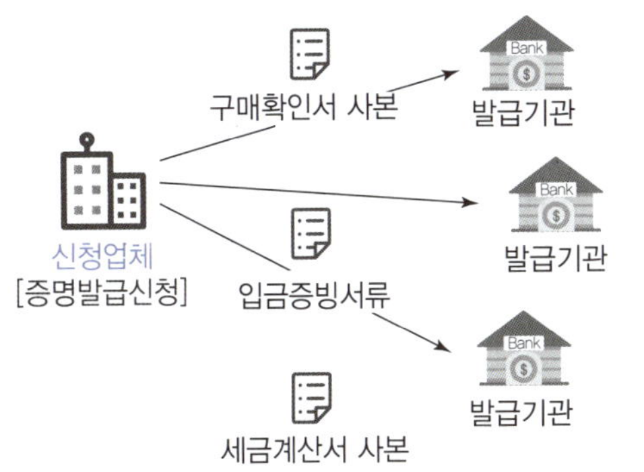

1. 신청업체는 수출실적신청 증빙 종이서류를 준비
2. 물품대금 입금은행별로 방문하여 실적증명서 신청, 발급

On-Line 발급

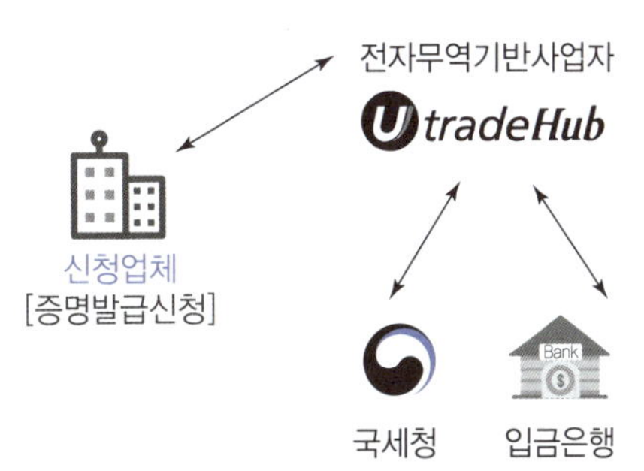

uTH 구매확인통합서비스에서 신청, 발급
(종이서류 증빙 필요없음)

- **On Line 발급 이용방법**

1. KTNET uTH 서비스 가입(www.utradehub.or.kr)
2. 구매확인통합서비스 〉 간접수출실적증명 메뉴 이용

증빙서류는 보관, 수집한 정보로 대체됨
- 보관 : 구매확인서, 내국신용장
- 수집 : 입금정보, 세금계산서 정보

- **On Line 발급 이용절차**

1. 정보수집	⇨	2. 정보 연결	⇨	3. 증명발급신청	⇨	증명서 발급
- uTH에서 정보수집 프로그램 다운로드 -자사의 입금정보, 세금계산서 정보 수집		- 관련 정보 연결 (구매확인서/ 내국신용장- 입금정보- 세금계산서 정보)		- 연결된 정보를 기반으로 실적증명신청서 작성, 발급 신청		- KTNET에서 신청 내용 확인 후 증명서 발급 - uTH에서 증명서 확인, 출력, 사용

제5절 무역어음제도

1. 의의

① 무역어음이란 수출신용장, 수출계약서, 외화표시 물품공급계약서, 내국신용장 및 수출신용장 결제조건부 수출계약서 또는 과거수출실적을 근거로 발행된 어음으로서 은행, 증권사 등 금융기관이 동 어음을 인수, 할인 및 매출함으로써 수출업체가 수출품 생산에 필요한 자금을 조달할 수 있도록 한 제도이다.(금융기관여신운용세칙 제10조 무역어음의 인수)

② 한국은행은 1998. 8월 수출업체가 수출신용장 등 수출거래 증빙서류를 첨부하여 매 건별로 무역어음을 발행하던 제도를 수출실적을 기준으로 업체별 무역어음의 발행한도를 설정하고 동 한도 내에서 무역어음을 수시로 발행하여 자금을 편리하게 조달할 수 있도록 무역어음제도를 확대 개편하였다.

2. 무역어음의 발행 및 유통체계

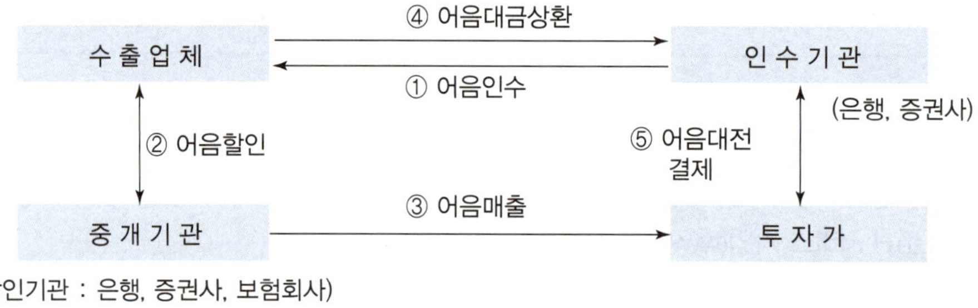

3. 무역어음 거래절차

절 차	참 고 사 항
무역어음 발행 ↓ 무역어음 인수 ↓ 무역어음 할인 ↓ 무역어음 매출 ↓ 무역어음 상환 및 결제	–어음형식 : 수출업체가 발행하는 환어음(인수기관을 지급장소로 함) –발행근거 : 수출신용장, D/P · D/A조건 수출계약서, 외화표시 물품공급계약서, 내국신용장 및 수출신용장 결제조건부 수출계약서 또는 과거수출실적 –신청인 : 당해 무역어음 발행인 –대상어음 : 어음법상 요건을 구비한 환어음으로서 인수기관이 인수한 무역어음 (인수기관 : 은행, 증권사) –할인기간 : 할인취급일~어음지급일 –할인료 : 어음금액×할인요율×할인기간/365 (할인요율 : 각 취급기간 자율결정)

제6절 국제입찰

절 차	내 용 설 명	비 고
공사정보 입수 및 발굴	해외공사는 주로 해외지점망, 외국설계회사, 발주자 또는 기존 현장 등을 통하여 입수한 공사정보(공사비, 공사개요, 재원, 발주자, 설계회사, 입찰일정 등)를 토대로 입찰참여 여부를 결정 〈입찰방식〉 -공개경쟁입찰(Open tendering), -제한경쟁입찰(Limited competition) -수의 계약(a contract with a selected contractor)	
사전 자격심사 (PQ:Pre-Qualification)	○ PQ의 목적 : 평가절차를 용이하게 하고, 공사수행시 문제를 사전에 예방하며, 발주처가 신뢰할 수 있는 도급업자를 선정하기 위함이다. 입찰자는 필요시 PQ획득을 위해서 자사에 대한 설명도 실시 ○ PQ시 요구정보 : 동종공사 실적, 기술적 능력, 재무상황, 주요담당자의 경력, 회사 및 당해 공사조직, 조달능력, 업무부하	
입찰초청 (Invitation for Bid)	신문 또는 전문잡지에 게재하거나 직접 입찰희망자에게 입찰초청장을 보내어 알림. ※ 주요내용 : 공사개요, 발주자, 입찰절차, 공사의 주요종목별 규모, 입찰보증 내용, 이행보증 내용, 공사대금지불조건, 설계도 등 입찰서류, 낙찰조건, 발주자권한 관련 사항	
입찰서 교부	○ 유상 또는 무상으로 교부하며 입찰서 교부대장에 서명하고 수령 ○ 입찰서류는 입찰예정자와 발주자와의 질의응답을 거쳐 입찰자에 대한 공지사항으로 통보되며, 입찰자는 이를 종합하여 공사비 견적에 반영한다. 〈입찰서류〉 -입찰지시서 -입찰서서식 -계약조건 -시방서 -입찰도면 -물량내역서 -위임장 서식 -계약합의서 서식 -입찰보증서 서식 -선수금보증서 서식 -이행보증서 서식 -입찰조건준수 확인선서 -현장조사 확인선서 -공동도급 합의증명서 -보충자료	

절 차	내 용 설 명	비 고
입찰서 검토	입찰서를 접수한 후 주요조건을 검토하여 공사비 견적 및 공사수행시 참고	
현장설명과 질의 응답	입찰서류 배부후 입찰전까지의 기간에 발주자가 일정 장소에서 입찰내용을 설명하고 업체와의 질의응답을 통해 입찰내용을 명확히 한다.	
견 적	입찰서 조건 및 현장설명, 회의, 질의응답에 따라 공사비를 산출하는 행위 〈견적절차〉 －입찰서류 검토 －공정표작성 －공사원가 정리 －공사요소 투입계획 작성 －Cash Flow 작성 －최종적으로 입찰계획서 작성 －BOQ(Bill of Quantities) 작성	
입찰서 제출	입찰지시서에 따라 입찰서를 작성한 후, 위임장을 준비하여 요구되는 기한, 장소에 제출함 ※ Bid Bond(입찰보증서) 제출	
개 찰	발주자는 입찰마감일 이후 일정 기일 및 장소에서 입찰서를 개봉하고 입찰평가를 개시	
입찰서 평가	발주자측 평가자는 각 도급업자가 제출한 입찰서의 내용을 비교검토하고 낙찰자를 추천하기 위해 입찰서를 분석, 주로 기술적(Technical)면과 상업적(Commercial)인 면을 구분하여 평가한다.	
낙 찰	발주자측 평가자는 최저가액 입찰자에 구애없이 입찰서류를 검토하고 상위의 낙찰후보자와 질의응답 및 협상 등의 과정을 거쳐 발주자에게 이익이 되는 결론을 내어 이를 입찰심사보고서로 작성, 발주자에게 제출하고, 발주자는 이를 기준으로 낙찰을 결정한다.	
계약체결	발주자는 낙찰된 입찰자에게 낙찰통지서(Letter of Award) 또는 낙찰(계약)의향서(Letter of Intent)를 발급하여 시공자가 작업 준비를 할 수 있게 하는 한편, 낙찰통지서를 받은 시공자는 공사계약이행보증서 및 선수금환급보증서를 제출하고 입찰보증서를 반환받으며, 계약체결을 완료한다. ※ Performance－Bond(계약이행보증서) 제출	

우리나라와 각국/기관의 입찰 및 낙찰제도 비교

구 분	우리나라	미 국	영 국	ADB
사전 자격 심사 (PQ)	• 100억 원 이상 공사에 실시(업체수 제한없이 종합점수 60점 이상이면 통과)	• 연방정부공사 : 실시하지 않음 • 일부 州 : 실시 (대개 5~7개 업체 선정)	• 2단계 사전자격심사 실시 ① long list : 10개 업체 선정 ② short list : 3~4개사 선정	• 대형복합공사와 턴키공사에 실시
입찰 형태	• 일반경쟁입찰 • 제한경쟁입찰 • 지명경쟁입찰 • 수의계약 • 건설공사에서는 2단계 입찰절차 적용하지 않음	• 일반경쟁입찰 • 2단계 일반경쟁 입찰 • 경쟁적 제안 입찰	• 공개경쟁입찰 • 제한적 지명경쟁입찰 (2단계 PQ 절차) • 경쟁적 수의 계약	• 국제경쟁입찰 • 대형복합공사 및 턴키공사에서는 2단계 입찰절차 실시
낙찰 방법	• 적격심사제(최저가 입찰자로 85점 이상) • 2001년부터 단계별로 최저가 낙찰제 도입	• 최저가 낙찰제 • Best Value 낙찰제 (경쟁정 제안입찰)	• 최고 'Value for Money' 낙찰제	• 최저가낙찰제 (최저평가비용)
건설 보증 제도	• 입찰보증 : 입찰 금액의 5% 이상(현금, 유가증권 등) • 계약이행보증 : ① 계약보증금 10%+ 연대보증금 ② 계약보증금 20% 이상 ③ 계약이행보증서 (30%) • 선수금보증 • 하자보수보증	• 입찰보증 : 300만달러 한도내 입찰금액의 20%(일부 州정부 공사는 5~10%) • 이행보증 : 계약금액의 100% • 지급보증 : 계약금액의 40~50% • 선수금보증 • 하자보수보증	• 입찰보증 : 없음 • 이행보증 : 계약금액의 10% (母기업의 공사 완성보증으로 대체 가능) • 선수금보증 • 유보금보증	• 입찰보증 : 입찰금액의 1~3%(현금, 은행 L/C, L/G) • 이행보증 : 계약금액의 10% • 하자보수보증 : 계약금액의 10% 이내

제7절 정책자금 활용방안

□ 지원 개요

○ (목적) 민간금융 부문의 시장실패를 보완하고, 정책적 육성이 필요한 기술 · 사업성 우수 중소벤처 기업에 안정적 자금을 지원하여 중소벤처기업 경쟁력 강화 및 미래성장동력 창출

○ (지원대상) 성장잠재력은 높지만 정보비대칭 및 담보위주 관행으로 민간금융기관에서 자금조달이 어려운 우수 중소벤처기업

○ (지원방식) 자금융자 및 이차보전

○ (신청대상) 「중소기업기본법」 제2조에 따른 중소기업으로 사업별 정책자금 신청대상에 해당하는 기업

○ (지원규모) 융자(4조 5,280억원), 이차보전(6,027억원)

○ (신청방법) 중진공 누리집(www.kosmes.or.kr)을 통해 융자 신청

○ (신청기간) 2025.1.2. ~ 연간 계획된 예산소진 시까지

○ (제출서류) 각 융자사업별 신청서 및 증빙서류
  * 제출서류는 상담 이후 별도 안내를 통해 제출

○ (문 의 처) 정책자금 전담 콜센터(☎ 1811-3655)

□ 정책자금 지원 사업

1. 혁신창업 사업화 자금

○ 사업목적 및 융자 규모

가. 사업목적

- 기술력과 사업성이 우수하나 민간금융기관에서 자금조달이 어려운 벤처 · 스타트업을 집중 육성하고 중소벤처기업이 보유한 우수 기술의 사업화를 지원

나. 지원 자금 규모 : 융자(1조 6,358억원), 이차보전(1,526억원)

1-1. 창업기반 지원 자금

(1) 창업기반 지원 자금(일반)

○ (대상) 「중소기업창업 지원법」 제2조에 따른 창업자(업력 7년 미만, 예비창업자 포함) 또는 동법 제25조에 따른 신산업 창업 분야(참고 1-1) 업력 10년 이내 중소기업

* (업력산정) 사업개시일로부터 정책자금 융자신청서 제출일까지 (법인전환 등의 경우 최초 창업한 기업의 사업개시일부터 산정)

○ (융자방식) 직접대출, 대리대출, 성장공유형 대출, 투자조건부 융자

○ (대출조건)

구분	대출 조건
대출한도	(직접 · 대리대출) 연간 60억원 이내 (운전자금은 연간 5억원 이내) (성장공유형) 융자계획 공고(중소벤처기업부 공고 제2025-154호) 참조 (투자조건부) 융자계획 공고(중소벤처기업부 공고 제2025-154호) 참조
대출기간	(직접 · 대리대출, 시설)10년이내 (거치기간:담보 4년이내, 신용 3년 이내) (직접 · 대리대출, 운전) 5년 이내 (거치기간 : 2년 이내) (성장공유형) 융자계획 공고(중소벤처기업부 공고 제2025-154호) 참조 (투자조건부) 융자계획 공고(중소벤처기업부 공고 제2025-154호) 참조
대출금리	(직접 · 대리대출) 정책자금 기준금리(변동) - 0.3%p (성장공유형) 융자계획 공고(중소벤처기업부 공고 제2025-154호) 참조 (투자조건부) 창업기반지원자금 대출금리 - 0.3%p * 융자계획 공고(중소벤처기업부 공고 제2025-154호) 참조
기 타	• 용도별 대출한도 우대기준에 해당하는 기업은 대출한도 우대 • 중소기업 ESG 인식확산을 위한 ESG 자가진단 실시(기업 수행)

(2) 창업기반 지원 자금(청년전용 창업자금)

○ (대상) 대표자가 만 39세 이하로서, 업력 3년 미만인 중소기업 또는 중소기업을 창업하는 자

* 단, 창업성공패키지사업(청년창업사관학교, 글로벌창업사관학교) 참여 기업, 청년창업기업보증 지원 기업(기보) 및 민간VC 투자 유치 기업 중 해당 기관의 추천을 받은 우수 기업은 업력 7년 미만까지 가능

** 청년전용창업자금 대상 중 중점지원분야(참고1~4)를 영위하는 소상공인은 청년전용창업자금 신청 가능

○ (융자방식) 직접대출

○ (대출조건)

구분	대출 조건
대출한도	기업당 최대 1억원 이내 (제조업 및 중점지원분야 영위기업은 2억원 이내)
대출기간	(직접대출,시설) 10년 이내 (거치기간: 담보 4년 이내, 신용 3년 이내) (직접대출, 운전) 6년 이내 (거치기간 : 3년 이내)
대출금리	2.5% (고정금리)
기 타	자금신청·접수 후, 사업계획서 등 심의위원회 평가를 통해 지원 여부 결정 후 대출

1-2 개발기술 사업화 자금

○ **대상**

– 아래에 해당하는 기술을 사업화하고자 하는 중소기업

* 단, 제품 양산 후 3년이 경과한 기술은 제외(초격차 분야 : 기술은 5년)

① 중소벤처기업부, 산업통상자원부 등 정부 또는 지자체 출연 연구개발사업에 참여하여 기술개발에 성공(완료)한 기술
② 특허, 실용신안 또는 저작권 등록 기술
③ 정부 및 정부 공인기관이 인증한 기술
 * 신기술(NET), 전력신기술, 건설신기술, 녹색기술인증, 공공기관 통합기술마켓 인증
④ 공인 기업부설연구소 및 연구개발전담부서 보유 기업이 개발한 기술
⑤ 특허청의 IP-R&D 전략지원 사업에 참여하여 개발을 완료한 기술
⑥ 국내외의 대학, 연구기관, 기업, 기술거래기관 등으로부터 이전 받은 기술
⑦ 중소벤처기업부가 인가한 기관과 기술자료 임치계약을 체결한 기술
⑧ 기술혁신형 중소기업, 경영혁신형 중소기업, 벤처기업의 자체 기술
⑨ 민관협력 오픈이노베이션(OI) 문제해결형(Top-Down) 최종 선정 기술

○ (융자방식) 직접대출, 성장공유형 대출, 투자조건부 융자, 이차보전

○ 대출조건

구분	
대출한도	(직접대출) 연간 30억원 이내 (운전자금 연간 5억원 이내) * 혁신성장분야 영위기업 중 지원대상 ①, ②, ③, ④, ⑤유형에 해당하는 경우 연간 60억원 이내, 운전자금은 연간 10억원 이내 (성장공유형) 융자계획 공고(중소벤처기업부 공고 제2025-154호) 참조 (투자조건부) 융자계획 공고(중소벤처기업부 공고 제2025-154호) 참조
대출기간	(직접대출, 시설)10년 이내 (거치기간 : 담보 4년 이내, 신용 3년 이내) (직접대출, 운전) 5년 이내 (거치기간 : 2년 이내) (성장공유형) 융자계획 공고(중소벤처기업부 공고 제2025-154호) 참조 (투자조건부) 융자계획 공고(중소벤처기업부 공고 제2025-154호) 참조
대출금리	(직접대출) 정책자금 기준금리(변동) (성장공유형) 융자계획 공고(중소벤처기업부 공고 제2025-154호) 참조 (투자조건부) 개발기술사업화자금 대출금리 - 0.3%p * 융자계획 공고(중소벤처기업부 공고 제2025-154호) 참조
기 타	• 중소기업 ESG 인식확산을 위한 ESG 자가진단 실시(기업 수행)

2. 신시장 진출 지원 자금

○ **사업목적 및 융자 규모**

가. 사업목적

○ 민간금융기관에서 자금조달이 어려운* 중소벤처기업이 보유한 우수 기술 · 제품의 글로벌화 촉진 및 수출인프라 조성에 필요한 자금을 지원하여 수출 중소기업 육성

* 이차보전의 경우 민간금융기관 대출을 활용하여 지원

나. 지원 자금 규모 : 융자(3,825억원), 이차보전(2,000억원)

2-1 내수기업 수출기업화

○ (대상) 아래 유형에 해당하는 수출실적 10만불 미만 중소기업

* (수출실적) 최근 1년간(신청전월 기준) 직 · 간접 수출실적 합계

**「소상공인기본법 시행령」에 따른 소상공인도 지원대상에 포함

①(수출 초보기업) 1불~10만불 미만의 수출실적이 있는 기업
②(수출지원사업 참여기업) 정부 및 지자체 수출지원사업 참여기업(사업기간 또는 사업종료 후 1년 이내) 및 수출 관련 지정제도 선정기업(유효기간 이내)
* 수출지원기반활용(수출바우처사업), 전자상거래수출지원사업 등
③(기술 수출 중소기업) 기술 수출 실적을 보유(계약 포함)한 중소기업
* (실적) 특허, 상표, 디자인, 노하우, 기술서비스, R&D 등 무형자산 판매 등
** (계약) 기술수출 관련 계약을 체결한 경우

○ (융자방식) 직접대출

○ 대출조건

구분	대출 조건
대출한도	(직접대출, 운전) 연간 5억원 이내
대출기간	(직접대출, 운전) 5년 이내 (거치기간 2년 이내)
대출금리	(직접대출, 운전) 정책자금 기준금리(변동) 또는 고정금리
기 타	• 중소기업 ESG 인식확산을 위한 ESG 자가진단 실시(기업 수행)

2-2 수출기업 글로벌화

○ (대상) 수출실적 10만불 이상 중소기업
* (수출실적) 최근 1년간(신청전월 기준) 직 · 간접 수출실적 합계
** 「소상공인기본법 시행령」에 따른 소상공인도 지원대상에 포함

○ (융자방식) 직접대출, 이차보전

○ 대출조건

구분	대출 조건
대출한도	(직접대출) 연간 30억원 이내 (운전자금은 연간 10억원 이내) * 단, 수출 고성장기업은 연간 60억원 이내 (전년도 수출액 100만$ 이상이고, 최근 3년간 연평균 수출증가율 20% 이상 기업) (이차보전) 융자계획 공고(중소벤처기업부 공고 제2025-154호) 참조

대출기간	(직접대출, 시설) 10년 이내 (거치기간 : 담보 4년 이내, 신용 3년 이내) (직접대출, 운전) 5년 이내 (거치기간 : 2년 이내) (이차보전) 융자계획 공고(중소벤처기업부 공고 제2025-154호) 참조
대출금리	(직접대출) 정책자금 기준금리(변동) (이차보전) 융자계획 공고(중소벤처기업부 공고 제2025-154호) 참조
기 타	• 사업장 건축(토지구입, 건축), 사업장 매입 용도의 시설자금 지원 불가 • 무명의 수출용사 포상기업은 이차보전 지원 시 우대(포상후 1년 이내) • 글로벌 강소기업 1000+ 프로젝트 강소단계(500만불 이상) 이상 선정 기업은 정책우선도 평가를 생략하고 정책자금 융자신청기회 부여 • 중소기업 ESG 인식확산을 위한 ESG 자가진단 실시(기업 수행)

3. 신성장 기반 자금

ㅇ 사업목적 및 융자 규모

가. 사업목적

ㅇ 민간금융기관에서 자금조달이 어려운* 성장유망 중소벤처기업의 생산성 향상, 스마트화, 탄소중립, 스케일업에 필요한 자금을 지원하여 미래 성장 동력 창출

* 이차보전의 경우 민간금융기관 대출을 활용하여 지원

나. 지원 자금 규모 : 융자(1조 3,111억원), 이차보전(2,501억원)

3-1. 혁신성장 지원 자금

(1) 혁신성장 지원 자금(일반)

ㅇ (대상) 업력 7년 이상 중소기업 (「중소기업창업 지원법」 제2조에 따른 창업자에 해당하지 않는 업력 7년 미만 중소기업 포함)

※ (이차보전 대상) 최근 3년 이내 시설을 도입한 업력 7년 이상 중소기업

* (업력산정) 사업 개시일로부터 정책자금 융자신청서 제출일까지 (법인전환 등의 경우 최초 창업한 기업의 사업개시일부터 산정)

ㅇ (융자방식) 직접대출, 대리대출, 성장공유형 대출, 이차보전

○ (대출조건)

구분	대출 조건
대출한도	(직접 · 대리대출) 연간 60억원 이내 (운전자금은 연간 5억원 이내) (이차보전) 융자계획 공고 Ⅱ. 공통사항 융자방식 참조 (p7) (성장공유형) 융자계획 공고 Ⅱ. 공통사항 융자방식 참조 (p7)
대출기간	(직접 · 대리대출, 시설) 10년 이내 (거치기간 : 담보 4년 이내, 신용 3년 이내) (직접 · 대리대출, 운전) 5년 이내 (거치기간 : 2년 이내) (이차보전) 융자계획 공고(중소벤처기업부 공고 제2025-154호) 참조 (성장공유형) 융자계획 공고(중소벤처기업부 공고 제2025-154호) 참조
대출금리	(직접 · 대리대출) 정책자금 기준금리(변동) + 0.5%p * (산업기술보호법 제9조 국가핵심기술 보유 중소기업) 정책자금 기준금리(변동) (이차보전) 융자계획 공고(중소벤처기업부 공고 제2025-154호) 참조 (성장공유형) 융자계획 공고(중소벤처기업부 공고 제2025-154호) 참조
기 타	• 운전자금은 동 자금의 시설자금을 대출받은 기업 중 시설 도입 후 소요되는 초기가동비만 지원을 원칙(시설자금의 50% 이내) * '25년 상반기는 한시적으로 시설자금과 별도로 운전자금 지원 가능 ** 성장공유형 대출 방식은 시설자금과 별도로 운전자금 지원 가능 • 용도별 대출한도 우대기준에 해당하는 기업은 대출한도 우대 가능 • 중소기업 ESG 인식확산을 위한 ESG 자가진단 실시(기업 수행)

(2) 혁신성장 지원 자금(협동화 자금)

○ **(대상)** 공동생산시설, 원자재 공동구매 등을 추진하는 아래의 중소기업

① 3개 이상의 중소기업이 규합하여 협동화실천계획의 승인을 얻은 자 ② 2개 이상의 중소기업이 규합하여 협업사업계획의 승인을 얻은 자

○ (융자방식) 직접대출, 대리대출

○ 대출조건

구분	대출 조건
대출한도	연간 100억원 이내 (운전자금은 연간 15억원 이내)
대출기간	(직접 · 대리대출, 시설) 10년 이내 (거치기간 : 5년 이내) (직접 · 대리대출, 운전) 5년 이내 (거치기간 : 2년 이내)
대출금리	(직접 · 대리대출) 정책자금 기준금리(변동)

기 타	• 토지구입비 지원 시 건축허가 조건 예외 적용 • 부지 조성공사 용도의 시설자금 지원 가능 • 중소기업 ESG 인식확산을 위한 ESG 자가진단 실시(기업 수행)

※ 기 타

ㅇ '혁신성장지원자금' 지원 시, 아래에 해당하는 업력 7년 이상 기업은 제품생산, 시장개척용도 등의 운전자금 지원 가능

＊「중소기업창업 지원법」 제2조에 따른 창업자에 해당하지 않는 업력 7년 미만 중소기업 포함

• 지식서비스산업(참고6)
• 소재 · 부품 · 장비 강소기업 100 · 스타트업 100 · 경쟁력강화위원회 추천기업
• 원전 협력 중소기업(단, 사업계획 및 자금 사용 목적이 원전 사업 추진을 위한 경우에 한하여 지원)

3-2. 스케일업 금융

ㅇ (대상) 민간으로부터 대규모 자금조달이 어렵지만, 스케일업 투자수요가 크고 중견기업으로 도약 가능한 중기업

• 중소기업이 발행하는 회사채를 유동화전문회사(SPC)가 인수한 후, 이를 기초자산으로 유동화 증권(선순위, 중순위, 후순위)을 발행

3-3. Net-Zero 유망기업 지원

ㅇ (대상) 아래 유형에 해당하는 그린기술 사업화, 저탄소 · 친환경 제조로 전환을 추진 중인 중소기업

• 신재생에너지, 탄소저감 등 그린분야 영위기업 또는 기술 사업화 기업
• 원부자재 등을 친환경 소재로 전환하는 기업
• 오염물질 저감 설비, 저탄소 · 에너지 효율화 · 환경오염방지 설비 등 도입 기업
• 중소기업 혁신바우처 사업의 탄소중립 경영혁신 컨설팅 선정기업
• 탄소중립형 스마트공장 지원사업 협약기업
• 탄소중립 전환지원사업 선정기업

o (융자방식) 직접대출, 대리대출, 이차보전

o 대출조건

구분	대출 조건
대출한도	(직접 · 대리대출) 연간 60억원 이내 (운전자금은 연간 5억원 이내) (이차보전) 융자계획 공고(중소벤처기업부 공고 제2025-154호) 참조
대출기간	(직접 · 대리대출, 시설) 10년 이내 (거치기간 : 담보 4년 이내, 신용 3년 이내) (직접 · 대리대출, 운전) 5년 이내 (거치기간 : 2년 이내) (이차보전) 융자계획 공고(중소벤처기업부 공고 제2025-154호) 참조
대출금리	(직접 · 대리대출) 정책자금 기준금리(변동) + 0.5%p (이차보전) 융자계획 공고(중소벤처기업부 공고 제2025-154호) 참조
기 타	• 용도별 대출한도 우대기준 해당 기업은 대출한도 우대 가능 • 운전자금은 동 자금의 시설자금을 대출받은 기업 중 시설 도입 후 소요되는 초기가동비만 지원(시설자금의 50% 이내) • 중소기업 ESG 인식확산을 위한 ESG 자가진단 실시(기업 수행)

3-4. 제조현장 스마트화

o (대상) 아래 요건에 해당하는 중소기업

- 정부 등의 스마트공장 지원사업 참여기업
- 스마트공장 등 ICT기반 생산 효율화를 위한 자동화 시설 도입기업

※ 제조현장스마트화자금 우대 사항(직접대출, 대리대출)

- (국내 복귀 기업) 융자계획 공고(중소벤처기업부 공고 제2025-154호) 유의사항(융자제한기업) ⑩항(부채비율 초과기업) 적용 제외

o (융자방식) 직접대출, 대리대출, 이차보전

o 대출조건

구분	대출 조건
대출한도	(직접 · 대리대출) 연간 100억원 이내 (운전자금은 연간 10억원 이내) (이차보전) 융자계획 공고(중소벤처기업부 공고 제2025-154호) 참조
대출기간	(직접 · 대리대출, 시설) 10년 이내 (거치기간 : 담보 4년 이내, 신용 3년 이내) (직접 · 대리대출, 운전) 5년 이내 (거치기간 : 2년 이내) (이차보전) 융자계획 공고(중소벤처기업부 공고 제2025-154호) 참조

대출금리	(직접 · 대리대출) 정책자금 기준금리 (변동) (이차보전) 융자계획 공고(중소벤처기업부 공고 제2025-154호) 참조
기 타	• 운전자금은 동 자금의 시설자금을 대출받은 기업 중 시설 도입 후 소요되는 초기가동비만 지원 (시설자금의 50% 이내) • 중소기업 ESG 인식확산을 위한 ESG 자가진단 실시(기업 수행)

4. 재도약 지원 자금

o 사업목적 및 융자 규모

가. 사업목적

• 사업전환, 구조조정, 재창업 지원으로 재도약과 경영정상화를 위한 사회적 기반 조성

나. 지원 자금 규모 : 7,501억원

4-1. 사업전환 자금

(1) 사업전환 자금(일반)

○ (대상) 「중소기업 사업전환 촉진에 관한 특별법」에 의한 '사업전환계획' 또는 '공동사업전환계획'을 승인받은 중소기업으로 사업전환계획 승인일로부터 5년 미만(신청일 기준)인 기업

* 상시근로자 5인 이상이며, 업종전환, 업종추가, 신사업추가 등 사업전환계획 또는 공동사업전환계획을 수립하고 타당성 평가를 통과하여 승인받은 기업

○ (융자방식) 직접대출, 대리대출

○ 대출조건

구분	대출 조건
대출한도	(직접 · 대리대출) 연간 100억원 이내 (운전자금은 연간 5억원 이내)
대출기간	(직접 · 대리대출, 시설) 10년 이내 (거치기간 : 담보 5년 이내, 신용 4년 이내) (직접 · 대리대출, 운전) 6년 이내 (거치기간 : 3년 이내)
대출금리	(직접 · 대리대출) 정책자금 기준금리(변동)
기 타	• 용도별 대출한도 우대기준에 해당하는 기업은 대출한도 우대 가능

VII 무역관련 금융 및 수출물품 조달

(2) 사업전환 자금(사업재편, 산업경쟁력강화, 통상변화대응)

ㅇ (대상)

① 사업재편
- 「기업활력 제고를 위한 특별법」에 의한 '사업재편계획'을 승인받은 중소기업으로 승인일로부터 5년 미만 (신청 · 접수일 기준)인 기업
- (우대사항) 융자계획 공고(중소벤처기업부 공고 제2025-154호) 유의사항(융자제한기업)③항(세금체납기업), ⑩항(부채비율 초과기업) 적용 예외
  (단, ③항(세금체납기업) 예외 적용의 경우는 압류 · 매각의 유예에 한함)

② 산업경쟁력강화
- 사업전환계획 승인기업 중 한중FTA 지원 업종 영위기업

③ 통상변화대응(기존 무역조정)
- 「통상환경변화 대응 및 지원 등에 관한 법률(기존 무역조정 지원 등에 관한 법률)」에 의한 '통상변화대응지원기업(기존 무역조정지원기업)'으로 지정된 중소기업으로 지정일로부터 3년 미만(신청 · 접수일 기준)인 기업
- (우대사항) 융자계획 공고(중소벤처기업부 공고 제2025-154호) 유의사항(융자제한기업) ⑩항(부채비율 초과기업), ⑪항(한계기업) 적용 예외

ㅇ (융자방식) 직접대출, 대리대출

ㅇ 대출조건

① 사업재편, 산업경쟁력강화

구분	대출 조건
대출한도	(직접 · 대리대출) 연간 100억원 이내 (운전자금은 연간 5억원 이내)
대출기간	(직접 · 대리대출, 시설) 10년 이내 (거치기간 : 담보 5년 이내, 신용 4년 이내) (직접 · 대리대출, 운전) 6년 이내 (거치기간 : 3년 이내)
대출금리	(직접 · 대리대출) 정책자금 기준금리(변동)
기　타	• 용도별 대출한도 우대기준에 해당하는 기업은 대출한도 우대 가능

② 통상변화대응(기존 무역조정)

구분	대출 조건
대출한도	(직접 · 대리대출) 연간 60억원 이내 (운전자금은 연간 5억원 이내)
대출기간	(직접 · 대리대출, 시설) 10년 이내 (거치기간 : 담보 5년 이내, 신용 4년 이내) (직접 · 대리대출, 운전) 6년 이내 (거치기간 : 3년 이내)
대출금리	2.0%(고정)
기 타	• 용도별 대출한도 우대기준에 해당하는 기업은 대출한도 우대 가능

4-2. 구조개선 전용 자금

o (대상) 아래의 유형(① ~ ③)에 해당하는 기업

① 아래 사항 중 하나에 해당되어 진로제시컨설팅(기초진로제시)을 받은 기업 중 '구조개선' 대상으로 판정된 기업

- 정책금융기관 등(중진공, 신보, 기보, 테크노파크)이 지정한 부실징후기업
- 「채권은행협의회 운영협약」 또는 「기업구조조정 촉진법」에 의한 워크아웃 추진기업으로 워크아웃계획을 정상 이행중인 경우
- 「채무자 회생 및 파산에 관한 법률」에 따른 회생절차 종결 후 5년 이내 기업으로 법원에서 승인한 회생계획을 정상 이행중인 경우
- 기타 경영애로를 겪고 있어 구조개선, 회생, 사업정리 등 향후 진로제시가 필요한 기업

* 진로제시컨설팅 시 기업 비용부담(컨설팅 비용의 10% 및 부가세 10%) 발생

② 아래 사항 중 하나에 해당되어 한국자산관리공사(캠코)에서 금융지원을 추천한 '캠코 협업 금융지원' 대상 기업

- 패키지형 회생기업 금융지원 참여기업
- 국세 물납 법인
- Sales & LeaseBack 참여(선정)기업

③ '선제적 자율구조개선 프로그램'에서 지원을 결정한 기업

> ※ 선제적 자율구조개선 프로그램 개요
>
> • 중진공과 금융기관(협약은행 등)*이 협력하여 위기징후 중소기업을 선제 발굴하고, 공동 금융지원과 경영개선계획 수립 등으로 기업의 자율구조개선을 지원하여 신속한 경영정상화 촉진 및 재도약 기회 부여
>
> * 기업은행, 수출입은행, 경남은행, 농협은행, 산업은행, 국민은행, iM뱅크, 신한은행, 우리은행, 하나은행, 부산은행, 기술보증기금, 지역신용보증재단 등
>
> **지원절차 : 신청→상담 · 추천→사전검토→진단 · 평가및경영개선계획수립→지원결정→금융지원→이행점검

* 프로그램 세부내용 확인 : 중진공 누리집(www.kosmes.or.kr) 「지원사업 – 정책자금융자 – 세부사업 – 재도약지원자금 – 선제적 자율구조개선 프로그램」

○ (융자방식) 직접대출

○ 대출조건

<table>
<tr><th colspan="2" rowspan="2">구분</th><th colspan="2">대출 조건</th></tr>
<tr><th>일반 구조개선전용자금
(캠코 협업 금융지원 포함)</th><th>선제적 자율구조개선 프로그램</th></tr>
<tr><td rowspan="2">대출 한도</td><td>시설</td><td>–</td><td>연간 60억원 이내</td></tr>
<tr><td>운전</td><td>3년간 10억원 이내</td><td>3년간 15억원 이내(연 10억원 이내)</td></tr>
<tr><td rowspan="2">대출 기간</td><td>시설</td><td>–</td><td>10년 이내
(거치기간 : 담보 4년 이내, 신용 3년 이내)</td></tr>
<tr><td>운전</td><td colspan="2">5년 이내 (거치기간 : 2년 이내)</td></tr>
<tr><td colspan="2">대출금리</td><td>정책자금 기준금리(변동)</td><td>2.5%(고정)</td></tr>
</table>

4-3. 재창업 자금

○ (대상) 중소기업을 폐업하고 새로운 중소기업을 설립한 업력 7년 미만(신산업(참고 1-1) 창업 분야 중소기업은 10년 이내) 재창업기업 또는 예비재창업자로, 아래의 유형(①~③)을 모두 만족하는 자

* 설립 7년 미만(신산업 창업 분야 중소기업은 10년 이내) 법인기업을 인수한 경우도 포함

① 자금조달에 애로를 겪고 있는 기업인 또는 한국신용정보원의 '일반신용정보 관리규약'에 따라 공공정보(파산면책결정, 회생인가, 신용회복확정, 채무조정확정 등 신용회복지원)가 등록되어 있는 자

② 아래 요건에 모두 해당하는 재창업자

- 폐업 이력을 보유(폐업을 완료할 것)한 자로, 현재 재창업기업의 대표(이사)
  * 과거 폐업 개인기업의 대표자이거나, 폐업 법인기업의 대표이사 또는 실질기업주
- 폐업 기업의 업종이 아래의 업종에 해당하지 않는 자
  비영리업종, 사치향락업종, 주점업, 금융 및 보험업, 부동산업, 공공행정, 국방 및 사회보장행정, 가구 내 고용 및 자가 소비·생산활동, 국제 및 외국기관

③ 「중소기업창업 지원법」에 따른 성실경영평가를 통과한 자

- (성실경영평가) 재창업지원 사업 신청자가 재창업 전 기업을 분식회계, 고의 부도, 부당해고 등을 하지 않고 성실하게 경영했는지 등을 평가

※ 위 재창업자금 지원대상에 해당하지 않더라도, 아래 요건에 해당하는 기업은 별도 지원방식을 통해 지원 가능

- 연체 등 정보가 등록된 신용미회복자로 신용회복위원회의 신용회복과 재창업자금 동시 지원이 필요한 경우
  * (지원방식) 신복위 접수 → 중진공 · 신보 · 기보 · NICE평가정보 · 한국평가데이터 중 한 개의 기관이 평가 → 위원회 심의 → 신보 · 기보 보증서 발급 → 신용회복 처리 후 중진공 대출

o (융자방식) 직접대출, 대리대출

o 대출조건

구분	대출 조건
대출한도	(직접 · 대리대출) 연간 60억원 이내 (운전자금은 연간 5억원 이내)
대출기간	(직접 · 대리대출, 시설) 10년 이내 (거치기간 : 4년 이내) (직접 · 대리대출, 운전) 6년 이내 (거치기간 : 3년 이내)
대출금리	(직접 · 대리대출) 정책자금 기준금리(변동) * 성실경영 심층평가 통과기업은 금리 우대(Δ0.3%p)
기 타	• 업력 1년 미만 기업의 경우에는 역량평가와 초기재창업심의위원회 평가를 합산한 결과로 융자 여부 결정 • 융자상환금조정형은 대출한도 5억원 이내에서 직접대출로 운영 • 용도별 대출한도 우대기준에 해당하는 기업은 대출한도 우대 가능(융자상환금조정형 제외)

5. 긴급 경영안정 자금

○ **사업목적 및 융자 규모**

가. 사업목적

- 재해 피해 기업, 일시적 경영애로 기업에 긴급한 자금소요를 지원하여 중소기업의 안정적인 경영기반 조성

나. 지원 자금 규모 : 2,500억원

5-1. 긴급 경영안정 자금 지원(재해 중소기업)

o (대상) 「재해 중소기업 지원지침(중소벤처기업부 고시)」에 따라 '자연재난' 및 '사회재난'으로 피해를 입은 중소기업

* 특별자치시장 · 특별자치도지사(관할 구역 안에 지방자치단체인 시 · 군이 있는 특별자치도의 도지사는 제외) · 시장 · 군수 또는 구청장(구청장은 자치구의 구청장을 말하며, 이하 "시장 등")이 발급한 「재해중소기업 확인증」 제출

o (융자방식) 직접대출

o 대출조건

구분	대출 조건
대출한도	(직접대출, 운전) 피해금액 이내에서 최대 10억원 (3년간 15억원 이내)
대출기간	(직접대출, 운전) 5년 이내 (거치기간 : 2년 이내)
대출금리	(직접대출, 운전) 1.9%(고정)
기 타	• 운전자금의 용도는 직접 피해 복구에 소요되는 비용

5-2. 긴급 경영안정 자금(일시적 경영 애로)

o (대상) '① 경영애로 사유'로 일정 부분 피해('② 경영애로 규모')를 입은 일시적 경영애로 기업 중 경영정상화 가능성이 큰 기업

※ 긴급경영안정자금(일시적경영애로) 우대 사항

- 융자계획 공고(중소벤처기업부 공고 제2025-154호) 유의사항(융자제한기업)⑩항(부채비율초과기업) 적용 예외
- 정부 산업구조조정 대상 업종(조선, 자동차, 해운, 철강, 석유화학), 원전 협력 중소기업, 대유위니아그룹 계열사 회생신청에 따른 피해 협력기업은 융자계획 공고 Ⅲ. 유의사항(융자제한기업) ①항(우량기업), ③항(세금체납기업), ⑩항(부채비율초과기업) 적용 예외(단, ③항(세금체납기업) 예외 적용의 경우에도 압류 · 매각의 유예에 한함)

① 경영애로 사유

- 환율피해
- 대형사고(화재 등)
- 대기업 구조조정
- 정부의 산업구조조정 대상업종(조선, 자동차, 해운, 철강, 석유화학) 관련 피해
- 주요거래처 도산 및 결제조건 악화
- 기술유출 피해
- 불공정거래행위, 기술침해, 외국기업 또는 대기업과의 특허분쟁에 따른 피해
- 한·중 FTA 지원업종(피해)(참고11)
- 고용위기 또는 산업위기지역 소재 중소기업
- 산업위기 선제대응지역 소재 중소기업
- 화학안전 법령 이행
- 중소기업 특별지원지역 경영애로
- 개성공단 입주 철수기업
- 우크라이나 사태 피해기업
- 원전 협력 중소기업(단, 사업계획 및 자금 사용 목적이 원전 사업 추진을 위한 경우에 한하여 지원)
- 원자재 가격급등으로 인한 생산 등의 애로 중소기업
- 정의로운전환 특별지구에 소재한 중소기업
- 대유위니아그룹 계열사 회생신청에 따른 피해 협력기업
- 위메프, 티몬, 인터파크쇼핑, AK몰 또는 알렛츠로부터 판매대금 미정산 피해를 입은 것으로 인정(셀러허브를 통한 입점기업 포함)되는 중소기업
- 보호무역 피해
- 기타 중소벤처기업부장관이 지원이 필요하다고 인정하는 사유

※ 제품과 서비스의 시장성 부족 등에 따른 영업부진 등은 제외

② 경영애로 규모 : 매출액 또는 영업이익이 10% 이상 감소한 기업, 대형사고(화재 등)로 피해규모가 1억원 이상인 기업

비교 시점	(연도) 직전연도와 직전전연도 (반기) 직전반기와 직전전반기, 직전반기와 전년동반기 (분기) 직전분기와 직전전분기, 직전분기와 전년동분기 (월별) 신청전월과 전전월, 신청전월과 전년동월

※ 긴급경영안정자금(일시적경영애로) 경영애로 규모 요건 적용 예외

- 고용위기 또는 산업위기지역 소재 중소기업
- 조선업 관련 피해기업
- 중소기업 특별지원지역 소재 중소기업
- 우크라이나 사태 피해기업
- 원전 협력 중소기업
- 기술침해 피해기업
- 대유위니아그룹 계열사 회생신청에 따른 피해 협력기업

③ 신청기한 : 경영애로 피해 발생(피해 비교 가능시점) 후 6개월 이내

* 단, 정부의 산업구조조정대상 업종 관련 피해기업은 신청기한을 경영애로 피해발생 후 1년 이내로 우대

o (융자방식) 직접대출

o 대출조건

구분	대출 조건
대출한도	(직접대출, 운전) 10억원 이내(3년간 15억원 이내)
대출기간	(직접대출, 운전) 5년 이내 (거치기간 : 2년 이내)
대출금리	정책자금 기준금리(변동) + 0.5%p
기 타	• 운전자금의 용도는 경영애로 해소 및 경영정상화에 소요되는 경비

6. 밸류 체인 안정화 자금

o 사업목적 및 융자 규모

가. 사업목적

• 단기 생산자금 공급, 중소기업 보유 매출채권의 조기 유동화를 지원하여 단기 유동성 공급 강화

나. 지원 자금 규모 : 1,985억원

6-1. 동반성장 네트워크론

o (대상) 중진공과 동반성장 협약을 체결한 발주기업이 추천하는「중소기업기본법」제2조에 따른 수주 중소기업

• 최근 3개년 결산재무제표(동일 사업자번호 기준)를 보유하면서,발주기업과 최근 1년 이내 거래실적을 보유하고 있는 기업

• (지원방식) 발주서를 근거로 납품 前 수주기업에 생산자금을 대출하고, 납품 및 채권양수도 후 발주기업으로부터 대금 회수

6-2. 매출 채권 팩토링

o (대상) 최근 3개년 결산재무제표를 보유하고, 구매기업과 1년 이상 거래 실적을 보유하고 있는「중소기업기본법」제2조에 따른 중소기업

* 타 정책기관(신용보증기금, 기술보증기금) 팩토링 제도를 활용 중인 기업은 신청대상에서 제외

• (지원방식) 중진공이 판매기업의 매출채권을 '상환청구권 없이' 인수하여 자금을 공급하고 구매기업으로부터 매출채권 대금회수

※ 정책자금 신청 · 접수 문의처

□ 중소기업 통합콜센터(전국 어디서나 국번없이 ☎ 1357) 또는 정책자금 안내 콜센터(☎ 1811-3655)

ㅇ 중소벤처기업진흥공단 지역본 · 지부 소재지

지역본(지)부		주소	청년 창업센터	재도전종합 지원센터
수도권	서울지역본부	서울 중구 무교로 21 더익스체인지서울 빌딩 5층	○	○
	서울동부지부	서울 서초구 서초대로 45길 16 VR빌딩 1층	○	
	서울서부지부	서울 금천구 가산디지털1로 181 가산W센터 413호	○	
	서울남부지부	서울 서초구 서초대로 45길 16 VR빌딩 1층	○	○
	인천지역본부	인천 연수구 갯벌로 12 갯벌타워 14층	○	○
	인천서부지부	인천 서구 봉수대로 806, 인천아시아드주경기장 3층(서측)		
	경기지역본부	경기 수원시 영통구 광교로 107 경제과학진흥원 11층	○	○
	경기동부지부	경기 성남시 분당구 양현로 322 코리아디자인센터 2층		
	경기서부지부	경기 안산시 단원구 광덕대로 243, 신용보증기금 빌딩 1층		
	경기남부지부	경기 화성시 봉담읍 동화길 51 원희캐슬봉담 4층 431-434호		
	경기북부지부	경기 고양시 일산동구 일산로 138 일산테크노타운 관리동 102호	○	○
강원	강원지역본부	강원 춘천시 중앙로 54 우리은행빌딩 5층	○	○
	강원영동지부	강원 강릉시 강릉대로 33 강릉시청 15층		
충청	대전지역본부	대전 서구 청사로 136 대전무역회관 15층	○	○
	세종지역본부	세종 한누리대로 320, 리치먼드시티 2층	○	○
	충남지역본부	충남 천안시 서북구 광장로 215 충남경제종합지원센터 4층	○	○
	충북지역본부	충북 청주시 흥덕구 풍산로 50 중소기업종합지원센터 4층	○	○
	충북북부지부	충북 충주시 번영대로 200 2층		
전라	전북지역본부	전북 전주시 완산구 홍산로 276 전주상공회의소 4층	○	○
	전북서부지부	전북 군산시 대학로 331 한화생명 4층		
	광주지역본부	광주 서구 상무중앙로84(치평동) 상무트윈스빌딩 6층	○	○
	전남지역본부	전남 무안군 삼향읍 오룡3길 2 중소기업종합지원센터 4층	○	○
	전남동부지부	전남 순천시 장명로 18, 순천상공회의소 3층		
경상	대구지역본부	대구 북구 엑스코로 10 대구전시컨벤션센터 4층	○	○
	경북지역본부	경북 구미시 이계북로 7 경북경제진흥원 5층	○	○
	경북동부지부	경북 포항시 남구 지곡로 394 포항테크노파크 1층		
	경북남부지부	경북 경산시 삼풍로 27 경북테크노파크 본부동 501호		
	부산지역본부	부산 부산진구 중앙대로 639, 엠디엠타워 23층	○	○
	부산동부지부	부산 해운대구 센텀동로 99 벽산e-센텀클래스원 201~202호		
	울산지역본부	울산 남구 삼산로 274 W-Center 14층	○	○
	경남지역본부	경남 창원시 의창구 원이대로 362 창원컨벤션센터 3층	○	○
	경남동부지부	경남 김해시 주촌면 골든루트로 80-16 중소기업비즈니스센터 4층		
	경남서부지부	경남 진주시 영천강로 167 이노휴먼씨티 3층		
제주	제주지역본부	제주 제주시 연삼로 473 제주중소기업종합지원센터 3층	○	○

ㅇ 중소벤처기업진흥공단 지역본 · 지부 관할 구역

지역본(지)부		주소
수도권	서울지역본부	중구, 강북구, 노원구, 도봉구, 동대문구, 마포구, 서대문구, 성동구, 성북구, 용산구, 은평구, 종로구, 중랑구
	서울동부지부	강동구, 광진구, 송파구
	서울서부지부	양천구, 금천구, 강서구, 관악구, 구로구, 동작구, 영등포구
	서울남부지부	서초구, 강남구
	인천지역본부	연수구, 계양구, 남동구, 부평구, **부천시**
	인천서부지부	서구, 동구, 미추홀구, 중구, 강화군, 옹진군, **김포시**
	경기지역본부	수원시, 안성시, 용인시, 과천시, 안양시, 의왕시, 군포시
	경기동부지부	광주시, 구리시, 남양주시, 성남시, 이천시, 하남시, **가평군**, 양평군, 여주시
	경기서부지부	시흥시, 광명시, 안산시, **화성시(송산면, 서신면, 마도면, 남양읍, 비봉면)**
	경기남부지부	화성시, 평택시, 오산시
	경기북부지부	고양시, 동두천시, 양주시, 의정부시, 파주시, 포천시, 연천군, **김포시, 부천시**
강원	강원지역본부	춘천시, 원주시, 양구군, 영월군, 인제군, **정선군**, 철원군, **평창군**, 홍천군, 화천군, 횡성군, **가평군**
	강원영동지부	강릉시, 동해시, 삼척시, 속초시, 태백시, 고성군, 양양군, **평창군**, **정선군**
충청	대전지역본부	대전시, 계룡시, 논산시, 금산군, **옥천군**, **영동군**
	세종지역본부	세종시, 공주시, 청양군, 보령시, 부여군, **서천군**
	충남지역본부	천안시, 서산시, 아산시, 당진시, 예산군, 태안군, 홍성군
	충북지역본부	청주시, 보은군, **영동군**, **옥천군**, 진천군, 증평군, **음성군**
	충북북부지부	충주시, 제천시, 괴산군, 단양군, **음성군**
전라	전북지역본부	전주시, 남원시, 무주군, 순창군, 완주군, 임실군, 장수군, 진안군, 정읍시, **익산시**, 김제시
	전북서부지부	군산시, 고창군, 부안군, **서천군**, **익산시**
	광주지역본부	광주시, **나주시**, 담양군, **영광군**, 장성군, **함평군**, 화순군
	전남지역본부	무안군, 목포시, 강진군, 신안군, 영암군, 완도군, 진도군, 해남군, **영광군**, **함평군**, **나주시**, **장흥군**
	전남동부지부	순천시, 광양시, 여수시, 고흥군, 곡성군, 구례군, 보성군, **장흥군**
경상	대구지역본부	대구시, **고령군**, **군위군**
	경북지역본부	구미시, 김천시, 문경시, 상주시, 안동시, 영주시, **고령군**, **군위군**, 봉화군, 성주군, 예천군, 의성군, 칠곡군
	경북동부지부	포항시, 경주시, 영덕군, 영양군, 울릉군, 울진군, 청송군
	경북남부지부	경산시, 영천시, 청도군
	부산지역본부	사상구, 강서구, 동구, 부산진구, 북구, 사하구, 서구, 영도구, 중구
	부산동부지부	해운대구, 금정구, 남구, 동래구, 수영구, 연제구, 기장군
	울산지역본부	울산시, **경주시(외동읍, 내남면, 산내면)**, **양산시**
	경남지역본부	창원시, 의령군, 함안군, 창녕군
	경남동부지부	김해시, 밀양시, **양산시**
	경남서부지부	진주시, 거제시, 사천시, 통영시, 거창군, 고성군, 남해군, 산청군, 하동군, 함양군, 합천군
제주	제주지역본부	제주시, 서귀포시

※ 굵은 글씨는 지역본 · 지부 복수 관할지역

제8절 수출입기업 지원제도

제 도 별	개 요	취급기관
선적 전 수출 신용보증수탁보증	수출기업이 수출계약에 따라 수출물품을 제조·가공하거나 조달할 수 있도록 외국환은행이 신용보증서를 담보로 대출 또는 지급보증을 실행함에 따라 기업이 은행에 대하여 부담하게 되는 상환채무를 무역보험공사가 연대 보증하는 제도	외국환은행
선적 후 수출 신용보증수탁보증	수출을 영위하는 중소기업에게 수출신용보증서(선적 후)를 담보로 하여 환어음 또는 선적서류를 매입하여 자금 지원한 후 해외 수입상이나 개설은행으로부터 수출대금을 지급받지 못하게 될 경우 수출자가 부담하게 되는 매입은행의 상환채무를 무역보험공사가 연대 보증하는 제도	외국환은행
수출촉진자금	내수에서 수출로 전환하거나 수출확대를 추진하는 기업을 대상으로 시설투자, 기술개발 및 해외시장개척활동자금 등을 지원	한국수출입은행
수출성장자금	물품 등의 수출에 필요한 자금을 과거 수출실적 범위 내에서 일괄 지원	한국수출입은행
수출이행자금	수출계약별로 수출목적물의 제작이행 및 대금회수시까지 필요한 자금을 지원	한국수출입은행
수출기반자금	국내기업으로부터 물품 등을 구매하는 외국인 등 수출 관련 거래에 기여하는 자를 대상으로 수입결제자금, 시설·운영자금 등을 지원	한국수출입은행
수입자금	국민 생활의 안정, 고용증대 및 수출촉진 등에 기여하는 물품 등의 수입자금 지원	한국수출입은행
수입기반자금	수입자금 지원대상자의 수입거래에 기여하는 자를 대상으로 시설·운영자금 등을 지원	한국수출입은행
해외투자자금	국내기업이 외국법인에 자본금을 출자하거나 국내기업이 출자한 외국법인에 대여금을 주는데 필요한 자금을 지원	한국수출입은행
해외사업자금	국내기업이 해외에 현지법인의 설립 없이 외국에서 사업을 영위할 경우에 필요한 설비의 신설·확충 또는 운영에 필요한 자금을 지원	한국수출입은행
현지법인사업자금	국내모기업의 해외자회사가 해외에서 사업을 영위하는데 필요한 시설·투자 또는 운영자금 등을 지원	한국수출입은행
해외사업 활성화자금	국내기업, 해외자회사 등이 추진하는 해외사업 관련 거래 상대방 등 해외사업활성화에 기여하는 자를 대상으로 시설·운영자금 등을 지원	한국수출입은행

제 도 별	개 요	취급기관
채무보증	수출금융보증, 수입금융보증, 해외사업금융보증 등 수출입은행의 지원 대상거래에 대해 자금을 대출한 국내외 금융기관에게 차주의 채무 불이행시 수출입은행이 해당 금융기관의 대출금을 대신 상환 보증	한국수출입은행
이행성보증	수출이행성보증, 수입이행성보증, 해외사업이행성보증 등 수출거래의 수주, 국민경제의 중요한 수입 또는 해외사업 이행 등에 필요한 제반 이행성보증을 입찰보증, 선수금환급보증, 계약이행보증, 유보금 보증 및 하자보수보증 등으로 지원	한국수출입은행
이자율지지	수출입은행의 채무보증을 받아 수출입은행과 공동으로 OECD 수출신용협약에 따른 공적수출금융을 고정금리인 상업참고금리로 국내외금융기관이 지원하는 경우, 수출입은행은 이자율 변동에 따른 금리차(상업참고금리와 변동대출 금리간 금리차)로 발생하는 대출금융기관의 손실을 보전하고 이익을 환수	한국수출입은행
대출보증	기업이 은행으로부터 각종 운전 및 시설자금을 대출 받는데 따른 금전채무를 보증(일반운전자금, 무역금융, 구매자금융, 할인어음, 설비자금, 각종 기술개발자금 등)	신용보증기금
이행보증	중소, 중견기업, 대기업이 건설공사계약, 납품계약, 용역계약을 위한 계약(입찰 포함)에 수반하여 부담하는 보증금의 지급채무에 대한 보증	신용보증기금
무역어음 인수보증	중소기업이 수출신용장(내국신용장을 포함)을 근거로 발행한 무역어음을 인수한 자에 대하여 부담하는 채무에 대한 보증	신용보증기금
지식재산 보증	우수 지식재산 창출기업에 대한 연구개발(R&D), 기술거래, 사업화 및 활용촉진에 필요한 소요 자금을 지원하는 보증	신용보증기금
수출입자금 보증	중소기업의 수출경쟁력 증대와 수출촉진을 위해 수출물품의 제조 또는 조달과 관련된 금융지원을 위한 보증제도	신용보증기금
단기수출보험 (일반)	결제기간 2년 이내의 수출거래를 대상으로 하며, 선적(수출) 후 수출대금을 회수하지 못하여 수출기업의 손실을 보상하는 제도	무역보험공사
단기수출보험 (포페이팅)	은행이 포페이팅 수출금융 취급 후 신용장 개설은행으로부터 만기에 수출대금을 회수하지 못하여 입게 되는 손실을 보상하는 제도	무역보험공사
수출신용보증 (선적전)	수출기업이 수출물품을 제조 · 가공하거나 조달할 수 있도록 외국환은행, 수출유관기관 등이 대출 또는 지급보증하는 경우(Local L/C, 수출용 원자재 수입 L/C 개설 등), 기업의 상환채무를 보증	무역보험공사
수출신용보증 (선적후)	수출기업이 수출계약에 따라 물품을 수출한 후 외국환은행이 운송서류 및 수출신용보증서를 근거로 수출자에게 대출(매입)하는 경우(Negotiation), 기업의 상환채무를 보증하는 제도	무역보험공사

제 도 별	개 요	취급기관
수출보증보험	수출 또는 해외공사계약과 관련하여 수출보증서를 발급한 금융기관이 보증수익자(수입자 또는 발주자)로부터 보증채무 이행청구(Bond-Calling)을 받아 대지급하는 경우에 입게 되는 손실을 보상함으로써 수출자가 수출보증서를 용이하게 발급 받을 수 있는 수출지원제도(금융기관용 수출보증보험 및 수출자용 수출보증보험)	무역보험공사
중장기 수출보험 (선적전)	수출자가 수출대금의 결제기간이 2년을 초과하는 중장기 수출계약을 체결한 후 수출(선적) 불능에 따른 손실을 보상	무역보험공사
중장기 수출보험 (공급자신용)	수출자가 결제기간 2년을 초과하는 중장기 연불조건으로 중장기 수출계약을 체결하고 선적한 후 수출대금을 받을 수 없게 됨으로써 입게 되는 손실을 보상	무역보험공사
중장기 수출보험 (구매자신용)	국내외의 금융기관 등이 중장기수출계약에 의한 수출대금의 지급에 필요한 자금을 외국인에게 공여하는 수출대금 금융계약을 체결한 후 대출원리금을 받을 수 없게 되는 손실을 보상	무역보험공사
잠재 수출기업 보증	중소기업의 수출잠재력 확충을 위하여 수출실적이 없거나 미미한 경우에도 우대하여 지원 보증	기술보증기금
정책자금 One-stop 보증	정책자금 지원신청을 접수하여 기술성 · 사업성평가를 통한 1회의 심사만으로 지원 대상기업의 선정 및 보증가능금액을 결정하고 위탁 관리기관에서는 기술보증기금의 평가결과를 토대로 별도 심사없이 정책자금을 지원	기술보증기금
지급보증의 보증	금융기관 및 농수 · 축협으로부터 각종 대내외 지급보증을 받기 위한 담보로 이용되는 보증제도(무역어음인수를 포함한 금융기관의 각종 대내외 지급보증과 농 · 수 · 축협의 수입신용장 발행)	기술보증기금
무역금융	수출기업의 원재료 구입을 위한 금융기관의 무역금융에 대하여 보증하는 제도	기술보증기금
무역진흥자금	한국무역협회가 수출중소업체의 수출지원을 위해 조성한 자금을 전시회 참가, 수출상담회 참가, 바이어 초청 · 방문, 특허 · 규격인증 획득, 해외홍보, 시장조사 등 중소기업의 수출마케팅에 필요한 자금을 저리 융자	한국무역협회

VIII

운송 및 보험

제 1 절 무역과 운송과의 관계
제 2 절 무역운송형태
제 3 절 수출입물류 요금체계
제 4 절 운송서류
제 5 절 보험 및 클레임

제1절 무역과 운송과의 관계

1. 무역거래와 수출입 화물운송

(1) 수출입화물 운송의 중요성

국제 무역에서 운송은 단순한 물류 이상의 의미를 가지며, 전체 무역 생태계의 핵심 요소로 작용합니다.

무역거래를 성공적으로 하기 위해서는 제품의 품질, 마케팅능력, 무역계약 및 대금결제 등 무역실무 지식이 대단히 중요한 요소이나 적절한 운송수단의 선정을 통한 제품의 적기인도(timely delivery), 운송 물류비 절감 및 이를 통한 고객에 대한 신용도 제고 또한 중요하다.

운송수단 선택의 잘못 등으로 인해 적기 인도에 차질을 빚거나 포장, 하역 등의 잘못으로 화물에 대한 운송 클레임 발생 시 수출자는 치명적 타격을 입게 될 수도 있다. 따라서 경쟁사보다 더욱 값싸고 빠른 운송수단과 최적의 운송경로를 선택하고 운송 단계별 신속·정확한 업무처리로 비용을 절감한다면 기업의 가격경쟁력을 높여 경쟁 우위에 설 수 있다.

(2) 무역에서 운송의 관심분야

무역에서 화주가 운송과 관련하여 가장 깊은 관심을 가지는 부분은 수출자인 경우에 계약 조건에서 요구하는 운송서류를 구비하여 대금결제를 받을 수 있는 준비를 하는 것과 수입자인 경우에 운송서류를 정당하게 취득하여 수입물품을 입수하는 것이다. 따라서 계약 조건에 부합하는 운송서류의 요건이 무엇인가를 잘 알고 요구에 적응하기 위해서는 운송서류에 대한 이해 및 운송인이 운송계약을 위반한 경우 무역업자는 화주로서 어떠한 대응을 할 수 있는가에 대한 이해가 선행되어야 한다. 이것이 바로 운송인의 책임내용이며, 이는 운송서류 약관 및 관련 국제규칙에서 규정하고 있기 때문에 운송서류 및 국제규칙을 잘 이해해야 한다.

2. 선적조건과 무역운송

선적은 해상운송의 본선적재(loading on board), 항공 또는 철도운송의 발송(dispatch) 및 복합운송의 운송인의 수탁(taking in charge) 등을 포괄하는 개념이다. 무역계약 체결 시 계약 당사자인 매도인과 매수인은 운송에 관한 지식을 가지고 선적조건을 협의해야 한다.

일반적으로 선적조건에 포함되는 내용으로 선적기일(S/D : shipping date), 선적항(POL : port of loading), 도착항(POD : port of discharge), 분할선적(Partial shipment) 및 환적(T/S : transhipment)여부 등을 정하게 된다.

선적기일은 최종 선적일(latest shipping date)을 말하며 신용장거래에서 선적기일이 정해져 있지 않은 경우 신용장 유효기일(E/D : expiry date)을 선적기일로 본다. 일반적으로 선적일의 입증은 선하증권상 본선적재일(on board date) 및 선하증권 발행일(B/L date)로써 한다. 실무적으로 주의할 것은 S/D는 연장되지 않기 때문에 S/D가 공휴일인 경우 당일 또는 전일까지 선적을 완료하고 선하증권을 발급받아야 한다는 점이다.

분할선적(分割船積)은 거액거래이거나 수입자의 판매계획이나 시황에 따라 여러 번에 걸쳐 공급받고자 할 때 또는 재고 여유가 있어서 분할하여 공급받아도 지장이 없을 경우에 선택된다.

환적(換積)은 이적(移積)이라고도 하며, 물품 운송도중에 다른 선박 또는 운송수단으로 옮겨 싣는 것을 의미하며, 환적 중에 화물의 파손 및 비용 추가 때문에 수입자 입장에서는 바람직하지 않은 운송방법이다. 일반적으로 직항선적(direct sailing)약정 시에는 환적이 금지된 것으로 본다.

무역운송의 종류와 특징

국제무역에서 상품을 효율적으로 이동시키기 위해 다양한 운송 방식이 활용됩니다. 각 운송 방식은 고유한 특징과 장단점을 가지고 있어, 화물의 특성, 거리, 비용, 시간 등을 고려하여 최적의 방식을 선택해야 합니다.

해상운송

대량의 화물을 장거리 운송할 때 가장 경제적인 방식으로, 전 세계 무역량의 약 90%가 해상운송을 통해 이루어집니다. 컨테이너선, 벌크선, 탱커선 등 다양한 선박 유형이 있으며, 특히 컨테이너 운송은 표준화된 규격으로 효율적인 복합운송이 가능합니다. 다만 운송 속도가 느리고 기상 조건에 영향을 받기 쉬운 단점이 있습니다.

항공운송

신속성이 최대 장점인 항공운송은 고가품, 신선식품, 긴급 부품 등 시간에 민감한 화물에 적합합니다. 운송 시간이 짧고 안전성이 높으며, 세계 거의 모든 지역에 접근이 가능합니다. 그러나 비용이 높고 대형 화물이나 위험물 운송에 제한이 있어, 가격 대비 중량이 낮은 고부가가치 상품에 주로 사용됩니다.

철도운송

내륙 지역 간 대량 화물 운송에 효율적이며, 특히 유라시아 대륙의 중국-유럽 간 운송에서 중요성이 커지고 있습니다. 해상운송보다 빠르고 항공운송보다 경제적인 중간적 특성을 가지며, 기상 조건에 상대적으로 덜 영향을 받는 장점이 있습니다. 그러나 철도 인프라가 갖춰진 지역으로 제한되고, 국가 간 철도 규격 차이로 인한 환적 문제가 있을 수 있습니다.

도로운송

문전 배송(Door-to-Door)이 가능한 유연성이 가장 큰 장점이며, 단거리 운송이나 타 운송 방식의 연결 고리로 활용됩니다. 소량 다품종 화물 운송에 적합하고 상대적으로 저렴한 비용으로 이용할 수 있습니다. 그러나 장거리 운송 시 효율성이 떨어지고, 도로 상황과 기상 조건에 영향을 받을 수 있습니다.

복합운송 시스템

현대 무역에서는 단일 운송 방식보다 두 가지 이상의 운송 수단을 결합한 복합운송이 일반화되고 있습니다. 복합운송은 각 운송 방식의 장점을 결합하여 효율성을 극대화하는 전략으로, 특히 컨테이너화를 통해 더욱 활성화되었습니다. 예를 들어, 해운-철도-도로를 연계한 Sea & Rail, Air & Truck 등의 방식이 널리 활용됩니다. 복합운송의 가장 큰 장점은 전체 운송 과정을 단일 운송 계약과 서류로 처리할 수 있다는 점이며, 이를 통해 행정 절차가 간소화되고 운송 시간과 비용이 절감됩니다.

제2절 무역운송형태

1. 해상운송

(1) 수출화물 해상운송

가) 의의

수출화물의 선적 경로를 주의깊게 살펴보면 수출자 입장에서 원가상승 및 수출경쟁력 약화의 요인을 파악하고 조정하여 물류비를 절감할 수 있다.

수출물품을 적기(Just-in-time)에 생산하여 수입자가 L/C상에 선박회사를 지정한 경우를 제외하고, 수출자는 선적스케줄을 조회하여 해당 선사에 선적요청을 하고 운송회사를 통하여 선사와 계약되어 있는 CY로 화물을 운송함과 동시에 세관에 도착보고를 하고 선적완료후 출항한다.

나) 수출화물 해상운송 절차도해

참 고 사 항	절 차	구 비 서 류
☞화주의 창고를 떠난 수출화물은 관련 노드(선사, 운송회사, CY, CFS, 전용부두 등)를 거쳐 해당 선박에 선적되어 출항함 으로써 일련의 선적 절차가 종결된다. ☞선적예약 ① 화주는 수출품을 선적하기 위하여 해당 선박회사에 선복요청을 하고 수출품을 운송회사에 운송의뢰하여 선적지 CY에 입고시키게 된다. ② 선적요청 방식으로는 상업송장이나 포장 명세서를 FAX로 송부하여 신청하는 방식과 전산을 이용하여 EDI로 신청하는 방식이 있다. ☞ EDI(Electronic Data Interchange ; 전자자료교환) 인편이나 우편에 의존하는 종이 서류 대신 컴퓨터가 읽을 수 있도록 서로 합의하여 표준화된 자료인 전자문서(Electronic Document)를 데이터 통신망을 통해 컴퓨 터와 컴퓨터간에 교환하여 재입력 과정없이 직접 업무에 활용할 수 있도록 하는 정보 전달방식을 말한다.	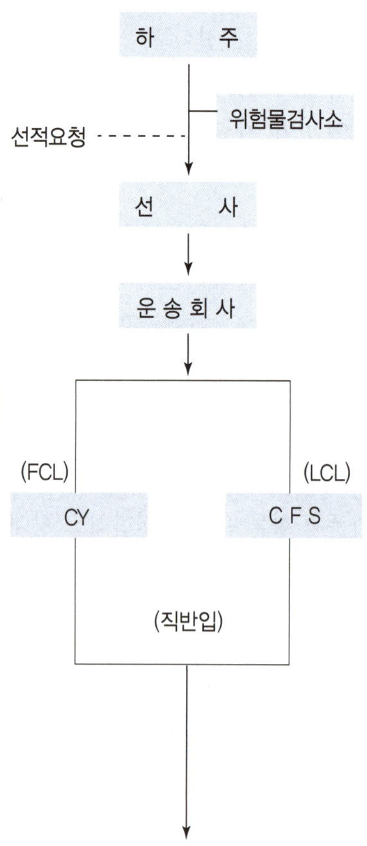 하 주 위험물검사소 선적요청 선 사 운 송 회 사 (FCL) (LCL) CY C F S (직반입)	〈위험물 검사신청서류〉 ① 위험물검사신청서 ② 상업송장 ③ 포장명세서 〈화주 → 검사소〉 ④ 위험물컨테이너수납증 〈검사소 → 화주〉 ※ 위험물 : 일회용 부탄가스, 페인트류, 화공물질 등 ※ 재단법인 한국 해사위험물 검사원 1577-8863 http://komdi.or.kr 〈선적예약서류〉 ① 선적요청서 ② 상업송장 ③ 포장명세서 ④ 수출신고필증 〈화주 → 선사〉 〈EDI방식에 의한 선적요청/응답〉 ① SHPREQ (Shipping Request : 선적요청서) ② SHPRES(Shipping Response : 선적요청응답) ③ BLADVI(Bill of Lading Advice : 선하증권발급통지)

참고사항	절 차	구비서류
☞ 검량회사 업무 ① CFS에 도착한 화물은 선박운송비를 산출하기 위하여 화물에 대한 중량 및 용적 측정과정을 거치게 되며 이를 수행하는 회사가 바로 검량회사 및 검수회사 ② 선박운송비는 화물의 용적 또는 중량에 따라 산정되며 LCL화물의 운임적용은 선사에서 관리하고 있다. ③ 화주가 선하증권을 선사로부터 인수할 때 납부하여야 하는 비용은 CFS Charge, THC(Terminal Handing Charge), Wharfage (부두사용료), DOC (Documentation Charge), Seal Charge 등이며, 이는 선사에 따라 어느 정도 차이가 있다.	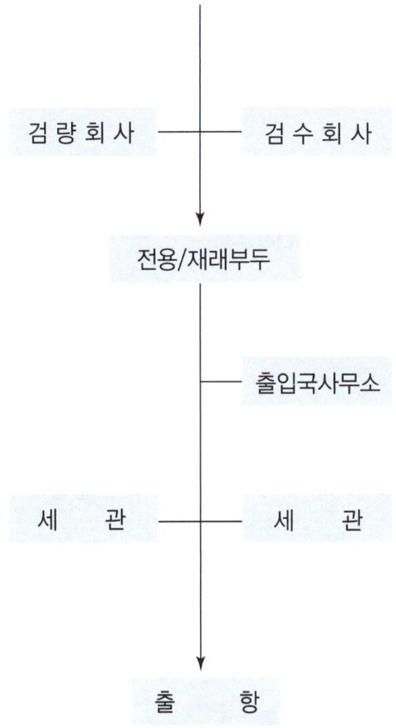	

(2) 수입화물 해상운송

가) 의의

수출과 마찬가지로 수입시에도 화주입장에서는 수입화물이 어떠한 경로를 통하여 도착하며 해당선사를 통하여 통관하기까지 어떠한 과정을 거치는지를 살펴볼 필요가 있다.

수입자는 L/C를 개설한 후 선적서류가 도착하면 은행에 수입물품대금을 결제하고 선적서류를 인도받는다. 수입자는 수출자가 선적통지와 함께 제시한 선적서류 사본으로 수입통관 절차를 거치며, 은행으로부터 인도받은 선적서류 원본을 선사에 제시한 후 수입물품을 인수한다.

나) 수입화물 해상운송 절차도해

참 고 사 항	절 차	구 비 서 류
☞ 업무내용 ① 수입자가 수입 L/C를 개설하고 수출국의 수출자는 수출화물을 선적하게 되며 선적된 화물은 해상으로 운송된다. ② 해당선사와 관련있는 국내 대리점 혹은 선사는 수출국의 선사로부터 선적관련 제반서류를 전송받아 화주에게 화물도착통지를 하며, 화주는 은행으로부터 선적 서류 도착통지를 받고 대금결제후 선적 서류 원본을 인수받게 된다. ③ 선적서류를 인도받은 수입자는 거래하는 관세사 등을 통하여 세관에 수입신고를 하여 수입통관 절차를 거친다. ④ 통관되는 시점에 따라 화물의 이동은 보세운송과 일반운송으로 나누어진다. -일반운송 : CY(CFS)에서 통관되어 화주가 운송 -보세운송 : 전용부두 또는 CY에서 미통관상태로 화주의 문전까지 운송되어 통관되는 경우 → 이 경우 타소장치허가를 득하여야 하며 세관원의 파출 검사 후에 통관된다.	입 항 도선사협회 ─ 예 선 협 회 ↓ 하 역 출입국사무소 항 만 청 ─ 세 관 검 역 소 전용/재래부두 ↓	〈선사와 화주 관련서류〉 -화물도착통지서(Arrival Notice) (선사, 포워더 → 화주)

참 고 사 항	절 차	구 비 서 류

☞ 수입신고

① 수입신고와 아울러 수입자는 선사에 선하증권 원본을 제시한 후 운임을 정산하고(FOB 수입인 경우) D/O (Delivery Order)를 발급받아 해당 보세장치장에 수입신고필증과 함께 D/O를 제시하고 화물을 인수받는다.

② 철도운송의 경우 수입화물을 컨테이너 전용부두로부터 보세운송절차를 거쳐 부산역에서 의왕역까지 운송하고 ICD에 장치한 후 수입통관 절차를 거친다.

③ 위험화물인 경우에는 하역후 세관으로부터 배정처를 지정받아 양산 ICD에 있는 위험물 창고로 간이 보세운송된 후 수입통관 절차를 거친다.

☞ CIQ

외국무역선이 입항하게 되면 Customs(세관절차)이전에 Immigration(출입국절차)와 Quarantine(검역절차)를 받아야 하는데 이러한 3가지 절차를 합하여 CIQ라 한다.

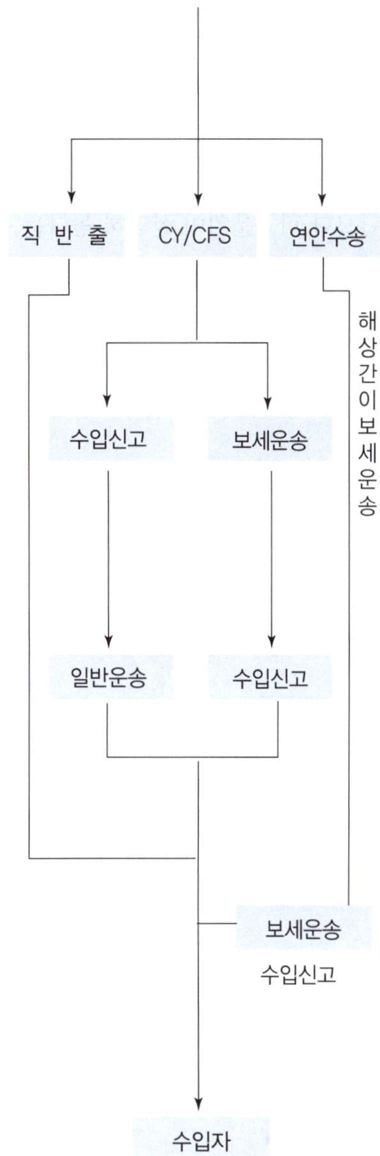

〈선적서류〉

① 선하증권(Bill of Lading)

② 상업송장(Commercial Invoice)

③ 포장명세서(Packing List)

※ 선적서류 사본을 이용하여 물품을 찾을 경우엔 화물선취보증서(L/G : Letter of Guarantee)를 은행으로부터 발급받아 물품을 인도받을 수 있다.

※ 선적서류 원본으로 화물을 인출하고자 하는 경우에는 대금 결제시 선적서류 원본을 은행으로부터 인수받아 통관절차 수행

2. 항공운송

(1) 의의

과거에는 화물운송 대부분 육상 또는 해상에 의한 운송이었으며 일부 특수한 종류의 화물만이

항공운송의 대상이었다. 그러나 오늘날에는 화물기의 도입과 항공 화물의 컨테이너화, 지상조업의 자동화 등으로 고가의 고부가가치 화물의 운송 수요가 증가하고 기업들의 적정 재고정책 등으로 정시배달에 대한 선호도가 증가함에 따라 국제무역의 중요한 운송수단으로 각광 받고 있다.

항공운송은 해상운송에 비해 운송기간이 현저히 짧고 정기운송에 따른 화물의 적기인도가 가능하므로 재고비용 및 자본비용을 절감할 수 있고 충격에 의한 화물의 손상 및 장기운송에 의한 변질 가능성이 적어 화물을 안전하게 인도할 수 있다는 장점이 있다. 대신 물류비용을 TOTAL COST로 비교하였을 때 다른 운송수단보다 항공운임이 상당히 높다는 점이 단점이다.

우리나라의 항공화물운송은 1970년대부터 본격적으로 시작되어 1980년대 이후 년평균 13~15% 이상의 높은 성장을 지속. 초창기 항공운송제품으로는 섬유류, 잡화류, 생동물, 가발 등이었으나 점차 기계류와 전자제품의 비중이 증가하면서 최근에는 항공화물의 50% 이상을 전자제품이 차지하고 있다.

(2) 항공운송 절차도해(수입)

참 고 사 항	절 차	구 비 서 류
☞ 항공화물 운송장의 기능 ① 운송계약서 ② 화물수취 증 ③ 요금계산서 ④ 보험계약증서 ⑤ 세관신고서 ⑥ 화물운송지시서 ☞ 항공화물 L/G 수입통관제도의 개편시행('89. 2 수입통관 사무처리요령 : 관세청 고시 89-559호)에 따라 수입대금결제를 위한 담보권 확보수단으로 도입 -수입신고시 제출하는 기적서류(AWB)를 사본으로도 가능하게 하고 L/C개설은행 확인여부를 심사하는 제도를 폐지	〈수입화물의 흐름〉 항공기 도착 ↓ 적하목록제출 ↓ 하 역 ↓ 세관분류실 ↓ 터 미 널 ↓ 시내장치장 통관시: 보세운송업자 → 시내보세창고 → 수입신고 및 면허 → 수 하 주 김포 통관시: 수입신고 및 면허 → 반 출 계 → 수 하 주	〈수입통관시 관련서류〉 ① 수입신고서 3부(통계용, 신고필증, 원본) ② 상업송장(Commercial Invoice) (사본도 가능) ③ 포장명세서(Packing List) ④ 수입허가서(I/L)(세관용) ⑤ 원산지증명서(필요물품에 한함) ⑥ 항공화물운송장(AWB), 보험증권(보험료명세서), 기타자료(과세가격을 결정하기 위해 세관이 필요로 하는 경우) ⑦ 납부서(유세품인 경우에 한함) ⑧ 기타 세관이 필요로 하는 서류

3. 내륙운송

(1) 수출화물의 내륙운송

가) 의의

화주가 수출품을 생산하고 난 후 선적하기 위해서는 선적지 항구까지의 내륙운송절차를 거치게 되는데, 그 경로에는 철도수송, 도로수송, 해상수송 등이 있다.

화주의 경로 선택은 화물의 양, 종류에 등에 따라 달라질 수 있는데 보통 FCL인 경우는 도로, 철도, 해상으로 수송되며, LCL은 도로로 수송되어 해당 CFS에서 컨테이너 적재작업이 이루어지게 된다.

FCL화물은 보통 화주 문전 통관후 수송되고 있으며, LCL화물은 미통관 상태로 수송되어 선적지에서 통관되고 있다.

나) 수출화물의 내륙운송 절차도해

참 고 사 항	절 차	구 비 서 류
☞ 내륙운송의 경우 화주의 수출품이 생산되어 선적되기까지의 과정을 살펴보면 크게 2가지의 경우로 나누어진다. ① 수출품이 생산된 공장이나 내륙의 창고에서 통관된 후 선적지로 내륙 운송되는 경우 ② 통관되지 않은 상태로 내륙운송되어 선적지에서 통관되는 경우	〈FCL 화물의 운송〉 수출검사 화 주 ⇄ 타소장치장 〈자가보세장치장〉 통관 ↓ 선적의뢰 선사/포워더 ↓	1. FCL 수출품의 통관후 운송 〈컨테이너조달 요청시 관련서류〉 ① 공컨테이너 요청서(Empty Container Door Order) 〈화주－포워더－선사－트럭운송〉 ② EIR(Equipment Interchange Receipt : 기기수도증) 〈화주－선사－CY－트럭기사〉

참 고 사 항	절　　차	구 비 서 류

☞ 용어설명

① FCL(Full Container Load) Cargo 1개의 컨테이너를 채우기에 충분한 양의 화물

② LCL(Less than Container Load) Cargo
컨테이너 1개를 채우기에 부족한 소량화물을 말하며, FCL과 반대되는 개념이다.

③ CY(Off Dock Container Yard)
컨테이너 장치장으로서 부두에서 떨어진 곳에 위치

④ ICD(Inland Container Depot)
내륙통관기지로서 컨테이너 집하, 통관수속 등의 업무를 처리할 수 있다(현재 의왕, 양산 ICD 2개).

☞ 용어설명

① CFS(Container Freight Station)
컨테이너를 채울 수 없는 소량화물을 화주로부터 인수하여 컨테이너에 적재하거나 또는 컨테이너로부터 반출된 여러 화주의 화물을 각 화주에게 인도해 주는 장소(컨테이너 작업장)

② 포워더(Forwarder)
운송의뢰자(화주)를 위하여 물품운송을 취급하는 운송주선업자

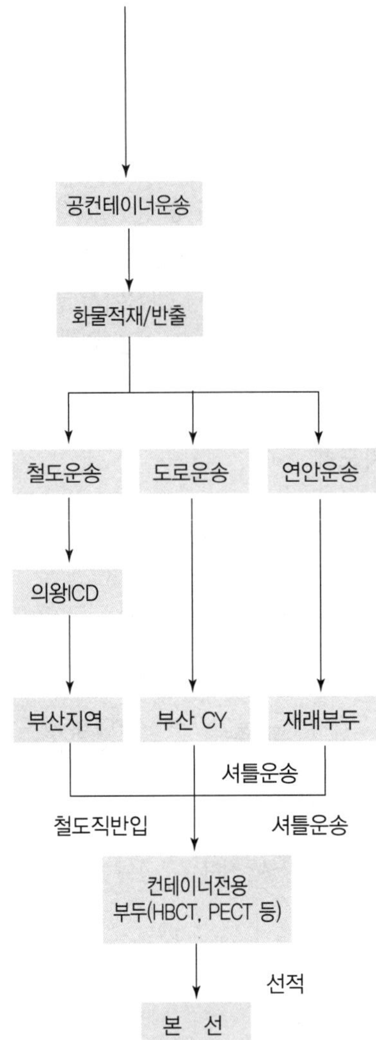

※EIR(기기수도증) 5부의 용도

① Original(기사가 화주에게 전달)
② Local Office Copy
③ Loading CY/CFS
④ Discharging Port CY/CFS
⑤ Office File

〈수출신고를 위한 제반서류〉

① 수출신고서
② 수출승인서(필요시)
③ 상업송장(Invoice)
④ 포장명세서(Packing List)
⑤ 기타법령에 의한 허가승인의 조건을 증명하는 서류

〈운송시 지참하여야 할 서류〉

-수출신고필증

참 고 사 항	절 차	구 비 서 류

☞ LCL(Less than Container Load Cargo) 화물의 운송

LCL화물은 20' 또는 40' 컨테이너 1대에 채울만한 물량이 되지 못하여 컨테이너 Door 운송과정이 필요없이 물품을 Loose Cargo 상태로 트럭에 실어 운송인이 지정한 항구지역의 CFS로 운송

화주의 수출입화물이 LCL화물인 경우에는 일반적으로 화주가 직접 일반차 량을 수배해서 CFS까지 수송하고 있으며, 운임을 절약하고 동일 지역행 화물과 혼재하기 위해서 통상 포워더를 이용하고 있다.

☞ 포워더의 혼재형태

① Buyer's Consolidation

포워더가 수입업자(Buyer)의 위탁을 받아 다수의 수출업자(Seller)로부터 화물을 집하하여 운송하는 형태

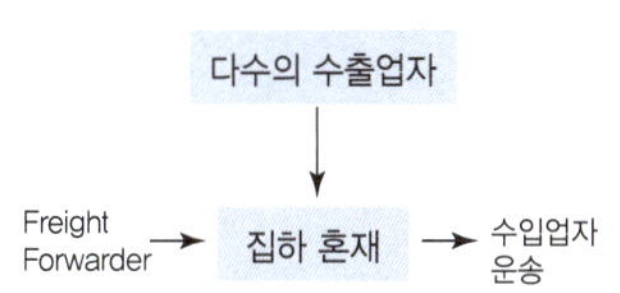

② Forwarder's Consolidation

포워더가 다수의 수출업자로부터 화물을 집하 혼재하여 화물 수입국의 파트너 포워더(또는 Agent)를 통해 다수의 수입업자에게 수송하는 형태

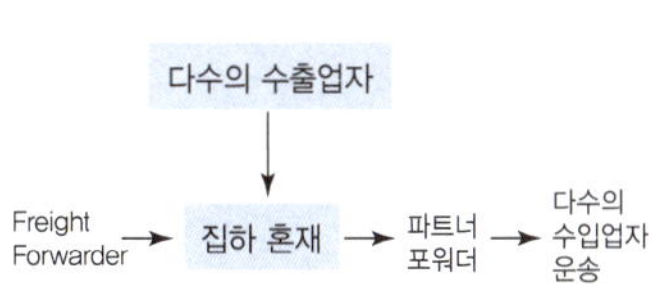

☞ Co-Loading

포워더가 자체적으로 집하한 LCL 화물이 FCL화물로 혼재되기에 부족한 경우 동일 목적지의 LCL 화물을 보유하고 있는 타 포워더에게 Joint Consolidation을 의뢰하여 화물을 신속하고 경제적으로 수송하는 방법

〈LCL화물의 운송〉

1. Door 통관시 운송절차

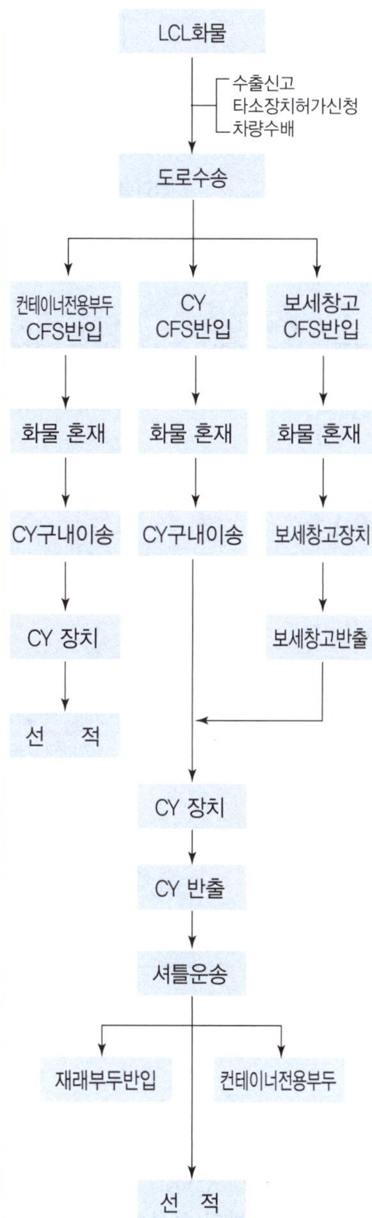

2. LCL 수출품의 Door 통관후 운송

① FCR(Forwarder's Cargo Receipt)
〈CY담당자 → 포워더〉

② Forwarder's B/L
〈CO-Loading의 경우 다른 포워더→포워더〉

③ Master B/L
〈선사→포워더〉

④ House B/L
(포워더→화주)

〈선적통지(Shipping Advice)〉
(수출국 포워더→수입국파트너 포워더)

① 선적서류송부서(Covering letter)
② 선하증권사본(Master B/L)
③ House B/L or FIATA B/L
④ 수출컨테이너번호 목록
⑤ 적하목록(Manifest)
⑥ 선적통지서(Shipping Advice)
⑦ 본선적부계획서(Stowage Plan)
⑧ 위험화물목록(Dangerous Cargo)
⑨ 냉동화물목록(Reefer Cargo)
⑩ 이상화물목록(Exception List)
⑪ 컨테이너내부적부도 (Container Load Plan)
⑫ Freight Invoice(Collect 경우)
⑬ 포장명세서, 송장
⑭ 정산서(Disbursement)

VIII 운송 및 보험

참 고 사 항	절 차	구 비 서 류
☞ 컨테이너 전용부두 ① HBCT(Hyundai Busan Container Terminal) ② PECT(Pusan East Container Terminal) : 신선대 부두 ③ 감만부두 : 현대, 세방, 대한 통운 운영부두 ④ 우암부두 : 우암터미널(주) ⑤ 감천부두 ☞ 수송의 종류 화주의 문전에서 수출품이 통관된 후 선적지까지의 운송과정은 2가지의 경로를 통하여 수송된다. ① 도로수송 : 육로를 따라 운송된다. ② 철도수송 : 특히 경인지역의 화물은 ICD를 경유하여 운송된다. ☞ 수송되어 선적지에 도착하여 혼재 작업이 이루어지는 3가지 경우 〈전용부두에 직반입 되는 경우〉 -HBCT, PECT 등 전용부두에 직반입되어 혼재작업후 선적되는 경우 -현재 HBCT CFS를 사용하는 선사(현대, 조양, APL 등) 〈CY CFS에 반입되는 경우〉 -혼재작업이 CY의 CFS에 반입되어 이루어지는 경우 -CY의 CFS까지 수송되기 위하여 화주가 일반트럭을 직접 수배하여 운송하는 경우와 포워더가 대행하는 경우가 있다. 〈보세창고 CFS에 반입되는 경우〉 -선적되기까지 일정기간의 여유가 있는 경우 일반 보세창고에 반입하여 선적시점에 작업	2. 선적지 통관시 운송절차 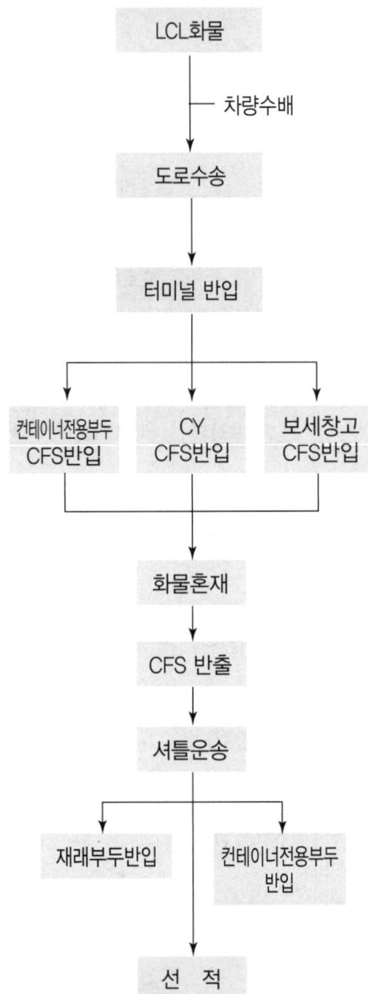	〈선적지 수출신고 제반서류〉 ① 수출신고서 ② 수출승인서(필요시) ③ 상업송장(Invoice) ④ 포장명세서(Packing List) ⑤ 기타법령에 의한 허가승인의 조건을 증명하는 서류

(2) 수입화물의 내륙운송

가) 의의

수입화물이 양하지에 도착하면 선사는 해당 화주에게 화물 도착통지를 하고 화주는 은행으로부터 선적서류를 인수 받아 수입통관절차를 밟게 된다.

이 경우 부두에서 양하되어 화주의 문전까지 화물이 도착되는 일련의 과정을 살펴보면 FCL인 경우 부두직반출인 경우와 CY등을 거친 후 수입통관되는 경우로 크게 나눌 수 있다.

이 경우 부두에서 양하되어 화주의 문전까지 화물이 도착되는 일련의 과정을 살펴보면 FCL인 경우 부두직반출인 경우와 CY등을 거친 후 수입통관되는 경우로 크게 나눌 수 있다.

나) 수입화물의 내륙운송 절차도해

참 고 사 항	절　　차	구 비 서 류

참 고 사 항

☞ 수입시 선박이 입항하여 화물이 양하되고 통관수속을 거친후 화주의 문전에 도달하기 까지의 일련의 과정이 경우에 따라 매우 복잡하지만 커다란 흐름을 기준으로 하여 살펴보면 다음과 같은 경로를 따르고 있다.

① 화물양하의 2가지 경우
- 선박이 전용부두에 접안하여 화물이 양하되는 경우
- 선박이 재래부두에 접안하여 화물이 양하되는 경우

② 검역업무
검역대상화물에 한하여 실시하며 화주 또는 선사가 검역소에 신청서를 제출하여 수행
- 식품검역 : 국립검역소
- 식물검역 : 식물검역소
- 동물검역 : 동물검역소

③ 보세운송업무
- 일반보세운송
- 간이보세운송
  - 해상간이보세운송 : 연안수송
  - 세관관할내 간이보세운송
  - 무환화물 간이보세운송

④ 배정처의 지정
- 선사로부터 수입화물 도착통지를 받은 화주는 자신의 화물이 어느 창고에 입고될 것인가를 지정하며, 선사는 적하목록상에 배정처를 기록하여 배정적하목록을 작성하여 세관에 신고
- 세관에서 배정적하목록 확인을 끝내면 선사는 하역회사, 운송회사와 함께 해당 배정처로 화물을 이송
- 보통의 경우 화주가 지정하지 않을 경우 선사에서 임의로 배정

☞ 도로운송의 중량제한

① 국토해양부에서는 도로의 보전과 통행의 위험을 방지하여 교통소통의 원활 화를 도모하기 위해 컨테이너 화물차량 및 일반화물차량을 대상 으로 과적차량 단속을 시행하고 있다.

② 단속대상은 고속도로, 국도, 지방도 등의 도로를 운행하는 차량 중 총중량 40톤, 축중 10톤을 초과 하거나 적재적량을 초과하는 화물 을 적재한 차량으로서 중량 측정계 의 오차를 감안 10%의 허용치를 두어 총중량 44톤 또는 축중 11톤 이상시 고발조치하고 있다.

절　　차

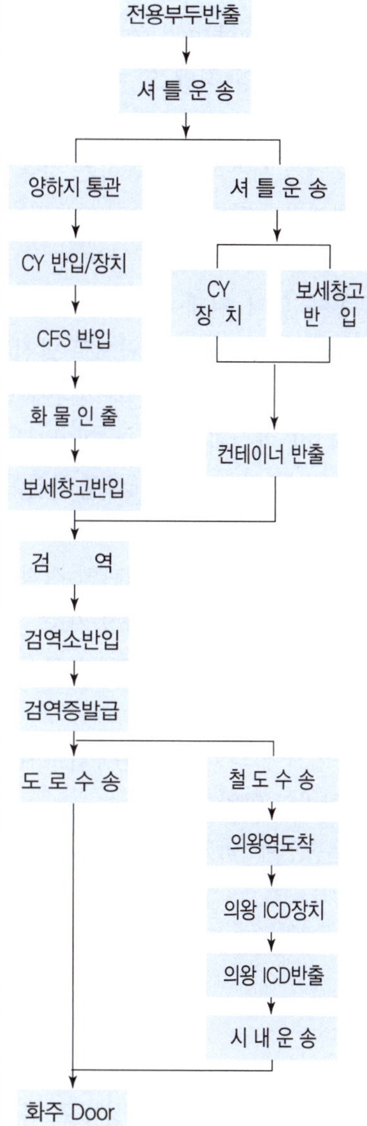

구 비 서 류

포워더를 통한 수입의 경우 선적서류 입수
(수출국 파트너 포워더→수입국 포워더)
① 선적서류송부서
② House B/L Copy
③ Master B/L(Original & Copy)
④ 상업송장
⑤ 포장명세서
⑥ 컨테이너내부적부도
⑦ 적하목록
⑧ 대변/차변전표(Credit/Debit Note) 또는 정산서

도착통지
(포워더 → 화주)
- 도착통지서(Arrival Notice)

배정적하목록 작성보고
〈화주(포워더)→선사→세관〉
- 배정적하목록

수입신고 및 통관
(포워더→세관, 화주→세관)
(일반 수입통관절차와 동일)
① 수입신고서
② 수입승인서(필요시)
③ 상업송장
④ 원산지증명서(필요시)
⑤ 검역증(필요한 경우)
⑥ 선하증권 사본

〈화물인수시 관련서류〉
① 수입신고필증
② 은행결제서류
③ 화물선취보증서(서류미도착 시)
④ 화물인도지시서(D/O)
⑤ 화물반출허가서

4. 복합운송

(1) 의의

복합운송(multimodal transport or combined transport)이란 복합운송인(MTO : multimodal transport operator)이 화물을 자기 책임 하에 인수하여 어느 국가의 한 지점에서 다른 국가에 위치해 있는 지정 인도지점까지 복합운송계약에 의거 해상, 내륙, 항공, 철도나 도로운송 등 여러 운송방식 중 2종류 이상의 운송수단을 사용하여 운송하는 것을 의미한다. 어느 한 운송방식에 의한 계약의 이행을 위해 부수적으로 행해지는 집화나 인도에 이용되는 운송방식은 복합운송으로 간주되지 않는다.

복합운송은 국제간의 무역운송에 있어 컨테이너화의 발달과 수송기술 및 장비의 혁신에 따라 종래의 Tackle to Tackle 운송개념이 CY to CY 개념으로 발전된 데 이어 더 나아가 Door to Door 라는 더욱 앞선 운송형태로 나타나게 된다. 특히 컨테이너에 의한 화물의 복합운송은 해상운송을 신속·저렴하게 하였을 뿐만 아니라 해상과 육상, 나아가서는 항공운송에 이르기까지 전수송을 신속하고 효율적으로 연결 수송할 수 있게 한 중대한 수송혁신이다.

국제복합운송의 장점은 다음과 같다.

① 비용 절감 : 환적작업 검사, 사무수속 등 수송기관의 접점에서 발생하는 작업 코스트를 절감할 수 있으며, 작업흐름의 원활화 및 하역생산성 향상 가능

② 서류 단순화 : 컨테이너화의 의해 수송수속의 간소화로 화물과 서류의 체크, 서류의 단순화가 가능

③ 운송책임 일원화 : 복합운송업자에 의한 일괄 운송업무 수행으로 운송책임의 일원화가 가능케 됨으로써 그에 따라 클레임처리도 일원화 가능

④ 화물추적 용이 : 단일의 운송인에 의해 취급되므로 화물의 추적 시스템화(Cargo Tracing System)가 용이

(2) 복합운송의 기본요건

가) 운송책임의 단일성

복합운송인은 자기의 명의와 계산으로 송하인을 상대로 복합운송계약을 체결한 계약 당사자일 뿐만 아니라 전체 운송을 계획하고 여러 운송구간을 적절히 연결하고 통괄하여 운송이 원활하게 이루어지도록 조정하고 감독할 지위에 있으므로 전구간에 걸쳐 화주에 대해 단일책임을 진다.

나) 복합운송증권의 발행

복합운송이 되기 위해서는 화주에 대하여 전운송 구간에 대한 유가증권으로서의 복합운송증권이 발행되어야 한다.

다) 단일운임의 설정

복합운송인은 그 서비스의 대가로서 각 운송구간마다 분할된 것이 아닌 전 구간에 대한 단일운임(Through Rate)을 설정, 화주에게 제시한다.

라) 운송방식의 다양성

복합운송은 반드시 2가지 이상 서로 다른 운송방식에 의하여 이행되어야 한다. 이때 운송방식은 운송인의 다수가 중심이 되는 것이 아니라 운송수단의 종류가 문제가 되며 이러한 운송방식은 각각 다른 법적 규제를 받는 것이라야 된다.

(3) 국제복합운송 주요경로

가) Sea & Air 방식의 운송루트

Sea & Air 복합운송의 이점은 해상운송에 비해 소요일수를 대폭적으로 축소할 수 있고, 항공수송에 비해 운임을 절감할 수 있으며, 전구간 해상운송에 비해 재고투자와 창고료의 절감, 포장비의 절감이라는 종합 물류코스트의 절감을 기할 수 있다는 데 있다.

주요 Sea & Air 서비스

서비스명	출발지	수송수단	중계지	수송수단	중계지	수송수단	목적지	소요일수
북미서안 경유 SEA/AIR	부산	선박	북미서안 주요항 → 서안공항	항공	북미동안 → 항공	항공	유럽공항 → 주요도시	17일
러시아 경유 SEA/AIR	부산	선박	보스토치니 → 블라디보스톡	항공	모스크바 룩셈부르크 베를린	항공 트럭	구주, 아프리카	약14일
동남아 경유 SEA/AIR	부산	선박	홍콩 방콕 싱가포르	항공	구주공항	트럭	구주각지	8~10일 14~16일 14~16일

나) Land Bridge 방식의 운송루트

Land Bridge란 해륙 복합 일관수송이 실현됨에 따라 해상, 육상, 해상으로 이어지는 운송구간 중 중간구간인 육로 운송구간을 말한다. Land Bridge의 목적은 운송비용의 절감과 전체 소요기간의 감소를 위한 것이다.

① Mini Land Bridge (MLB) : 아시아(해상운송) → 미태평양연안(육상운송) → 미국내륙지방

출발지	수송수단	중계지	수송수단	목적지	소요일수
부산	선박	시애틀, 오클랜드, 로스앤젤레스, 상파울로, 롱비치 등 미국서안지역	철도	미동안지역 최종지의 철도회사	15~18일

② Micro Bridge (Interior Point Intermodal = IPI)

출발지	수송수단	중계지	수송수단	중계지	수송수단	목적지	소요일수
부산	선박	시애틀, 오클랜드, 로스앤젤레스, 샌프란시스코, 롱비치 등 미국서안지역	철도, 트럭	철도터미널	트럭	미시시피강 서쪽 미시시피강 동쪽 미국동안지역	22일

③ Reversed IPI (Reversed Interior Point Intermodal = RIPI)

출발지	수송수단	중계지	수송수단	중계지	수송수단	목적지	소요일수
부산	선박	뉴욕, 찰스턴, 사반나, 뉴올리언스 등 미국동안지역	철도, 트럭	철도터미널	트럭	트럭터미널	약 34일

④ Siberian Land Bridge (SLB) : 아시아(해상운송) → 러시아(시베리아 철도) → 러시아 국경(트럭) 유럽철도 → 유럽

출발지	수송수단	중계지	수송수단	중계지	수송수단	목적지	소요일수
한국 일본 대만 홍콩 호주 말레이시아 필리핀 중국 싱가포르	선박	보스토치니	철도	Auto Brest Luzhaika Brest Chop/시애루나 Chop/자호니 Ungeny Djulfa, Kushka, Termez Tallin Riga	트럭 철도 철도 철도 철도 철도 선박 선박	동구, 독일, 베네룩스, 프랑스, 오스트리아, 스위스, 이탈리아, 그리스, 핀란드 프랑스, 벨기에 네덜란드, 폴란드, 독일, 스위스 체코, 오스트리아, 독일 이탈리아, 유고슬라비아, 헝가리, 오스트리아 루마니아, 불가리아, 유고슬라비아 이란 아프가니스탄 북유럽, 독일 영국, 아일랜드, 독일, 프랑스, 포르투갈, 스페인	25~40일

⑤ Trans China Railroad (TCR)

출발지	수송수단	중계지	수송수단	중계지	수송수단	목적지	소요일수
부산	선박	연운항, 청도, 천진	철도	알라산쿠, 두루주바	철도	SLB와 동일	30~40일

인천 또는 중국의 연운(蓮雲)항까지 해상으로 운송하여 이후 중국횡단철도로 서안, 돈황, 신강을 거쳐 러시아 접경 노보시브르크에서 TSR과 접속하는 경로를 말하는 것으로 옛날의 비단길(Silk Road)과 일치한다. 중국은 영토가 넓기 때문에 운송경비가 많이 소요되고 내륙운송에 있어 적기수송이 어려운 단점을 보완하고자 개발되었다. TCR은 TSR보다 극동에서 유럽까지 운송기간 약7일, 약 2,000km가 단축되는 장점이 있다.

제3절 수출입물류 요금체계

1. 해상운임

(1) 정기선 운임

해상운임이란(Ocean Freight)이란 선박이 사람이나 화물을 운송한 대가로 지불 또는 수취하는 보수로서 운송의 수요와 공급의 원칙에 따라 결정된다. 일반적으로 정기선 운송시 항로별로 해운동맹이 결정되어 있어 요율표(tariff)를 보유하고 있으나 역외선사(outsiders)와의 경쟁으로 인해 실제로 선사가 징수하는 시장운임(market rate)은 표준운임(tariff rate)보다 낮은 경우가 대부분이며 시황에 따라 변동폭도 크다.

화주가 정기선에 컨테이너 운송을 의뢰하면 기본운임 외에 할증료(surcharge), 추가운임(additional charges) 및 기타요금도 내야 할 경우가 있다. 따라서 화주는 선복예약(booking)시 선사가 알려주는 운임이 기본운임을 말하는 것인지 부대비를 포함한 것인지 정확히 해두어야 한다. 정기선 해상운임은 기준에 따라 다음과 같이 분류된다.

가) 기본운임

① 지급시기에 따른 분류

- 선불운임(freight prepaid) : CIF 또는 CFR 조건의 경우 수출업자가 선적지에서 운임을 선불하는 경우로서 선사는 B/L발급시 운임을 징수하게 된다.
- 후불운임(freight to collect) : FOB 조건의 경우 수입업자가 화물의 도착지에서 운임을 지급하는 경우로서 수입자가 운임을 완불치 않으면 선사는 CY나 보세창고에서 물건을 찾을 수 있는 화물인도지시서(D/O : Delivery Order)를 발행하여 주지 않는다.

② 부과방법(산정기준)에 따른 분류

- 종가운임(ad valorem freight) : 귀금속 등 고가품의 운송에 있어 화물의 가격을 기초로 일정률을 운임으로 징수
- 최저운임(minimum rate) : 화물의 용적이나 중량이 일정기준 이하일 경우 이미 설정된 최저운임을 부과
- 차별운임(discrimination rate) 및 무차별운임(FAK : Freight All Kinds Rate) : 화물, 장소, 화주에 따라 운임을 차별적으로 부과하는 차별임과 운송거리를 기준으로 일률적으로 운임을 책정하는 무차별운임
- 중량(weight)기준 운임 : 실제 중량(ton)을 기준으로 한 운임
- 용적(measurement)기준운임 : 실제중량에 비하여 용적이 큰 경우, 용적(CBM)을 기준으로 부과하는 운임

- 운임톤(R/T : Revenue Ton) : 기본운임(basic rate)은 중량 또는 용적단위로 책정되며 2가지 중 운임이 높은 쪽이 실제운임으로 결정된다. 이러한 실제 운임을 운임톤이라 한다.
- Box Rate : 톤당 운임에 기초한 운임 산정의 번거로움을 줄이기 위하여 화물의 종류나 중량에 관계없이 컨테이너당 정한 운임을 말하며, 화물종류에 관계없이 적용되는 무차별운임, 화물의 성질별로 나누어 적용되는 등급운임(class rate), 화물의 품목별로 나누어 적용되는 품목별 운임(CBR : Commodity Box Rate)이 있다.
- 기본운임인상(GRI: General Rate Increase) : 정기선사들이 정기적으로 전품목을 대상으로 일시에 운임을 인상하는 것을 말하며, 일괄운임인상이라고도 함.

나) 부대운임

부대운임은 운송의 발달에 따라 운송에 관련되는 시설이나 인력도 갈수록 전문화 되면서 선사가 해상운임만으로 경영이 어렵게 되자 이의 보전을 위해서 도입하게 된 할증료(surcharge)나 추가운임(additional charge)이다.

① 터미널화물처리비(THC : Terminal Handling Charge)

THC는 수출화물의 CY 입고시점부터 선측까지, 그리고 수입화물의 본선선측에서 CY게이트 통과시까지 화물의 이동에 따르는 화물처리비용을 말한다. 예전에는 선사가 해상운임에 포함하여 징수하였으나 1990년에 FEFC가 분리하여 징수하면서 다른 항로에도 거의 대부분 확산되었다. 우리나라, 대만, 홍콩 등 극동지역, ASEAN국가, 유럽지역에서는 THC라는 명칭으로, 일본은 아시아항로에 CHC(Container Handling Charge)를 부과하고 있으며, 미국은 DDC(도착지화물인도비용 : Destination Delivery Charge)라고 하여 THC에 내륙운송비를 추가하여 부과하고 있다.

② CFS작업료(CFS Charge)

선사가 컨테이너 한 개의 분량이 못되는 소량화물(LCL cargo)을 운송하는 경우 선적지 및 도착지의 CFS에서 화물의 혼적 또는 분류작업을 하게 되는데 이 때 발생하는 비용을 CFS Charge라 한다. 따라서 FCL 화물에 CFS Charge를 청구해서는 안 된다.

③ 서류발급비(Documentation Fee)

서류발급비(Documentation Fee)는 선사가 일반관리비 보전을 목적으로 수출시 선하증권을 발급해 줄 때, 수입시는 화물인도지시서를 발급해 줄 때 징수하는 비용이다.

④ 체화할증료(Port Congestion Charge)

도착항의 항만사정이 선박으로 혼잡할 경우 신속히 하역할 수 없게 되어 선박의 가동율이 저하되어 선박회사에 손해가 발생하므로 이를 화주에 전가하는 요금이다.

⑤ 유류할증료(BAF : Bunker Adjustment Factor)

선박의 운항비용 중 연료비가 20~30%를 차지하는데, 선박의 주연료인 벙커유의 가격변동에 따른 손실을 보전하기 위해 부과하는 할증료로서 기본운임에 대하여 일정비율(%) 또는 일정액을 징수하고 있다. CIF 가격조건인 경우 BAF는 운송계약 의무자이자 비용을 부담해야 하는 매도인이 부담하는 것이 원칙이다.

⑥ 통화할증료(CAF : Currency Adjustment Factor)

운임표시 통화의 가치 하락에 따른 손실을 보전하기 위해 도입한 할증료로서 일정기간 해당통화의 가치변동률을 감안하여 기본운임의 일정비율(%)을 부과하고 있다.

⑦ 성수기할증료(Peak Season Surcharge)

수출화물이 특정기간에 집중되어 화주들의 선복수요를 충족시키기 위해 선박용 선료, 기기확보 비용의 성수기 상승분을 보전받기 위해 대부분 원양항로에 적용되고 있는 요금이다.

⑧ 지체료(Detention Charge)

화주가 컨테이너 또는 트레일러를 대여받았을 때 규정된 시간(Free Time)내에 반환을 못할 경우 벌과금으로 운송업체에게 지불해야 하는 비용이다. 정기선사들은 보통 4일 기간의 'Free Time을 설정해두고 그 이상을 경과하면 20FT 컨테이너 경우 1~10일은 4,500원, 10일 경과시 7,000원의 지체료를 징수하고 있다.(2012년 1월 1일부터)

⑨ 체화료(Demurrage Charge)

화주가 허용된 시간(Free Time)을 초과하여 컨테이너를 CY에서 반출해 가지 않을 경우 운송회사에 지불해야 하는 비용.

〈유류할증료(BAF : Bunker Adjustment Factor)〉

중량 또는 용적단위로 책정되는 기본운임과는 별도로 유류가격의 인상으로 생기는 선사측의 손실을 보전하기위해 부과되는 요금으로 하주가 부담하게 된다. 기본적으로 일정수준 이상의 가격 혹은 보통 사용하고 있는 연료유 가격 이상의 가격으로 벙커기름을 쓰지 않을 수 없는 연료유가의 급인상 지역간에 배선하는 경우 혹은 이상현상에 빠진 경우에 한 톤당의 화물에 전가되는 차액을 말한다.

수치의 산출방법은 통상가격의 연로유로 운항하는 경우의 일반유의 총연료비와 이상가격으로서의 총연료비와의 차를 본선의 적재능력으로 나누면 화물 1톤당의 차액이 나온다. 혹은 연료비 상승분을 비율로 산출하여 평균운임으로 나누면 비율에 의한 표시가 가능하다.

〈비용부담주체〉

CIF(Cost, Insurance and Freight: 지정목적항 운임보험료 포함 인도조건) 가격조건인 경우

매도인은 매도인의 비용으로 그 물품운송에 일반적으로 쓰이는 항해선박에 통상적인 항로와 조건으로 지정된 목적항까지 운송계약을 체결하게 되며, 매수인은 운송계약과 아무런 의무가 없다.

따라서 BAF는 운송계약 의무자이자 비용을 부담해야하는 매도인(송하인/수출자)이 부담하게 된다

〈관련 기타 할증료〉

- FAF(Fuel Adjustment Factor) : 해상 용어로 주로 북미항로에서 주로 사용
- FSC(Fuel Surcharge) : 항공에서 일반적으로 사용
- EBS(Emergency Bunker Surcharge) : 긴급유가할증으로 갑작스러운 유가 변동이 발생시

(2) 부정기선 운임

가) 부정기선 운임의 의의

부정기선 운임은 해운 시황에 따라 등락을 하기 때문에 정기선 운임과 달리 안정되지 않고, 선적되는 화물의 톤(중량 혹은 용적)당 얼마의 형식으로 표시된다. 중량화물의 운임산정을 위한 톤수의 경우 국제적으로 세 가지 기준이 사용되기 때문에 유의할 필요가 있다. 즉, ① L/T(long ton, gross ton)는 2,240lbs=1,016.05kg(영국), ② M/T(metric ton, kilo ton)는 2,204lbs=1,000kg(프랑스), ③ S/T(short ton, net ton)는 2,000lbs=907.18kg(미국)이다.

부정기선 운임은 장기적으로는 경제성장과 교역량, 중기적으로는 경제적 · 정치적 변수, 그리고 단기적으로 일시적 수요증감에 따른 선복 과부족에 따라 결정된다. 상술하면, 부정기선 운임의 운임변동에 영향을 미치는 요인으로 전쟁 등으로 인한 대량화물 운송 불가피성 및 우회항로에 대한 선복부족, 시기적으로 대량물자의 출하 및 종결, 대농산국의 풍작 또는 흉작, 기상이변, 특히 한파로 인한 난방용 석탄 등의 긴급수송, 어느 국가의 경제발전 생산계획에 의한 원료, 제품의 수송, 외환 또는 관세 문제로 인한 무역거래의 증감, 시황의 변동 및 세계경제의 장기적 성장과 위축 경향 등을 들 수 있다.

나) 부정기선 운임의 종류

부정기선 운임은 운송시기 · 기간에 따라 spot rate, 선물운임(Futures Rate), 장기계약 운임 등이 있고, 부과기준에 따라 톤당운임 및 부적운임, 선복운임 및 일대용선운임이 있다.

① 장기운송계약운임(Long Term Contract Freight) : 원료 및 제품을 장기적 · 반복적으로 수송하기 위한 장기운송계약 체결시의 운임을 말하며 '몇 년간 몇 항차' 또는 '몇 년간 몇 만톤'으로 계약하게 된다.

② 부적운임(Dead Freight) : 선적하기로 계약했던 화물량보다 실제 선적량이 적은 경우 용선자(Charterer)인 화주가 그 부족분에 대해서도 지불하는 운임을 말한다. 일반적으로는 톤당 운임(freight per ton)으로 계약한다.

③ 선복운임(Lump Sum Freight) : 화물의 개수, 중량 혹은 용적에 관계없이 일항해(trip or voyage) 혹은 선복(space)을 기준으로 하여 일괄 계산하는 운임이다.

④ 일대용선운임(Daily Charter Rate) : 본선이 계약 지정 선적항에서 화물을 적재한 날로부터 기산하여 계약 지정 양륙항까지 운송하여 화물을 완료할때까지 1일(24시간) 계산하는 운임이다.

2. 항공운임

(1) 항공운임의 종류

항공사 및 포워더의 항공화물운송요금은 일반적으로 요율(rate) 및 부대요금(charge), 기타 수수료에 의해 결정한다. 요율이란 항공운송기업이 화물운송의 대가로서 징수하는 운임을 중량 단위당(kg) 또는 용기단위당 금액으로 나타내며, 대개 노선별로 요율표(Tariff)에 정해져있다.

부대요금은 운송에 관련한 부수적인 업무 및 설비의 사용에 대한 대가를 의미하는데, 수출항공화물취급수수료(Handling Charge), 수입화물 AWB Fee, Pick up Service charge, 위험품 취급수수료, 결제수수료 등이 이에 해당한다.

항공화물운임 = 요율(rate) + 부대요금(charge) + 기타수수료

(2) 항공운임 결정방법

특정국의 Outbound 항공화물을 목적지까지 운송하는 데 소요되는 요금은 노선별로 구분하여 IATA의 인가를 받아 공식 발효된다. 항공화물운임은 보통 국적항공사가 중심이 되어 결정되어지며, 우리나라의 경우 국제항공운송협회(IATA)의 인가 후 국토교통부의 추인을 받아서 발효된다. 항공화물운임은 종량 및 종가율중 비싼운임으로 적용되며 Min, 45kg, 100kg, 300kg, 500kg, 1000kg등으로 구분된다. 국제적으로 항공화물 결제통화는 대부분 미국달러화이나 한국은 '96년 원화로 전환한후 지금까지 원화로 결제하고 있다.

(3) 항공화물 요율

가) 일반화물요율(GCR : General Cargo Rates)

일반화물 요율은 품목분류 혹은 특정품목 할인의 적용을 받지 않는 모든 화물의 운송에 적용되는 요율이다. 또한 일반화물 요율은 최저운임, 기본요율, 중량단계별 할인요율 등으로 분류된다.

① 최저운임(minimum charge : "M") : 한 건의 화물운송에 적용할 수 있는 가장 적은 운임을 최저운임이라 한다. 즉, 화물의 중량운임이나 용적운임이 최저운임보다 낮을 경우 최저운임이 적용되며 요율표에 "M"이라 표시된다.

② 기본요율(normal rate : "N") : 45kg 미만의 화물에 적용되는 요율로서 모든 화물요율의 기준이 된다. 요율표상에 "N"으로 표시된다.

③ 정량요율(quantity rate : "Q", 중량단계별 할인요율) : 화물 요율은 일정 중량단계(Weight Break)에 따라 다른 요율이 설정되는데 화물요율은 중량이 높아짐에 따라 kg당 요율은 더 낮게 설정되어 있다. 즉, 일반품목화물이 45kg 이상인 경우 45kg 이하 요율보다 약 25% 낮게 요율이 설정되어 있다. 이외에도 100kg, 200kg, 300kg, 500kg 이상의 중량 단계에 대해 점점 더 낮은

요율이 설정되어 있다.

④ 운임산출중량(chargeable wight) : 화물 요율표에 kg당 또는 lb당 요율이 설정되어 있으며 어떤 한 건의 화물에 대하여 적용요율을 찾기 위해서는 운임산출중량을 먼저 결정해야 한다. 운임산출중량은 실제중량에 의한 방법(by acutal weight), 용적중량에 의한 방법(by volume weight), 높은 중량단계에서의 낮은 운임 적용 규정에 의한 방법(lower charge in higher weight category) 중 하나로 결정된다.

나) 특정품목 할인요율(SCR : Specific Commodity Rate)

특정품목 할인요율은 특정구간에서 특정품목에 대해 설정되는 요율로, 이 요율의 설정목적은 화물운송의 유형으로 보아 특정구간에 동일품목이 반복적으로 운송되는 품목에 대해 일반품목보다 요율을 낮게 설정함으로써 항공운송이용을 촉진, 확대하는데 목적이 있다. 또한 선박이나 육상으로 운송되는 품목중에서도 항공운송편이 이점이 많은 품목에 대해, 이 특정품목 할인요율을 설정, 적용함으로써 항공운송편의 이용을 유도할 수 있다.

이 특정품목 할인요율은 그 요율과 관련하여 설정된 최저중량에 제한이 있으며, 이는 다량의 상품수송에 적용하기 위함이다. 예를 들면 서울발 동경행 수산물에 적용되는 SCR 0300은 최저중량이 100kg로 설정되어 있어, 100kg 이상의 상기품목에 한해서만 SCR 0300이 적용될 수 있다.

다) 품목분류요율(CCR : Commodity Calssification Rate)

품목분류요율은 몇 가지 특정품목에만 적용되며, 특정 구간 또는 지역 내에서만 적용되는 경우도 있다. 품목분류요율은 대개 일반화물요율의 백분율에 의한 할증, 또는 할인으로 표시된다. 따라서 CCR은 일반화물요율보다 높게 설정되는 경우와 낮게 설정되는 경우 두 가지가 있다. CCR 적용대상 품목은 다음과 같다.

① 할인요금 적용품목

신문, 잡지, 정기간행물, 서적, 카탈록, 점자책 및 Talking books(calendar, price tag, poster 등은 적용 불가)

화물로 운송되는 개인의류 및 개인용품(baggage shipped as carge)

② 할증요금 적용품목

금괴, 화폐, 유가증권, 다이아몬드 등의 귀중화물, 시체(human remains), 생동물

라) 종가요금(valuation charges)

화물의 운송에 있어서 사고발생시 항공사의 최대배상한도액(maximum liability)은 $20/kg이기 때문에 송하인이 최대배상한도액을 초과하는 금액을 항공사로부터 배상받고자 할 때 운송장 상에 그 화물의 가격을 신고하고 종가요금을 지불하면 상기 $20/kg를 초과하는 실손해액을 배상받을 수 있다. 송하인은 운송장상에 그 화물의 가격을 신고하여야 하는데 신고가격을 $20/kg 미만인 경우에는

N.V.D(no value declared)로 표시되며, 초과시는 금액을 표시한다.

종가요금 = [운송신고가격 - (총중량 × $20/kg 또는 $9.07/lb)] ×0.5%

마) 기타요금

① 입체지불수수료(disbursement fee) : 항공수송 이전에 출발지에서 발생한(순수항공운임 이외의) 착지불 기타 요금으로 도착지에서 수화인이 지불해야하는 수수료를 모두 합친 것.
② 착지불수수료(charges collect fee) : 운임을 수하인이 납부토록 되어있는 화물에 대해 동 금액의 일정비율을 항공사가 징수하는 수수료
③ 위험품취급수수료(dangerous goods handling fee)
④ 수출항공화물취급수수료(handling charge)
⑤ 수입화물 AWB Fee
⑥ Pick up Service Charge

바) 단위탑재용기운임(BUC : Bulk Unitization Charge)

항공사가 송하인 또는 대리점에게 컨테이너 또는 팔레트 단위로 판매시 적용되는 요금으로 IATA에서 규정한 단위탑재용기(ULD : Unit Load Device) 타입별로 상이한 운임이 적용된다. BUC 요금이 적용되는 ULD의 적재작업(build-up)은 송하인 또는 대리점의 책임하에 이루어지며 항공사는 송·수하인에게 만 48시간 이내에 해당 ULD를 무료로 제공할 수 있고 이 시한이 지나면 연체료를 징수한다. 다만 BUC적용시 위험품규정집에 나타난 제한품목, 생동물, 귀중화물, 시체 등은 ULD 내에 실리지 못한다.

(2) 부대운임

가) 항공화물 THC(Terminal Handling Charge)

항공화물이 수출통관 또는 수입통관 되기 위해 항공사가 직영하는 보세장치장에 반입되었을 때 창고가 화주들에게 부담시키는 화물조작료

나) EDI 사용료(D/O 전송료)

수입화물의 효율적인 반출을 위해 도입된 D/O 전산화 이후 항공운송대리점이 화주들을 대리하여 보세장치장에 D/O를 전송할 경우 발생하는 EDI사용료로 항공운송대리점이 화주들에게 건당 8,000원식 징구키로 한 요금

다) CCF(Collect Charge Fee)

항공화물 운임을 후불로 항공운송대리점에 지불할 경우 항공운송대리점이 환전 및 송금에 필요한

경비를 보전하기 위해 징구하는 요금이며, 보통 인보이스 금액의 2%를 징구하며 최소 10달러를 징구한다.

라) Handling Charge

항공운송대리점이 화주를 위하여 스케줄을 넣어주고, B/L Copy를 전송해주는 등의 명목으로 화주에게 징구하는데 보통 B/L 건당 23,000원에서 28,000원 정도를 징수하고 있다.

마) L/G 발급수수료

항공화물운송장(AWB)상의 Consignee가 은행일 경우 수입화주가 수입대금을 은행에 결제하기 전에 반출하고자 할 경우 은행이 동 화물에 대한 수입대금 결제를 보증하는 서류인 L/G를 발행할 때 징구하는 수수료

바) Documentation Fee

수출의 경우 Airway Bill Fee라고도 부르는데 건당 12,000원부터 15,000원 정도를 징수하고 있고 수입시는 보통 D/O charge로 부른다.

3. 육상부문 요금

(1) 컨테이너 육상운임

가) 요금제도

컨테이너 육상운송요금 제도는 1981년부터 1989년까지는 "독점규제 및 공정거래법"에 따라 경제기획원 등록요율로 지정되어 1979년부터 한국화주협의회와 한국관세협회 간의 합의를 거친 후 10일 이내에 경제기획원에 변경요금을 등록하는 체제였다. 그 후 1989년 3월 화물자동차운수사업법 시행규칙 개정을 통해 해당 시도지사에의 신고요금으로 전환되었다가 1993년부터 화물차주들의 모임인 화물공제조합에 의한 국토해양부 신고요금으로 변경 후 현재 2014년 1월 1일부터 새로이 변경된 요금을 적용하고 있다.

나) 요금체계

컨테이너 육상운송료는 전국을 150개 행정구역별로 나누어 컨테이너 물동량이 많은 5개 지역(부산, 인천, 울산, 마산, 광양)을 기점으로 요금을 정하고 있다. 모든 요금은 기본적으로 왕복운임을 적용함을 원칙으로 한다. 이는 운송업체로 보아 컨테이너를 운송한 후 돌아올 때의 빈차운행에 대한 대가를 화주가 지불해야 한다는 논리에서 나온 것이다. 각 기점에서 목적지 행정구역까지를 20피트와 40피트 컨테이너로 나누어, 20피트 요금은 40피트의 90%를 적용하고 있다.

한편, 각 5개 기점과 경인지역간은 운송업체로 보아 컨테이너 물동량이 많아 공차운행의 부담이 덜하므로 편도운임을 적용하고 있다.

물론 모든 경인지역이 편도운임의 대상은 아니고 수입화물의 경우는 선사가 서울지역의 내륙 컨테이너기지 혹은 CY의 존재를 인정하고 공컨테이너를 장치할 경우에, 수출화물은 서울지역 내륙 컨테이너기지 또는 CY에 장치된 컨테이너를 사용했을 경우에 부산지역 CY와 이들 지역간은 편도운임을 적용하고 있다.

(운임의 적용방법)

1) 20FT 컨테이너 운임은 40FT 컨테이너 운임의 90%를 적용하고, 45FT 컨테이너 운임은 40FT 컨테이너 운임의 112.5%를 적용한다.
2) 20FT컨테이너 운임의 경우 컨테이너 자체중량을 제외한 내장화물의 중량이 10톤 이하인 경량 컨테이너 2개를 동일장소에서 적재운송(COMBINE운송)할 경우, 40FT 컨테이너 운임의 108%를 적용한다(단, 냉동컨테이너는 제외한다)
3) 도로운송 관련 법규(도로법 등)에 의한 도로통행 제한 높이 또는 길이의 초과로 발생되는 "제한차량 운행허가" 수수료 등은 별도 가산 적용한다.
4) 운임에 표시되지 않은 지역의 운임은 최근 거리 상위지역 및 하위지역의 평균운임을 적용한다.

(2) 일반화물자동차 운임

가) 요금제도

LCL화물의 수출시 수출자는 물품 생산이 끝나고 선적예약을 마친 후 화물을 지정된 CFS까지 운송하기 위해 일반화물 트럭을 이용한다. 반대로, LCL화물을 수입했다면 CFS에서 적출 후 통관을 마친 자신의 화물을 공장이나 창고까지 운송하기 위해선 일반화물 트럭이 필요하다.

나) 요금체계

① 기본요금 : 컨테이너 육상요금이 행정구역별로 요금을 적용하고 있는 반면에 일반화물자동차 운송요금은 거리별로 요금을 적용하고 있다. 차량의 크기별로 10km, 20km, 510km, 510km 초과 매 50km으로 나누어 놓고 있다. 한편 컨테이너운송료와 달리 차종별로 전세운임을 갖고 있는데, 이 역시 차량의 크기별로 나누고 1일 8시간 기준운임과 초과 1시간마다의 추가요금을 명시하고 있다.

② 할증요금 : 일반화물자동차 운송요금 역시 일부 품목의 성격에 따라 할증요율을 적용하고 있는데, 화약류는 200% 이내, 귀중품은 80% 이내, 부패성 물품은 50% 이내의 범위에서 징수토록 하고 있다. 또한 길이 4.5m 이상, 무게 2톤 이상, 용적 5CBM 이상의 활대품에 대해 50% 이내의 할증율을 두고 있다.

(3) 보세창고보관료

가) 요금제도

수입된 화물이 컨테이너부두나 CY에서 통관되지 못할 경우 혹은 화주의 필요에 의해 즉시 통관할 필요가 없을 경우, 일정기간 동안 화물을 보세창고에 보관시키게 되는데, 이 때 보세창고에 지불해야하는 요금에는 보관료와 하역료(입출고료)가 있다. 보세창고 보관료와 하역료는 최근까지 관세법 및 관세청 특허세칙에 의해 관할지 세관장별 승인요율이었으나 지금은 자율요금으로 변경되었다.

나) 요금체계

① 기본요금 : 보세창고보관료는 선박으로 수출입되는 선박화물과 항공기로 수출입되는 항공화물로 나누어 별도의 요금을 적용하고 있다. 보세창고보관료는 모든 화물에 대해 종가율과 종량율을 합산하여 요금을 산출하는 방식을 취한다. 그리고 종가율과 종량율은 각각 기본료와 1일 할증료로 구성되어 있다. 또한 화물의 보관기간을 5단계로 구분하여 실 보관일수를 해당기간대의 종가, 종량요금에 적용하고 있다.

종가율 계산은 인보이스 가격 또는 감정가격을 보관요율에 곱하는 것이 아니라 감정가격(실거래가격 × 과세환율)에 관세를 더한 금액에 보관요율을 곱하여 계산한다. 종량율은 항공화물은 kg당, 선박화물은 Metric Ton당으로 계산하며 중량톤 또는 용적톤 중 큰(RT;Revenue Ton)을 적용한다. 현재 보세창고 보관료는 수출촉진 차원에서 수출화물에 대해서는 산출된 요금의 1/2만 받고 있으며, 요금납부 시 부가가치세는 별도로 지불해야 한다.

② 할증료 : 보세장치장 보관료는 보관품목의 특성에 따라 할증료를 적용하고 있는데, 위험물의 경우는 50%, 자동차류는 100%, 도자기, 시계류 등의 파손품은 산출된 보관료에 50%의 할증율을 부과하고 있다.

4. 항만부문 요금

(1) 항만하역료

가) 요금제도

항만하역료는 현재 항만운송사업법 제10조에 의해 국토교통부 인가요금으로 되어 있다. 항만하역요금이 인가되는 과정을 보면 각 지방항만운송협회가 해당 지방해양수산청에 요금인상을 신청하면 지방청은 이를 접수, 검토한 후 본청에 이관하고, 본청은 항만하역료 이해관계자 회의를 통해 조정안을 마련하여 기획재정부의 최종 인가를 얻어 시행한다.

나) 요금체계

항만하역료 요금체계를 살펴보면, 우선 하역요금은 일반하역요금, 특수하역요금 및 연안하역요금 세 가지로 나눈다. 일반하역요금이란 하역방법이 완전히 기계화되지 못하는 재래 벌크화물의 하역요금이며, 특수하역료는 컨테이너화물 등 주로 기계화된 하역작업에 대한 요금이고 연한하역료는 무역이 아닌 연안운송에 수반되는 하역작업에 대한 요금이다. 일반하역료, 특수하역료 및 연안하역료 모두 기본요금을 품목별로 명시하고 거기에 할증요금을 따로 표기하며, 기타 특별한 서비스에 대해 징수하는 기타요금을 두고 있다.

① 일반하역료 : 정기선에 컨테이너화물을 운송요청하는 화주로서는 이러한 각종 항만요금 중 THC만 선사에 내면 되므로 단순한 편이지만 부정기선에 벌크화물을 운송요청하는 화주는 일반하역요금을 지불해야 한다.

일반하역료의 요율체계를 살펴보면, 우선 요금의 적용구간을 선내요금, 부선양적요금 및 육상요금의 세부분으로 나뉘는데, 화주가 부정기선의 용선시 선주와의 하역료 부담 범위를 Free In, Free Out, Free In & Out 중 어느 것으로 하는가에 따라 달라진다.

부선양적요금은 실제로 화물을 부선(barge)에 의해 하역하였을 경우에 납부하는 요금이다. 일반하역료는 총 27개 화물을 유사한 작업형태별로 나누어 요금을 톤당 징수하고 있다.

② 할증료 : 항만하역료는 수출입 물류요금 중 가장 많은 종류의 할증요율을 가지고 있다. 중량 및 활대품 할증 등 화물의 특성에 따른 품목할증 4종류, 야간작업 할증료 등 작업할증료가 12 종류가 있다.

(2) 화물입출항료

가) 요금제도

화물입출항료(wharfage)는 여타 물류요금과 달리 정부가 징수하는 요금이다. 따라서 화물입출항료는 해양수산부가 항만법의 하위 법령인 '무역항의 항만시설사용 및 사용료에 관한 규정'에 의해 부두를 거쳐 가는 모든 화물에 징수하며, 보통 선사나 하역회사가 화주로부터 받아 대납한다.

나) 화물입출항료

화물입출항료는 해양수산부가 징수하는 항만시설사용료 중의 하나이다. 항만시설사용료에는 선박회사가 부담하는 선박입출항료, 접안료, 정박료, 계선료가 있고, 화주가 부담하는 화물입출항료, 화물체화료, 국제여객터미널이용료가 있다.

기타 항만시설을 일정기간 전용 사용할 때 부담하는 창고 및 야적장사용료, 건물·부지 등의 사용료, 싸이로 및 냉장창고 등 특수창고 사용료, 에이프런 사용료, 수역점용료 등이 있다.

화물입출항료는 납부대상 화물을 다섯가지로 구분하고 있다. 부산항의 경우 일반화물의 수출은 톤당 192원, 수입은 323원을 납부한다. FCL 컨테이너 화물의 경우 20피트 컨테이너당 4,200원을 징수하며, 40피트의 경우 8,400원을 징수한다.

5. 통관부문 요금

(1) 파출검사수수료

파출검사수수료란 관세법 141조(검사장소) 및 동법 시행규칙 제40조(검사수수료)에 의해 세관검사장소가 지정장치장 또는 세관검사장이 아닌 경우 세관에 납부해야 하는 요금이다. 세관원의 시내출장을 위한 교통비의 성격이라 할 수 있는데, 시간당 2천원의 기본수수료에 세관과 검사장소와의 거리 등을 참작하여 관세청장이 정하는 실비상당액을 가산한 금액으로 한다. 다만, 수출품에 대한 검사의 경우에는 그 기본수수료가 면제된다.

(2) 타소장치 허가 수수료

타소장치허가수수료란 관세법 제67조 제3항(타소장치의 허가), 동법 시행규칙 제35조 제1항(타소장치 허가수수료)에 의해 보세구역이 아닌 장소에 장치허가를 받고자 할 경우 세관에 납부해야 하는 요금으로, 현재 수수료는 매 건당 18,000원이다. 현재 타소장치 허가를 받으려면 수입업자는 매 건별로 인보이스 가액 정도의 현금담보(약 120%)를 세관에 설정해두어야 한다.

(3) 임시개청수수료

임시개청허가수수료란 「세관수수료징수사무처리에관한고시」 제2장, 제3-1조에 의해, 화주가 세관의 근무시간외에 통관을 받고자 할 때 세관에 납부해야 하는 요금이다. 개청시 간외 통관절차에 관한 허가 수수료는 매 수출입 신고건별로 징수하고, 입출항절차에 관한 허가수수료는 선박(항공기)별로 징수한다. 다만, 동일 화주가 동시에 여러 건의 수출입 신고물품을 1건으로 임시 개청허가를 신청하는 경우에는 1건으로 계산하여 수수료를 징수하고 있다. 임시개청수수료에는 기본료와 가산료가 있는데, 기본료는 평일 4,000원, 휴일은 12,000원이며, 수출의 경우는 1/4을 적용한다. 가산료는 시간대를 나누어 오전 6시~오후 6시는 시간당 3,000원, 오후 6시~10시는 시간당 4,800원, 오후 10시~오전 6시는 시간당 7,000원으로 정하고 있다.

(4) 통관수수료

통관수수료는 관세사가 화주로부터 위임을 받아 통관 업무를 수행한 대가로 징수하는 요금인데 세관장 승인요금에서 '99년부터 자율화되었다. 자율화 전의 요율은 수출의 경우 감가(FOB)의 0.15%로서 최저 12,000원에서 최고 350,000원까지로 정해져 있었고, 수입의 경우는 감가(CIF)의 0.2%로, 최저 27,000원에서 최고 950,000원까지로 요금이 정해져 있다.

6. EDI 관련 요금

(1) 전자무역인프라 기본료

전자무역촉진법에 의거하여 전자무역기반사업자로 지정된 KTNET이 기반시설 운영에 소요되는 최소한의 비용을 인프라를 직 · 간접적으로 이용하는 무역업체를 대상으로 기본료의 형태로 부과(수출은 B/L 건당 1,400원, 수입은 B/L 건당 2,100원)

(2) EDI전송료

EDI망을 사용하는 주체에게 부과시키는 회선사용료인데, 수출입신고시, 관세환급 EDI 전송시, 상역망 사용시 부담하고 있다. 관세사가 수출입신고 대행시 자동화기본료는 화주에게, 회선사용료는 관세사가 직접 납부해야 한다.

(3) 관세환급 EDI사용료

수출용 원자재를 수입 가공한 후 제품화하여 수출할 경우 관세를 환급받기 위해 EDI를 사용할 때 소요되는 요금. 관세환급 EDI S/W 구입비, EDI 전송료, S/W 유지보수비 등이 포함된다.

(4) 상역망 사용료

무역업체와 은행간에 L/C개설 및 L/C통지 등을 위해 현재 사용중인 상역 EDI망을 사용할 때 발생하는 요금이며 킬로바이트당 338원이 부과된다.

7. RADIS GLOBAL

RADIS는(Rate Discount & Consulting Service)의 약칭으로 대기업에 비해 운임협상력이 약한 중소무역업체들의 물류비절감과 애로사항 해결을 위해 무역협회가 22개 물류업체들과 협력하여 제공하는 토탈 물류지원 서비스이다.

이를 기반으로 RADIS GLOBAL 지원사업을 운영하고 있어 수출입업체들에게 도움을 주고 있다

한국무역협회에서 수출기업의 해외시장 진출지원을 위해 37개국 123개 물류 네트워크를 보유하고 있는 물류기업과 협력하여 수출업체의 해외현지 물류지원 서비스를 실시하고 해외현지에서의 물류.유통 경험이 풍부한 물류기업의 네트워크를 활용해 해외현지에서 운송 · 보관 · 배송 및 대금회수 서비스는 물론 지사처럼 이용가능하다.

제4절 운송서류

1. 선하증권(B/L, Bill of Lading)

(1) 선하증권의 개요

가) 선하증권의 의의

선하증권이란 화주와 선박회사간의 해상운송 계약에 의하여 선박회사가 발행하는 유가증권이다. 선주가 자기 선박에 화주로부터 의뢰받은 운송화물을 적재 또는 적재를 위해 그 화물을 영수하였음을 증명한다. 그리고 동 화물을 도착항에서 일정한 조건하에 수하인 또는 그 지시인에게 인도할 것을 약정한 유가증권이다. B/L상에 기재된 화물의 권리를 구체화하는 것으로서 B/L의 양도는 바로 화물에 대한 권리의 이전을 의미한다. 화물을 처분코자 할 때에는 반드시 관련 B/L을 가지고 있어야만 한다. 오늘날 국제무역에 있어서 대차결제 수단의 국제적 관례는 통상 화환어음(Documentary Bill)이며 B/L은 동 환어음을 취결하는데 상업송장 및 해상보험증권과 함께 그 기본이 되는 서류이다.

① 권리증권(Document of Title) : 선하증권의 소유자나 피배서인은 해당 상품의 인도를 주장할 수 있다.

② 계약의 증빙(evidence of contract) : 선주와 화주간 운송계약이 체결된 것을 증명하는 역할을 한다.

③ 물품수령증(receipt of goods) : 선사의 물품 수령증이다.

나) 선하증권의 법적성질

선하증권은 육상운송의 화물상환증보다 널리 쓰이며 해상운송에 있어 필수 불가결한 것으로 다음과 같은 특성이 있다.

① 요인증권성 : 화물의 수령 또는 선적되었음을 전제로 발행한다.

② 요식증권성 : 상법 등에서 정한 기재사항을 증권에의 기재를 요한다.

③ 문언증권성 : 선의의 B/L소지인에게 운송인이 B/L문언에 대하여 반증할 수 없다.

④ 제시 · 상환증권성 : 화주가 목적지에서 화물인도청구를 할 때는 운송인에게 선하증권 원본을 제시하고 화물을 상환한다.

⑤ 인도증권성 : 선하증권 원본의 인도=화물의 인도와 동일한 효력이 있다.

⑥ 처분증권성 : 화물에 대하여 B/L이 발행된 경우, 그 화물을 처분할 때에는 반드시 B/L로써 한다.

⑦ 지시증권성 : B/L소지인이 배서의 방법으로 다른 사람을 B/L의 권리자로 만들 수 있는 법률상 당연한 지시증권이다.

(2) 선하증권의 발행 및 작성

가) 선하증권의 발행

선하증권 원본의 발행은 1통으로도 가능하나 분실 등에 대비하여 그 이상을 한 세트로 발행할 수도 있다. 일반적으로 3통을 한 세트(One Full Set)로 발행하는데 각 통은 내용이 동일하고, 동등한 효력을 가지기 때문에 화물인도에는 한 통의 제시(1/3)로 가능하며 남은 B/L(2/3)은 무효(invalid)가 된다.

B/L의 발행 절차 및 사용경로를 살펴보면 다음과 같다.

① 송하인은 운송인에게 Invoice, Packing List, Shipping Request 등을 각각 1부씩 작성하여 제출하고 각 사본을 소지하고 있다가 선하증권 발행시 대조.(이때 발행되는 최초 B/L을 Check B/L이라고 함)

② 운송인은 등록 검량회사에 검량한 후 검량회사 측의 증명서를 받는다.

③ 운송인은 적하 예약목록을 작성하여 본선과 선적업자에게 통지한다.

④ 운송인은 선적업자 또는 송하인에게 선적지시서(Shipping Order)를 교부한다.

⑤ 송하인은 선적이 완료되면 본선수취증(M/R : Mate's Receipt)을 본선에서 수취하여 운송인에게 제출한다.

⑥ 운송인은 M/R에 의하여 선하증권을 송하인에게 교부한다.

⑦ 송하인은 거래은행을 통해 신용장 개설은행에 선하증권 및 선적서류를 송부하고 상품대금을 회수한다.

⑧ 신용장 개설은행은 수하인에게 선하증권을 교부하고 대금을 회수한다.

⑨ 수하인은 교부받은 선하증권을 운송인에게 제출하고 화물인도지시서를 교부받아 화물을 인도받는다.

나) 선하증권의 작성

① Shipper(송하인) : 성명 또는 상호를 기재하며 혼동이 예상될 때는 주소를 명기한다.

② Consignee(수하인) : T/T방식이나 D/P, D/A 방식에서는 수입상의 상호 및 주소가 기재되나 신용장 방식에는 신용장상에 표시된 문구에 따라 'to order', 'to order of shipper', 'to order of 개설은행명' 등이 된다.

③ Notify Party(통지처) : 대개 신용장에 Notify Accountee라 기재되며 신용장 개설의뢰인 즉 수입업자 또는 수입업자가 지정하는 대리인이 기재된다.

④ Ocean Vessel : 화물을 수송하는 해상운송 선박명이 기재된다.

⑤ Port of Loading : 화물을 선적하는 항구명 및 국명을 표시한다.

⑥ Place of Receipt : 송하인으로부터 운송인이 화물을 수취하는 장소로 "Busan CY", "Busan CFS" 등으로 표기한다.

⑦ Voyage No(항차번호) : 운송선박의 운송회사나 선박회사가 임의로 정한 일련번호가 기재되는데 1항차는 출발항에서 목적항을 거쳐 출발항에 회항하는 것으로 한다. 수출, 수입의 구별을 위해

East, West, South, North 등을 표기한다.

⑧ Port of Discharge : 화물의 양륙항 및 국명이 기재한다.

⑨ Place of Delivery : 운송인이 책임지고 운송하여 수하인에게 인도하여 주는 최종목적지를 명기한다.(Multimodal 다중운송인 경우 내륙운송을 거쳐 최종 인도되는 장소)

⑩ Final Destination : 화물의 최종 목적지를 표시하나 선하증권에 운임이 계상되어 있지 않는 경우는 단지 참조사항이다. 그리고 복합운송이 아닌 경우에는 기재되지 않는 경우가 많다.(door to door charge가 별도 계상됨)

⑪ B/L No. : 선사가 임의로 규정한 표시번호를 기재한다. 통상 선적항과 양륙항의 알파벳 두문자를 이용하고 번호를 일련번호로 쓴다. ("BO-5001": Busan-Osaka, "HMBU-9001": Hamburg-Busan 등으로 표시)

⑫ Flag : 선박의 등록국적. 해상 사고시는 국제적 관계인 기국주의에 의한다.

⑬ Container No. : 화물이 적재되는 컨테이너 번호를 표기한다.

⑭ Seal No. : 화물이 적재된 컨테이너에 봉인을 하고 Seal No.를 표기한다.

⑮ No of CONT or other PKGS : 컨테이너 숫자나 기타 포장 개수를 기재한다.

⑯ Description of Packages and Goods : Packing List 및 Invoice에 기재된 상품의 내용을 열거 기재한다.

⑰ Gross Weight, Measurement : 등록 검량회사에서 검측된 중량 및 용적을 명기한다. Packing List, Invoice와 일치되지 않는 경우 Remark를 부기하여야 한다. 화물에 이상이 있으면 송하인에게 파손화물보상장(L/I : Letter of Indemnity)을 요구하여 첨부시킨다. 수출입의 경우 Packing List와 B/L이 상이한 경우 통관되지 않으므로 세심히 작성되어야 한다.

⑱ Freight and Charges : 상품의 운송에 따른 제반비용의 명세로 Freight, CAF, BAF, CFS Charge, Wharfage 등이 통상 표기되며 Through B/L인 경우는 Inland Charge를 표시한다.

⑲ Revenue Tons : 중량과 용적 중에서 운임이 높게 계산되는 편을 택하여 표시한다. 즉 총중량과 총용적에 각각의 운임단가를 곱하여 총중량의 운임이 총용적보다 클 경우는 "K/T", 총용적이 클 경우는 "CBM"을 표시한다.

⑳ Rate : Revenue ton 당의 운임단가 및 CFS Charge, Wharfage, BAF, CAF의 Percent 등이 표시된다. Wharfage의 경우, 국내에서는 1톤 이하는 무조건 올림으로 산정하고 있어, 만일 7.001 CBM이라면 8CBM으로 계산된다.

Per : 용적단위 or 중량단위로 표시하고 Full Container는 Van 단위로 표시한다.

Prepaid Collect : CIF조건의 수출일 경우는 Prepaid난에 운임을 계산하여 표시한다. FOB 조건의 수출일 경우는 Collect 란에 계산 표시한다.

(3) 선하증권의 종류

① 선적 선하증권(Shipped or On Board B/L)

화물이 실제로 선적된 후에 발행되는 증권으로 증권면에 "Shipped" 또는 "Shipped on Board"

등의 문구가 표시되며 모든 선하증권은 선적 선하증권으로 발행되어야 하는 것이 원칙이다.

② 수취 선하증권(Received B/L)

운송인이 선적을 약속한 화물을 하주가 지정된 창고에 입고시킨 후 하주가 요구할 경우 선적전에 발행되는 증권으로 예정된 선박에 선적이 안되는 경우가 있기 때문에 L/C에 "Received B/L Acceptable"이나 이에 상응하는 문구가 없으면 은행에서 매입을 거절할 수 있다.

③ 무사고 선하증권(Clean B/L), 사고부 선하증권(Foul or Dirty B/L)

화물 선적 당시에 화물의 포장상태 및 화물에 어떠한 손상이 있으면 운송인은 그 내용을 증권상에 표기하며 이러한 증권을 Foul B/L 또는 Dirty B/L이라고 한다. 화물의 손상이 기재되지 않은 증권을 Clean B/L이라 한다.

④ 기명식 선하증권(Straight B/L)

증권의 "Consignee"난에 수입자의 성명 또는 상호가 기재되어 있는 증권이 기명식 선하증권(Straight B/L)이다. 그리고 Consignee난에 "To Order" "To order of shipper" "To order of Issuing Bank" 등의 문구가 기재된 증권을 지시식 선하증권(Order B/L)이라 하며 이 경우는 *백지배서로 양도가 가능하다.

⑤ 통과 선하증권(Through B/L)

해상과 육상을 교대로 이용하여 운송하거나, 둘 이상의 해상운송인과 육상운송인이 결합하여 운송할 경우 최초의 운송인이 전구간의 운송에 대하여 책임을 지고 발행하는 운송 증권이다. 통상 통과 운송계약에 의해서만 발행된다.

⑥ 환적 선하증권(Transhipment B/L)

화물을 운송도중 중도에서 다른 선박에 환적하여 목적지까지 운송하는 경우 발행되며 각 구간마다 운송인이 연서하여 공동으로 운송책임을 진다.

⑦ 복합운송 선하증권(Multimodal Transport B/L)

수출국의 화물인수 장소로부터 수입국의 인도장소까지 육상, 해상, 항공 중 적어도 두 가지 이상의 다른 운송방법에 의해 수송되는 경우에 발행되는 운송증권이다. 이는 주로 컨테이너화물에 사용된다.

⑧ 기간경과 선하증권(Stale B/L)

신용장방식 거래인 경우 수출자는 상품대금을 회수하기 위해 선적일자 후 21일 이내에 매입은행에 선하증권을 제시하여야 한다. 그리고 신용장에서 제시기간을 정하고 있는 경우에는 그 기간 내에 제시하여야 한다. 이 기간내에 제시하지 않은 선하증권을 Stale B/L이라 한다. 이 경우에 신용장에 "Stale B/L Acceptable"과 같은 취지의 문구가 없으면 은행에서 매입을 거절할 수 있다.

＊ 선하증권의 배서방법

① 기명식 배서(Full Endorsement or special Endorsement)
피배서인(Endorsee)의 성명 또는 상호를 기재하고 배서인(Endorser)이 서명하는 방법
예) Endorsee : Deliver to A.B.C Co., LTD.
Endorser : Korea Trading Co., LTD.(Signature)

② 백지식 배서(Blank Endorsement)
피배서인명을 기재하지 않고 배서인이 서명하는 방법

③ 선택 무기명식 배서
특정의 피배서인 또는 본권지참인이라고 기입하고 배서인이 서명하는 형식
예) A.B.C. Co., LTD. or bona fide holder(bearer)
Korea Trading Co., LTD.(Signature)

2. 항공화물운송장(AWB, Airway Bill)

(1) 항공화물운송장 개요

항공화물운송장(AWB : Airway Bill)은 항공회사가 화물을 항공으로 운송하는 경우에 발행하는 화물수취증으로서 해상운송에서의 선하증권에 해당되며, 항공운송장 또는 항공화물수취증이라고도 부른다.

AWB의 기본적인 성격은 선하증권과 같으나 선하증권이 화물의 수취를 증명하는 동시에 유가증권적인 성격을 가지고 유통이 가능한 반면, 항공운송장은 화물의 수취를 증명하는 영수증에 불과하며 유통이 불가능하다는 점에서 차이가 있다.

항공운송장과 선하증권의 차이점

항공운송장	선하증권
유가증권이 아닌 단순한 화물운송장	유가증권
비유통성(non-negotiable)	유통성(negotiable)
기명식	지시식(무기명식)
수취식(창고에서 수취하고 발행)	선적식(본선 선적 후 발행)
송하인이 작성하는 것이 원칙	운송인이 작성

운송계약은 항공화물운송장을 발행한 시점, 즉 화주 또는 그 대리인이 AWB에 서명하거나 항공사 또는 해당 항공사가 인정한 항공화물취급대리점이 AWB에 서명한 순간부터 유효하며 명시된 수하인에게 화물이 인도되는 순간 소멸된다. 운송장은 화물과 함께 보내져 화물의 출발지, 경유지, 목적지를 통하여 각 지점에서 적절한 화물취급 및 운임정산 등의 작업이 원활하게 수행되는데 필요한 사항이 기재되어 있다.

(2) 항공화물운송장의 발행 및 작성

항공화물운송장은 송화인이 작성, 제출해야 함이 원칙이나 항공사나 항공사의 권한을 위임받은 대리점에 의해 작성되는 것이 통례이다. 대리점은 화주가 가져온 상업송장 등 선적서류와 화물운송화주지시서에 의해 운송장을 발행하며 화물전량을 인수한 후에 발행하는 것이 원칙이다.

운송장은 원본 3장, 부본 6장으로 구성되는 것이 원칙이나, 항공화물에 따라서 부본을 5장까지 추가할 수도 있다. 제1원본은 운송인용(녹색)으로 송하인이 기재한다. 제2원본은 수하인용(적색)으로 송하인 및 운송인이 서명하여 화물과 함께 송부한다. 제3원본은 송하인용(청색)으로 운송인이 화물을 인수한 후에 송하인에게 교부한다.

항공운송장에 기록되는 문자와 숫자는 라틴문자와 아라비아 숫자를 사용한다. 따라서 사용문자는 영어, 불어, 스페인어를 사용하는 것이 원칙이다. 라틴문자 외에 다른 문자를 사용하는 경우 영어를 병기하는 것이 바람직하다.

작성된 항공운송장의 내용을 수정하거나 추가할 때는 원본과 사본 전체에 대해서 수정 또는 추가해야 한다. 화물이 수송되는 도중이나 목적지에서 이와 같은 수정이나 추가사항이 발생하였을 경우에는 잔여분에 대한 수정이나 추가내용이 반영되어야 한다. 화물운송장을 작성할 때는 타이핑을 하고 검은색 글씨를 사용하는 것이 원칙이며 경우엔 따라서는 수기(hand writing)를 사용하기도 하는데 어떤 경우이든 원본과 부본 전체가 명확히 복사되도록 유의하여 작성해야 한다.

3. 복합운송증권

(1) 복합운송증권의 의의

복합운송증권은 선박, 철도, 항공기, 자동차 등 종류가 다른 운송수단 중 두 가지 이상의 조합에 의해 이루어지는 운송에 대해 복합운송인이 발행하는 증권으로 발행자인 운송인이 운송품의 수령을 증명하고 운송계약의 증거가 되며, 유가증권으로서의 성격을 가진다.

복합운송증권의 특징은 ① 화물의 멸실, 손상에 대한 전 운송구간을 커버하는 일관책임을 지고, ② 선하증권과 달리 운송인뿐 아니라 운송주선인에 의해서도 발행되며, ③ 화물이 본선적재전에 복합운송인이 수탁 또는 수취한 상태에서 발행된다는 점이다.

복합운송증권은 법적으로 선하증권과 똑같이 유통증권으로서의 기능을 가진다. 다만 지시식 또는 무기명식으로 되어야 하며, 지시식으로 된 때에는 배서에 의해 양도 가능하다.

(2) 복합운송증권의 형태

가) 선하증권 형태

기존의 선하증권에 복합운송을 의미하는 명칭을 붙인 Combined Transport Document(CTD), Multimodal Transport B/L(MTD), Combined Transport Bill of Lading(CT B/L), Intermodal Transport B/L 등과 같은 형태의 복합운송증권을 말한다. 현재 실무에서 사용되는 선하증권 형식의 복합운송증권은 국제복합운송업협회(FIATA)가 제정한 FIATA B/L이 보편적으로 사용되고 있다.

나) Combined Transport Document(CTD)

선하증권이라는 명칭을 사용하지 않고 복합운송서류라는 명칭을 사용하는 CTD는 ICC에서 1975년에 제정한 복합운송증권에 관한 통일조약에서 사용된 복합운송증권이다.

다) 기타 복합운송증권

기타 복합운송증권은 발행인에 따라 해상운송인, 항공운송인, 육상운송인 등 실제 운송인이 발행한 증권이 있고 Freight Forwarder(운송주선인)가 복합운송인으로서 발행한 증권이 있다.

4. 수입화물 선취보증서

(1) 의의

수입화물 선취보증서(L/G : Letter of Guarantee)는 수입화물은 수입지에 도착하였으나 선적서류가 도착하지 않아 수입업자가 화물을 인수할 수 없을 때 선화증권 원본을 제시하지 않고서도 수입화물을 인수할 수 있도록 하기 위하여 은행이 수입자와 연서형식으로 발급하는 보증서 이다. 수입자는 선하증권 대신 동 보증서를 운송회사에 제시하고 수입화물을 인수할 수 있다.

L/G의 발급은 운송서류의 원본을 인도하는 것과 동일한 효과가 있다. 신용장 조건과 일치하지 않은 서류가 내도하여도 화물이 이미 수입업자에게 인도되었으며, L/G에 의해 선하증권 원본을 운송회사에 제시하기로 하였으므로 수입업자는 매입은행에 대하여 수입어음의 인수 또는 지급을 거절할 수가 없다.

(2) 수입화물 선취보증서 절차도해

<table>
<tr><th>참 고 사 항</th><th>절 차</th><th>구 비 서 류</th></tr>
<tr>
<td>☞ 수입화물선취 보증서 발급신청서는 은행에서 보관하고 수입화물선취보증서(L/G)는 선박회사에 제출한다.

☞ 수입보증금 예치비율
수입보증금 예치비율은 각 은행이 자율적으로 책정한다. 통상 L/G금액의 103%를 현금으로 예치토록 하나, 신용이 확실하고 담보가 충분한 경우 수입보증금의 예치를 면제할 수 있다.

☞ L/G발급시 유의사항
① L/G에 의하여 인도된 화물에 발생되는 모든 손해는 화주 및 보증은행이 책임진다.
-운송서류의 하자에 따른 Unpaid 처리 등 불가
② 수입자는 양육지에서의 지급운임 및 기타비용과 선적지에서의 미납 선임 및 비용 등 일체를 지급하여야 한다.

☞ L/G사후관리
① L/G발행후 운송서류가 내도되면 개설은행이 배서한 선하증권원본을 선박회사에 송달하고 L/G 회수한다.
② 적정한 일정시일이 지나도 운송 서류 원본이 도착하지 않을 때는 수입업자에게 운송서류 원본제출을 촉구한다.</td>
<td>발 급 신 청
↓
수 입 보 증 금 예 치
↓
수입화물선취보증서발급
↓
사 후 관 리</td>
<td>① 선취보증서 및 보증서 발급신청서
② 선하증권 사본
③ 상업송장 사본
④ 화물도착통지서 (A/N, Arrival Notice)
⑤ 각서</td>
</tr>
</table>

☞ 무신용장방식 거래에 대한 수입화물선취보증서 발급

① D/P : 수입화물이 도착하였으나 선적서류 원본이 도착하지 않았거나, 선적서류가 도착하였으나 분할결제할 경우에 발행
→ 수입화물을 분할할 경우에는 분할결제 해당금액에 대하여 추심은행이 L/G발급

② D/A : 수입화물이 국내에 도착하고 추심의뢰 은행으로부터 운송서류를 송달했다거나 송달하겠다는 확인통고를 받은 후에 L/G 발급

☞ L/G의 분할발행 및 회수

L/G는 선하증권 단위별로 발행하는 것이 원칙이나 상품이 원맥이나 원면인 경우(협회에서 회원사들의 공동구매 방법인 일괄 수입한 때)에는 회원별 통관의 편의를 위하여 분할발행하는 예도 있다. L/G발급 후 B/L원본이 도착하면 기 발급했던 L/G를 회수한다.

☞ 수입화물대도(貸渡)신청서(T/R, Trust Receipt)

① 의의

ㄱ. 일람출급(At Sight)거래시 선적서류가 내도되면 수입자는 수입대금을 결제해야만 선적서류를 수령할 수 있으나, 개설은행에서 금융을 제공하거나 기한부거래시 수입자는 수입대금을 결제하지 않고서도 선적서류를 수령하고 수입대금을 일정기간 후에야 결제한다.

ㄴ. 수입화물의 대도는 신용장 개설은행이 소위 자동 결제 기능에 따라 수입화물을 양도담보로 취급하는 바, 은행은 소유권만 보유하고 수입자가 본래의 목적을 달성할 수 있도록 수입물품을 통관하여 제조, 판매할 수 있도록 한다. 동 물품의 판매대금으로 우선적으로 수입대금을 결제하도록 하는 대출행위이다.

② 수입화물대도(T/R)의 유형

ㄱ. 수출용원자재 수입에 따른 T/R
무역금융(원자재 수입자금)을 수혜하고 수입대금을 대응수출 이행시 상환토록 한다.

ㄴ. 인수금융에 따른 T/R
Usance L/C 또는 D/A로 수입하고 연지급 기간 만기일에 수입대금을 상환토록 한다(내국수입 Usance).

ㄷ. 할부지급에 따른 T/R
외화획득용 시설재 등을 분할지급 수입하고 분할결제 방식에 의거 상환토록 한다.

ㄹ. 외화대출 및 차관자금에 의한 T/R
외화대출 또는 차관자금 공여시 당해 대출 또는 차관자금의 상환일정에 의거 상환토록 한다.

ㅁ. T/R Loan에 의한 T/R

③ 구비서류

ㄱ. 수입담보화물대도(선인도)신청서
ㄴ. 수입담보 화물처분 약정서(공증인의 확정일자가 있어야 함)
ㄷ. 선하증권(B/L) 사본
ㄹ. 상업송장(Commercial Invoice) 사본
ㅁ. 포장명세서(P/L) 사본
ㅂ. 신탁양도증서(공증인의 확정일자가 있어야 함)
ㅅ. 수입신용장 사본

제5절 보험 및 클레임

1. 적하보험

(1) 의 의

적하보험은 화물을 보험목적물로 하여 운송중 화물이 멸실 또는 훼손될 경우를 대비하거나 화물을 보존하기 위하여 경비를 지출함으로써 화물의 소유권자가 입은 손해를 보험조건에 따라 보상한다. 이는 전통적 해상위험 뿐만 아니라 해상운송에 수반되는 육상위험 등도 보상의 대상으로 하고 있다.

(2) 보험의 기본용어

용 어	해 설
보험자 (Insurer, Assurer, Underwriter)	보험계약을 인수한 자로서 보험사고 발생시 그 손해를 보상, 즉 보험금을 지급할 의무를 지는 자
보 험 계 약 자 (Policy Holder)	보험계약의 청약자로서 보험료 지급의무, 중요사항의 고지의무 및 위험변경 증가 등의 통지의무등을 부담하는 자
피 보 험 자 (Insured, Assured)	피보험이익의 주체로서 보험사고의 발생으로 인하여 손해를 입은 경우 보상을 받을 권리를 갖는 자
보 험 료 (Insurance Premium)	보험자의 위험부담에 대해 보험계약자가 지급하는 보수
보 험 금 (Claim Amount)	담보위험으로 피보험자가 입은 재산상의 손해에 대해 보험자가 지급하는 보상금
보 험 의 목 적 (Subject-Matter Insured)	위험발생의 객체로서 해상보험에서는 화물 또는 선박을 말하며 해상보험은 크게 적하보험(Cargo Insurance)과 선박보험(Hull Insurance)으로 분류
피 보 험 이 익 (Insurable Interest)	보험의 목적에 보험사고가 발생함으로써 피보험자에게 경제상의 손해를 입힐 우려가 있는 경우에 이러한 보험의 목적과 피보험자와의 이해관계를 말함
보 험 가 액 (Insurable Value)	피보험이익의 평가액으로서 일정한 피보험이익에 대하여 발생할 수 있는 경제적 손해의 최고한도
보 험 금 액 (Insured Amount)	실제로 보험에 가입한 금액을 말하며 보험자가 보험계약상 부담하는 손해배상 책임의 최고한도액

(3) 손해의 유형

- 손해
  - 물적손해
    - 전손(Total Loss)
      - 현실전손(Actual Total Loss)
      - 추정전손(Constructive Total Loss)
    - 분손(Partial Loss)
      - 단독해손(Particular Average, P/A)
      - 공동해손(General Average, G/A)
  - 비용손해 – 손해 방지비용, 손해조사비용, 구조료, 구조비, 특별비용 등

① 추정전손 : 선박이 일정기간 경과후에도 행방불명이 되어 전손으로 추정하는 경우 및 보험목적물이 전멸하지 않았어도 손해정도가 심하여 본래의 목적에 사용할 수 없거나 그 손해를 수선하는데 많은 수선비가 소요되는 손해

② 공동해손 : 선박과 적재화물이 재난을 당했을 때, 공동의 이익을 위하여 선장이 취한 조치 때문에 생긴 손해를 말하며 이러한 희생과 비용은 위험을 면한 선주와 화주가 부담.

(4) 보험계약자

보험계약자란 보험계약의 청약자로서 보험료지급의무, 중요사항의 고지의무 및 위험변경증가의 통지의무등을 부담하는 자를 말한다 적하보험은 통상 정형거래조건에 따라 보험계약자가 결정된다.

물품운송에 대한 위험의 이전 분기점이 정형거래조건에 따라 달라지므로 보험계약자도 이에 따라 달라진다.

보험가입자는 EXW, FOB(FCA, FAS), CFR(CPT)조건일 경우 수입자가 되고, CIF(CIP), DDP(DAP, DPU)조건일 경우 수출자가 되며 CIF(CIP)조건일 경우에는 수출자가 수입자를 위하여 보험에 가입한다.

참고로 FOB나 CFR조건의 무역계약에서 수입신용장 개설시 개설은행은 수입자가 보험가입을 하고 보험증권을 제출하도록 요구하고 있다.

Incoterms 2020	적하보험의 보험계약자
EXW(Ex Works:공장인도)	매수인이 자신의 판단으로 부보
FCA(Free Carrier:운송인인도)	매수인이 자신의 판단으로 부보
FAS(Free Alongside Ship:선측인도)	매수인이 자신의 판단으로 부보
FOB(Free On Board:본선인도)	매수인이 자신의 판단으로 부보
CPT(Carriage Paid To:운임지급인도)	매수인이 자신의 판단으로 부보
CFR(Cost and Freight;운임포함인도)	매수인이 자신의 판단으로 부보
CIF(Cost Insurance and Freight:운임 및 보험료포함 인도	매도인이 부보
CIP(Carriage and Insurance Paid To:운임보험료 지급인도)	매도인이 부보
DAP(Delivered at Place:도착지 지정장소 인도)	매도인이 자신의 판단으로 부보
DPU(Delivered Place Unloaded:도착인도)	매도인이 자신의 판단으로 부보
DDP(Delivery Duty Paid:관세지급 인도)	매도인이 자신의 판단으로 부보

(5) 보험가액

보험가액은 일반적으로 상업송장가격의 110%가 국제상관례로서 적하보험요율서상에는 최고 150%까지 한도를 정하고 있으나 보험사에서는 대개 130%까지로 제한하고 있다.

(6) 보험약관

보험약관은 런던보험자협회가 제정한 협회적하약관(Institute Cargo Clause)에 의해 규정된 보험계약에 관한 조항으로, 크게 구약관과 신약관 두가지 형식으로 분류되어 보험가입자가 선택할 수 있도록 되어 있다. 구약관은 200여년전부터 사용되어온 영국의 Lloyd's S.G.Policy을 모체로 하는 S.G.Policy와 특별약관 ICC(FPA, WA, A/R)조건을 말하며 신약관은 1979년 UNCTAD의 해상보험에 관한 보고서를 기초로 1982년 제정된 ICC(A, B, C)조건을 말한다. 담보범위가 ICC(A/R)과 ICC(A)가, ICC(WA)와 ICC(B)가, ICC(FPA)와 ICC(C)가 유사하며 ICC(A/R)과 ICC(A)가 가장 넓으며 ICC(FPA)와 ICC(C)가 가장 좁은 것이다.

가) 기본조건

〈구협회약관〉

① F.P.A(Free From Particular Average, 단독해손부담보조건) : 담보위험을 Positive List로 나열

② W.A(With Average, 분손담보조건) : W.A 3%와 WAIOP가 가장 일반적이다. W.A 3%는 손실액이 3% 미만인 경우 보상하지 않는다는 의미이며, WAIOP(With Average Irrespective of Percentage)는 손실액의 다과에 관계없이 보상하는 WA의 특약사항이다.

③ A/R(All Risk, 전위험담보조건) : 담보위험의 범위가 가장 넓으며 Negative List로 담보하지 않는 위험만을 나열

구분 / 보상하는 손해	F. P. A	W. A	A/R
① 전손	○	○	○
② 공동해손	○	○	○
③ 해난구조비 및 손해방지비	○	○	○
④ 좌초 · 침몰 · 대화재가 발생된 경우의 단독해손	○	○	○
⑤ 선적 · 환적 · 양하중의 매포장 단위당의 전손	○	○	○
⑥ 화재 · 폭발 · 충돌 · 접촉 및 피난항에서의 양하로 인한 손해	○	○	○
⑦ 악천후에 의한 해수손	×	○	○
⑧ 약관상 면책사항 이외의 외래적 우연적 사고에 의한 손해	×	×	○

주) 면책사항 :

- 보험계약자 또는 피보험자의 고의 또는 불법행위로 인한 일체의 손해
- 보험목적물의 고유의 하자 또는 성질과 운송의 지연으로 인한 손해
- 위험의 요건을 구비하지 않은 사유로 의한 손해, 즉 통상적인 손해(Ordinary Loss or Trade Loss)
- 전쟁, 파업, 폭동등에 의한 손해(War, Strike, Riots and Civil Commotion, W/SRCC)

〈신협회약관〉

구분 / 보상하는 손해	ICC(C)	ICC(B)	ICC(A)
① 화재 또는 폭발	○	○	○
② 본선 또는 부선의 좌초 · 교사 · 침몰 · 전복	○	○	○
③ 육상운송용구의 전복 · 탈선	○	○	○
④ 본선 · 부선 · 운송용구의 타물과의 충돌 · 접촉	○	○	○
⑤ 피난항에서의 화물의 하역	○	○	○
⑥ 지진 · 화산의 분화 · 낙뢰	×	○	○
⑦ 공동해손희생 손해	○	○	○
⑧ 투하(Jettison)	○	○	○
⑨ 갑판유실(Washing Overboard)	×	○	○
⑩ 본선 · 부선 · 선창 · 운송용구 · 컨테이너 · 지게차(Liftvan) 또는 보관 장소에의 해수 · 호수 · 강물의 유입	×	○	○
⑪ 본선 · 부선에의 선적 또는 양륙작업 중 바다에 떨어지거나 갑판에 추락하여 발생한 포장단위당의 전손	×	○	○
⑫ 약관상 면책사항 이외의 외래적, 우연적 사고에 의한 손해	×	×	○
⑬ 공동해손 · 구조비	○	○	○
⑭ 쌍방과실충돌(Both to Blame Collision)	○	○	○

주) • ICC(A)의 경우 A/R 면책사항은 담보 되지 않는다.

- ICC(B)에서 ⑩우수(rainwater)의 경우는 부담보
- 구약관 면책사항 4개조항 + 포장불완전은 담보되지 않는다.

나) 부가위험 담보조건

화물의 종류, 포장방법, 운송방법 등을 고려하여 기본조건인 F.P.A, W.A나 ICC(B), ICC(C)에 아래에 열거된 보험조건을 추가하여 부보함으로써 보다 저렴한 보험료로 전 위험담보조건으로 부보한 것과 동일한 효과를 거둘 수도 있다.

〈종류〉

① TPND(Theft, Pilferage & Non-Delivery) : 도난, 절도, 불착손
② R.F.W.D(Rain and/or Fresh Water Damage) : 비나 해수에 의한 손상
③ Breakage : 파손
④ Sweat and Heating Damage : 습기와 열에 의한 손상
⑤ Leakage/Shortage : 누손 및 부족손
⑥ JWOB(Jettison and Washing Over Board) : 투하 및 갑판유실
⑦ Denting and/or Bending : 움푹 들어가거나 휘어짐으로 발생한 손해
⑧ Spontaneous Combustion : 자연발화
⑨ Mould and Mildew : 곰팡이로 인한 손해
⑩ ROD(Rust, Oxidation, Discolouration) : 녹, 산화, 변색
⑪ Hook and Hole : 갈고리의 취급 부주의로 인한 구멍 발생
⑫ Contamination : 오염에 의한 손해

다) 확장담보조건

① 내륙운송 확장담보조건(Inland Transit Extension, ITE) : 육상운송중의 위험을 적하보험 증권에서 추가로 담보하는 조건
② 내륙보관 확장담보조건(Inland Storage Extension, ISE) : 통상적인 운송과정에서 중간창고나 보세창고 보관중의 위험을 적하보험 증권에 명시된 기간(수출 : 모선으로부터 하역후 60일, 수입 : 최종도착항 하역후 30일) 이상으로 연장할 경우 담보하는 조건

라) 특수화물에 대한 기본약관 확장담보조건

① 협회항공화물약관(전위험담보)(Institute Air Cargo Clause(All Risks)) 우송물을 제외한 항공화물에 적용되고 ICC(A/R)과 거의 같지만 항공기에서 하역후의 보험기간이 30일로 되어 있다. 신약관은 Institute Cargo Clause(Air)이며 해상보험과 달리 이 두약관중 하나만 선택할 수 있다.
② 원당약관(Raw Sugar Clause)
③ 고무약관(Rubber Clause)
④ 기타 원목무역협회약관, 협회냉동식품약관 등 특수화물에 대한 약관이 다수가 있다.

마) 기타 특별약관

화물의 종류에 따라 보험자가 자동적으로 첨부하는 원산지 손해약관, 기계류수선특별약관, 중고기계수선특별약관, 냉동기관약관, 생동물약관, 상표약관, 갑판적약관 등이 있다.

(7) 보험요율

① 수출화물과 수입화물에 대해 별도의 요율을 적용하고 있으며 선박의 상태, 항로(거리), 화물의 종류, 보험조건등을 근거로 하여 산정

② 기본요율(Port to Port), 통상요율(부가위험요율, 확장부담보조건요율, 할인/증 요율) 및 기타요율로 구성(천분율로 표시)

요율의 산정절차

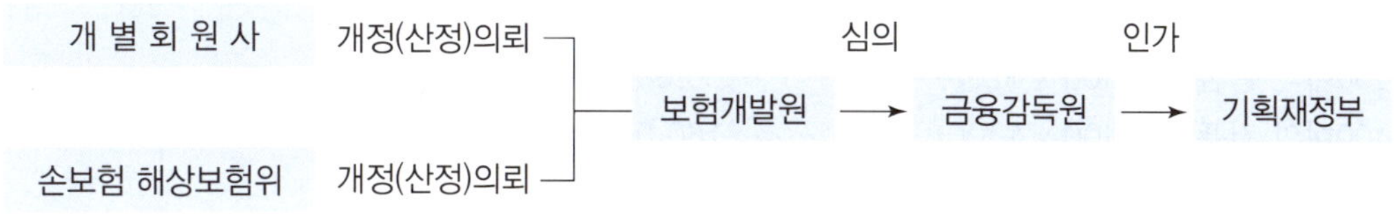

주) 수출적하보험은 기획재정부의 인가 불필요

(8) 보험금 청구

보험사고가 발생하였을 때 보험계약자, 피보험자 및 그 대리인은 사고사실을 인지하게 되면 지체없이 보험회사 또는 그 대리점에 사고발생 사실을 구두나 서면으로 통보하여야 한다. 사고통보를 받은 보험회사 또는 그 대리인은 지정된 공인 검정회사를 선임하여 사고발생사실 및 원인과 손해의 정도에 대한 조사를 실시하고 이를 토대로 작성된 검정보고서에 따라 보험금의 지급여부 및 지급할 보험금의 수준을 결정하게 된다. 따라서 사고 발생시 사고 통보를 지체하면 손해의 원인규명이 어려워지거나 손상된 화물의 방치로 손해가 확대됨에 따라 보험보상이 불가하거나 불이익을 당할 우려가 있으므로 주의가 필요하다.

〈통지해야 할 주요내용〉

① 보험조건의 내용(증권번호, 화물의 명세, 선명, 보험가입금액, 보험증권 등)

② 손상화물의 상태(수량 및 외관에서 본 손상상태)

③ 화물의 보관장소 및 그 후의 예정

(보험회사는 이 통지에 의해 어느 시점에서 입회조사를 실시할 것인지 또는 전문사정기관의 입회조사가 필요한지 아닌지 등을 결정한다)

(9) 보험금의 산정사례

1) 양적손해의 분손

세탁기 1,000대를 $200,000로 부보했을 경우 운송중의 보험사고로 그 중의 100대가 파손되어 상품가치가 소멸하였다면 그 손해배상액은 아래와같이 계산된다.

$ 200,000 x 100 / 1,000 = $20,000

2) 질적손해의 분손

① 분손방식(Average Loss Settlement 또는 Partial Loss Settlement)

냉장고 1,000대를 $300,000로 부보했을 경우, 운송중의 보험사고로 그 중의 400대가 해수침손을 입고 상품가치가 저하되었다. 이를 공매했던바 1대당 정품시가는 $400이었는데 손상되었기 때문에 $200에 판매되었다. 이 경우의 손해배상금은 아래와같이 계산한다.

400대의 손품시가(400 x $200) ·············· $80,000

400대의 정품시가(400 x $400) ·············· $160,000

감가율: (160,000−80,000)/160,000 ······ 1/2

이 감가율울 400대의 보험금액($120,000)에 곱하면 손해배상액이 된다

$120,000 × 1/2 = $60,000

② 구조물차감방식(Salvage Loss Settlement)

냉장고 1,000대를 $300,000로 부보했을 경우, 운송중의 보험사고로 전체량이 심한 침수손, 파손을 입고 중간항에서 양하되었다. 그곳에서 매각하는 것이 유리 할 것으로 판단되어 공매했던바, 순매득금(Net Proceed)으로 $70,000을 취득하였다. 이 경우 보험금은 아래와같이 계산된다.

$300,000 − $70,000 = $230,000

2. 해상운송 클레임

(1) 제기 주체

화물사고에 근거하여 손해를 입한 사람에게 배상을 청구하는 것이므로 클레임의 제기 주체는 원칙적으로 그 화물의 소유자이어야 한다. 클레임의 제기절차나 방법을 따로 정하는 법규정은 없으며, 선하증권 소지인인 수하인이 제기하는 것이 보통이나, 수하인이 지니고 있는 배상청구권을 대위 받은 보험회사가 클레임을 제기하는 경우도 있다. 이 때 수하인이 직접 클레임 청구시는 B/L사본 제시만으로 충분하며, 대리인이 청구시는 위임장을 첨부해야 한다. 수하인 외의 자가 클레임 청구시 보험회사는 보험금을 지급하고 청구권을 대위했다는 취지의 권리이양서(Subrogation Letter)를 첨부한다.

(2) 제기 절차

운송에 따른 손해 발생시 화주는 즉시 그 사실을 선박회사와 보험회사에 통지하는 동시에 손해의 확대방지와 경감을 위한 조치를 강구해야 한다. 배상을 청구하기 위해서는 원칙적으로 먼저 선박회사에 사고통지를 하고, 다음에 명세가 밝혀지면 다시 본 클레임을 제기해야 한다.

운송클레임 제기 시기는 원칙적으로 화물을 인수할 때까지 통지해야 하며, 제기 형식은 서면으로 통지해야 하고, 당해 화물이 멸실 혹은 손상이 있었다는 것과 그 일반적 성질을 기재하면 충분하다.

본 클레임(Final Claim)은 사고통지를 한 후 손해의 정도가 산출되면 곧 정식 클레임을 제기해야 한다. Hague Rules과 상법은 운송물을 수령한 날로부터 1년 이내에 제기하지 않으면 운송인의 손해배상 책임은 소멸시효에 의해 소멸되는 것으로 본다. 제출서류로는 손해배상청구서(Claim Letter), 송장(송하인의 서명이 있는 사본), Survey Report(공인 검정기관에 의해 발행된 것), Out Turn Report 등이다.

(3) 손해배상금액

우리나라의 상법은 도착지의 시장가격에 의해 배상액을 규정하나, 실제로는 CIF가격에 의해 배상되는 것이 보통이다. 선적시 화주가 선사에 화물의 성질 및 가격을 밝히고 선하증권에 기재한 경우에는 선하증권의 조항을 따르며, 화물의 가격을 한도로 실제 손해액 배상하며, 화물의 가격에 대한 통지가 없고 선하증권에 표시가 없는 경우에는 우리나라 상법상 1포장 또는 1선적 단위당 666SDR(또는 kg당 2SDR)을 한도로 배상한다.

3. 항공운송 클레임

(1) 클레임의 제기

클레임 제기나 클레임 의사 통고는 규정된 기간 내에 서면으로 하여야 한다. 즉, 일부손실을 포함, 파손에 대한 클레임은 화물인수일로부터 14일 이내에 제기해야 한다. 지연에 대한 클레임은 물품이 수하인의 처분에 놓이게 된 날, 즉 화물의 도착통보를 받은 날로부터 21일 이내에 제기해야 한다. 분실에 대한 클레임은 AWB 발행일로부터 120일 이내에 제기해야 한다. 제소기한은 항공기 도착일 또는 운송 중지일로부터 2년이다.

클레임에 필요한 서류는 항공화물운송장 원본 및 운송인 발생 항공운송장, 상업송장, 포장명세서, 파손, 지연 등에 따른 손실 계산서와 클레임이 청구된 총계, 지연 등으로 인한 손해비용 명세서, 검사증명서 및 기타 필요서류이다.

(2) 이중운송의 운임

분실, 손상, 지연된 화물배상 방법으로 이중운송(duplicate shipment)에 대한 무임운송은 제공될 수 없다. 즉 어떠한 경우에도 송하인이나 수하인은 운임을 지불해야 하며, 최초의 물품에 대한 손실의 보상은 오직 클레임을 통해 해결해야 한다.

(3) 클레임과 운임

화물이 분실, 손상, 또는 목적지에 도착하지 못하더라도 운임, 수수료 및 기타 항공사에 지불해야 할 금액은 선불 또는 후불에 관계없이 전적으로 항공사의 수입으로 간주되며 화물의 분실 및 손상에 대한 클레임은 모든 운임이 지불되어야 손해배상을 청구할 수 있다. 또한 손해배상청구액은 해당 운송요금으로 공제할 수 없으며 손실의 보상은 오직 클레임에 의해서만 해결할 수 있다. 단, 화물이 완전히 분실된 경우에는 운임의 지불과 관계없이 그 클레임은 제기할 수 있다.

4. 생산물 배상책임법 관련 대응

(1) 의의

2002년 7월 1일부터 국내에서도 생산물 배상책임(Product Liability)법이 시행됨에 따라 해당 제조물의 제조 · 가공 또는 수입업체는 제조물 결함으로 발생한 사용자의 생명 · 신체 또는 재산상의 손해에 대해 손해배상 책임을 부담하게 되었다. 이에 따라 특히 외국산 제품을 수입, 판매하는 수입업체의 경우 제조 · 가공업체와 같은 입장에서 PL법의 적용을 받게 된다. 뿐만 아니라 제조(수출)업자(완성품제조, 부품제조, 원료제조 등)도 외국에 수출시 해당 수입국가로부터 이러한 생산물 배상책임을 반드시 요구하고 있는 추세이다.

(2) 생산물 배상 책임법의 필요성

① 소비자우선주의 대두 : 소비자의식수준 향상
② 제조자의 책임 강화
③ 기업의 안정된 경영의 유지
④ 상품의 선전효과 및 기업의 국제경쟁력 강화

(3) PL법의 주요 내용

PL법은 제조 · 설계 · 표시상 제조물 결함으로 발생한 손해에 대한 제조 · 공급 및 수입업체 등의 손해배상 책임을 규정함으로써 피해자를 보호하고 있다.

① 제조상 결함 : 해당제품에 대해 통상 기대할 수 있는 안전성의 결여
② 설계상 결함 : 제품의 외형 품질구조의 설계자체에 내재하는 결함
③ 표시상 결함 : 제품을 부적합하게 사용할 경우 발생하는 위험 등을 경고하지 않아 피해나 위험을 줄이거나 방지하지 못한 경우
④ 적용대상 : 제조(수출)업자(완성품제조, 부품제조, 원료제조 등), 수입업자,표시제조업자(OEM 제조자, PB(Private Brand) 유통업자), 판매업자, 대형마트 및 홈쇼핑 납품업체, 상표권자 등
⑤ 배상 책임자 : 제물의 제조 · 가공 또는 수입업자, 표시제조업자, 판매업자
⑥ 손해배상 범위 : 제조물 결함으로 발생한 생명 · 신체 또는 재산손해

〈면책사유〉

① 제품 공급 당시의 과학, 기술수준으로 결함을 발견할 수 없는 경우
② 법령이 정하는 강제기준을 준수함으로써 결함이 발생한 경우
③ 완성품 제조자의 설계 · 제작지시로 원재료 및 부품에 결함이 발생

〈손해배상 청구권 소멸시효〉

① 피해자가 손해배상 책임자를 인지한 날로부터 3년 경과
② 제조물 공급일로부터 10년 경과

(2) 수출입업체 대응방안

① PL보험 가입 : PL법에 따라 수입품에서 발생한 사고에 대한 1차적인 보상책임자는 수입업체이므로 반드시 PL보험에 가입
② 구상권을 확보 : 수입품이 PL사고를 일으킬 것에 대비해 계약을 맺을 때 수출자로 하여금 자국에서 PL보험에 들어둘 것을 권유하는 것이 좋다. 만약 사정이 여의치 않다면 계약서에 PL사고가 날 경우 수출자에게 구상권을 행사한다는 내용을 삽입해 두는 것이 안전
③ 수입계약서에 제조물책임에 대한 책임조항 삽입 : 수출국에서 제조물 책임법이 시행되고 있지 않는 경우 수입자는 국내 피해자에게 PL법에 의한 배상책임이 있지만 해외로부터는 일반 민사책임 이외에는 물을 수 없으므로, 수입계약서 작성시 국내의 PL에 의한 배상의무 발생시 이를 수출자가 책임진다는 조항을 삽입하는 것이 바람직하다.
④ 수입물품에 대한 시장성 이외에 결함유무를 철저히 점검
⑤ OEM 수입 시 제품결함에 대한 책임범위를 명확히 설정
⑥ 수출자가 약속하는 제품의 보증사항은 실제로 확인한 후 사용(취급설명서, 광고, 선전, 제품의 설명 등)
⑦ 중재나 재판이 국내에서 이뤄질 수 있도록 계약서에 명기 : PL사고에 대비, 중재나 재판이 우리나라에서 이뤄지도록 하는 것도 중요하다. 즉, 계약을 체결할 때 '이 계약으로 또는 이 계약의 불이행으로 말미암아 발생하는 모든 분쟁 · 논쟁 또는 의견차이는 대한민국 서울에서 대한상사중재원의 중재규칙 및 대한민국 법에 따라 중재에 의해 최종적으로 해결한다. 중재인에 의해 내려지는 판정은 최종적인 것으로 당사자 쌍방에 대해 구속력을 가진다.'라는 문구를 삽입하는 것이 좋다.

"All disputes, controversies, or differences which may arise between the parties out of or in relation to or in connection with this contract, or for the breach thereof, shall be finally settled by arbitration in Seoul, Korea in accordance with the Arbitration Rules of The Korean Commercial Arbitration Board and under the law of Korea. The award rendered by the arbitrator(s) shall be final and binding upon both parties concerned."

〈제조물책임법률 및 표준〉

이러한 생산물배상책임에 대한 효율적인 대처를 위해 아래와같은 해당 국가들의 제조물 책임법률 및 표준을 파악해 두는 것이 무엇보다 중요하다.

○ 한국의 법률

한국에서 제조물 책임은 2002년에 제정된 제조물책임법(PLA)에 의하여 규정된다

제조물책임법 시행 이전에는 결함 있는 제조물에 의하여 발생한 손해에 대한 배상청구는

한국의 민법에 규정된 일반적인 불법행위 원칙에 근거하였다. 제조물책임법은 결함 있는 제품에 의한 손해에 대하여 소비자를 보호하고, 제품의 결함으로 피해 당사자에게 발생한 손해에 대하여 제조업자의 책임등을 규정함으로써 국민 생활 안전에 기여하기 위하여 제정되었다. 제조물책임법 하에서 손해는 부당한 행위에 의하여 직접 또는 간접적으로 발생한 생명, 신체 또는 재산상 손해를 포함할 수 있다.

○ 유럽의 법률

유럽공동체(European Community, EC) 안에서 제조물안전법은 각 회원국가의 자국 법률에 기초한다. 하지만, 유럽공동체가 제조물 안전에 대하여 새로운 접근 지침들(directive)을 시행함에 따라 공통된 특징이 많이 존재한다. 이러한 지침들은 모든 회원국들이 시행하여야 하며, 유럽공동체 전반에 공통된 입법의 틀을 제공해주고 있다. 이러한 지침들은 많은 영역을 다루고 있는데, 중요한 영역은 일반적인 제조물 안전과 기계 안전에 관한 것이다.

○ 미국의 법률

미국에는 두 단계의 법률 시스템이 있다. 연방 또는 국가 차원에서 주로 안전하지 못한 제조물의 수입이나 시장출하를 금지할 목적으로 설계된 법들이 있다. 또한, 이러한 법들은 필요한 경우에는 제품의 안전 문제 및 리콜에 대한 보고 요건을 부과하고 있다. 하위 단계에서 각 주는 "위법행위" 원칙에 근거하여 각 주 나름의 일련의 제조물 안전법을 갖고 있다. 위법행위란 부상이나 손해를 야기하는 부당행위나 적절한 주의의 불이행을 말한다. 위법행위법은 사고를 평가하고 결정을 하는 기준을 수립한다. 그러므로 이러한 주 차원의 위법행위법은 주로 사고 후에 제품 관련 배상청구에 관련이 있다. 미국에서는 주에 따라 법에 약간의 차이가 있으나, 가장 중요한 것은 손해를 해석하고 보상하는 방법의 변동성이다.

전반적으로 미국의 법은 주나 연방 차원 모두 유럽 법률의 동일한 기본 원칙들을 따르고 있다. 안전은 보통 제조업자가 위험을 평가하고 스스로 언제 제품을 시장에 출하하는 것이 안전한지 정할 것을 요구하는 합리적인 수준의 안전 표준이라는 관점에서 정의된다.

IX

수출입통관제도

제1절 수입, 수출, 반송, 수출입의 의제 및 통관의 개념

1. 관세의 개요

관세(關稅)는 Tariff 혹은 Customs duty라고 하며, 하나의 상품이 한 나라의 국경을 통과하거나 관세동맹지역의 경계를 통과해서 거래될 때 부과하는 조세 또는 관세선을 통과하는 상품에 대해 부과하는 세금을 말한다. 즉, 원칙적으로 관세선을 통과하는 때인 수입 · 수출 · 반송시에 모두 관세를 부과하여야 하지만, 현행 관세법은 수입물품에 대하여만 관세를 부과하는 수입물품과세주의를 취하고 있다. 관세법은 관세의 부과 · 징수 및 수출입물품의 통관을 적정하게 하고 관세수입을 확보함으로써 국민경제의 발전에 이바지함을 목적으로 한다.

2. 수입, 수출, 반송, 수출입의제 및 통관의 개념

(1) 수입의 정의

수입이란, 외국물품을 우리나라에 반입(보세구역을 경유하는 것은 보세구역으로부터 반입하는 것을 말한다.)하거나 우리나라에서 소비 또는 사용하는 것(우리나라의 운송수단 안에서의 소비 또는 사용을 포함하며, 관세법 제239조의 수입으로 보지 아니하는 소비 또는 사용을 제외)을 말한다.

☞ 외국물품

'외국물품'이란 외국으로부터 우리나라에 도착한 물품[외국의 선박 등이 공해(公海, 외국의 영해가 아닌 경제수역을 포함한다.)에서 채집하거나 포획한 수산물 등을 포함한다]으로서 관세법 제241조제1항에 따른 수입신고가 수리(受理)되기 전의 것과 수출신고가 수리된 물품을 말한다.

① 외국으로부터 우리나라에 도착된 물품으로서 수입신고가 수리되기 전의 것
② 외국의 선박 등에 의하여 공해에서 채집 또는 포획된 수산물 등으로서 수입신고가 수리되기 전의 것
③ 수출신고가 수리된 물품
④ 보세구역에서 보수작업으로 외국물품에 부가된 내국물품
⑤ 보세공장에서 외국물품과 내국물품을 원재료로 제조한 물품 중 수입신고가 수리되기 전의 것
⑥ 관세환급을 받을 목적으로 일정한 보세구역 또는 자유무역지역에 반입한 물품

☞ 수입으로 보지 아니하는 소비 또는 사용

외국물품의 소비 또는 사용이 다음에 해당하는 때에는 이를 수입으로 보지 아니한다.

① 선박용품 · 항공기용품 또는 차량용품을 운송수단 안에서 그 용도에 따라 소비하거나 사용하는 경우
② 선박용품 · 항공기용품 또는 차량용품을 세관장이 정하는 지정보세구역에서 「출입국관리법」에 따라 출국심사를 마치거나 우리나라에 입국하지 아니하고 우리나라를 경유하여 제3국으로 출발하려는 자에게 제공하여 그 용도에 따라 소비하거나 사용하는 경우

③ 여행자가 휴대품을 운송수단 또는 관세통로에서 소비 또는 사용하는 경우
④ 관세법의 규정에 의하여 인정된 바에 따라 소비 또는 사용하는 경우

(2) 수출의 정의

수출이란 내국물품을 외국으로 반출하는 것을 말한다.

☞ 내국물품

'내국물품'이란 다음 어느 하나에 해당하는 물품을 말한다
① 우리나라에 있는 물품으로서 외국물품이 아닌 것
② 우리나라의 선박 등이 공해에서 채집하거나 포획한 수산물 등
③ 입항전 수입신고가 수리된 물품
④ 수입신고수리전 반출승인을 받아 반출된 물품
⑤ 수입신고 전 즉시반출신고를 하고 반출된 물품

(3) 반송의 정의

반송이란 국내에 도착한 외국물품이 수입통관절차를 거치지 아니하고 다시 외국으로 반출되는 것을 말한다.

(4) 수출입의 의제

수출입 물품에 대하여는 소정의 통관절차를 거쳐야 수출입이 되는 것이나, 수출입되는 물품의 특수성과 관세행정상의 목적을 달성함에 지장이 없는 다음의 경우에는 통관절차를 거치지 아니하여도 수출입신고가 수리된 것으로 간주하는데 이를 '수출입의 의제'라고 한다.

가) 수입의 의제

① 체신관서가 수취인에게 내준 우편물
② 관세법에 의하여 매각된 물품
③ 관세법에 의하여 몰수된 물품
④ 관세법 제269조(밀수출입죄), 제272조(밀수전용 운반기구 몰수), 제273조(범죄에 사용된 물품의 몰수), 제274조(밀수품의 취득죄 등) 제1항 제1호에 해당하여 관세법에 따른 통고처분으로 납부된 물품
⑤ 법령에 따라 국고에 귀속된 물품
⑥ 관세법 제282조(몰수 · 추징) 제3항의 규정에 의하여 몰수에 갈음하여 추징된 물품

나) 수출 또는 반송의 의제
체신관서가 외국으로 발송한 우편물

(5) 통관의 개념

통관(通關)이란 관세법의 규정에 의한 절차를 이행하여 물품을 수출 · 수입 또는 반송하는 것을 말한다.

☞ 수출입의 금지 등

다음에 해당하는 물품은 이를 수출 또는 수입할 수 없으며, 이를 위반하였을 때에는 수출입금지품 밀수출입죄로 처벌을 받게 된다.

① 헌법질서를 문란하게 하거나 공공의 안녕질서 또는 풍속을 해치는 서적 · 간행물 · 도화 · 영화 · 음반 · 비디오물 · 조각물 기타 이에 준하는 물품
② 정부의 기밀을 누설하거나 첩보활동에 사용되는 물품
③ 화폐 · 채권이나 그 밖의 유가증권의 위조품 · 변조품 또는 모조품

가. 수출통관

1. 개요

수출통관절차란 수출하고자 하는 물품을 세관에 수출신고한 후 필요한 검사를 거쳐, 수출신고수리에 의한 수출신고필증을 교부받아 물품을 외국무역선(기)에 적재하기까지의 절차를 말한다. (EDI 방식의 수출통관절차 시행)

2. 수출통관의 절차

(1) 수출신고

수출하고자 하는 자는 당해 물품이 장치된 물품소재지를 관할하는 세관장에게 수출신고를 하여야 한다. 다만 수출통관사무처리에관한고시에서 별도로 정한 특수형태의 수출인 경우에는 해당 규정을 따른다. 수출신고는 관세사, 관세법인, 통관취급법인 또는 수출 화주의 명의로 하여야 하며, 화주에게 해당 수출물품을 제조하여 공급한 자의 명의로 할 수 있다. 수출신고는 당해물품을 외국으로 반출하고자 하는 선박 또는 항공기의 적재단위(S/R 또는 S/O, B/L 또는 AWB) 별로 하여야 한다

수출신고를 하려는 자는 전자문서로 작성된 수출신고서 등 신고자료와 함께 송품장 등 관련서류를 고시 제7조의2에 따라 전자제출하거나 전자이미지로 통관시스템에 전송하여야 한다. 다만, 전자제출 또는 전자이미지로 전송할 수 없는 수출신고건에 대하여는 신고자료 등을 통관시스템에 전송한 후 수출신고서 및 해당 호에서 정하는 구비서류를 세관장에게 제출하여야 한다.

① 관세법 제226조(허가 · 승인 등의 증명 및 확인)에 따른 세관장확인 물품 및 확인방법 지정고시 제7조제1항의 수출 요건 구비서류(수출요건내역을 전산망으로 확인할 수 없는 경우에 한함)
② 계약내용과 상이하여 재수출하는 물품 또는 재수출조건부로 수입통관되어 수출하는 물품. 다만, 재수출조건부 수출의 경우 단순반복 사용을 위한 포장용기는 제외한다.

③ 수출자가 재수입시 관세 등의 감면, 환급 또는 사후관리 등을 위하여 서류제출로 신고하거나 세관검사를 요청하는 물품. 다만, 단순반복 사용을 위한 포장용기는 제외한다.
④ 수출통관시스템에서 서류제출대상으로 통보된 물품

☞ 신고시점

신고인은 전송한 신고자료에 대하여 오류사항을 전산통보 받은 경우에는 오류를 수정하여 당초 제출번호에 의하여 다시 전송하여야 한다. 수출신고의 효력발생시점은 전송된 신고자료가 통관시스템에 접수된 시점이다.

☞ 수출신고시 구비서류

① 수출신고서(EDI 신고)
② 수출승인서(해당되는 경우)
③ 상업송장 및 포장명세서
④ 기타 수출통관에 필요한 서류

(2) 물품검사

수출신고물품의 검사는 원칙적으로 생략한다. 다만, 수출신고물품을 확인할 필요가 있는 경우에는 물품검사를 할 수 있다. 수출물품의 검사는 적재지검사를 원칙으로 한다. 수출신고인은 적재지검사 대상물품을 수출신고한 이후 적재지가 변경되는 경우에는 물품검사 이전에 수출신고를 정정하여야 한다. 다만, 적재지 검사가 부적절하다고 판단되는 물품이나 반송물품, 계약상이물품, 수입상태 그대로 수출되는 자가사용물품, 재수출물품 및 원상태수출물품, 국제우편 운송 수출물품, 보세공장으로부터의 수출물품 등은 신고지 세관에서 물품검사를 실시할 수 있다.

(3) 수출신고수리

수출신고의 수리는 다음 의 구분에 의한 신고서 처리방법에 따른다.
① 자동수리대상은 통관시스템에서 자동으로 신고수리
② 심사대상은 심사후 수리
③ 검사대상은 검사후 수리. 다만, 적재전검사대상은 수출물품을 적재하기 전에 검사를 받는 조건으로 신고를 수리할 수 있다.

☞ 수출신고필증교부
① 세관장은 수출신고를 수리한 때에는 「관세청 관인 관리 규정」에 따라 등록된 세관장 관인을 전자적으로 날인한 수출신고필증을 교부한다. 다만, 다음 각 호의 사유가 있을 때에는 해당 각 호의 방법으로 교부한다.
1. 부득이한 사정으로 신고필증을 전자적으로 교부할 수 없는 경우: 수출신고서에 세관장 관인을 직접 날인하여 교부

2. 신고물품의 규격 수가 50개를 초과하여 전산으로 입력하지 않고 신고서 및 신고필증에 상세내역사항을 별도의 붙임서류로 첨부하여 신고하는 경우: 세관장 관인을 전자적으로 날인한 신고필증과 붙임서류의 경계면에 별표 2의 신고서 처리담당자 인장을 날인하여 교부

② 제32조에 따라 신고서를 정정하는 때에는 제1항에 따라 신고필증을 다시 교부한다. 이 경우 세관장은 제32조제1항에 따라 제출한 증빙자료를 별지 제2호서식의 수출신고정정 승인(신청)서와 함께 보관하여야 한다.

③ 세관장은 수출신고를 수리한 때에는 적재 전 수출신고필증과 수출이행 수출신고필증을 구분하여 교부할 수 있다. 다만, 수출이행 수출신고필증은 출항이 완료된 이후에 교부 한다.

④ 세관장은 제18조 및 제21조의 적재지검사건에 대하여 수출신고를 수리한 때에는 별표 8의 안내문을 기재하여 신고인에게 교부하여야 한다. 다만, 수출검사의 목적 달성을 위하여 필요한 경우 신고수리시점에서의 안내문의 기재는 생략할 수 있다.

⑤ 제1항에 따라 교부된 신고필증이 통관시스템에 보관된 전자문서의 내용과 상이한 경우에는 통관시스템에 보관된 전자문서의 내용을 원본으로 한다.

⑥ 영문수출통관증명서를 발급 받고자 하는 자는 별지 제1호서식에 수출신고수리내역을 작성하여 통관지 세관장 또는 관할지 세관장에게 신청하여야 한다. 이 경우 수출신고수리내역 중 국문은 영문화하여 작성할 수 있으며, 전자문서 방식으로 작성하여 신청할 수 있다.

⑦ 제6항에 따라 신청을 받은 세관장은 수출통관시스템상의 수출신고수리내역과 신청서의 내용을 비교확인한 후 제1항을 준용하여 신청인에게 영문수출통관증명서를 발급할 수 있다. 이 경우 신청인은 법 제322조에 따라 수수료를 납부하여야 한다.

☞ 수출물품 선적이행 관리

① 수출자는 수출신고가 수리된 물품을 법 제251조제1항에 따라 수출신고가 수리된 날부터 30일 이내에 우리나라와 외국간을 왕래하는 운송수단에 적재하여야 한다..

② 수출자 및 국제무역선(기)의 선(기)장은 제38조부터 제41조까지의 특수형태의 수출을 제외하고는 법 제140조제6항에 따라 수출신고 수리전에 수출하려는 물품을 국제무역선(기)에 적재해서는 안된다.

③ 제1항에도 불구하고 출항 또는 적재 일정변경 등 부득이한 사유로 인하여 적재기간을 연장하려는 자는 변경전 적재기간내에 통관지 세관장에게 별지 제5호서식의 적재기간 연장승인(신청)서를 제출하여야 한다. 다만, 전자문서로 신청할 경우에는 별지 제2호서식을 사용하여야 한다.

④ 세관장은 제3항에 따라 적재기간연장승인(신청)서를 접수한 때에는 연장승인신청사유 등을 심사하여 타당하다고 인정하는 경우에는 수출신고수리일로부터 1년의 범위내에서 적재기간 연장을 승인할 수 있다.

⑤ 세관장은 제4항에 따라 적재기간 연장을 승인한 때에는 즉시 통관시스템에 연장사유 및 연장기간을 기록하여야 한다.

⑥ 적재지검사 대상물품의 경우에는 제1항부터 제5항까지에도 불구하고 물품검사가 완료된 후 운송수단에 적재하여야 한다.

☞ 서류보관등

신고인이 서류없는 수출신고를 하고 세관장으로부터 신고수리의 사실을 전산통보 받은 경우에는 수출신고필증, 수출물품 가격결정에 관한 자료 및 수출거래관련 계약서 또는 이에 갈음하는 서류를 해당 신고에 대한 수리일로부터 3년간 보관하여야 한다.

3. 수출신고의 정정, 취하 및 각하

(1) 수출신고의 정정

수출신고를 정정하려는 자는 정정신청내역을 기재한 수출신고정정신청서를 전자문서로 통관지 세관장 또는 신청인 소재지 관할 세관장에게 전송하고 표준증빙자료를 제출(전자이미지 전송 포함)하여야 한다. 다만, 자율정정대상이거나 잠정수량신고 및 잠정가격신고에 대하여 확정신고를 하는 경우 또는 적재예정보세구역, 적재항부호 항목을 정정하는 경우 등 세관장이 수출신고 정정신청서만으로 정정내역의 확인이 가능하다고 인정하는 경우에는 그 증빙자료의 제출을 생략할 수 있다. 심사대상이나 검사대상을 제외한 수출신고건은 출항전까지 자율정정을 허용할 수 있다. 다만, 자율정정제외대상은 그러하지 아니한다.

(2) 수출신고의 취하

① 수출신고를 취하하려는 자는 수출신고취하승인(신청)서에 신고취하신청내역을 기재하여 통관지 세관장에게 전송하고, 증빙서류를 제출(전자이미지 전송을 포함한다)해야 한다. 다만, 제43조제1항에 따른 수출신고(전자상거래 물품 등의 간이수출신고)를 취하하는 경우에는 증빙서류의 제출을 생략할 수 있다.
② 세관장은 수출신고 취하승인의 신청을 받은 날부터 10일 이내에 승인 여부를 신청인에게 통지하여야 한다.
③ 세관장이 수출신고 취하승인하였을 때 수출신고 또는 수출신고수리의 효력은 상실된다.

(3) 수출신고 각하

세관장은 다음의 어느 하나에 해당하는 경우에는 수출신고를 각하 할 수 있다. 이 경우 세관장은 즉시 통관시스템에 등록하고 그 사실을 신고인에게 통보하여야 한다.
① 거짓 또는 그 밖의 부정한 방법으로 신고한 경우
② 그 밖에 수출신고의 형식적 요건을 갖추지 못한 경우

☞ 신고필증의 재교부

신고인과 수출화주는 교부 받은 신고필증을 다시 교부받고자 하는 때에는 수출신고필증 재교부신청서를 작성하여 통관지세관장 또는 관할지 세관장에게 제출하여야 한다. 이 경우 서류제출 신고건으로 신고서류의 확인 등이 필요한 경우 통관지세관장에게 재교부신청을 하여야 한다. 세관장은 사유가 타당하다고 인정하는 때에는 수출신고필증을 재교부할 수 있다.

4. 특수형태의 수출

(1) 선상수출

가) 신고대상

① 선적한 후 공인검정기관의 검정서(SURVEY REPORT)에 의하여 수출물품의 수량을 확인하는 물품(예 : 산물 및 광산물 등)

② 물품의 신선도 유지 등의 사유로 선상수출신고가 불가피하다고 인정되는 물품 (예 : 국내운항선에 적재된 수산물을 다른 선박으로 이적하지 않은 상태로 국제무역선으로 자격 변경하여 출항하고자 하는 경우)

③ 자동차운반전용선박에 적재하여 수출하는 신품자동차

④ 벌크선에 적재하여 수출하는 국내제조 HS 제72류 철강류(웨이스트, 스크랩 등 HS 제7204호 물품 제외)

나) 신고시기

출항전까지 출항지 세관에 신고. 다만, SURVEY REPORT에 의하여 수량을 확인하는 물품으로서 다음 각 호를 모두 충족하는 경우에는 출항 후 최초 세관 근무 시간까지 수출신고 할 수 있다.

① 외국무역선이나 외국무역기에 내국물품의 적재허가를 받은 물품

② 수출통관사무처리에 관한 고시 제7조 2항제1호부터 제2호까지 해당하지 않는 물품

③ 세관근무시간외에 적재 또는 출항하는 경우

다) 신고절차

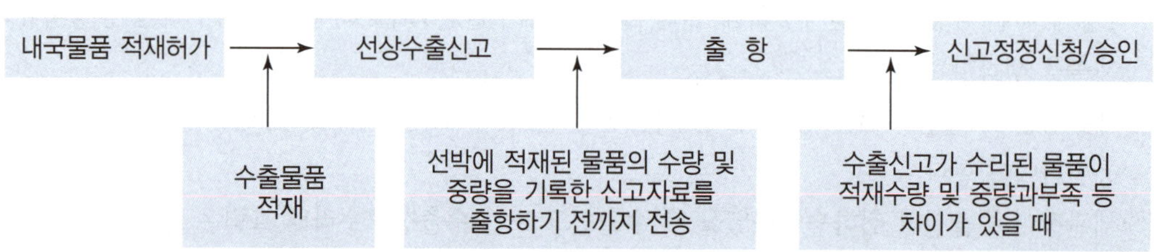

(2) 현지수출 어패류신고

어패류를 출항허가를 받은 운반선에 의하여 현지에서 수출하는 것이 부득이한 경우에는 수출 후 대금결제전까지 출항허가를 받은 세관장에게 신고자료를 전송하고, 신고서류에 수출실적을 증명하는 서류(예 : Cargo Receipt)를 첨부하여 제출하여야 한다.

(3) 원양수산물 신고

우리나라 선박이 공해에서 채포한 수산물을 현지 판매하는 경우에는 수출자가 수출후 대금결제전까지 수출사실을 증명하는 서류[예 : Cargo Receipt, B/L, Final(Fish) Settlement]가 첨부된 수출실적보고서(수출신고서 양식 사용)를 한국원양산업협회를 경유하여 서울세관장에게 신고자료를 전송하여야 한다.

☞ 신고절차

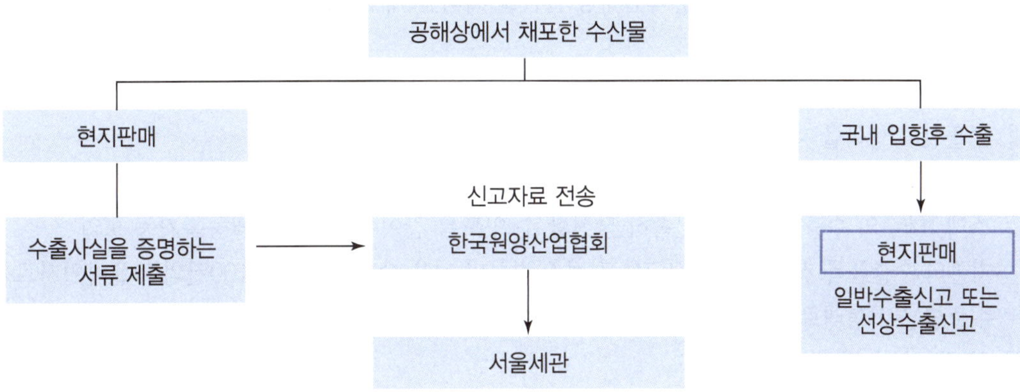

(4) 잠정수량신고 대상물품의 수출신고

배관 등 고정운반설비를 이용하여 적재하는 경우 또는 제조공정상의 이유로 수출신고시에 수량확정이 곤란한 물품을 수출하고자 하는 자는 수출신고시에 적재예정수량 및 금액을 신고(수출신고서 서식 사용)하고, 적재완료일로부터 수량의 경우 5일, 금액의 경우 180일이 경과하기 전까지 실제 공급한 수량 및 금액을 신고할 수 있다.

① 가스, 액체, 전기
② HS 제50류 내지 제60류 중 직물 및 편물
③ HS 제71류부터 제83류까지의 귀금속 및 비금속제 물품
④ 전자상거래, 위탁판매 수출물품
⑤ 그 밖에 계약의 내용이나 거래의 특성상 잠정수량 또는 잠정가격으로 신고하는 것이 불가피하다고 세관장이 인정하는 물품

5. 전자상거래물품의 수출신고

(1) 개요

급증하는 전자상거래업체의 수출신고를 유도하고 수출지원제도를 활용할 수 있도록 수출신고를 간소화한 전자상거래 간이수출제도를 의미함 (2014.7.30.신설)

(2) 대상 및 요건

수출하려는 물품 가격이 400만원(FOB 기준) 이하이고 다음 각 호의 어느 하나에 해당하는 경우에는 간이수출신고를 할 수 있다. 다만, 수출요건구비 물품과 계약내용과 상이하여 재수출하는 물품 또는 재수출조건부로 수입통관되어 수출하는 물품은 제외한다.

① 전자상거래 업체로 세관에 신고한 업체가 수출신고서상 신고구분을 전자상거래 간이수출신고로 신고하거나 전자상거래 간이신고 시스템으로 신고하는 수출물품

② 수출목록 변환신고 시스템을 통해 신고하는 수출물품

간이통관 대상범위로서 세관장확인대상 물품을 제외한 대부분의 전자상거래 물품이 포함됨.

(3) 특징

① 수출신고 항목을 대폭 축소(57개 → 37개)

항공편명, L/C번호, 송품장번호, 컨테이너 번호 등 20개 수출신고 항목 제외

② 소액. 다수의 수출신고서를 신속히 작성할 수 있도록 간이수출신고 일괄등록기능 도입

기존의 수출품목 건별로 수출신고를 직접 입력하던 것을 수출품목 50~100건의 엑셀파일자료를 수출신고서 형태로 일괄적으로 변환하여 등록

③ 구매자 부호 제출 생략

고정거래처가 아닌 다수의 구매자가 존재하는 전자상거래 특성상 수출신고시 매번 등록하여야 하는 구매자 부호는 제출 생략

(4) 효과

① 관세환급

중소기업인 전자상거래 업체가 제조한 물품을 수출하는 경우 해당 수출건에 대해 간이정액환급신청을 통해 관세환급이 가능함

② 부가가치세 영세율 적용

수출신고필증을 발급하여 부가가치세 영세율 적용이 가능함

③ 구매확인서 등

수출신고필증을 근거로 납품업체에게 구매확인서를 발급하여 매입시 부가가치세 부담이 없고, 납품업체도 영세율 적용이 가능하며 수출실적도 인정됨

관세청 KOREA CUSTOMS SERVICE 1878 / 관세청 전자통관시스템 UNI-PASS

수출신고필증(수출이행, 갑지)

※ 처리기간 : 즉시

①신고자 XXXXXXXXXXXXXXXXXXXXXXXXXXX	⑤신고번호 99999-99-9999999	⑥세관.과 999-99	⑦신고일자 YYYY/MM/DD	⑧신고구분 X	⑨C/S구분 X

②수 출 대 행 자 XXXXXXXXXXXXXXXXXXXXXXXXXXXX (통관고유부호) XXXXXXXX-9-99-9-99-9 수출자구분 X 수 출 화 주 XXXXXXXXXXXXXXXXXXXXXXXXXXXX (통관고유부호) XXXXXXXX-9-99-9-99-9 (주소) XXXXXXXXXXXXXXXXXXXXXXXXXXXXXXXXXXXXXXXXXX (대표자) XXXXXXXXXXXX (소재지) XXX (사업자등록번호) 999-99-99999	⑩거래구분 XX	⑪종류 X	⑫결제방법 XX
	⑬목적국 XXXXXXX	⑭적재항 XXXXXXXX	⑮선박회사 (항공사) XXXXXXX
	⑯선박명(항공편명) XXXXXXX	⑰출항예정일자 XXXXXX	⑱적재예정보세구역 XXXXXXX
	⑲운송형태 XX XXX	⑳검사희망일 YYYY/MM/DD	
	㉑물품소재지 XXX XXXXXXXXXXXXXXXXXXXXXXXXXXXXX XXXXXXXX / XXXXXXXXXXXXXXX		
③제 조 자 XXXXXXXXXXXXXXXXXXXXXXXXXXXX (통관고유부호) XXXXXXXX-9-99-9-99-9 제조장소 XXX 산업단지부호 XXX	㉒L/C번호 XXXXXXXXXXXXXXXXXXXX	㉓물품상태 X	
	㉔사전임시개청통보여부 X	㉕반송 사유 XX	
④구 매 자 XXXXXXXXXXXXXXXXXXXXXXXXXX (구매자부호) XXXXXXXXXX	㉖환급신청인 X (1:수출대행자/수출화주, 2:제조자) 자동간이정액환급 XX		

품명 · 규격 (란번호/총란수: 999/999)

㉗품 명 XXXXXXXXXXXXXXXXXXXXXXXXXXXXXXXXXXXXXXXXXXXXXXXXXXXX ㉘거래품명 XXXXXXXXXXXXXXXXXXXXXXXXXXXXXXXXXXXXXXXXXXXXXXXXXXXX	㉙상표명 XXXXXXXXXXXXXXXXXXXXX

㉚모델 · 규격	㉛성분	㉜수량	㉝단가(XXX)	㉞금액(XXX)
XXXXXXXXXXXXXXXXXXXXXXXXXXXXXXXXXXXXXXXXXXXXXXXXXXXXXXXXX XXXXXXXXXXXXXXXXXXXXXXXXXXXXXXXXXXXXXXXXXXXXXXXXXXXXXXXXX XXXXXXXXXXXXXXXXXXXXXXXXXXXXXXXXXXXXXXXXXXXXXXXXXXXXXXXXX XXXXXXXXXXXXXXXXXXXXXXXXXXXXXXXXXXXXXXXXXXXXXXXXXXXXXXXXX XXXXXXXXXXXXXXXXXXXXXXXXXXXXXXXXXXXXXXXXXXXXXXXXXXXXXXXXX XXXXXXXXXXXXXXXXXXXXXXXXXXXXXXXXXXXXXXXXXXXXXXXXXXXXXXXXX XXXXXXXXXXXXXXXXXXXXXXXXXXXXXXXXXXXXXXXXXXXXXXX. (모델 · 규격의 갯수 및 길이에 따라 세로길이 가변적.)	XXXXXXXXXXXXXXXXX XXXXXXXXXXXXXXXXX XXXXXXXXXXXXXXXXX XXXXXXXXXXXXXXXXX	999,999,999,999(XXX)	9,999,999,999.99	999,999,999.99

㉟세번부호	9999.99-9999	㊱순중량	999,999,999,999(XX)	㊲수량	999,999,999,999(XX)	㊳신고가격(FOB)	$999,999,999 ₩999,999,999
㊴송품장번호	XXXXXXXXXXX	㊵수입신고번호	XXXXX-XX-XXXXXXX-X(XXX)	㊶원산지 XX-X-X		㊷포장갯수(종류)	999,999(XX)

㊸수출요건확인 (발급서류명)	X-XXXXXXXXXXXXXXXXX (XXXXXXXXXXXXXXXXX)	X-XXXXXXXXXXXXXXXXX (XXXXXXXXXXXXXXXXX)	X-XXXXXXXXXXXXXXXXX (XXXXXXXXXXXXXXXXX)	X-XXXXXXXXXXXXXXXXX (XXXXXXXXXXXXXXXXX)

㊹총중량	999,999,999(XX)	㊺총포장갯수	999,999 (XX)	㊻총신고가격 (FOB)	$ 999,999,999,999 ₩ 999,999,999,999,999
㊼운임(₩)	999,999,999	㊽보험료(₩)	999,999,999,999	㊾결제금액	XXX-XXX-999,999,999,999,999
㊿수입화물관리번호	XXXXXXXXXXXXXXXXXX	X	◯51컨테이너번호	XXXXXXXXXX	X

※신고인기재란	◯52세관기재란
XXXXXXXXXXXXXXXXXXXXXXXXXXXXXXXXXXXXXXXXXXXXXXXXXX XXXXXXXXXXXXXXXXXXXXXXXXXXXXXXXXXXXXXXXXXXXXXXXXXX XXXXXXXXXXXXXXXXXXXXXXXXXXXXXXXXXXXXXXXXXXXXXXXXXX XXXXXXXXXXXXXXXXXXXXXXXXXXXXXXXXXXXXXXXXXXXXXXXXXX XXXXXXX	XXXXXXXXXXXXXXXXXXXXXXXXXXXXXXXXXXXXXXXXXXXXXXXXXXXXXXXXXXXXXXXXXXXX XXXXXXXXXXXXXXXXXXXXXXXXXXXXXXXXXXXXXXXXXXXXXXXXXXXXXXXXXXXXXXXXXXXX XXXXXXXXXXXXXXXXXXXXXXXXXXXXXXXXXXXXXXXXXXXXXXXXXXXXXXXXXXXXXXXXXXXX XXXXXXXXXXXXXXXXXXXXXXXXXXXXXXXXX (THE REPUBLIC OF KOREA)

◯53운송(신고)인 XXXXXXXXXXXXXXXXXXXXXXXX ◯54기간 YYYY/MM//DD 부터 YYYY/MM//DD 까지	◯55적재의무기한	YYYY/MM//DD	◯56담당자	XXXXXX(XXXXXX)	◯57신고수리일자	YYYY/MM/DD

발 행 번 호 : 9999999999999(YYYY.MM.DD) Page : 999/999

(1) 수출신고수리일로부터 30일내에 적재하지 아니한 때에는 수출신고수리가 취소됨과 아울러 과태료가 부과될 수 있으므로 적재사실을 확인하시기 바랍니다.(관세법 제251조, 제277조) 또한 휴대탁송 반출시에는 반드시 출국심사(부두,초소,공항) 세관공무원에게 제시하여 확인을 받으시기 바랍니다.

(2) 수출신고필증의 진위여부는 관세청 인터넷통관포탈에 조회하여 확인하시기 바랍니다.(http://portal.customs.go.kr)

나. 수입통관

1. 개요

수입통관이란 수입신고를 받은 세관장이 신고사항을 확인하여 일정한 요건을 갖추었을 때 신고인에게 수입을 허용하는 것으로 수입신고 사항과 현품이 부합한지 여부와 수입과 관련하여 제반 법규정을 충족하였는지 여부를 확인한 후 외국물품을 내국물품화하는 행정행위를 말한다. 수입면허제를 수입신고제로 전환하여 수입통관절차를 대폭 간소화하고, 수입신고 수리 후 관세납부제를 도입하여 통관절차와 과세절차를 분리하였다.

2. 수입통관절차

(1) 출항

선박 또는 항공기가 출항하기 전에 출항지에 있는 선박회사 또는 항공사(대리점 포함)는 출항지 세관장에게 적하목록을 제출하고 입항지에 있는 선박회사 또는 항공사(대리점 포함)에 적하목록을 송부하여야 한다.

(2) 입항

① 운항선사는 선박입항 24시간 전에 용선선사와 포워더로부터 적하목록과 혼재화물 적하목록을 취합하여 세관에 제출 → House B/L단위 적하목록 입수지연을 방지하기 위하여 적하목록 제공주체별로 분리하여야 한다.

② 세관은 적하목록번호와 B/L번호를 조합한 화물관리번호가 자동으로 부여되어 화물의 재고를 추적관리한다.

(3) 하선신고 및 하선작업

① 운항선사는 하선 전에 Master B/L단위의 적하목록을 기준으로 하선장소를 기재한 하선신고서를 세관에 전산으로 제출

② 하선할 수 있는 장소는 부두내 CY(CFS)는 물론 부두밖 보세장치장(ODCY)까지 가능
→ 부두에서 ODCY까지의 화물이동은 하선신고로 갈음

③ 종래의 하선작업 완료보고를 폐지하고 본선 하역후 선사 또는 검수회사가 제출하는 하선결과 이상보고로 대체

④ 입항전에 수입신고가 수리된 물품은 하역 즉시 부두에서 반출

(4) 보세운송 및 보세구역 반입

가) 보세운송

수입화물의 화주에게 경비의 절감, 절차의 간소화, 자금부담의 완화 등 편의를 주는 목적으로

외국물품을 보세상태로 개항, 보세구역, 보세구역외 장치 허가를 받은 장소, 세관관서, 통관역, 통관장 등의 장소간에 국내에서 운송하는 제도를 말한다.

나) 보세구역 외 장치

외국물품과 내국운송의 신고를 하고자 하는 내국물품은 반드시 보세구역에 장치하여야 한다. 그러나 크기나 무게의 과다 기타의 사유로 보세구역에 장치하기 곤란한 다음의 경우에는 보세구역 외에 장치가 가능하다. 이 경우 수수료(18,000원의 허가수수료)를 납부하여야 한다.

① 크기나 무게의 과다, 기타 보세구역에 장치하기 곤란한 물품
② 다량 산물로서 보세구역에 장치후 다시 운송하는 것이 부적정하다고 인정하는 물품
③ 부패.변질의 우려가 있거나 다른 물품을 손상할 우려가 있는 물품과 방진, 방습등 특수보관이 필요한 물품
④ 귀중품, 의약품, 살아있는 동 · 식물등 보세구역에 장치하기가 부적당하다고 인정하는 물품
⑤ 보세구역이 아닌 검역시행장에 반입할 물품
⑥ 보세구역과 교통이 불편한 지역에 양륙된 물품으로 보세구역으로 운반하는 것이 불합리하다고 인정되는 물품
⑦ 「대외무역관리규정」 제2조제11호에 따른 중계무역물품으로서 보수작업이 필요한 경우 시설미비, 장소협소 등의 사유로 인하여 보세구역 내에서 보수작업이 곤란하고 감시단속 상 문제가 없다고 세관장이 인정하는 물품
⑧ 자가공장 및 시설(용광로 또는 전기로, 압연시설을 말한다)을 갖춘 실수요자가 수입하는 고철 등 물품
⑨ 기타 세관장이 보세구역외장치를 허가할 필요가 있다고 인정하는 물품

다) 보세구역장치

① 지정보세구역 중 지정장치장

지정장치장의 물품의 장치기간은 6월의 범위 내에서 관세청장이 정한다. 다만, 관세청장이 정하는 기준에 의하여 세관장은 3월의 범위 내에서 그 기간을 연장할 수 있다.

(부산항 · 인천항 · 인천공항 · 김해공항 항역내의 지정장치장으로 반입된 물품의 장치기간은 2월로 하며, 세관장이 필요하다고 인정할 때에는 2개월의 범위 안에서 그 기간을 연장할 수 있다)

지정장치장에 반입되어 수입신고수리된 물품의 화주 또는 반입자는 수입신고수리일로부터 15일 이내에 지정장치장으로부터 반출해야 한다.

② 특허보세구역

<table>
<tr><td rowspan="3">보세창고</td><td rowspan="2">비축물이 아닌</td><td>외국물품</td><td>1년의 범위 내에서 관세청장이 정하는 기간
(다만, 세관장이 필요하다고 인정하는 경우에는 1년의 범위 안에서 그 기간을 연장할 수 있다.)</td></tr>
<tr><td>내국물품</td><td>1년의 범위 안에서 관세청장이 정하는 기간</td></tr>
<tr><td colspan="2">ⓐ 비축물품
ⓑ 국제물류의 촉진을 위하여 관세청장이 정하는 물품</td><td>비축에 필요한 기간</td></tr>
<tr><td colspan="3">기타 특허보세구역</td><td>당해 특허보세구역의 특허기간</td></tr>
</table>

③ 종합보세구역 : 제한하지 않는다. (다만, 보세창고의 기능을 수행하는 장소 중에서 관세청장이 수출입물품의 원활한 유통을 촉진하기 위하여 필요하다고 인정하는 지정한 장소에 반입되는 물품의 장치기간은 1년의 범위에서 관세청장이 정하는 기간으로 한다.)

④ 유치 및 처분

ㄱ. 화주, 반입자 또는 위임받은 자에게 통고하고, 통고일로부터 1개월 이내에 수출, 수입 또는 반송해야 한다.

ㄴ. 장치기간이 경과한 물품(체화물품)을 매각하는 방법으로 시간의 경과에 따라 「경쟁입찰 3회) 또는 위탁판매(예외적) → 경매 또는 수의계약 → 위탁판매」 방법을 채택. 특히, 매각초기 단계에 위탁판매를 허용하여 체화물품의 신속한 처리를 도모한다.

(5) 장치확인

① 컨테이너 수입물품이 하선장소에 반입된 경우 내장된 상태로 10일이 경과되면 수입물품을 컨테이너로부터 적출하여 수출입화물 집화소 또는 다른 보세구역에 반입하여야 한다.

② 그러나 고지, 고철, 원피, 원면, 살물 등 컨테이너에서 적출하여 수출입화물 집화소나 다른 보세구역에 반입하기 곤란한 물품, 검역 등에 장시간이 소요되는 물품, 기타 부득이한 사유가 있는 경우는 20일 범위내에서 기간을 연장할 수 있다.

③ 수입물품을 컨테이너에 내장한 상태로 수입신고할 수 있는 물품은 FCL화물에 한한다.

(6) 수입신고

① 신고인

관세사, 관세사법인, 통관취급법인, 수입화주

② 신고세관

ㄱ. 출항전신고 또는 입항전신고는 수입물품을 적재한 선박 등의 입항예정지를 관할하는 세관장(부산의 경우 부산세관장)

ㄴ. 보세구역 도착전 신고는 수입물품이 도착할 보세구역을 관할하는 세관장

ㄷ. 보세구역 장치후 신고는 수입물품이 장치된 보세구역을 관할하는 세관장

③ 신고자료의 전송 및 결과통보

ㄱ. 수입신고를 하려는 자는 인터넷통관포탈서비스(UNIPASS) 이용신청을 하고 세관장의 승인을 받아 전자문서로 작성된 신고자료를 관세청 통관시스템에 전송하여야 하며, 다음의 방법에 의한다.

1. 전자자료교환방식으로 신고를 하고자 하는 자는 "전자자료교환방식에 의한 수출(입) 신고업무처리승인(신청)서"를 사업장 관할지세관장에게 제출하여 사용자 ID를 부여 받아야 한다.

2. 인터넷방식으로 신고를 하고자 하는 자는 “국가관세종합정보망의 이용 및 운영등에 관한 고시”에 따라 인터넷통관포탈서비스 이용신청을 하고 세관장의 승인을 받아야 한다.

ㄴ. 서류제출대상으로 선별된 수입신고건에 대하여는 관련 서류(전자서류, 종이서류를 포함)를 제출하여야 한다.

④ 수입신고의 시기

ㄱ. 원칙 : 수입신고는 당해 물품을 선(기)적한 선박 또는 항공기가 입항한 후에 한하여 이를 할 수 있다. 다만, 수입신고하고자 하는 물품의 신속한 통관이 필요한 경우에는 당해 물품을 선(기)적한 선박 또는 항공기가 입항하기 전에 수입신고(입항전신고 또는 출항전신고)할 수 있다.

ㄴ. 수입신고시기 구분에 따른 통관절차의 비교

구분		출항전신고	입항전신고	보세구역 도착전신고	보세구역 장치후신고
신고시기		우리나라 입항 5일전(항공기의 경우 1일전)으로 물품을 적재한 선박(항공기)이 적재항 출항전	우리나라 입항 5일전(항공기의 경우 1일전)으로 선박(항공기) 출항 후(하선[기]신고) 전	입항 후 당해 물품이 반입 될 보세구역 도착 전	당해물품의 보세구역 도착 후
신고대상물품		• 항공기로 수입되는 물품 • 일본 · 중국 · 대만 · 홍콩 지역에서 선박으로 수입되는 물품	제한없음	제한없음	제한없음
신고세관		입항예정지 관할세관	입항예정지 관할세관	도착예정 보세구역 관할세관	장치물품 보세구역 관할세관
검사대상여부 통보시기		선박(항공기)이 출항하였음을 입증하는 자료제출(출항신고서 및 적하목록) 시점	수입신고일	수입신고일	수입신고일
신고수리 시기	검사 생략	적하목록 제출후	적하목록 제출후	보세구역 도착보고 후	수입신고 후
	검사 대상	물품검사 종료 후	물품검사 종료후	물품검사 종료후	물품검사 종료후

(7) 심사

가) 신고서 처리방법

① 심사자는 통관시스템의 검사정보 등 통관심사 및 검사에 특별히 주의를 요하는 사항이 있는지를 확인하여 이를 과장(주무)에게 보고하여야 하며, 과장(주무)은 다음의 어느 하나의 신고서 처리방법을 결정한다.

ㄱ. 물품검사 및 심사

ㄴ. 심사

ㄷ. 전자통관심사

② 수입신고처리 주무나 담당과장은 제1항의 규정에 의하여 결정된 처리방법을 신고 물품에 대한 검사정보 등을 고려하여 신고서 처리방법을 변경할 수 있으며, 이 경우 변경된 사항을 시스템에 정정등록한다.

③ 세관장은 P/L신고물품의 신고사항을 검토한 결과 신고서에 의한 심사 또는 물품검사가 필요하다고 판단되는 경우에는 수입신고서, 선하증권(또는 항공화물운송장), 상업송장(송품장) 및 포장명세서, 원산지증명서(해당물품에 한함) 등의 서류의 제출을 요구할 수 있다. 이 경우 서류제출대상으로 변경된 사실을 신고인에게 통보한다.

☞ "심사"라 함은 신고된 세번 · 세율과 과세가격 등 신고사항의 적정여부 법령에 의한 수입요건의 충족여부 등을 확인하기 위하여 관련 서류나 분석결과를 검토하는 것을 말한다.

☞ "물품검사"라 함은 수입신고된 물품이외에 은닉된 물품이 있는지 여부와 수입신고사항과 현품의 일치여부를 확인하는 것을 말한다.

나) 심사방법

① 제출서류의 구비 및 신고서의 기재사항과 일치하는지 여부

② 신고서를 수입신고서작성요령에 따라 정확하게 작성하였는지 여부

③ 분석의뢰 필요성 유무

④ 사전세액심사 대상물품의 품목분류, 세율, 과세가격, 세액, 감면 · 분납신청의 적정여부

⑤ 품목분류 및 관세율 적용의 적정 여부

⑥ 용도세율 적용신청물품의 품목분류 및 용도세율 적용신청의 적정 여부

⑦ 세관장이 수입요건을 확인하는 물품의 품목분류의 적정여부, 용도의 신고여부 및 수입요건의 구비여부

⑧ 관세법 제230조에 따른 원산지표시와 법 제230조의2에 따른 품질 등 허위 · 오인표시 및 법 제235조에 따른 지식재산권 침해여부

⑨ 법령에 따른 감면신청서 및 세율적용추천서의 구비여부

⑩ 전산에서 제공하는 화물정보 및 C/S정보와 수입신고내역의 비교 · 확인

⑪ 검사대상물품의 품목분류 및 세율의 적정 여부

⑫ 관세법 제16조에 따라 B/L분할신고 된 물품이 시행령 제37조에 따른 징수금액 최저한 미만인지 여부

⑬ 자유무역협정에 따른 협정세율 적용신청의 적정여부

⑭ 기타 수입신고수리여부를 결정하기 위하여 필요한 사항

다) 통관보류

세관장은 심사결과 수입물품이 다음의 어느 하나에 해당하는 경우에는 해당 물품의 통관을 보류할 수 있으며 통관을 보류한 경우 이를 통관시스템에 입력하고 통관보류통지서를 신고인에게 전자문서로 통보하여야 한다.

① 수출 · 수입 또는 반송에 관한 신고서의 기재사항에 보완이 필요한 경우

② 수입신고 제출서류 등이 갖추어지지 아니하여 보완이 필요한 경우

③ 법에 따른 의무사항(대한민국이 체결한 조약 및 일반적으로 승인된 국제법규에 따른 의무를 포함한다)을 위반하거나 국민보건 등을 해칠 우려가 있는 경우

④ 물품 검사에 따른 안전성 검사가 필요한 경우 또는 안전성 검사 결과 불법 · 불량 · 유해 물품으로 확인된 경우

⑤ 「국세징수법」 제30조 및 「지방세징수법」 제39조의2에 따라 세관장에게 강제징수 또는 체납처분이 위탁된 해당 체납자가 수입하는 경우

⑥ 관세 관계 법령을 위반한 혐의로 고발되거나 조사를 받는 경우

⑦ 수출입 관계 법령에 따른 일시적 통관 제한 · 금지 또는 이에 따른 중앙행정기관의 장의 일시적 통관 제한 · 금지 요청이 있어 세관장이 그 해당 여부를 확인할 필요가 있는 경우

라) 사전세액 심사대상

세관장은 납세신고를 받으면 수입신고서에 기재된 사항과 이 법에 따른 확인사항 등을 심사하되, 신고한 세액에 대하여는 수입신고를 수리한 후에 심사한다. 다만, 신고한 세액에 대하여 관세채권을 확보하기가 곤란하거나, 수입신고를 수리한 후 세액심사를 하는 것이 적당하지 아니하다고 인정하여 정한 다음의 물품의 경우에는 수입신고를 수리하기 전에 이를 심사한다.

① 법률 또는 조약에 의하여 관세 또는 내국세를 감면받고자 하는 물품

② 관세를 분할납부하고자 하는 물품

③ 관세를 체납하고 있는 자가 신고하는 물품(과태료 · 과징금 · 수수료 체납액이 10만원 미만이거나 체납기간 7일 이내에 수입신고하는 경우는 제외한다)

④ 납세자의 성실성 등을 참작하여 관세청장이 정하는 기준에 해당하는 불성실신고인이 신고하는 물품

⑤ 물품의 가격변동이 큰 물품 기타 수입신고수리후에 세액을 심사하는 것이 적합하지 아니하다고 인정하여 관세청장이 정하는 물품

⇒ 수입신고수리전에 세액심사를 하는 물품 중 상기 ①및 ②에 규정된 물품의 감면 또는 분할납부의 적정 여부에 대한 심사는 수입신고수리전에 하고, 과세가격 및 세율 등에 대한 심사는 수입신고수리후에 한다.

(8) 물품검사

가) 검사대상

① 수입신고물품 중 검사대상은 수입신고자료 접수 시 통관시스템에 의해 선별하거나, 신고서 처리방법 결정 시 세관공무원에 의해 선별한다. 다만, 수입신고전 물품반출신고하는 물품은 반출신고시 검사대상을 선별한다.

② 다음의 어느 하나에 해당하는 경우에는 검사비율을 낮게 운영할 수 있다.

ㄱ. 관세청장이 따로 정하는 기준에 의하여 법규준수도가 높다고 인정된 업체가 수입하는 물품

ㄴ. 수입업체 평가등급이 A 또는 B등급인 업체중 검사적발실적이 없는 업체가 수입하는 물품

ㄷ. 최근 2년간 관세법 위반사실 및 체납사실이 없는 외국인투자촉진법의 규정에 의한 외국인투자기업이 수입하는 물품

나) 선상검사

출항전신고 · 입항전신고 또는 보세구역도착전 신고물품으로서 정부에서 직접 수입하는 군수품 및 물자수급계획상 긴급도입 물품과 선상에서의 검사가 가능하다고 세관장이 인정하는 물품은 선상에 적재한 상태로 검사할 수 있다.

다) 검사방법

① 검사대상물품은 일반검사(전량검사, 발췌검사), 정밀검사(분석검사, 비파괴검사, 파괴검사), 안전성검사{협업검사, 방사능검사(표면방사선량률 측정), 안전성분석검사} 방법으로 검사를 실시한다.

② 다음의 어느 하나에 해당하는 물품에 대하여는 2인 이상의 검사자를 지정하여 검사를 실시할 수 있다.

ㄱ. 우범성 정보가 있는 물품

ㄴ. 전량검사대상물품 또는 기타 수량과다 등으로 과장이 복수검사를 지시한 경우

(9) 수입신고수리

가) 신고수리

세관장은 수입신고한 내용을 심사한 후 신고수리하는 것을 원칙으로 한다. 다만, 출항전신고, 입항전신고, 보세구역 도착전신고 물품에 대하여는 다음 각 호에 따른 요건이 완료된 때 신고수리한다.

① 세관장은 출항전 또는 입항전 신고물품에 대하여 적하목록이 제출된 때, 보세구역 도착전 신고물품에 대하여는 보세운송 도착보고된 때(하역절차에 의하여 하역장소로 반입되는 경우에는 반입보고된 때) 신고수리한다.

② 세관장이 검사대상으로 선별하거나 보세화물입출항하선하기및적재에관한고시의 규정에 의하여 관리대상화물로 선별한 경우에는 해당 물품검사가 종료된 후에 수리한다.

나) 신고서 처리기간

① 출항전신고 및 입항전신고 물품으로서 검사가 생략되는 물품 : 적하목록 심사완료일. 다만, 수입신고전에 적하목록 심사완료된 때에는 수입신고일
② 출항전신고, 입항전신고, 보세구역 도착전신고물품으로서 검사대상으로 선별된 물품 : 당해 물품의 검사장소 반입일
③ 보세구역도착전신고물품으로서 검사생략물품 : 반입하고자 하는 보세구역 도착일
④ 보세구역 장치후 신고물품 : 수입신고일
⑤ 선상에 적재한 상태로 검사할 물품 : 수입신고일

다) 신고수리의 효력발생

신고수리의 효력발생시점은 통관시스템을 통하여 신고인에게 신고수리가 되었음을 통보한 시점으로 한다. 다만, 수작업에 의하여 신고수리하는 때에는 신고인에게 신고필증을 교부한 시점으로 한다.

라) 의무이행의요구

① 세관장은 다른 법령에 따라 수입 후 특정한 용도로 사용하여야 하는 등의 의무가 부가되어 있는 물품에 대하여는 문서로써 해당 의무를 이행할 것을 요구할 수 있으며, 의무의 이행을 요구받은 자는 특별한 사유가 없으면 해당 물품에 대하여 부가된 의무를 이행하여야 한다.
② 신고수리시 의무이행을 요구하는 경우에는 의무의 내용을 신고필증의 세관기재란에 기재하거나 별도의 문서를 작성하여 교부하고 의무이행요구내역을 통관시스템에 등록하여야 한다.
③ 수입신고수리시에 부과된 의무를 면제받고자 하는 자는 다음의 어느 하나에 해당하는 경우에 한하여 당해 의무이행을 요구한 세관장의 승인을 얻어야 한다.
  ㄱ. 법령이 정하는 허가 · 승인 · 추천 기타 조건을 구비하여 의무이행이 필요하지 아니하게 된 경우
  ㄴ. 법령의 개정 등으로 인하여 의무이행이 해제된 경우
  ㄷ. 관계행정기관의 장의 요청 등으로 부과된 의무를 이행할 수 없는 사유가 있다고 인정된 경우

(10) 관세 등의 제세납부

가) 수입제세 산출방법

① 관세 : 과세가격×관세율
  ※ 과세가격=실제거래가격(구매자가 실제로 지급하였거나 지급해야할 가격 + 가산요소금액-공제요소금액) ×과세환율
② 내국세
  ㄱ. 개별소비세 : (과세가격+관세) × 개별소비세율
  기준가격이 설정된 물품의 경우
  {(관세의 과세가격 + 관세) - 기준가격} × 개별소비세율

ㄴ. 주세 : (과세가격+관세) × 주세율

※주정은 종량세 : 주정의 수량(KL) × (57,000원+가산금액)

가산금액 : 알콜도수 95도 초과시 1도마다 600원 가산

ㄷ. 부가가치세 : (과세가격 · 관세 · 주세 · 개별소비세 · 교육세 · 농특세 · 교통세) × 10%

ㄹ. 교육세

개별소비세액 × 30%(단, 등유, 중유, 부탄 및 석유제품 외의 물품을 제조하는 과정에서 부산물로 생산되는 유류(부생유류)는 15%)

교통세액 × 15%

주세액 × 10%(맥주 및 주세율이 70%를 초과하는 주류에 대하여는 30%)

ㅁ. 농어촌특별세

관세의 감면세액 × 20%

개별소비세액 × 10%

나) 가격신고, 신고납부, 수정신고, 경정, 세액의 보정 등 : 관세의 확정 참고

☞ 수입신고수리 전 반출

① 의의

수입신고를 한 물품을 세관장의 수리 전에 해당 물품이 장치된 장소로부터 반출하려는 자는 납부하여야 할 관세에 상당하는 담보를 제공하고 세관장의 신고수리 전 반출 승인을 받아야 한다. 다만, 정부 또는 지방자치단체가 수입하거나 담보를 제공하지 아니하여도 관세의 납부에 지장이 없다고 인정하여 대통령령으로 정하는 물품에 대하여는 담보의 제공을 생략할 수 있다.

② 신고수리 전 반출사유

ㄱ. 완성품 세번으로 수입신고수리를 받고자 하는 물품이 미조립 상태로 분할선적 수입된 경우

ㄴ. 조달사업관한법률에 의한 비축물자로 신고된 물품으로서 실수요자가 결정되지 아니한 경우

ㄷ. 사전세액심사 대상물품(부과고지물품을 포함)으로서 세액결정에 오랜 시간이 걸리는 경우

ㄹ. 품목분류나 세율결정에 오랜 시간이 걸리는 경우

ㅁ. 수입신고시 원산지증명서를 세관장에게 제출하지 못한 경우

ㅂ. 「자유무역협정의 이행을 위한 관세법의 특례에 관한 법률」에 따라 수입신고수리 전 협정관세의 적정 여부 심사물품으로서 원산지 등의 결정에 오랜 시간이 걸리는 경우

③ 신고수리전 반출절차

ㄱ. 신고수리전 반출을 승인 받고자 하는 자는 세관장에게 신고수리전 반출승인(신청)서에 신고수리전 반출신청내역을 기재하여 전송하여야 한다.

ㄴ. 신고수리전 반출하고자 하는 자는 납부하여야 할 관세 등에 상당하는 담보를 제공하여야 한다.

ㄷ. 세관장은 신고수리전 반출기간 중에 관세부과 제척기간이 도래하는 물품이 있는 경우 제척기간 도래 전에 수입화주 또는 비축물자 수입자에게 당해 관세를 부과하여야 한다.

④ 수입신고수리 전 반출 승인의 효과

수입신고 수리 전 반출의 규정에 의하여 반출된 물품은 내국물품으로 보며, 승인일을 수입신고 수리일로 본다.

☞ 수입신고 전의 물품반출(즉시반출)

① 의의

반복 수입되는 원자재 등에 대하여 기업생산활동의 원활화를 지원할 필요가 있는 경우 수입통관 전에 물품을 사용할 수 있도록 간단한 반출신고만으로 물품을 반출하여 사용하고 나중에 수입신고를 하는 제도를 말한다. 이때 세관장은 납부하여야 하는 관세에 상당하는 담보를 제공하게 할 수 있다.

② 수입신고 전 물품반출의 대상

ㄱ. 관세 등의 체납이 없고 최근 3년 동안 수출입실적이 있는 제조업체나 「외국인투자촉진법」에 따른 외국인투자기업이 수입하는 시설재 또는 원부자재

ㄴ. 기타 관세 등의 체납우려가 없는 경우로서 관세청장이 정하는 물품

③ 수입신고 전 물품반출 신고의 효과

수입신고 전 물품반출의 경우 납부기한은 수입신고일부터 15일 이내이며, 수입신고 전 반출된 물품은 내국물품으로 본다.

☞ 보세구역 반입명령(Recall)제도

① 의의

수입물품의 통관절차가 간소화됨에 따라 불가피하게 발생할 수 있는 불법물품의 반입 가능성을 억제하기 위한 제도로서 수입신고수리를 받은 물품이라 하더라도 국내반입 후에 불법 수입물품으로 파악된 경우에는 당해 물품을 보세구역에 반입시켜 위법사실을 치유한 후 반출허가하거나 통관이 허용될 수 없는 경우에는 반송 또는 폐기하도록 한다.

② 반입명령대상

ㄱ. 세관장의 의무이행요구에 대해 의무를 이행하지 아니한 경우

ㄴ. 원산지표시가 적법하게 표시되지 아니하였거나 수출입신고수리 당시와 다르게 표시되어 있는 경우

ㄷ. 품질 등의 표시(표지의 부착을 포함한다)가 적법하게 표시되지 아니하였거나 수출입신고수리 당시와 다르게 표시되어 있는 경우

ㄹ. 지식재산권을 침해한 경우

③ 반입명령서의 송달

반입명령을 하는 경우에는 반입대상물품, 반입할 보세구역, 반입사유와 반입기한을 기재한 명령서를 화주 또는 수출입신고자에게 송달하여야 하며, 명령서를 받을 자의 주소 또는 거소가 불분명한 때에는 관세청 또는 세관의 게시판 및 기타 적당한 장소에 반입명령사항을 공시할 수 있다. (이 경우 공시한 날부터 2주일이 경과한 때에는 명령서를 받을 자에게 반입명령서가 송달된 것으로 본다)

④ 물품의 반입

반입명령서를 받은 자는 관세청장 또는 세관장이 정한 기한 내에 명령서에 기재된 물품을 지정받은 보세구역에 반입하여야 한다. 다만, 반입기한내에 반입하기 곤란한 사유가 있는 경우에는 관세청장 또는 세관장의 승인을 얻어 반입기한을 연장할 수 있다.

⑤ 반입물품의 처리

세관장은 반입된 물품에 대하여 명령을 받은 자(이하 '반입의무자')에게 그 물품을 국외로 반출 또는 폐기할 것을 명령하거나 반입의무자가 위반사항 등을 보완 또는 정정한 이후 국내로 반입하게 할 수 있다. 이 경우 반송 또는 폐기에 드는 비용은 반입의무자가 부담한다.

반입된 물품이 국외로 반출 또는 폐기되었을 때에는 당초의 수출입 신고 수리는 취소된 것으로 본다. 이 경우 해당 물품을 수입할 때 납부한 관세는 관세법의 과오납금의 환급규정을 준용한다.

3. 전자상거래물품의 수입통관

(1) 개요

정보통신기술을 이용한 상거래를 총칭하여 전자상거래(Electronic Commerce : EC)라 한다. 즉, 기업과 개인, 개인과 개인, 개인과 정부간에 상품 및 서비스 거래에 필요한 모든 정보를 온라인 공간을 이용하여 교환하고 결제하는 상거래방식을 의미한다. 해외직구 및 해외구매대행 방식 등이 포함된다.

(2) 전자상거래의 유형

① 직접거래형태(해외직구)

국내구매자가 해외 판매자의 사이버몰 등으로부터 직접 물품을 구매하여 수입하는 거래

② 배송/결제대행형 거래

국내구매자가 해외 판매자의 사이버몰 등으로부터 직접 구매한 물품을 국제배송 또는 결제 등 제공하는 서비스가 특정된 전자상거래업체의 서비스를 이용하여 수입하는 거래

③ 구매대행형 거래

전자상거래업체가 사이버몰에 공시한 수입대행내용에 근거하여 국내구매자와 수입대행계약

(약관계약)을 체결하고 해외 판매자의 사이버몰 등으로부터 물품을 수입하면서 수입대행에 따른 수수료나 책임 외에 수입거래로 인한 다른 형태의 손익이나 거래책임은 부담하지 않은 거래로서 일정한 요건을 충족하는 거래

④ 수입쇼핑몰형 거래

전자상거래업체가 자기의 책임과 계산에 의거 상품정보와 가격 등을 사이버몰에 공시하고 국내구매자의 구매요청을 받아 해외 판매자로부터 물품을 수입하면서 수입거래로 인한 손익의 위험을 부담하는 등 당해물품의 수입화주에 해당하는 거래

⑤ 전자상거래의 수입화주

직접거래형, 배송/결제대행형 및 구매대행형 거래의 경우 국내구매자가 수입화주가 되며, 수입쇼핑몰형 거래의 경우 전자상거래업체가 수입화주가 된다.

(3) 수입통관 형태

① 목록통관

수입신고서 대신 송하인과 수하인의 성명, 연락처, 물품명, 가격, 중량 등을 간략하게 기재한 목록을 제출하는 것만으로 수입통관하는 것으로 해외 쇼핑몰이 특송업체를 통해 물품 발송시 이런 자료를 붙이기 때문에 구매자는 별도의 절차 없이 물건을 받을 수 있다. 수입신고가 생략되기 때문에 관세 및 부가가치세가 면제된다. 목록통관은 국내거주자가 수취하는 자가사용물품 또는 면세되는 상업용 견본품 중 물품가격이 미화 150달러(대한민국과 미합중국 간의 자유무역협정에 따른 특송물품 통관의 특례에 해당하는 물품은 미화 200달러) 이하에 해당하는 물품(이하 "목록통관특송물품"이라 한다)은 특송업체가 통관목록을 세관장에게 제출함으로써 일반 수입신고를 생략할 수 있다. 다만, 목록통관 대상물품과 배제대상 물품이 섞여 있는 경우 목록통관을 할 수 없다. 또한 목록통관의 경우에는 개인통관부호가 필요없다.

② 간이 수입신고

간이 수입신고는 수입신고서는 제출해야 하지만 각종 필수 제출서류는 생략되며, 물품가격이 미화 150달러(대한민국과 미합중국 간의 자유무역협정에 따른 특송물품 통관의 특례에 해당하는 물품은 미화 200달러)를 초과하고 2,000달러 이하인 물품(이하 "간이신고특송물품"이라 한다)은 간이한 방법으로 수입신고할 수 있다. 또한 개인이 사용할 물품으로 물품가격이 미화 150달러 이하인 물품은 관세와 부가가치세가 면제된다. 또한 개인 수입자의 경우 " 개인통관고유부호"가 필요하다.

③ 개인통관고유부호

2014.8.7. 개인정보보호법 개정시행에 따라 주민등록번호 수집이 금지되었기 때문에 간이 수입신고시 개인통관고유부호가 필요하게 되었으며, 관세청 인터넷 통관포털(http://unipass.customs.go.kr)에 접속하여 직접신청하거나 통관고유부호 신규 신청서(개인용) 작성 후 권역별

본부세관에 방문 또는 FAX로 신청(신청서, 주민등록증 사본 첨부)할 수 있다.

④ 일반수입신고 대상물품

물품가격이 미화 2,000달러를 초과하거나, 목록통관 또는 간이수입신고 대상에서 제외되는 물품은 전자상거래를 통한 특송물품일 경우에도 일반수입신고특송물품으로 보아 일반 수입신고를 해야 한다.

목록통관에서 제외되는 목록통관배제대상물품과 간이신고배제대상물품은 수입신고를 하여야 한다. 의약품, 한약재, 야생동물관련제품, 농림축산물 등 검역대상 물품, 건강기능식품, 지식재산권 위반 의심물품, 식품류, 주류, 담배류, 화장품(기능성화장품, 태반함유화장품, 스테로이드제 함유 화장품 및 성분미상 등 유해화장품에 한함.), 적하목록 정정에 따라 선하증권 등의 내용이 추가로 제출된 물품, 통관목록 중 품명, 규격, 수량, 가격 등이 부정확하게 기재된 물품, 그밖에 세관장 확인대상품품 등 목록통관이 타당하지 아니하다고 세관장이 인정하는 물품

(4) 통관우대업체

① 개요

"통관우대업체"란 전자상거래업체 중에서 전자상거래물품의 특별통관에 관한 고시 제17조에 따라 통관우대업체 등록증을 교부받은 자를 말한다. "통관우대"란 통관우대업체를 통해 수입되는 전자상거래물품 중 우범성이 없다고 인정되는 물품에 대하여 신속통관 등 통관절차상 혜택을 부여하는 것을 말한다.

② 통관우대업체 신고요건

전자상거래업체가 통관우대업체로 신청하고자 하는 경우 다음 각 호의 필수요건을 모두 충족하여야 한다.

ㄱ. 제2조제3호에 따른 전자상거래업체 고유부호가 있을 것

ㄴ. 사이버몰을 직접 운영하여야 하며, 제12조에 따라 관세청에 거래정보를 전송할 것

ㄷ. 신청한 날부터 3개월 이전에 해당업체를 통해 전자상거래물품이 수입된 실적이 있을 것

ㄹ. 제19조제4항에 따라 통관우대업체 지정이 취소된 자는 취소된 날로부터 6개월이 경과할 것

다만, 다음 각 호의 어느 하나에 해당하는 경우에는 통관우대업체로 신청할 수 없다.

ㄱ. 신청업체 또는 대표자가 법 제175조제1호부터 제5호까지 또는 제7호에서 규정한 결격사유에 해당하는 경우

ㄴ. 신청업체 또는 대표자가 법 제276조에 따라 벌금형을 선고받은 경우. 다만 법 제279조에 따라 처벌된 개인 또는 법인은 제외한다.

ㄷ. 신청업체 또는 대표자가 관세 및 내국세를 체납하고 있는 경우

③ 통관우대업체 지정취소

관세청장은 통관우대업체가 수출입 관련 법령의 위반과 관련하여 다음 각 호의 어느 하나에 해당하는

경우에는 제17조제4항에 따른 통관우대업체의 지정을 취소할 수 있다. 다만, 각 법령의 양벌규정에 따라 처벌된 개인 또는 법인은 제외한다.

ㄱ. 통관우대업체 또는 대표자가 관세법 규정에 따라 벌금형 이상을 선고받거나 통고처분을 이행한 경우
ㄴ. 통관우대업체 또는 대표자가 관세법 제276조(허위신고죄 등)에 따라 벌금형을 선고받은 경우
ㄷ. 통관우대업체 유효기간 내 보완요구를 5회 이상 받은 경우

④ 통관우대업체 관리

ㄱ. 관세청장(세관장)은 통관우대업체에 대하여 다음 각 호 사항을 수시로 모니터링 할 수 있다.
* 통관우대업체 등록 신청서 기재사항의 변동여부
* 통관우대업체 신청요건변동여부
* 통관우대업체 지정취소 사유의 발생여부
* 관세청장의 거래정보 요청에 대한 준수여부

ㄴ. 관세청장(세관장)은 상기 ㄱ의 각 호의 어느 하나에 해당하는 것을 확인하는 경우에는 3개월 이내의 기간을 정해 통관우대업체에게 보완 등을 요구할 수 있다. 다만, 보완요구를 받은 업체가 기한 내 보완이 곤란한 부득이한 사유가 있는 때에는 그 사유와 증빙서류를 첨부하여 기간 연장을 신청할 수 있으며, 연장신청을 받은 관세청장(세관장)은 그 연장 신청사유가 타당하다고 인정되는 때에는 3개월의 범위 내에서 한 차례 연장승인 할 수 있다.
ㄷ. 세관장이 업체에 보완 요구를 하는 경우에는 즉시 관세청장에게 이를 보고하여야 한다.
ㄹ. 관세청장은 보완 등을 요구하였음에도 업체가 기한 내 요구사항을 불이행한 경우에는 이행이 완료되기 전까지 통관우대 혜택을 제외할 수 있다.

UNI-PASS

(갑 지)

수 입 신 고 필 증

※ 처리기간 : 3일

①신고번호	②신고일	③세관.과	⑥입항일	⑦전자인보이스 제출번호
99999-99-9999999-9	YYYY/MM/DD	999-99	YYYY/MM/DD	XXXXXXXXXXX-X-XX-XXXXXX

④B/L(AWB)번호	⑤화물관리번호	⑧반입일	⑨징수형태
XXXXXXXXXXXXXXXX(XXXX)	YYXXXXXXXXX-9999-999	YYYY/MM/DD	99

⑩신 고 인 XXXXXXXXXXXXXXXXXXXXXXXXXXXX
⑪수 입 자 XXXXXXXXXXXXXXXXXXXXXXXXXXXX (99999999 X)
⑫납세의무자 (XXXXXXXX-9-99-9-99-9 / 999-99-99999)
(주소) XXXXXXXXXXXXXXXXXXXXXXXXXXXXXXXXXXXXXXXXXX
(상호) XXXXXXXXXXXXXXXXXXXXXXXXXXXX
(전화번호) XXXXXXXXXXXXXXXXXXXXXXXXXXXX
(이메일주소) XXXXXXXXXXXXXXXXXXXXXXXXXXXX
(성명) XXXXXXXXXXXX
⑬운송주선인 XXXXXXXXXXXXXXXXXXXXXXXXXXXX (9999999)
⑭해외거래처 XXXXXXXXXXXXXXXXXXXXXXXXXXXXXXXXXXXXXXXXX
XXXXXXXXXXXXXXXXXXXX(XX) / XXXXX9999X

⑮통관계획 X XXXXXXXXXXXXXXXX	⑲원산지증명서 유무 X	㉑총중량 9,999,999,999,999 XX	
⑯신고구분 X XXXXXXXXXXXXXX	⑳가격신고서 유무 X	㉒총포장갯수 99,999,999 XX	
⑰거래구분 99 XXXXXXXXXXXXXXXX	㉓국내도착항 XXXXX XXXXXXXXXXX		㉔운송형태 XX-XXX
⑱종류 X XXXXXXXXXXXXXXXX	㉕적출국 XX XXXXXXXXXXXXXX ㉖선기명 XXXXXXXXXXXXXXXXXXX XX		
㉗MASTER B/L 번호 XXXXXXXXXXXXXXXX		㉘운수기관부호 XXXX	

㉙검사(반입)장소 99999999-XXXXXXXXX (XXXXXXXXXXXXXXXXXXXXXXXXXXXXXXXX)

● 품명·규격 (란번호/총란수 : 999/999)

㉚품 명	XXXXXXXXXXXXXXXXXXXXXXXXXXXXXXXXXXXXXXXXXXXXXXXXXXX	㉜상 표	XXXXXXXXXXXXXXXXXXXXXXXXXXXXXXXXXXXX
㉛거래품명	XXXXXXXXXXXXXXXXXXXXXXXXXXXXXXXXXXXXXXXXXXXXXXXXXXX		XXXXXXXXXXXXXXXX

㉝모델·규격	㉞성분	㉟수량	㊱단가(XXX)	㊲금액(XXX)
XXXXXXXXXXXXXXXXXXXXXXXXXXXXXX XXXXXXXXXXXXXXXXXXXXXXXXXXXXXX XXXXXXXXXXXXXXXXXXXXXXXXXXXXXX	XXXXXXXXXXXXXXXXXXXXXXX XXXXXXXXXXXXXXXXXXXXXXX XXXXXXXXXXXXXXXXXXXXX	9,999,999.9999XXX	9,999,999.999999	99,999,999.9999
XXXXXXXXXXXXXXXXXXXXXXXXXXXXXX XXXXXXXXXXXXXXXXXXXXXXXXXXXXXX XXXXXXXXXXXXXXXXXXXXXXXXXXXXXX	XXXXXXXXXXXXXXXXXXXXXXX XXXXXXXXXXXXXXXXXXXXXXX XXXXXXXXXXXXXXXXXXXXX	9,999,999.9999XXX	9,999,999.999999	99,999,999.9999

㊳세번 부호	9999.99-9999	㊵순중량	9,999,999,999,999.9 XX	㊸C/S 검사	X XXXXXXXXXXXXXX	㊺사후확인기관
㊴과세가격(CIF)	$999,999,999,999	㊶수 량	9,999,999,999 XX	㊹검사변경	X XXXXXXXXX	999, 999, 999
	₩999,999,999,999	㊷환급물량	9,999,999,999,999 XX	㊻원산지	XX-X-X-XX	㊼특수세액 99,999,999.99

㊽수입요건확인 (발급서류명)				
	9-999-99-99-99999999 (XXXXXXXXXXXXXXXXXXXX)	9-999-99-99-99999999 (XXXXXXXXXXXXXXXXXXXX)	9-999-99-99-99999999 (XXXXXXXXXXXXXXXXXXXX)	9-999-99-99-99999999 (XXXXXXXXXXXXXXXXXXXX)
	9-999-99-99-99999999 (XXXXXXXXXXXXXXXXXXXX)	9-999-99-99-99999999 (XXXXXXXXXXXXXXXXXXXX)	9-999-99-99-99999999 (XXXXXXXXXXXXXXXXXXXX)	9-999-99-99-99999999 (XXXXXXXXXXXXXXXXXXXX)

㊾세종	㊿세율(구분)	◯51감면율	◯52세액	◯53감면분납부호	감면액	* 내국세종부호
XX	9,999.99(XX XXXX) 9999999999	9,999.99	999,999,999,999	XXXXXXXXXXXX	999,999,999,999	
XX	9,999.99(XX XXXX)	9,999.99	999,999,999,999	XXXXXXXXXXXX	999,999,999,999	XXXXXX
XX	9,999.99(XX XXXX)	9,999.99	999,999,999,999	XXXXXXXXXXXX	999,999,999,999	
XX	9,999.99(XX XXXX)	9,999.99	999,999,999,999	XXXXXXXXXXXX	999,999,999,999	
XX	9,999.99(XX XXXX)	9,999.99	999,999,999,999	XXXXXXXXXXXX	999,999,999,999	
				XXXXXXXXXXXX		

◯54결제금액(인도조건-통화종류-금액-결제방법)	XXX-XXX-999,999,999,999-XX	◯56환 율	99,999.9999

◯55총과세가격	$999,999,999,999	◯57운임	999,999,999,999	◯59가산금액	999,999,999,999	◯64납부서번호	999-99-99-9-999999-9
	₩999,999,999,999	◯58보험료	999,999,999,999	◯60공제금액	999,999,999,999	◯65총부가가치세과표	999,999,999,999

◯61세 종	◯62세 액	※신고인기재란	◯66세관기재란
관 세	999,999,999,999	XXXXXXXXXXXXXXXXXXXXXXXXXXXXXXXXXXXXXXX	XXXXXXXXXXXXXXXXXXXXXXXXXXXXXXXXXXXXXXXXXXXXXXXXXX
특 소 세	999,999,999,999	XXXXXXXXXXXXXXXXXXXXXXXXXXXXXXXXXXXXX※	XXXXXXXXXXXXXXXXXXXXXXXXXXXXXXXXXXXXXXXXXXXXXXXXXX
교 통 세	999,999,999,999	XXXXXXXXXXXXXXXXXXXXXXXXXXXXXXXXXXXXXXX	XXXXXXXXXXXXXXXXXXXXXXXXXXXXXXXXXXXXXXXXXXXXXXXXXX
주 세	999,999,999,999	XXXXXXXXXXXXXXXXXXXXXXXXXXXXXXXXXXXXXXX	XXXXXXXXXXXXXXXXXXXXXXXXXXXXXXXXXXXXXXXXXXXXXXXXXX
교 육 세	999,999,999,999	XXXXXXXXXXXXXXXXXXXXXXXXXXXXXXXXXXXXXXX	XXXXXXXXXXXXXXXXXXXXXXXXXXXXXXXXXXXXXXXXXXXXXXXXXX
농 특 세	999,999,999,999	XXXXXXXXXXXXXXXXXXXXXXXXXXXXXXXXXXXXXXX XXXXXX	XXXXXXXXXXXXXXXXXXXXXXXXXXXXXXXXXXXXXXXXXXXXXXXXXX
부 가 세	999,999,999,999		XXXXXXXXXXXXXXXXXXXXXXXXXXXXXXXXXXXXXXXXXXXXXXXXXX
신고지연가산세	999,999,999,999	전화번호 XXX-XXXXX XXXX	XXXXXXXXXXXXXXXX
미신고가산세	999,999,999,999	이메일주소 XXX-XXXXX XXXX	
◯63총세액합계	999,999,999,999	◯67담당자 XXXXXXXXXXX 999999	◯68접수일시 YYYY/MM/DD,HH:MM ◯69수리일자 YYYY/MM/DD

THE REPUBLIC OF KOREA

세관·과 : 999-99 신고번호 : 99999-99-9999999-9 Page : 999/999

발 행 번 호 : 9999999999999(YYYY.MM.DD)

* 본 신고필증은 발행 후 세관심사 등에 따라 정정·수정될 수 있으므로 정확한 내용은 발행번호 등을 이용하여 관세청 전자통관시스템(http://portal.customs.go.kr)에서 확인하시기 바랍니다.
* 본 수입신고필증은 세관에서 형식적 요건만을 심사한 것이므로 신고내용이 사실과 다른 때에는 신고인 또는 수입화주가 책임을 져야 합니다.

다. 반송물품통관

1. 의의

관세법상 반송이란, 국내에 도착한 외국물품이 수입통관절차를 거치지 아니하고 다시 외국으로 반출되는 것을 말한다.

2. 반송물품의 범위 및 요건

(1) 단순반송물품

① 외국수출자 또는 외국수출자로부터 처분권한의 위임을 받은 자일 것(물품의 수입과 관련하여 대금 결제를 필요로 하는 경우에는 관계 외국환은행 또는 화주로부터 대금 결제사실이 없음이 증명될 것)

② 당해 물품을 운송한 선박(항공)회사 또는 그 선박(항공)회사로부터 물품처리에 관한 동의를 받은 자일 것(물품의 수입과 관련하여 대금결제를 필요로 하는 경우에는 관계 외국환은행 또는 화주로부터 대금 결제사실이 없음이 증명될 것)

③ 외국수출자와 당해 물품에 대한 매매 등 계약을 체결한 화주 또는 화주로부터 처분권한의 위임을 받은 자일 것

④ 당해물품에 대한 담보권을 가진 외국환은행 또는 외국환은행으로부터 처분권한의 위임을 받은 자일 것

〈구비서류〉

① 당해물품의 적하목록과 최초의 선하증권(항공화물인 경우에는 항공화물상환증 사본)

② 송품장 및 포장명세서

③ 반송요건 입증하는 서류(계약서, 위임장 등)

(2) 통관보류물품

① 외국수출자와 당해물품에 대한 매매등 계약을 체결한 화주 또는 화주로부터 처분 권한의 위임을 받은 자일 것

② 당해물품에 대한 담보권을 가진 외국환 은행 또는 외국환은행으로부터 처분권한의 위임을 받은 자일 것

〈구비서류〉

① 수입신고취하승인서

② 반송요건 입증서류

(3) 위탁가공물품

① 대외무역관리규정에 의하여 위탁가공 수출입인정을 받아 해외에서 위탁가공 후 반입된 물품일 것

② 당초 위탁가공수출입 인정기관에서 대외무역법의 규정에 의한 수출에 필요한 절차 및 증빙서류를 득한 물품일 것

〈구비서류〉
① 최초의 수출입 인정서류
② 수출계약등 증빙서류

(4) 중계무역물품

(5) 보세창고반입물품

단순반송 물품의 경우와 동일

〈구비서류〉
① 최초의 선하증권사본, 송품장 및 포장명세서
② 반송요건 입증서류(계약서, 위임장 등)

(6) 장기비축 수출용 원재료 및 수출품 사후보수용품 등

〈구비서류〉
수출승인서(해당물품)

가) 외국으로부터 물품반입
물품반입허가를 득한 후 반입신고서를 제출하고 검사를 받아 반입

〈구비서류〉
① 수입승인서
② 송장 및 포장명세서
③ 선하증권 사본
④ 기타 세관장이 필요하다고 인정하는 서류

나) 국내로부터 물품반입
물품반입허가를 득한 후 물품반입확인신청서를 제출하여 검사를 받아 반입

〈구비서류〉
① 국내거래 관련서류(내국신용장, 매매계약서 등)
② 송장 및 포장명세서
③ 기타 세관장이 필요하다고 인정하는 서류
※ 동 물품은 장부의 비치 및 기장 의무가 있으면 년1회 이상 재고조사가 실시된다.

3. 반송물품에 대한 관리

① 보세운송신고 : 반송물품의 보세운송기간은 7일로서 보세운송업자 명의로 하여야 한다.

② 적재확인 : 반송신고수리 세관장은 반송신고수리물품이 수리일로부터 30일을 경과하였을 때에는 적재여부를 확인하여 적재되지 아니한 경우에는 국외반출 또는 취하하도록 기간을 정하여 적재 명령을 하여야 한다.

4. 반송의 절차

반송요건 해당여부 검토 → 반송신고 → 물품검사 → 통관심사 → 반송신고수리 → 선적확인

반 송 신 고 서

※ 처리기간 : 즉시

①신고자 XXXXXXXXXXXXXXXXXXXXXXXXXXX	⑤신고번호 99999-99-9999999	⑥세관.과 999-99	⑦신고일자 YYYY/MM/DD	⑧신고구분 X	⑨C/S구분 X

②수 출 대 행 자 XXXXXXXXXXXXXXXXXXXXXXXXXXXXX
(통관고유부호) XXXXXXXX-9-99-9-99-9 수출자구분 X
수 출 화 주 XXXXXXXXXXXXXXXXXXXXXXXXXXXXX
(통관고유부호) XXXXXXXX-9-99-9-99-9
(주소) XXXXXXXXXXXXXXXXXXXXXXXXXXXXXXXXXXXXXXXXXXXXXXXXXXXXXXXX
(대표자) XXXXXXXXXXXX (소재지) XXX
(사업자등록번호) 999-99-99999

③제 조 자 XXXXXXXXXXXXXXXXXXXXXXXXXXXXX
(통관고유부호) XXXXXXXX-9-99-9-99-9
제조장소 XXX 산업단지부호 XXX

④구 매 자 XXXXXXXXXXXXXXXXXXXXXXXXXXX
(구매자부호) XXXXXXXXXX

⑩거래구분 XX	⑪종류 X	⑫결제방법 XX
⑬목적국 XXXXXXX	⑭적재항 XXXXXXXX	⑮선박회사 (항공사) XXXXXXX
⑯선박명(항공편명) XXXXXXX	⑰출항예정일자 XXXXXX	⑱적재예정보세구역 XXXXXXX
⑲운송형태 XX XXX		⑳검사희망일 YYYY/MM/DD
㉑물품소재지 XXX XXXXXXXXXXXXXXXXXXXXXXXXXXXXXX XXXXXXXX / XXXXXXXXXXXXXXX		
㉒L/C번호 XXXXXXXXXXXXXXXXXXXX		㉓물품상태 X
㉔사전임시개청통보여부 X		㉕반송 사유 XX
㉖환급신청인 X (1:수출대행자/수출화주, 2:제조자) 자동간이정액환급 XX		

품명 · 규격 (란번호/총란수: 999/999)

㉗품 명 XXXXXXXXXXXXXXXXXXXXXXXXXXXXXXXXXXXXXXXXXXXXXXXXXX
㉘거래품명 XXXXXXXXXXXXXXXXXXXXXXXXXXXXXXXXXXXXXXXXXXXXXXXXXX
㉙상표명 XXXXXXXXXXXXXXXXXXXXX

㉚모델 · 규격	㉛성분	㉜수량	㉝단가(XXX)	㉞금액(XXX)
XXXXXXXXXXXXXXXXXXXXXXXXXXXXXXXXXXXXXXXXXXXXXXXXXXXXX (모델 · 규격의 갯수 및 길이에 따라 세로길이 가변적.)	XXXXXXXXXXXXXXXXXX XXXXXXXXXXXXXXXXXX XXXXXXXXXXXXXXXXXX XXXXXXXXXXXXXXXXXX XX	999,999,999,999(XXX)	9,999,999,999.99	999,999,999.99

㉟세번부호	9999.99-9999	㊱순중량	999,999,999,999(XX)	㊲수량	999,999,999,999(XX)	㊳신고가격(FOB)	$999,999,999 ₩999,999,999
㊴송품장번호	XXXXXXXXXXX	㊵수입신고번호	XXXXX-XX-XXXXXXX-X(XXX)	㊶원산지	XX-X-X	㊷포장갯수(종류)	999,999(XX)

㊸수출요건확인 (발급서류명)	X-XXXXXXXXXXXXXXXXX (XXXXXXXXXXXXXXXXX)	X-XXXXXXXXXXXXXXXXX (XXXXXXXXXXXXXXXXX)	X-XXXXXXXXXXXXXXXXX (XXXXXXXXXXXXXXXXX)	X-XXXXXXXXXXXXXXXXX (XXXXXXXXXXXXXXXXX)

㊹총중량	999,999,999(XX)	㊺총포장갯수	999,999 (XX)	㊻총신고가격 (FOB)	$ 999,999,999,999 ₩ 999,999,999,999,999
㊼운임(₩)	999,999,999	㊽보험료(₩)	999,999,999,999	㊾결제금액	XXX-XXX-999,999,999,999,999
㊿수입화물관리번호	XXXXXXXXXXXXXXXXXX X			51컨테이너번호	XXXXXXXXXXX X

※신고인기재란
XXXXXXXXXXXXXXXXXXXXXXXXXXXXXXXXXXXXXXXXXXXXXXXXXXXXXXXXXXXXXXX
XXXXXXXXXXXXXXXXXXXXXXXXXXXXXXXXXXXXXXXXXXXXXXXXXXXXXXXXXXXXXXX
XXXXXXXXXXXXXXXXXXXXXXXXXXXXXXXXXXXXXXXXXXXXXXXXXXXXXXXXXXXXXXX
XXXXXXXXXXXXXXXXXXXXXXXXXXXXXXXXXX

52세관기재란
XXXXXXXXXXXXXXXXXXXXXXXXXXXXXXXXXXXXXXXXXXXXXXXXXXXXXXXXXXXXXXXXXX
XXXXXXXXXXXXXXXXXXXXXXXXXXXXXXXXXXXXXXXXXXXXXXXXXXXXXXXXXXXXXXXXXX
XXXXXXXXXXXXXXXXXXXXXXXXXXXXXXXXXXXXXXXXXXXXXXXXXXXXXXXXXXXXXXXXXX
XXXXXXXXXXXXXXXXXXXXXXXXXXXXXXXXXXXXXXXXXXXXXXXXXXXXXXXXXXXXXXX

53운송(신고)인 XXXXXXXXXXXXXXXXXXXXXXXX 54기간 YYYY/MM//DD 부터 YYYY/MM//DD 까지	55적재의무기한	YYYY/MM//DD	56담당자	XXXXXX(XXXXXX)	57신고수리일자	YYYY/MM/DD

Page : 999/999

제2절 관세의 수입제세산출방법 (과세요건)

1. 개요

과세요건이란 납세의무의 성립에 필요한 법률상의 요건을 말하며, 관세의 과세요건은 다음과 같다.

2. 과세물건

과세물건이란 조세법규가 과세대상으로 정하고 있는 물건 · 행위 또는 사실을 말한다. 관세의 경우에는 관세법 제14조에 의하여 수입물품을 과세대상으로 규정하고 있다. 즉, 관세는 수입신고(입항전수입신고 포함)를 하는 때의 물품의 성질과 수량에 의하여 부과한다.

3. 납세의무자

납세의무자란 세법에 의하여 조세를 납부할 의무가 있는 자를 말한다. 관세법상의 납세의무자는 원칙적으로 물품을 수입한 화주가 된다. 또한, 납세의무자가 납세의무를 이행하지 못하는 경우에는 연대납세의무자, 납세보증인, 제2차납세의무자, 양도담보권자가 납세의무를 진다.

4. 과세표준

수입품에 대한 관세의 과세표준은 수입물품의 가격(종가세) 또는 수입수량(종량세)으로 하며, 과세가격이란 종가세 대상 물품에 대한 관세액을 산출하기 위한 과세표준, 즉 수입물품의 가격을 말한다. 과세액을 결정함에 있어서 과세가격은 세율 못지않게 중요한 요소인데 이는 원칙적으로 실제적인 가격인 「거래가격」으로 한다.

5. 과세가격결정방법 (관세평가)

(1) 개요

관세의 과세표준은 수입물품의 가격 또는 수량으로 한다. 그런데 관세의 경우 대부분이 종가세이므로 과세표준을 구하는 것은 실상 과세가격을 구하는 것이다. 이때, 가격을 과세표준으로 하는 수입물품에 대하여 정하여진 원칙에 따라 관세의 과세가격을 결정하는 절차를 관세평가라 한다.

(2) 과세가격 결정의 원칙

수입물품의 과세가격은 우리나라에 수출하기 위하여 판매되는 물품에 대하여 구매자가 실제로 지급하였거나 지급해야 할 가격에 법정가산요소를 가산하고 조정한 거래가격을 말한다.

(3) 관세평가방법

과세가격을 결정하는 방법은 6가지의 방법이 있으며, 이는 순차적으로 적용하여야 한다. 다만, 납세의무자의 요청이 있는 경우에는 제5방법을 제4방법에 우선하여 적용할 수 있다.

제 1 평가방법	관세법 제30조	당해 물품의 거래가격을 기초로 한 과세가격 결정방법
제 2 평가방법	관세법 제31조	동종 · 동질물품의 거래가격을 기초로 한 과세가격 결정방법
제 3 평가방법	관세법 제32조	유사물품의 거래가격을 기초로 한 과세가격 결정방법
제 4 평가방법	관세법 제33조	국내판매가격을 기초로 한 과세가격 결정방법
제 5 평가방법	관세법 제34조	산정가격을 기초로 한 과세가격 결정방법
제 6 평가방법	관세법 제35조	합리적 기준에 의한 과세가격 결정방법

(4) 구매자가 실제로 지급하였거나 지급하여야 할 가격

해당 수입물품의 대가로서 구매자가 지급하였거나 지급하여야 할 총금액을 말하며, 신용장 등의 방법에 의거 지불하는 금액(직접 지급액)뿐만 아니라, 다음의 간접적인 지급액을 포함한다.

① 구매자가 해당 수입물품의 대가와 판매자의 채무를 상계하는 금액

② 구매자가 판매자의 제3자에 대한 채무를 변제하는 금액

③ 판매자의 요청에 의하여 수입물품의 대가중 전부 또는 일부를 제3자에게 지급하는 경우 그 지급금액

④ 구매자가 당해 수입물품의 거래조건으로 판매자 또는 제3자가 수행하여야 하는 하자보증을 대신하고 그에 해당하는 금액을 할인받았거나 하자보증비중 전부 또는 일부를 별도로 지급하는 경우 해당금액

⑤ 수입물품의 거래조건으로 구매자가 지급하는 외국훈련비 또는 외국교육비

⑥ 기타 일반적으로 판매자가 부담하는 금융비용 등을 구매자가 지급하는 경우 그 지급금액

(5) 가산요소

① 구매자가 부담하는 수수료와 중개료. 다만, 구매수수료는 제외한다.

② 생산지원비용 : 구매자가 해당 물품의 생산 및 수출거래를 위하여 무료 또는 인하된 가격으로 대통령령으로 정하는 물품 및 용역을 직접 또는 간접으로 공급할 때에는 그 가격 또는 인하차액

③ 권리사용료(로얄티) : 특허권, 실용신안권, 디자인권, 상표권 및 이와 유사한 권리를 사용하는 대가로 지급하는 것으로서 당해 물품에 관련되고 당해 물품의 거래조건으로 구매자가 직접 또는

간접으로 지급하는 금액

④ 사후귀속이익 : 해당 물품을 수입한 후 전매 · 처분 또는 사용하여 생긴 수익금액 중 판매자에게 직접 또는 간접으로 귀속되는 금액

⑤ 운임 · 보험료 기타 운송관련비용 : 수입항(輸入港)까지의 운임 · 보험료와 그 밖에 운송과 관련되는 비용(당해 수입물품이 수입항에 도착하여 본선하역준비가 완료통지 시점까지 수입자가 부담하는 비용)으로서 당해 사업자가 발급한 운임명세서 · 보험료명세서 또는 이에 갈음할 수 있는 서류에 의하여 산출하여 결정된 금액.

⑥ 해당 물품과 동일체로 취급되는 용기의 비용과 해당 물품의 포장에 드는 노무비와 자재비로서 구매자가 부담하는 비용

(6) 공제요소금액

구매자가 지급하였거나 지급하여야 할 총금액에서 다음의 어느 하나에 해당하는 금액을 명백히 구분할 수 있을 때에는 그 금액을 뺀 금액을 실제지급금액으로 한다.

① 수입 후에 하는 해당 수입물품의 건설, 설치, 조립, 정비, 유지 또는 해당 수입물품에 관한 기술지원에 필요한 비용

② 수입항에 도착한 후 해당 수입물품을 운송하는 데에 필요한 운임 · 보험료와 그 밖에 운송과 관련되는 비용

③ 우리나라에서 해당 수입물품에 부과된 관세 등의 세금과 그 밖의 공과금

④ 연불조건(延拂條件)의 수입인 경우에는 해당 수입물품에 대한 연불이자

(7) 거래가격성립 배제요건

다음의 어느 하나에 해당하는 경우에는 제1방법에 따른 거래가격을 해당 물품의 과세가격으로 하지 아니하고 제2방법 내지 제6방법으로 과세가격을 결정한다.

① 해당 물품의 처분 또는 사용에 제한이 있는 경우. 다만, 대통령령으로 정하는 경우에는 그러하지 아니하다.

② 해당 물품에 대한 거래의 성립 또는 가격의 결정이 금액으로 계산할 수 없는 조건 또는 사정에 따라 영향을 받은 경우

③ 해당 물품을 수입한 후에 전매 · 처분 또는 사용하여 생긴 수익의 일부가 판매자에게 직접 또는 간접으로 귀속되는 경우. 다만, 제1항에 따라 적절히 조정할 수 있는 경우는 제외한다.

④ 구매자와 판매자 간에 특수관계가 있어 그 특수관계가 해당 물품의 가격에 영향을 미친 경우

☞ 여행자 또는 승무원의 휴대품, 우편물품, 탁송품, 별송품의 과세가격 결정방법

① 신고인의 제출 서류에 명시된 신고인의 결제금액(명칭 및 형식에 관계없이 모든 성격의 지급수단으로 결제한 금액을 말한다)

② 외국에서 통상적으로 거래되는 가격으로서 객관적으로 조사된 가격

③ 해당 물품과 동종 · 동질물품 또는 유사물품의 국내도매가격에 관세청장이 정하는 시가역산율을

적용하여 산출한 가격

④ 관련 법령에 따른 감정기관의 감정가격

⑤ 중고 승용차(화물자동차를 포함한다) 및 이륜자동차에 대해 제1호 또는 제2호를 적용하는 경우 최초 등록일 또는 사용일부터 수입신고일까지의 사용으로 인한 가치감소에 대해 관세청장이 정하는 기준을 적용하여 산출한 가격

⑥ 그 밖에 신고인이 제시하는 가격으로서 세관장이 타당하다고 인정하는 가격

☞ 임차수입물품의 과세가격 결정방법

임차사용 후 반환하는 경우에 있어서도 수입물품의 과세가격은 당해 수입물품 전체 가치가 과세대상이 되는 것이며 임차료나 사용료가 과세대상이 되는 것은 아니다.

〈과세가격 결정방법〉

제6방법을 적용하는 경우에는 다음의 가격을 순차적으로 적용하여 과세가격 결정

① 임차료의 산출 기초가 되는 해당 임차수입물품의 가격

② 해당 임차수입물품, 동종ㆍ동질물품 또는 유사물품을 우리나라에 수출할 때 공개된 가격자료에 기재된 가격

③ 해당 임차수입물품의 경제적 내구연한 동안 지급될 총 예상임차료를 기초로 하여 계산한 가격. 다만, 세관장이 일률적인 내구연한의 적용이 불합리하다고 판단하는 경우는 제외한다.

④ 임차하여 수입하는 물품에 대해 수입자가 구매선택권을 가지는 경우에는 임차계약상 구매선택권을 행사할 수 있을 때까지 지급할 총 예상임차료와 구매선택권을 행사하는 때에 지급해야 할 금액의 현재가격의 합계액을 기초로 하여 결정한 가격

⑤ 그 밖에 세관장이 타당하다고 인정하는 합리적인 가격

※ 위 ③ 규정에 따라 과세가격을 결정할 때에는 다음 각 호에 따른다.

① 해당 수입물품의 경제적 내구연한 동안에 지급될 총 예상임차료(해당 물품을 수입한 후 이를 정상으로 유지 사용하기 위해 소요되는 비용이 임차료에 포함되어 있을 때에는 그에 상당하는 실비를 공제한 총 예상임차료)를 현재가격으로 환산한 가격을 기초로 한다.

② 수입자가 임차료 외의 명목으로 정기적 또는 비정기적으로 지급하는 특허권 등의 사용료 또는 해당 물품의 거래조건으로 별도로 지급하는 비용이 있는 경우에는 이를 임차료에 포함한다.

③ 현재가격을 계산하는 때에 적용할 이자율은 임차계약서에 따르되, 해당 계약서에 이자율이 정해져 있지 않거나 규정된 이자율이 제9조의3에서 정한 이자율(연 1천분의 35) 이상인 때에는 제9조의3에서 정한 이자율을 적용한다.

☞ 중고물품의 과세가격 결정방법

제6방법을 적용하는 경우에는 다음의 가격을 적용하여 과세가격 결정

① 관련 법령에 따른 감정기관의 감정가격

② 국내도매가격에 제7조의3제1항제3호의 시가역산율을 적용하여 산출한 가격

③ 해외로부터 수입되어 국내에서 거래되는 신품 또는 중고물품의 수입당시의 과세가격을 기초로 하여 가치감소분을 공제한 가격. 다만, 내용연수가 경과된 물품의 경우는 제외한다.

④ 그 밖에 세관장이 타당하다고 인정하는 합리적인 가격

☞ 수리 또는 가공한 후 재수입하는 물품의 과세가격

수리가공하기 위하여 수출된 물품의 가격에 다음의 비용을 포함하여 결정

① 수리 또는 가공하는 국가(지역을 포함한다. 이하 같다)까지의 당해 물품의 운임 및 보험료

② 수리 또는 가공하는 국가에서의 양하비와 수리업자 또는 가공업자에게 인도되는데 소요된 기타의 제 비용

③ 수리 또는 가공에 소요된 비용

④ 수리 또는 가공후의 수리국 내에서의 운송비, 선적비 등 수리 또는 가공 후 선적시까지 소요된 제 비용

⑤ 수리 또는 가공한 국가의 수출항으로부터 최초 수입항까지의 당해물품의 운임, 보험료 및 기타의 비용

⑥ 수입자가 제1호 및 제2호의 비용을 부담하고 제4호 및 제5호의 비용을 부담하지 않는 경우에 제4호 및 제5호의 비용은 제1호 및 제2호의 비용과 동일한 금액으로 하는 것을 원칙으로 하되, 운송 형태 등의 차이가 있는 경우에는 이를 감안하여 조정한다. 그 반대의 경우에도 같다.

6. 관세의 수입제세 산출방법

(1) 종가세 적용물품

① 실제거래가격(CIF가격) × 과세환율 = 과세가격
② 과세가격 × 관세율 = 관세액

(2) 종량세 적용물품

① 수입물품의 수량 × 관세율표 상의 단위수량당 금액 = 관세액
※ 과세환율
과세가격을 결정하는 경우 외국통화로 표시된 가격을 내국통화로 환산할 때에는 수입신고의 날(보세건설장에 반입된 물품의 경우에는 수입신고를 한 날을 말한다)이 속하는 주의 전주(前週)의 기준환율 또는 재정환율을 평균하여 관세청장이 정한다.

(3) 선택세 적용물품(예 : 은행, 대추, 참깨 등)

종가세와 종량세 중 고액(율)을 선택

(4) 내국세

가) 개별소비세

① 적용물품 : 보석, 고급시계, 고급모피, 승용차, 유류, 담배, 슬롯머신 등
② 개별소비세 산출방식 : (관세의 과세가격 + 관세액) × 개별소비세율 = 개별소비세액
* 기준가격이 설정된 물품의 경우
{(관세의 과세가격 + 관세액) - 기준가격} ×개별소비세율=개별소비세액

나) 주세

① 적용물품 : 주정, 탁주, 맥주 및 위스키 등 그 밖의 주류
② 주세 산출방식
ㄱ. 주정 : KL당×(5만7천원 + 기산금액) = 주세액
※ 다만, 알콜농도 95도를 초과하는 경우, 초과 1도마다 6백원 가산
ㄴ. 주류 : (관세의 과세가격 + 관세액)×주세율 = 주세액

다) 교육세

① 적용물품 : 개별소비세, 교통세 및 주세가 부과되는 물품
② 교육세 산출방식
개별소비세액 × 30%(등유, 중유, 부탄 및 부생유류는 15%) = 교육세
교통세액 × 15% = 교육세
주세액 × 10% (주세율이 70%를 초과하는 주류에 대하여는 30%) = 교육세

라) 농어촌특별세

① 적용물품 : 개별소비세 과세품목 중 일부품목(농어촌특별세법 제5조 제1항 제4호), 관세법 및 조세감면규제법에 의하여 감면되는 세액

② 농어촌 특별세 산출방식

ㄱ. 개별소비세액 × 10% = 농특세

ㄴ. 관세의 감면세액 × 20% = 농특세

(5) 부가가치세

(관세 과세가격 + 관세 + 개별소비세 + 주세 + 교통 · 에너지 · 환경세 + 교육세) × 세율(10%)

(6) 간이세율

관세 및 내국세 등 세율산출이 복잡함에 따라 이를 종합적으로 고려, 단일화하여 적용하는 세율을 말한다. 간이세율은 수입물품에 대한 관세, 임시수입부가세 및 내국세의 세율을 기초로 하여 대통령령으로 정한다.

7. 수입제세 산출 실무사례

수입물품 : 와인(포도주) 5,000병
수입가격 : US$ 45,000(CIF기준)
과세환율 : 1,000원
관세율 : 15%
주세율 : 30%
교육세율 : 주세액의 10%
부가가치세율 : 10%

① 관세	※과세가격=US$45,000×1,000원=45,000,000원 -관세액=45,000,000원×15%=6,750,000원
② 주세	-주세액=(45,000,000+6,750,000)×30%=15,525,000원
③ 교육세	-교육세액=15,525,000×10%=1,552,500원
④ 부가가치세	-부가가치세액=(45,000,000+6,750,000+15,525,000+1,552,500)×10%=6,882,750원

※세율총계 : CIF의 68.245% 〈수입제세 합계액 : ①+②+③+④=30,710,250원〉
⇒ 세후단가 : 15,142원/병

8. 과세가격신고

(1) 가격신고의 의의

납세의무자는 수입신고를 하는 때에 세관장에게 당해 물품의 가격에 대한 신고를 하여야 한다.

(2) 가격신고 생략물품

다음의 경우를 제외하고 원칙적으로 모든 수입물품에 대하여 가격신고를 하여야 한다.

① 정부 또는 지방자치단체가 수입하는 물품
② 정부조달물품
③ 공공기관의 운영에 관한 법률 제4조에 따른 공공기관이 수입하는 물품
④ 관세 및 내국세가 부과되지 아니하는 물품
⑤ 방위산업용기계와 그 부분품 및 원재료를 수입하는 물품. 다만, 당해 물품과 관련된 중앙행정기관의 장이 수입확인 또는 수입추천을 받은 물품에 한한다.
⑥ 수출용원재료
⑦ 특정연구기관이 수입하는 물품
⑧ 과세가격이 미화1만불 이하인 물품으로 관세청장이 인정하는 물품. 다만, 개별소비세, 주세, 교통 · 에너지 · 환경세가 부과되는 물품과 분할하여 수입되는 물품은 제외한다.
⑨ 종량세 적용물품. 다만, 종량세와 종가세 중 높은 세액 또는 높은 세율을 선택하여 적용해야 하는 물품의 경우에는 제외한다.
⑩ 관세법 제37조제1항제3호에 따른 과세가격 결정방법의 사전심사 결과가 통보된 물품. 다만, 잠정가격 신고대상 물품은 제외한다.

※ 근거법령(관세법 시행규칙 1항 10호)

다만, 다음의 어느 하나 해당하는 물품은 가격신고생략물품에 해당하지 아니하는 것으로 한다.

① 과세가격을 결정함에 있어서 관세법30조1항제1호 내지 제5호의 규정에 의한 금액(구매자가 부담하는 수수료와 중개료, 권리사용료 등)을 가산하여야 하는 물품
② 세관장이 관세를 부과 · 징수하는 물품(부과고지 대상물품)
③ 잠정가격신고 대상물품
④ 관세를 체납하고 있는 자가 신고하는 물품(체납액이 10만원 미만이거나 체납기간 7일 이내에 수입신고하는 경우를 제외한다)
⑤ 납세자의 성실성 등을 참작하여 관세청장이 정하는 기준에 해당하는 불성실신고인이 신고하는 물품
⑥ 물품의 가격변동이 큰 물품 기타 수입신고수리후에 세액을 심사하는 것이 적합하지 아니하다고 인정하여 관세청장이 정하는 물품
⑦ 관세법 제30조제2항에 따른 구매자가 실제로 지급하였거나 지급하여야 할 가격에 구매자가 해당 수입물품의 대가와 판매자의 채무를 상계(相計)하는 금액, 구매자가 판매자의 채무를 변제하는 금액, 그 밖의 간접적인 지급액이 포함되어 있는 경우에 해당하는 물품
⑧ 과세가격이 관세법 제31조부터 제35조까지에 따라 결정되는 경우에 해당하는 물품

※ 근거법령(관세법 시행규칙 2항 1호 내지 4호)

(3) 잠정가격신고제도

잠정가격신고제도란 수입물품의 과세가격을 결정하는 과정에서 거래의 특수성으로 인하여 과세가격의 최종결정이 지연되는 경우 추정세액을 우선납부하고 과세가격이 최종적으로 확정된 후 추정세액과 확정세액의 차액을 정산하는 제도이다.

가. 과세가격결정방법 사전심사제도(ACVA)

1. 의의

납세신고를 하여야 하는 자가 과세가격 결정의 기초가 되는 사항에 관하여 의문이 있는 때에는 이에 대하여 가격신고 전에 관세청장에게 미리 심사하여 줄 것을 신청할 수 있다.

특수관계자간 거래에 있지 않은 물품(일반 수입물품)의 과세가격결정방법을 사전심사하는 경우(일반 사전심사)와 특수관계자간 거래되는 물품(특수관계자간 수입물품)의 과세가격결정방법을 심사하는 경우(ACVA)로 구분되며, 납세자에게 경영안정성과 조세예측가능성을 제공하고 과세당국은 안정적 세수확보 및 조세마찰 방지를 목적으로 한다.

☞ ACVA (Advance Customs Valuation Arrangement for transactions between related parties):해외 모회사와 국내 지사 등 특수관계자간에 거래되는 수입물품의 과세가격결정방법을 납세자의 신청에 따라 과세당국과 납세자의 상호합의를 통해 사전에 결정하여 주는 제도

2. 과세가격결정방법 사전심사제도의 절차

(1) 신청사유 및 시기

과세가격 결정과 관련하여 다음의 사항에 관하여 의문이 있을 때에는 가격신고를 하기 전에 관세청장에게 미리 심사하여 줄 것을 신청할 수 있다.

① 법정가산금액 또는 해당 수입물품의 대가로서 구매자가 실제로 지급하였거나 지급하여야 할 가격을 산정할 때 더하거나 빼야 할 금액

② 거래가격성립 배제요건에 해당하는지 여부

③ 특수관계가 있는 자들 간에 거래되는 물품의 과세가격 결정방법(ACVA)

(2) 심사기간

관세청장은 다음의 기간 이내에 과세가격의 결정방법을 심사한 후 그 결과를 신청인에게 통보하여야 한다. 이 경우 관세청장이 제출된 신청서 및 서류의 보완을 요구한 때에는 그 기간은 산입하지 아니한다.

① 상기 신청사유의 ① 및 ②에 해당하는 경우 : 1개월

② 상기 신청사유의 ③에 해당하는 경우 : 1년(ACVA)

(3) 사전심사의 효력

세관장은 관세의 납세의무자가 통보된 과세가격의 결정방법에 따라 납세신고를 한 경우 다음의 요건을 갖추었을 때에는 그 결정방법에 따라 과세가격을 결정하여야 한다.

① 관세법 제37조제1항에 따른 신청인과 납세의무자가 동일할 것
② 제1항에 따라 제출된 내용에 거짓이 없고 그 내용이 가격신고된 내용과 같을 것
③ 사전심사의 기초가 되는 법령이나 거래관계 등이 달라지지 아니하였을 것
④ 과세가격의 결정방법 사전심사 결과의 통보일로부터 3년(관세법상 특수관계에 있는 자가 과세가격의 결정방법 사전심사 결과의 통보일을 기준으로 2년 이후부터 3년이 도래하기 30일 전까지 신고기간을 2년 연장하여 줄 것을 신청한 경우로서 관세청장이 이를 허용하는 경우에는 5년) 이내에 신고될 것

(4) 일반사전심사와 ACVA 비교

구분	일반 사전심사	ACVA
심사대상	일반수입물품	특수관계자간 수입물품
심사기간	30일	1년
시행시기	1990.12.31	2008.1.1
신청자격	국외 수출자와 거래관계가 있는 모든 납세자	한국 소재 수입업체가 특수관계에 있는 해외 수출업체로부터 물품을 지속적으로 수입하는 납세자
심사절차	일방결정	-납세자와 협의 -납세자의 동의
주요 심사사항	- 실제지급금액 및 가산 공제요소의 확인 - 거래가격 성립요건 확인(조건이나 사정, 처분이나 사용제한, 사후귀속이익, 특수관계 영향여부확인) WTO 관세평가협정 제1조 및 제8조에서 정한 사항을 사전심사	- 특수관계가 거래가격에 영향을 미쳤는지 여부 - 신청 과세가격 결정방법의 타당성 여부 - 가산 또는 공제요소 해당여부 - 과세가격 적정성 여부 - APA 승인 또는 신청내역에 대한 과세가격 결정방법 및 과세가격
사후관리	보고의무 없음	연례보고서 제출

나. 관세율 및 품목분류제도

세율이란 세액산출의 기초가 되는 과세표준에 대한 세액의 비율을 말한다. 관세율이란, 관세의 과세표준인 수입물품의 가격 또는 수량에 대한 관세액의 비율을 말하며, 관세율의 적용순서는 다음과 같다.

<table>
<tr><th>순위</th><th>관련법</th><th colspan="2">세 종</th><th>세율적용 우선순위</th></tr>
<tr><td>1</td><td>관세법 제50조</td><td colspan="2">덤핑방지관세, 보복관세, 긴급관세, 상계관세
특정국물품긴급관세, 특별긴급관세</td><td>가장 우선하여 적용</td></tr>
<tr><td>2</td><td>FTA특례법 제5조</td><td colspan="2">자유무역협정관세</td><td>3,4,5,6,7 보다 낮은 경우에 한하여 우선 적용</td></tr>
<tr><td rowspan="11">3</td><td rowspan="11">관세법 제50조</td><td rowspan="2">WTO일반 양허관세</td><td>공산품, 수산물 및 단순 양허한 농림축산물에 대한 양허관세(별표1가)</td><td rowspan="9">4,5,6,7 보다 낮은 경우에 한하여 우선 적용</td></tr>
<tr><td>단순 양허한 농림축산물중 시장접근 물량 설정물품에 대한 양허관세(별표1다)</td></tr>
<tr><td colspan="2">WTO개도국간의 양허관세(TNDC)</td></tr>
<tr><td rowspan="3">아태협정 양허관세</td><td>일반양허</td></tr>
<tr><td>방글라데시에 대한 양허관세</td></tr>
<tr><td>라오스에 대한 양허관세</td></tr>
<tr><td colspan="2">유엔무역개발회의 개발도상국간 협정관세(GSTP)</td></tr>
<tr><td colspan="2">특정국가와의 관세협상에 따른 국제협력관세</td></tr>
<tr><td colspan="2">편익관세</td></tr>
<tr><td>WTO일반 양허관세</td><td>국내외 가격차에 상당한 세율로 양허하거나 국내시장 개방과 함께 기본 세율보다 높은 세율로 양허한 농림축산물에 대한 양허관세(별표1 나)</td><td rowspan="2">6,7 보다 우선하여 적용
4,5보다 낮은 경우에 한하여 우선 적용</td></tr>
<tr><td>방콕협정 양허관세</td><td>녹차의 일반양허관세
(별표3 다)</td></tr>
<tr><td rowspan="2">4</td><td rowspan="2">관세법 제50조</td><td colspan="2">조정관세, 계절관세</td><td>5,6,7 보다 우선 적용</td></tr>
<tr><td colspan="2">할당관세</td><td>5 보다 낮은 경우에 한하여 우선적용 6,7 보다 우선적용</td></tr>
<tr><td>5</td><td>관세법 제76조</td><td colspan="2">최빈개발도상국에대한특혜관세(GSP)</td><td>6,7 보다 우선적용</td></tr>
<tr><td>6</td><td>관세법 제50조</td><td colspan="2">잠정관세</td><td>7 보다 우선적용</td></tr>
<tr><td>7</td><td>관세법 제50조</td><td colspan="2">기본관세</td><td></td></tr>
</table>

1. 품목분류

(1) 개요

기획재정부장관은 통일상품명부호체계에 관한 국제협약에 의한 수출입물품의 신속한 통관, 통계파악을 위하여 협약 및 관세법 별표 관세율표를 기초로 하여 품목을 세분한 관세·통계통합품목분류표를 고시할 수 있다. 품목분류제도란, 물품의 수출, 수입시 적법한 품목으로의 분류를 통해, 원활하고 안전한 무역거래를 영위하기 위하여 만든 제도이다.

(2) HS의 의의

HS는 「The International Convention on the Harmonized Commodity Description and Coding System and its Annex : 통일상품명 및 부호체계에 관한 국제협약과 그 부속서」의 약자로서, 약칭 「Harmonized System : 조화제도」으로 표기하고 있으며, 그 부속서는 HS품목표(HS Nomenclature)라고 표기한다.

(3) HS와 관세율표의 관계

HS체약국은 그 나라의 관세율표와 통계품목분류표를 HS체계에 일치시켜야 하기 때문에 우리나라의 관세율표도 HS에 따라 편성되었으며 7단위 이상을 우리나라 실정에 맞도록 10단위로 세분하여 관세·통계통합품목분류표(HSK : Harmonized System of Korea)로 작성하여 사용하고 있다. 현행 관세품목분류는 관세법 별표「관세율표상의 품목분류표」와「관세·통계통합품목분류표」를 사용하고 있다.

(4) 관세·통계통합품목분류표 (HSK)

HS는 1983년 6월 국제협약으로 체결되고 HS품목분류체계에 관한 성안작업을 거쳐 1988년 1월1일부터 발효되어 대부분의 국가가 사용하는 범세계적인 품목분류제도로서 우리나라는 1981년부터 도입 기본계획수립과 HS원본 번역작업 등 국내수용절차를 진행하고 1987년 HSK를 확정고시하여 1988년 1월 1일부터 사용하고 있다. 제정 당시 HSK 10단위 기준으로 10,125개 품목이었으나 HS 수정협약 및 여건변화 등으로 수 차례 개정을 거치는 동안 그 수가 증가하여 2022년부터는 11,293 개 품목이 사용되고 있다.

(5) HS 체계 (CODE, 주, 호의 용어)

품목분류표 전체의 분류지침에 관한 통칙(GRI)을 포함하여 모든 무역상품이 포함될 수 있도록 21부·97류(제77류 : 유보)·1,228호(4단위 호)·5,612소호(6단위 소호)로 구성되어 있다.

▣ 부 (部) Section

부는 제1부부터 제21부까지 21개로 구분되어 분류되고 있는데 일련번호와 각 부의 표제는 참조의 편의상 부여한 것이며, 품목분류는 류 이하의 코드번호에 의해 분류된다.

▣ 류 (類) Chapter

HS의 류별 분류체계는 종전의 CCCN의 48개류를 개편하고 제98류, 제99류는 소거하여 제01류부터 제97류까지로 구성되어 있는데 1개류를 유보함으로써 96개류뿐이다. 부 아래에 있으며 부를 세분한 것으로 단위는 2단위 숫자로 표기되고 표제는 부와 마찬가지로 참조의 편의상 설정한 것이다. 그러나 호의 앞2자리는 류의 번호로 품목분류에 있어서는 류가 확정되어야만 분류가 가능하다.

▣ 절 (節) Sub-chapter

류를 세분한 것으로 부와 류의 표제와 함께 절의 표제도 참조의 편의상 설정하여 이해를 돕기 위한 것으로 분류상의 법적 구속력은 없으며 일정한 류에만 절이 있다. 절이 있는 류는 제28류, 제29류, 제39류, 제63류, 제69류, 제71류, 제72류 등이 있다.

▣ 호 (號) Heading 와 소호(小號) Sub-heading

HS는 동종 · 유사물품을 그룹화하여 체계적으로 배열한 품목의 리스트에 4단위 또는 6단위의 숫자배열을 부여하고 있는데 이 숫자부호를 배번이라 하며, 이 경우 4단위의 배번을 호라 부르고, 6단위의 배번을 소호라 칭한다.

▣ 주 Legal Note

HS의 많은 부와 류는 그들이 포괄하고 있는 호에 대하여 적용할 주를 가지고 있는데 주 가운데는 전적으로 소호에만 적용되는 소호주도 있다. 통칙과 마찬가지로 주는 HS의 필수적인 구성요소를 형성하며, 호와 소호처럼 법적인 효력을 가지고 있다.

☞ HS코드의 구조

0101.21-1000 (10단위 HSK)

01 : 류(Chapter) → 산동물이 분류되는 類로서 앞 2자리를 말함.

0101 : 호(Heading) → 말(馬)이 분류되는 호(號)로서 앞 4자리를 말함.

0101.21 : 소호(Subheading) → 번식용 말이 분류되는 소호(小號)로서 앞 5,6자리를 말함.

0101.21-1000 : 『번식용 말중 농가 사육용』이 분류되는 10자리 코드임. 7단위 이하는 6단위에서 정하는 범위 내에서 각국이 이를 세분하여 사용할 수 있음. 우리나라는 마지막 4자리를 세분하여 10단위로 사용하고 있음.

▣ GRI상 통칙의 내용

① 통칙 1

이 표의 부 · 류 및 절의 표제는 참조를 위하여 규정한 것이며, 법적인 목적상의 품목분류는 각 호의 용어 및 관련 부 또는 류의 주에 따라 결정하되, 이러한 각 호 또는 주에서 따로 정하지 아니한 경우에는 이 통칙 제2호 내지 제7호에서 정하는 바에 따른다.

② 통칙 2

이 통칙 제1호에 따라 품목분류를 결정할 수 없는 것에 대하여는 다음 각 목에 따른다.

ㄱ. 각 호에 열거된 물품에는 불완전 또는 미완성의 물품이 제시된 상태에서 완전 또는 완성된 물품의 본질적인 특성을 지니고 있으면, 해당 불완전 또는 미완성의 물품이 포함되는 것으로 보며, 미조립 또는 분해된 상태로 제시된 물품도 완전 또는 완성된 물품(이 통칙에 따라 완전 또는 완성된 것으로 분류되는 물품을 포함한다)에 포함되는 것으로 본다.

ㄴ. 각 호의 해당 재료 또는 물질에는 해당 재료 또는 물질과 다른 재료 또는 물질과의 혼합물 또는 복합물이 포함되는 것으로 보고, 특정한 재료 또는 물질로 구성된 물품에는 전부 또는 일부가 해당 재료 또는 물질로 구성된 물품이 포함되는 것으로 보며, 2종 이상의 재료 또는 물질로 구성된 물품의 분류는 이 통칙 제3호에서 규정하는 바에 따른다.

③ 통칙 3

이 통칙 제2호 나목 또는 그 밖의 다른 이유로 동일한 물품이 둘 이상의 호에 분류되는 것으로 볼 수 있는 물품인 경우의 품목분류는 다음에 규정하는 바에 따른다.

ㄱ. 가장 협의로 표현된 호가 일반적으로 표현된 호에 우선한다. 다만, 둘 이상의 호가 혼합물 또는 복합물에 포함된 재료나 물질의 일부 또는 소매용으로 하기 위하여 세트로 된 물품의 일부에 대하여만 각각 정하는 경우에는 그 중 하나의 호가 다른 호보다 그 물품에 대하여 더 완전하거나 명확하게 표현하는 때에도 이들 호는 그 물품에 대하여 동등하게 협의로 표현된 것으로 본다.

ㄴ. 혼합물, 서로 다른 재료로 구성되거나 서로 다른 구성요소로 제조된 복합물과 소매용으로 하기 위하여 세트로 된 물품으로서 가목에 따라 분류할 수 없는 것은 가능한 한 이들 물품에 본질적인 특성을 부여하는 재료 또는 구성요소로 구성된 것으로 취급하여 분류한다.

ㄷ. 가목 또는 나목에 따라 분류할 수 없는 물품은 동일하게 분류가 가능한 호 중에서 그 순서상 최종호에 분류한다.

④ 통칙 4

이 통칙 제1호 내지 제3호에 따라 분류할 수 없는 물품은 그 물품과 가장 유사한 물품이 해당되는 호에 분류한다.

⑤ 통칙 5

다음의 물품에 대하여는 이 통칙 제1호 내지 제4호를 적용하는 외에 다음 사항을 적용한다.

ㄱ. 사진기케이스 · 악기케이스 · 총케이스 · 제도기케이스 · 목걸이케이스 및 이와 유사한 용기는 특정한 물품 또는 물품의 세트를 수용할 수 있도록 특별한 모양으로 되어 있거나 알맞게 제조되고 있고, 장기간 사용하기에 적합하며, 그 내용물과 함께 제시되어 그 내용물과 함께 정상적으로 판매되는 종류의 물품인 때에는 그 내용물과 함께 분류한다. 다만, 용기가 전체물품에 본질적인 특성을 부여하는 경우에는 그러하지 아니하다.

ㄴ. 가목에 해당하는 것은 그에 따르고, 내용물과 함께 제시되는 포장재료와 포장용기는 이들이

그러한 물품의 포장용으로 정상적으로 사용되는 종류의 것에 한하여 그 물품과 함께 분류한다. 다만, 그러한 포장재료 또는 포장용기가 명백히 반복적으로 사용하기에 적합한 것인 경우에는 그러하지 아니하다.

⑥ 통칙 6

법적인 목적상 어느 호 중 소호의 품목분류는 동일한 수준의 소호들만을 서로 비교할 수 있다는 점을 조건으로 그 소호의 용어와 관련 소호의 주에 따라 결정되며, 상기 제 통칙을 준용한다. 또한 이 통칙에서 문맥상 달리 규정한 경우를 제외하고 관련 부 및 류의 주도 적용한다.

⑦ 통칙 7

이 표에 규정되지 아니한 품목분류에 관한 사항은「통일상품명 및 부호체계에 관한 국제협약」에 따른다.

2. 품목분류사전심사제도

(1) 개요

수출입물품의 특정물품을 수출입하려는 자, 수출할 물품의 제조자 및 관세사 · 관세법인 또는 통관취급법인은 수출입신고를 하기 전에 해당 물품에 적용될 품목분류를 사전심사(이하 "사전심사"라 한다)하여 줄 것을 관세평가분류원장(이하 "분류원장"이라 한다)에게 신청할 수 있다.

(2) 품목분류사전심사 신청절차

① 신청방법

품목분류사전심사 신청서(품목분류사전심사제도 운영에 관한 고시 별지 제1호의 서식 갑지 및 을지), 견본 및 증빙서류를 첨부하여 인터넷, 우편 또는 방문으로 신청

인터넷 접수 : UNI-PASS → 전자신고 → 신고서작성 → 품목분류 → 품목분류사전심사신청
※ 관세청전자통관시스템 : https://unipass.customs.go.kr
견본 및 증빙서류 접수처 : 대전광역시 유성구 테크노2로 214 관세평가분류원 3층 품목분류과 접수담당자 앞

② 사전심사 신청 시 제출항목

품목분류 사전심사 신청서(품목분류사전심사제도 운영에 관한 고시 별지 제1호의 서식)
- (서식 갑지) 품목분류사전심사신청서
- (서식 을지) 물품설명서

신청물품의 견본 제출
- 벌크상 : (분말)300g~1kg/(액상)200㎖ 이상
- 소매포장(식품) : 2점이상/의류 및 공산품 : 1점이상

예외) 물품의 성질상 견본을 제출하기 곤란한 경우에만 아래의 자료로 대체하여 제출

- 견본미제출사유서/대체사진 3매(컬러)

③ 분석 수수료 납부

분석이 필요한 물품은 신청 품목당 분석수수료 3만원을 분석이 시작되기 전까지 국고 수납은행에 납부

- 품목분류 사전심사 접수 후 별도로 고지서 발송

④ 반려대상물품

- 신청요건을 갖추지 아니한 경우(형식적 요건불비 또는 신청내용을 확인할 수 없는 경우 등)
- 신청인이 사전심사 또는 재심사를 신청한 물품과 동일한 물품을 이미 수출입신고한 경우
- 농산물혼합물로서 제조공정이 규격화되어 있지 않아 성분 · 조성의 일관성 확보가 곤란한 경우 신청방법
- 냉장 · 냉동 물품과 같이 운송수단 및 저장방법 등에 따라 상태가 달라질 수 있는 물품
- 중앙관세분석소에서 분석이 곤란한 물품
- 지정된 기간 내에 보정자료를 제출하지 아니한 경우
- 신청인으로부터 반려요청이 있는 경우
- 범칙조사나 불복 또는 행정소송 등이 진행 중인 물품
- 분석수수료를 납부기한내에 납부하지 아니한 경우
- 분석수수료를 납부하지 아니한 자가 사전심사를 신청한 경우

(3) 처리기간

품목분류사전심사 처리기간은 신청서를 접수한 날부터 30일로 하되, 다음 각 항의 어느 하나에 해당되는 경우에는 15일로 한다.

① 해외 관세당국 등의 FTA 원산지 검증확인에 따른 신속한 품목분류를 요청하는 경우

② 신청인이 선적 등의 사유로 수출입신고가 임박하여 신속히 심사해 줄 것을 요청하는 경우

③ 신청인이 품목분류사전심사 처리 지연시 막대한 경제적 불이익이 예상되어 신속히 심사해 줄 것을 요청하는 경우

(4) 재심사

품목분류사전심사 통지를 받은 자가 통지받은 날로부터 30일 이내에 1회에 한하여 관세평가분류원장에게 재심사하여 줄 것을 요청하는 제도

① 신청권자 : 품목분류 사전심사 통지를 받은 날로부터 30일이 경과하지 않은 자

② 신청방법 : 재심사신청서(품목분류사전심사제도 운영에 관한 고시 별지 제3호의 서식 갑지 및 을지), 견본 및 증빙서류, 품목분류사전심사서 사본을 첨부하여 인터넷, 우편 또는 방문으로 신청

제3절 관세납부방법

1. 개요

과세의 4대 요건이 충족되면 납세의무가 성립되고, 성립된 납세의무는 특정한 행위에 의하여 확정이 되는데, 관세법상 납세의무의 확정 방법은 신고납부방식과 부과고지방식이 있다.

2. 납세의무의 확정방식

구분	신고납부방식	부과고지방식
대상	• 부과고지 대상을 제외한 '모든 수입물품'	• 관세법 제16조 제1호 내지 제6호 및 제8호 내지 제11호에 해당되어 관세를 징수하는 경우 • 보세건설장에서 건설된 시설로서 수입신고 수리 전에 가동된 경우 • 보세구역에 반입된 물품이 수입신고 수리 전에 무단반출 된 경우 • 납세의무자가 관세청장이 정하는 사유로 과세가격, 관세율 등을 결정하기 곤란하여 부과고지를 요청한 경우 등
효력발생	신고서 제출 시	고지서 도달 시

3. 관세의 납부방식 및 납부기한

<table>
<tr><th>구분</th><th>납부기한</th><th>납부지연가산세</th></tr>
<tr><td>신고납부의 경우</td><td>납세신고가 수리된 날로부터 15일 이내</td><td rowspan="7">① 납부지연가산세 : 관세 등을 납부기한까지 납부하지 아니한 경우 → 체납된 관세의 3% (관세를 납부고지서에 따른 납부기한까지 완납하지 아니한 경우에 한정한다

② 해당 관세액 × 수입된 날부터 납부일까지의 기간(납부고지일부터 납부고지서에 따른 납부기한까지의 기간은 제외한다) × 금융회사 등이 연체대출금에 대하여 적용하는 이자율 등을 고려하여 대통령령으로 정하는 이자율 징수(체납된 관세가 150만원 미만인 경우 징수하지 않음)

③ 징수한도 : 납부고지서에 따른 납부기한의 다음 날부터 납부일까지의 기간이 5년을 초과하는 경우에는 그 기간은 5년으로 한다</td></tr>
<tr><td>부과고지의 경우</td><td>고지를 받은 날로부터 15일 이내</td></tr>
<tr><td>수입신고 전 즉시반출 신고를 한 경우</td><td>수입신고일로부터 15일 이내</td></tr>
<tr><td>세액을 정정하는 경우</td><td>① 보정신청의 경우 : 보정신청한 날의 다음날
② 수정신고의 경우 : 수정신고한 날의 다음날
③ 정정의 경우 : 당초의 납부기한</td></tr>
<tr><td>분할납부의 경우</td><td>① 각 각의 납부기한 별로 부과고지를 받은 경우 : 고지를 받은 날로부터 15일 이내
② 관세를 납부하지 아니한 경우, 파산선고를 받은 경우, 법인이 해산하는 경우 등 관세를 징수하는 경우 : 10일 이내의 납부기한을 정하여 납세고지</td></tr>
<tr><td>월별납부</td><td>세관장은 납세실적 등을 고려하여 일정한 요건을 갖춘 성실납세자가 신청을 하는 경우 : 납부기한이 동일한 달에 속하는 세액에 대하여는 동기한이 속하는 달의 말일까지 일괄하여 납부</td></tr>
<tr><td>사전납부</td><td>수입신고수리 전에도 당해 세액을 납부할 수 있음</td></tr>
</table>

4. 납세담보제도

(1) 의의

납세담보란 관세채권을 확보하기 위하여 납세자 등으로부터 제공받는 인적 · 물적담보를 말한다. 또한 담보는 관세채권을 확보하기 위한 수단으로 활용된다.

(2) 담보의 종류

관세법에서 정하는 담보의 종류는 ① 금전 ② 국채 또는 지방채 ③ 세관장이 인정하는 유가증권 ④ 납세보증보험증권 ⑤ 토지 ⑥ 보험에 든 등기 또는 등록된 건물 · 공장재단 · 광업재단 · 선박 · 항공기나 건설기계 ⑦ 세관장이 인정하는 보증인의 납세보증서를 말한다.

(3) 담보제공의 범위

① 수출용원재료에 대한 관세 등의 일괄납부(환특법 제6조제1항). 다만, 제17조 및 제18조에 따라 설정한 신용담보한도액 초과분에 한한다.
② 수입신고수리후 관세납부(「관세법」 제248조)
③ 수입신고수리전 반출승인(「관세법」 제252조)
④ 재수출면세 및 재수출감면세(「관세법」 제97조 및 제98조)
⑤ 보세구역외 장치허가(「관세법」 제156조)
⑥ 보세운송신고 또는 승인(「관세법」 제218조)
⑦ 수입신고전 물품반출(「관세법」 제253조)
⑧ 그 밖에 세관장이 담보를 요구하는 경우

(4) 담보제공 대상

다음의 어느 하나에 해당하는 자는 담보제공의 범위에 대하여 관세 등에 상당하는 담보를 제공하여야 한다.

① 「관세법」 또는 환특법 제23조를 위반하여 징역형의 실형을 선고받고 그 집행이 종료(집행이 종료된 것으로 보는 경우를 포함한다)되거나 면제된 후 2년이 경과되지 않은 자
② 「관세법」 또는 환특법 제23조를 위반하여 징역형의 집행유예의 선고를 받고 그 유예기간 중에 있는 자
③ 「관세법」 제269조부터 제271조까지, 제274조, 제275조의2, 제275조의3, 또는 환특법 제23조에 따라 벌금형 또는 통고처분을 받은 자로서 그 벌금형을 선고받거나 통고처분을 이행한 후 2년이 경과되지 아니한 자. 다만, 통고처분을 이행한 자에 대하여는 세관장이 재범의 우려가 없다고 인정하는 경우를 제외한다.
④ 「관세법」 제241조 또는 제244조에 따른 수입신고일을 기준으로 최근 2년간 관세 등 조세를 체납(결손처분한 것으로서 소멸시효가 완성되지 않은 것을 포함한다)한 사실이 있는 자. 다만,

납부기한 경과 후 30일 이내에 체납된 관세 등을 납부한 때 또는 납세자가 수입신고 후 10일 이내에 담보를 제공하지 않아 세관장이 납세고지한 것으로 보세구역으로부터 해당 물품이 반출되지 않은 체납(미통관 체납물품)인 경우에는 제외할 수 있다.

5. 최근 2년간 계속해서 수입실적이 없는 자
6. 청산, 파산, 회생절차가 진행 중인 자
7. 「관세법」 제248조제2항제5호 및 「관세법 시행령」 제252조제3호에 따라 수입실적, 자산, 영업이익, 수입물품의 관세율 등을 고려할 때 관세채권 확보가 곤란하다고 인정하는 경우로서 다음 각 목의 어느 하나에 해당하는 자
   가. 최근 1년 이내 「어음법」 및 「수표법」에 의한 어음교환소에서 거래정지처분을 받은 자
   나. 신용평가업자로부터 받은 신용평가등급이 다음 각 목의 어느 하나에 해당하는 자 또는 신용평가등급이 없는 자
      1) 기업어음에 대한 평가등급 : A3-등급 미만
      2) 회사채에 대한 평가등급 : BBB-등급 미만
      3) 기업신용평가등급 : BBB-등급 미만
   다. 「수출입 안전관리 우수업체 공인 및 관리업무에 관한 고시」 제2조제3호에 따라 측정한 법규준수도가 50점 미만인 자
   라. 과태료 또는 과징금을 체납 중인 자. 다만, 납부기한 경과 후 30일 이내에 납부하는 경우에는 제외할 수 있다.
   마. 「관세법시행규칙」 제8조 제1항제4호의 물품을 수입하는 자
   바. 「관세법시행규칙」 제8조 제1항제5호의 물품을 수입하는 자(다만, 「관세법시행규칙」 제8조 제5호 외의 물품에 대하여는 담보제공을 요구하지 아니한다)
   사. 그 밖에 세관장이 담보제공을 생략할 경우 관세채권확보에 지장을 초래할 우려가 있다고 인정되는 자

(5) 담보제공대상자에 대한 특례 (담보특례제도)

가) 세관장은 "(4) 담보제공 대상"에 불구하고 다음의 어느 하나에 해당하는 경우에는 담보제공을 요구하지 아니한다.

1. 국가, 지방자치단체에서 수입하는 물품
2. 「공공기관의 운영에 관한 법률」 제5조에 따른 공기업 · 준정부기관 · 그 밖의 공공기관에서 수입하는 물품
3. 「지방공기업법」 제49조에 따라 설립된 지방공사 또는 같은 법 제76조에 따라 설립된 지방공단에서 수입하는 물품
4. 여행자의 휴대품을 납세고지와 동시에 검사현장에서의 반출을 승인한 경우
5. 「관세법」 그 밖의 법률 · 조약 · 협정 등에 의하여 관세의 감면, 징수기간의 연장이나 분할납부의 승인을 하는 때에 담보를 제공받지 않는 경우

나) 세관장은 "(4) 담보제공 대상 7호의 나 및 바"에도 불구하고 다음의 어느 하나에 해당하는 자에게는 담보제공을 요구하지 아니한다.

1. 「관세법」 제255조의2 및 같은 법 시행령 제259조의3에 따른 종합인증우수업체
2. 최근 2년 동안 계속하여 수입실적이 있는 업체로서 다음 각 목의 어느 하나에 해당하는 자. 다만, 관할지세관장으로부터 담보제공 생략대상자로 지정받은 자(이하 "담보제공특례자"라 한다)에 한하며, 가목부터 다목까지는 제조업체 또는 외국인투자기업에 한한다.

가. 제조업 또는 외국인투자기업을 운영하며 최근 2 회계연도 동안 계속하여 이익이 발생한 업체

나. 한국증권선물거래소에 일반종목으로 상장된 업체. 다만, 관리종목 상장법인은 제외한다.

다. 3년 이상 제조업을 영위한 업체

라. 최근 2년간 계속하여 수출입실적이 있는 업체 중 최근 2년간의 총매출액 대비 총수출액 비율이 50% 이상인 업체

마. 최근 2년간 수출한 실적이 연 10억원 이상인 업체

바. 최근 3년간 세관장에게 납부한 세액이 연 10억원 이상인 업체

제4절 관세의 감면제도

1. 개요

납세의무가 확정되면 관세법에서 정하는 소정의 기한 내에 납세의무를 이행하여야 하는데 국민경제를 활성화 시키거나 또는 납세의무자의 개별사정 등에 의하여 납부를 할 수 없는 경우에는 일정한 요건을 두어 납부를 완화해주는 방안을 두고 있다.

2. 관세감면의 의의

관세감면이란 특정한 경우에 관세납부를 무조건 또는 일정조건을 충족하는 경우 관세의 일부 또는 전부를 면제하는 것을 말하는 것으로 전자를 감세, 후자를 면세라고 한다. 감면세 제도는 감면승인시 이행조건의 유무에 따라 조건부 감면세와 무조건 감면세의 두 종류로 크게 구분된다. 무조건 감면세란 수입하는 때의 특정한 사실에 의거 감면을 하는 것이며 조건부 감면세란 감면을 승인시 조건을 붙여 특정의 행위를 금지하고 만약 그 해제조건이 성취되면 감면을 취소하는 것을 말한다. 조건부 감면인 경우에는 감면시 조건의 이행을 확인하기 위하여 사후관리제도를 두고 있고 사후관리 기간은 일반적으로 수입신고 수리일로부터 3년의 범위내에서 관세청장이 정하는 기간내에는 그 감면받은 용도외의 다른 용도로 사용하거나 양도(임대)할 수 없다.

3. 관세감면의 종류

- 감 면
  - 무조건 감면
    - ① 외교관용 물품 등의 면세(관세법 제88조)
    - ② 정부용품 등의 면세(관세법 제92조)
    - ③ 소액물품 등의 면세(관세법 제94조)
    - ④ 여행자휴대품 및 이사물품 등의 면세(관세법 제96조)
    - ⑤ 재수입면세(관세법 제99조)
    - ⑥ 손상감세(관세법 제100조)
    - ⑦ 해외임가공물품 등의 감세(관세법 제101조)
  - 조건부 감면 ☞ 사후관리 대상
    - ① 세율불균형물품의 감면세(관세법 제89조)
    - ② 학술연구용품의 감면세(관세법 제90조)
    - ③ 종교용품 · 자선용품 · 장애인용품 등의 면세(관세법 제91조)
    - ④ 특정물품의 면세 등(관세법 제93조)
    - ⑤ 환경오염방지물품 등에 대한 감면세(관세법 제95조)
    - ⑥ 재수출 면세(관세법 제97조)
    - ⑦ 재수출 감면세(관세법 제98조)

4. 관세감면의 신청시기 및 신청기관

관세법 기타 관세에 관한 법률 또는 조약에 의하여 관세감면을 받고자 하는 자는 당해 물품의 수입신고시부터 수입신고 수리전까지 관세감면 신청서를 통관지 세관장에게 제출하여야 한다.

☞ 사후관리

① 수입시 수입신고 수리일로부터 1개월 이내에 설치 · 사용장소에 반입하고 사후관리 표지를 부착하고 그 사실을 관할 세관장에게 신고하여야 한다.
② 사후관리대상 물품을 수입신고 수리일로부터 사후관리기간 내에 그 설치장소 또는 사용장소를 변경시 변경전의 소재지를 관할하는 세관장에게 설치장소변경 신청서를 제출하고 1개월 내에 변경된 설치 또는 사용장소에 이를 반입하여야 한다.
③ 사후관리대상 물품을 사후관리 기간내에 고장수리, 성능검사, 시험연구 및 미완성 물품의 완성작업을 위해 설치(사용)장소에서 국내 다른 장소로 단기간(3개월) 반출시에는 관할세관장에게 일시 반출신고서를 제출하고 기간내 재반입하여야 한다.
④ 사후관리대상 물품을 사후관리 기간내에 용도외 사용, 양도, 또는 임대, 멸각 시에는 사전에 관할지 세관장의 승인을 받아야 한다.

☞ 사후관리기관

① 설치, 사용장소의 관할지 세관
② 조합(협회), 본사 등에서 일괄수입 분배 → 지사나 회원 등의 소재지 관할세관
③ 지정세관업체 → 지정세관

가. 무조건부 관세감면

1. 외교관용물품 등의 면세(법제88조)

(1) 면제대상

다음의 어느 하나에 해당하는 물품이 수입되는 때에는 그 관세를 면제한다.
① 우리나라에 있는 외국의 대사관 · 공사관 기타 이에 준하는 기관의 업무용품
② 우리나라에 주재하는 외국의 대사 · 공사 기타 이에 준하는 사절 및 그 가족이 사용하는 물품
③ 우리나라에 있는 외국의 영사관 기타 이에 준하는 기관의 업무용품
④ 우리나라에 있는 외국의 대사관 · 공사관 · 영사관 기타 이에 준하는 기관의 직원중 대통령령이 정하는 직원과 그 가족이 사용하는 물품
⑤ 정부와의 사업계약을 수행하기 위하여 외국계약자가 계약조건에 따라 수입하는 업무용품
⑥ 국제기구 또는 외국정부로부터 정부에 파견된 고문관 · 기술단원 기타 기획재정부령이 정하는 자가 사용하는 물품

(2) 사후관리

관세를 면제받은 물품 중 기획재정부령이 정하는 물품(자동차, 선박, 피아노, 전자오르간과 파이프오르간, 엽총)을 수입신고수리일부터 3년의 범위내에서 대통령령이 정하는 기준에 따라 관세청장이 정하는 기간내에 용도외의 다른 용도에 사용하기 위하여 이를 양수할 수 없다. 다만, 미리 세관장의 승인을 받은 때에는 그러하지 아니하다. 용도외에 다른 용도에 사용하기 위하여 양수한 때에는 그 양수자로부터 면제된 관세를 즉시 징수한다.

2. 정부용품 등의 면세 (법제92조)

다음의 어느 하나에 해당하는 물품이 수입되는 때에는 그 관세를 면제할 수 있다.

① 국가기관 또는 지방자치단체에 기증된 물품으로서 공용으로 사용하는 물품. 다만, 기획재정부령이 정하는 물품(승용자동차)을 제외한다.

② 정부가 외국으로부터 수입하는 군수품(정부의 위탁을 받아 정부외의 자가 수입하는 경우를 포함한다) 및 국가원수의 경호용으로 사용하는 물품. 다만, 기획재정부령이 정하는 물품(통상품)을 제외한다.

③ 외국에 주둔하는 국군 또는 재외공관으로부터 반환된 공용품

④ 방송통신위원회가 국가안전보장상 긴요하다고 인정하여 수입하는 비상통신용 및 전파관리용물품

⑤ 정부가 직접 수입하는 간행물, 음반, 녹음된 테이프, 녹화된 슬라이드, 촬영된 필름 기타 이와 유사한 물품 및 자료

⑥ 국가 또는 지방자치단체(이들이 설립하였거나 출연 또는 출자한 법인을 포함한다)가 환경오염 (소음 및 진동을 포함한다)의 측정 또는 분석을 위하여 수입하는 기계 · 기구 중 기획재정부령이 정하는 물품

⑦ 상수도 수질의 측정 또는 그 보전 · 향상을 위하여 국가 또는 지방자치단체(이들이 설립하였거나 출연 또는 출자한 법인을 포함한다)가 수입하는 물품으로서 기획재정부령이 정하는 물품

⑧ 국가정보원장 또는 그 위임을 받은 자가 국가안전보장목적의 수행상 긴요하다고 인정하여 수입하는 물품

3. 소액물품 등의 면세 (법제94조)

다음의 어느 하나에 해당되는 물품이 수입되는 때에는 그 관세를 면제할 수 있다.

① 우리나라의 거주자에게 수여된 훈장 · 기장 또는 이에 준하는 표창장 및 상패

② 기록문서 기타의 서류

③ 상용견품 또는 광고용품으로서 기획재정부령이 정하는 다음의 물품

ㄱ. 물품이 천공 또는 절단되었거나 통상적인 조건으로 판매할 수 없는 상태로 처리되어 견품으로 사용될 것으로 인정되는 물품

ㄴ. 판매 또는 임대를 위한 물품의 상품목록 · 가격표 및 교역안내서등

ㄷ. 과세가격이 미화 250달러 이하인 물품으로서 견품으로 사용될 것으로 인정되는 물품

IX 수출입통관제도

ㄹ. 물품의 형상 · 성질 및 성능으로 보아 견품으로 사용될 것으로 인정되는 물품

④ 우리나라 거주자가 수취하는 소액물품으로서 기획재정부령이 정하는 다음의 물품

ㄱ. 물품가격이 미화 150달러 이하의 물품으로서 자가사용 물품으로 인정되는 것. 다만, 반복 또는 분할하여 수입되는 물품으로서 관세청장이 정하는 기준에 해당하는 것을 제외한다.

ㄴ. 박람회 기타 이에 준하는 행사에 참가하는 자가 행사장안에서 관람자에게 무상으로 제공하기 위하여 수입하는 물품(전시할 기계의 성능을 보여주기 위한 원료를 포함한다). 다만, 관람자 1인당 제공량의 정상도착가격이 미화 5달러 상당액 이하의 것으로서 세관장이 타당하다고 인정하는 것에 한한다.

4. 여행자휴대품 · 이사물품 등의 면세(법제96조)

다음의 어느 하나에 해당하는 물품이 수입되는 때에는 그 관세를 면제할 수 있다.

① 여행자의 휴대품 또는 별송품으로서 여행자의 입국사유 · 체재기간 · 직업 기타의 사정을 고려하여 기획재정부령이 정하는 기준에 따라 세관장이 타당하다고 인정하는 물품

※ 기본면세범위 : 여행자 1명 기준 미화 800달러

※ 술, 담배 및 향수에 대해서는 기본면세범위와 관계없이 다음의 한도에서 관세를 면제

- 술 : 2병(2ℓ 이하, 400달러 이하인 것)
- 담배 : 궐련 200개비, 엽궐련 50개비, 전자담배(니코틴용액) 20(㎖), 전자담배(기타유형) 110g, 그 밖의 담배는 250 그램 (2 이상의 담배 종류를 반입하는 경우에는 한 종류로 한정)
- 향수 : 100㎖

※ 농림축수산물 및 한약제 등의 면세범위 : 총량 40kg 이내, 전체 해외취득가격 10만원 이내 (고시 제20조)

② 우리나라로 거주를 이전하기 위하여 입국하는 자가 입국하는 때에 수입하는 이사물품으로서 거주이전의 사유, 거주기간, 직업, 가족수 기타의 사정을 고려하여 기획재정부령이 정하는 기준에 따라 세관장이 타당하다고 인정하는 물품

③ 외국무역선 또는 외국무역기의 승무원이 휴대하여 수입하는 물품으로서 항행일수 · 체재기간 기타의 사정을 고려하여 세관장이 타당하다고 인정하는 물품. 다만, 기획재정부령이 정하는 물품을 제외한다.

※ 승무원이 휴대하여 수입하는 물품에 대하여 관세를 면제하는 경우 그 면제 한도는 각 물품의 과세가격 합계 기준으로 다음 각 호의 구분에 따른 금액으로 한다. 이 경우 법 제196조제1항제1호 단서 및 같은 조 제2항에 따라 구매한 내국물품이 포함되어 있는 경우에는 다음 각 호의 금액에서 해당 내국물품의 구매가격을 공제한 금액으로 한다.

1. 국제무역기의 승무원이 휴대하여 수입하는 물품: 미화 150달러
2. 국제무역선의 승무원이 휴대하여 수입하는 물품: 다음 각 목의 구분에 따른 금액
   가. 1회 항행기간이 1개월 미만인 경우: 미화 90달러
   나. 1회 항행기간이 1개월 이상 3개월 미만인 경우: 미화 180달러
   다. 1회 항행기간이 3개월 이상인 경우: 미화 270달러

④ 여행자가 면세 범위를 초과하는 휴대품 또는 별송품을 자진신고하는 경우에는 20만원을 넘지 아니하는 범위에서 해당 물품에 부과될 관세(간이세율을 적용하는 물품의 경우에는 간이세율을 적용하여 산출된 세액)의 100분의 30에 상당하는 금액을 경감할 수 있다.

5. 재수입면세 (법제99조)

다음의 어느 하나에 해당하는 물품이 수입되는 때에는 대통령령이 정하는 바에 의하여 그 관세를 면제할 수 있다.

① 우리나라에서 수출(보세가공수출을 포함한다)된 물품으로서 해외에서 제조 · 가공 · 수리 또는 사용(장기간에 걸쳐 사용할 수 있는 물품으로서 임대차계약 또는 도급계약 등에 따라 해외에서 일시적으로 사용하기 위하여 수출된 물품 중 기획재정부령으로 정하는 물품이 사용된 경우와 박람회 · 전시회 · 품평회, 그 밖에 이에 준하는 행사에 출품 또는 사용된 경우는 제외한다)되지 아니하고 수출신고수리일부터 2년 내에 다시 수입되는 물품. 다만, 다음 각 목의 어느 하나에 해당하는 경우에는 관세를 면제하지 아니한다.

ㄱ. 당해 물품 또는 원자재에 대하여 관세의 감면을 받은 경우

ㄴ. 이 법 또는 「수출용원재료에 대한 관세 등 환급에 관한 특례법」에 의한 환급을 받은 경우

ㄷ. 이 법 또는 「수출용 원재료에 대한 관세 등 환급에 관한 특례법」에 따른 환급을 받을 수 있는 자 외의 자가 해당 물품을 재수입하는 경우. 다만, 재수입하는 물품에 대하여 환급을 받을 수 있는 자가 환급받을 권리를 포기하였음을 증명하는 서류를 재수입하는 자가 세관장에게 제출하는 경우는 제외한다.

ㄹ. 보세가공 또는 장치기간경과물품을 재수출조건으로 매각함에 따라 관세가 부과되지 아니한 경우

② 수출물품의 용기로서 다시 수입하는 물품

③ 해외시험 및 연구목적으로 수출된 후 다시 수입되는 물품

※ "기획재정부령으로 정하는 물품"이란 다음 각 호의 물품을 말한다.

1. 장기간에 걸쳐 사용할 수 있는 물품으로서 임대차계약 또는 도급계약 등에 따라 해외에서 일시적으로 사용하기 위하여 수출된 물품 중 「법인세법 시행규칙」 제15조에 따른 내용연수가 3년(금형의 경우에는 2년) 이상인 물품
2. 박람회, 전시회, 품평회, 「국제경기대회 지원법」 제2조제1호에 따른 국제경기대회, 그 밖에 이에 준하는 행사에 출품 또는 사용된 물품
3. 수출물품을 해외에서 설치, 조립 또는 하역하기 위해 사용하는 장비 및 용구
4. 수출물품을 운송하는 과정에서 해당 물품의 품질을 유지하거나 상태를 측정 및 기록하기 위해 해당 물품에 부착하는 기기
5. 결함이 발견된 수출물품
6. 수입물품을 적재하기 위하여 수출하는 용기로서 반복적으로 사용되는 물품

6. 손상감세 (법제100조)

① 수입신고한 물품이 수입신고가 수리되기 전에 변질 또는 손상된 때에는 대통령령이 정하는 바에 의하여 그 관세를 경감할 수 있다.

② 관세법 기타 법률 또는 조약 · 협정 등에 의하여 관세의 감면을 받은 물품에 대하여 관세를 추징하는 경우 그 물품이 변질 또는 손상되거나 사용으로 인하여 당해 물품의 가치가 감소된 때에는 대통령령이 정하는 바에 의하여 그 관세를 경감할 수 있다.

7. 해외임가공물품 등의 감세(법제101조)

다음의 어느 하나에 해당하는 물품이 수입되는 때에는 대통령령이 정하는 바에 의하여 그 관세를 경감할 수 있다.

① 원재료 또는 부분품을 수출하여 기획재정부령이 정하는 물품으로 제조 · 가공한 물품

② 가공 또는 수리할 목적으로 수출한 물품으로서 기획재정부령이 정하는 기준에 적합한 물품
그러나 다음의 어느 하나에 해당하는 경우에는 그 관세를 경감하지 아니한다.

ㄱ. 해당 물품 또는 원자재에 대하여 관세의 감면을 받은 경우. 다만, 가공 또는 수리할 목적으로 수출한 물품으로서 기획재정부령이 정하는 기준에 적합한 물품은 제외한다.

ㄴ. 관세법 또는 「수출용원재료에 대한 관세 등 환급에 관한 특례법」에 따른 환급을 받은 경우

ㄷ. 보세가공 또는 장치기간경과물품을 재수출조건으로 매각함에 따라 관세가 부과되지 아니한 경우

나. 조건부 관세감면

1. 세율불균형물품의 감면세 (법제89조)

(1) 감면대상

세율불균형을 시정하기 위하여 「조세특례제한법」 제5조제1항에 따른 중소기업이 대통령령이 정하는 바에 의하여 세관장이 지정하는 공장에서 다음에 해당하는 물품을 제조 또는 수리하기 위하여 사용되는 부분품 및 원재료(수출한 후 외국에서 수리 · 가공되어 수입되는 부분품 및 원재료의 가공수리분을 포함한다)중 기획재정부령이 정하는 물품에 대하여는 그 관세를 감면할 수 있다.

① 항공기(부분품을 포함한다)

② 반도체 제조용 장비(부속기기를 포함한다)

(2) 항공기 (부분품, 원재료) 감면율

중소기업이 아닌 자가 세관장이 지정하는 공장에서 항공기(부분품)을 제조 또는 수리하기 위하여 사용하는 부분품과 원재료에 대한 관세 감면율은 다음과 같다.

☞ **중소기업 이외의 기업에 대한 경과조치**

세율불균형감면대상업체가 중소기업으로 제한됨에 따라 기존의 감면을 받아오던 대기업(중견기업)의 피해를 완하하기 위하여 순차적으로 감면율을 축소함.

1. 항공기(부분품)에 대한 감면율

(1) 「세계무역기구 설립을 위한 마라케쉬 협정 부속서 4의 민간항공기 무역에 관한 협정」 대상물품 중 기획재정부령으로 정하는 물품
- 2025년 1월 1일 ~ 2025년 12월 31일 : 100%
- 2026년 1월 1일 ~ 2026년 12월 31일 : 80%
- 2027년 1월 1일 ~ 2027년 12월 31일 : 60%
- 2028년 1월 1일 ~ 2028년 12월 31일 : 40%
- 2029년 1월 1일 ~ 2029년 12월 31일 : 20%

(2) 제1호 이외의 물품
- 2019년 5월 1일 ~ 2019년 12월 31일 : 90%
- 2020년 1월 1일 ~ 2020년 12월 31일 : 80%
- 2021년 1월 1일 ~ 2021년 12월 31일 : 70%
- 2022년 1월 1일 ~ 2022년 12월 31일 : 60%
- 2023년 1월 1일 ~ 2023년 12월 31일 : 50%
- 2024년 1월 1일 ~ 2024년 12월 31일 : 40%
- 2025년 1월 1일 ~ 2025년 12월 31일 : 20%

(3) 제조 · 수리공장의 지정

세율불균형물품의 감면세 규정을 적용받는 물품은 세관장이 지정하는 공장(3년의 범위내)에서 제조 또는 수리하여야 한다. 또한 세관장은 항공기의 수리가 일시적으로 행하여지는 공항 내의 특정지역이 감시 · 단속에 지장이 없고, 세율불균형물품의 감면세 관리업무의 효율화를 위하여 필요하다고 인정되는 경우에는 당해 특정지역을 제조 · 수리공장으로 지정할 수 있다. 단, 관세법 제175조의 특허보세구역의 운영인의 결격사유에 해당하는 자는 제조 · 수리공장의 지정을 받을 수 없다. 보세공장의 설치 · 운영에 관한 규정을 준용한다.

2. 학술연구용품의 감면세 (법제90조)

(1) 대상

다음의 어느 하나에 해당하는 물품이 수입되는 때에는 그 관세를 감면할 수 있다.

① 국가기관 · 지방자치단체 및 기획재정부령이 정하는 기관에서 사용할 학술연구용품 · 교육용품 및 실험실습용품으로서 기획재정부령이 정하는 물품

② 학교 · 공공의료기관 · 공공직업훈련원 · 박물관, 그 밖에 이에 준하는 기획재정부령으로 정하는 기관에서 학술연구용 · 교육용 · 훈련용 · 실험실습용 및 과학기술연구용으로 사용할 물품 중 기획재정부령으로 정하는 물품

③ 위 ②의 기관에서 사용할 학술연구용품 · 교육용품 · 훈련용품 · 실험실습용품 및 과학기술연구용품으로서 외국으로부터 기증되는 물품. 다만, 기획경제부령이 정하는 물품을 제외한다.

④ 기획재정부령이 정하는 자가 산업기술의 연구 · 개발에 사용하기 위하여 수입하는 물품으로서 기획재정부령이 정하는 물품

(2) 감면율

학술연구용품의 감면 규정에 의한 관세의 감면율은 100분의 80으로 한다. 다만, 공공의료기관 및 학교부설의료기관에서 사용할 물품에 대한 관세의 감면율은 100분의 50으로 한다.

3. 종교용품 · 자선용품 · 장애인용품 등의 면세(제91조)

다음의 물품이 수입되는 때에는 그 관세를 면제한다.

① 교회 · 사원 등 종교단체의 예배용품 및 식전용품으로서 외국으로부터 기증되는 물품. 다만, 기획재정부령이 정하는 물품을 제외한다.

② 자선 또는 구호의 목적으로 기증되는 물품 및 기획재정부령이 정하는 자선 · 구호시설 또는 사회복지시설에 기증되는 물품으로서 당해 용도에 직접 사용하는 물품. 다만, 기획재정부령이 정하는 물품을 제외한다.

③ 국제적십자사 · 외국적십자사 및 기획재정부령이 정하는 국제기구가 국제평화봉사활동 또는 국제친선활동을 위하여 기증하는 물품

④ 시각 · 청각 및 언어의 장애인, 지체장애인, 만성신부전증환자, 희귀난치성질환자 등을 위한 용도로 특수하게 제작 또는 제조된 물품 중 기획재정부령이 정하는 물품

⑤ 「장애인복지법」 제58조의 규정에 의한 장애인복지시설 및 장애인의 재활의료를 목적으로 국가 · 지방자치단체 또는 사회복지법인이 운영하는 재활병 · 의원에서 장애인의 진단 및 치료를 위하여 사용하는 의료용구

4. 특정물품의 면세 등 (법제93조)

다음에 해당되는 물품이 수입되는 때에는 그 관세를 면제할 수 있다.

① 동 식물의 번식 · 양식 및 종자개량을 위한 물품 중 기획재정부령이 정하는 물품

② 박람회 · 국제경기대회 그 밖에 이에 준하는 행사 중 기획재정부령이 정하는 행사에 사용하기 위하여 그 행사에 참가하는 자가 수입하는 물품 중 기획재정부령이 정하는 물품

③ 핵 사고 또는 방사능긴급사태시 그 복구지원 및 구호의 목적으로 외국으로부터 기증되는 물품으로서 기획재정부령이 정하는 물품

④ 우리나라 선박이 외국정부의 허가를 받아 외국의 영해에서 채집 또는 포획한 수산물(이를 원료로 하여 우리나라 선박에서 제조 · 가공한 것을 포함한다. 이하 이 조에서 같다.)

⑤ 우리나라 선박이 외국의 선박과 협력하여 기획재정부령이 정하는 방법으로 채집 또는 포획한 수산물로서 농림수산식품부장관이 추천하는 것

⑥ 농림수산식품부장관의 허가를 받은 자가 기획재정부령이 정하는 요건에 적합하게 외국인과 합작하여 채집 또는 포획한 수산물 중 농림수산식품부장관이 기획재정부장관과 협의하여 추천하는 것

⑦ 우리나라 선박 등에 의하여 채집 또는 포획된 수산물과 제6호 및 제7호의 규정에 의한 수산물의 포장에 사용된 물품으로서 재사용이 불가능한 것 중 기획재정부령이 정하는 물품

⑧ 「중소기업기본법」 제2조의 규정에 의한 중소기업이 해외구매자의 주문에 따라 제작한 기계 · 기구가 당해 구매자가 요구한 규격 및 성능에 일치하는지 여부를 확인하기 위하여 행하는 시험생산에 소요되는 원재료로서 기획재정부령이 정하는 요건에 적합한 물품

⑨ 우리나라를 방문하는 외국의 원수와 그 가족 및 수행원의 물품

⑩ 우리나라의 선박 기타 운송수단이 조난으로 인하여 해체된 경우 그 해체재 및 장비

⑪ 우리나라와 외국간에 건설될 교량 · 통신시설 · 해저통로 기타 이에 준하는 시설의 건설 또는 수리에 소요되는 물품

⑫ 우리나라 수출물품의 품질 · 규격 · 안전도 등이 수입국의 권한있는 기관이 정하는 조건에 적합한 것임을 표시하는 수출물품첩부용증표로서 기획재정부령이 정하는 물품

⑬ 우리나라의 선박 또는 항공기가 해외에서 사고로 인하여 발생한 피해를 복구하기 위하여 외국의 보험회사 또는 외국의 가해자의 부담으로 행하는 수리부분에 해당하는 물품

⑭ 우리나라의 선박 또는 항공기가 매매계약상의 하자보수보증기간중에 외국에서 발생한 고장에 대하여 외국의 매도인의 부담으로 행하는 수리부분에 해당하는 물품

⑮ 국제올림픽 · 장애인올림픽 · 농아인올림픽 및 아시아운동경기 · 장애인아시아운동경기 종목에 해당하는 운동용구(부분품을 포함한다)로서 기획재정부령이 정하는 물품

⑯ 국립묘지의 건설 · 유지 또는 장식을 위한 자재와 국립묘지에 안장되는 자의 관 · 유골함 및 장례용 물품

⑰ 피상속인의 사망으로 인하여 국내에 주소를 둔 자에게 상속되는 피상속인의 신변용품

5. 환경오염방지물품 등에 대한 감면세 (법제95조)

(1) 대상

기계 · 전자기술 또는 정보처리기술을 응용한 공장 자동화 기계 · 기구 · 설비(그 구성기기를 포함한다) 및 그 핵심부분품으로서 국내에서 제작하기 곤란한 물품이 수입될 때에는 그 관세를 감면할 수 있다.

(2) 감면율

① 기계 · 전자기술 또는 정보처리기술을 응용한 공장 자동화 기계 · 기구 · 설비(그 구성기기를 포함한다) 및 그 핵심부분품으로서 기획재정부령으로 정하는 다음의 물품

가. 감면대상물품 : 공장자동화물품

나. 감면율

ㄱ. 중소기업기본법 제2조제1항의 규정에 의한 중소제조업체

(가) 2021년 3월 16일 ~ 2023년 12월 31일 : 70%

(나) 2024년 1월 1일 이후 : 30%

ㄴ. 조세특례제한법시행령 제6조의4제1항에 따른 중견기업으로서 한국표준산업분류표상 제조업으로 분류되는 업체 : 50% (2021년 3월 16일 ~ 2023년 12월 31일까지)

- 제59조제3항에 따른 중소제조업체가 수입신고하는 경우: 100분의 30 (2026년 12월 31일까지 수입신고하는 경우에는 100분의 50)
- 「조세특례제한법 시행령」 제6조의4제1항에 따른 중견기업으로서 「통계법」 제22조에 따라 통계청장이 고시하는 산업에 관한 표준분류(이하 "한국표준산업분류표"라 한다)상 제조업을 경영하는 업체가 2026년 12월 31일까지 수입신고하는 경우: 100분의 30

6. 재수출면세(법제97조)

(1) 대상

수입신고수리일부터 다음의 기간 내에 다시 수출하는 물품에 대하여는 그 관세를 면제할 수 있다.

① 1년의 범위 내에서 기획재정부령이 정하는 기준에 따라 시행규칙 제50조제1항에서 정한 물품. 다만, 세관장은 부득이한 사유가 있다고 인정되는 때에는 1년의 범위에서 그 기간을 연장할 수 있다.

② 1년을 초과하여 수출해야 할 부득이한 사유가 있는 물품으로서 기획재정부령이 정하는 물품 : 세관장이 정하는 기간

(2) 담보제공

다음의 구분에 따라 감면받는 관세액에 상당하는 금액을 수입신고를 수리하는 때까지 담보로 제공하여야 함.

① 금전담보 : 감면받는 관세액(100%)

② 그 밖의 담보 : 감면받는 관세액(100%) + 1차가산금(3%). 단, 감면세액이 50만원 미만인 경우는 담보제공 제외

(3) 사후관리

관세의 면제를 받은 물품은 동항의 기간내에 동항에서 정한 용도 외 다른 용도에 사용하거나 양도할 수 없다. 다만, 대통령령이 정하는 바에 의하여 미리 세관장의 승인을 얻은 때에는 그러하지 아니하다. 만약 재수출면세기간 내에 수출하지 아니한 경우, 지정된 용도 이외에 다른 용도에 사용한 경우에는 수출하지 아니한 자, 용도 외에 사용한자 또는 그 양도를 한 자로부터 면제된 관세를 즉시 징수하며, 양도인으로부터 당해 관세를 징수할 수 없는 때에는 그 양수인으로부터 면제된 관세를 즉시 징수한다. 다만, 재해 기타 부득이한 사유로 멸실되었거나 미리 세관장의 승인을 받아 폐기한 때에는 그러하지 아니하다.

(3) 가산세

관세의 면제를 받은 물품 중 기획재정부령이 정하는 물품을 규정된 기간내에 수출하지 아니한 때에는 500만원을 초과하지 아니하는 범위안에서 해당 물품에 부과될 관세액의 20% 금액을 가산세로서 징수한다.

7. 재수출감면세 (법제98조)

(1) 대상

장기간에 걸쳐 사용할 수 있는 물품으로서 그 수입이 임대차계약에 의하거나 도급계약 또는 수출계약의 이행과 관련하여 국내에서 일시적으로 사용하기 위하여 수입하는 물품 중 기획재정부령이 정하는 물품이 그 수입신고수리일부터 2년(장기간의 사용이 부득이한 물품으로서 기획재정부령이 정하는 것 중 수입전에 세관장의 승인을 얻은 것은 4년의 범위 내에서 대통령령이 정하는 기준에 따라 세관장이 정하는 기간을 말한다)이내에 재수출되는 것에 대하여는 다음 각 호에 따라 그 관세를 경감할 수 있다. 다만, 외국과의 조약 · 협정 등에 의하여 수입되는 때에는 상호조건에 따라 그 관세를 면제한다.

(2) 재수출 감세율

① 재수출기간이 6월 이내인 경우 당해 물품에 대한 관세액의 100분의 85
② 재수출기간이 6월 초과 1년 이내인 경우 당해 물품에 대한 관세액의 100분의 70
③ 재수출기간이 1년 초과 2년 이내인 경우 당해 물품에 대한 관세액의 100분의 55
④ 재수출기간이 2년 초과 3년 이내인 경우 당해 물품에 대한 관세액의 100분의 40
⑤ 재수출기간이 3년 초과 4년 이내인 경우 당해 물품에 대한 관세액의 100분의 30

(3) 가산세

관세의 경감을 받은 물품 중 기획재정부령이 정하는 물품을 규정된 기간내에 수출하지 아니한 때에는 500만원을 초과하지 아니하는 범위안에서 해당 물품에 부과될 관세액의 20% 금액을 가산세로서 징수한다.

제5절 보세구역 및 보세운송

1. 보세구역

보세구역이란 수입신고수리 미완료 상태에 있는 외국물품, 즉 보세화물을 세관의 관리 하에 장치, 검사, 전시, 제조 · 가공, 건설, 판매할 수 있는 구역을 말한다. 외국으로부터 도착한 화물에 대한 관세의 확보, 반입 목적에 맞는 합당한 관리 및 신속한 통관 등을 위하여 이를 관리할 수 있는 적절한 장소를 관세법에서 정한 일정한 구역을 말한다.

2. 보세구역의 장치 원칙

외국물품과 내국운송의 신고를 하고자 하는 내국물품은 반드시 보세구역에 장치하여야 한다.

☞ 보세구역외 장치허가

외국물품과 내국운송의 신고를 하고자 하는 내국물품은 반드시 보세구역에 장치하여야 한다. 그러나 크기나 무게의 과다 기타의 사유로 보세구역에 장치하기 곤란한 다음의 경우에는 보세구역 외에 장치가 가능하다. 이 경우 세관장의 허가를 받아야 하며, 수수료를 납부하여야 한다.

① 물품이 크기 또는 무게의 과다로 보세구역의 고내(庫內)에 장치하기 곤란한 물품
② 다량의 산물로서 보세구역에 장치후 다시 운송하는 것이 불합리하다고 인정하는 물품
③ 부패, 변질의 우려가 있거나, 부패, 변질하여 다른 물품을 오손할 우려가 있는 물품과 방진, 방습 등 특수보관이 필요한 물품
④ 귀중품, 의약품, 살아있는 동 · 식물 등으로서 보세구역에 장치하는 것이 곤란한 물품
⑤ 보세구역이 아닌 검역시행장에 반입할 검역물품
⑥ 보세구역과의 교통이 불편한 지역에 양륙된 물품으로서 보세구역으로 운반하는 것이 불합리한 물품
⑦ 「대외무역관리규정」제2조제11호에 따른 중계무역물품으로서 보수작업이 필요한 경우 시설미비, 장소협소 등의 사유로 인하여 보세구역내에서 보수 작업이 곤란하고 감시단속상 문제가 없다고 세관장이 인정하는 물품
⑧ 자가공장 및 시설(용광로 또는 전기로, 압연시설을 말한다)을 갖춘 실수요자가 수입하는 고철 등 물품
⑨ 그 밖에 세관장이 보세구역외장치를 허가할 필요가 있다고 인정하는 물품

3. 보세구역의 종류

보세구역은 지정보세구역, 특허보세구역 및 종합보세구역으로 구분된다. 지정보세구역이란 세관검사장, 지정장치장으로 나눠지며, 특허보세구역은 보세창고, 보세공장, 보세전시장, 보세건설장 및 보세판매장으로 구분된다. 또한 종합보세구역이란 특허보세구역의 기능 중 둘이상의 기능을 종합적으로 수행하는 보세구역을 말한다.

(1) 지정보세구역

가) 지정장치장

지정장치장은 통관을 하고자 하는 물품을 일시 장치하기 위한 장소로서 세관장이 지정하는 구역으로 한다.

☞ 지정장치장의 장치기간

지정장치장의 물품의 장치기간은 6개월의 범위 내에서 관세청장이 정한다. 다만, 관세청장이 정하는 기준에 의하여 세관장은 3월의 범위 이내에서 그 기간을 연장할 수 있다.
(부산항 · 인천항 · 인천공항 · 김해공항 항역내의 지정장치장으로 반입된 물품의 장치기간은 2월로 하며, 세관장이 필요하다고 인정할 때에는 2개월의 범위 안에서 그 기간을 연장할 수 있다)

나) 세관검사장

세관검사장은 통관을 하고자 하는 물품을 검사하기 위한 장소이다.
세관검사장에 반입되는 물품의 채취 · 운반 등에 필요한 비용은 화주가 부담한다.

(2) 특허보세구역

특허보세구역을 설치 · 운영하고자 하는 자는 세관장의 특허를 받아야 한다. 기존의 특허를 갱신하고자 하는 자 역시 특허를 받아야 하며, 기획재정부령으로 정하는 바에 의하여 수수료를 납부하여야 한다.

가) 보세창고

보세창고란 외국물품 또는 통관을 하고자 하는 물품을 장치하는 곳을 말한다.

① 비축물이 아닌 외국물품의 경우

1년의 범위 내에서 관세청장이 정하는 기간
(다만, 세관장이 필요하다고 인정하는 경우에는 1년의 범위 안에서 그 기간을 연장할 수 있다.)

② 비축물이 아닌 내국물품

1년의 범위 안에서 관세청장이 정하는 기간

③ 비축물품, 국제물류의 촉진을 위하여 관세청장이 정하는 물품

비축에 필요한 기간

나) 보세공장

보세공장이란 외국물품을 원료 또는 재료로 하거나 외국물품과 내국물품을 원료 또는 재료로 하여 제조 · 가공 기타 이와 비슷한 작업을 할 수 있는 곳으로서, 보세공장에서는 세관장의 허가를 받지 아니하고는 내국물품만을 원료로 하거나 재료로 하여 제조, 가공 기타 이와 비슷한 작업을 할 수 없다.

다) 보세건설장

보세건설장이란 산업시설의 건설에 소요되는 외국물품인 기계류 설비품 또는 공사용 장비를 장치 · 사용하여 당해 건설공사를 할 수 있는 곳이다. 운영인은 보세건설장에 외국물품을 반입한 때에는 사용 전에 당해 물품에 대하여 수입신고를 하고 세관공무원의 검사를 받아야 한다. 다만, 세관공무원이 필요가 없다고 인정하는 때에는 검사를 하지 아니할 수 있다.

라) 보세전시장

보세전시장에서는 박람회 · 전람회 · 견품시 등의 운영을 위하여 외국물품을 장치 · 전시 또는 사용할 수 있다.

마) 보세판매장

보세판매장에서는 외국으로 반출하거나 외교관 등 관세의 면제를 받을 수 있는 자가 사용하는 것을 조건으로 외국물품을 판매할 수 있다. 세관장은 보세판매장에서 판매할 수 있는 물품의 종류 · 수량 · 장치장소 등을 제한할 수 있다. 또한 보세판매장에서 판매하는 물품의 반입 · 반출 · 인도 및 관리에 관하여 필요한 사항은 대통령령으로 정한다.

(3) 종합보세구역

가) 의의

종합보세구역은 운영인이 특허보세구역인 보세창고 · 보세공장 · 보세전시장 · 보세건설장 및 보세판매장의 기능을 종합적으로 수행할 수 있는 보세구역을 말한다.

나) 종합보세구역의 지정대상 지역

종합보세구역은 외국인투자지역, 산업단지, 공동집배송센터, 물류단지 및 기타 종합보세구역으로 지정됨으로써 외국인 수출증대, 투자증대 또는 물류촉진 등의 효과가 있을 것으로 예상되는 지역으로 관세청장이 종합보세구역으로 지정할 필요가 있다고 인정하는 지역을 대상으로 한다.

다) 종합보세구역의 장치기간

종합보세구역에 반입한 물품의 장치기간은 이를 제한하지 않는다. 다만, 종합보세기능 중 보세창고의 기능을 수행하는 장소 중에서 관세청장이 수출입물품의 원활한 유통을 위하여 필요하다고 인정하여 지정한 장소에 반입되는 물품에 대하여는 1년의 범위 안에서 관세청장이 정하는 기간을 그 장치기간으로 한다.

☞ 자유무역지역

자유무역지역이란 대외무역법, 관세법 등 관계법률에 대한 특례와 지원을 통하여 자유로운 제조, 물류, 유통 및 무역활동 등을 보장하기 위한 지역으로서 중앙행정기관의 장이나 특별시장, 광역시장 또는 도지사의 요청에 의하여 지역실정, 지정의 필요성 및 지정요건을 검토한 후 산업통상자원부장관이 지정한 지역을 말한다.

4. 보세운송제도

(1) 의의

수입화물의 화주에게 경비의 절감, 절차의 간소화, 자금부담의 완화 등 편의를 주는 목적으로 외국물품을 보세상태로 개항, 보세구역, 보세구역외 장치 허가를 받은 장소, 세관관서, 통관역, 통관장 등의 장소간에 국내에서 운송하는 제도를 의미한다. 수출물품에 대한 보세운송제도를 폐지하고, 수입물품에 대한 보세운송제도를 면허제에서 신고제로 전환하면서 신고방법을 보세운송 신고와 보세운송 승인 신청으로 이원화 하였다.

(2) 보세운송의 신고 및 승인

가) 보세운송의 신고 (원칙)

보세운송을 하고자 하는 화주, 관세사 등, 보세운송업자는 관세청장이 정하는 바에 의하여 세관장에게 보세운송의 신고를 하여야 한다.

나) 보세운송 승인 (예외)

물품의 감시 등을 위하여 필요하다고 인정되는 다음의 경우에는 세관장의 승인을 받아야 한다.

① 보세운송된 물품 중 다른 보세구역 등으로 재보세운송하고자 하는 물품
② 검역법 · 식물방역법 · 가축전염병예방법 등의 규정에 의하여 검역을 요하는 물품
③ 위험물안전관리법에 따른 위험물과 화학물질관리법에 따른 유해화학물질
④ 비금속설
⑤ 화물이 국내에 도착된 후 최초로 보세구역에 반입된 날부터 30일이 경과한 물품
⑥ 통관이 보류되거나 수입신고수리가 불가능한 물품
⑦ 보세구역 외 장치허가를 받은 장소로 운송하는 물품

⑧ 귀석 · 반귀석 · 귀금속 · 한약재 · 의약품 · 향료 등과 같이 부피가 작고 고가인 물품
⑨ 화주 또는 화물에 대한 권리를 가진 자가 직접 보세운송하는 물품
⑩ 관세청장 또는 세관장이 감시상 필요에 의해 통관지를 제한한 물품
⑪ 적하목록상 동일한 화주의 선하증권 단위의 물품을 분할하여 보세운송하는 경우 그 물품
⑫ 불법 수출입의 방지 등을 위하여 세관장이 지정한 물품
⑬ 법 및 법에 의한 세관장의 명령을 위반하여 관세범으로 조사를 받고 있거나 기소되어 확정판결을 기다리고 있는 보세운송업자 등이 운송하는 물품

다) 보세운송의 생략

수입물품 중 다음에 해당하는 물품은 보세운송절차를 요하지 않는다.
①「우편법」에 따라 체신관서의 관리하에 운송되는 물품
② 검역법 등에 의거 검역관서가 인수하여 검역소 구내계류장 또는 검역시행 장소로 운송하는 검역대상 물품
③ 국가기관에 의하여 운송되는 압수물품

(3) 보세운송기간 등

보세운송물품은 보세운송신고수리(승인)일로부터 관세청장이 정한 기간 내(해상화물 : 10일, 항공화물 : 5일 이내)에 목적지에 도착하여야 한다. 다만, 세관장은 선박 또는 항공기 입항전에 보세운송신고를 하는 때에는 입항예정일 및 하선(기)장소 반입기간을 고려하여 5일 이내의 기간을 추가할 수 있다. 또한 세관장은 재해 기타 부득이한 사유로 인하여 필요하다고 인정되는 때에는 그 기간을 연장할 수 있다. 보세운송신고를 하거나 승인을 받아 보세운송하는 외국물품이 지정된 기간 내에 목적지에 도착하지 아니하는 때에는 즉시 그 관세를 징수한다.

☞ 종합보세운송 제도

① 선사 책임하에 수출국에서 화주 문전까지 운송하는 제도(Door to Door 운송)
② 선사는 화주의 요청에 따라 FCL화물 또는 동일한 목적지로 운송하는 LCL 화물에 대하여 B/L 단위로 직접운송 가능

☞ 하선전 보세운송 신고

선박이나 항공기가 입항하기 전에 적하목록을 제출하면 화물에 대해 입항전에 보세운송신고 가능함.

☞ 보세구역반출입 신고

① 종래 보세운송 도착보고 및 보세구역 반출입보고를 보세구역 반출입신고로 대체 적하목록의 화물관리번호를 기초로 세관화물정보시스템에서 실질적인 화물관리 수행함.
② 보세구역 운영인은 입항지운송(또는 내륙지운송)에 의해 수입화물이 보세구역에 도착한 때에는 반입 즉시 세관화물 정보시스템에 반입신고를 하여야 한다.

제6절 체화물품의 처리

1. 의의

체화물품이란 관세법 및 동법 시행령에 정한 보세구역별 물품의 장치기간이 경과한 물품을 말한다.

2. 체화물품의 범위

외국물품과 내국운송의 신고를 하고자 하는 내국물품은 반드시 보세구역에 장치하여야 한다. 보세구역은 지정보세구역, 특허보세구역 및 종합보세구역으로 구분되며, 각 보세구역별 장치기간이 경과된 물품이 체화물품이 된다. 보세구역별 장치기간은 다음과 같다.

(1) 지정장치장의 장치기간

지정장치장의 장치기간은 6월의 범위 내에서 관세청장이 한다. 다만, 관세청장이 정하는 기준에 의하여 세관장은 3월의 범위 이내에서 그 기간을 연장 할 수 있다.

(부산항 · 인천항 · 인천공항 · 김해공항 항역내의 지정장치장으로 반입된 물품의 장치기간은 2월로 하며, 세관장이 필요하다고 인정할 때에는 2개월의 범위 안에서 그 기간을 연장할 수 있다)

(2) 보세창고의 장치기간

정부비축용물품, 정부와의 계약이행을 위하여 비축하는 방위산업용물품, 장기간 비축이 필요한 수출용원재료와 수출품보수용물품으로서 세관장이 인정하는 물품 및 국제물류의 촉진을 위하여 관세청장이 정하는 물품의 장치기간은 비축에 필요한 기간으로 한다. 그 이외의 물품의 경우 1년의 범위 내에서 관세청장이 정하는 기간으로 한다. 다만, 세관장이 필요하다고 인정하는 경우에는 1년의 범위 안에서 그 기간을 연장할 수 있다. 그 이외의 내국물품의 경우 1년의 범위 안에서 관세청장이 정하는 기간을 그 장치기간으로 한다.

(3) 보세창고 이외의 특허보세구역의 장치기간

보세공장, 보세전시장, 보세건설장 및 보세판매장의 장치기간은 당해 특허보세구역의 특허기간으로 한다.

(4) 종합보세구역의 장치기간

종합보세구역에 반입한 물품의 장치기간은 이를 제한하지 아니한다. 다만, 보세창고의 기능을 수행하는 장소 중에서 관세청장이 수출입물품의 원활한 유통을 촉진하기 위하여 필요하다고 인정하여 지정한 장소에 반입되는 물품에 대하여는 1년의 범위 안에서 관세청장이 정하는 기간을 그 장치기간으로 한다.

3. 매각절차

(1) 수출 · 수입 · 반송통고

세관장은 장치기간이 경과한 물품을 매각하고자 하는 때에는 그 화주 등에 대하여 통고일로부터 1월 내에 당해 물품을 수출 · 수입 · 반송할 것을 통고하여야 하며, 통고할 수 없는 경우에는 공고로서 갈음한다.

(2) 매각공고

매각공고는 공매예정가격산출서를 통보받은 날부터 60일의 기간 내(입찰 전일부터 10일 전)에 소관세관관서의 게시판과 인터넷의 관세청 및 본부세관 홈페이지에 공고하고 필요하면 일간신문에 게재할 수 있다.

(3) 매각

매각방법에는 일반경쟁입찰, 지명경쟁입찰, 수의계약, 경매 및 위탁판매에 의하여야 한다.

가) 경쟁입찰

경쟁입찰에 의하여 매각하고자 하는 경우에는 5일 이상의 간격을 두어 다시 입찰에 붙일 수 있으며 그 예정가격은 최초 예정가격의 100분의 10 이내의 금액을 입찰시마다 체감할 수 있다. 단, 체감한도액은 최초예정가격의 100분의 50으로 한다.

나) 경매 또는 수의계약

2회 이상 경쟁입찰에도 매각되지 아니하거나 매각물품의 성질 등에 따라 경쟁입찰의 방법에 의하여 매각할 수 없는 경우에는 경매 또는 수의계약에 의하여 매각할 수 있다. 수의계약을 체결하지 못하고 재입찰에 붙인 때에는 직전 입찰에서의 최고응찰가격을 다음회의 예정가격으로 한다. 수의계약을 할 수 있는 자로서 그 체결에 응하지 아니하는 자는 당해 물품에 대한 다음 회 이후의 경쟁입찰에 참가할 수 없다.

다) 위탁판매

경매 또는 수의계약에 의하여 매각되지 아니하거나 신속한 매각이 필요한 경우에는 위탁판매의 방법에 의하여 매각할 수 있다. 이때의 판매가격은 당해물품의 최종예정가격으로 한다.

(4) 반출통고

세관장은 매각되지 아니한 물품에 대하여는 그 물품의 화주 등에 대하여 장치장소로부터 지체없이 반출 할 것을 통고 하여야 한다.

(5) 국고귀속

반출통고를 한 후 1월 이내에 당해 물품을 반출하지 아니한 때에는 화주가 소유권을 포기한 것으로 이를 국고에 귀속시킬 수 있다.

4. 긴급매각물품

다음의 물품은 장치기간이 경과되기 전이라도 공고한 후 매각할 수 있다. 또한 장치기간이 경과된 물품이 다음에 해당하는 물품인 경우 급박하여 공고할 여유가 없는 때에는 매각한 후 공고할 수 있다.

① 살아있는 동식물
② 부패하거나 부패할 우려가 있는 것
③ 창고나 다른 외국물품에 해를 끼칠 우려가 있는 것
④ 기간이 지나면 사용할 수 없게 되거나 상품가치가 현저히 떨어질 우려가 있는 것
⑤ 관세청장이 정하는 물품 중 화주가 요청하는 것
⑥ 제26조에 따른 강제징수, 「국세징수법」 제30조에 따른 강제징수 및 「지방세징수법」 제39조의2에 따른 체납처분을 위하여 세관장이 압류한 수입물품(제2조제4호가목의 외국물품으로 한정한다)

제7절 병행수입제도

1. 의의

병행수입(Parallel Import or Gray Import)은 상표를 등록한 상표권자나 상표권자로부터 상표 사용권을 얻은 전용 사용권자가 있더라도 외국에서 적법하게 부착되어 유통되는 진정상품을 일정요건이 되는 경우에는 제3자가 국내로 수입할 수 있도록 허용하는 제도이다.

2. 병행수입 허용기준 및 금지기준

(1) 허용기준

① 국내외 상표권자(국내 상표권자가 전용사용권을 설정한 경우에는 전용사용권자를 말한다. 이하 이 조에서 같다)가 동일인이거나 계열회사 관계(주식의 30%이상을 소유하면서 최다 출자자인 경우), 수입대리점 관계 등 동일인으로 볼 수 있는 관계가 있는 경우

② 국내외 상표권자가 동일인 관계가 아니면서 국내 상표권자가 외국에서 생산된 진정상품(외국 상표권자의 허락을 받아 생산된 진정상품을 포함한다. 이하 같다)을 수입하거나 판매하는 경우

③ 국내 상표권자가 수출한 물품을 국내로 다시 수입하는 경우

④ 외국 상표권자의 요청에 따라 주문제작하기 위하여 견본품을 수입하면서 그에 관한 입증자료를 제출하는 경우

⑤ 상표권자가 처분제한 없는 조건으로 양도담보 제공한 물품을 해당 상표에 대한 권리 없는 자가 수입(법 제240조에 따라 수입이 의제되는 경우를 포함한다. 이하 같다)하는 경우 국내 외 상표권자와 동일인 관계에 있지 아니하지만 당해 상표가 부착된 물품을 국내에서 수입 판매하는 경우

(2) 금지기준

국내외 상표권자가 동일인이 아니면서 국내 상표권자가 해당 상표가 부착된 지정상품을 다음 각 호의 어느 하나와 같이 제조만 하는 때에는 상표권을 침해한 것으로 본다.

① 전량 국내에서 제조하는 경우(국내 주문자상표부착방식 제조 포함)

② 해외에서 주문자상표부착방식으로 제조하여 수입하는 경우. 다만, 주문자상표부착방식으로 제조하는 외국 제조자가 국외 상표권자로부터 해당 상표의 사용허락을 받은 경우에는 그러하지 아니하다.

③ 국내 상표권자가 해당 상표가 부착된 부분품을 수입하여 조립하거나 일부 가공한 뒤 수입된 부분품과 HS 6단위 세번이 다른 완제품을 생산하는 경우

3. 병행수입의 유형

(1) 병행수입이 허용되는 경우(수출입사실 통보대상 아님)

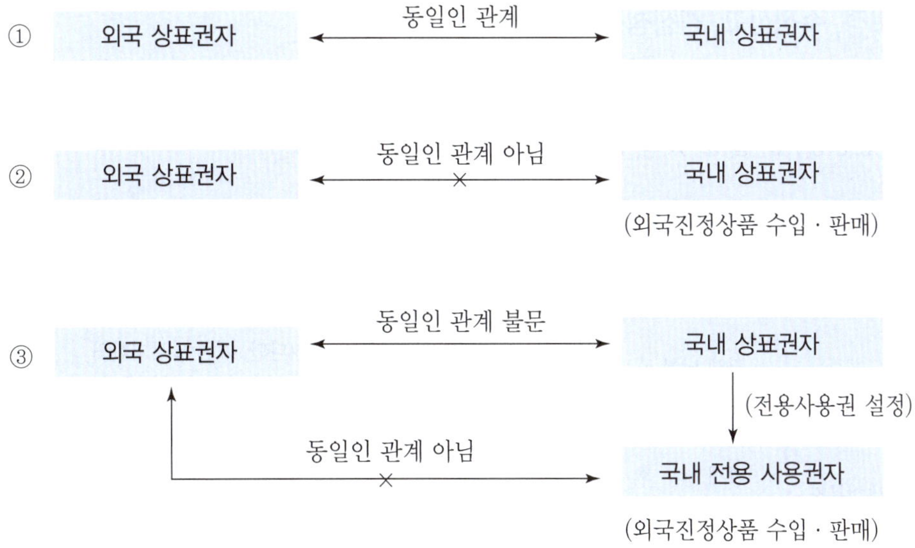

(2) 병행수입이 금지되는 경우(수출입사실 통보대상임)

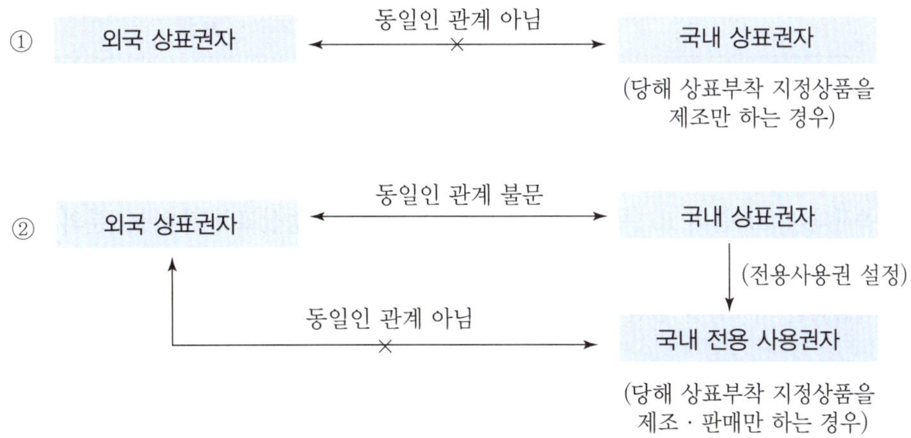

☞ 유의사항

① 병행수입은 모든 상표에 허용되는 것이 아니라 일정한 기준에 따라 제한적으로 허용되고 있어 사전에 세관에 수입하고자 하는 물품의 상표가 병행수입이 허용되는지 여부를 확인해야 한다.

② 병행수입이 허용되는 상표라 하더라도 해외에서 적법한 권리자가 상표를 부착한 물품(진정상품)의 경우에만 허용되기 때문에 해외에서 물품계약시 위조상품여부를 분명히 확인하여 위조상품으로 몰수 또는 상표법위반에 해당되는지 유의하여야 한다.

제8절 납부세액의 정정 및 가산세 등

1. 세액의 보정, 수정신고, 경정청구 및 경정

납세의무자는 납세신고 한 세액 및 신고·납부한 세액의 과부족에 대해 정정신고, 보정신청, 수정신고 및 경정청구를 할 수 있으며 세관장은 세액경정을 할 수 있다.

구분	주체	신고시기	대상	가산세	기타
세액 정정	납세의무자	관세 납부 전	납세·신고한 세액의 과부족	無	
보정 신청	납세의무자	관세 납부 후 6월 이내	신고·납부한 세액의 과부족 또는 과세가격 또는 품목분류 오류	無(다만, 기존 납부기한의 다음날부터 부족세액 납부일까지의 이자는 가산)	보정이자
수정 신고	납세의무자	관세 납부 후 6월이 경과한 후	신고·납부한 세액의 부족	신고납부 불성실 가산세 부과	
경정 청구	납세의무자	최초 납세신고한 날로부터 2년 이내	신고납부한 세액의 과다	無	환급 가산금
경정	세관장	관세 납부 전후 불문	납세·신고한 세액 신고·납부한 세액 경정·청구한 세액	부족세액 발생시 신고납부 불성실 가산세 부과	환급 가산금

☞ 신고·납부불성실가산세(수정신고 및 경정의 경우)

다음의 금액을 합한 금액으로 한다.

① 당해 부족세액의 100분의 10 (무신고의 경우 100분의 20, 부정신고의 경우 100분의 60)

② 당해 부족세액×당초 납부기한의 다음날부터 수정신고일까지의 기간×금융기관의 정기예금에 대하여 적용하는 이자율을 감안하여 대통령령이 정하는 이율(1일 10만분의 22)

가. 관세의 납부기한 및 납부지연가산세

1. 납부기한의 의의

관세의 납부기한이란 관세법상의 규정에 의하여 납세의무자가 조세채무를 이행하여야 하는 기한을 의미한다.

2. 납부지연가산세의 의의

납부지연가산세란 관세를 납부기한 내에 납부하지 않은 경우 징수하는 것으로서 납기 내에 납부한 자와 납부하지 아니한 자의 형평을 위한 제도로서 연체세 성격을 지닌다. 기존에는 '가산금'으로 불리었으나 비슷한 제도를 중첩적으로 운영하여 발생하는 납세자의 혼란을 방지하기 위하여 납세자가 납부기한까지 세금을 완납하지 아니한 경우 납부고지 전에 적용되는 기간이자 성격의 가산세와 납부고지 후에 적용되는 가산금을 일원화하여 납부지연가산세로 통합하여 운영하고 있다.

<table>
<tr><th>구분</th><th>납부기한</th><th>납부지연가산세</th></tr>
<tr><td>신고납부
(관세법 제38조)의 경우</td><td>납세신고가 수리된 날로부터 15일 이내</td><td rowspan="8">① 납부지연가산세 : 관세 등을 납부기한까지 납부하지 아니한 경우 → 체납된 관세의 3% (관세를 납부고지서에 따른 납부기한까지 완납하지 아니한 경우에 한정한다

② 해당 관세액 × 수입된 날부터 납부일까지의 기간(납부고지일부터 납부고지서에 따른 납부기한까지의 기간은 제외한다) × 금융회사 등이 연체대출금에 대하여 적용하는 이자율 등을 고려하여 대통령령으로 정하는 이자율 징수(체납된 관세가 150만원 미만인 경우 징수하지 않음)

③ 징수한도 : 납부고지서에 따른 납부기한의 다음 날부터 납부일까지의 기간이 5년을 초과하는 경우에는 그 기간은 5년으로 한다</td></tr>
<tr><td>부과고지
(관세법 제39조)의 경우</td><td>고지를 받은 날로부터 15일 이내</td></tr>
<tr><td>수입신고 전 즉시반출 신고를 한 경우</td><td>수입신고일로부터 15일 이내</td></tr>
<tr><td>세액을 정정하는 경우</td><td>① 보정신청의 경우 : 보정신청한 날의 다음날
② 수정신고의 경우 : 수정신고한 날의 다음날
③ 정정의 경우 : 당초의 납부기한</td></tr>
<tr><td>분할납부의 경우</td><td>① 각 각의 납부기한 별로 부과고지를 받은 경우
: 고지를 받은 날로부터 15일 이내
② 관세를 납부하지 아니한 경우, 파산선고를 받은 경우, 법인이 해산하는 경우 등 관세를 징수하는 경우 : 10일 이내의 납부기한을 정하여 납세고지</td></tr>
<tr><td>월별납부</td><td>세관장은 납세실적 등을 고려하여 일정한 요건을 갖춘 성실납세자가 신청을 하는 경우 : 납부기한이 동일한 달에 속하는 세액에 대하여는 동기한이 속하는 달의 말일까지 일괄하여 납부</td></tr>
<tr><td>사전납부</td><td>수입신고수리 전에도 당해 세액을 납부할 수 있음</td></tr>
</table>

☞ 환급가산금 (참고)

① 개요

세관장은 관세 · 가산금 · 가산세 · 체납처분비의 납부액을 환급 또는 충당하는 때에는 납부한 날의 다음날부터 환급 또는 충당결정을 하는 날까지의 기간과 대통령령이 정하는 이율에 따라 계산한 금액을 환급금에 가산하여야 한다. 환급가산금은 과오납금의 환급시에만 적용된다.

② 분할납부된 경우

2회 이상 분할납부된 것인 때에는 최후의 납부일로 하되, 환급금이 최후에 납부된 금액을 초과하는 때에는 그 금액에 달할 때까지의 납부일의 순서로 소급하여 계산한 환급금의 각 납부일을 말한다.

③ 환급가산금의 적용배제

환급가산금은 가산금이 적용되지 않는 경우 및 잠정가격과 확정가격신고의 차액에 대한 세액을 환급하는 경우에 제외된다.

3. 가산세

(1) 개요

가산세란 세법에서 규정하고 있는 성실의 의무를 위반한 자에 대하여 행정벌적 성격의 경제적 제재를 가하기 위하여 징수할 세액에 가산하여 징수하는 금액을 말한다. 관세법에서 규정하는 의무의 성실한 이행을 확보하기 위하여 의무불이행에 따른 불성실 신고에 대한 과태료의 성격을 지니고 있다.

(2) 가산세의 종류

가) 신고납부 불성실 가산세

① 의의

세관장은 수정신고 또는 세액경정에 의하여 부족세액을 징수하는 때에는 가산세를 징수한다.

② 신고 · 납부불성실가산세

다음의 금액을 합한 금액으로 한다.

ㄱ. 당해 부족세액의 100분의 10

ㄴ. 당해 부족세액당초 납부기한의 다음날부터 수정신고일까지의 기간금융기관의 정기예금에 대하여 적용하는 이자율을 감안하여 대통령령이 정하는 이율(1일 1만분의 25)

③ 가산세의 가중부과

납세의무자가 부당한 방법(과세표준 또는 세액계산의 기초가 되는 사실의 전부 또는 일부를 은폐하거나 가장하여 과세표준 등을 신고한 경우)으로 과소신고 한 경우에는 위의 ㄱ 대신 (당해 부족세액의 60% – 무신고의 경우 20%)에서 ㄴ을 합한 금액을 부족세액에 추가하여 징수한다.

나) 수입 · 반송 신고지연 가산세

① 의의

수입 또는 반송을 하려는 물품을 지정장치장 또는 보세창고에 반입하거나 보세구역이 아닌 장소에 장치한 자는 그 반입일 또는 장치일로부터 30일 이내에 수입 또는 반송의 신고를 하여야 한다. 신고기한이 경과한 경우, 당해 물품의 과세가격의 100분의 2에 상당하는 금액의 범위 안에서 대통령령이 정하는 금액을 가산세로 징수한다.

② 가산세율

신고기한이 경과한 날부터	
20일 이내 신고한 경우	과세가격의 1천분의 5 (0.5%)
50일 이내 신고한 경우	과세가격의 1천분의 10 (1%)
80일 이내 신고한 경우	과세가격의 1천분의 15 (1.5%)
이외의 경우	과세가격의 1천분의 20 (2%)
가산세의 한도	500만원을 초과할 수 없음

다) 재수출 불이행 가산세

재수출 면세 또는 재수출 감면세의 규정에 의하여 관세 감면의 혜택을 받은 물품을 정해진 기간 내에 재수출하지 아니한 경우 500만원을 초과하지 아니하는 범위 내에서 제세액의 100분의 20에 상당하는 금액을 가산세로 징수한다.

라) 휴대품 · 이사물품 신고 불이행에 대한 가산세

① 휴대품 신고 불이행 가산세

여행자 또는 외국무역선(기) 승무원이 과세대상 휴대품을 신고하지 아니하여 과세하는 경우, 납부할 세액(관세 및 내국세 포함)의 100분의 40에 상당하는 금액을 가산세로 징수한다. (반복적으로 자진신고를 하지 아니하는 경우 100분의 60)

② 이사물품 신고 불이행 가산세

우리나라로 거주를 이전하기 위하여 입국하는 자가 입국하는 때에, 수입하는 이사물품을 신고하지 아니하여 과세하는 경우, 납부할 세액(관세 및 내국세 포함)의 100분의 20에 상당하는 금액을 가산세로 징수한다.

마) 즉시반출신고물품 수입신고 불이행에 대한 가산세

즉시반출신고를 한 날부터 10일 이내에 수입신고를 하여야 한다. 이 기간 내에 수입신고를 하지 않은 경우, 당해 물품에 대한 관세의 100분의 20에 상당하는 금액을 가산세로 징수한다.

바) 전기 · 유류 등의 신고기한

전기, 가스, 유류, 용수(用水) 등 그 물품의 특성으로 인하여 배선로, 배관 등 물품을 공급하기에 적합하도록 설계 · 제작된 일체의 시설을 이용하여 수출 · 수입 또는 반송하는 자는 1개월을 단위로 하여 해당 물품에 대한 신고사항을 대통령령이 정하는 바에 따라 다음달 10일까지 신고하여야 한다. 이 경우 기간 내에 수출 · 수입 또는 반송의 신고를 하지 아니하는 때에는 당해 물품의 과세가격의 100분의 2에 상당하는 금액의 범위 내 금액을 가산세로 징수한다.

제9절 유통이력관리

1. 개요

국내에 반입된 위해(危害) 수입물품으로부터 우리 사회를 보호하고 국민보건 수준을 향상하기 위하여 수입업자 및 수입물품 유통업자로 하여금 유통이력을 신고하게 하는 것이다.

2. 통관 후 유통이력 신고

(1) 의의

외국물품을 수입하는 자와 수입물품을 국내에서 거래하는 자(소비자에 대한 판매를 주된 영업으로 하는 사업자를 제외한다)는 사회안전 또는 국민보건을 해칠 우려가 현저한 물품 등으로서 관세청장이 지정하는 물품('유통이력 신고물품')에 대한 유통단계별 거래내역('유통이력')을 관세청장에게 신고하여야 한다.

유통이력신고는 컴퓨터 및 스마트폰으로 할 수 있다(관세청 UNI-PASS 포탈 이용).

(2) 장부기록 및 보관의무

유통이력 신고의 의무가 있는 자('유통이력 신고의무자')는 유통이력을 장부에 기록(전자적 기록방식을 포함한다)하고, 그 자료를 거래일로부터 1년간 보관하여야 한다.

(3) 지정 등

관세청장은 유통이력 신고물품을 지정함에 있어 미리 관계행정기관의 장과 협의하여야 한다. 관세청장은 유통이력 신고물품의 지정, 신고의무 존속기한 및 신고대상 범위설정 등에 있어 수입물품을 내국물품에 비하여 부당하게 차별하여서는 아니되며, 이를 이행하는 유통이력 신고의무자의 부담이 최소화되도록 하여야 한다.

3. 유통이력 조사

관세청장은 통관후 유통이력 신고제도를 시행하기 위하여 필요하다고 인정하는 때에는 세관공무원으로 하여금 유통이력 신고의무자의 사업장에 출입하여 영업관계의 장부나 서류를 열람하려 조사를 하게 할 수 있다.

4. 과태료의 부과

유통이력을 신고하지 아니하거나 거짓으로 신고한 자, 장부기록 자료를 보관하지 아니한 자에게는 500만원 이하의 과태료를 부과한다.

제10절 AEO(수출입안전관리 우수업체) 공인제도

1. AEO의 개요

AEO(Authorized Economic Operator)란 세계관세기구(WCO)의 수출입 공급망(Supply Chain) 안전관리 기준 또는 이와 동등한 기준을 준수하여 자국 세관으로부터 인증을 받은 국제 수출입공급망의 개별 당사자를 의미한다. 즉, 법규준수도가 우수하고 적절한 내부통제시스템의 구축을 통해 국가간에 거래되는 물품의 안전 및 보안을 강화하는 조치를 취하고 있는 수출입 업체를 세관이 성실우수업체로 인증하여 통관상의 다양한 혜택을 제공하는 제도이다.

2. 공인기준과 등급

(1) 공인신청 대상

「수출입 안전관리 우수업체 공인 및 운영에 관한 고시」에 따르면, AEO 제도에 참여할 수 있는 당사자는 수출업체, 수입업체, 관세사, 보세구역운영인, 보세운송업자, 하역업자, 화물운송주선업자, 선박회사, 항공사로 9개 분야이다(자유무역지역에 입주한 업체 포함). 다만, 만일 한 기업의 업무가 여러 분야 (예를 들어, 수출, 수입, 운송, 창고보관 등)에 나뉘어 있다면, 이 기업은 각 해당분야에 대한 기준을 모두 충족해야 하고, AEO 인증 신청을 할 때에는 개별 사업장이 아니라 법인을 기준으로 신청해야 한다.

(2) 공인기준

우리나라 AEO 제도에서 규정하는 공인기준은 크게 재무건전성, 안전관리, 내부통제시스템, 법규준수도 등 4가지로 구성되어 있다. 가장 핵심적이고 중요한 기준은 법규준수도와 이를 제고하기 위한 내부통제시스템이라고 할 수 있다.

공인기준 충족요건

기준	평가내용	충족요건
법규준수도	관세법, 대외무역법, 외국환거래법 등 수출입관련 법령이 정하는 사항을 준수하고 있는지 여부에 대한평가	결격사유 없이 법규준수도 점수 80점 이상
재무건전성	성실한 법규준수의 이행이 가능할 정도의 적절한 기업규모 및 재정상황(예 : 체납여부 신용등급 등)인지 평가	재무건정성 적정유지
내부통제	수출입신고의 적정성을 유지하기 위한 기업의 영업활동, 신고서류의 흐름, 회계처리와 관련된 부서간 상호 의사소통 및 통제체제 평가	평가점수 80점 이상
안전관리	거래업체, 컨테이너, 출입통제, 인사, 취급절차, 시설, 장비정보기술, 교육, 훈련 등의 안전성 충족여부를 평가	기준충족률 70% 이상

(3) 공인등급

AEO 제도의 공인 등급은 심사 단계 및 결과에 따라 크게 3단계로 구분된다. 우선 AEO 공인기준 중에서 재무건전성, 안전관리, 내부통제시스템은 기본요건으로써, 재무건전성 및 안전관리의 경우 AEO 기준을 충족해야 하며 내부통제시스템은 평가 결과 80점 이상이어야 한다. "A" 또는 "AA" 등급의 공인은 기본요건을 모두 충족하고 법규준수도 측정점수가 일정 기준 이상일 경우 부여되며, "AAA" 등급은 "AA" 등급 공인업체 중에서 종합심사 결과 법규준수도 점수 및 모범사례의 보유 여부를 판단하여 부여된다.

등급결정기준

구분	기본요건	등급결정기준
A등급	• 재무건전성 충족 • 안전관리 충족 • 내부통제시스템 평가 점수 80점 이상	법규준수도 평가점수 80점 이상
AA등급		법규준수도 평가점수 90점 이상
AAA등급		AA등급업체 중 종합심사 결과 – 법규준수도 평가점수 95점 이상 – 모범사례 보유

3. 공인절차

(1) 서류심사

서류심사는 신청업체가 AEO 공인기준을 충족하는지 여부에 대하여 신청업체로부터 접수된 신청서, 자체평가표, 수출입관리현황설명서 등을 토대로 AEO 기준에서 요구사항 사항이 충족되었는지 여부를 평가하며, 부족한 부분에 대하여는 30일 이내에 보완할 수 있다.

(2) 현장심사

현장심사란 관세청장이 신청업체가 수출입안전관리 우수업체 공인기준을 충족하는지 여부에 대하여 신청업체의 본사 및 관련 사업장을 방문하여 실지 심사하는 것으로 서류심사 완료보고일로부터 10일 이내에 현장심사 일정을 협의한다.

(3) 심의위원회

현장심사가 종료되면 심사결과를 수출입안전관리 우수업체 심의위원회에 상정하여 공인 여부(공인유보 또는 공인)와 등급을 결정한다.

(4) 공인획득

AEO공인은 심사결과에 따라 A, AA, AAA로 구분되며, 등급에 따라 관세행정상의 혜택이 차등 적용된다.

(5) 사후관리

사후관리란 AEO 기업이 공인 효력을 유지하기 위해 행하여야 하는 것으로서 각종 변동사항의 보고, 관리책임자의 교육 이수, 정기적인 자체평가 실시, 갱신을 위한 종합심사 수행 등을 포함하는 것이다.

4. 공인업체의 혜택

AEO 공인업체에 대해서는 다양한 통관상의 혜택이 부여되는데, 기본적으로 화물검사 비율 축소, 관세납부 편의 제공, 신고절차 간소화, 심사면제 등이 있다. 다만, 이러한 혜택은 업체 유형 및 AEO 공인 등급의 수준에 따라 차등 적용된다. 또한 현재의 혜택부여가 개별 업체별로 제공되고 있으나, 궁극적으로 향후 이러한 혜택은 수출입 공급망의 모든 업체가 AEO 기준을 충족했을 때 적용될 뿐만 아니라 혜택의 범위도 더욱 커질 것이므로 이러한 혜택이 지속되고, 더 많은 혜택을 받기 위해서 AEO 공인업체들은 향후 거래업체와의 관계를 통해 협력업체들이 AEO 공인을 받도록 유도하는 것이 중요하다.

5. 상호인정약정(MRA)

(1) 의의

AEO 상호인정약정(Mutual Recognition Arrangement)이란 상대국의 AEO제도를 자국의 AEO 제도와 동등하게 받아들이는 것을 의미한다. 즉, AEO제도를 시행 중인 국가 간에 상호인정약정을 체결할 경우, 자국의 AEO업체는 상대국 세관에서도 상대국 AEO업체와 동일한 수준의 통관상의 혜택을 받게 된다.

(2) AEO 상호인정약정의 효과

① 수출입 비용 절감

국가 간 상호인정약정이 체결될 경우 우리나라 AEO업체의 신뢰성과 안전성이 상호 호혜를 바탕으로 국제적으로 인정되어 상대국 통관절차에서 특례를 적용 받을 수 있다. 이에 따라 물품 인도의 신속성, 안전성 및 예측성을 확보할 수 있으며, 수출입 통관 시 상대국 AEO제도에 따른 중복심사를 방지하고 불필요한 규제비용을 절감할 수 있다.

② 거래선의 유지와 확보

거래업체 관리를 요구하는 AEO제도를 각 국에서 도입함에 따라 최근에는 해외 거래 업체가 우리 기업에게 AEO 공인을 받거나 AEO 공인기준을 충족할 것을 요구하고 있으며, 이러한 신무역환경에서 AEO 공인을 받은 기업은 거래선의 유지와 확보 측면에서 유리한 위치를 선점할 수 있어 수출기업의 경쟁력을 제고 할 수 있다.

③ 외국 세관당국의 거래업체 방문심사 면제

외국 관세청의 해외 거래업체 방문심사에 의해 업체의 기술, 시설, 영업 정보 등 소중한 자원이 해외 세관당국에 직접적으로 노출되는 것을 방지할 수 있다.

X

관세환급제도

제1절 관세법상의 환급

1. 개요

관세의 환급이란 세관에 이미 납부한 관세 · 가산세 · 강제징수비의 과오납금을 관세법에 따른 일정한 사유로 인하여 다시 돌려주는 것을 말한다.

2. 관세법상의 환급종류

(1) 과오납금의 환급

관세 · 가산세 · 강제징수비의 과오납금의 환급에 대해 청구가 있는 경우, 세관장은 지체없이 이를 환급하여야 하며, 세관장이 확인한 과오납금은 납세의무자가 청구하지 않는 경우에도 이를 환급하여야 한다.

(2) 계약내용과 상이한 물품에 대한 환급

수입신고가 수리된 물품이 계약내용과 상이하고, 수입신고 당시의 성질 또는 형태가 변경되지 아니한 경우, 당해 물품이 수입신고수리일부터 1년 이내에 보세구역에 반입하여 다시 수출한 때, 보세공장에서 생산된 경우에는 보세공장에 반입된 때에는 관세를 환급하여야 한다.

(3) 수입한 상태 그대로 수출되는 자가사용물품에 대한 관세환급 (해외직구 반품 환급)

수입신고가 수리된 개인의 자가사용물품을 수입한 상태 그대로 수출되는 경우로서 수입신고 수리일부터 6개월 이내에 보세구역에 반입하였다가 수출하거나, 6개월 이내에 세관장의 확인을 받고 다시 수출하는 경우에는 수입할 때 납부한 관세를 환급한다.

해외직구물품에 대해 환급을 받기 위해서는 환급신청서, 수입신고필증, 수출신고필증을 갖추어 세관장(전국세관 가능)에게 제출하여야 하나, 수입신고가 수리된 개인 자가사용물품 중 전자상거래로 구매한 물품가격이 미화 1,000달러 이하인 경우에는 수출신고 없이 반품되었다고 하더라도 물품 송품장, 판매자가 발행한 반품 확인서류, 환불영수자료 등을 세관장이 확인하여 당초 수입물품이 원판매자에게 반품되었다고 인정되는 경우에는 관세환급 대상으로 인정된다. (단, 원판매자가 아닌 제3자에게 발송된 경우는 환급대상에서 제외)

(4) 지정보세구역 장치물품의 멸실 · 손상으로 인한 관세환급

수입신고가 수리된 물품이 그 수리 후 계속 지정보세구역에 장치되어 있는 중에 재해로 인하여 멸실되거나 변질 또는 손상으로 인하여 그 가치가 감소된 때에는 대통령령이 정하는 바에 의하여 그 관세의 전부 또는 일부를 환급 할 수 있다.

(5) 종합보세구역판매물품에 대한 관세 등의 환급

외국인관광객 등이 종합보세구역에서 구입한 물품을 국외로 반출하는 경우에는 당해 물품을 구입할 때 납부한 관세 및 내국세 등을 환급받을 수 있다.

3. 환급청구권

납세자의 과오납금 또는 그 밖의 관세의 환급청구권은 그 권리를 행사할 수 있는 날부터 5년간 행사하지 아니하면 소멸시효가 완성된다.

☞ 환급청구권 소멸시효의 기산일

① 경정으로 인한 환급의 경우 : 경정결정일
② 착오납부 또는 이중납부로 인한 환급의 경우 : 납부일
③ 계약내용과 상이한 물품 등의 환급의 경우 : 당해 물품의 수출신고수리일 또는 보세공장 반입신고일
④ 폐기, 멸실, 변질, 또는 손상된 물품에 대한 환급의 경우 : 해당 물품이 폐기, 멸실, 변질 또는 손상된 날
⑤ 종합보세구역에서 물품을 판매하는 자가 외국인관광객 등에게 판매한 물품에 대하여 환급받고자 하는 경우 : 환급에 필요한 서류의 제출일
⑥ 수입한 상태 그대로 수출되는 자가사용물품에 대한 환급의 경우에는 수출신고가 수리된 날. 다만, 수출신고가 생략되는 물품의 경우에는 운송수단에 적재된 날로 한다.
⑦ 국제무역선, 국제무역기 또는 보세판매장에서 구입한 후 환불한 물품에 대한 환급의 경우에는 해당 물품이 환불된 날
⑧ 수입신고 또는 입항전수입신고를 하고 관세를 납부한 후 신고가 취하 또는 각하된 경우 : 신고의 취하일 또는 각하일
⑨ 적법하게 납부한 후 법률의 개정으로 인한 환급의 경우 : 그 법률의 시행일

제2절 환급특례법상의 환급

1. 환급특례법상의 환급의 의의

관세환급이란 수출물품 제조에 소요된 원재료를 수출 등에 제공한 때에 그 원재료 수입시 납부한 관세 등을 수출자 또는 수출물품의 생산자에게 되돌려 주는 것을 의미한다.

2. 환급의 신청기한

관세 등을 환급 받으려는 자는 대통령령으로 정하는 바에 따라 물품이 수출 등에 제공된 날부터 5년 이내에 관세청장이 지정한 세관에 환급신청을 하여야 한다.

3. 환급대상 원재료

(1) 수출물품을 생산한 경우에는 다음 중 어느 하나에 해당하는 것으로서 소요량을 객관적으로 계산할 수 있는 것이어야 한다.

① 해당 수출물품에 물리적 또는 화학적으로 결합되는 물품
② 해당 수출물품을 생산하는 공정에 투입되어 소모되는 물품. 다만, 수출물품 생산용 기계 · 기구 등의 작동 및 유지를 위한 물품 등 수출물품의 생산에 간접적으로 투입되어 소모되는 물품은 제외함
③ 해당 수출물품의 포장물품

(2) 수입한 상태 그대로 수출한 경우 : 해당 수출물품

(3) 국내생산 원재료로서 수입된 원재료와 동일한 질과 특성을 가지고, 상호 대체사용이 가능하여 생산과정에서 이를 구분하지 않고 사용한 경우 수출용 원재료가 사용된 것으로 본다.

4. 환급대상조세

관세, 임시수입부가세, 개별소비세, 주세, 교통 · 에너지 · 환경세, 농어촌특별세 및 교육세는 환급대상 조세이지만, 부가가치세나 가산세는 제외된다.

5. 수출이행기간

세관장은 물품이 수출 등에 제공된 때에는 ① 관세법에 의하여 수출신고가 수리된 수출의 경우에는 수출신고를 수리한 날 ② 기타 수출의 경우에는 수출 · 판매 · 공사 또는 공급을 완료한 날이 속하는 달의 말일부터 소급하여 2년 이내에 수입된 해당 물품의 수출용원재료에 대한 관세 등을 환급한다. 다만, 수출 등에 제공되는 데에 장기간이 소요되는 물품으로서 대통령령으로 정하는 물품에 대하여 대통령령으로 정하는 불가피한 수출 등의 지연사유가 있는 경우에는 소급하여 3년 이내에 수입된 해당 물품의 수출용원재료에 대한 관세 등을 환급한다.

6. 환급대상수출 및 수입

(1) 환급대상수출

① 일반유상수출

ㄱ. 관세법에 의하여 수출신고가 수리된 수출

② 기획재정부령으로 정한 무상수출(규칙 제2조 제1항)

ㄱ. 외국에서 개최되는 박람회 · 전시회 · 견본시장 · 영화제 등에 출품하기 위하여 무상으로 반출하는 물품의 수출. 다만, 외국에서 외화를 받고 판매된 경우에 한한다.

ㄴ. 해외에서 투자 · 건설 · 용역 · 산업설비수출 기타 이에 준하는 사업에 종사하고 있는 우리나라의 국민(법인을 포함한다)에게 무상으로 송부하기 위하여 반출하는 기계 · 시설자재 및 근로자용 생활필수품 기타 그 사업과 관련하여 사용하는 물품으로서 주무부장관이 지정한 기관의 장이 확인한 물품의 수출

ㄷ. 수출된 물품이 계약조건과 서로 달라서 반품된 물품에 대체하기 위한 물품의 수출

ㄹ. 해외구매자와의 수출계약을 위하여 무상으로 송부하는 견본용 물품의 수출

ㅁ. 외국으로부터 가공임 또는 수리비를 받고 국내에서 가공 또는 수리를 할 목적으로 수입된 원재료로 가공하거나 수리한 물품의 수출 또는 당해 원재료 중 가공하거나 수리하는데 사용되지 아니한 물품의 반환을 위한 수출

ㅂ. 외국에서 위탁가공할 목적으로 반출하는 물품의 수출

ㅅ. 위탁판매를 위하여 무상으로 반출하는 물품의 수출(외국에서 외화를 받고 판매된 경우에 한한다)

③ 외화판매 · 외화공사(규칙 제2조 제2항)

ㄱ. 주한미군 등에 대한 물품의 판매, 외화 시행공사

ㄴ. 관세법과 SOFA협정에 따른 면세 수입권자에게 국산 승용자동차 판매

ㄷ. 외국인 투자 또는 출자의 신고를 한 자에 대한 자본재(우리나라에서 생산된 것에 한한다)의

판매. 다만, 당해 자본재가 수입되는 경우 「조세특례제한법」 제121조의3의 규정에 의하여 관세가 면제되는 경우에 한함.

ㄹ. 국제금융기구로부터 제공되는 차관자금에 의한 국제경쟁입찰에서 낙찰(낙찰 받은 자로부터 도급을 받는 경우를 포함)된 물품(우리나라에서 생산된 것에 한한다)의 판매.

④ 수출등에 제공하기 위한 물품공급(규칙 제2조 제3항)

ㄱ. 보세창고에의 물품공급 (수출한 물품에 대한 수리 · 보수 또는 해외조립생산을 위하여 부품등을 반입하는 경우에 한함)

ㄴ. 보세공장에의 물품공급 (수출용원재료로 사용될 목적으로 공급되는 경우에 한함.)

ㄷ. 보세판매장에의 물품공급

ㄹ. 종합보세구역에의 물품공급

⑤ 기타 수출(규칙 제2조 제4항)

ㄱ. 외화선(기)에 사용되는 선(기)용품

ㄴ.원양어선에 무상으로 송부하기 위하여 반출하는 물품으로서 해양수산부장관 또는 해양수산부장관이 지정한 기관의 장이 확인한 물품의 수출

(2) 환급대상수입

① 수출물품 자체(원상태 수출물품)

② 수출용으로 수입된 원재료 뿐만 아니라 내수용으로 수입된 원재료까지 포함하여 「수출물품 제조에 사용된 원재료」

ㄱ. 수출물품을 형성하는 원재료

ㄴ. 수출물품을 형성하지는 않지만 수출물품의 제조가공에 직접 사용되는 화공약품 등

ㄷ. 수출물품을 상품화하는데 소요되는 포장재 등

ㄹ. 수출물품의 제조가공에 사용되는 단용(單用)원재료

☞ 환급대상 수입이 아닌 물품

① 수출이행 기간이 경과하여 수출된 물품의 원재료

② 선수출 후 수입물품

③ 환특세율(환급에 갈음한 인하세율)을 적용하여 수입한 물품

④ 수입시 관세감면 등을 받은 물품

⑤ 국내에서 사용하다가 수출된 물품

⑥ 추징물품

⑦ 공매물품

⑧ 가산세 또는 가산금이 징수된 물품

⑨ 할당관세 적용물품(탄력관세 적용물품 내수용에 한 한다는 조건이 붙은 물품)

☞ 대응수출 이행기간

① 수입신고수리일 또는 내국신용장 등에 의한 구매일로부터 2년 이내에 수출할 것(수출신고수리일 기준)
② 내국신용장에 의해 다른 가공업체에 납품할 때는 직전의 내국신용장 거래 또는 수입일로부터 1년 이내에 거래되었을 것
③ 수입원재료를 원상태로 거래할 때는 수입신고 수리일로부터 2년 이내에 수출할 것

☞ 환급방법간 적용순위

① 간이정액환급
② 개별환급

☞ 관세환급 신청요건

① 환급신청인 : 수출자 또는 제조자
② 환급신청기한 : 수출신고 수리일로부터 5년 이내
③ 환급대상제세 : 관세, 임시수입 부가세, 개별소비세, 주세
④ 환급신청기관 : 신청인의 주소지 관할세관, 출장소 또는 수출신고수리 세관

☞ 환급신청시 구비서류

① 환급신청서
② 수출신고필증(등) 수출인정서류
③ 수입신고필증 등 납세사실 증명서류(간이정액 환급시는 필요없음)
④ 소요량계산서(개별환급 신청시에만 제출)

☞ 분할증명서(분증)

외국으로부터 수입한 원재료를 제조·가공하지 않고 수입한 원상태대로 수출용원재료로 국내공급하는 경우에 공급자의 신청에 의거 세관장이 증명하는 제도. 원상태국내거래는 수출물품의 외화가득율 제고에 전혀 도움이 되지 아니하므로 수출이행기간의 연장 등 각종 지원조치의 대상이 되지 아니함이 원칙임.

〈제출서류〉

① 분할증명신청서
② 분할하고자 하는 수입신고필증 등
③ 국내거래 인정서류 및 관련 세금계산서 사본(수출용원재료의 양도로 인하여 수입신고필증을 분할하고자 하는 경우)
ㄱ. 내국신용장
ㄴ. 양도승인서(대외무역법 제17조 제2항의 규정에 의하여 산업통상자원부장관의 승인을 받은 것)

ㄷ. 구매확인서

ㄹ. 세관장이 수출물품의 생산 또는 수출등에 제공하기 위하여 거래된 것임을 인정할 수 있는 서류로서 매매계약서 또는 이와 유사한 소유권 이전을 목적으로 하는 계약서

ㅁ. 물품배정서(조합이 일괄구매하여 실수요자에게 배정한 것으로서 조합장이 확인한 것)

ㅅ. 비축물자 배정통지서(조달청장 및 조달청의 지청장이 발급한 것)

ㅇ. 수출신용장 또는 수출계약서(물품대금은 외화를 받고 물품은 외국인이 지정한 국내업체에 인도하는 경우로서 신용장 또는 수출계약서와 물품을 인도받은 자가 기재된 것. 다만, 수출계약서의 경우에는 거래명세표 등에 의하여 물품인도사실이 확인되고 인도물품이 수출 등에 제공할 것으로 인정되는 경우에 한함)

☞ 기초원재료 납세증명서(기납증)

① 외국으로부터 수입한 원재료를 제조 · 가공한 후 이를 수출물품 제조업체에 수출용원재료로 공급하는 때(중간원재료를 제조 · 가공하여 공급하는 경우 포함)에 국내거래공급자의 신청에 의거 동 공급물품에 포함되어 있는 기초원재료의 수입시 납부세액과 동 물품의 공급사실을 증명하는 제도로서 양수자가 개별환급방법에 의하여 관세환급 또는 기초원재료납세증명서를 발급신청시 납부세액증빙서류로 사용하는 서류

② 최종 수출자는 수입신고필증 대신에 동 기초원재료 납세증명서를 제출하여 환급받을 수 있다.

③ 수입신고 수리일 또는 전단계 거래일(양수일)로부터 1년내에 거래가 되어야 한다.

④ 발급기관 : 전국 세관(김포공항세관, 인천공항국제우편세관, 김해공항세관, 도라산지원센터, 부산국제우편지원센터, 고성지원센터 제외) 어디에나 양도자가 신청

〈제출서류〉

① 기초원재료 납세증명(신청)서

② 국내 거래관계 입증서류(Local L/C, 구매승인서) (양도일자를 확인할 수 있는 서류를 첨부한 것)

ㄱ. 내국신용장

ㄴ. 구매확인서

ㄷ. 수출신용장 또는 수출계약서(외국인으로부터 외화를 받고 물품은 외국인이 지정한 국내업체에 인도하는 경우로서 신용장 또는 수출계약서 번호와 물품을 인도받은 자가 기재된 외화입금 증명서를 첨부한 것. 다만, 수출계약서의 경우에는 거래명세표 등에 의거 물품인도 사실이 입증되고 인도물품이 수출 등에 제공할 것으로 인정되는 경우에 한한다.)

ㄹ. 세관장이 수출물품의 생산 또는 수출등에 제공하기 위하여 거래된 것임을 인정할 수 있는 서류로서 매매계약서 또는 이와 유사한 소유권 이전을 목적으로 하는 계약서

③ 소요량계산서

④ 수입신고필증 또는 이에 갈음하는 서류(분할증명서 또는 전단계 기초원재료 납세증명서)

※ 양도일자를 확인할 수 있는 서류 및 확인방법

- 신용장에 의하여 거래된 경우에는 내국신용장물품수령증상의 인수일
- 신용장 이외의 방법에 의하여 거래된 경우에는 당해물품에 대한 세금계산서상의 물품공급일. 「부가가치세법」 제33조제2항에 따라 세금계산서를 발급하지 않는 경우에는 신용카드매출전표 등에 따른 거래일. 법인 분할의 경우 법인 등기일, 수출계약 등의 사유로 세금계산서가 발급되지 않는 경우에는 물품의 공급사실을 확인할 수 있는 서류(예: 운송장)상의 공급일

☞ 기초원재료 납세증명 분할증명서(기납분증)

기초원재료 납세증명서가 발급된 수출용원재료를 양수한 자가 당해물품을 양수받은 상태(원상태)대로 국내에서 거래된 경우 납부세액을 증명해 주는 서류

가. 간이정액환급

1. 개요

간이정액환급제도는 중소기업의 수출을 지원 및 환급절차 간소화를 위하여 간이정액환급 대상 중소기업이 생산하여 수출한 물품에 대하여는 수출물품 생산에 소요된 원재료의 납부세액 확인을 생략하고 수출사실만을 확인하여 간단하게 환급하는 제도를 말한다. 단일(單一) 수출용원재료에 의하여 둘 이상의 제품이 동시에 생산되는 등 생산공정(生産工程)이 특수한 수출물품과 중소기업 수출물품에 대한 관세 등의 환급 절차를 간소화하기 위하여 필요하다고 인정하는 경우 수출용원재료에 대한 관세 등의 평균 환급액 또는 평균 납부세액 등을 기초로 수출물품별로 정액환급률표(定額還給率表)를 정하여 환급액 산출 시 관세청장이 책정 · 고시한 일정금액을 수출물품 생산에 소요된 원재료의 수입 시 납부세액으로 보고 환급액을 산출하는 제도이다.

2. 적용대상

「중소기업기본법」 제2조에 따른 중소기업자로서 다음 각 호의 요건을 모두 갖춘 자를 말한다. 이 경우 수출자와 수출물품의 생산자가 다른 경우에는 수출물품의 생산자가 직접 관세등의 환급을 신청하는 경우에 한한다.

① 환급신청일이 속하는 연도의 직전 2년간 매년도 환급실적(기초원재료납세증명서상의 발급금액을 포함하며, 수출물품을 대상으로 하여 받은 환급실적은 제외한다.)이 8억원 이하일 것

② 환급신청일이 속하는 연도의 1월 1일부터 환급신청일까지의 환급실적(해당 환급신청일에 기초원재료납세증명서의 발급을 신청한 금액과 환급을 신청한 금액을 포함하며, 수출물품을 대상으로 환급을 신청한 금액은 제외한다)이 8억원 이하일 것

☞ 중소기업자 해당여부 확인방법

중소기업자 해당여부를 확인할 필요가 있을 때에는 중소벤처기업부의 "중소기업확인서"(온라인 무료발급)로 확인한다.

☞ 적용제외 물품

① 수출용원재료를 수입한 상태 그대로 수출등에 제공하거나 내국신용장등에 의하여 공급한 물품
② 간이정액환급 비적용승인을 받은 자가 제조、가공한 수출물품 또는 내국신용장 등에 의하여 공급한 물품
③ 해외로부터 가공임을 받고 국내에서 가공할 목적으로 반입된 수입원재료의 가공물품 수출
④ 수탁가공에 의한 수출물품이 수출 후 계약조건과 상이(하자)하여 반품된 물품의 대체수출
⑤ 수출(공급)물품의 생산자를 알 수 없는 물품(수출신고필증에 제조자 통관고유부호가 "제조미상 9999000"으로 기재된 것)
⑥ 단순히 하드웨어에 소프트웨어만을 입력(결합)하여 수출(공급)하는 물품
⑦ 기납증을 발급하는 물품

3. 간이정액환급 비적용 및 적용신청

정액환급율표의 비적용승인을 받은 자가 다시 적용받고자 할 때에는 일정기간내에는 이를 적용하지 못하도록 제한하고 있는데 비적용승인일로부터 2년 이내에는 적용이 제한되고 적용승인을 받은 후 다시 2년 이내에는 비적용승인을 받을 수 없다.

※ 단, 생산공정의 변경 등으로 인하여 소요량계산서 작성이 곤란한 때, 정액환급율표에 의한 환급액이 개별환급제도에 의해 산출된 환급액의 70%에 미달시, 비적용승인을 받은 날부터 적용승인을 신청하는 날까지 관세등을 환급받은 실적이 없을 때에는 2년이내에도 변경 가능

☞ **간이정액환급 청구권의 발생시점**

중소기업자가 간이정액환급률표를 적용할 때 처음 수출 등이 발생한 시점에 간이정액환급률표를 적용승인 받은 것으로 간주하며 중소제조업체가 간이정액 적용승인 상태에서 수출한 물품인지 여부를 기준으로 간이정액환급률표 적용여부를 판단함. (즉 차후에 간이정액 비적용 승인신청을 한 경우에도 비적용 승인일 이전에 수출한 물품에 대하여는 간이정액환급을 신청해야 함.)

4. 환급액 결정방식

① 환급액=원화로 표시된 수출신고필증 등의 금액(FOB)수출신고 수리일등에 시행되는 간이정액환급률표상의 금액 ÷10,000(원)
② 수출신고필증 등의 금액은 환급액 또는 기초원재료 납세증명서 발급 시 내국세액이 포함되지 않은 물품대금만을 기준으로 한다. 이 경우 기초원재료납세증명서 발급 시 내국신용장 등에 내국세액이 물품대금에 구분 기재되어 있지 않거나 물품대금을 확인할 수 없을 때에는 다음

방식에 의해 간이 정액을 적용할 수출신고필증 등의 금액(물품대금)을 결정함(소수점이하 절사)

$$\text{물품대금} = \frac{\text{원화로 표시된 내국신용장 등의 거래금액(FOB)}}{1+(\text{간이정액환급률표상 금액})/10,000\text{원}}$$

③ 정액환급률표는 수출물품의 품목번호를 기준으로 정하되, 필요한 경우에는 수출물품의 품명 또는 규격별로 정할 수 있다. 정액환급률표를 정할 때에는 적정한 환급을 위하여 관세율 및 환율의 변동 등을 고려하여 일정률을 가감할 수 있다.

■ 수출용원재료에 대한 관세 등 환급사무처리에 관한 고시 [별지 제16호서식]

간이정액환급 [ ]적용 [ ]비적용 승인신청서

※ [ ]에는 해당되는 곳에 √표를 합니다.

접수일자	처리기간 즉시

신청인	상　　호	대　표　자
	통관고유번호	사업자등록번호
	주　　소	담당자 및 연락처

사업장 내역 (사업장이 2 이상인 경우 전부 기재)			
사업장명	사업자등록번호	통관고유부호	소재지

[ ]적용 [ ]비적용 신청사유

「수출용원재료에 대한 관세 등 환급사무처리에 관한 고시」 제32조에 따라 간이정액환급 [ ]적용 [ ]비적용 승인을 신청합니다.

20　년　월　일

신청인　(서명 또는 인)

ㅇ ㅇ 세 관 장 귀하

첨부서류 없음		수수료 없음

처리 내역	승인일			담당	주무	과장
	전산등록일					
	전산등록자					

210㎜×297㎜[일반용지 60g/㎡]

나. 개별환급

1. 의의

정액환급율표의 적용대상이 되지 않는 수출품목에 대하여는 개별환급 방법에 의하여 환급액을 산출하여야 되는데 개별환급이란 수출 등에 제공한 물품을 제조하는데 소요된 원재료의 수입 시 납부한 관세 등의 세액을 소요 원재료별로 확인, 합계하여 환급금을 산출하는 방법을 말한다.

2. 적용대상

정액환급 대상물품이 아닌 수출물품

3. 환급금의 산출

개별환급에 의하여 환급금을 산출하기 위해서는 우선 물품이 환급대상수출에 해당되는지를 수출신고필증, 물품반입확인서, 납품완료증명서, 공사완료증명서 등에 의하여 확인한 후, 수출물품을 생산하는데 소요된 원재료의 품명, 규격, 수량은 업체가 자율적으로 산정하여 작성한 소요량 계산서에 의하여 확인한다. 그런 후에 수출물품을 생산하는 데 소요된 원재료의 수입 시 납부세액을 수입신고필증, 기납증, 분할증명서 등에 의하여 확인한 후 환급금을 산출한다.

☞ 소요량 계산서 작성업체는 환급신청 전에 환급신청세관장에게 소요량 산정방법 등 신고서에 따라 신고해야 한다.

〈소요량 계산의 근거자료〉

① 제조사양서 및 제조공정도
② 원재료 수불대장
③ 제품수불대장
④ 부산물 수불대장(부산물 발생 경우에 한함)
⑤ 소요량계산서철 등

※ 위의 근거자료는 환급신청일로부터 5년간 보관해야 한다.

4. 개별환급금의 지급제한

① 국산원재료 사용촉진을 위한 환급제한
② 세율인하물품에 대한 환급제한
③ 농림축산물에 대한 환급제한
④ WTO협정에 의한 양허세율이 인하된 물품에 대한 환급제한

5. 평균세액증명제도

(1) 의의

평균세액증명제도는 수출업체에서 그 달에 외국으로부터 수입하거나 국내에서 매입한 수출용원재료를 HS10단위별로 통합함으로써 규격확인을 생략하고, 전체물량의 단위당 평균세액을 산출하여 환급함으로써 개별환급절차를 간소화하는 제도로서, 이는 개별환급방법에 의한 환급액산출에 있어서 규격확인때문에 구비서류와 환급절차가 복잡해짐을 개선하기 위하여 마련된 제도이다.

(2) 평균세액증명서의 발급

평균세액증명서는 월별 순서에 따라 당해 월에 수입하거나 내국신용장 등에 의하여 매입한 수출용원재료 전량에 대하여 HS10단위별로 일괄발급하는 것을 원칙으로 하고 있으나 다음의 경우에는 예외적으로 추가 발급이 가능토록 하고 있다.

① 수출용원재료의 수입 시 세번 분류 오류로 인하여 최초 발급신청에서 누락된 경우
② 수입신고필증 등의 분실 등으로 인하여 최초 발급에서 누락된 경우
③ 평균세액증명서의 발급 후에 수출용원재료에 대한 관세 등이 추징되어 추징된 세관에 대하여 추가 발급신청하는 경우
④ 기타 세관장이 추가 발급함이 타당하다고 인정하는 경우

☞ 위탁가공 수출에 대한 관세환급

① 위탁가공 수/출입신고수리필증상 수출물품과 수입물품의 HS10단위가 다른 경우
당해 위탁가공을 위하여 수출한 물품(대부분 원재료 또는 반제품)을 일반 수출과 동일하게 취급하여 소요원재료에 대하여 환급한다.
가공된 물품이 재수입되는 경우에는 재수입 면세가 적용되지 않고 그대로 제품에 과세되며 제품에 과세된 물품이 추후 다시 수출이 되는 경우에도 환급된다.

② 수출물품과 수입물품이 HS10단위가 동일하나 재수입 면세가 되지않고 과세되는 경우
가공 또는 수리할 목적으로 수출한 후 다시 수입하는 물품에 대한 재수입 면세의 적용에 있어서「가공」의 범위에 대하여 가공하기 전의 물품성질 및 형태와 동질동형을 유지할 수 있는 정도의 단순한 가공만을 뜻한다는 기획재정부 유권해석에 따라 위탁가공수출 시 재수입 물품의 재수입면세는 매우 제한적으로 적용된다. 따라서 단순가공을 넘어서는 가공을 한 경우에는 물품가격 전체에 대하여 과세된다.
재수입시 과세된 물품이 국내에서 내수판매되면 당초 위탁가공 수출된 분(제조에 소요된 원재료)에 대하여 환급이 인정되며, 재수입시 과세된 가공품이 원상태 또는 가공되어 수출될 경우엔 당초 원재료 수입분과 재수입가공품 수입품에 대한 관세 등이 모두 환급된다.
즉 2회 수입(관세), 2회 수출이기 때문에 모두 환급해주는 것이다.

③ 수출물품과 수입물품의 HS10단위가 동일하고 재수입 면세가 적용되는 경우
위탁가공 수출된 물품에 대해 재수입면세가 적용되어 가공임에 대하여만 과세되는 경우이다.

재수입면세 시엔 당초 위탁가공을 위하여 수출한 물품에 대한 수출신고필증을 제출받아 당해 수출물품에 대한 관세 등 환급여부를 확인한 후 수입신고 수리. 수출물품 제조에 소요된 원재료에 대해 관세환급을 받았다면, 환급분을 추징한다.

재수입 가공물품이 내수판매되는 경우는 위탁가공수출에 대한 환급의 여지가 없으나, 재수입 가공물품이 원상태 또는 추가가공되어 수출되는 경우엔 당초 원재료 수입분과 가공임 분에 대한 관세 등이 환급된다.

④ 위탁가공 수출물품이 가공되어 현지에서 판매되거나 제3국 재수출시

관세환급에 있어서 수출물품의 HS세번이 다른 경우에는 앞에서 언급한 바와 같이 위탁가공 수출에 대하여 바로 환급이 되기 때문에 다시 또 환급대상이 될 수 없으며, HS세번이 동일한 경우에도 현지에서 판매하거나 제3국으로 수출할 때에는 환급토록 명시하고 있다.

제3절 자율소요량제도

1. 개요

자율소요량 제도란 수출원재료에 대한 관세등 환급에 관한 특례법에 따라 새로 도입된 제도로서 수출업자가 관세환급을 받기 위하여 자기의 수출제품을 생산하는데 들어가는 원재료의 종류와 양을 스스로 계산하는 제도를 말한다. 자율적으로 소요량을 계산하고 관리하기 위해서는 소요량 산정방법을 관세환급을 신청하기 전에 미리 환급신청 세관에 신고해야 하고 관련서류와 장부를 일정기간 보관해야 한다.

2. 용어의 정리

(1) 소요량

수출물품을 생산하는데 들어가는 원재료의 종류별 양을 말하며, 완성된 수출물품에 들어가 있는 원재료의 양(단위실량)에 생산과정에서 손실된 손모량을 더한 것이다. 관세환급이란 수출물품 생산에 필요한 원재료를 수입할 때 납부한 관세 등을 수출자에게 되돌려 주는 제도이므로 관세환급 금액을 계산하기 위해서는 반드시 소요량을 계산해야 한다.

(2) 단위실량

수출물품 1단위를 형성하고 있는 원재료의 종류별 양을 말한다.

(3) 손모량

수출물품을 정상적으로 생산하는 과정에서 발생하는 원재료의 손실량(불량품에 소요된 원재료 중 재활용이 가능한 원재료의 양은 제외한다)을 말한다.

(4) 단위소요량

수출물품 1단위를 생산하는데 소요된 원재료별 양으로서 단위실량과 손모량을 합한 양

(5) 자율소요량

환급신청자(수출자 또는 생산자)가 관세환급을 받기 위해서 수출물품을 생산하는데 들어간 원재료의 소요량을 관세청장이 정한 소요량 산정기준과 관리절차에 따라서 자율적으로 산정한 소요량을 말한다. 자율소요량을 산정하기 위해서는 환급신청전까지 환급신청 세관에 자율소요량 산정방법을 신고해야 한다.

(6) 연산품

원유 정제공정에서 나오는 휘발유, 등유, 경유 등과 같이 특수공정물품 중에서 동일 원재료에 의해 생산된 개별적인 기능과 경제적인 가치를 가진 제품들이 주산물과 부산물로 구별할 수 없을 때 이 제품들을 한꺼번에 일컫는 말이다.

3. 자율소요량 제도

(1) 산정방법의 신고

① 소요량계산서 작성업체는 환급신청 전에 소요량 산정방법 등 신고(변경신고)서에 수출물품의 제조공정설명서를 첨부하여 환급신청세관장에게 신고하여야 하며, 신고한 내용이 변경된 경우에는 변경 신고하여야 한다.

② 신고를 받은 세관장은 소요량산정방법이 적정한지 여부 또는 선택제한 대상에 해당하는지 여부를 검토하기 위하여 수출물품의 제조공정설명서를 확인하거나 현지 제조공정을 확인할 수 있다. 이 경우, 현지확인은 3일 이내에 완료하여야 한다.

(2) 소요량 산정방법별 적용기간

① 단위실량과 단위설계 소요량은 그 수출물품에 대해 소요량 산정방법을 변경(신고)할때까지 수출한 물품의 소요량계산에 적용한다. 산정대상기간의 시작일만 신고하면 되며 종료일은 신고할 필요없다.

② 수출건별 총소요량과 위탁건별 총소요량은 그 수출건 또는 위탁건에 의해 생산된 수출물품 소요량 계산에만 적용한다.

③ 일정기간별단위소요량은 산정대상기간 말일 이후 다음 달의 첫날부터 산정대상기간에 해당하는 기간 동안 수출신고수리 되거나 내국신용장 등에 의하여 공급된 수출물품의 소요량계산에 적용한다. 다만, 일정기간별단위소요량이 산정되지 않은 소요원재료에 대하여는 단위실량 또는 단위설계소요량으로 소요량계산을 할 수 있다.

④ 1회계연도단위소요량은 1회계연도 말일 이후 3개월이 지난 달의 첫날부터 1년간 수출신고수리 되거나 내국신용장 등에 의하여 공급된 수출물품의 소요량 계산에 적용한다. 다만, 1회계연도단위소요량이 산정되지 않은 소요원재료에 대하여는 단위실량 또는 단위설계소요량으로 소요량계산을 할 수 있다.

4. 자율소요량 산정방법

(1) 단위실량

수출물품을 구성하고 있는 실제 원재료의 양인 단위실량만으로 소요량으로 산정하는 방법, 곧 수출물품(견본)을 분해하여 재거나 수출물품 1단위를 생산하는데 사용되는 설계도면상의 원재료의 실면적이나 부품내역서상의 실량 등을 계산하여 산정한다.

(2) 단위설계소요량

수출물품을 생산하는데 있어 가장 기본이 되는 자료인 제조사양서에 있는 원재료중 환급을 받고자하는 원재료의 종류별 양이다. 일반적으로 단위설계소요량은 단위실량에 최적의 생산공정에서 발생하는 최소한의 손모량을 합친 소요량으로서 원재료의 종류에 따라서는 단위실량과 같은 양일 수도 있다.

(3) 수출건별등 총소요량

수출건별로 수출물품을 생산하는 과정에서 사용한 원재료의 종류별 총량으로 불량품 등에 소요된 원재료의 사용량을 제외한 소요량이다. 수출건별이란 수출신고수리필증별, 기초원재료 납세증명서별, 또는 수출계약서나 내국신용장의 수출물품의 수량단위이다.

(4) 일정기간별 단위소요량

① 일정기간 동안 생산된 수출물품 1단위에 대한 평균소요량을 말한다. 일정기간이란 1개월 이상 6개월 이내의 범위에서 산정대상기간 초월의 초일부터 산정대상기간 말월의 말일까지이다.

ㄱ. 일정기간별 단위소요량은 수출물품에 원재료가 물리적으로 결합되느냐 화학적으로 통합되느냐에 따라 산정방법이 구분된다.

ㄴ. 물리적으로 결합되는 원재료 : 일정기간 동안 제품생산에 사용된 원재료의 종류별 총량을 그 기간 동안에 생산된 제품의 원재료별 환산량으로 나눈 값에 단위실량을 곱한 양으로 산정하며, 불량품 생산에 소요된 원재료 사용량은 제외한다.

⇒ 일정기간별 단위소요량=(일정기간 동안 사용된 원재료별 총량 ÷일정기간 동안 생산된 제품의 원재료별 환산량)×단위실량

ㄷ. 제품을 생산하는 과정에서 원재료가 화학적으로 통합되는 경우 일정기간별단위소요량은 일정기간 동안 제품 생산에 사용된 원재료의 종류별 총량을 일정기간동안에 생산된 제품의 총량으로 나눈 양으로 산정한다.

⇒ 일정기간별단위소요량 = 일정기간동안 사용된 원재료별 총량 / 일정기간동안 생산된 제품의 총량

(5) 1회계년도 단위소요량

1회계년도 동안 생산된 수출물품 1단위에 대한 평균소요량이다.

① 원재료가 물리적으로 결합하는 경우 : 1회계년도 동안 제품생산에 사용된 원재료의 종류별 총량을 그 기간동안 생산된 제품의 원재료별 환산량으로 나눈 다음 단위실량을 곱하여 산정한다. 불량품 생산에 들어간 원재료 사용량은 제외

② 1회계년도 단위소요량 = (1회계년도 동안 사용된 원재료별 총량÷1회계년도 동안 생산된 제품의 원재료별 환산량)단위실량

③ 1회계년도 단위소요량 = 1회계년도 동안 사용된 원재료별 총량÷1회계년도 동안 생산된 제품 총량

(6) 위탁건별 총소요량

수출물품의 생산을 위탁한 업체가 생산업체(수탁업체)에 공급한 원재료중 생산업체가 수출물품을 생산하는데 사용한 원재료의 종류별 총량으로 산정한다.

(7) 소요량 산정방법의 선택제한

소요량계산서작성업체는 동종의 수출물품별로 상기 6가지 소요량 산정방법 중 한가지 방법을 임의로 선택하여 소요량을 산정하여야 한다. 다만, 다음 각 호의 경우에는 그러하지 아니하다.

① 소요원재료의 등급이 다른 이유 등으로 소요량이 불안정한 농 · 수 · 축 · 임산물을 원재료로 생산되는 수출물품은 수출건별등 총소요량 산정방법 위탁건별 총소요량 산정방법으로 소요량을 산정하여야 한다.

② 시제품 생산단계로 손모율이 불안정한 수출물품은 일정기간별단위소요량 산정방법 또는 1회계연도단위소요량 산정방법으로 소요량을 산정할 수 없다.

③ 연산품은 일정기간별단위소요량 산정방법 1회계연도단위소요량 산정방법으로 소요량을 산정하여야 한다.

④ 1회계연도단위소요량 산정방법은 매월 1회 이상 또는 연간 6개월 이상 생산활동을 하는 업체에 한정하여 적용한다. 다만, 천재지변, 노사분규, 설비의 수리 등 불가항력적 사유로 생산활동을 할 수 없는 경우에는 예외로 한다.

5. 연산품 부산물

(1) 연산품의 소요량 계산

① 연산품의 의의

연산품이란 특수공정물품중에서 동일원재료에 의해 생산된 개별적인 기능과 경제적인 가치를 가진 제품들이 주산물과 부산물로 구별할 수 없는 경우에 이 제품들을 총칭하는 말이다.

② 연산품의 생산비율 산출

생산비율 = [1회계년도(일정기간) 동안의 각 연산품 생산÷1회계년도(일정기간) 동안의 각 연산품 생산량의 합계]100

③ 연산품의 가치비율 산출

가치비율 = (한 연산품의 생산비율그 연산품 1단위가격) ÷ [(각 연산품의 생산비율각 연산품 1단위가격)의 합계] × 100

④ 연산품 1단위가격

연산품 1단위가격은 결산보고서나 일정기간 회계자료에서 연산품별 총판매액(연산품별 총수출액과 연산품별 총국내판매액의 합계액)을 연산품별 총판매량(연산품별 총수출량과 연산품별 총국내판매량의 합계)으로 나누어 산출한다. 다만, 1회계년도(일정기간) 동안 수출되거나 국내판매되지 않은 연산품 1단위의 가격은 결산보고서(일정기간 회계자료)의 제조원가를 그 연산품 수량으로 나누어 산출한다.

ㄱ. 연산품 1단위 가격=(연산품별 총수출액+연산품별 총국내판매액)÷(연산품별 총수출량+연산품별 총국내판매량)

ㄴ. 연산품의 소요량 계산공식
소요량=수출수량 × (가치비율÷생산비율) × 1회계년도 단위소요량(일정기간별 단위소요량)

(2) 부산물 공제

① 부산물 공제의 의의

"부산물"이란 수출물품 생산공정 중에 수출물품 외에 부수적으로 발생하는 경제적인 가치를 가진 물품으로서 판매되거나 자가사용되는 물품을 말한다. 이러한 부산물에 대하여는 수입할 때 납부한 관세 등의 금액에서 부산물 가치만큼 공제한 뒤 환급한다.
환급금=부산물 공제전 환급금(1−부산물 공제비율)

② 공제대상이 되는 부산물의 기준

ㄱ. 경제적인 가치를 가진 물품으로서 판매되거나 자가사용 될 때 또는 판매나 사용을 목적으로 보관, 관리할 때

ㄴ. 경제적인 가치가 있어도 업체에서 판매나 사용하지 않고 폐기하면 부산물로 인정하지 않는다.

③ 부산물 공제비율

$$부산물공제비율 = \frac{D}{A \times C / B + D}$$

A : 부산물이 발생하는 공정에서 생산된 제품의 가격

B : 환급을 받고자하는 원재료 중 부산물이 발생하는 공정에 소요된 원재료의 가격

C : 부산물을 발생시킨 원재료의 가격

D : 부산물의 가격(다만, 위의 A, B의 가격을 산정하기 곤란한 경우에는 D/C로, 위의 A, B, C, D의 가격을 산정하기 곤란한 경우에는 부산물 발생비율로 부산물 공제비율을 대신할 수 있음)

6. 소요량의 계산기준 등

(1) 소요량 계산기준

수출물품과 소요원재료는 품명, 규격(특성, 함량, 중량, 두께 등)별로 분류하여 소요량 산정과 계산을 해야 한다. 1회계년도 단위소요량이나 일정기간별 단위소요량을 산정할 때 상거래상 동종물품으로 인정되고 손모율의 차이가 없다고 인정될 때는 수출물품 또는 소요원재료를 통합하여 손모율을 산정할 수 있다.

(2) 소요량 계산의 근거자료

① 자율소요량 계산근거 자료

ㄱ. 제조사양서 및 제조공정도

ㄴ. 원재료 수불대장

ㄷ. 제품수불대장

ㄹ. 부산물 수불대장(부산물이 발생하는 경우에만)

ㅁ. 소요량 계산서철

② 자료의 관리

1회계년도 단위소요량을 산정하려면 결산보고서(제품 및 자재수불 관련 부속서류 포함) 및 원단위, 생산수율 보고서(신고대상품목만을 추가로 보관 · 관리해야 하며, 위탁건별 총소요량을 산정하려면 위탁가공계약서를 추가)를 보관, 관리해야 한다. 소요량계산 근거자료는 장부 또는 마이크로필름, 광디스크, 기타 전산자료 보존매체로 환급신청일로부터 5년간 보관, 관리해야 한다.

ㄱ. 수출물품별 원재료의 소요량계산근거서류 및 계산내역에 대한 서류는 환급신청일부터 5년. 다만, 「중소기업기본법」 제2조제1항에 따른 중소기업자가 보관해야 하는 원재료출납대장 및 수출물품출납대장의 보관기간은 3년.

ㄴ. 내국신용장등 수출용원재료의 거래관계서류는 당해 물품의 기초원재료납세증명서등의 발급일부터 3년

ㄷ. 수출신고필증등 환급특례법 제4조에서 정한 수출사실을 증명할 수 있는 서류는 환급신청일부터 3년

ㄹ. 수입신고필증등 원재료의 납부세액을 증명할 수 있는 서류는 환급신청등에 사용한 날부터 3년

ㅁ. 기타 관세청장이 정하는 서류는 환급신청등에 사용한 날부터 3년

(3) 소요량 계산

① 단위실량, 단위설계소요량, 일정기간별단위소요량, 1회계연도단위소요량을 적용한 소요량의 계산은 다음과 같이 한다.

소요량 = 수출물품의 수량 × 단위실량 또는 단위설계소요량, 일정기간별단위소요량, 1회계연도단위소요량

② 수출건별등총소요량과 위탁건별총소요량은 해당 건별 총소요량이고 소요량의 계산은 다음과 같이 한다.
소요량 = 해당 건별 총소요량

③ 단위실량, 단위설계소요량, 일정기간별단위소요량, 1회계연도단위소요량, 수출건별등총소요량과 위탁건별총소요량으로 계산된 소요량은 산정대상기간 동안 수출물품을 생산하는데 실제 사용한 원재료의 양을 초과할 수 없다.

④ 제1항 및 제2항에 따라 소요량을 계산할 때 순도나 함량 등에 따라 비례환산하여야 할 경우에는 비례환산하여야 하며, 소요량은 소수점 이하 3자리까지 계산하되 4자리 이하는 반올림한다. 다만, 소요원재료가 개수 등으로 표기되어 소수점 이하로 구분할 수 없을 때에는 소수점 이하는 절사한다.

7. 소요량 사전심사

(1) 개요

수출용 원재료에 대한 관세환급은 수출물품을 생산하는데 소요된 원재료의 양에 의해 결정되므로 정확한 환급금의 결정을 위해서는 소요량 산정이 중요하다. 일부기업의 경우 소요량 산정에 대한 전문성 부족으로 과다·과소 환급이 발생하고 있으며, 장기간 계산 오류 등에 따른 고액의 과다환급금 추징이 기업에 부담으로 작용하고 있다. 이러한 수출기업의 어려움을 반영하여 소요량 사전심사제도가 시행되고 있으며, 또한 자율소요량제도의 보완제도로서 의의를 갖는다.

(2) 소요량 사전심사의 신청

① 관세 등을 환급받으려는 자는 환급신청을 하기 전에 소요량 및 소요량 계산방법의 적정 여부를 세관장에게 미리 심사하여 줄 것을 신청할 수 있다. 소요량 사전심사의 신청을 받은 세관장은 신청을 받은 날부터 30일(현지 확인을 실시하는 경우에는 50일) 내에 산정한 소요량 및 소요량 계산방법의 적정 여부를 심사한 후 그 결과를 신청인에게 통지하여야 한다. 다만, 제출 자료의 미비 등으로 심사가 곤란한 경우에는 그 사실을 통지하고 소요량 사전심사를 거절하거나 제출 자료를 보정하게 할 수 있다.

② 제2항 본문에 따라 소요량 사전심사 결과를 통지받은 자는 통지 결과에 이의가 있는 경우 그 결과를 통지받은 날부터 30일 내에 세관장에게 재심사를 신청할 수 있다.

③ 세관장은 관세등을 환급받으려는 자가 통지된 소요량 사전심사 결과를 적용하여 환급신청을 한 경우에는 그 통지된 내용에 따라 소요량을 계산하여 환급하여야 한다.

④ 소요량 사전심사 결과의 유효기간은 통지를 받은 날부터 1년으로 한다. 다만, 소요량 사전심사의 근거가 되는 사실관계 또는 상황의 변경이 있는 경우에는 그 사유가 있는 날부터 해당 소요량 사전심사 결과는 그 효력을 잃는다.

(3) 소요량 사전심사의 효력 및 갱신

① 소요량 사전심사(재심사) 결과 통지는 통지를 받은 날부터 1년 내에 수출한 동일물품에 대하여 효력을 갖는다.

② 소요량 사전심사(재심사) 결과의 유효기간을 연장하고자 하는 자는 유효기간 만료 2개월 전까지 소요량 사전심사 신청을 하여야 한다. 이 경우 신청인은 이전 소요량 사전심사 신청내역과 사실관계의 변동이 없는 때에는 물품 및 소요량 산정내역 설명서의 제출을 생략하고 이전에 받았던 소요량 사전심사(재심사) 결과 통보서 사본을 제출할 수 있다.

③ 소요량 사전신청을 받은 세관장은 소요량 및 소요량 계산방법에 변동이 없어 심사할 필요가 없다고 판단하는 경우에는 심사를 생략하고 신청인에게 소요량 사전심사(재심사) 결과 통보를 할 수 있다.

제4절 관세환급금의 회계와 세무

1. 관세환급금의 회계처리와 귀속시기

(1) 관세 및 관세환급금의 회계처리

수출용원재료에 대한 수입시 납부한 관세 등은 매출원가에 가산한다. 또한 관세환급금은 매출원가에 부가한다. 상장법인등의재무제표에관한규칙 제53조 제6항에서는 '상품 또는 제품에 대하여 판매 · 생산 또는 매입 이외의 사유로 증감액이 있는 경우와 관세환급금 등 기타 매출원가항목으로 차감 또는 부가하여야 할 것이 있는 경우에는 이를 구분하여 기재한다' 라고 규정하고 있다.

(2) 관세환급금의 귀속시기

관세환급금의 손익 귀속시기는 다음 각호의 날이 속하는 사업연도로 한다.

㉠ 수출과 동시에 환급받을 관세 등이 확정되는 경우(수출용 원재료에 대한 관세 등 환급에 관한 특례법 제13조의 규정에 의한 정액환급률표에 의한 환급액을 포함한다)에는 당해 수출을 완료한 날

㉡ 수출과 동시에 환급받을 관세 등이 확정되지 아니하는 경우에는 환급금의 결정통지일 또는 환급일 중 빠른 날한편, 「수출용원재료에 대한 관세 등 환급에 관한 특례법」의 규정에 의하여 환급받을 관세 등으로서 수출과 동시에 환급받을 세액이 확정되지 아니하는 관세환급금의 귀속사업연도는 당해 환급금의 결정통지일 또는 환급일 중 빠른 날이 속하는 사업연도로 하는 것이나, 일반적으로 공정 · 타당하다고 인정되는 기업회계기준을 적용하거나 관행을 계속적으로 적용하여 온 경우에는 당해 기업회계기준 또는 관행에 의하는 것이다. 즉, 합리적으로 예측한 관세환급 예상액을 계속적으로 결산에 반영하여 온 경우에는 관세환급금 미수금을 계상할 수 있다.

2. 관세환급금과 영세율

(1) 과세대상의 판단

① 세관장으로부터 받는 관세환급금

수출업자 또는 내국신용장에 의하여 완제품을 수출업자에게 공급한 자가 세관장으로부터 직접 받는 관세환급금과 수출품생산업자가 수출대행업자로부터 받는 관세환급금은 과세하지 아니한다. 이는 수입시 부담한 관세를 환급받는 것으로 대가관계가 없기 때문에 부가가치세 과세대상이 아니다. 따라서 영세율 적용대상이 아니다.

② 수출업자로부터 받는 관세환급금

내국신용장에 의하여 재화를 수출업자 또는 수출품생산업자에게 공급하고 자기가 부담한 수입관세를 당해 수출업자 또는 수출품생산업자로부터 그 대가의 일부로 받는 관세환급금은 영의 세율을 적용한다. 이는 대가관계가 있는 것으로 부가가치세 과세대상이다.

(2) 세금계산서의 발급

① 사업자가 수입원재료를 사용하여 제조 또는 가공한 재화를 내국신용장에 의하여 수출업자에게 공급하고 수출업자로부터 당해 수입원재료에 대한 관세환급금을 받는 경우에 당해 관세환급금은 대가의 일부로서 영세율 과세표준에 산입되므로 세금계산서를 발급하여야 한다.

② 내국신용장에 의한 재화의 공급 시 공급대가에 포함된 관세환급금 상당액이 추후 수출업자가 세관장으로부터 환급받은 관세환급금과 서로 달라 그 차액을 정산하는 경우에는 해당 금액이 확정되는 때에 부가가치세법 시행령 제70조에 따라 수정세금계산서를 발급한다.

③ 관세환급금을 수출업자가 환급받아 내국신용장에 의하여 납품한 자에게 지급하는 경우의 세금계산서 교부 시기는 원칙적으로 재화의 공급시기에 교부하여야 하는 것이나, 그 금액 중 일부가 확정되지 아니한 경우에는 세관으로부터 관세환급금이 통지되었을 때 교부할 수 있는 것이다.

④ 내국신용장에 의하여 재화를 공급하고 그 대가의 일부로서 받는 관세환급금에 대한 세금계산서는 원칙적으로 재화의 공급시기에 교부하여야 하는 것이나, 당해 재화의 공급시기에 관세환급금이 확정되지 아니한 경우에는 당해 관세환급금이 추후 확정되는 때에 수정세금계산서를 교부하여야 하는 것이며, 다만 당해 거래처에 대하여 부가가치세법 시행령 제54조의 규정에 의한 월합계세금계산서를 교부하는 경우에는 당해 관세환급금도 동 관세환급금이 추후 확정되는 날이 속하는 달의 월합계세금계산서의 공급가액에 포함하여 월합계로 교부하여야 하는 것이다.

XI

FTA 관세특례제도

제1절 FTA 개요

1. FTA 개요

(1) 의의

자유무역협정(Free Trade Agreement : FTA)은 상품 및 서비스 교역에 있어 관세와 기타 무역장벽의 제거를 통해 체약국간 자유무역을 실현하는 지역무역협정으로 정의될 수 있다. 1990년대 이전에 체결된 지역무역협정은 회원국 간 무역자유화를 위한 관세철폐, 원산지규정, 통관절차 등 이와 관련되는 규범들이 주류를 이루고 있었다. 그러나 1990년대 이후에 체결되는 대부분의 FTA는 관세철폐는 물론이고 서비스, 투자, 경쟁, 지적재산권, 정부조달 등 대부분의 포괄적 경제협력분야까지 확대되어 가는 추세이다.

(2) FTA 추진배경

우리나라는 무역의존도가 90%에 달하는 국가(2021년 84.8%, 한국은행 자료)로서 대외무역을 통한 경제발전과 성장에 많이 의존하고 있다. 열린 세계시장이 그만큼 우리의 생존에 중요한 것이다. 그런데, 최근의 세계 통상환경을 보면, 자유무역협정(FTA: Free Trade Agreement)을 중심으로 한 지역주의(Regionalism)가 가속화되고 있는 상황이다. 이러한 지역주의 심화 추세를 고려할 때 우리가 세계의 주요경제권과 FTA와 같은 경제적 연대를 추진하지 않고 종전처럼 WTO 체제하의 다자주의에만 의존하기에는 위험부담이 그만큼 크다고 하겠다. 왜냐하면, FTA는 기본적으로 체결국간에만 무역을 자유화하는 것을 내용으로 하므로 역외국은 그만큼 차별을 받을 수밖에 없기 때문이다. 또한 일부국가와 양자 또는 복수국간의 FTA를 체결하게 되면 WTO협상에 비해 빠른 속도로 상대방 국가와 우리나라의 경제가 개방되게 된다. 따라서 개방 및 이를 위한 수단인 FTA는 선택이 아닌 필수이다.

(3) FTA의 경제적 효과

① 무역창출효과(Trade Creation Effect)

관세의 철폐에 의해 역내국간 비교우위에 따른 특화가 실현되고, 이에 따라 국내의 자원이 보다 효율적으로 사용되며, 그 결과 역내국의 후생이 증대된다.

② 무역전환효과(Trade Diversion Effect)

FTA체결 이후 역내국과의 관세가 철폐되고 역외국에 대해 상대적으로 높은 관세가 부과됨에 따라 수입선을 역외국에서 FTA체결국으로 전환시킨다.

③ 외국인 투자효과 등

역내시장이 확대됨에 따라 규모의 경제가 실현될 수 있으며 기업 간의 경쟁이 촉진되고 외국인 직접투자가 증가하여 역내경제활동의 효율성이 증대된다.

제2절 FTA 체결현황 및 관련법령체계

1. FTA 체결현황

FTA 명칭	발효일	적용국가
한-칠레 FTA	2004.4.1	칠레
한-싱가포르 FTA	2006.3.2	싱가포르
한-EFTA FTA	2006.9.1	스위스, 노르웨이, 아이슬란드, 리히텐슈타인
한-아세안 FTA	2007.6.1 (상품협정)	미얀마, 인도네시아, 베트남, 말레이시아, 싱가포르 2007.6.1 필리핀 2008.1.1 브루나이 2008.7.1 라오스 2008.10.1 캄보디아 2008.11.1 태국 2010.1.1
한-인도 CEPA	2010.1.1	인도
한-EU FTA	2011.7.1	EU 27개국(크로아티아 추가, 영국 탈퇴)
한-페루	2011.8.1	페루
한-미 FTA	2012.3.15	미국
한-튀르키예 FTA	2014.5.1	튀르키예
한-호주 FTA	2014.12.12	호주
한-캐나다 FTA	2015.01.01	캐나다
한-중국 FTA	2015.12.20	중국
한-뉴질랜드 FTA	2015.12.20	뉴질랜드
한-베트남 FTA	2015.12.20	베트남
한-콜롬비아 FTA	2016.07.15	콜롬비아
한-중미 FTA	2021.03.01. (전체발효)	파나마(21.03.01), 엘살바도르(20.01.01), 코스타리카(19.11.01), 니카라과•온두라스(19.10.01) 중미 5개국
한-영국 FTA	2021.01.01	영국-영국의 브렉시트 전환기간 종료(2020.12.31 23:00)에 따라 2021.01.01 오전 8시 수입신고 건부터 적용
RCEP (역내포괄적경제동반자협정)	2022.02.01	한국, 아세안10개국, 중국, 일본, 호주, 뉴질랜드

한-이스라엘 FTA	2022. 12. 01	이스라엘(창업국가 성장모델)
한-캄보디아 FTA	2022. 12. 01	캄보디아(동남아 시장 진출확대 기여)
한-인도네시아 FTA	2023. 01. 01	인도네시아(동남아 시장 진출확대 기여)
한-싱가포르 DPA	2023.01.14	싱가포르와 디지털 교역 활성화 및 아세안 진출 기회 확대
디지털경제동반자협정 (DEPA)	2024. 5. 3.	싱가포르, 칠레, 뉴질랜드 간 디지털 통상규범 확립 및 디지털 통상 네트워크 확대
한-필리핀 FTA	2024.12.31	신남방 FTA 네트워크 확대를 통한 교역 시장 확장

2. FTA 관련법령체계

FTA이행을 위한 관세법의 특례에 관한 법률

FTA이행을 위한 관세법의 특례에 관한 법률 시행령

FTA이행을 위한 관세법의 특례에 관한 법률 시행규칙

FTA이행을 위한 관세법의 특례에 관한 법률 사무처리에 관한 고시

☞ 한 · 칠레 FTA관세특별법(2004년 1월 1일 시행)은 FTA관세특례법(2006년 3월 2일 시행)의 제정 및 공포에 따라 2010년 3월 2일 FTA관세특례법으로 흡수 · 통합되었다. 현재 자유무역협정의 이행을 위한 관세법의 특례에 관한 법률 ('FTA 관세특례법')은 2016년 7월 1일 법률을 전반적으로 정비하여 시행 중이다.

제3절 협정별 원산지 결정개요

1. 원산지의 의의

원산지(原産地)란 어떤 물품이 생산 또는 제조된 국가 즉 물품의 국적을 말한다. 물품의 생산과정이 어느 나라에서 이루어지는가를 중요시하는 개념이므로 자본 투자국 · 브랜드 소유국 · 기술 제공국과는 구별된다.

2. 원산지 결정기준의 구성

원산지 결정기준은 크게 일반기준과 품목별기준으로 나뉘어진다. 일반기준은 여러 품목에 공통적으로 적용되는 총칙 규정이며, 품목별기준은 해당품목에 한하여 적용되는 규정이다.

구 분		종 류
일반기준	기본원칙	• 완전생산기준 • 역내가공원칙 • 충분가공원칙 • 누적기준 • 직접운송원칙
	분야별특례	• 최소기준 • 중간재 • 대체가능물품 • 간접재료 • 세트물품 • 부속품 · 예비부품 · 공구 • 포장용기
품목별기준		• 세번 변경기준 • 부가가치기준 • 가공공정기준 • 조합기준 • 선택기준

일반기준(General Rules)은 여러 품목에 공통적으로 적용되는 총칙 규정으로 협정 체계상 '원산지규정'의 본문으로 규정되며, 품목별기준(Product Specific Rules)은 해당품목에 한정하여 적용되는 각칙으로서 '별표'로 규정되는 것이 일반적이다.

3. 법 적용 우선순위

- 국내법이 협정과 상충되는 경우에는 협정이 우선 적용된다.
- 협정의 영문과 국문이 상충되는 경우에는 영문이 우선 적용된다.(단, 한-미 FTA는 동일 적용)
- FTA특례법령에서 정하지 않은 사항은 관세법을 준용한다.

가. FTA 원산지 결정기준 [한-칠레 FTA]

1. 원산지 결정에 관한 일반적 기준

(1) 완전생산기준

당해 국가에서 채굴·수확한 광산물 및 농수산물이나 이들을 원료로 한 생산품은 그 나라를 원산지로 인정한다.

(2) 2국가 이상에 걸쳐 생산된 물품의 원산지결정

당해 물품이 2개국 이상에 걸쳐 생산·가공 또는 제조된 경우에는 당해 물품의 본질적인 특성을 부여하기에 충분한 정도의 실질적인 변형이 최종적으로 수행된 나라를 원산지로 인정한다.

① 완전 생산품 기준 적용 품목을 제외하고 실질 변형 기준으로 세번 변경기준(HS 2, 4, 6단위 세번 변경)과 부가가치기준을 적용

② 품목별 원산지 결정기준에서 부가가치기준을 적용 받는 물품의 역내 부가가치의 비율은 다음 산식에 따라 계산한다.

ㄱ. 공제법 : $\text{역내가치비율} = \dfrac{\text{물품의 조정가격}-\text{비원산지 재료의 가격}}{\text{물품의 조정가격}} \times 100\%$

ㄴ. 집적법 : $\text{역내가치비율} = \dfrac{\text{원산지 재료의 가격}}{\text{물품의 조정가격}} \times 100\%$

ㄷ. "조정가격"은 수입물품의 과세가격에서 수입항까지의 운임·보험료, 기타 국제적 운송에 관련되는 비용을 제외한 가격

ㄹ. "원산지 재료의 가격"은 생산자에 의해 상품의 생산에 사용된 원산지 재료의 가치

ㅁ. "비원산지 재료의 가격"은 그 물품의 생산자가 취득한 단위를 기준으로 하여 다음의 하나에 해당하는 가격으로 한다.

- 생산자가 직접 수입한 재료 : 그 수입재료의 조정가격
- 생신자가 해당 물품이 생산된 영역에서 구입한 재료 : 실제 구입가격
- 생산자가 무료 또는 할인이나 이와 유사한 인하된 가격으로 공급받은 재료 : 제조원가에 이윤 및 일반경비를 합한 가격. 이 경우 이윤 및 일반경비의 계산에 관하여는 「관세법 시행령」 제27조제4항을 준용한다.

(3) 단순한 작업 또는 공정만을 거쳐 생산된 물품에 대한 원산지 결정(불인정 공정)

단순·경미한 공정을 거쳐서 생산된 물품의 경우에는 품목별 원산지규정에서 정하는 원산지 요건을 충족시킨 경우에도 원산지를 인정하지 않는다.

① 운송 또는 저장할 목적으로 물품을 양호한 상태로 보존하기 위한 작업 또는 공정

② 선적 또는 운송을 용이하게 하기 위한 작업 또는 공정

③ 판매를 위한 포장 또는 전시를 위하여 필요한 작업 또는 공정

상기의 작업 또는 공정은 다음의 어느 하나에 해당하는 작업 또는 공정을 포함한다.

① 환풍 · 통풍 · 건조 · 냉장 또는 냉동
② 세탁 · 세척 · 거르기 · 진동 · 선택 · 분류 · 등급화 · 선별 · 혼합 또는 절단
③ 탈피 · 탈각 · 박편 · 탈곡 · 뼈 제거 · 분쇄 · 압착 또는 연질화
④ 손상부위의 제거 · 이물질 제거 · 기름칠 · 녹 방지 또는 그 밖에 필요한 도포
⑤ 시험, 측정, 산적화물(散積貨物)의 분류, 포장을 위한 조립, 상표의 표시 · 부착, 포장 · 재포장 또는 포장해체
⑥ 물 또는 그 밖의 수성 · 이온 · 염화용액과의 희석
⑦ 물품의 단순조립 · 세트구성 또는 분해
⑧ 염화 또는 가당
⑨ 가축의 도축
⑩ ①~⑨ 까지에 해당하는 작업이나 공정이 2 이상 조합된 작업이나 공정

(4) 원산지인정의 누적기준

① 칠레에서 생산되는 물품의 재료가 대한민국을 원산지로 하는 경우 그 재료의 원산지를 칠레로 보고, 대한민국에서 생산되는 물품의 재료가 칠레를 원산지로 하는 경우 그 재료의 원산지를 대한민국으로 본다.
② 어떤 물품이 역내국에서 2 이상의 서로 다른 생산자에 의하여 생산된 경우 전 단계 생산자가 수행한 생산은 최종 생산자가 수행한 것으로 본다.

(5) 직접운송원칙

협약에 의하여 원산지물품으로 인정될 수 있는 경우라 하더라도 직접운송된 경우에 한하여 원산지 상품으로 간주한다. 다만, 역외국을 거치더라도 세관당국의 통제하에 있거나, 당해물품의 운송 또는 보존에 필요한 작업이외의 공정이 수행되지 않은 경우에는 직접운송된 것으로 본다.

(6) 역내가공원칙

해당 물품의 생산공정이 역내에서 수행되어야 하고, 일부라도 역외에서 이루어지면 원산지물품으로 인정하지 않는 원칙을 말한다.

2. 품목별기준

원산지 결정기준은 일반적인 결정기준이 있으나, 품목별로 세부기준을 두고 있으므로 각 물품별 HS Code를 확인한 후 각각의 관세 인하 스케줄 및 원산지 결정기준을 찾아야한다.

(예) 엔진 : 제8407.34호
관세인하 스케줄 : 즉시인하

원산지기준 : 다른 호에 해당하는 물품에서 제8407호부터 제8408호에 해당하는 물품으로 변경된 것. 다만, 공제법의 경우 45% 이상 또는 직접법의 경우 30% 이상의 역내부가 가치가 발생한 것에 한한다.

3. 분야별특례 기준

(1) 원산지 인정의 최소기준

비원산지 재료 가격이 당해물품의 전체가격에서 차지하는 부분이 미미할 경우에는 원산지 기준에서 규정하고 있는 세번 변경기준을 충족하지 못할 경우에도 예외적으로 원산지 상품으로 인정한다.

① 비원산지 재료의 가치가 생산품의 조정가격의 8%를 초과하지 않는다면 원산지 상품으로 간주 (HS 01~24류 제외)

② HS 50~63류에 해당하는 물품 중 물품의 세번을 결정하는 그 상품의 구성요소의 생산에 사용되는 특정 섬유 또는 방사가 그 구성요소에서 차지하는 모든 섬유나 방사의 총 무게의 비율이 그 구성요소의 총 무게의 8% 이하일 경우에는 원산지로 상품으로 간주한다.

구 분	최 소 기 준
일반물품	조정가격의 8% 이하(가격기준)
섬유제품	(HS 50~63류) 8% 이하(중량기준)

(2) 간접재료의 원산지결정

간접재료는 상품의 생산, 시험 또는 검사에 사용되지만 그 상품에 물리적으로 포함되지 않는 다음의 물품으로서 생산되는 장소와 무관하게 원산지 재료로 간주된다.

① 연료 및 에너지
② 공구, 금형 및 다이스
③ 설비와 건물의 유지에 사용되는 예비부품과 재료
④ 물품의 생산 또는 설비와 건물의 작동에 사용되는 윤활제, 그리스, 혼합물과 기타 필요한 재료
⑤ 장갑, 안경, 신발, 의류, 안전장비와 그 밖에 이와 유사한 소모품
⑥ 물품의 시험 또는 검사에 사용되는 설비, 장치 및 기타 이와 유사한 것
⑦ 촉매제와 용해제
⑧ 그 밖의 물품 생산에 사용되었음이 입증될 수 있는 모든 재료

(3) 대체가능물품의 원산지결정

원산지가 다르더라도 상품의 본질적 특성이 동일하여, 상업적으로 대체 사용이 가능한 물품은 품목별 기준을 적용하지 않고, 재고관리기법을 이용하여 원산지 결정 가능하다.

① 당해 회계연도 중에는 동일한 재고관리기법 적용 의무
② 재고관리법의 종류 : 개별법, 선입선출법, 후입선출법, 평균법

(4) 부속품, 예비부품 및 공구의 원산지결정

다음의 조건하에, 상품의 표준 부속품, 예비부품 또는 공구인 부속품, 예비부품 또는 공구가 그 상품과 함께 인도된 경우에는 이러한 부속품, 예비부분품 또는 공구는 그 상품이 원산지 상품이라면 원산지 물품으로 간주된다.

① 부속품, 예비부분품 또는 공구로서 기계 등과 함께 수입되어 동시에 판매되고
② 그 종류 및 수량으로 보아 통상 부속품, 예비부분품 및 공구라고 인정되는 물품일 것

(5) 소매 판매를 위한 포장재료와 용기의 원산지결정

물품의 소매 판매를 위한 포장에 사용되는 재료 및 용기로서 통합품목분류표상 그 물품과 함께 분류되고, 그 물품의 원산지를 결정하는데 세번 변경기준이 적용되는 경우에 있어서는 소매 판매를 위한 포장 재료 및 용기의 비원산지 재료는 고려대상에서 제외되며, 그 물품의 원산지를 결정하는데 부가가치기준이 적용되는 경우에 있어서는 소매 판매를 위한 포장 재료 및 용기의 원산지는 고려대상에 포함된다.

(6) 수송을 위한 포장재료와 용기

제품의 원산지를 결정하는 때에 고려하지 않는다.

(7) 중간재

중간재는 최종제품 생산에 투입하기 위하여 원산지 재료와 비원산지 재료를 사용하여 최종제품 생산자가 직접 생산한 재료를 말하는 것이다. 칠레의 경우 자가생산품에 한하여 중간재를 인정한다. 단, 중간재 지정의무가 있다.

(8) 세트물품

세트물품은 서로 다른 성질의 물품을 특정 목적을 위해 하나로 조합한 것을 말한다. 원산지 결정은 각각의 물품별로 하므로 세트물품도 그 구성품별로 원산지를 결정하는 것이 원칙이나, 세트 구성품 중 비원산지물품이 차지하는 비율이 일정수준 이하일 경우 그 세트 구성품 전체를 원산지물품으로 간주한다. 세트물품의 범위에 대하여는 협정에서 별도 규정이 없으므로 법적용 원칙에 따라 관세법을 적용한다.

4. 수출입 통관요령

(1) 수입통관

① 수입신고 수리 전 원산지증명서 제출(사본가능)

② 수입신고 수리 후 원산지증명서 제출

ㄱ. 분실 도난 또는 훼손 등의 사유로 수입통관시 원산지증명서를 제출하지 못해 관세를 납부한 경우 당해물품의 수입신고 수리일로부터 1년 이내에 원산지증명서를 제출하고 협정관세의 적용 및 세액의 경정을 청구할 수 있다.

(2) 수출통관

특혜관세 해당 물품에 대하여 원산지증명서를 발급하여 선적서류에 첨부하여 수입자에게 송부

5. 원산지증명 방식

(1) 증명방식 : 자율증명

(2) 발급자(기관) : 수출자

(3) 증명서식 : 양국간 통일증명 서식

(4) 유효기간 : 2년

(5) 사용언어 : 영어사용원칙

(6) 사용회수 : 1회 사용원칙(분할가능)

KOREA–CHILE FREE TRADE AGREEMENT
CERTIFICATE OF ORIGIN

Issuing Number :

1 : Exporter (Name and Address) Tax ID No.				
2 : Producer (Name and Address) Tax ID No.		3 : Importer (Name and Address)		
4. Description of Good(s)	5. HS No	6. Preference Criterion	7. Regional Value Content	8. Country of origin
9. Remarks :				

10 : Certification of Origin

I certify that :

- The information on this document is true and accurate and I assume the responsibility for providing such representations.
  I understand that I am liable for any false statements or material omissions made on or in connection with this document
- I agree to maintain and present upon request, documentation necessary to support this certificate, and to inform, in writing, all persons to whom the certificate was given of any changes that could affect the accuracy or validity of this certificate.
- The goods originated in the territory of the Parties, and comply with the origin requirements specified for those goods in KOREA–CHILE FREE TRADE AGREEMENT, and there has been no further production or any other operation outside the territories of the Parties in accordance with Article 4.12 of the Agreement.

Authorized Signature	Company Name
Name (Print or Type)	Title
Date (MM/DD/YY)	Telephone / Fax / E-mail

작 성 방 법		
번호	기재항목	기재요령
	Issuing Number (발급번호)	• 원산지증명서 발급 일련번호 기재
1	Exporter(수출자)	• 수출자의 이름, 주소(국가포함), 사업자등록번호(칠레 : Unique Tax Number) 기재
2	Producer(생산자)	• 생산자 1명일 경우 : 생산자 이름, 주소(국가, 전화번호, FAX, E-mail 포함), 사업자등록번호 기재 • 생산자 2명 이상일 경우 : "VARIOUS"를 기재하고 모든 생산자의 리스트를 첨부(생산자 이름, 주소, 국가, 전화번호, FAX, E-mail, 사업자등록번호) • 생산자와 수출자와 같을 경우 : "SAME" 기재 • 생산자를 모를 경우 : "UNKNOWN" 기재 • 비밀로 할 경우 : "Available to Customs upon request" 기재
3	Importer(수입자)	• 수입자 이름, 주소(국가포함) 기재 • 수입자를 알지 못할 경우 : "UNKNOWN" 기재 • 수입자가 다수일 경우 : "VARIOUS" 기재
4	Description of Good(s) (품명)	• HS 및 송품장과 관련시킬 수 있는 상세한 상품의 설명을 기재 • 송품장번호 기재 • 송품장번호를 모를 경우 shipping order, purchase order number 등 물품을 확인할 수 있는 관련번호 기재
5	HS No (품목번호)	• 항목4의 각 물품의 HS번호 6단위까지 기재
6	Preference Criterion (특혜기준)	• 항목4의 각 물품에 대하여 적용할 수 있는 특혜기준(A~D) 기재 A : 역내국에서만 완전하게 획득하거나 생산된 경우. B : 물품이 일방 또는 양 당사국의 영역내에서만 생산되고 해당 물품의 생산에 사용된 비원산지 재료에 대해 부속서(annex 4)에 규정된 세번 변경기준, 부가가치기준, 주요공정기준 및 협정 4장에 규정된 다른 적용가능한 기준을 충족한 경우 C : 물품이 협정 제4.2조 제1(a)부터 제1(d)의 기준에 의한 원산지 요건을 충족한 원산지 재료로만으로 일방 또는 양 당사국의 영역내에서만 생산된 경우 D : 물품이 일방 또는 양 당사국 영역내에서 생산되었으나 그 물품의 생산에 사용된 하나 이상의 비원산지 재료가 협정 4.2.1 C(i, ii) 규정에 해당하여 세번변경은 이루어지지 않았으나, 부가가치 기준을 충족한 경우
7	Regional Value Content (역내 부가가치)	• 부가가치기준 적용대상 물품으로 －공제법(Build-down method)에 의해 계산한 경우 : "BD" －집적법(Build-up method)에 의해 계산한 경우 : "BU" 기재
8	Country of Origin (원산지국가)	• 원산지가 한국일 경우 : "KR" • 원산지가 칠레일 경우 : "CL" 기재
9	Remarks(비고)	• 송품장이 비당사국에서 작성되었을 경우 작성자 이름, 회사명 주소를 기재

나. FTA 원산지 결정기준 [한-싱가포르 FTA]

1. 원산지결정에 관한 일반적 기준

(1) 완전생산기준

당해 국가에서 채굴·수확한 광산물 및 농수산물이나 이들을 원료로 한 생산물품은 그 나라를 원산지로 인정한다.

(2) 2국가 이상에 걸쳐 생산된 물품의 원산지결정

품목별 원산지 기준에서 부가가치기준을 적용받는 물품의 역내 부가가치의 비율은 다음 산식에 따라 계산한다.

① 역내 부가가치의 비율 $= \dfrac{\text{물품의 조정가격} - \text{비원산지 재료의 가격}}{\text{물품의 조정가격}} \times 100\%$

② 조정가격은 「관세법」 제30조 내지 제35조를 준용하여 결정된 수입물품의 과세가격에서 동법 제30조제1항제6호를 준용하여 결정된 다음의 비용을 모두 제외한 가격을 말한다.

ㄱ. 수입항까지의 운임이나 보험료

ㄴ. 그 밖에 국제적 운송에 관련되는 비용

③ 비원산지 재료의 가격은 그 물품의 생산자가 취득한 단위를 기준으로 하여 다음의 어느 하나에 해당하는 가격으로 한다.

ㄱ. 생산자가 직접 수입한 재료 : 그 수입재료의 과세가격

ㄴ. 생산자가 자국에서 구입한 재료 : 실제 구입가격

ㄷ. 생산자가 직접 생산한 재료 중 생산자가 지정한 특정 재료(부가가치기준이 적용되는 재료만을 말한다. 이하 "중간재"라 한다) : 그 중간재의 제조원가에 이윤과 일반경비를 합한 가격. 이 경우 이윤과 일반경비의 계산에 관하여는 「관세법 시행령」 제27조제4항을 준용한다.

ㄹ. 생산자가 무료로 취득한 재료 : 「관세법」 제35조를 준용하여 산정한 가격

④ 비원산지 재료의 가격을 산정할 때 다음 어느 하나에 해당하는 비용이 포함되어 있는 경우에는 이를 공제한다.

ㄱ. 생산자의 생산 장소까지 국내 운송과 관련하여 발생한 운임·보험료·포장비 그 밖의 운송관련 비용

ㄴ. 재료와 관련하여 지불된 관세·내국세(감면·환급·징수유예 그 밖의 다른 방법으로 회수될 수 있는 관세나 내국세를 제외한다) 및 통관비용

ㄷ. 물품의 생산에 사용된 재료에서 발생하는 폐기물의 처리비용 중에서 재활용할 수 있는 부스러기 또는 부산물의 가치를 차감한 비용

ㄹ. 비원산지 재료의 생산에 사용된 원산지 재료의 비용

(3) 단순한 작업 공정만을 거쳐 생산된 물품에 대한 원산지 결정(불인정 공정)

단순 · 경미한 공정을 거쳐서 생산된 물품의 경우에는 품목별 원산지규정에서 정하는 원산지 요건을 충족시킨 경우에도 원산지를 인정하지 않는다.

① 운송이나 저장을 목적으로 물품을 양호한 상태로 보존하기 위한 작업 또는 공정(건조 · 냉동 · 냉장 또는 염수장을 포함한다)
② 포장 · 재포장 또는 포장상태를 변경하는 작업(병 · 통 · 용기 · 가방 그 밖에 이와 유사한 포장용기에 단순히 물품을 넣는 작업과 카드 또는 판에 고정하는 작업을 포함한다)
③ 그 물품이나 그 물품의 포장에 상표 · 의장 그 밖에 이와 유사한 표시물을 부착하는 작업
④ 분해 · 시험 또는 측정
⑤ 단순한 절단 작업(탈피, 탈각 박편, 탈곡, 뼈 제거, 분쇄, 압착, 연질화 그 밖에 이와 유사한 작업을 포함한다)
⑥ 단순한 혼합작업
⑦ 완제품의 부분품을 단순히 조립하는 작업
⑧ 물품의 단순한 세트구성 작업
⑨ 가축의 도축
⑩ 품질검사
⑪ 손상된 부위에서의 먼지 등 이물질 제거 작업, 녹 방지를 위한 기름칠 작업 그 밖에 물품의 보호를 위한 도포작업
⑫ 염화나 가당작업
⑬ 물이나 수성 · 이온 · 염화 용액과의 희석 작업
⑭ 산적화물의 분류
⑮ 상기 항목에 규정된 작업의 둘 이상 조합된 작업이나 공정

(4) 원산지인정의 누적기준

싱가포르에서 생산되는 물품의 재료가 우리나라를 원산지로 하는 경우 그 재료의 원산지를 싱가포르로 보고, 우리나라에서 생산되는 물품의 재료가 싱가포르를 원산지로 하는 경우 그 재료의 원산지를 우리나라로 본다.

어떤 물품이 역내국에서 2 이상의 서로 다른 생산자에 의하여 생산된 경우 전 단계 생산자가 수행한 생산은 최종 생산자가 수행한 것으로 본다.

(5) 직접운송원칙

원산지 인정요건을 모두 충족하였더라도 운송 도중 제3국을 거치지 않고 원산지국에서 수입국으로 직접 운송된 경우에 한하여 특혜관세를 부여하지만, 운송상의 목적으로 제3국에서 환적 또는 일시적 장치한 경우에는 원산지가 그대로 유지된다. 또한 당해 물품이 원산지국으로부터 직접 운송되지 아니하고 비원산국의 보세구역에서 하역, 재선적, 재포장 또는 물품을 양호한 상태로 보존하기 위한

작업 이외의 추가 가공 없이 우리나라로 운송되는 경우, 세관당국의 통제 또는 감독 하에 있었음을 수입자가 서면으로 입증한 경우에는 원산지로 인정한다.

(6) 역내가공원칙

역외가공 물품에 대한 원산지 결정

부속서 제4C (제39류, 제84류, 제85류, 제89류, 제90류에 해당되는 물품)에 열거된 상품은 당사국에서 수출된 재료가 그 당사국의 영역 밖에서 생산 또는 가공 공정을 거친 후 다시 그 당사국으로 재수입된 경우라도 다음에 부합할 경우 원산지상품으로 본다.

① 비원산지 투입의 총가치가 원산지 지위가 신청된 완제품의 관세가격의 40%를 초과하지 아니하고,

② 원산지 재료의 가치가 원산지 지위가 신청된 완제품의 관세가격의 45% 이상이고

③ 당사국으로부터 수출된 재료가 그 당사국의 영역 밖으로 수출되기 전에 당사국에서 완전히 획득 또는 생산되거나 불인정 공정을 넘어서는 생산 또는 가공공정을 거치고,

④ 수출된 재료의 생산자와 원산지 지위가 신청된 완제품의 생산자가 동일하고

⑤ 재수입된 상품이 수출된 재료의 생산 또는 가공 공정을 통하여 획득되고, 그리고

⑥ 생산 또는 가공의 최종 공정이 당사국의 영토 안에서 이루어진 경우

비원산지 투입의 총가치는 당사국의 영역 밖에서 추가된 모든 재료의 가치와 운송비를 포함하여 축적된 그 밖의 모든 비용뿐만 아니라, 당사국에서 추가된 모든 비원산지 재료의 가치이다.

2. 품목별기준

원산지 결정기준은 일반적인 결정기준이 있으나, 품목별로 세부기준을 두고 있으므로 각 품목별 HS Code를 확인한 후 각각의 관세 인하 스케줄 및 원산지 결정기준을 찾아야 한다.

(예) 엔진 : 제8407.34호

① 관세인하 스케줄 : 즉시철폐

② 원산지기준 : 다른 호에 해당하는 물품에서 제8407.29호 내지 제8407.90호에 해당하는 물품으로 변경된 것. 다만, 50% 이상의 역내 부가가치가 발생한 것에 한한다.

3. 분야별 특례기준

(1) 원산지 인정의 최소기준

① 품목별 원산지 결정기준에서 세번 변경기준을 적용받는 물품(품목번호 제15류 내지 제24류 및 제50류 내지 제60류에 해당하는 물품을 제외한다) 중 그 물품의 생산에 사용된 비원산지 재료의 가격이 그 물품의 과세가격의 100분의 10을 초과하지 아니하는 물품은 그 비원산지 재료의 품목번호와 그 물품의 품목번호가 달라지지 아니한 경우에도 원산지물품으로 인정한다.

② 품목별 원산지 결정기준에서 세번 변경기준을 적용받는 물품(품목번호 제15류 내지 제24류에

해당하는 물품만을 말한다) 중 그 물품의 생산에 사용된 비원산지 재료의 가격이 그 물품의 과세가격의 100분의 10을 초과하지 아니하는 물품은 그 비원산지 재료의 품목번호와 그 물품의 품목번호가 동일한 6단위 품목번호로 분류되지 아니하는 경우에 한하여 원산지물품으로 인정한다.

③ 품목번호 제50류 내지 제63류에 해당하는 물품 중 그 물품의 품목번호를 결정하는 구성요소의 생산에 사용되는 특정 섬유 또는 사(絲)의 중량이 그 구성요소의 총무게의 8% 이하일 경우에는 원산지물품으로 인정한다.

(2) 간접재료의 원산지결정

물품에 물리적으로 결합되지 아니하는 재료(간접재료)는 원산지 결정을 위한 고려대상에서 제외한다.

① 연료 및 에너지
② 공구 · 금형 및 다이스(Dies)
③ 설비 및 건물의 유지에 사용되는 예비부분품과 그 재료
④ 물품의 생산이나 설비 또는 건물의 가동에 사용되는 윤활유 · 그리스(Greases) · 혼합물과 그 밖에 필요한 재료
⑤ 장갑 · 안경 · 신발 · 의류 · 안전장비와 그 밖에 이와 유사한 소모품
⑥ 물품의 시험이나 검사에 사용되는 설비 · 장치와 그 밖에 이와 유사한 재료
⑦ 촉매제 및 용해제
⑧ 그 밖에 물품의 생산에 사용되었음이 입증되는 재료

(3) 대체가능물품의 원산지결정

① 어떤 물품의 생산에 2 이상의 대체가능물품이 사용된 경우로서 그 중에 원산지 재료와 비원산지 재료가 함께 있는 경우에는 보관하는 동안 그 재료의 원산지에 따라 물리적으로 구분 보관하여야 한다. 다만, 원산지 재료와 비원산지 재료를 물리적으로 구분 · 보관하는 데 기술적으로 어려움이 있거나 상당한 비용이 드는 경우에는 생산자가 지정하는 "재고물품관리법"에 따라 그 물품의 원산지를 결정할 수 있다.
② 재고물품관리법의 종류 : 개별법, 선입선출법, 후입선출법, 평균법
③ 동일 회계연도에는 재고물품관리법 중 하나의 방법만을 계속 적용하여야 한다.

(4) 미조립 또는 분해된 상품

조립되지 아니하였거나 또는 분해된 형태로 당사국의 영역으로 수입되나, 조립상품으로 분류되는 상품은 원산지상품의 규정(제4.2조)을 충족하는 경우 원산지상품으로 간주한다.

(5) 부속품의 원산지결정

기계 · 기구 · 장치 또는 차량에 사용되는 부속품 · 예비부분품 및 공구로서 기계 · 기구 · 장치 또는 차량과 함께 수입되어 동시에 판매되고 그 종류 및 수량으로 보아 통상 부속품 · 예비부분품 및 공구라고 인정되는 물품의 원산지는 그 기계 · 기구 또는 차량의 원산지로 한다.

(6) 소매 판매를 위한 포장재료와 용기의 원산지결정

상품이 역내가치포함 비율 요건의 대상이 되는 경우에는 그러한 포장재료와 용기의 가치가 그 상품의 역내가치포함 비율의 산정에 있어서 사안에 따라 원산지 또는 비원산지 재료로 고려된다.

(7) 운송용 포장용품 및 용기의 원산지결정

고려대상에 제외

(8) 중간재

중간재는 최종제품 생산에 투입하기 위하여 원산지 재료와 비원산지 재료를 사용하여 최종제품 생산자가 직접 생산한 재료를 말하는 것이다.

4. 원산지증명 방식

(1) 증명방식 : 기관증명

(2) 발급자(기관) :

① 싱가포르 : 싱가포르 관세당국
② 대한민국 : 세관, 자유무역지역관리원, 상공회의소

(3) 증명서식 : 국별증명서식

(4) 유효기간 : 1년

(5) 사용언어 : 영어사용원칙

(6) 사용회수 : 1회 사용원칙(분할가능)

싱가포르와의 협정에 따른 대한민국의 원산지증명서

<table>
<tr><td colspan="3">1. Exporter</td><td colspan="3" rowspan="2">Reference No.:

KOREA – SINGAPORE FREE TRADE AGREEMENT
PREFERENTIAL TARIFF
CERTIFICATE OF ORIGIN</td></tr>
<tr><td colspan="3">2. Importer</td></tr>
<tr><td colspan="3">3. Departure Date :</td><td colspan="3">4. Vessel's Name/Flight No :.</td></tr>
<tr><td colspan="6">5. Port of Discharge and Route :</td></tr>
<tr><td colspan="3">6. Country of Final Destination :</td><td colspan="3">7. Country of Origin :</td></tr>
<tr><td>8. Item Number</td><td>9. Description of Goods</td><td>10. HS No.</td><td>11. Marks & Numbers</td><td>12. Quantity & Unit</td><td>13. Origin Criterion</td></tr>
<tr><td></td><td></td><td></td><td></td><td></td><td></td></tr>
<tr><td colspan="3">14. Declaration by the exporter

The undersigned hereby declares that the above details and statements are correct; that all the goods were produced in ____________
____

(Country)

and that they comply with the origin requirements specified for these goods in the KOREA–SINGAPORE FREE TRADE AGREEMENT for the goods exported to ______________________________
(Importing Country)</td><td colspan="3" rowspan="2">15. Certification

It is hereby certified that the goods originated in the territory of Korea, and comply with the origin requirements specified for those goods in KOREA–SINGAPORE FREE TRADE AGREEMENT

Place and Date :

Signature and Stamp of Certifying Authority</td></tr>
<tr><td colspan="3">Place and Date :
Signature of Authorized Signatory</td></tr>
</table>

작 성 요 령

※ 이 서식은 영문으로 작성합니다.

1. Exporter(수출자) : 수출자의 성명, 주소, 수출국 및 사업자등록번호를 적습니다.

2. Importer(수입자) : 수입자의 성명, 주소 및 수입국을 적습니다.

3. Departure Date(출항일) : 물품을 운송하는 선박이나 항공기의 출항일을 적습니다.

4. Vessel's Name/Flight No.(선명/편명) : 선박명이나 항공기의 편명을 적습니다.

5. Port of Discharge and Route(적재항 및 운송경로) : 물품을 선적이나 기적하는 최종 항만이나 공항을 적습니다. 물품이 운송 도중 제3국에서 환적되는 경우에는 본 란 또는 별지에 환적국가와 환적장소 등 모든 운송경로를 적습니다.

6. Country of Final Destination(최종 목적국) : 물품의 최종 목적국이 싱가포르인 때에는 "REPUBLIC OF SINGAPORE"로 적습니다.

7. Country of Origin(원산지) : 물품의 원산지는 "REPUBLIC OF KOREA"로 적습니다.

8. Item Number(물품번호) : 품목번호가 다른 물품들은 같은 종류별로 구분하여 일련번호를 부여합니다.

9. Description of Goods(품명) : 송품장에 기재된 품명과 동일하게 적습니다.

10. HS No.(품목번호) : 물품의 6단위 품목번호를 적습니다.

11. Marks & Numbers(표시 및 일련번호) : 물품의 표시 및 일련번호를 적습니다.

12. Quantity & Unit(수량 및 단위) : 물품의 수량 및 측정단위(pieces, Kg 등)를 같은 종류별로 구분하여 적습니다.

13. Origin Criterion(원산지결정 기준) : 물품의 원산지결정을 위하여 적용된 원산지결정의 기준을 다음과 같이 구분하여 영문으로 표시합니다.

    가. 완전생산기준 적용품목 : "WO"(Wholly Obtained Rule)
    나. 세번 변경기준 적용품목 : "CTC"(Change of Tariff Classification Criterion)
    다. 부가가치기준 적용품목 : "VAC"(Value Added Criterion)
    라. 세번 변경기준과 부가가치기준 동시 적용품목 : "CTC & VAC"
    마. 역외가공 적용품목 : "OP"(Outward Process)
    바. 개성공단 적용품목 : "Gaesung Products"
    사. 최소기준 적용품목 : "De Minimis"
    아. 그 밖의 기준 적용품목 : "Others"
    ※ 제8란부터 제13란까지의 기재내용이 많을 때에는 별지에 적습니다.

14. Declaration by exporter(수출자 신고) : 수출자는 원산지증명서를 발급받은 후 원산지증명서에 기재된 신청일자, 장소, 수출국명 및 수입국명을 확인하고 서명합니다.

15. Certification(증명) 및 Reference No(증명서 발급번호) : 원산지증명서의 발급일자와 발급장소를 적고, 발급담당자가 서명을 한 후 발급기관의 인장을 날인합니다. 원산지증명서 우측 상단의 Reference No에는 증명서 발급번호를 적습니다.

다. FTA 원산지 결정기준 [한-EFTA FTA]

※ EFTA(유럽자유무역연합) : 스위스, 노르웨이, 아이슬란드, 리히텐슈타인

1. 원산지결정에 관한 일반적 기준

(1) 완전생산기준

당해 국가에서 채굴 · 수확한 광산물 및 농수산물이나 이들을 원료로 한 생산물품은 그 나라를 원산지로 인정한다.

(2) 2국가 이상에 걸쳐 생산된 물품의 원산지결정

당해 물품이 2개국 이상에 걸쳐 생산 · 가공 또는 제조된 경우에는 당해 물품의 본질적인 특성을 부여하기에 충분한 정도의 실질적인 변형이 최종적으로 수행된 나라를 원산지로 인정

① 완전생산품 기준 적용 품목을 제외하고 실질변형기준으로 세번 변경기준(HS 2, 4, 6단위)을 원칙적으로 하고, 일부 품목에서 실질변형기준으로 부가가치 기준을 적용

② 부가가치 기준은 역내산 비율이 품목에 따라 30~60%까지 품목별 규정하고 있다.

ㄱ. 부가가치의 비율 $= \dfrac{\text{비원산지 재료의 가격}}{\text{물품의 공장도 거래가격}} \times 100\%$

ㄴ. "공장도거래가격"은 물품을 생산공장에서 반출하는 때에 해당 물품의 생산자에게 실제로 지급하였거나 지급하여야 하는 가격으로서 그 물품이 수출될 때 환급되는 내국세를 공제한 가격

③ 주요공정기준 : 당해 물품의 제조 · 생산 또는 가공과정에서 특정한 공정을 당해국에서 거친 때에 한하여 원산지를 인정하는 기준

품 명	HS 번호	주요공정기준
의류제품	제61-62류	CC(2단위 변경기준)+재단 · 봉제요선
직 물	제50-60류	CTH(4단위 변경기준) or 염색 또는 날염 (단, 수입한 직물의 가격이 최종제품 가격의 50% 이하)

(2) 단순한 작업 공정만을 거쳐 생산된 물품에 대한 원산지 결정(불인정 공정)

단순 · 경미한 공정을 거쳐서 생산된 물품의 경우에는 품목별 원산지규정에 정하는 원산지 요건을 충족시킨 경우에도 원산지를 인정하지 않는다.

① 운송이나 저장을 목적으로 물품을 양호한 상태로 보존하기 위한 작업 또는 공정
(건조 · 냉동 · 냉장 또는 염수장을 포함한다)

② 포장 · 재포장 또는 포장상태를 변경하는 작업(병 · 통 · 용기 · 가방 그 밖에 이와 유사한 포장용기에 단순히 물품을 넣는 작업과 카드 또는 판에 고정하는 작업을 포함한다)
③ 세탁 · 세척 작업 또는 먼지 · 녹 · 기름 · 페인트 등 이물질 제거 작업
④ 섬유류 제품에 대한 다림질 또는 압착(壓着) 작업
⑤ 단순한 페인트칠 및 광택작업
⑥ 곡물 및 쌀에 대한 외피제거 · 표백 · 광택 작업
⑦ 당류의 착색(着色) 또는 각(角)설탕 작업
⑧ 과일, 견과류 및 채소에 대한 탈피(脫皮) · 씨 제거 및 탈각(脫殼) 작업
⑨ 연마, 단순 분쇄 또는 단순 절단
⑩ 체질 · 선별 · 구분 · 분류 · 등급 및 조화 작업(물품의 세트 구성을 포함한다)
⑪ 제품에 대한 단순 혼합 작업(종류가 다른 것과의 혼합 여부를 불문한다)
⑫ 완성품을 구성하기 위한 부분품의 단순한 조립 또는 제품을 부분품으로 분해하는 작업
⑬ 단순한 시험 또는 측정
⑭ 살아 있는 동물의 도축
⑮ 상기 항목에 규정된 작업의 둘 이상 조합된 작업이나 공정

(3) 원산지인정의 누적기준

일방을 원산지로 하는 물품이나 재료가 상대국의 물품에 포함되거나 결합되는 경우 그 물품이나 재료는 상대국을 원산지로 인정한다.

① 단순한 작업 또는 공정에 규정된 것 이상의 작업이나 가공을 거친 경우, 타방 당사국을 원산지로 하는 재료는 일방 당사국의 원산지 재료로 간주
② A회원국 원산지물품이 B회원국으로 반입한 후 원상태 또는 실질적인 추가가공 없이 C회원국으로 다시 수출하는 경우, 원산지는 A회원국
③ B국에서 A국산 물품과 B국산 물품을 혼용한 경우에는 과세가격 기준으로 더 높은 가격을 가진 물품의 원산지로 결정한다.
④ 농업에 관한 협정에 따른 협정관세 적용대상물품에는 적용하지 않는다.

(4) 직접운송원칙

원산지 인정요건을 모두 충족하였더라도 운송 도중 제3국을 거치지 않고 원산지국에서 수입국으로 직접 운송된 경우에 한하여 특혜관세를 부여하지만, 운송상의 목적으로 제3국에서 환적 또는 일시적 장치한 경우에는 원산지가 그대로 유지된다. 또한 당해 물품이 원산지국으로부터 직접 운송되지 아니하고 비원산지국의 보세구역에서 하역, 재선적, 재포장 또는 물품을 양호한 상태로 보존하기 위한 작업 이외의 추가 가공 없이 우리나라로 운송되는 경우, 세관당국의 통제 또는 감독하에 있었음을 수입자가 서면으로 입증한 경우에는 원산지로 인정한다.

(5) 역내가공원칙

자국산 부품을 사용하여 역외국에서 당해 물품이 2개국 이상에 걸쳐 생산 · 가공 또는 제조된 경우에는 당해 물품의 본질적인 특성을 부여하기에 충분한 정도의 실질적인 변형이 최종적으로 수행된 나라를 원산지로 인정하며, 품목제한 없이 모든 물품에 대해「일반적 역외가공 기준」과 HS 6단위 기준으로 267개 품목에 대해서만 제한적으로 적용되는「제한적 역외가공기준」으로 구분한다.

① 일반적인 역외가공기준은 역외가공비용이 최종 상품의 공장도가격의 10% 이하에 불과한 경우에 품목여부와 관계없이 원산지를 인정

② 제한적 역외가공기준은 비원산지 재료 가격이 최종 상품의 공장도가격의 40% 이하이면서 최종상품의 총재료비 중 원산지 재료(자국산재료)의 가격이 60% 이상이면 원산지를 인정

구 분	원산지 기준
지역제한	제한 없음
대상물품	HS 6단위 기준 267개 품목 : 39, 40, 42, 61, 64, 69, 70, 73, 81, 82, 83, 84, 85, 87, 90, 91류
인정요건	비원산지 재료 가격 40% 이하 + 총재료비중 원산지 재료 가격 60% 이상

※ 개성공단 생산물품 적용

2. 품목별기준

원산지 결정기준은 일반적인 결정기준이 있으나, 품목별로 세부기준을 두고 있으므로 각 품목별 HS Code를 확인한 후 각각의 관세 인하 스케줄 및 원산지 결정기준을 찾아야한다.

(예) 엔진 : 제8407.34호

① 관세인하 스케줄 : 즉시인하

② 원산지기준 : 사용된 비원산지 재료의 가치가 그 생산품의 공장도 가격의 40%를 초과하지 아니하는 생산

3. 분야별 특례기준

(1) 원산지 인정의 최소기준

비원산지 재료 가격이 당해물품의 전체가격에서 차지하는 부분이 미미할 경우에는 원산지 기준에서 규정하고 있는 세번 변경기준을 충족하지 못할 경우에도 예외적으로 원산지 상품으로 인정한다.

① 비원산지 재료의 총 가격이 그 물품의 공장도가격의 10%를 초과하지 아니한 경우 원산지 상품으로 인정(HS 1~24류 및 HS 50~63류 제외)

② HS 50~63류에 해당하는 물품 중 비원산지 기초섬유재료의 총 중량이 모든 기초섬유 재료의 총

중량의 10%를 초과하지 아니하는 물품은 원산지로 인정 (부속서 Ⅰ 제6조(불충분한 작업 또는 가공공정)의 단순작업만을 거쳐 생산된 물품에 대하여는 적용되지 않는다.)

구 분	최 소 기 준
일반물품	10% 이하(가격기준)
섬유제품	(HS 50~63류) 10% 이하(중량기준)

(2) 간접재료의 원산지결정

물품에 물리적으로 결합되지 아니하는 재료(간접재료)는 원산지 결정을 위한 고려대상에서 제외한다.

① 연료 및 에너지
② 공장시설 및 장비(그 유지를 위하여 사용되는 상품을 포함)
③ 기계 · 공구 · 틀 및 금형
④ 그 밖에 해당 물품의 최종적인 구성에 포함되지 아니하는 재료

(3) 대체가능물품의 원산지결정

원산지가 다르더라도 상품의 본질적 특성이 동일하여, 상업적으로 대체 사용이 가능한 물품은 품목별 기준을 적용하지 않고, 재고관리기법을 이용하여 원산지 결정 가능하다.

① 당해 회계연도 중에는 동일한 재고관리기법 적용 의무
② 종류 : 개별법, 선입선출법, 후입선출법, 평균법

(4) 세트물품의 원산지결정

다른 규정에 불구하고 「관세법」 별표의 관세율표의 해석에 관한 통칙 제3호에서 규정한 세트물품이 원산지물품과 비원산지물품으로 구성된 경우로서 비원산지물품의 가격이 그 세트물품의 공장도 거래가격의 100분의 15를 초과하지 아니하는 때에는 그 세트물품 전체를 원산지물품으로 본다.

(5) 재수입물품의 원산지결정

원산지물품으로 인정되는 경우에도 체약당사국에서 체약당사국 아닌 국가로 수출하였다가 다시 그 체약당사국으로 수입된 물품은 원산지물품으로 인정하지 아니한다. 다만, 다음 어느 하나에 해당하는 경우에는 그 체약당사국의 원산지 물품으로 본다.

① 수출된 물품과 동일한 상태로 재수입한 경우
② 재수입된 물품이 수출되는 동안 그 물품을 양호한 상태로 보존하는데 필요한 작업 또는 공정 이상을 거치지 아니한 경우

(6) 부속품의 원산지결정

기계 · 기구 · 장치 또는 차량에 사용되는 부속품 · 예비부분품 및 공구로서 기계 · 기구 · 장치 또는 차량과 함께 수입되어 동시에 판매되고 그 종류 및 수량으로 보아 통상 부속품 · 예비 부분품 및 공구라고 인정되는 물품의 원산지는 그 기계 · 기구 또는 차량의 원산지로 한다.

(7) 소매 판매를 위한 포장재료와 용기의 원산지결정

그 내용물품의 원산지, 포장용품 등과 내용품을 각각 별개의 품목번호로 하고 있는 때에는 포장용품등의 원산지로 한다.

(8) 운송용 포장용품 및 용기의 원산지결정

제품의 원산지를 결정하는 때에 고려하지 않는다.

(9) 중간재

중간재는 최종제품 생산에 투입하기 위하여 원산지 재료와 비원산지 재료를 사용하여 최종제품 생산자가 직접 생산한 재료를 말하는 것이다. 한-EFTA의 경우 역내생산품의 중간재를 허용한다.

4. 수출입 통관요령

(1) 수입통관

① 수입신고 수리전 원산지증명서 제출(사본가능)
② 수입신고 수리후 원산지증명서 제출
  ㄱ. 분실 도난 또는 훼손 등의 사유로 수입통관시 원산지증명서를 제출하지 못해 관세를 납부한 경우 당해물품의 수입신고 수리일로부터 1년이내에 원산지증명서를 제출하고 협정관세의 적용 및 세액의 경정을 청구할 수 있다.

(2) 수출통관

특혜관세 해당 물품에 대하여 원산지증명서를 발급하여 선적서류에 첨부하여 수입자에게 송부

5. 원산지증명 방식

(1) 증명방식 : 자율증명

(2) 발급자(기관) : 수출자

(3) 증명서식 : 송품장신고방식에 아래내용이 기재된 송품장

THE EXPORTER OF THE PRODUCTS COVERED BY DOCUMENT (CUSTOMS AUTHORIZATION NO.0000/00) DECLARES THAT, EXCEPT WHERE OTHERWISE CLEARLY INDICATED, THESE PRODUCTS ARE OF Swiss PREFERENTIAL ORIGIN)

단, 스위스산 치즈 : 스위스연방농업국이 위임한 기관에서 발행

(4) 유효기간 : 1년

(5) 사용언어 : 영어사용원칙

(6) 사용회수 : 1회 사용원칙(분할가능)

[별표 2의2] 〈신설 2011.6.30〉

유럽자유무역연합회원국과의 협정에 따른 원산지증명서에 기재할 사항 (제9조의2제1항제1호 관련)

항목	기재요령
신고문안	다음의 신고문안을 적습니다. "The exporter of the products covered by this document (customs authorization No........1)) declares that, except where otherwise clearly indicated, these products are of ....2) preferential origin." * 한글번역문 : 이 신고서류(세관인증번호............................)에 기재된 제품의 수출자는 명시적으로 달리 표시된 경우를 제외하고는 이 제품이 ....(국가)의 특혜원산지물품임을 신고합니다. 【세부 기재요령】 1) 업체별 인증수출자 또는 품목별 인증수출자인 경우 인증번호를 적습니다. 인증수출자가 아닌 경우에는 빈칸으로 두거나 생략할 수 있습니다. 2) 해당 물품의 원산지국가는 해당 국가의 국명 또는 다음과 같이 ISO 알파 2단위의 부호를 적습니다. ① 대한민국 : KR ② 아이슬란드 : IS ③ 노르웨이 : NO ④ 스위스(리히텐슈타인을 포함한다) : CH
장소 및 신고일 (Place and date)	원산지증명서를 작성한 장소 및 신고일을 영문으로 적습니다.
수출자의 성명 및 서명 (Signature of the exporter)	수출자의 성명을 영문으로 정확히게 적고, 서명을 합니다. 업체별 인증수출자 또는 품목별 인증수출자인 경우에는 따로 적지 않아도 됩니다.
특기사항 (Remarks)	역외가공된 물품(개성공업지구에서 생산된 물품을 포함한다)인 경우 다음의 문구를 적습니다. "the provisions of Appendix 4 to Annex I(Exemptions from the Principle of Territoriality) have been applied" * 한글번역문 : 부속서 I의 부록 4(영역원칙의 예외)의 규정이 적용된다.

「대한민국과 스위스연방 간의 농업에 관한 협정」에 따른 스위스치즈 원산지증명서

<table>
<tr><td colspan="2">Certificate of Authenticity</td></tr>
<tr><td>1. Exporter(full name and address)
(수출자)</td><td>CERTIFICATE
for cheese designated as
____
(Code________ of the Harmonized)
System Nomenclature)
Nr. ORIGINAL</td></tr>
<tr><td>2. Consignee (full name and address)
(수하인)</td><td>3. Authorized Organization
(증명기관)</td></tr>
<tr><td>Notes</td><td>4. Number and date of the invoice
(상업송장번호 및 발행일자)</td></tr>
<tr><td rowspan="2">5. Marks and numbers-Number and nature of the packages
(포장의 표시 및 일련번호)</td><td>6. Gross weight(kg)
(총중량)</td></tr>
<tr><td>7. Net weight(kg)
(순중량)</td></tr>
<tr><td colspan="2">8. Visa of the Authorized Organization
(증명기관의 인증)

It is certified that the above mentioned invoice contains the designated Swiss cheese in conformity to the description in Appendix to Annex I of the Free Trade Agreement on Agricultural products between the Republic of Korea and Switzerland

(위에서 언급된 상업송장은「대한민국과 스위스연방 간의 농업에 관한 협정」의 부속서 I 의 부록의 규정에 따라 지정된 스위스치즈를 포함하고 있음을 증명합니다.)

Place and date : (발행일자 및 장소)   Signature : (서명)   Seal of the Authorized Organization : (증명기관 직인)</td></tr>
<tr><td colspan="2">9. Reserved for the customs authorities of the Republic of Korea
(대한민국 세관용)</td></tr>
</table>

라. FTA 원산지 결정기준 [한-아세안 FTA]

※ ASEAN(동남아국가연합) : 브루나이, 캄보디아, 인도네시아, 라오스, 말레이시아, 미얀마, 필리핀, 싱가포르, 베트남, 태국

1. 원산지결정에 관한 일반적 기준

(1) 완전생산기준

당해 국가에서 채굴 · 수확한 광산물 및 농수산물이나 이들을 원료로 한 생산물품은 그 나라를 원산지로 인정한다.

(2) 2국가 이상에 걸쳐 생산된 물품의 원산지결정

완전생산품이 아닌 경우로서 당해 물품이 2개국 이상에 걸쳐 생산 · 가공 또는 제조된 경우에는 실질적인 변형이 수행된 나라를 원산지로 인정한다.

① 실질변형기준으로 세번 변경기준(HS 4단위 세번변경)과 부가가치기준을 적용

② 부가가치기준은 일반기준 역내가치포함비율(RVC)을 40% 이상으로 규정하고 직접법 또는 공제법은 선택적으로 사용 가능 (다만, 우리나라에서 아세안회원국으로 수출되는 물품에 대하여 역내 부가가치비율을 계산하는 때에는 공제법만을 적용)

ㄱ. 집적법 :역내가치비율 = $\dfrac{\text{원산지 재료의 가격}}{\text{물품의 본선인도가격}} \times 100\%$

ㄴ. 공제법 : 역내가치비율 = $\dfrac{\text{물품의 본선인도가격} - \text{비원산지 재료의 가격}}{\text{물품의 본선인도가격}} \times 100\%$

ㄷ. "원산지 재료의 가격"이란 해당 물품의 생산에 사용된 원산지 재료비, 직접노무비, 직접제조경비, 운임 및 이윤을 포함한 가격을 말한다.

ㄹ. "비원산지 재료의 가격"이란 국제적 운송과 관련된 운임과 보험료를 포함한 수입항 도착까시의 모든 비용을 말한다. 이 경우 수입항 도착까지의 비용을 알 수 없는 때에는 생산이 개시된 체약당사국에서 해당 비원산지 재료에 대하여 지급된 가격으로서 가장 빨리 확인할 수 있는 가격을 말한다.

(3) 단순한 작업 또는 공정만을 거쳐 생산된 물품에 대한 원산지결정

단순 · 경미한 공정을 거쳐서 생산된 물품의 경우에는 품목별 원산지규정에 정하는 원산지 요건을 충족시킨 경우에도 원산지를 인정하지 않는다.

① 운송이나 저장을 목적으로 물품을 양호한 상태로 보존하기 위한 작업 또는 공정(건조 · 냉동 · 냉장 또는 염수장을 포함한다)

② 포장 · 재포장 또는 포장상태를 변경하는 작업(병 · 통 · 용기 · 가방 그 밖에 이와 유사한 포장

용기에 단순히 물품을 넣는 작업과 카드 또는 판에 고정하는 작업을 포함한다)
③ 세탁 · 세척 작업 또는 먼지, 녹, 기름, 페인트 등 이물질 제거 작업
④ 단순한 페인트칠 및 광택 작업
⑤ 곡물 및 쌀에 대한 외피제거, 표백, 연마 및 도정 작업
⑥ 당류의 착색(着色) 또는 각(角)설탕 작업
⑦ 과일, 견과류 및 채소에 대한 탈피(脫皮) · 씨 제거 및 탈각(脫殼) 작업
⑧ 연마, 단순 분쇄 또는 단순 절단
⑨ 체질 · 선별 · 구분 · 분류 · 등급 및 조화 작업(물품의 세트 구성을 포함한다)
⑩ 제품에 대한 단순 혼합 작업(종류가 다른 것과의 혼합 여부를 불문한다)
⑪ 완성품을 구성하기 위한 부분품의 단순한 조립 또는 제품을 부분품으로 분해하는 작업
⑫ 단순한 시험 또는 측정
⑬ 살아 있는 동물의 도축
⑭ 물품이나 물품의 포장에 상표 · 의장 · 라벨 그 밖에 이와 유사한 표시물을 부착하거나 인쇄하는 작업
⑮ ①부터 ⑭까지에 해당하는 작업이나 공정이 2 이상 조합된 작업이나 공정

(4) 섬유 및 의류에 대한 불인정 공정

제50류 내지 제63류 상품의 원산지 지위 판정의 목적상, 상품은 다음 공정이 당사국의 영역에서 그 자체로만 수행된 경우에는 역내 부가가치기준 및 세번 변경기준을 포함한 품목별 원산지 기준의 요건이 충족되었는지 여부와 관계없이, 그 당사국의 원산지 상품으로 간주되지 아니한다.

① 단순 결합 공정, 라벨링, 다림질 또는 프레싱, 세탁 또는 드라이클리닝, 또는 포장공정, 또는 이들의 결합
② 종회 제단 및 끝단 봉제, 특정 상업 목적으로 의도된 것으로 즉시 식별가능한 직물의 스티치 또는 휘갑치기(오버로크)
③ 끈, 밴드, 구슬, 코드, 고리 그리고 아일릿과 같은 장식품을 깁고, 누비고, 잇고 붙인 트리밍 그리고/또는 결합
④ 탈색, 방수, 디케이팅, 줄임, 머서라이징, 또는 단지 최종 공정을 수행할 목적의 유사한 공정
⑤ 자수 상품의 전체 면적의 5% 미만에 해당하는 자수 또는 자수 상품의 총 중량 5% 미만에 해당하는 자수

(5) 원산지인정의 누적기준

원산지결정에 관한 일반적 기준을 적용할 때 어느 하나의 체약당사국에서 생산되는 물품의 재료가 다른 체약당사국을 원산지로 하는 경우 해당 물품을 생산한 체약당사국을 그 재료의 원산지로 본다. 이 경우 물품을 생산한 체약당사국에서 단순한 작업 또는 공정 이상을 거쳐야 한다.

(6) 직접운송원칙

가) 직접운송원칙

① 특혜 관세 대우는 협정의 부속서 요건을 충족하고, 수출 당사국과 수입 당사국 영역간에 직접 운송된 상품에 적용된다.

② 상품이 수출 당사국 및 수입 당사국 영역이 아닌 하나 또는 그 이상의 제3국을 경유하여 운송되는 경우에는 다음의 요건을 모두 충족하는 경우에 한하여 직접 운송된 것으로 간주한다.

ㄱ. 그 경유가 지리적 이유로 또는 오직 운송 요건에만 관련된 고려에 의하여 정당화 될 것

ㄴ. 그 상품이 경유국에서 거래 또는 소비되지 아니하였을 것

ㄷ. 그 상품이 하역, 재선적 또는 그 상품을 좋은 상태로 요구하는데 요구되는 공정 외의 어떠한 공정도 거치지 아니하였을 것

나) 제3국 상업송장

① 상업송장이 제3국에 소재하는 기업 또는 그 기업의 계산으로 수출자에 의하여 발급된 경우에도, 수입 당사국의 관세당국은 원산지증명서를 수리할 수 있다.

② 물품의 수출자는 원산지증명서에 "제3국 발행송장 대상"임을 명시하고, 송장을 발행하는 회사의 명칭 및 국적과 같은 정보를 기재하여야 한다.

(7) 역외가공 물품에 대한 원산지 결정

자국산 부품을 사용하여 역외국에서 당해 물품이 2개국 이상에 걸쳐 생산 · 가공 또는 제조된 경우에는 당해 물품의 본질적인 특성을 부여하기에 충분한 정도의 실질적인 변형이 최종적으로 수행된 나라를 원산지로 인정한다.

① 개성공단 생산제품이 비원산지 재료비가 본선인도가격(FOB)의 40% 이하, 한국산 원부자재의 투입비용이 총비용 대비 60% 이상인 경우, 국내산과 똑같이 특혜관세를 부여

※ 비원산지 재료의 총가액 :

ㄱ. 체약당사국에서 사용한 모든 비원산지 재료의 가격

ㄴ. 체약당사국의 영역 밖에서 추가 가공을 위하여 투입한 모든 비원산지 재료의 가격

ㄷ. 체약당사국의 영역 밖에서 발생한 그 밖의 모든 비용(운임 · 보험료 그 밖에 운송관련 비용을 포함)

② 개성공단에서 생산중 또는 생산예정인 품목(HS코드 6단위 232개)에 대하여 인정
(각국의 개별 목록의 상품수는 HS코드 6단위 100개임)

구 분	원산지 기준
지역제한	제한없음
대상물품	HS 6단위 기준 232개 품목 (각국의 개별 목록의 상품수는 HS코드 6단위 100개)
인정요건	비원산지 재료 가격 40% 이하 + 총재료비중 원산지 재료 가격 60% 인상

2. 품목별기준

원산지 결정기준은 일반적인 결정기준이 있으나, 품목별로 세부기준을 두고 있으므로 각 품목별 HS Code를 확인한 후 각각의 관세 인하 스케줄 및 원산지 결정기준을 찾아야한다.

(예) 태국의 경우 엔진 : 제8407.34호

① 관세인하 스케줄 : 초민감품목군 (양허 제외) / 관세율 : 2019년 현재 10%

② 원산지기준 : 역내 부가가치포함 비율이 FOB 가격의 40% 이상이거나 HS 4단위에서 세번변경이 일어난 상품

3. 분야별특례기준

(1) 원산지 인정의 최소기준

비원산지 재료 가격이 당해물품의 전체가격에서 차지하는 부분이 미미할 경우에는 원산지 기준에서 규정하고 있는 세번 변경기준을 충족하지 못할 경우에도 예외적으로 인정한다.

① 비원산지 재료의 가격이 그 물품의 본선인도가격(FOB)의 10%를 초과하지 아니하는 경우에도 원산지를 인정(HS50~63류 제외)

② HS 50~63류에 해당하는 물품 중 비원산지 섬유재료의 총 중량이 모든 섬유재료의 총 중량의 10%를 초과하지 아니하는 물품은 원산지로 인정

③ 단순작업만을 거쳐 생산된 물품에 대하여는 적용되지 않는다.

구 분	최 소 기 준
일반물품	10% 이하(가격기준)
섬유제품	(HS 50~63류) 10% 이하(중량기준)

※사례 : 수입산 밍크칼라(HS4303.10)와 국산 밍크반제품(HS4303.10)으로 밍크코트(HS4303.10)를 만든 경우 밍크코트 가격에서 수입산 밍크칼라가 차지하는 비율이 일정비율 이하이면 국내산으로 인정

(2) 상품 포장재와 운송용 포장용품 및 용기의 원산지결정

① 상품이 부가가치 기준을 따르는 경우 : 소매용 포장재의 가격은 그 포장재가 상품과 함께 일체를 이루는 것으로 간주되면, 그 상품의 원산지 판정에 고려

② 소매 판매를 위한 포장용품 등의 원산지 : 그 내용물품의 원산지, 포장용품 등과 내용품을 각각 별개의 품목번호로 하고 있는 때에는 포장용품 등의 원산지

(3) 운송용 포장재 및 용기

제품의 원산지를 결정할 때에 고려하지 않는다.

(4) 부속품 · 예비부품 및 공구의 원산지결정

기계 · 기구 · 장치 또는 차량에 사용되는 부속품 · 예비부분품 및 공구로서 기계 · 기구 · 장치 또는 차량과 함께 수입되어 동시에 판매되고 그 종류 및 수량으로 보아 통상 부속품 · 예비부분품 및 공구라고 인정되는 물품의 원산지는 그 기계 · 기구 또는 차량의 원산지로 한다.

(5) 중립재(간접재료)의 원산지결정

물품에 물리적으로 결합되지 아니하는 간접재료(중립재)는 원산지결정을 위한 고려대상에서 제외

① 연료 및 에너지
② 공구, 금형, 다이스(Dies) 및 기기(器機)
③ 설비 및 건물의 유지에 사용되는 예비부분품과 그 재료
④ 물품의 생산이나 설비 또는 건물의 가동에 사용되는 윤활유, 그리스(Grease), 혼합물과 그 밖에 필요한 재료
⑤ 장갑, 안경, 신발, 의류, 안전장비와 그 밖에 이와 유사한 소모품
⑥ 물품의 시험이나 검사에 사용되는 설비 · 장치와 그 밖에 이와 유사한 재료
⑦ 그 밖에 해당 물품의 최종적인 구성에 포함되지 아니하였으나 그 물품의 생산에 사용되었음이 입증되는 재료

(6) 대체가능물품의 원산지결정

① 원산지가 다르더라도 상품의 본질적 특성이 동일하여, 상업적으로 대체 사용이 가능한 물품은 품목별기준을 적용하지 않고, 재고관리기법을 이용하여 원산지 결정 가능
② 당해 회계연도 중에는 동일한 재고관리기법 적용 의무
③ 종류 : 개별법, 선입선출법, 후입선출법, 평균법

(7) 농산물 및 원예상품의 원산지결정

수출 당사국의 영역에서 재배된 농산물 및 원예상품은 비 당사국의 영역에서 수입된 씨, 봉우리, 대목, 잘라신 가지, 집지 또는 다른 식물의 살아있는 부분으로부터 재배되었다 하더라도 그 당사국의 영역의 원산지 상품으로 취급된다.

(8) 양식수산물

수출 당사국의 영역에서 길러진 수산물은 보통 플랑크톤과 같은 시원 사료로 사육된 선종, 치어, 유어, 만선 또는 새끼굴로부터 길러졌다 하더라도 그 당사국 영역의 원산지 상품으로 취급된다.

(9) 중간재

한-아세안의 경우 중간재를 인정하지 아니한다.

4. 수출입 통관요령

(1) 수입통관

① 수입신고 수리전 원산지증명서 제출(사본가능)

② 수입신고 수리후 원산지증명서 제출

ㄱ. 분실 도난 또는 훼손 등의 사유로 수입통관시 원산지증명서를 제출하지 못해 관세를 납부한 경우 당해물품의 수입신고 수리일로부터 1년 이내에 원산지증명서를 제출하고 협정관세의 적용 및 세액의 경정을 청구할 수 있다.

(2) 수출통관

특혜관세 해당 물품에 대하여 원산지증명서를 발급하여 선적서류에 첨부하여 수입자에게 송부

5. 원산지증명 방식

(1) 증명방식 : 기관증명

(2) 발급자(기관)

① 싱가포르 : 세관, ② 캄보디아 : 상무부, ③ 인도네시아 : 통상부, ④ 라오스 : 통상산업부, ⑤ 필리핀 : 세관, ⑥ 브루나이 : 외교통상부, ⑦ 미얀마 : 상무부, ⑧ 베트남 : 통상부, ⑨ 말레이시아 : 국제통상산업부, ⑩ 한국 : 세관, 상공회의소

(3) 증명서식 : 통일증명서식

① 기관발급방식 : FORM AK, 영어로 작성

② BACK to BACK 원산지증명서 : 최초 수출 당사국이 발행한 원산지증명서를 근거로 경유하는 수출당사국에 의하여 발행되는 원산지증명서

(4) 유효기간 : 12개월

(5) 사용언어 : 영어사용원칙

(6) 사용회수 : 1회 사용원칙(분할가능)

〈한-아세안 FTA 원산지증명서 FORM AK〉

Original(Duplicate/Triplicate/Quadruplicate)

1. Good consigned form(Exporter's business name, address, country) HONG KIL DONG CO. LTD 45., NAMDAEMUN-RO 4GA, JUNG-GU SEOUL 100-743 KOREA 2. Goods consigned to (Consignee's name, address, country) BTO TLD 40, WINGOLD AVENUE JAKARTA, INDONESIA	Reference No. 010-06-00035 ASEAN-KOREA FREE TRADE AREA PREFERENTIAL TARIFF CERTIFICATE OF ORIGIN (Combined Declaration and Certificate) FORM AK Issued in REPUBLIC OF KOREA ※ See notes overleaf
3. Means of transport and route (as far as known) Departure date : JAN/10/2006 Vessel's name/Aircraft etc. Port of Discharge	4. For official use ☐ Preferential Treatment Given Under ASEAN-Korea Free Trade Area Preferential Tariff ☐ Preferential Treatment Not Given (Please state reason/s) Signature of Authorized Signatory of the Importing Country

5. Item number	6. Marks and numbers on packages	7. Number and type of packages, description of goods(including quantity where appropriate and HS number of the importing country)	8. Origin criterion (see notes overleaf)	9. Gross weight or other quantity, and Value	10. Number and date of invoices
1 2 //////////	//////////////////////	IMITATION JEWELRY EARRING 200PS IMITATION JEWELRY EFJKLL EARRING 200 EIFIFLGA 100EA /////////////////////////// //////	CTH CTH ///////////////	20(KG) 10(KG) /////////////	3L23092561 JAN/01/2006 ////////////

11. Declaration by the exporter The undersigned hereby declares that the above details and statements are correct : that all the goods were produced in REPUBLIC OF KOREA and that they comply with the origin requirements specified for those goods in the ASEAN-KOREA Free Trade Area Preferential Tariff for goods exported to (importing country) Place and date, signature of authorized signatory	12. Certificate It is hereby certified, on the basis of control carried out, that the declaration by the exporter is correct. Place and date, signature of authorized signatory
13. ☐ Third Country Invocing ☐ Exhibition ☐ Back-to-Back C/O	

작성방법

※ 이 서식은 영문으로 작성합니다.

1. 아세안회원국과의 협정에 따른 원산지증명서의 서식은 다음 국가에 적용됩니다.
   브루나이다루살람, 캄보디아, 인도네시아, 대한민국, 라오스, 말레이시아, 미얀마, 필리핀, 싱가포르, 태국, 베트남
2. 모든 물품은 각 해당 물품별로 아세안회원국과의 협정에 따른 협정관세를 적용받기 위해서 다음 각 호의 요건을 충족하여야 합니다.
   가. 협정관세 적용 대상 물품의 품명과 일치하여야 합니다.
   나. 아세안회원국과의 협정 부속서 3 제9조에 따른 직접운송요건을 충족하여야 합니다.
   다. 아세안회원국과의 협정 부속서 3의 원산지규정을 준수하여야 합니다.
3. 제1란에는 수출자의 상호, 주소, 수출국을 적습니다.
4. 제2란에는 수입자의 성명, 주소, 수입국을 적습니다.
5. 제3란에는 물품을 운송하는 선박(항공기)의 출항일, 선박명(편명), 양륙항 등 운송수단 및 운송경로를 알고 있는 범위에서 적습니다.
6. 제4란에는 수입당사국의 세관공무원이 해당 물품의 협정관세 적용여부를 "√" 표시한 후 서명합니다.
7. 제5란에는 품목번호가 다른 물품들은 같은 종류별로 구분하여 일련번호를 부여합니다.
8. 제6란에는 물품에 대한 표시 및 일련번호를 적습니다.
9. 제7란에는 포장개수 · 포장형태 · 품명 · 수량 · 품목번호 등을 적습니다.
   가. 품명은 해당 물품을 검사하는 세관공무원이 확인할 수 있도록 상세하게 적고, 제조자의 성명 및 상표도 적습니다.
   나. 품목번호(HS No.)는 수입당사국의 「통일상품명 및 부호체계에 관한 국제협약」에 따른 품목번호를 적습니다.
10. 제8란에는 수출자(제조자 및 생산자 포함)가 해당 물품에 대한 원산지 결정기준을 아래 표에 정한 방법으로 적습니다.

가. 수출당사국의 영역에서 완전생산된 물품	WO
나. 수출당사국의 영역에서 해당 물품을 생산할 때 「통일상품명 및 부호체계에 관한 협약」(HS)상 4단위 세번변경이 발생하였거나, 역내 부가가치비율이 40% 이상인 물품	CTH 또는 RVC 40%
다. 품목별 원산지 결정기준을 충족하는 물품 (1) 세번 변경기준을 충족하는 물품 (2) 체약당사국의 영역에서 완전생산된 물품 (3) 일정 역내 부가가치비율을 충족하는 물품 (예 : 역내 부가가치비율이 45% 이상인 물품) (4) 세번 변경기준과 역내 부가가치비율을 동시에 충족하는 물품 (5) 특정 공정을 수행한 물품(예:재단 및 봉제공정)	 CTC WO-AK RVC % (예 : RVC 45%) CTH + RVC % Specific Process
라. 아세안회원국과의 협정 부속서 3 제6조를 충족하는 물품(개성공업지구에서 생산된 물품)	Rule 6

11. 제9란에는 해당 물품의 총중량 및 본선인도가격을 적습니다.
12. 제10란에는 송장의 일련번호 및 발급일자를 적습니다.
13. 제11란에는 수출자(제조자 및 생산자 포함)가 원산지증명서 수출국, 수입국, 신청일자, 장소를 적은 후 서명합니다.
14. 제12란에는 원산지증명서 발급담당자가 원산지증명서의 발급일자 및 발급장소를 적고, 서명한 후 발급기관의 인장을 날인합니다.
15. 제13란은 다음 구분에 따라 "√"표시를 합니다.
   가. 수출당사국이 아닌 제3국에서 송품장이 발급된 경우 "제3국 송품장(Third country invoicing)"란에 "√" 표시를 합니다. 이 경우 제7란에는 송장을 발행한 회사의 상호 및 국가명을 적습니다.
   나. 수출당사국이 아닌 제3국에서의 전시를 위해 수출당사국에서 제3국으로 송부된 물품으로서 제3국에서 전시 도중 또는 전시 후에 수입당사국으로의 수입을 위해 판매된 경우 "전시(Exhibition)"란에 "√" 표시를 합니다.
   다. 연결원산지증명서인 경우 "연결원산지증명서(Back-to-Back CO)"란에 "√"표시를 합니다.

마. FTA 원산지 결정기준 [한-인도 CEPA]

1. 원산지결정에 관한 일반적 기준

(1) 완전생산기준

수출 당사국의 영역에서 완전하게 획득되거나 생산된 상품 또는 수출 당사국의 영역에서 완전하게 획득하지 아니하거나 생산되지 아니하였으나, 최초 제조 공정이 수출 당사국의 영역 내에서 수행된다면 그 생산물품을 그 나라의 원산지로 인정한다.

가) 2개국 이상에 걸쳐 생산된 물품의 원산지결정

완전생산품이 아닌 경우로서 당해 물품이 2개국 이상에 걸쳐 생산 · 가공 또는 제조된 경우에는 실질적인 변형이 수행된 나라를 원산지로 인정.

① 품목별 원산지 기준을 충족하는 물품

② 부가가치기준은 역내가치포함비율(RVC)이 FOB 35% 이상으로 규정하고 상품이 그 제조에 사용된 모든 비원산지 재료가 분류된 세번에서 통일상품명 및 부호체계의 6단위 기준으로 세번변경이 이루어진 경우

나) 역내가치포함비율이 요구되는 경우

① $\text{RVC} = \dfrac{\text{FOB가격} - \text{VNM가격}}{\text{물품의 본선인도가격}} \times 100\%$

② "RVC"는 백분율로 표시된 역내가치포함비율

③ "FOB"는 상품의 가격

④ "VNM"은 비원산지 재료의 가격으로, (가) 원료, 부품 또는 상품의 수입시점에서의 CIF가치, 또는 (나) 작업 또는 공정이 발생한 당사국의 영역에서 원산지가 결정되지 않은 재료, 부품 또는 상품에 지불된 가장 최초의 가격.

(2) 단순한 작업 또는 공정만을 거쳐 생산된 물품에 대한 원산지결정(불인정 공정)

단순 · 경미한 공정을 거쳐서 생산된 물품의 경우에는 품목별 원산지규정에 정하는 원산지 요건을 충족시킨 경우에도 원산지를 인정하지 않는다.

① 상품이 운송 기간 동안 양호한 상태로 유지되는 것을 보장하는 보존 작업

② 포장의 변경, 포장상태의 해체 및 조립

③ 먼지, 산화물, 기름, 페인트 또는 그 밖의 막의 세척, 세정 또는 제거

④ 단순한 도장 및 광택 공정

⑤ 체질, 선별, 구분, 분류, 등급화 또는 물품의 세트 구성을 포함한 매칭

⑥ 단순 결합공정, 라벨링, 프레싱, 세탁 또는 드라이클리닝, 포장 공정 또는 이들의 조합

⑦ 종횡 재단 및 감침질, 또는 특정한 상업적 목적으로 의도된 것으로 즉시 식별가능한 직물의 스티치 또는 휘갑치기(오버로크)

⑧ 끈, 띠, 구슬, 코드, 고리 및 아일릿 같은 장식품을 함께 재봉하거나, 봉합하거나, 잇거나, 붙이는 트리밍 또는 결합

⑨ 원사, 직물 또는 그 밖의 섬유 물품에 대한 탈색, 방수, 디케이팅, 수축, 머서라이징 또는 이에 준하는 공정 같은 하나 또는 그 이상의 완성 공정

⑩ 곡물 및 쌀의 탈각 · 부분 또는 전체 표백 · 연마 및 도정

⑪ 당류 채색 또는 각설탕 공정

⑫ 탈피, 씨 제거 및 탈각

⑬ 박편, 파쇄, 압착, 썰기, 연질화 및 뼈 제거

⑭ 연마, 단순한 분쇄 또는 단순한 절단 및 재포장

⑮ 병, 캔, 플라스틱, 가방, 케이스, 상자에 단순한 담기, 카드 또는 판자에 고정하기 및 그밖의 모든 단순한 포장 공정

⑯ 표식, 라벨, 로고 및 이와 유사한 상품 또는 그 포장에 식별 표시와 같은 것의 첨부 또는 인쇄

⑰ 다른 종류인지 여부에 관계없이 상품의 단순한 혼합

⑱ 완전한 물품을 구성하기 위한 그 부품의 단순한 조립 또는 상품을 부품으로 해체

⑲ 단순한 시험 또는 측정

⑳ 상품의 특성을 물질적으로 변화시키지 아니하는 물 또는 다른 성분으로 단순 희석

㉑ 동물의 도축

㉒ ①호부터 호까지에 언급된 두 개 또는 그 이상의 공정의 조합

제①항의 의미 내에서 해당 상품에 이루어진 작업 또는 가공이 불충분한 것으로 간주되는지 여부를 결정하는 경우 그 상품에 대하여 당사국에서 행하여진 모든 공정이 고려된다.

(3) 원산지인정의 누적기준

어느 한 쪽 당사국의 영역에서 나온 원산지 재료가, 다른 쪽 당사국의 영역에서 상품의 생산에 결합되는 경우, 다른 쪽 당사국이 원산지로 간주된다.

(4) 직접운송원칙

직접운송원칙

① 특혜 관세 대우는 협정의 부속서 요건을 충족하고, 수출 당사국과 수입 당사국 영역간에 직접 운송된 상품에 적용됨

② 상품이 수출 당사국 및 수입 당사국 영역이 아닌 하나 또는 그 이상의 제3국을 경유하여 운송되는 경우에는 다음의 요건을 모두 충족하는 경우에 한하여 직접 운송된 것으로 간주한다.

ㄱ. 그 상품이 경유국에서 거래 또는 소비되지 아니하였어야 한다.

ㄴ. 그 상품이 경유국에서 세관의 통제 하에 남아 있었어야 한다.

ㄷ. 그 상품이 하역, 재선적 또는 그 상품을 좋은 상태로 요구하는데 요구되는 공정 외의 어떠한 공정도 거치지 아니하였을 것

(5) 역외가공 물품에 대한 원산지 결정

일반적으로 해당 물품 생산공정이 일부라도 역외에서 이루어지면 원산지물품으로 인정하지 않으나, 역내산 물품을 수출하여 역외에서 가공한 후 다시 역내로 수입하더라도 일정 조건하에 역내산으로 간주하는 역외가공특례를 인정하는 것이다.

① 물품의 생산에 투입된 비원산지 재료의 총가액이 그 물품의 본선인도가격의 40%를 초과하지 아니할 것

② 그 물품의 생산에 사용된 총 재료비 중 원산지 재료(그 수출당사국에서 수출된 것만을 말한다)의 가격이 60% 이상일 것

① 에서 '생산에 투입된 비원산지 재료의 총가액'이란 다음에 해당하는 가격 또는 비용을 모두 합한 것을 말한다.

ㄱ. 수출당사국에서 사용한 모든 비원산지 재료의 가격

ㄴ. 수출당사국의 영역 밖에서 추가 가공을 위하여 투입한 모든 비원산지 재료의 가격

ㄷ. 수출당사국의 영역 밖에서 발생한 그 밖의 비용(운임, 보험료 그 밖에 운송관련 비용을 포함한다)

2. 품목별기준

원산지 결정기준은 일반적인 결정기준이 있으나, 품목별로 세부기준을 두고 있으므로 각 품목별 HS Code를 확인한 후 각각의 관세 인하 스케줄 및 원산지 결정기준을 찾아야한다.

(예) 엔진 : 제8407.34호

① 관세인하 스케줄 : 즉시 인하

② 원산지기준 : 다른 호에 해당하는 물품에서 제8407.32호 내지 제8407.34호에 해당하는 물품으로 변경된 것. 다만 역내 부가가치 발생이 40% 이상인 경우에 한한다.

3. 분야별특례기준

(1) 원산지 인정의 최소기준

생산의 최종 공정에서 세번 변경이 이루어지지 아니한 상품은 다음의 경우 원산지 상품으로 간주된다.

① 통일상품명 및 부호체계의 제1류부터 제14류까지 및 제50류부터 제63류까지에 해당하는 것을 제외한 상품은 상품의 생산에 사용된 모든 비원산지 재료의 가치가 그 상품의 FOB 가격의 10%를 초과하지 아니한 경우

② 통일상품명 부호체계의 제50류부터 제63류까지에 해당하는 상품에 대해서는 필요한 세번 변경이 이루어지지 아니한 상품의 생산에 사용된 비원산지 기초 섬유 재료의 총중량이, 사용된 모든 기초 섬유 재료의 총 중량의 7%를 초과하지 아니한 경우

③ 상품이 원산지 상품으로서의 인정을 받기 위해 규정된 그 외 모든 적용가능한 기준을 충족한 경우

(2) 상품 포장재와 운송용 포장용품 및 용기의 원산지결정

상품의 소매 판매를 위한 포장에 사용되는 포장 재료 및 용기는 그 상품과 함께 분류되는 경우 그 상품 생산에 사용된 모든 비원산지 재료가 적용 가능한 세번변경이 이루어지는지 여부를 결정하는데 있어서 고려되지 아니하고, 그 상품이 역내가치포함비율 요건의 적용대상이 되는 경우, 그 상품의 역내가치포함비율의 산정에 있어서 각 경우에 맞게 원산지 또는 비원산지 재료로 간주된다.

(3) 운송용 포장재 및 용기

다음을 결정함에 있어서 고려되지 아니한다.

① 그 상품의 생산에 사용된 비원산지 재료가 적용 가능한 세번변경이 이루어지는지 여부

② 그 상품이 역내가치포함비율 요건을 충족시키는지 여부

(4) 부속품 · 예비부품 및 공구의 원산지결정

상품의 표준 부속품, 예비부품 또는 공구의 일부를 구성하는 상품과 함께 인도된 부속품, 예비부품 또는 공구는 그 상품이 원산지 상품이라면 원산지 상품으로 취급되고 그 상품의 생산에 사용된 모든 비원산지 재료가 적용 가능한 세번변경이 이루어지는지 여부를 결정하는데 있어서는 고려되지 아니한다. 다만,

① 부속품, 예비부품 또는 공구가 그 상품과 별도로 송장이 발부되지 아니하여야 하고,

② 부속품, 예비부품 또는 공구의 수량 및 가치가 수출 당사국의 국내 시장에서 그 상품에 대하여 표준 무역 관행이여야 하며,

③ 역내가치포함비율 요건의 적용대상이 될 경우, 그 부속품, 예비부품 또는 공구의 가치는 그 상품의 역내가치포함 비율을 산정하는데 있어서 각 경우에 맞게 원산지 또는 비원산지 재료로 간주된다.

(5) 중립재(간접재료)의 원산지결정

물품에 물리적으로 결합되지 아니하는 간접재료(중립재)는 원산지결정을 위한 고려대상에서 제외한다.

① 연료 및 에너지

② 공구, 금형 및 다이스

③ 설비 및 건물의 유지에 사용되는 예비부분품과 그 재료

④ 물품의 생산에 사용되거나 건물 및 장비의 작동에 사용되는 윤활제, 그리스, 혼합물 및 그 밖의 재료

⑤ 장갑, 안경, 신발, 의류, 안전장비 및 보급품

⑥ 상품의 시험 또는 검사에 사용되는 장비, 장치 및 보급품 그리고

⑦ 촉매제 및 용해제, 상품에 결합되지는 아니하였으나, 그 상품 생산의 일부로 사용되었음이 합리적으로 입증될 수 있는 그 밖의 상품

(6) 대체가능물품의 원산지결정

① 원산지가 다르더라도 상품의 본질적 특성이 동일하여, 상업적으로 대체 사용이 가능한 물품은 품목별기준을 적용하지 않고, 재고관리기법을 이용하여 원산지 결정 가능
② 당해 회계연도 중에는 동일한 재고관리기법 적용 의무
③ 종류 : 개별법, 선입선출법, 후입선출법, 평균법

4. 원산지증명 방식

(1) 증명방식 : 기관증명

(2) 발급자(기관) : 세관, 지정기관

(3) 증명서식 : 통일증명서식

(4) 유효기간 : 1년

(5) 사용언어 : 영어사용원칙

(6) 사용회수 : 1회 사용원칙(분할가능)

[별지 6호의6서식] 〈신설 2009.12.31〉

인도와의 협정에 따른 원산지증명서의 서식

Certificate of Origin
Korea–India Comprehensive Economic Partnership Agreement
Original (Duplicate/Triplicate/Quadruplicate)

1. Exporter (name, address, country, e–mail address, telephone number, fax number)	Reference No.: KOREA–INDIA COMPREHENSIVE ECONOMIC PARTNERSHIP AGREEMENT PREFERENTIAL CERTIFICATE OF ORIGIN (Combined Declaration and Certificate) Issued in _________(Country) _____ Reference No.: KOREA–INDIA COMPREHENSIVE ECONOMIC PARTNERSHIP AGREEMENT PREFERENTIAL CERTIFICATE OF ORIGIN (Combined Declaration and Certificate) Issued in _________(Country) _____
2. Producer (name, address, country) (optional)	
3. Importer (name, address, country) (optional)	5. For Official Use
4. Means of transport and route (optional) Departure date: Vessel's name/Aircraft etc.: Port of Discharge	6. Remarks

7. HS Code (6 digit)	8. Description of goods, including quantity	9. Gross weight and value (FOB)	10. Origin criterion	11. Number and date of Invoices

12. Declaration by the exporter The undersigned hereby declares that the above details and statement are correct; that all goods were produced in .... (Country) ... and that they comply with the origin requirements specified for these goods in the KOREA–INDIA Comprehensive Economic Partnership Agreement for the goods exported to .... (Importing Country)............. .... Place and date, signature of authorised signatory	13. Certification It is hereby certified, on the basis of control out, that the declaration by the exporter is correct. .... Place and date, signature and stamp of issuing authority
14. □ Third country invoicing(name, address, country)	

작 성 방 법

※ 이 서식은 영문으로 작성합니다.

1. 모든 물품은 각 해당 물품별로 인도와의 협정에 따른 협정관세를 적용받기 위해서 다음 각 호의 요건을 충족하여야 합니다.
   가. 협정관세 적용 대상 물품의 품명과 일치하여야 합니다.
   나. 인도와의 협정 제3.15조에 따른 직접운송요건을 충족하여야 합니다.
   다. 인도와의 협정 제3장의 원산지규정을 준수하여야 합니다.
2. 제1란에는 수출자의 성명, 주소, 수출국, 전화번호를 적습니다.
3. 제2란에는 생산자의 성명, 주소, 수출국을 적습니다.
4. 제3란에는 수입자의 성명, 주소, 수입국을 적습니다.
5. 제4란에는 물품을 운송하는 선박(항공기)의 출항일, 선박명(편명), 양륙항 등 운송수단 및 운송 경로를 알고 있는 범위에서 적습니다.
6. 제5란에는 수입당사국의 세관공무원이 해당 물품의 협정관세 적용여부를 "√" 표시한 후 서명합니다.
7. 제6란에는 원산지증명서 발급담당자가 원산지증명서를 소급발급한 경우에는 "소급발급", 재발급한 경우에는 "진정등본" 표시를 합니다.
8. 제7란에는 품목번호는 수입당사국의 「통일상품명 및 부호체계에 관한 국제협약」에 따른 품목번호를 적습니다.
9. 제8란의 품명은 그 해당 물품을 검사하는 세관공무원이 확인할 수 있도록 상세하게 적습니다.
10. 제9란에는 해당 물품의 총중량 및 본선인도가격을 적습니다.
11. 제10란에는 수출자(제조자 및 생산자 포함)가 해당 물품에 대한 원산지 결정기준을 아래 표에 정한 방법으로 적습니다.

가. 수출당사국의 영역에서 완전생산된 물품	WO
나. 인도와의 협정 제3.4제1항제나호를 충족하는 물품	CTSH + RVC 35%
다. 품목별 원산지 결정기준을 충족하는 물품 (1) 세번 변경기준을 충족하는 물품 (2) 역내가치포함비율을 충족하는 물품 (3) 세번 변경기준 또는 역내가치포함비율을 충족하는 물품 (4) 세번 변경기준과 역내 부가가치비율을 동시에 충족하는 물품 (5) 특정 공정을 수행한 물품 (6) 기타	 CC, CTH, CTSH RVC % CC, CTH, CTSH 또는 RVC % CC, CTH, CTSH+RVC % SP Others
라. 인도와의 협정 3.14조를 충족하는 물품(개성공업지구에서 생산된 물품)	OP

12. 제11란에는 송장의 일련번호 및 발급일자를 적습니다.
13. 제12란에는 수출자가 원산지증명서 수출국, 수입국, 신청일자, 장소를 적은 후 서명합니다.
14. 제13란에는 원산지증명서 발급담당자가 원산지증명서의 발급일자 및 발급장소를 적고, 서명한 후 발급기관의 인장을 날인합니다.
15. 제14란에는 수출당사국이 아닌 제3국에서 송품장이 발급된 경우 "제3국 송품장(Third country invoicing)"란에 "√" 표시를 합니다. 이 경우 송장을 발행한 회사의 상호, 주소 및 국가명을 적습니다.

바. FTA 원산지 결정기준 [한-미국 FTA]

1. 원산지결정에 관한 일반적 기준

(1) 완전생산기준

당해 국가에서 채굴, 수확한 광산물 및 농수산물이나 이들을 원료로 한 생산물품은 그 나라를 원산지로 인정하며, 대한민국 또는 미국(이하 "역내국")에서 전부 생산한 물품에 대해서는 역내국을 그 물품의 원산지로 한다.

(2) 2개국 이상에 걸쳐 생산된 물품의 원산지 결정(실질적변형기준)

당해 물품이 2개국 이상에 걸쳐 생산, 가공 또는 제조된 경우에는 당해 물품의 본질적인 특성을 부여하기에 충분한 정도의 실질적인 변형이 최종적으로 수행된 나라를 원산지로 인정한다.

① 완전생산품 기준 적용 품목을 제외하고 실질변형기준으로 세번 변경기준(HS 2, 4, 6단위 세번변경), 부가가치기준 또는 주요공정기준을 적용

② 부가가치기준은 생산자가 공제법과 집적법을 선택적으로 사용할 수 있도록 한다.

③ 자동차 및 자동차 부품의 경우에는 공제법 및 집적법과 순원가법을 선택적으로 사용할 수 있다.

부가가치기준을 적용받는 물품의 역내 부가가치의 비율은 다음 산식에 따라 계산한다.

ㄱ. 집 적 법 : 역내가치포함비율 = $\dfrac{\text{원산지 재료의 가격}}{\text{물품의 조정가격}} \times 100\%$

ㄴ. 공 제 법 : 역내가치포함비율 = $\dfrac{\text{물품의 조정가격} - \text{비원산지 재료의 가격}}{\text{물품의 조정가격}} \times 100\%$

ㄷ. 순원가법 : 역내가치포함비율 = $\dfrac{\text{물품의 순원가} - \text{비원산지 재료의 가격}}{\text{물품의 순원가}} \times 100\%$

ㄹ. "조정가격"이란 「관세법」 제30조부터 제35조까지에 따라 결정된 수입물품의 과세가격에서 같은 법 제30조제1항제6호에 따라 결정된 수입항까지의 운임 · 보험료, 기타 국제적 운송에 관련되는 비용을 제외한 가격을 말한다.

ㅁ. "원산지 재료의 가격"은 생산자가 역내국에서 취득하거나 자가생산하여 당해 물품의 생산에 사용한 원산지 재료의 가격(간접재료의 비용은 포함하지 아니한다)을 말한다.

ㅂ. "비원산지 재료의 가격"은 생산자가 취득하여 당해 물품의 생산에 사용한 비원산지 재료의 가격(자가생산(自家生産) 중간재의 비용과 간접재료의 비용은 포함하지 아니한다)을 말한다.

ㅅ. "순원가"는 해당 생산자가 생산한 모든 물품의 총원가에서 판매촉진비, 마케팅비, 판매후 서비스비, 로얄티, 선적 · 포장비, 비허용이자비(생산자가 소재하는 체약당사국의 중앙정부가 발행한 비슷한 만기의 국채수익률에 1만분의 700을 더하여 산출된 값을 초과하는 이자비용을 말한다)를 차감한 비용을 말한다.

ㅇ. "총원가"는 역내국의 영역에서 생산한 물품에 대한 모든 제품비용(물품의 생산과 관련된 비용으로서 재료비, 직접노무비 및 직접경비를 포함한 것을 말한다), 기간비용(제품비용 이외의 것으로서 판매비와 일반관리비를 말한다) 및 그 밖의 비용(제품비용과 기간비용을 제외한 것으로서 이자비용을 말한다)을 합산한 가액을 말한다.

(3) 단순한 작업 공정만을 거쳐 생산된 물품에 대한 원산지 결정(불인정 공정)

품목번호 1류부터 40류에 해당하는 물품이 역내국의 영역에서 물 또는 다른 물질과의 단순한 희석 공정(물품의 특성을 실질적으로 변경하지 아니하는 것을 말한다)만을 거쳐서 생산된 때에는 원산지물품으로 인정하지 아니한다.

(4) 원산지인정의 누적기준

① 완전생산기준 및 실질적변형기준을 적용할 때 미국에서 생산되는 물품의 재료가 대한민국을 원산지로 하는 경우 그 재료의 원산지를 미국으로 보고, 대한민국에서 생산되는 물품의 재료가 미국을 원산지로 하는 경우 그 재료의 원산지를 대한민국으로 본다.

② 완전생산기준 및 실질적변형기준을 적용할 때 어떤 물품이 역내국에서 2 이상의 서로 다른 생산자에 의하여 생산된 경우 전 단계 생산자가 수행한 생산은 최종 생산자가 수행한 것으로 본다.

(5) 직접운송원칙

모든 원산지 규정에 충족하는 경우도 다음의 경우에 해당되는 경우 비원산지 물품으로 간주함

① 단순하역 작업이나 보존이나 운송에 필요한 작업이 아닌 실질적인 가공작업이 이루어진 경우

② 세관당국의 통제하에 있지 않는 경우

2. 품목별기준

원산지 결정기준은 일반적인 결정기준이 있으나, 품목별로 세부기준을 두고 있으므로 각 품목별 HS Code를 확인한 후 각각의 관세 인하 스케줄 및 원산지 결정기준을 찾아야 한다.

(예) 엔진 : 8407.34호

차량(제8701.20 또는 제8702호 내지 제8704호의 것에 한한다)에 사용되는 불꽃 점화식의 왕복 피스톤엔진(실린 더의 용량이 1000cc 초과 2000cc 이하의 새 것에 한한다.)

① 관세인하 스케줄 : 즉시 인하

② 원산지기준 : 다른 호에 해당하는 물품에서 제8407.31호 내지 제8407.34호에 해당하는 물품으로 변경된 것, 또는 아래의 역내 부가가치기 발생한 것(이 경우 세번변경은 요구되지 않는다)

가. 집적법 35% 이상, 또는

나. 공제법 55% 이상, 또는

다. 순원가법 35% 이상

3. 분야별특례 기준

(1) 원산지 인정의 최소기준

한–미 FTA 최소기준 적용제외 품목

HS 코드	품 목
3류	어류
4류	낙농제품
7류	채소류
1006, 11류	쌀제품
0805, 2009.11~39	감귤류, 쥬스류
8류, 20류	복숭아, 배, 살구류
15류	동식물성 유지
17류	설탕

양국이 합의한 품목별 원산지기준을 충족하지 못하더라도 비원산지 재료가 제품 가격의 10% 미만으로 사용된 경우에는 원산지로 인정한다. 다만 위 표의 일부 농수산물에 대하여는 적용하지 않는다.

(2) 간접재료의 원산지결정

물품에 물리적으로 결합되지 아니하는 재료(간접재료)로서 다음 어느 하나에 해당하는 간접재료는 그 물품의 원산지결정을 위한 고려대상에서 제외한다.

① 연료 및 에너지
② 도구 · 형판 및 주형
③ 설비 및 건물의 유지에 사용되는 예비부품과 재료
④ 생산에 사용되거나 설비 및 건물의 운영에 사용되는 윤활제 · 그리스 · 혼합물과 그 밖의 재료
⑤ 장갑 · 안경 · 신발 · 의류 · 안전장비 및 보급품
⑥ 물품의 시험 또는 검사에 사용되는 설비 · 장치 및 보급품
⑦ 촉매제 및 용해제
⑧ 물품에 결합되지는 아니하나 그 상품 생산의 일부로 사용되었음이 합리적으로 입증될 수 있는 그 밖의 물품

(3) 대체가능물품의 원산지결정

① 어떤 물품의 생산에 2 이상의 대체가능물품이 사용된 경우로서 그 중에 원산지 재료(원산지물품을 포함)와 비원산지 재료(비원산지물품을 포함)가 함께 있는 경우에는 수출자, 생산자 또는 수입자가 지정하는 "재고물품관리법"에 따라 그 물품의 원산지를 결정할 수 있다.
② 재고품관리법의 종류 : 개별법, 선입선출법, 후입선출법, 평균법
③ 동일한 회계연도에는 재고물품관리법 중 하나의 방법만을 계속 적용하여야 한다.

(4) 부속품, 예비부분품 및 공구의 원산지결정

기계 · 기구 · 장치 또는 차량 등에 사용되는 부속품 · 예비부분품 및 공구로서 기계 · 기구 · 장치 또는 차량 등과 함께 수입되어 동시에 판매되고 그 종류 및 수량으로 보아 통상 부속품 · 예비부분품 및 공구라고 인정되는 물품의 원산지 : 그 기계 · 기구 또는 차량의 원산지

(5) 소매 판매를 위한 포장재료와 용기의 원산지결정

소매 판매를 위한 포장용품등의 원산지 : 그 내용물품의 원산지. 다만, 통합품목분류표상 포장용품등과 내용품을 각각 별개의 품목번호로 하고 있는 때에는 포장용품등의 원산지

(6) 운송용 포장용품 및 용기

제품의 원산지를 결정할 때에 고려하지 않는다.

(7) 중간재

역내 부가가치의 비율을 계산할 때 자가생산 중간재는 그 자가생산 중간재를 생산할 때 비원산지 재료가 사용된 경우에도 그 자가생산 중간재 전체를 원산지 재료로 본다. 다만, 그 중간재가 이 규칙에 따라 원산지 재료로 인정되는 경우에 한한다.

(8) 세트물품

구 분	일반적인 경우	소매용 섬유 및 의류 세트
전부 원산지 상품인 경우	세트물품도 원산지 상품	세트물품도 원산지 상품
원산지와 비원산지가 혼용된 경우	비원산지 물품 가격이 조정가치의 15% 이하인 경우 원산지	비원산지 물품 가격이 관세가치의 10% 이하인 경우 원산지

관세법 별표의 관세율표의 해석에 관한 통칙 제3호에서 규정한 세트물품이 원산지물품과 비원산지물품으로 구성된 경우로서 비원산지물품의 가격이 그 세트물품의 조정가격의 100분의 15를 초과하지 아니하는 때에는 그 세트물품 전체를 원산지물품으로 본다. 다만, 섬유관련 제품으로 구성된 세트물품의 경우에는 비원산지물품의 가격이 그 세트물품의 조정가격의 100분의 10을 초과하지 아니한 경우에 한정하여 그 세트물품 전체를 원산지물품으로 본다.

4. 수출입 통관

(1) 수입통관

① 수입신고 수리 전 협정관세 적용 신청수입자는 수입통관 당시 유효한 원산지 증명서에 근거하여 협정관세 적용신청서를 작성하여 세관에 신청하여야 함.

② 수입신고 수리 후 협정관세 적용 신청

ㄱ. 수입신고 당시 원산지 상품이었으나, 협정관세 적용을 신청하지 아니하고 관세를 납부한 경우에는, 수입신고 수리일로부터 1년 이내에 협정관세 적용을 신청해야 함.

ㄴ. 이 경우 협정관세적용 신청서에 원산지 증명서 사본 및 세관이 요구하는 그 밖에 원산지 소명자료를 제시해야 함.

(2) 수출통관

특혜관세 해당 물품에 대하여 원산지증명서를 발급하여 선적서류에 첨부하여 수입자에게 송부

5. 원산지증명 방식

(1) 발급자 : 수출자, 생산자, 수입자

(2) 증명서식 : FTA특례법 시행규칙 별지 제6호의 9서식(관세청 권고 양식)에 따라 작성된 서류 또는 작성자 등 8가지 사항을 기재한 서류

(3) 유효기간 : 4년

(4) 언어 : 영어, 한글(요구시 번역본 제출)

(5) 사용회수 : 1년의 범위 내에서 포괄발급 가능

[별지 제6호의9서식]

Certificate of Origin
Korea–US Free Trade Agreement

<table>
<tr><td rowspan="5">1.Exporter
(수출자)</td><td>Name (성명)</td><td></td><td rowspan="5" colspan="3">2. Blanket Period
(원산지포괄증명기간)
YYYY (년) MM (월) DD (일) YYYY (년) MM (월) DD (일)
From : ___/___/___ To : ___/___/___
(부터) (까지)</td></tr>
<tr><td>Address(주소)</td><td></td></tr>
<tr><td>Telephone (전화)</td><td></td></tr>
<tr><td>Fax (팩스)</td><td></td></tr>
<tr><td>E-mail(전자주소)</td><td></td></tr>
<tr><td rowspan="5">3.Producer
(생산자)</td><td>Name (성명)</td><td></td><td rowspan="5">4.Importer
(수입자)</td><td>Name (성명)</td><td></td></tr>
<tr><td>Address(주소)</td><td></td><td>Address(주소)</td><td></td></tr>
<tr><td>Telephone (전화)</td><td></td><td>Telephone (전화)</td><td></td></tr>
<tr><td>Fax (팩스)</td><td></td><td>Fax (팩스)</td><td></td></tr>
<tr><td>E-mail(전자주소)</td><td></td><td>E-mail(전자주소)</td><td></td></tr>
</table>

5.원산지증명대상물품내역

Serial No. (연번)	Description of Good(s) (품명 · 규격)	Quantity & Unit (수량 및 단위)	HS No. (품목번호 HS 6단위)	Preference Criterion (원산지 결정기준)	Country of Origin (원산지 국가)

6. Observations :
(특이사항)

I certify that :
본인은 다음 사항을 확인합니다.

- The information in this document is true and accurate and I assume the responsibility for proving such representations.
  I understand that I am liable for any false statements or material omissions made on or in connection with this document.
  상기 서식에 기재된 내용은 사실이고 정확하며, 기재된 사항에 대한 책임은 본인에게 있습니다. 이 증명서 또는 이와 관련한 허위 진술 또는 중대한 사실 누락에 대해서는 본인에게 책임이 있음을 확인합니다.
- I agree to maintain, and present upon request, documentation necessary to support this Certificate, and to inform, in writing, all persons to whom the Certificate was given of any changes that would affect the accuracy or validity of this Certificate.
  본인은 이 증명서를 입증하는데 필요한 문서를 보관하며, 요청이 있을 경우 이를 제출할 뿐 아니라, 이 증명서의 정확성이나 유효기간에 영향을 미치는 여타 변동사항에 대해서 이 증명서를 받은 관계자들에게 서면으로 통보할 것에 동의합니다.
- The goods originate in the territory of one or both Parties and comply with the origin requirements specified for those goods in the Korea –United State of America Free Trade Agreement.
  당해 물품은 대한민국과 미합중국간의 자유무역협정에 따른 원산지 결정기준을 충족하고 있음을 확인합니다.
  This Certificate consists of ______ pages, including all attachments.
  이 증명서는 첨부서류를 포함하여 총___장으로 구성되어 있습니다.

7. Authorized Signature (서명권자의 서명)	Company (회사명)
Name : (작성자 성명)	Title (직위)
YYYY (년) MM (월) DD (일) ___/___/___	Telephone : (전화번호) Fax : (팩스번호)

사. FTA 원산지 결정기준 [한-EU FTA]

1. 원산지결정에 관한 일반적 기준

(1) 완전생산기준

당해 국가에서 채굴 · 수확한 광산물 및 농수산물이나 이들을 원료로 한 생산물품은 그 나라를 원산지로 인정한다.

(2) 2개국 이상에 걸쳐 생산된 물품의 원산지 결정(실질적변형기준)

당해 물품이 2개국 이상에 걸쳐 생산, 가공 또는 제조된 경우에는 당해 물품의 본질적인 특성을 부여하기에 충분한 정도의 실질적인 변형이 최종적으로 수행된 나라를 원산지로 인정한다.

① 완전생산품 기준 적용 품목을 제외하고 실질적 변형기준으로 세번변경기준(HS 2, 4, 6단위 세번변경), 부가가치기준 또는 주요공정기준을 적용

② 부가가치기준이 적용 될 때에는 공장도 가격을 기준으로 하여 역외산 부품의 사용 비율의 상한선을 규정

③ 주요공정 기준은 특정한 공정을 거쳐 생산된 경우에 원산지로 인정하는 기준

(3) 단순한 작업 공정만을 거쳐 생산된 물품에 대한 원산지 결정(불인정 공정)

단순, 경미한 공정을 거쳐서 생산된 물품의 경우에는 품목별 원산지규정에서 정하는 원산지 요건을 충족시킨 경우에도 원산지를 인정하지 않는다.

① 운송되고 보관되는 동안 제품이 양호한 상태로 유지되도록 보장하는 보존 공정

② 포장상태의 변경, 포장의 해체 및 조립

③ 세탁, 세척, 그리고 먼지, 녹, 기름, 페인트, 또는 그 밖의 막의 제거

④ 섬유의 다림질 또는 압착

⑤ 단순한 페인팅 및 광택 공정

⑥ 곡물 및 쌀의 탈각, 부분 또는 전체 표백, 연마 및 도정

⑦ 당류 착색이나 착향 또는 각설탕 공정, 결정당의 부분 또는 전체 제분

⑧ 과일, 견과류 및 채소에 대한 탈피, 씨 제거 및 탈각

⑨ 연마, 단순 분쇄 또는 단순 절단

⑩ 감별, 체질, 선별, 분류, 등급화 또는 매칭(물품 세트의 구성을 포함한다.)

⑪ 병, 캔, 플라스크, 가방, 케이스 또는 상자에 단순히 넣기, 카드 또는 판에 붙이는 것, 그리고 그 밖의 모든 단순 포장 공정

⑫ 마크, 라벨, 로고 및 그 밖의 유사한 구별 표시를 제품 또는 제품의 포장에 부착하거나 인쇄하는 것

⑬ 다른 종류인지 여부에 관계없이 제품의 단순한 혼합, 모든 재료와 설탕의 혼합

⑭ 완전한 물품을 구성하는 부품의 단순한 조립 또는 제품의 부품으로의 분해

⑮ 시험 또는 측정
⑯ ①호부터 ⑮호까지에 명시된 2 이상의 공정의 조합
⑰ 동물의 도살

(4) 원산지인정의 누적기준

일방을 원산지로 하는 재료를 결합하여 상대국의 제품을 획득한 경우 그 제품은 상대국을 원산지로 간주된다.

(5) 직접운송원칙

특혜대우는 협약에 의하여 원산지 물품으로의 요건을 충족하면서 수출 당사국과 수입 당사국 간에 직접적으로 운송되는 물품에만 적용된다. 그러나 탁송화물을 구성하는 제품은 다른 영역에서 환적 또는 일시적으로 보관 될 수 있으나 다음을 충족해야 한다.

① 통과, 창고보관 국가에서 자유로운 유통을 위해 반출되지 않아야 한다.
② 하역, 재선적 또는 보존을 위한 공정 이상을 거치지 않아야 한다.
③ 조건 충족의 증거를 서면으로 제출해야 한다.

(6) 역외가공 물품에 대한 원산지 결정

일반적으로 해당 물품 생산공정이 일부라도 역외에서 이루어지면 원산지물품으로 인정하지 않으나 역내산 물품을 수출하여 역외에서 가공한 후 다시 역내로 수입하더라도 다음의 조건하에 역내산으로 간주하는 역외가공특례를 인정하는 것이다. 다만 양 당사국이 원산지 상품으로 합의한 경우에는 지정지역 내에서 작업한 경우에 한하여 역내산으로 간주한다.

① 재반입되는 물품이 수출된 상품과 동일할 것
② 재반입되는 물품이 양호한 상태로 보존을 위해 필요한 것 이상의 공정을 거치지 아니할 것

2. 품목별기준

원산지 결정기준은 일반적인 결정기준이 있으나, 품목별로 세부기준을 두고 있으므로 각 품목별 HS Code를 확인한 후 각각의 관세 인하 스케줄 및 원산지 결정기준을 찾아야 한다.

(예) 진공청소기 : 제8508.11호
① 관세인하 스케줄 : 즉시 인하
② 원산지기준 : 모든 호의 재료로부터의 생산. 다만 그 제품의 호의 것은 제외 또는 사용된 모든 재료의 가치가 그 제품의 공장도 가격의 50%를 초과하지 아니하는 생산

3. 분야별 특례 기준

(1) 원산지 인정의 최소기준

비원산지 재료 가격이 당해 물품의 전체가격에서 차지하는 부분이 미미한 경우에는 품목별 원산지 기준에서 규정하고 있는 세번 변경기준 요건을 충족하지 못할 경우에도 예외적으로 원산지를 인정하는 기준으로 다음의 조건을 충족해야 한다. 다만 HS 제50류부터 제63류까지 해당 물품은 적용하지 않는다.

① 세번이 변경되지 않은 비원산지 재료의 총 가치가 그 제품의 공장도 가격의 10%를 초과하지 않아야 한다.(HS 50~63류 제외)

② HS 50~63류에 해당하는 물품은 품목마다 다른 미소기준으로 8~35%, 중량 및 공장도 가격기준 등 별도의 기준을 두고 있다.

(2) 간접재료의 원산지 결정

간접재료는 상품의 생산, 시험 또는 검사에 사용되지만 그 상품에 물리적으로 포함되지 않는 물품으로 원산지 결정을 위한 고려대상에서 제외된다.

(3) 대체가능물품의 원산지 결정

원산지가 다르더라도 상품의 본질적 특성이 동일하며, 상업적으로 대체 사용이 가능한 물품은 품목별 기준을 적용하지 않고, 재고관리기법을 이용하여 원산지 결정이 가능하다.

① 당해 회계연도 중에는 동일한 재고관리기법 적용 의무

② 종류 : 개별법, 선입선출법, 후입선출법, 평균법

(4) 부속품, 예비부품 및 공구의 원산지 결정

상품의 표준 부속품, 예비부품 또는 공구는 그 상품의 일부분으로 취급되며 상품의 가격에 부속품등의 가격에 포함 되거나 송품장이 별도로 발부되지 않고 제품과 함께 인도된 경우에는 상품의 원산지와 동일하게 원산지를 결정한다.

(5) 소매 판매를 위한 포장재료와 용기의 원산지결정

상품의 소매 판매를 위한 포장에 필요한 포장재와 용기가 그 상품과 함께 분류된다면 그 포장재는 원산지를 결정함에 있어 그 상품이 원산지 제품인 경우 포장재와 용기도 원산지 제품으로 간주한다.

(6) 세트물품

세트물품은 서로 다른 성질의 물품을 특정 목적을 위해 하나로 조합한 것을 말한다. 세트의 경우 모든 구성 물품이 모두 원산지 요건에 충족하는 경우 원산지 제품으로 간주되고 세트가 원산지 물품과 비원산지 물품으로 구성된 경우에는 비원산지 물품이 15% 이하인 경우에 원산지로 간주된다.

4. 수출입 통관요령

(1) 수입통관

① 수입신고 수리전 원산지증명서 제출(사본가능)

② 수입신고 수리후 원산지증명서 제출

분실 도난 또는 훼손 등의 사유로 수입통관시 원산지증명서를 제출하지 못해 관세를 납부한 경우 당해물품의 수입신고 수리일로부터 1년이내에 원산지증명서를 제출하고 협정관세의 적용 및 세액의 경정을 청구할 수 있다.

(2) 수출통관

특혜관세 해당 물품에 대하여 원산지증명서를 발급하여 선적서류에 첨부하여 수입자에게 송부

※ 6,000유로를 초과하는 물품에 대하여 협정 적용을 받기 위해서는 사전에 세관으로부터 원산지 인증 수출자 자격을 반드시 취득해야 한다.

구분	업체별 인증수출자	품목별 인증수출자
대상자	수출자	업체별 인증수출자요건 미충족 수출자
인증요건	• 수출자 원산지 판단능력 및 보증 –주요수출품의 원산지 충족여부 판단능력 –원산지관리 전담자 지정 및 운영 –전산시스템 또는 업무설명서(사용서) 보유여부 • 자료보관 의무 • 원산지 검증 서류제공 및 협조의무 • 법규준수도 –관세법령 미위반 업체(최근 2년)	• 품목별 (HS 6단위) 원산지기준 충족 • 자료보관의무 • 원산지 검증 서류제공 및 협조의무
인증절차	• 인증신청서류 –인증신청서 –주요품목별 원산지소명서 –인증요건 충족서류 등 • 세관장은 신청일로부터 20일 이내 심사를 거쳐 인증여부 통보	• 인증신청서류 –인증신청서 –원산지소명서 –인증요건 충족서류 등 • 세관장은 신청일로부터 20일 이내 심사를 거쳐 인증여부 통보
인증 유효기간	5년	5년
인증 사후관리	• 인증요건 등 제반사항 감독 • 자율점검표 작성 • 보고시 연장심사 간소화혜택 부여	• 품목별 인증요건 등 제반사항 감독

유럽연합당사자와의 협정에 따른 원산지증명서에 기재할 사항 (제9조의6제1항 관련)

항 목	기 재 요 령
신고문안	해당 언어별로 다음의 신고문안을 적습니다. 1. Bulgarian version Износителят на продуктите, обхванати от този документ (митническо разрешение № … (1)) декларира, че освен където е отбелязано друго, тези продукти са с … преференциален произход (2). 2. Spanish version El exportador de los productos incluidos en el presente documento (autorización aduanera n° ..… (1).) declara que, salvo indicación en sentido contrario, estos productos gozan de un origen preferencial .…(2). 3. Czech version Vývozce výrobku uvedených v tomto dokumentu (císlo povolení…(1)) prohlašuje, že krome zretelne oznacených, mají tyto výrobky preferencnípuvod v …(2). 4. Danish version Eksportøren af varer, der er omfattet af nærværende dokument, (toldmyndighedernes tilladelse nr. ...(1)), erklærer, at varerne, medmindre andet tydeligt er angivet, har præferenceoprindelse i ...(2). 5. German version Der Ausführer (Ermächtigter Ausführer; Bewilligungs-Nr. ...(1)) der Waren, auf die sich dieses Handelspapier bezieht, erklärt, dass diese Waren, soweit nicht anderes angegeben, präferenzbegünstigte ...(2) Ursprungswaren sind. 6. Estonian version Käesoleva dokumendiga hõlmatud toodete eksportija (tolliameti kinnitus nr. ...(1)) deklareerib, et need tooted on ...(2) sooduspäritoluga, välja arvatud juhul kui on selgelt näidatud teisiti. 7. Greek version Ο εξαγωγέας των ρροϊόντων ρου καλύptovtαι aρό to paρόν έγγrafo (άdεια teλωνείου υp΄aρiθ. ...(1)) dηλώνει óti, εκτός eάν dηλώnetai safώς άλλως, ta ρροϊόnta autά eίvαι ρpotιμηsιακής katαγωγής ...(2). 8. English version The exporter of the products covered by this document (customs authorisation No ...(1)) declares that, except where otherwise clearly indicated, these products are of ...(2) preferential origin.

<table>
<tr><th>항 목</th><th>기 재 요 령</th></tr>
<tr><td>신고문안</td><td>
9. French version
L'exportateur des produits couverts par le présent document (autorisation douanière n° ...(1)) déclare que, sauf indication claire du contraire, ces produits ont l'origine préférentielle ... (2).

10. Italian version
L'esportatore delle merci contemplate nel presente documento (autorizzazione doganale n. ...(1)) dichiara che, salvo indicazione contraria, le merci sono di origine preferenziale ...(2).

11. Latvian version
Eksportetajs produktiem, kuri ietverti šaja dokumenta (muitas pilnvara Nr. …(1)), deklare, ka, iznemot tur, kur ir citadi skaidri noteikts, šiem produktiem ir priekšrocibu izcelsme no …(2).

12. Lithuanian version
Šiame dokumente išvardintu prekiu eksportuotojas (muitinès liudijimo Nr …(1)) deklaruoja, kad, jeigu kitaip nenurodyta, tai yra …(2) preferencinès kilmés prekés.

13. Hungarian version
A jelen okmányban szereplo áruk exportore (vámfelhatalmazási szám : …(1)) kijelentem, hogy eltéro jelzés hianyában az áruk kedvezményes …(2) származásúak.

14. Maltese version
L-esportatur tal-prodotti koperti b'dan id-dokument (awtorizzazzjoni tad-dwana nru. …(1)) jiddikjara li, hlief fejn indikat b'mod car li mhux hekk, dawn il-prodotti huma ta' origini preferenzjali …(2).

15. Dutch version
De exporteur van de goederen waarop dit document van toepassing is (douanevergunning nr. ...(1)), verklaart dat, behoudens uitdrukkelijke andersluidende vermelding, deze goederen van preferentiële ... oorsprong zijn (2).

16. Polish version
Eksporter produktów objetych tym dokumentem (upowaznienie wladz celnych nr …(1)) deklaruje, ze z wyjatkiem gdzie jest to wyraznie okreslone, produkty te maja …(2) preferencyjne pochodzenie.

17. Portuguese version
O abaixo assinado, exportador dos produtos cobertos pelo presente documento (autorização aduaneira n°. ...(1)), declara que, salvo expressamente indicado em contrário, estes produtos são de origem preferencial ...(2).
</td></tr>
</table>

항 목	기 재 요 령
신고문안	18. Romanian version Exportatorul produselor ce fac ojiectul acestui document (autorizatia vamalâ nr. …(1)) declará cá, exceptând cazul în care în mod expres este indicat altfel, aceste produse sunt de origine preferentiala …(2). 19. Slovenian version Izvoznik blaga, zajetega s tem dokumentom (pooblastilo carinskih organov št …(1)) izjavlja, da, razen ce ni drugace jasno navedeno, ima to blago preferencialno …(2) poreklo. 20. Slovak version Vývozca výrobkov uvedených v tomto dokumente (císlo povolenia …(1)) vyhlasuje, že okrem zretelne oznacených, majú tieto výrobky preferencný pôvod v …(2). 21. Finnish version Tässä asiakirjassa mainittujen tuotteiden viejä (tullin lupa n:o ...(1)) ilmoittaa, että nämä tuotteet ovat, ellei toisin ole selvästi merkitty, etuuskohteluun oikeutettuja ... alkuperätuotteita (2). 22. Swedish version Exportören av de varor som omfattas av detta dokument (tullmyndighetens tillstånd nr. ...(1)) försäkrar att dessa varor, om inte annat tydligt markerats, har förmånsberättigande ... ursprung (2). 23. Korean version 이 서류(세관인증번호…(1))의 적용대상이 되는 상품의 수출자는, 달리 명확하게 표시되는 경우를 제외하고, 이 상품은…(2)의 특혜원산지상품임을 신고한다. 【세부 기재요령】 1) 업체별 인증수출자 또는 품목별 인증수출자의 인증번호를 적습니다. 인증수출자가 아닌 경우에는 빈칸으로 두거나 생략할 수 있습니다. 2) 해당 물품의 원산지를 적습니다. 세우타 및 멜리야를 원산지로 하는 물품인 경우에는 "CM"으로 표기합니다.
장소 및 날짜	원산지증명서를 작성한 장소 및 날짜를 적습니다.
수출자의 이름 및 서명	수출자의 이름을 정확하게 적고, 서명을 합니다. 「자유무역협정의 이행을 위한 관세법의 특례에 관한 법률 시행규칙」 제8조의2제2항에 따라 서명을 생략할 수 있는 경우에는 이름도 생략할 수 있습니다.

5. 원산지 증명 방식

(1) 증명방식 : 자율증명

(2) 발급자(기관) : 수출자

(3) 증명서식 : 송품장 신고방식, 아래내용이 기재된 송품장

한국어 본
"이 서류(세관인증번호 ...1))의 적용대상이 되는 제품의 수출자는, 달리 명확하게 표시되는 경우를 제외하고, 이 제품은 ...2)의 특혜원산지 제품임을 신고한다."

영어 본
The exporter of the products by this document (customs authorisation No ..) declares that, expect where otherwise clearly indicated, these products are of ... preferential origin..

(4) 유효기간 : 12개월

(5) 사용언어 : 영어사용 원칙

(6) 사용회수 : 1회 사용원칙(분할가능)

아. FTA 원산지 결정기준 [한-페루 FTA]

1. 원산지결정에 관한 일반적 기준

(1) 완전생산기준

당해 국가에서 채굴·수확한 광산물 및 농수산물이나 이들을 원료로 한 생산물품은 그 나라를 원산지로 인정한다.

(2) 2개국 이상에 걸쳐 생산된 물품의 원산지 결정(실질적변형기준)

품목별 원산지 기준에서 부가가치기준이 적용되는 물품의 역내 부가가치 비율은 다음 어느 하나의 계산식에 따라 계산하며, 그 가격은 관세평가협정에 따라 결정한다.

ㄱ. 공제법 : $\text{역내가치비율} = \dfrac{\text{물품의 본선인도가격}-\text{비원산지 재료의 가격}}{\text{물품의 본선인도가격}} \times 100\%$

ㄱ. 집적법 : $\text{역내가치비율} = \dfrac{\text{원산지 재료의 가격}}{\text{물품의 본선인도가격}} \times 100\%$

ㄷ. "원산지 재료의 가격"이란 본선인도가격을 말하고, "본선인도가격(FOB)"이란 해당 물품을 본선에 인도하는 조건으로 실제로 지급하였거나 지급하여야 할 가격으로서 최종 선적항 또는 선적지까지 운송하는데 소요되는 운송비를 포함한 가격을 말한다.

ㄹ. "비원산지 재료의 가격"은 다음 어느 하나에 해당하는 가격으로 한다.

1) 생산자가 직접 수입한 재료 : 운임보험료 포함가격(CIF 가격)

2) 물품이 생산된 영역에서 생산자에 의하여 획득된 재료 : 거래가격(공급자의 창고로부터 생산자의 소재지로 그 재료를 운송하는데 발생한 화물운송비, 보험료, 포장비 및 그 밖의 비용은 제외한다)

3) 자가생산 재료 또는 물품의 생산자와 재료의 판매자 간 관계가 재료에 대하여 실제 지급되었거나 지급되어야 할 가격에 영향을 미치는 경우에 해당하는 재료 : 일반 경비를 포함하여 재료의 생산에서 발생한 모든 비용의 합계. 이 경우 통상적인 거래과정에 부가되는 이윤에 상당하는 금액을 추가할 수 있다.

(3) 단순한 작업 공정만을 거쳐 생산된 물품에 대한 원산지 결정(불인정 공정)

단순·경미한 공정을 거쳐서 생산된 물품의 경우에는 품목별 원산지규정에 정하는 원산지 요건을 충족시킨 경우에도 원산지를 인정하지 않는다.

① 운송되고 보관되는 동안 물품이 양호한 상태로 보존되도록 보장하기 위한 공정

② 포장상태의 변경, 포장의 해체 또는 조립

③ 세척, 세탁, 먼지·녹·기름·페인트 또는 그 밖의 막의 제거

④ 직물의 다림질 또는 압착(壓着) 작업

⑤ 단순한 페인트칠 및 광택 공정
⑥ 곡물 및 쌀의 탈각(脫殼), 부분 또는 전체의 표백, 연마 및 도정 작업
⑦ 병, 깡통(Cans), 휴대용 병(Flasks), 가방, 케이스 또는 상자에 단순히 물품을 넣는 작업과 카드 또는 판에 붙이는 것, 그리고 그 밖의 모든 단순한 포장작업
⑧ 다른 종류인지에 관계없이 물품의 단순한 혼합
⑨ 완성품을 구성하기 위한 부분품의 단순한 조립 또는 물품을 부분품으로 분해하는 작업
⑩ 동물의 도축
⑪ ①부터 ⑩까지에 규정된 공정의 2 이상의 조합

(4) 원산지인정의 누적기준

① 하나의 체약당사국의 원산지물품 또는 재료는 다른 체약당사국의 물품에 결합된 경우 다른 체약당사국의 원산지물품 또는 재료로 본다.
② 하나의 체약당사국의 한 생산자가 수행한 생산은 양 체약당사국의 하나 이상의 생산자의 생산에 의하여 누적될 수 있다. 이 경우 그 물품에 결합된 재료의 생산은 최종 생산자에 의하여 수행된 것으로 본다.

(5) 직접운송원칙

원산지 인정요건을 모두 충족하였더라도 운송 도중 제3국을 거치지 않고 원산지국에서 수입국으로 직접 운송된 경우에 한하여 특혜관세를 부여하지만, 운송상의 목적으로 제3국에서 환적 또는 일시적 장치한 경우에는 원산지가 그대로 유지된다. 또한 당해 물품이 원산지국으로부터 직접 운송되지 아니하고 비원산국의 보세구역에서 하역, 재선적, 재포장 또는 물품을 양호한 상태로 보존하기 위한 작업 이외의 추가 가공 없이 우리나라로 운송되는 경우, 세관당국의 통제 또는 감독하에 있었음을 수입자가 서면으로 입증한 경우에는 원산지로 인정한다.

2. 품목별기준

원산지 결정기준은 일반적인 결정기준이 있으나, 품목별로 세부기준을 두고 있으므로 각 품목별 HS Code를 확인한 후 각각의 관세 인하 스케줄 및 원산지 결정기준을 찾아야한다.

(예) 승용자동차(2,000cc 이하 : 제8703.23-1010호)
① 관세인하 스케줄 : 즉시철폐
② 원산지기준 : 다른 소호에 해당하는 물품에서 변경된 것 또는 역내 가치 포함 비율이 50% 이상인 것에는 세번변경이 요구되지 않는다.

3. 분야별 특례기준

(1) 원산지 인정의 최소기준

① 원산지 결정기준으로 세번 변경기준이 적용되는 물품(품목번호 제1류부터 제14류까지 및 제50

류부터 제63류까지에 해당하는 물품은 제외한다)으로서 해당 물품의 생산에 사용된 비원산지 재료(그 물품에 적용되는 세번변경이 발생하지 않은 비원산지 재료만 해당한다)의 가격이 그 물품의 본선인도가격의 100분의 10을 초과하지 아니하는 물품. 이 경우 그 물품에 적용되는 다른 원산지 요건도 충족하여야 하며, 그 물품에 대하여 부가가치기준을 적용하는 경우에는 모든 비원산지 재료를 비원산지 재료의 가격 계산 시 포함하여야 한다.

② 품목번호 제50류부터 제63류까지에 해당하는 물품 중 해당 물품의 품목번호를 결정하는 구성요소의 생산에 사용되는 모든 비원산지 재료인 섬유 또는 사(絲)(그 물품에 적용되는 세번변경이 발생하지 않은 비원산지 재료만 해당한다)의 총중량이 그 물품 중량의 100분의 10을 초과하지 않는 물품

(2) 간접재료의 원산지결정

물품에 물리적으로 결합되지 아니하는 재료(간접재료)는 원산지 결정을 위한 고려대상에서 제외한다.

① 연료, 에너지, 촉매 및 용제

② 물품의 시험이나 검사에 사용되는 장비, 기구와 그 밖에 이와 유사한 소모품

③ 장갑, 안경, 신발, 의류, 안전 장비와 그 밖에 이와 유사한 소모품

④ 공구, 금형 및 주형

⑤ 장비 및 건물의 유지에 사용되는 예비부품과 그 재료

⑥ 물품의 생산이나 장비 또는 건물의 운용에 사용되는 윤활제, 윤활유, 조합용 재료와 그 밖에 필요한 재료

⑦ 물품에 결합되지 아니하는 그 밖의 재료(그 재료의 사용이 해당 물품의 생산의 일부라는 것을 합리적으로 증명할 수 있어야 한다)

(3) 대체가능물품 및 재료의 원산지결정

① 물품 또는 재료의 원산지를 결정하기 위하여 대체가능물품 또는 재료는 그 물품 또는 재료의 원산지에 따라 물리적으로 구분 보관되어야 한다. 생산이 이루어지는 체약당사국에서 일반적으로 인정되는 회계원칙에 따른 방법 또는 달리 인정되는 방법(재고품관리법)에 따라 대체가능물품 또는 재료의 원산지를 관리할 수 있다.

② 재고품관리법의 종류 : 개별법, 선입선출법, 후입선출법, 평균법

③ 선택된 재고품관리법 등은 그 방법을 선택한 기업의 회계연도 동안 해당 물품 또는 재료에 대하여 계속 적용되어야 한다.

(4) 부속품 등의 원산지결정

기계, 기구, 장치 또는 차량 등과 함께 수입되는 부속품, 예비부분품 및 공구가 기계 등과 별도로 송품장이 발행되지 아니하고 그 가격 및 수량으로 보아 통상 부속품, 예비부분품 및 공구라고 인정되는 경우에는 다음 어느 하나의 방법에 따라 기계등의 원산지를 결정한다.

① 기계등의 원산지 결정기준으로 세번 변경기준이 적용되는 경우에는 해당 부속품, 예비부분품 및 공구의 원산지를 고려하지 아니한다.
② 기계등의 원산지 결정기준으로 부가가치기준이 적용되는 경우에는 해당 부속품, 예비부분품 및 공구의 원산지 여부를 고려하여 기계등의 역내 부가가치비율을 계산한다.

(5) 소매 판매를 위한 포장용품의 원산지결정

물품의 소매 판매를 위한 포장에 사용되는 포장재료 및 용기(해당 물품과 함께 품목분류되는 경우만 해당한다)가 포함되어 있는 경우에는 다음의 방법에 따라 해당 물품의 원산지를 결정한다.

① 해당 물품이 다음의 하나에 해당하는 경우에는 포장재료 및 용기의 원산지를 고려하지 아니한다.
   가) 완전생산물품의 원산지 결정기준을 충족하는 물품
   나) 원산지 재료로만 생산된 물품
   다) 세번 변경기준이 적용되는 물품
② 해당 물품의 원산지 결정기준으로 부가가치기준이 적용되는 경우에는 포장재료 및 용기의 가격을 해당 물품의 원산지 결정 시 고려하여야 한다.

(6) 운송용 포장용품 및 용기의 원산지결정

제품의 원산지를 결정할 때에 고려하지 않는다.

(7) 중간재

중간재는 최종제품 생산에 투입하기 위하여 원산지 재료와 비원산지 재료를 사용하여 최종제품 생산자가 직접 생산한 재료를 말하는 것이다.

4. 원산지증명 방식

(1) 증명방식 : 협정발효 후 5년 동안은 기관증명이 원칙(다만, 인증수출자 및 미화 2천불 이하 수출에 대해 자율증명 허용 (2019년부터 자율증명)

(2) 발급자 : 수출자 및 생산자

(3) 증명서식 : 통일증명서식 또는 원산지신고서 문안 기재

(4) 유효기간 : 1년

(5) 사용언어 : 영어사용원칙

(6) 사용회수 : 1회 사용원칙

페루와의 협정에 따른 원산지증명서의 서식
CERTIFICATE OF ORIGIN
ORIGINAL

<table>
<tr><td colspan="3">1. Exporter's name and address :</td><td colspan="3" rowspan="3">Certificate No. :

CERTIFICATE OF ORIGIN
Form for Korea-Peru FTA

Issued in ___________
(see Overleaf Instruction)</td></tr>
<tr><td colspan="3">2. Producer's name and address :</td></tr>
<tr><td colspan="3">3. Consignee's name and address :</td></tr>
<tr><td colspan="3">4. Means of transport and route (as far as known) :

Departure Date :
Vessel/Flight/Train/Vehicle No. :
Port of loading :
Port of discharge :</td><td colspan="3">5. Remarks :</td></tr>
<tr><td>6. Item number (Max 20)</td><td>7. Number and kind of packages; description of goods</td><td>8. HScode (Six digit code)</td><td>9. Origin criterion</td><td>10. Gross weight, quantity (Quantity Unit) or other measures (liters, m³, etc.)</td><td>11. Number and date of invoice</td></tr>
<tr><td colspan="3">12 Declaration by the exporter :

The undersigned hereby declares that the above details and statement are correct, that all the goods were produced in

(Country)
and that they comply with the origin requirements specified in the FTA for the goods exported to

(Importing country)

Place and date, signature of authorized signatory

(장소 및 날짜, 권한있는 서명권자의 서명)</td><td colspan="3">13 Certification :

On the basis of control carried out, it is hereby certified that the information herein is correct and that the goods described comply with the origin requirements specified in the Korea-Peru FTA

Place and date, signature and stamp of authorized body

(장소 및 날짜, 수입기관의 서명 및 소인)</td></tr>
</table>

210mm×297mm[보존용지(1종) 70g/㎡)]

작 성 방 법

※ 이 서식은 영문으로 작성합니다.

증명서 번호 : 수입기관이 부여한 원산지증명서의 일련번호를 적습니다.

1. 제1란에는 수출자의 성명, 주소(국가를 포함한다)를 적습니다.
2. 제2란에는 생산자의 성명, 주소(국가를 포함한다)를 적습니다. 두 명 이상의 생산자로부터 만들어진 상품이 증명서에 포함되어 있는 경우에는 모든 생산자의 성명, 주소(국가를 포함한다)를 적습니다. 수출자나 생산자가 생산자의 성명, 주소를 비밀로 유지하기를 원할 경우 "AVAILABLE UPON REQUEST"(요청이 있을 경우 제공 가능)라고 적을 수 있으며, 수출자와 생산자가 동일한 경우 "SAME"(동일)이라고 적습니다.
3. 제3란에는 대한민국 또는 페루에 거주하는 수하인의 성명과 주소(국가를 포함한다)를 적습니다.
4. 제4란에는 운송 수단 및 경로, 출발 날짜, 운송수단의 번호, 선적항 및 하역항을 적습니다.
5. 제5란에는 고객 주문번호, 신용장 번호 등과 같은 추가적인 정보를 적을 수 있습니다. 비당사국 운영인이 송장을 발행하는 경우에는 비당사국 운영인의 성명을 적습니다. 페루와의 협정 제3.7조(최소허용수준)가 적용되는 경우에는 해당 내용을 적을 수 있습니다.
6. 제6란에는 물품의 일련번호를 적으며, 일련번호는 20을 초과할 수 없습니다.
7. 제7란에는 포장의 수량, 종류 및 각 상품의 정식 품명을 적습니다. 품명은 해당 상품을 검사하는 세관 공무원이 식별할 수 있고, 그 상품을 송장 품명 및 HS 품명과 연계할 수 있도록 충분히 자세하게 적습니다. 상품이 포장되지 않은 경우에는 "IN BULK"(포장되지 않음)라고 적습니다. 상품의 품명 끝에는 "***"(별 3개) 또는 " ₩ "(사선)을 더합니다.
8. 제8란에는 제7란에 명시된 각 상품의 HS 품목번호를 6단위까지 적습니다.
9. 제9란에는 수출자(제조자 및 생산자 포함)가 해당 물품에 대한 원산지 결정기준을 아래 표에서 정한 방법으로 적습니다.

원산지 결정기준	기재 문구
가) 페루와의 협정에 따라 완전생산된 물품	WO
나) 페루와의 협정에 따른 원산지 결정기준에 부합하는 재료로만 생산된 물품	WP
다) 별표 10 제3호의 품목별 원산지 결정기준에 명시된 세번변경 요건, 역내 부가가치 비율 요건, 공정 요건이나 그 밖의 요건에 부합하는 비원산지 재료를 사용하여 어느 한 쪽 체약당사국의 영역에서 생산된 물품	PSR(1)
라) 페루와의 협정 제3.15조(영역 원칙)를 적용받는 물품	OP

(1) 해당 물품이 역내 부가가치 비율 요건의 적용을 받는 경우 그 비율과 함께 "BD"(공제법인 경우) 또는 "BU"(집적법인 경우)를 적습니다.

10. 제10란에는 킬로그램으로 표시된 총중량을 적습니다. 관례적인 경우 정확한 수량을 표시하는 그 밖의 단위(예 : 물품의 부피 또는 개수)가 사용될 수 있습니다.
11. 제11란에는 송장의 번호 및 날짜를 적습니다. 상품의 송장을 비당사국 운영인이 발행하여 상업용 송장의 번호 및 날짜를 알 수 없다면 수출 당사국에서 발급된 상업용 송장(원본)의 번호 및 날짜를 적습니다.
12. 제12란에는 수출자가 작성 및 서명하고, 날짜를 적습니다.
13. 제13란에는 권한있는 당국 또는 수입기관의 권한있는 사람이 작성 및 서명하고, 날짜를 적고, 소인을 찍습니다.

페루와의 협정에 따라 수출자가 자율적으로 작성하는 원산지증명서에 기재할 사항 (제9조의7제2호 관련)

<table>
<tr><th>항 목</th><th>기 재 요 령</th></tr>
<tr><td>신고문안</td><td>
다음의 신고문안을 적습니다.
"The exporter of the goods covered by this document (authorization No........1)) declares that, except where otherwise clearly indicated, these goods are of..................2) preferential origin, on the basis of the following origin criteria............3)"
* 한글번역문 : "이 문서(인증번호..........................1))의 적용대상이 되는 상품의 수출자는, 달리 분명하게 명시된 경우를 제외하고, 이 상품들이...........2)의 원산지 상품임을 다음 원산지 기준 ....3)에 근거하여 신고한다."

【세부 기재요령】
1) 인증수출자인 경우 인증번호를 적습니다. 인증수출자가 아닌 경우에는 생략할 수 있습니다.
2) 해당 물품의 원산지국가는 다음과 같이 해당 국가의 국명을 적습니다.
① Korea ② Peru * 한글번역문 : ① 대한민국 ② 페루
3) 수출자가 해당 물품에 대한 원산지 결정기준을 아래 표에서 정한 방법으로 적습니다.
<table>
<tr><th>원산지 결정기준</th><th>기재 문구</th></tr>
<tr><td>가) 페루와의 협정에 따라 완전생산된 물품</td><td>WO</td></tr>
<tr><td>나) 페루와의 협정에 따른 원산지 결정기준에 부합하는 재료로만 생산된 물품</td><td>WP</td></tr>
<tr><td>다) 별표 10 제3호의 품목별 원산지 결정기준에 명시된 세번변경 요건, 역내 부가가치 비율 요건, 공정 요건이나 그 밖의 요건에 부합하는 비원산지 재료를 사용하여 어느 한 쪽 체약당사국의 영역에서 생산된 물품</td><td>PSR(1)</td></tr>
<tr><td>라) 페루와의 협정 제3.15조(영역 원칙)를 적용받는 물품</td><td>OP</td></tr>
</table>
(1) 해당 물품이 역내 부가가치 비율 요건의 적용을 받는 경우 그 비율과 함께 "BD"(공제법인 경우) 또는 "BU"(집적법인 경우)를 적습니다.
</td></tr>
<tr><td>장소 및 날짜
(Place and date)</td><td>원산지증명서를 작성한 장소 및 날짜를 영문으로 적습니다.</td></tr>
<tr><td>수출자의 성명 및 서명
(Signature of the exporter)</td><td>수출자의 성명을 영문으로 정확하게 적고, 서명을 합니다.</td></tr>
<tr><td>비고
(Remarks)</td><td>특별한 사항을 적습니다. 예를 들어, 해당 물품이 페루와의 협정 제3.15조(영역 원칙)의 적용대상이 되는 경우 다음의 문구를 적습니다.
"Article 3.15 has been applied."
* 한글번역문 : 제3.15조가 적용되었음.</td></tr>
</table>

자. FTA 원산지 결정기준 [한-튀르키예 FTA]

튀르키예-EU 관세동맹에 따라 튀르키예는 EU의 FTA 상대국과 FTA 협상 시 EU가 그 국가와 체결한 FTA의 원산지 규정과 맞춰야 할 의무를 부담하기 때문에 튀르키예-EU간 관세동맹 관계를 고려하여 한-EU FTA상의 특혜 원산지 규정을 기본으로 합의하되, 양측의 교역관계를 균형있게 반영할 수 있도록 일부 품목에 대하여 원산지 기준을 완화하거나 예외 쿼터 물량을 설정함.

1. 원산지결정에 관한 일반적 기준

(1) 완전생산기준

당해 국가에서 채굴 · 수확한 광산물 및 농수산물이나 이들을 원료로 한 생산물품은 그 나라를 원산지로 인정한다.

(2) 2개국 이상에 걸쳐 생산된 물품의 원산지 결정(실질적변형기준)

당해 물품이 2개국 이상에 걸쳐 생산. 가공 또는 제조된 경우에는 당해 물품의 본질적인 특성을 부여하기에 충분한 정도의 실질적인 변형이 최종적으로 수행된 나라를 원산지로 인정한다.

① 완전생산품 기준 적용 품목을 제외하고 실질적 변형기준으로 세번 변경기준(HS 2, 4, 6단위 세번변경), 부가가치 기준 또는 주요공정기준을 적용

② 부가가치기준이 적용 될 때에는 공장도 가격을 기준으로 하여 역외산 부품의 사용 비율의 상한선을 규정

③ 주요공정기준은 특정한 공정을 거쳐 생산된 경우에 원산지로 인정하는 기준

(3) 단순한 작업 공정만을 거쳐 생산된 물품에 대한 원산지 결정(불인정 공정)

단순, 경미한 공정을 거쳐서 생산된 물품의 경우에는 품목별 원산지규정에 정하는 원산지 요건을 충족시킨 경우에도 원산지를 인정하지 않는다.

① 운송되고 보관되는 동안 제품이 양호한 상태로 유지되도록 보장하는 보존 공정

② 포장상태의 변경, 포장의 해체 및 조립

③ 세탁, 세척, 그리고 먼지, 녹, 기름, 페인트, 또는 그 밖의 막의 제거

④ 방직용 섬유의 다림질 또는 압착

⑤ 단순한 페인팅 및 광택 공정

⑥ 곡물 및 쌀의 탈각, 부분 또는 전체 표백, 연마 및 도정

⑦ 당류 착색이나 착향 또는 각설탕 공정, 결정당의 부분 또는 전체 제분

⑧ 과일, 견과류 및 채소에 대한 탈피, 씨 제거 및 탈각

⑨ 연마, 단순 분쇄 또는 단순 절단

⑩ 감별, 체질, 선별, 분류, 등급화 또는 매칭(물품 세트의 구성을 포함한다.)

⑪ 병, 캔, 플라스크, 가방, 케이스 또는 상자에 단순히 넣기, 카드 또는 판에 붙이는 것, 그리고 그 밖의 모든 단순 포장 공정
⑫ 마크, 라벨, 로고 및 그 밖의 유사한 구별 표시를 제품 또는 제품의 포장에 부착하거나 인쇄하는 것
⑬ 다른 종류인지 여부에 관계없이 제품의 단순한 혼합, 모든 재료와 당류의 혼합
⑭ 완전한 물품을 구성하는 부품의 단순한 조립 또는 제품의 부품으로의 분해
⑮ 시험 또는 측정
⑯ ①호부터 ⑮호까지에 명시된 2 이상의 공정의 조합
⑰ 동물의 도살

(4) 원산지인정의 누적기준

다른 쪽 당사국을 원산지로 하는 재료를 결합하여 당사국 내에서 제품이 획득된 경우, 그러한 제품은 그 당사국을 원산지로 간주한다. 다만, 수행된 작업 또는 가공이 불인정 공정을 넘어서는 경우에 한정한다. (상대국의 원부자재를 사용한 경우 이를 역내산으로 인정)

(5) 직접운송원칙

특혜대우는 협약에 의하여 원산지 물품으로의 요건을 충족하면서 수출 당사국과 수입 당사국 간에 직접적으로 운송되는 물품에만 적용된다. 그러나 탁송화물을 구성하는 제품은 다른 영역에서 환적 또는 일시적으로 보관 될 수 있으나 다음을 충족해야 한다.
① 통과, 창고보관 국가에서 자유로운 유통을 위해 반출되지 않아야 한다.
② 하역, 재선적 또는 보존을 위한 공정 이상을 거치지 않아야 한다.
③ 조건 충족의 증거를 서면으로 제출해야 한다.

(6) 역외가공 물품에 대한 원산지 결정

일반적으로 해당 물품 생산공정이 일부라도 역외에서 이루어지면 원산지물품으로 인정하지 않으나 역내산 물품을 수출하여 역외에서 가공한 후 다시 역내로 수입하더라도 다음의 조건하에 역내산으로 간주하는 역외가공특례를 인정하는 것이다. 다만 양 당사국이 원산지 상품으로 합의한 경우에는 지정 지역 내에서 작업한 경우에 한하여 역내산으로 간주한다.
① 재반입되는 물품이 수출된 상품과 동일할 것
② 재반입되는 물품이 양호한 상태로 보존을 위해 필요한 것 이상의 공정을 거치지 아니할 것

2. 품목별기준

원산지 결정기준은 일반적인 결정기준이 있으나, 품목별로 세부기준을 두고 있으므로 각 품목별 HS Code를 확인한 후 각각의 관세 인하 스케줄 및 원산지 결정기준을 찾아야 한다.(예) 진공청소기 : 제8508.11호

① 관세인하 스케줄 : 즉시 인하
② 원산지기준 : 다른 소호에 해당하는 재료로부터 생산된 것 또는 집적법으로 35% 이상 또는 공제법으로 45% 이상의 역내부가가치가 발생한 것

3. 분야별 특례 기준

(1) 원산지 인정의 최소기준

비원산지 재료 가격이 당해 물품의 전체가격에서 차지하는 부분이 미미한 경우에는 품목별 원산지 기준에서 규정하고 있는 세번 변경기준 요건을 충족하지 못할 경우에도 예외적으로 원산지를 인정하는 기준으로 다음의 조건을 충족해야 한다. 다만 HS 제50류부터 제63류까지 해당 물품은 적용하지 않는다.

① 세번이 변경되지 않은 비원산지 재료의 총 가치가 그 제품의 공장도 가격의 10%를 초과하지 않아야 한다.(HS 50~63류 제외)
② HS 50~63류에 해당하는 물품은 품목마다 다른 미소기준으로 8~35%, 중량 및 공장도 가격기준 등 별도의 기준을 두고 있다.

(2) 간접재료(중립재)의 원산지 결정

간접재료는 상품의 생산, 시험 또는 검사에 사용되지만 그 상품에 물리적으로 포함되지 않는 물품으로 원산지 결정을 위한 고려대상에서 제외된다. (예 : 에너지, 연료, 설비 및 장비 등)

(3) 대체가능물품의 원산지 결정

원산지가 다르더라도 상품의 본질적 특성이 동일하며, 상업적으로 대체 사용이 가능한 물품은 품목별 기준을 적용하지 않고, 재고관리기법을 이용하여 원산지 결정이 가능하다.

① 당해 회계연도 중에는 동일한 재고관리기법 적용 의무
② 종류 : 개별법, 선입선출법, 후입선출법, 평균법

(4) 부속품, 예비부품 및 공구의 원산지 결정

일반 장비의 일부로서 그 가격에 포함되거나 송품장이 별도로 발부되지 아니하고 제품과 함께 인도된 부속품, 예비부품 및 공구는 해당 제품과 일체로 간주된다.

(5) 소매 판매를 위한 포장재료와 용기의 원산지결정

상품의 소매 판매를 위한 포장에 필요한 포장재와 용기가 그 상품과 함께 분류된다면 그 포장재는 원산지를 결정함에 있어 그 상품이 원산지 제품인 경우 포장재와 용기도 원산지 제품으로 간주한다.

(6) 세트물품

세트물품은 서로 다른 성질의 물품을 특정 목적을 위해 하나로 조합한 것을 말한다. 세트의 경우 모든 구성 물품이 모두 원산지 요건에 충족하는 경우 원산지 제품으로 간주되고 세트가 원산지 물품과 비원산지 물품으로 구성된 경우에는 비원산지 물품이 15% 이하인 경우에 원산지로 간주된다.

※ 주요 공산품의 원산지 규정

품 목	원산지 기준
자 동 차	• 자동차 : 역외산 부품비율 45% 이하 • 자동차 부품 : 역외산 부품비율 50% 이하 또는 세번 변경기준(CTH) • 모터사이클, 트레일러 등 기타자동차의 경우 세번 변경기준 또는 역외산 허용치 50%에 합의 철도차량은 세번 변경기준, 자전거는 역외산 허용치 45%를 적용
기계, 전기 전자	• 세번 변경기준(CTH)과 역외산 부품사용비율 45~50%중 선택
의류	• 직물기준 ※ 직물기준 (Fabric Forward) : 한.미 FTA 원사기준(Yarn-Forward)보다 완화된 기준으로 2단계의 공정을 거치면 된다는 의미에서 이중변형기준이라고도 함.
화학제품	• 대부분의 품목에 대해 세번 변경기준(CTH) 적용
비철금속	• 구리와 알루미늄의 일부품목을 제외하고 세번 변경기준 (CTH) 적용
신발	• 역외산 갑피(upper)와 안창사용(inner sole)이 인정되나, 갑피가 안창에 부착된 채로 수입된 것은 허용하지 않음. • 다만, 선택적으로 부가가치 기준 50% 이하 기준 적용가능

4. 원산지 증명 방식

한-튀르키예 FTA의 경우 한-EU FTA와는 달리 원산지 증명에 있어서 인증수출자 여부를 확인하지 않는다. 따라서 송품장에 기재되는 원산지 신고 문안에 인증수출자 번호를 기재하지 않는다.

(1) 증명방식 : 자율증명

(2) 발급자(기관) : 수출자

(3) 증명서식 : 송품장 신고방식, 아래내용이 기재된 송품장

한국어 본
"이 서류의 적용대상이 되는 제품의 수출자는, 달리 명확하게 표시되는 경우를 제외하고, 이 제품은 ...의 특혜원산지 제품임을 신고한다."

영어 본
The exporter of the products by this document declares that, expect where otherwise clearly indicated, these products are of ... preferential origin.

(4) 유효기간 : 12개월

(5) 사용언어 : 영어사용 원칙

(6) 사용회수 : 1회 사용원칙(분할가능)

차. FTA 원산지 결정기준 [한-콜롬비아 FTA]

1. 원산지결정에 관한 일반적 기준

(1) 완전생산기준

당해 국가에서 채굴·수확한 광산물 및 농수산물이나 이들을 원료로 한 생산물품은 그 나라를 원산지로 인정한다.

(2) 2개국 이상에 걸쳐 생산된 물품의 원산지 결정(실질적변형기준)

당해 물품이 2개국 이상에 걸쳐 생산, 가공 또는 제조된 경우에는 당해 물품의 본질적인 특성을 부여하기에 충분한 정도의 실질적인 변형이 최종적으로 수행된 나라를 원산지로 인정한다.

① 완전생산품 기준 적용 품목을 제외하고 실질변형기준으로 세번변경기준(HS 2, 4, 6단위 세번변경), 부가가치기준(역내가치포함비율)을 적용

② 부가가치기준은 생산자가 공제법과 집적법을 선택적으로 사용할 수 있도록 한다.

③ 자동차 및 자동차 부품의 경우에는 공제법 및 집적법과 순원가법을 선택적으로 사용할 수 있다.

부가가치기준을 적용받는 물품의 역내 부가가치의 비율은 다음 산식에 따라 계산한다.

ㄱ. 집 적 법 : $\text{역내가치포함비율} = \dfrac{\text{원산지 재료의 가격}}{\text{물품의 조정가격}} \times 100\%$

ㄴ. 공 제 법 : $\text{역내가치포함비율} = \dfrac{\text{물품의 조정가격} - \text{비원산지 재료의 가격}}{\text{물품의 조정가격}} \times 100\%$

ㄷ. 순원가법 : $\text{역내가치포함비율} = \dfrac{\text{물품의 순원가} - \text{비원산지 재료의 가격}}{\text{물품의 순원가}} \times 100\%$

(3) 단순한 작업 공정만을 거쳐 생산된 물품에 대한 원산지 결정(불인정 공정)

단순, 경미한 공정을 거쳐서 생산된 물품의 경우에는 품목별 원산지규정에 정하는 원산지 요건을 충족시킨 경우에도 원산지를 인정하지 않는다.

① 운송되고 보관되는 동안 제품이 양호한 상태로 유지되도록 보장하는 보존 공정

② 포장상태의 변경, 포장의 해체 및 조립

③ 세탁, 세척, 그리고 먼지, 녹, 기름, 페인트, 또는 그 밖의 막의 제거

④ 섬유의 다림질 또는 압착

⑤ 단순한 페인팅 및 광택 공정

⑥ 곡물 및 쌀의 탈각, 부분 또는 전체 표백, 연마 및 도정

⑦ 병·캔·플라스크·가방·케이스·상자에 단순히 넣기, 카드 또는 판에 붙이기, 그리고 그 밖의 모든 단순한 포장 공정

⑧ 상품 또는 그 포장에 마크, 라벨, 로고 및 이와 유사한 그 밖의 구별표시의 부착
⑨ 다른 종류인지 여부와 관계없이 제품의 단순한 혼합, 모든 재료와 설탕의 혼합, 당류 착색이나 착향 또는 각설탕 공정, 결정당의 부분 또는 전체 제분
⑩ 완전한 상품을 구성하는 부품의 단순한 조립 또는 상품의 부품으로의 분해
⑪ 동물의 도살
⑫ 과일, 견과류 및 채소에 대한 탈피, 씨 제거 및 탈각
⑬ 연마, 단순 분쇄 또는 단순 절단, 또는
⑭ 감별 · 체질 · 선별 · 분류 · 등급화 또는 매칭(물품 세트의 구성을 포함한다)

(4) 원산지인정의 누적기준

① 하나의 체약당사국의 원산지물품 또는 재료는 다른 체약당사국의 물품에 결합된 경우 다른 체약당사국의 원산지물품 또는 재료로 본다.
② 하나의 체약당사국의 한 생산자가 수행한 생산은 양 체약당사국의 하나 이상의 생산자의 생산에 의하여 누적될 수 있다.

(5) 직접운송원칙

특혜대우는 협약에 의하여 원산지 물품으로의 요건을 충족하면서 수출 당사국과 수입 당사국 간에 직접적으로 운송되는 물품에만 적용된다. 그러나 다른 비당사국의 영역에서 환적 또는 일시적으로 보관되는 경우 다음의 조건을 충족하면 원산지 상품으로 간주된다.

① 상품이 하역, 운송을 이유로한 분리, 재선적 또는 상품을 양호한 상태로 보존하기 위하여 필요한 그 밖의 모든 공정 이외에, 비 당사국의 영역에서 어떠한 추가생산이나 그 밖의 공정도 거치지 아니할 것
② 상품이 한쪽 또는 양 당사국의 영역 밖에서 세관 통제 하에 머물러 있어야 할 것
③ 상품이 비 당사국의 영역에서 거래 또는 소비되지 아니할 것

(6) 역외가공 물품에 대한 원산지 결정

일반적으로 해당 물품 생산 공정이 일부라도 역외에서 이루어지면 원산지물품으로 인정하지 않으나 역내산 물품을 수출하여 역외에서 가공한 후 다시 역내로 수입하더라도 다음의 조건하에 역내산으로 간주하는 역외가공특례를 인정하는 것이다. 다만 양 당사국이 원산지 상품으로 합의한 경우에는 지정 지역 내에서 작업한 경우에 한하여 역내산으로 간주한다.

① 재반입되는 물품이 수출된 상품과 동일할 것
② 재반입되는 물품이 양호한 상태로 보존을 위해 필요한 것 이상의 공정을 거치지 아니할 것

2. 품목별기준

원산지 결정기준은 일반적인 결정기준이 있으나, 품목별로 세부기준을 두고 있으므로 각 품목별 HS Code를 확인한 후 각각의 관세 인하 스케줄 및 원산지 결정기준을 찾아야 한다.

(예) 진공청소기 : 제8508.11호

① 관세인하 스케줄 : 즉시 인하

② 원산지기준 : 다른 호에 해당하는 물품에서 변경된 것 또는 집적법 30% 이상 또는 공제법 40% 이상의 역내부가가치가 발생할 것.

3. 분야별 특례 기준

(1) 원산지 인정의 최소허용기준

원산지 결정기준으로 세번 변경기준이 적용되는 물품으로서 해당 물품의 생산에 사용된 비원산지 재료(그 물품에 적용되는 세번변경이 발생하지 않은 비원산지 재료만 해당한다)의 가치가 그 상품의 조정가치의 100분의 10을 초과하지 아니하는 물품은 원산지 상품으로 간주된다. 이 경우 그 물품에 적용되는 다른 원산지 요건도 충족하여야 하며, 그 물품에 대하여 부가가치기준을 적용하는 경우에는 모든 비원산지 재료를 비원산지 재료의 가격 계산 시 포함하여야 한다. 다만 아래의 물품은 각각의 규정에 따른다.

① HS 제1류 ~ 제24류

비원산지 재료가 최소허용기준에 따라 원산지가 결정되고 있는 상품의 소호와 다른 소호에 분류되어 있지 아니하는 한, HS 제1류부터 제24류까지에 분류된 상품의 비원산지 재료에는 최소 허용기준이 적용되지 아니한다.

② HS 제1501호 ~ 제1508호, 제1511호 ~ 제1511호

상기 ①항에도 불구하고 HS 제1501호부터 제1508호까지 또는 제1511호부터 제1515호까지에 분류된 상품의 생산에 사용되고 HS 제15류에 분류된 비원산지 재료에는 최소허용기준이 적용되지 아니한다.

③ HS 제50류 ~ 제63류

HS 제50류부터 제63류까지에 해당하는 물품 중 해당 물품의 품목번호를 결정하는 구성요소의 생산에 사용되는 모든 비원산지 재료인 섬유 또는 사(絲)(그 물품에 적용되는 세번변경이 발생하지 않은 비원산지 재료만 해당한다)의 총중량이 그 물품 중량의 100분의 10을 초과하지 않는 물품은 원산지 상품으로 간주한다.

(2) 간접재료의 원산지 결정

간접재료는 상품의 생산, 시험 또는 검사에 사용되지만 그 상품에 물리적으로 포함되지 않는 물품으로 원산지 결정을 위한 고려대상에서 제외된다. (예 : 에너지, 연료, 설비 및 장비 등)

(3) 대체가능물품의 원산지 결정

① 물품 또는 재료의 원산지를 결정하기 위하여 대체가능물품 또는 재료는 그 물품 또는 재료의 원산지에 따라 물리적으로 구분 보관되어야 한다. 생산이 이루어지는 체약당사국에서 일반적으로 인정되는 회계원칙에 따른 방법 또는 달리 인정되는 방법에 따라 대체가능물품 또는 재료의 원산지를 관리할 수 있다.

② 재고품관리법의 종류 : 선입선출법, 후입선출법, 평균법

③ 선택된 재고품관리법 등은 그 방법을 선택한 기업의 회계연도 동안 해당 물품 또는 재료에 대하여 계속 적용되어야 한다.

(4) 부속품, 예비부품 및 공구의 원산지 결정

기계, 기구, 장치 또는 차량 등과 함께 수입되는 부속품, 예비부품 및 공구가 기계 등과 별도로 송품장이 발행되지 아니하고 그 가격 및 수량으로 보아 통상 부속품, 예비부품 및 공구라고 인정되는 경우에는 다음 어느 하나의 방법에 따라 기계 등의 원산지를 결정한다.

① 기계 등의 원산지 결정기준으로 세번 변경기준이 적용되는 경우에는 해당 부속품, 예비부품 및 공구의 원산지를 고려하지 아니한다.

② 기계 등의 원산지 결정기준으로 부가가치기준이 적용되는 경우에는 해당 부속품, 예비부품 및 공구의 원산지 여부를 고려하여 기계 등의 역내 부가가치비율을 계산한다.

(5) 소매 판매를 위한 포장재료와 용기의 원산지결정

물품의 소매 판매를 위한 포장에 사용되는 포장재료 및 용기(해당 물품과 함께 품목분류되는 경우만 해당한다)가 포함되어 있는 경우에는 다음의 방법에 따라 해당 물품의 원산지를 결정한다.

① 해당 물품이 다음의 하나에 해당하는 경우에는 포장재료 및 용기의 원산지를 고려하지 아니한다.

가) 완전생산물품의 원산지 결정기준을 충족하는 물품

나) 원산지 재료로만 생산된 물품

다) 세번 변경기준이 적용되는 물품

② 해당 물품의 원산지 결정기준으로 부가가치기준이 적용되는 경우에는 포장재료 및 용기의 가격을 해당 물품의 원산지 결정 시 고려하여야 한다.

(6) 세트물품

관세법 별표의 관세율표의 해석에 관한 통칙 제3호에서 규정한 세트물품이 원산지물품과 비원산지물품으로 구성된 경우로서 비원산지물품의 가격이 그 세트물품의 조정가격의 100분의 15

를 초과하지 아니하는 때에는 그 세트물품 전체를 원산지물품으로 본다.

(7) 중간재

① 원산지 상품(중간재)이 다른 상품의 생산에 사용되는 경우, 그 이후 다른 상품의 원산지를 결정할 때에는 중간재에 포함된 비원산지 재료는 고려하지 않는다.
② 비원산지 상품(중간재)이 다른 상품의 생산에 사용되는 경우, 그 이후 다른 상품의 원산지를 결정할 때에는 중간재에 포함된 비원산지 재료만 고려한다.

4. 원산지 증명 방식

(1) 증명방식 : 자율증명

(2) 발급자(기관) : 수출자 또는 생산자

(3) 증명서식 : 협정문 부속서 3-C에 규정된 서식

(4) 유효기간 :12개월

(5) 사용언어 : 영어사용 원칙

(6) 사용회수 : 1년의 범위 내에서 포괄발급 가능

ANNEX 3-C
CERTIFICATE OF ORIGIN
KOREA-COLOMBIA FREE TRADE AGREEMENT

<table>
<tr><td colspan="1">1. Exporter Name and Address :
Telephone : Fax :
E-Mail :</td><td colspan="5">2. Blanket Period :
YYYY MM DD YYYY MM DD
From : ___/___/___ To : ___/___/___</td></tr>
<tr><td>3. Producer's Name and Address :
Telephone(optional) :
E-Mail(optional) :</td><td colspan="5">4. Importer's Name and Address :
Telephone : Fax :
E-Mail :</td></tr>
<tr><td>5. Description of Good(s)</td><td>6. HS Tariff Classification</td><td>7. Origin Criterion</td><td>8. Producer</td><td>9. Value Test</td><td>10. Country of Origin</td></tr>
<tr><td></td><td></td><td></td><td></td><td></td><td></td></tr>
<tr><td>11. Remarks :</td><td></td><td></td><td></td><td></td><td></td></tr>
<tr><td colspan="6">I certify that :
- The information in this document is true and accurate and I assume the responsibility for proving such representations.
I understand that I am liable for any false statements or material omissions made on or in connection with this document.

- I agree to maintain, and present upon request, documentation necessary to support this Certificate, and to inform, in writing, all persons to whom the Certificate was given of any changes that would affect the accuracy or validity of this Certificate.

- The goods originate in the territory of one or both Parties and comply with the origin requirements specified for those goods in the Korea -United State of America Free Trade Agreement.

This Certificate consists of ________pages, including all attachments.</td></tr>
<tr><td>12. Authorized signature :</td><td colspan="5">Company :</td></tr>
<tr><td>Name :</td><td colspan="5">Title :</td></tr>
<tr><td>YYYY MM DD
___/___/___/___</td><td colspan="5">Telephone : Fax :</td></tr>
</table>

원산지 증명서 작성을 위한 설명

특혜관세대우 획득의 목적상, 이 서류는 수출자가 명료하고 충분하게 작성해야 하고 신고서 작성 시 수입자가 소유하고 있어야 한다. 이 서류는 수출자의 사용을 위해 생산자가 자발적으로 작성할 수 있다. 인쇄체로 쓰거나 타자로 친다. 추가 기재가 필요할 경우 별지를 사용한다.

제1란 : 수출자의 법적 이름과 주소(국가 및 도시를 포함한다), 전화번호, 팩스번호, 이메일 주소 및 선택적으로 사업자등록번호와 같은 신분증명번호를 기재한다.

제2란 : 이 증명서가 12개월(포괄증명기간)까지의 특정 기간동안 대한민국 또는 콜롬비아로 수입되는 제5란에 기술된 바와 같은 동일 상품의 복수선적을 다룰 경우, 이 란을 작성한다. "부터(From)"는 증명서가 포괄 증명서의 적용을 받는 상품에 적용가능하게 된 날이다(이 날은 이 증명서가 서명된 날보다 빠를 수 있다). "까지(To)"는 포괄증명기간이 만료되는 날이다. 이 증명서를 근거로 특혜관세대우를 신청한 상품의 수입은 이 날짜 사이에 발생해야 한다.

제3란 : 생산자가 한 명인 경우에는, 그 생산자의 법적 이름, 주소(국가 및 도시를 포함한다), 전화번호, 팩스번호, 이메일 주소 및 선택적으로 사업자등록번호와 같은 신분증명번호를 기재한다. 한 명 이상의 생산자가 증명서에 포함되는 경우에는, "다수"로 기재하고, 제5란에 명기된 상품(들)과 상호 참조된 모든 생산자의 법적 이름, 주소(국가 및 도시를 포함한다), 전화번호, 팩스번호, 이메일 주소 및 선택적으로 사업자등록번호와 같은 신분증명번호를 포함하여 모든 생산자의 목록을 첨부한다. 수출자가 이 정보를 비밀로 간주하는 경우, "요청이 있을 경우 세관에 제공 가능"이라고 기재한다.

제4란 : 제1란에 규정된 수입자의 법적 이름, 주소(국가 및 도시를 포함한다), 전화번호, 팩스번호 및 이메일 주소를 기재한다.

제5란 : 각 상품의 물품명세를 제공한다. 물품명세는 그 상품에 대한 송품장의 물품명세와 통일 상품명 및 부호체계(HS)의 물품명세를 연계할 수 있도록 충분한 세부사항을 포함해야 한다. 증명서가 한 상품의 단일 선적만을 적용하는 경우, 각 상품의 수량과 측정 단위 및 송장 번호, 배송주문번호, 구매주문번호, 또는 상품을 식별하는데 사용할 수 있는 그 밖의 번호와 같은 고유의 참조 번호를 기재한다.

제6란 : 제5란에 기재된 각 상품에 대해, HS 품목번호를 6단위까지 기재한다.

제7란 : 제5란의 기재된 각 상품에 대해, 아래 기준(A부터 D까지)중 어떤 기준이 적용되는지를 기재한다. 원산지 규정은 제3장(원산지 규정) 및 부속서 3가(품목별 원산지 규정)에 포함되어 있다.

특혜 기준

A 해당 상품이 제3.1조가호에 언급된 바와 같이 어느 한 쪽 또는 양 당사국의 영역에서 "완전 생산된" 경우

B 해당 상품이 제3.1조나호에 언급된 바와 같이 전적으로 어느 한 쪽 또는 양 당사국의 영역에서 생산되고, 부속서 3가(품목별 원산지 규정)에 규정된 세부 원산지 규정을 충족하는 경우

C 해당 상품이 제3.1조다호에 언급된 바와 같이 전적으로 어느 한 쪽 또는 양 당사국의 영역에서 원산지 재료로만 생산된 경우

D 해당 상품이 제3.16조(영역 원칙의 예외)의 적용을 받는 경우

제8란 : 제5란에 명시된 각 상품에 대해, 본인이 상품의 생산자인 경우 "예"를 기재한다. 본인이 상품의 생산자가 아닌 경우, "아니오"를 기재하고 이 증명서가 다음 중 어느 것에 근거하는지에 따라 (1), (2) 또는 (3)을 기재한다.

(1) 상품이 원산지 상품의 자격을 갖추었다는 본인의 인지

(2) 상품이 원산지 상품의 자격을 갖추었다는 생산자의 서면 진술(원산지 증명서 이외)에 대한 본인의 신뢰

(3) 생산자가 수출자에게 자발적으로 제공한, 그 상품을 위해 작성하고 서명한 원산지 증명서

제9란 : 제5란에 명시된 각 상품에 대해, 해당 상품이 역내 부가가치기준(RVC)의 적용을 받는 경우, 역내 부가가치기준이 공제법에 따라 계산된 경우에는 "BD"를, 집적법에 따라 계산된 경우에는 "BU"를 명기한다(참조 : 제3.3조).

제10란 : 원산지 국가의 이름을 기재한다(콜롬비아로 수출되는 모든 원산지 상품에 대하여는 "KR", 대한민국으로 수출되는 모든 원산지 상품에 대하여는 "CO"를 기재한다).

제11란 : 이 란은 제5란에 기재된 상품 또는 상품들이 품목분류 또는 원산지에 대한 사전심사를 받은 경우 같이, 단 이에 한정하지 아니하는 이 증명서에 관하여 다른 주시가 있는 경우에 사용될 수 있다. 발급 당국, 사업자등록번호와 같은 신분증명번호 및 발급일을 기재한다.

제12란 : 이 란은 수출자가 작성 및 서명하고, 날짜를 기재해야 한다. 수출자의 사용을 위해 생산자가 증명서를 작성할 때는 생산자가 작성 및 서명하고, 날짜를 기재해야 한다. 날짜는 이 증명서가 작성되고 서명된 날짜이어야 한다.

카. FTA 원산지 결정기준 [한-호주 FTA]

1. 원산지결정에 관한 일반적 기준

(1) 완전생산기준

당해 국가에서 채굴 · 수확한 광산물 및 농수산물이나 이들을 원료로 한 생산물품은 그 나라를 원산지로 인정한다.

(2) 2개국 이상에 걸쳐 생산된 물품의 원산지 결정(실질적 변형기준)

당해 물품이 2개국 이상에 걸쳐 생산, 가공 또는 제조된 경우에는 당해 물품의 본질적인 특성을 부여하기에 충분한 정도의 실질적인 변형이 최종적으로 수행된 나라를 원산지로 인정한다.

① 완전생산품 기준 적용 품목을 제외하고 실질변형기준으로 세번변경기준(HS 2, 4, 6단위 세번변경), 부가가치기준(역내가치포함비율)을 적용

② 부가가치기준은 생산자가 공제법과 집적법을 선택적으로 사용할 수 있도록 한다.

부가가치기준을 적용받는 물품의 역내 부가가치의 비율은 다음 산식에 따라 계산한다.

ㄱ. 집 적 법 : $\text{역내가치포함비율(RVC)} = \frac{\text{원산지 재료가치(VOM)}}{\text{조정가치(AV)}} \times 100\%$

ㄴ. 공 제 법 : $\text{역내가치포함비율} = \frac{\text{조정가치} - \text{비원산지 재료가치(VNM)}}{\text{조정가치(AV)}} \times 100\%$

조정가치(AV)는 상품의 조정가치이며, 아래와 같다.

1) 해외 최종 선적 항구 또는 장소까지 드는 운송 및 보험 비용을 포함하여 관세평가협정에 따라 결정된, 상품의 본선인도가격의 가치
2) 상품의 본선인도가격 가치가 없거나 알지 못하고 확인할 수 없는 경우, 필요한 변경을 가하여 관세평가협정에 따라 결정된 가치

- 비원산지 재료가치(VNM)는 상품의 생산에 사용된 (원산지가 결정되지 아니한 재료를 포함한) 비원산지 재료의 가치이다.
- 원산지 재료가치(VOM)는 상품의 생산에 사용된 원산지 재료의 가치이다.

(3) 단순한 작업 공정만을 거쳐 생산된 물품에 대한 원산지 결정(불인정 공정)

단순, 경미한 공정을 거쳐서 생산된 물품의 경우에는 품목별 원산지규정에 정하는 원산지 요건을 충족시킨 경우에도 원산지를 인정하지 않는다.

① 운송되고 보관되는 동안 제품이 양호한 상태로 유지되도록 보장하는 보존 공정
② 포장상태의 변경, 포장의 해체 및 조립
③ 세탁, 세척, 그리고 먼지, 녹, 기름, 페인트, 또는 그 밖의 막의 제거
④ 연마, 단순 분쇄 또는 파쇄 또는 단순절단
⑤ 단병 · 캔 · 플라스크 · 가방 · 케이스 · 상자에 단순히 넣기, 카드 또는 판에 붙이기, 그리고 그 밖의 모든 단순한 포장 공정
⑥ 마크, 라벨, 로고 및 그 밖의 유사한 구별 표시를 제품 또는 제품이 포장에 부착하거나 인쇄하는 것
⑦ 분해, 또는
⑧ 어떠한 물리적 변화도 없는 상품의 단순한 재분류

(4) 원산지인정의 누적기준

① 하나의 체약당사국의 원산지물품이나 재료는 다른 체약당사국의 물품에 결합된 경우 다른 체약당사국의 원산지물품 또는 재료로 본다.
② 하나의 체약당사국의 한 생산자가 수행한 생산은 양 체약당사국의 하나 이상의 생산자의 생산에 의하여 누적될 수 있다.

(5) 직접운송원칙

원산지 상품은 비당사국 영역을 통과하지 아니하고 수입 당사국으로 직접 운송되어야 한다.

비당사국 영역을 통하여 운송되는 원산지 상품은 다음의 경우에는 원산지 지위를 유지하지 아니한다.

① 그 상품이 하역, 재선적, 보관, 재포장, 재라벨링, 운송상의 이유로 인한 화물 분리 또는 상품을 양호한 상태로 보존하거나 당사국 영역으로 운송하기 위하여 필요한 그 밖의 공정 이외에, 양 당사국의 영역 밖에서 어떠한 그 이후의 생산이나 그 밖의 공정을 거치는 경우, 또는
② 그 상품이 비당사국의 영역에서 세관당국의 통제하에 머물러 있지 아니하는 경우

2. 품목별기준

원산지 결정기준은 일반적인 결정기준이 있으나, 품목별로 세부기준을 두고 있으므로 각 품목별 HS Code를 확인한 후 각각의 관세 인하 스케줄 및 원산지 결정기준을 찾아야 한다.

(예) 진공청소기 : 제8508.11호

① 관세인하 스케줄 : 즉시 인하
② 원산지기준 : 6단위 세번 변경기준(소호 제8508.19호는 제외한다) 또는 체약당사국내에서 발생한 역내부가가치가 40% 이상일 것

3. 분야별 특례 기준

(1) 원산지 인정의 최소허용기준

① [품목별 원산지 기준]에 따른 세번변경요건을 충족하지 아니하는 상품이라 할지라도, 그 상품의 생산에 사용되었으며 적용가능한 세번변경이 이루어지지 아니하는 모든 비원산지 재료의 가치가 그 상품의 조정가치의 10%를 초과하지 아니하는 경우에는 원산지 상품이다. 다만, 그러한 비원산지 재료의 가치는 적용가능한 역내가치포함비율 요건을 위하여는 비원산지 재료의 가치에 포함되고 그 상품이 이 장의 그 밖의 모든 적용가능한 요건을 충족한다.

② 비원산지 재료가 이 조의 원산지로 결정되는 상품과 다른 소호로 규정되지 아니하는 한, 제1항은 통일 상품명 및 부호체계의 제1류부터 제14류까지로 분류된 상품에는 적용되지 아니한다.

③ ①과 ②은 통일 상품명 및 부호체계의 제0301호부터 제0303호까지, 제0305호부터 제0308호까지, 제0701호부터 제0710.10호까지, 제0713호부터 제0714호까지, 제0801호부터 제0810호까지, 그리고 제0813.10호부터 제0813.40호까지로 분류된 상품에는 적용되지 아니한다.

④ 당사국의 영역에서 생산되고 통일 상품명 및 부호체계 제50류부터 제63류까지에 분류된 상품은, 그 상품의 세번분류를 결정하는 구성요소의 생산에 사용되고, 적용가능한 세번변경이 이루어지지 아니하는 모든 비원산지 섬유 또는 원사의 총중량이 그 상품 중량의 10%를 초과하지 아니하는 경우, 원산지 상품으로 간주된다.

(2) 간접재료의 원산지 결정

간접재료는 상품의 생산, 시험 또는 검사에 사용되지만 그 상품에 물리적으로 포함되지 않는 물품으로 원산지 재료로 취급된다. (예 : 에너지, 연료, 설비 및 장비 등)

(3) 대체가능물품의 원산지 결정

① 물품 또는 재료의 원산지를 결정하기 위하여 대체가능물품 또는 재료는 그 물품 또는 재료의 원산지에 따라 물리적으로 구분 보관되어야 한다. 생산이 이루어지는 체약당사국에서 일반적으로 인정되는 회계원칙에 따른 방법 또는 달리 인정되는 방법에 따라 대체가능물품 또는 재료의 원산지를 관리할 수 있다.

② 재고품관리법의 종류 : 선입선출법, 후입선출법, 평균법

③ 선택된 재고품관리법 등은 그 방법을 선택한 기업의 회계연도 동안 해당 물품 또는 재료에 대하여 계속 적용되어야 한다.

(4) 부속품, 예비부품 및 공구의 원산지 결정

기계, 기구, 장치 또는 차량 등과 함께 수입되는 부속품, 예비부품 및 공구가 기계 등과 별도로 송품장이 발행되지 아니하고 그 가격 및 수량으로 보아 통상 부속품, 예비부품 및 공구라고 인정되는

경우에는 다음 어느 하나의 방법에 따라 기계 등의 원산지를 결정한다.

① 기계 등의 원산지 결정기준으로 세번 변경기준이 적용되는 경우에는 해당 부속품, 예비부품 및 공구의 원산지를 고려하지 아니한다.

② 기계 등의 원산지 결정기준으로 부가가치기준이 적용되는 경우에는 해당 부속품, 예비부품 및 공구의 원산지 여부를 고려하여 기계 등의 역내 부가가치비율을 계산한다.

(5) 소매 판매를 위한 포장재료와 용기의 원산지결정

물품의 소매 판매를 위한 포장에 사용되는 포장재료 및 용기(해당 물품과 함께 품목분류되는 경우만 해당한다)가 포함되어 있는 경우에는 다음의 방법에 따라 해당 물품의 원산지를 결정한다.

① 해당 물품이 세번 변경기준이 적용되는경우에는 포장재료 및 용기의 원산지를 고려하지 아니한다.

② 해당 물품의 원산지 결정기준으로 부가가치기준이 적용되는 경우에는 포장재료 및 용기의 가격을 해당 물품의 원산지 결정 시 고려하여야 한다.

(6) 운송 및 수송을 위한 포장재료 및 용기

제품의 원산지를 결정할 때에 고려하지 않는다.

4. 원산지 증명 방식

(1) 증명방식 : 자율증명

(2) 발급자(기관) : 수출자 또는 생산자 (호주는 수출자 또는 생산자의 신청에 따라 권한 있는 기관에서 원산지증명서 발급 가능)

(3) 증명서식 : 협정문 부속서 3-D에 규정된 서식

(4) 유효기간 : 서명일 이후 2년 (협정 발효일 전에 작성된 원산지증명서도 유효)

(5) 원산지 증명서 제출 면제 : 수입물품 과세가격이 미화 1천불 이하(호주의 경우 호주달러 1천불 이하)인 물품

ANNEX 3-D
MODEL FORMAT

KOREA-AUSTRALIA FREE TRADE AGREEMENT CERTIFICATE OF ORIGIN

Please Print or Type | 1. Issuing number :

2. Exporter- name and contact details :	3. Blanket period for multiple shipments : From : (DD/MM/YYYY) To : (DD/MM/YYYY)	
4. Producer- name and contact details (optional field) :	5. Importer - name and contact details (optional field) :	
6. Description of good(s) (including quantity, invoice number or other unique reference number where appropriate) :	7. Harmonized System code (six digits) :	8. Preference criterion :
9. Observations (optional field) :		

10. Declaration :

I certify that :

- The information in this document is true and accurate and I assume the responsibility for proving such representations. I understand that I am liable for any false statements or material omissions made on or in connection with this document.
- I agree to maintain, and present upon request, documentation necessary to support this Certificate, and to inform, in writing, all persons to whom the Certificate was given of any changes that would affect the accuracy or validity of this Certificate.
- The goods originate in the territory of one or both Parties and comply with the origin requirements specified for those goods in the Korea Australia Free Trade Agreement.

This Certificate consists of ______ pages, including all attachments.

11.Signature :	Company or Authorised Body :
Name :	Title :
Date :	Contact details :

타. FTA 원산지 결정기준 [한-캐나다 FTA]

1. 원산지결정에 관한 일반적 기준

(1) 원산지 상품 (참조 : 협정 제3장 원산지규정)

① 한쪽 또는 양 당사국의 영역에서 완전하게 획득된 경우
② 협정 제3.3조에 따른 충분한 가공을 거친 경우
③ 원산지 재료로만 한 쪽 또는 양 당사국의 영역에서 전적으로 생산된 경우

(2) 협정 제3.3조에 따른 충분한 가공

① 품목별 원산지 기준(세번 변경기준, 부가가치기준)에 따른 요건이 충족되고, 그 밖의 적용가능한 원산지 요건이 충족된 경우 원산지 상품으로 간주된다.
② 품목별 원산지 기준에도 불구하고 다음에 해당하는 경우 충분한 가공을 거친 것으로 간주된다. (제1류부터 제21류, 제3901호부터 제3915호, 제50류부터 제63류까지 제외)
ㄱ. 해당 상품과 그 상품의 생산에 사용된 하나 이상의 비원산지 재료가 동일한 소호 또는 더 이상 소호로 세분화되지 않는 동일한 호로 분류되기 때문에 '품목별 원산지 기준'을 충족하지 못하고,
ㄴ. 해당 비원산지 재료의 가격이 해당 상품의 거래가격 또는 공장도가격의 55%를 초과하지 않는 경우

(3) 부가가치비율 계산방법

① 품목별 원산지 결정기준의 부가가치비율

$$\text{부가가치비율} = \frac{\text{비원산지 재료의 가격}}{\text{물품의 거래가격 또는 공장도가격}} \times 100\%$$

② 1항에도 불구하고 제8701호부터 제8708호까지의 물품(자동차와 자동차의 부분품)의 부가가치비율은 다음의 계산식에 따라 계산할 수 있다.

$$\text{부가가치비율} = \frac{\text{비원산지 재료의 가격}}{\text{물품의 순원가}} \times 100\%$$

③ 2항에도 불구하고 제8701호부터 제8706호까지의 물품(자동차류)의 부가가치비율은 다음의 계산식에 따라 계산할 수 있다.

$$\text{부가가치비율} = \frac{\text{원산지 재료의 가격}}{\text{물품의 거래가격 또는 공장도가격}} \times 100\%$$

(4) 원산지인정의 누적기준

① 한 쪽 또는 양 당사국의 영역을 원산지로 하는 상품은 어느 한 쪽 당사국 영역의 원산지상품으로

간주된다.

② 상품이 하나 이상의 생산자에 의하여 한쪽 또는 양 당사국의 영역에서 생산되는 경우 수출자 또는 생산자의 선택에 따라 어느 한 쪽 당사국을 원산지로 간주할 수 있음. 다만, 그 상품은 협정 제3.3조에 따른 충분한 가공을 거치고 그 밖의 모든 적용 가능한 요건을 충족하여야 한다.

(5) 직접운송원칙

특혜대우는 협약에 의하여 원산지 물품으로의 요건을 충족하면서 수출 당사국과 수입 당사국 간에 직접적으로 운송되는 물품에만 적용된다. 그러나 다른 비당사국의 영역에서 환적 또는 일시적으로 보관되는 경우 다음의 조건을 충족하면 원산지 상품으로 간주된다.

① 수출된 상품과 동일할 것

② 그 상품이 비당사국의 영역에서 양호한 상태로 보존하기 위해 필요한 것 이상의 어떠한 공정도 거치지 아니하였을 것

2. 품목별기준

원산지 결정기준은 일반적인 결정기준이 있으나, 품목별로 세부기준을 두고 있으므로 각 품목별 HS Code를 확인한 후 각각의 관세 인하 스케줄 및 원산지 결정기준을 찾아야 한다.

(예) 진공청소기 : 제8508.11호

① 관세인하 스케줄 : 즉시 인하

② 원산지기준 : 다른 호에 해당하는 재료로부터 생산된 것 또는 제8508.70호에 해당하는 재료로부터 생산된 것(다만, 제8508.70호에 해당하는 비원산지재료의 가격이 해당 물품의 거래가격 또는 공장도가격의 55%를 초과하지 않는 것에 한정한다.)

3. 분야별 특례 기준

(1) 원산지 인정의 최소허용기준

① [품목별 원산지 기준]에 따른 세번 변경기준을 충족하지 아니하는 상품이라 할지라도, 그 상품의 생산에 사용되었으며 적용가능한 세번변경이 이루어지지 아니하는 모든 비원산지 재료의 가치가 그 상품의 거래가격 또는 공장도 가격의 10%를 초과하지 아니하는 경우에는 원산지 상품이다.(제50류부터 제63류까지는 제외) 다만, 품목별 원산지 기준에서 비원산지 재료의 최대 비율을 명시하고 있는 경우에는 해당 비원산지 재료의 가치를 포함하여 계산한다.

② 제50류부터 제60류까지의 상품은 그 상품의 생산에 사용된 비원산지 원사가 품목별 원산지 기준의 요건을 충족하지 못하더라도, 세번이 변경되지 않은 원사의 총량이 상품 총 중량의 10%를 초과하지 아니하는 경우 원산지 상품으로 간주된다.

③ 제61류부터 제63류까지의 상품은 그 상품의 생산에 사용된 특정 비원산지 원사가 품목별 원산지 결정기준의 요건을 충족하지 못하는 경우라도, 그러한 모든 원사의 총 중량이 그 구성요소의 총

중량의 10%를 초과하지 아니하는 경우 원산지 상품으로 간주된다.

④ ①의 규정을 적용함에 있어, 제1류부터 제21류까지의 물품은 해당 물품의 생산에 사용된 비원산지 재료의 소호와 해당 물품의 소호가 같은 경우 적용되지 아니한다.

(2) 간접재료의 원산지 결정

간접재료는 상품의 생산, 시험 또는 검사에 사용되지만 그 상품에 물리적으로 포함되지 않는 물품으로 원산지 결정을 위한 고려대상에서 제외된다. (예 : 에너지, 연료, 설비 및 장비 등)

(3) 대체가능물품의 원산지 결정

① 물품 또는 재료의 원산지를 결정하기 위하여 대체가능물품 또는 재료는 그 물품 또는 재료의 원산지에 따라 물리적으로 구분 보관되어야 한다. 생산이 이루어지는 체약당사국에서 일반적으로 인정되는 회계원칙에 따른 방법 또는 달리 인정되는 방법에 따라 대체가능물품 또는 재료의 원산지를 관리할 수 있다.

② 재고품관리법의 종류 : 선입선출법, 후입선출법, 평균법

③ 선택된 재고품관리법 등은 그 방법을 선택한 기업의 회계연도 동안 해당 물품 또는 재료에 대하여 계속 적용되어야 한다.

(4) 부속품, 예비부품 및 공구의 원산지 결정

기계, 기구, 장치 또는 차량 등과 함께 수입되는 부속품, 예비부품 및 공구가 기계 등과 별도로 송품장이 발행되지 아니하고 그 가격 및 수량으로 보아 통상 부속품, 예비부품 및 공구라고 인정되는 경우에는 해당 부속품, 예비부품 및 공구의 원산지를 결정하는데 있어 고려하지 아니한다.

(5) 소매 판매를 위한 포장재료와 용기의 원산지결정

세트물품의 규정 등 달리 규정하는 경우를 제외하고 상품의 소매 판매를 위한 포장에 사용되는 포장재료 및 용기(해당 물품과 함께 품목분류되는 경우만 해당한다)는 상품의 원산지를 결정하는 데 있어서 고려되지 아니한다.

(6) 수송을 위한 포장재료 및 용기

제품의 원산지를 결정할 때에 고려하지 않는다.

(7) 세트물품

관세법 별표의 관세율표의 해석에 관한 통칙 제3호에서 규정한 세트물품이 원산지물품과 비원산지물품으로 구성된 경우로서 비원산지물품의 가격이 그 세트물품의 거래가격 또는 공장도 가격의 100분의 15를 초과하지 아니하는 때에는 그 세트물품 전체를 원산지물품으로 본다.

(8) 중간재

원산지 상품(중간재)이 다른 상품의 생산에 사용되는 경우, 그 이후 다른 상품의 원산지를 결정할 때에는 중간재에 포함된 비원산지 재료는 고려하지 않는다.

4. 원산지 증명 방식

양 당사국은 원산지 증명서를 협정의 발효일 까지 마련하기로 한다. 다만 이 원산지 증명서는 양 당사국의 합의 에 따라 변경될 수 있다.

(1) 원산지증명서는 다음의 어느 하나에 근거하여 수출자가 작성하고 서명하여야 함.

① 해당 상품이 원산지 상품의 조건을 충족하고 있다는 수출자의 인지

② 해당 상품이 원산지 상품의 조건을 충족하고 있다는 생산자의 서면진술서에 대한 수출자의 합리적인 신뢰

③ 생산자가 수출자에게 제공한 서명된 원산지증명서(생산자가 수출자에게 원산지증명서를 제공할 의무는 없음)

(2) 작성언어 (국내법에 따라 특정 언어로 한정될 수 있음)

① 한국 : 영어 또는 한국어

② 캐나다 : 영어 또는 프랑스어

(3) 원산지증명서의 종류

① 하나 이상의 상품에 대한 단일 선적에 따른 원산지 증명서

② 동일상품에 대한 12개월을 초과하지 아니하는 복수 선적에 따른 포괄 원산지 증명서

(4) 원산지증명서 유효기간 : 서명일로부터 2년

(5) 협정의 발효일 이전에 작성된 원산지 증명서도 발효일 이후에 수입되는 원산지상품에 대하여 협정관세 적용 가능

파. FTA 원산지 결정기준 [한–중국 FTA]

1. 원산지결정에 관한 일반적 기준

(1) 완전생산기준

당해 국가에서 채굴·수확한 광산물 및 농수산물이나 이들을 원료로 한 생산물품은 그 나라를 원산지로 인정한다.

(2) 2개국 이상에 걸쳐 생산된 물품의 원산지 결정(실질적변형기준)

당해 물품이 2개국 이상에 걸쳐 생산, 가공 또는 제조된 경우에는 당해 물품의 본질적인 특성을 부여하기에 충분한 정도의 실질적인 변형이 최종적으로 수행된 나라를 원산지로 인정한다. 완전생산품 기준 적용 품목을 제외하고 실질적 변형기준으로 세번변경기준(HS 2, 4, 6단위 세번변경), 부가가치기준(역내가치포함비율)을 적용한다.

부가가치기준이 적용되는 물품의 역내 부가가치 비율은 다음 계산식에 따라 계산하며, 그 가격은 관세평가협정에 따라 결정한다.

ㄱ 역내가치비율 $= \dfrac{\text{물품의 본선인도가격} - \text{비원산지 재료의 가치}}{\text{물품의 본선인도가격}} \times 100\%$

ㄴ. "본선인도가격(FOB)"이란 운송수단과 관계없이, 해외 최종 선적 항구 또는 장소까지 드는 운송비용을 포함한 상품의 본선인도가격을 말한다.

ㄷ. "비원산지 재료의 가치"는 다음의 상황에 따라 결정된다.

1) 수입된 비원산지 재료의 경우, 비원산지 재료가치는 수입시 재료의 운임보험료포함가격이다.
2) 당사국에서 획득된 비원산지 재료의 경우, 비원산지재료가치는 그 당사국에서 상품의 생산에 사용된 비원산지재료에 대해 가장 이른 시점에 확인 가능한 지불된 가격 또는 지불하여야 하는 가격이다. 그러한 비원산지 재료의 가치는 운송비, 보험료, 포장비, 그리고 공급자의 창고에서 생산자의 장소로 재료를 운송하는 것으로 인하여 발생하는 그 밖의 어떠한 비용도 포함하지 아니한다.

(3) 단순한 작업 공정만을 거쳐 생산된 물품에 대한 원산지 결정(불인정 공정)

단순·경미한 공정을 거쳐서 생산된 물품의 경우에는 품목별 원산지규정에 정하는 원산지 요건을 충족시킨 경우에도 원산지를 인정하지 않는다.

① 운송 및 보관 중 상품이 양호한 상태로 보존되도록 보장하기 위한 공정
② 완전한 물품을 구성하는 물품 부품의 단순한 조립 또는 제품의 부품으로의 분해
③ 포장의 변경, 포장물의 해체 및 조립
④ 세척·세탁, 먼지·녹·기름·페인트 또는 그 밖의 막의 제거
⑤ 방직용 섬유의 다림질 또는 압착

⑥ 단순한 페인팅 및 광택 공정
⑦ 곡물 및 쌀의 탈각, 부분 또는 전체 표백, 연마 및 도정
⑧ 당류 착색이나 착향 또는 각설탕 공정, 결정당의 부분 또는 전체 제분
⑨ 과일, 견과류 및 채소에 대한 탈피, 씨 제거 및 탈각
⑩ 연마, 단순 분쇄 또는 단순 절단
⑪ 감별, 체질, 선별, 분류, 등급화 또는 매칭(물품 세트의 구성 포함), 쪼개기, 구부리기, 감기 또는 풀기
⑫ 병, 캔, 플라스크, 가방, 케이스 또는 상자에 단순히 넣기, 카드 또는 판에 붙이기, 그리고 그 밖의 모든 단순한 포장 공정
⑬ 마크, 라벨, 로고 및 그 밖의 유사한 구별 표시를 제품 또는 제품의 포장에 부착하거나 인쇄하는 것
⑭ 다른 종류인지 여부에 관계없이 제품의 단순한 혼합, 모든 재료와 당류의 혼합
⑮ 시험 또는 측정
⑯ 상품의 특성을 실질적으로 변경하지 아니하면서 물이나 다른 물질로 단순 희석
⑰ 건조, 염장(또는 염수장), 냉장 또는 냉동
⑱ 동물의 도살
⑲ ①부터 ⑱까지 규정된 2 이상의 공정의 조합

(4) 누적기준

한쪽 당사국의 원산지 상품 또는 재료가 다른 쪽 당사국에서 상품에 결합되는 경우, 그렇게 결합된 상품 또는 재료는 다른 쪽 당사국에서의 원산지 상품 또는 재료로 간주된다.

(5) 직접운송원칙

특혜대우는 협약에 의하여 원산지 물품으로의 요건을 충족하면서 수출 당사국과 수입 당사국 간에 직접적으로 운송되는 물품에만 적용된다. 그러나 비당사국에서 경유하여 운송되는 경우 다음의 조건을 충족하면 원산지 당사국 간 직접 운송된 것으로 간주한다.

① 통과를 위한 상품의 반입은 지리적 이유 또는 오직 운송 요건에만 관련된 고려에 의하여 정당화될 것
② 그 상품이 그 비당사국에서 거래 또는 소비되지 아니할 것
③ 그 상품이 하역, 운송상의 이유로 인한 화물의 분리, 그리고 재선적 또는 그 상품을 양호한 상태로 보존하기 위하여 필요한 공정 외에 비당사국에서 그 밖의 어떠한 공정도 거치지 아니할 것

상품이 비당사국에서 일시 보관되는 경우, 그 상품은 보관되는 동안 그 비당사국 관세당국의 통제하에 머물러 있어야 한다. 그 비당사국에서 상품이 보관되는 기간은 상품의 반입일부터 3개월을 초과하지 아니한다. 불가항력의 상황이 발생하는 경우, 그 비당사국에 상품이 보관되는 기간은 상품의 반입일부터 3개월을 초과할 수 있으나 6개월을 초과해서는 아니 된다.

2. 품목별기준

원산지 결정기준은 일반적인 결정기준이 있으나, 품목별로 세부기준을 두고 있으므로 각 품목별 HS Code를 확인한 후 각각의 관세 인하 스케줄 및 원산지 결정기준을 찾아야 한다.

(예) 진공청소기 : 제8508.11호

① 관세인하 스케줄 : 협정 발효일을 시작으로 10단계에 걸쳐 매년 균등 철폐,

② 원산지기준 : 6단위 세번 변경기준 또는 체약 당사국내에서 발생한 부가가치가 40% 이상일 것

3. 분야별특례기준

(1) 원산지인정의 최소기준

세번 변경기준을 충족하지 아니하는 상품은 그럼에도 불구하고 다음의 경우 원산지 상품이다.

① 세번변경이 이루어지지 않은 비원산지 재료의 가치가 그 상품의 본선인도가격의 10%를 초과하지 않은 경우 원산지상품으로 인정(HS 15~24류 및 HS 50~63류 제외)

② HS 15~24류에 해당하는 상품에 대해서는, 세번변경이 이루어지지 않은 비원산지재료가 이 호에 따라 원산지가 결정되는 상품의 소호와 다른 소호에 규정된다는 것을 조건으로, 세번변경이 이루어지지 않은 그 상품의 생산에 사용된 모든 비원산지 재료의 가치가 그 상품의 본선인도가격의 10%를 초과하지 않은 경우 원산지상품으로 인정

③ HS 50~63류에 해당하는 상품에 대해서는, 세번변경이 이루어지지 않은 비원산지 재료의 중량이 그 상품의 총중량의 10%를 초과하지 아니하는 경우, 또는 필요한 세번변경이 이루어지지 않은 비원산지 재료의 가치가 그 상품의 본선인도가격의 10%를 초과하지 않은 경우 원산지상품으로 인정

(2) 포장재료 및 용기

① 운송용 포장재료 및 용기는 상품의 원산지를 결정함에 있어 고려되지 않는다.

② 소매용 포장재료 및 용기는, 그 상품과 함께 분류되는 경우 상품의 원산지를 결정함에 있어 고려되지 않는다. 그러나 그 상품이 역내가치포함비율 요건의 적용대상이 되는 경우, 원산지 또는 비원산지 재료로 고려된다.

(3) 부속품, 예비부품 및 공구

기계, 기구, 장치 또는 차량 등과 함께 수입되는 부속품, 예비부분품 및 공구가 기계 등과 별도로 송품장이 발행되지 않고 그 가격 및 수량으로 보아 통상 부속품, 예비부분품 및 공구라고 인정되는 경우에는 다음 어느 하나의 방법에 따라 기계 등의 원산지를 결정한다.

① 기계 등의 원산지 결정기준으로 세번 변경기준이 적용되는 경우에는 해당 부속품, 예비 부분품 및 공구의 원산지를 고려하지 않는다.

② 기계 등의 원산지 결정기준으로 부가가치기준이 적용되는 경우에는 해당 부속품, 예비 부분품 및 공구의 원산지 여부를 고려하여 기계 등의 역내 부가가치비율을 계산한다.

(4) 중립재

상품이 원산지 상품인지 여부를 결정할 때, 다음의 중립재의 원산지는 고려대상에서 제외된다.

① 연료, 에너지, 촉매제 및 용제

② 상품의 시험 또는 검사를 위하여 사용되는 설비, 장치 및 보급품

③ 장갑, 안경, 신발, 의류, 안전장비 및 보급품

④ 공구, 금형 및 주형

⑤ 설비 및 건물의 유지에 사용되는 예비부품 및 재료

⑥ 생산에 사용되거나 설비 및 건물의 운영에 사용되는 윤활제, 그리스, 혼합물 및 그 밖의 재료

⑦ 상품에 결합되지는 않으나 그 상품 생산의 일부로 사용되었음이 합리적으로 입증될 수 있는 그 밖의 모든 상품

(5) 대체가능재료

① 생산에 사용된 재료의 원산지를 결정하기 위하여 모든 대체가능한 재료는 물리적으로 구분하여 보관하거나 생산이 이루어지는 당사국의 일반적으로 인정되는 회계원칙에서 인정되는 모든 재고 관리기법의 사용으로 구별한다.

② 특정 대체가능재료에 대하여 선택된 재고관리기법은 회계연도 동안 그 재료에 대하여 지속적으로 사용된다.

(6) 세트

관세법 별표의 관세율표 해석에 관한 통칙 제3호에서 규정한 세트물품은 세트의 모든 구성품이 원산지 상품인 경우 원산지 상품으로 간주된다. 그럼에도 불구하고, 세트가 원산지 및 비원산지 상품으로 구성되는 경우, 비원산지 상품의 가치가 그 세트의 본선인도가격의 15%를 초과하지 않는 경우에 한정하여, 그 세트는 전체가 원산지 상품으로 간주된다.

4. 원산지증명 방식

(1) 증명방식 : 기관증명

(2) 발급자(기관) :

① 중국 : 해관총서(GACC) 또는 중국국제무역촉진위원회(CCPIT)

② 대한민국 : 세관, 자유무역지역관리원, 상공회의소

(3) 증명서식 : 통일증명서식

(4) 유효기간 : 1년

(5) 사용언어 : 영어사용원칙

(6) 사용회수 : 1회 사용원칙

※ 한-중국 FTA 주요 이행지침

<table>
<tr><th>구 분</th><th>이행지침</th></tr>
<tr><td>제3국 송장 발행시
원산지증명서의 유효성</td><td>송장(INVOICE)이 제3국(비당사국)에서 발급되었더라도 원산지증명서가 협정에서 정하는 요건을 충족하는 경우 유효함
다만, 이 경우 원산지증명서 5번란에 비당사국 운영인의 법적 이름을 기재해야 함</td></tr>
<tr><td>원산지증명서 발급기관</td><td>중국측 원산지증명서 발급기관은 원산지증명서 발급 기관(하위 사무소 포함)이 기존 질검총국(AQSIQ)에서 해관총서(GACC)로 변경되어 ①해관총서(GACC) ②중국국제무역촉진위원회임.
단, 해관총서(GACC) 명의로 발급된 원산지증명서는 2018.8.20.(월)부터 유효하며, 2018.8.20.(월) 이전에 질검총국(AQSIQ) 명의로 발급된 원산지증명서는 그 증명서의 유효기간까지만 유효함.</td></tr>
<tr><td>수출대행인 명의로
발급된 원산지증명서의
유효성</td><td>원산지증명서 수출자 란에는 수출대행인이 아닌 중국내에 소재하는 수출자가 기재되어야 하며, 원산지 증명서 13번 란에도 수출자가 서명을 하여야 함. 다만, 수출자란에 수출자와 수출대리인을 병기하고 13번 란에 수출자가 서명을 하는 경우에는 인정해주고 있음</td></tr>
<tr><td>직접운송입증서류</td><td>당사국의 원산지 상품은 당사국 간 직접 운송되어야 하며 지리적 · 운송상의 이유 등으로 비당사국을 경유하는 경우 아래의 직접운송 입증서류를 수입신고시 세관에 제출하여야 함
<table>
<tr><th>통과 또는 환적의 경우</th><th>컨테이너 보관 또는 적출</th></tr>
<tr><td>• 항공화물운송장
• 선하증권 또는
• 수출당사국에서 수입당사국까지의 전체운송경로가 포함된 복합운송증권</td><td>좌동</td></tr>
<tr><td></td><td>비가공증명서</td></tr>
</table>
※ 한-중FTA 직접운송 비가공증명서 발급 예시
<table>
<tr><th>내 용</th><th>비가공증명유무</th></tr>
<tr><td>통과선하증권 발행, 동일 운송수단내 보관</td><td>불필요</td></tr>
<tr><td>통과선하증권 발행, 운송수단 변경</td><td>불필요</td></tr>
<tr><td>통과선하증권 미발행, 운송수단 변경
(홍콩도착일로부터 7일 이내 환적의 경우)</td><td>불필요</td></tr>
<tr><td>통과선하증권 미발행, 보관
(홍콩도착일로부터 7일이상 3개월 이내)</td><td>필요</td></tr>
<tr><td>홍콩내 컨테이너 적출입, 재포장 등 작업</td><td>필요</td></tr>
</table>
</td></tr>
</table>

■ 자유무역협정의 이행을 위한 관세법의 특례에 관한 법률 시행규칙[별지 제24호서식]

중국과의 협정에 따른 원산지증명서의 서식

(앞쪽)

ORIGINAL

<table>
<tr><td colspan="3">1. Exporter's name and address, country:</td><td colspan="4" rowspan="3">Certificate No.:

CERTIFICATE OF ORIGIN
Form for Korea-China FTA

Issued in ____________
(see Overleaf Instruction)</td></tr>
<tr><td colspan="3">2. Producer's name and address, country:</td></tr>
<tr><td colspan="3">3. Consignee's name and address, country:</td></tr>
<tr><td colspan="3">4. Means of transport and route(as far as known):

Departure Date:
Vessel/Flight/Train/Vehicle No.:
Port of loading:
Port of discharge:</td><td colspan="4">5. Remarks:</td></tr>
<tr><td>6. Item number (Max 20)</td><td>7. Marks and Numbers on packages</td><td>8. Number and kind of packages; description of goods</td><td>9. HS code (Six-digit code)</td><td>10. Origin criterion</td><td>11. Gross weight, quantity (Quantity Unit) or other measures (liters, m³, etc.)</td><td>12. Number and date of invoice</td></tr>
<tr><td colspan="3">13. Declaration by the exporter:

The undersigned hereby declares that the above details and statement are correct, that all the goods were produced in

(Country)
and that they comply with the origin requirements specified in the FTA for the goods exported to

(Importing country)
Place and date, signature of authorized signatory</td><td colspan="4">14. Certification:

On the basis of control carried out, it is hereby certified that the information herein is correct and that the goods described comply with the origin requirements specified in the Korea-China FTA.

Place and date, signature and stamp of authorized body</td></tr>
</table>

210mm×297mm[백상지 80g/㎡(재활용품)]

(뒤쪽)

작성방법

※ 이 서식은 영문으로 작성합니다.

1. 제1란에는 수출자의 법적 이름과 주소(국가를 포함)를 적습니다.
2. 제2란에는 생산자의 법적 이름과 주소(국가를 포함)를 적습니다. 2 이상의 생산자의 물품이 증명서에 포함되는 경우에는 추가적인 생산자의 법적 이름과 주소(국가를 포함)를 적습니다. 수출자 또는 생산자가 이러한 정보의 비밀 유지를 희망하는 경우에는 'AVAILABLE TO CUSTOMS UPON REQUEST'라고 기재할 수 있으며, 생산자와 수출자가 동일한 경우에는'SAME'이라고 적습니다.
3. 제3란에는 한국 또는 중국에 거주하는 수하인의 법적 이름과 주소(국가를 포함)를 적습니다.
4. 제4란에는 운송수단 및 경로, 출발일자, 운송수단의 번호, 선적항 및 하역항을 적습니다.
5. 제5란에는 비당사국의 운영인에 의하여 송품장이 발행되는 경우, 비당사국 운영인의 법적이름을 적습니다. 또한, 증명서가 소급 발급된 경우에는 'ISSUED RETROACTIVELY', 인증된 진본의 경우에는 'CERTIFIED TRUE COPY of the original Certificate of Origin number (발행번호) dated (날짜)'를 적습니다.
6. 제6란에는 물품의 연번(최대 20개)을 적습니다.
7. 제7란에는 물품의 포장에 표시된 화인(shipping marks) 및 번호를 적습니다. 화인이 문자나 숫자가 아닌 이미지나 기호인 경우에는 'IMAGE OR SYMBOL(I/S)'를 기재하며, 그 외에는 'NO MARKS AND NUMBERS(N/M)'를 적습니다.
8. 제8란에는 포장의 수량 및 종류를 적습니다. 품명은 송품장 및 HS(국제통일상품분류체계)상의 품명과 연계할 수 있도록 충분한 세부내역을 포함해야 합니다. 물품이 포장되지 아니한 경우 'IN BULK'라고 적습니다.
9. 제9란에는 제8란의 각 물품에 대한 HS 품목번호를 6단위까지 적습니다.
10. 제10란에는 제8란의 각 물품에 적용되는 원산지 결정기준을 아래의 표에 따라 적습니다. 원산지 결정기준은 중국과의 협정(이하 "협정") 제3장(원산지규정 및 원산지이행절차) 및 부속서3-가(품목별 원산지기준)에 규정되어 있습니다.

기재 문구	원산지 결정기준
WO	협정 제3.4조 및 부속서3-가(품목별 원산지기준)에 따라 체약당사국의 영역에서 완전생산된 경우
WP	체약당사국의 영역에서 협정 제3장에 부합하는 원산지재료로만 생산된 경우
PSR	체약당사국의 영역에서 비원산지재료를 사용하여 세번변경, 역내 부가가치비율, 특정공정요건 또는 부속서3-가에 명시된 그 밖의 요건을 충족하여 생산된 경우
OP	협정 제3.3조(특정상품의 취급)을 적용받는 경우

11. 제11란에는 킬로그램(Kg)으로 표시된 총중량을 적습니다. 관례적으로 정확한 수량을 표시하는 그 밖의 측정단위(예: 물품의 부피 또는 개수)를 기재할 수도 있습니다.
12. 제12란에는 송품장의 번호 및 발행일을 적습니다. 비당사국의 운영인에 의하여 송품장이 발행되어 송품장의 번호 및 발행일을 알 수 없는 경우, 수출당사국에서 발행된 원본 송품장의 번호 및 발행일을 적습니다.
13. 제13란은 수출자가 작성, 서명하고 날짜를 적어야 합니다.
14. 제14란에는 원산지증명서의 발급 권한이 있는 기관의 권한 있는 발급담당자가 작성, 서명, 날짜를 기재하고 발급인장을 날인합니다.

하. FTA 원산지 결정기준 [한-뉴질랜드 FTA]

1. 원산지결정에 관한 일반적 기준

(1) 완전생산기준

당해 국가에서 채굴 · 수확한 광산물 및 농수산물이나 이들을 원료로 한 생산물품은 그 나라를 원산지로 인정한다.

(2) 2개국 이상에 걸쳐 생산된 물품의 원산지 결정(실질적변형기준)

당해 물품이 2개국 이상에 걸쳐 생산, 가공 또는 제조된 경우에는 당해 물품의 본질적인 특성을 부여하기에 충분한 정도의 실질적인 변형이 최종적으로 수행된 나라를 원산지로 인정한다.

완전생산품 기준 적용 품목을 제외하고 실질적 변형기준으로 세번변경기준(HS 2, 4, 6단위 세번변경), 부가가치기준(역내가치포함비율)을 적용한다.

부가가치기준이 적용되는 물품의 역내 부가가치 비율은 다음 계산식에 따라 계산하며, 그 가격은 관세평가협정에 따라 결정한다.

ㄱ. 직접법 : $\text{역내가치비율} = \dfrac{\text{원산지재료가치}}{\text{물품의 본선인도가격}} \times 100\%$

ㄴ. 공제법 : $\text{역내가치비율} = \dfrac{\text{물품의 본선인도가격} - \text{비원산지재료의 가치}}{\text{물품의 본선인도가격}} \times 100\%$

ㄷ. "본선인도가격"이란 운송수단과 관계없이, 최종 선적 항구 또는 장소까지 드는 운송비용을 포함한 상품의 본선인도가격을 말한다.

ㄹ. "비원산지 재료의 가치"는 생산자가 획득하여 상품의 생산에 사용한, 간접재료 외의, 비원산지 재료의 가치이다. 비원산지재료가치(VNM)는 자가 생산된 재료의 가치를 포함하지 아니한다.

ㅁ. "원산지재료가치"는 원산지 재료의 가치이다.

(3) 단순한 작업 공정만을 거쳐 생산된 물품에 대한 원산지 결정(불인정 공정)

단순 · 경미한 공정을 거쳐서 생산된 물품의 경우에는 품목별 원산지규정에 정하는 원산지 요건을 충족시킨 경우에도 원산지를 인정하지 않는다.

① 운송되고 보관되는 동안 제품이 양호한 상태로 유지되도록 보장하는 보존 공정
② 포장의 변경, 포장물의 해체 및 조립
③ 병 · 캔 · 플라스크 · 가방 · 케이스 · 상자에 단순히 넣기, 카드 또는 판에 붙이기, 그리고 그 밖의 모든 단순한 포장 공정
④ 세탁, 세척, 먼지 · 녹 · 기름 · 페인트 또는 그 밖의 막의 제거
⑤ 연마, 단순 분쇄 또는 파쇄 또는 단순 절단
⑥ 마크, 라벨, 로고 및 그 밖의 유사한 구별 표시를 제품 또는 제품의 포장에 부착하거나 인쇄하는 것
⑦ 완전한 물품을 구성하기 위하여 물품의 부품을 단순히 조립하거나 상품을 부품으로 분해하는 것

(4) 누적기준

한쪽 당사국의 원산지 상품 또는 재료가 다른 쪽 당사국의 영역에서 상품에 결합된 경우, 다른 쪽 당사국의 영역을 원산지로 간주한다.

(5) 직접운송원칙

특혜대우는 협약에 의하여 원산지 물품으로의 요건을 충족하면서 수출 당사국과 수입 당사국 간에 직접적으로 운송되는 물품에만 적용된다. 그러나 비당사국에서 경유하여 운송되는 경우 다음의 조건을 충족하면 원산지 당사국 간 직접 운송된 것으로 간주한다.

① 그 상품이 하역, 일시적 보관, 운송상의 이유로 인한 화물 분리, 재선적 또는 상품을 양호한 상태로 보존하거나 수입 당사국 영역으로 운송하기 위하여 필요한 그 밖의 공정 외에 어떠한 공정도 거치지 아니할 것

② 그 상품이 비당사국의 영역에서 세관당국의 통제에서 벗어나지 아니할 것

2. 품목별기준

원산지 결정기준은 일반적인 결정기준이 있으나, 품목별로 세부기준을 두고 있으므로 각 품목별 HS Code를 확인한 후 각각의 관세 인하 스케줄 및 원산지 결정기준을 찾아야 한다.

(예) 엔진 : 제8407.34호

① 관세인하 스케줄 : 즉시 인하

② 원산지기준 : 다른 호에 해당하는 재료로부터 생산된 것 또는 집적법으로 30%, 공제법으로 40% 이상의 역내부가가치가 발생한 것

3. 분야별특례기준

(1) 원산지인정의 최소기준

세번 변경기준을 충족하지 아니하는 상품은 그럼에도 불구하고 다음의 경우 원산지 상품이다.

① 그 상품의 생산에 사용되었거나 소비된 세번변경요건을 충족하지 아니하는 모든 비원산지 재료의 가치가 그 상품의 본선인도가격 가치의 10%를 초과하지 아니하는 경우 원산지 상품으로 인정 (HS 1~14류 및 HS 50~63류 제외)

② HS 1~14류에 해당하는 상품에 대해서는, 비원산지 재료가 다른 상품의 생산에 사용 또는 소비되고 그 과정이 단순한 혼합을 초과하는 경우에만 1항을 적용

③ HS 50~63류에 해당하는 상품에 대해서는, 세번변경이 이루어지지 않은 비원산지 재료의 중량이 그 상품의 총중량의 10%를 초과하지 아니하는 경우, 또는 필요한 세번변경이 이루어지지 않은 비원산지 재료의 가치가 그 상품의 본선인도가격의 10%를 초과하지 않은 경우 원산지상품으로 인정

(2) 포장재료 및 용기

① 운송용 포장재료 및 용기는 상품의 원산지를 결정함에 있어 고려되지 않는다.

② 소매용 포장재료 및 용기는, 그 상품과 함께 분류되는 경우 상품의 원산지를 결정함에 있어 고려되지 않는다. 그러나 그 상품이 역내가치포함비율 요건의 적용대상이 되는 경우, 원산지 또는 비원산지 재료로 고려된다.

(3) 부속품, 예비부품, 공구 및 사용설명서 또는 정보설명서

기계, 기구, 장치 또는 차량 등과 함께 수입되는 부속품, 예비부품, 공구 및 사용설명서 또는 그 밖의 정보 설명서의 원산지는 그 상품이 세번변경요건의 적용대상인 경우 그 상품의 일부분으로 고려된다면, 상품의 원산지 판정시 고려되지 아니한다. 그리고 그 상품이 역내가치 포함비율 요건의 적용대상인 경우, 역내가치포함비율의 산정에 있어 각 경우에 맞게 원산지 또는 비원산지 재료로 고려된다.

다만, 그 상품과 별도로 송장이 발부되지 아니하여야 하고, 부속품, 예비부품, 공구 및 사용설명서 또는 그 밖의 정보설명서의 수량과 가치가 그 상품에 대하여 통상적인 수준이어야 한다.

(4) 간접재료

간접재료란 상품의 생산, 시험 또는 검사에 사용되거나 소비되지만 그 상품에 물리적으로 결합되지는 아니하는 상품이나, 상품 생산과 관련된 건물의 유지나 설비의 운영에 사용되거나 소모되는 다음의 상품을 말한다. 간접재료는 생산된 장소와 무관하게 원산지 재료로 취급되며, 그 가치는 그 상품의 생산자의 회계기록에 등록된 비용이다.

① 연료 및 에너지
② 도구, 형판 및 주형
③ 설비 및 건물의 유지에 사용되는 예비부품 및 재료
④ 생산에 사용되거나 설비 및 건물의 운영에 사용되는 윤활제, 그리스, 혼합물 및 그 밖의 재료
⑤ 상품의 시험 또는 검사에 사용되는 설비, 장치 및 보급품
⑥ 촉매제 및 용제
⑦ 상품에 결합되지는 아니하나 그 상품 생산의 일부로 사용되었음이 합리적으로 입증될 수 있는 그 밖의 모든 상품

(5) 동일하고 대체가능한 상품 및 재료

생산에 사용된 재료의 원산지를 결정하기 위하여 모든 대체가능한 재료는 물리적으로 구분하여 보관하거나 수출 당사국의 일반적으로 인정되는 회계원칙에서 인정되는 평균법, 후입선출법 또는 선입선출법과 같은 재고관리기법으로 구별한다.

4. 원산지증명 방식

(1) 증명방식 : 자율증명

(2) 발급자 : 수출자, 생산자

(3) 증명서식 : FTA특례법 시행규칙 별지 제21호의 서식에 따라 작성된 서류 또는 원산지 신고서의 날짜 등 8가지 사항을 기재한 서류

(4) 유효기간 : 2년

(5) 사용언어 : 영어사용원칙

(6) 사용회수 : 1회 사용원칙

■ 자유무역협정의 이행을 위한 관세법의 특례에 관한 법률 시행규칙[별지 제21호서식]

뉴질랜드와의 협정에 따른 원산지증명서의 서식

(앞쪽)

<table>
<tr><td colspan="6">Origin Declaration
Korea–New Zealand Free Trade Agreement</td></tr>
<tr><td>1. Exporter's Name and Address:

Telephone: Fax:
E–Mail:
Reference No.</td><td colspan="5">2. Blanket Period:

YYYY MM DD YYYY MM DD
From: / / / To: / / /</td></tr>
<tr><td>3. Producer's Name and Address:

Telephone: Fax:
E–Mail:
Reference No.</td><td colspan="5">4. Importer's Name and Address:

Telephone: Fax:

E–Mail:</td></tr>
<tr><td>5. Description of good(s)</td><td>6.
HS Tariff Classification</td><td>7.
Preference Criterion</td><td>8.
Producer</td><td>9.
Value Test</td><td>10.
Country of origin</td></tr>
<tr><td></td><td></td><td></td><td></td><td></td><td></td></tr>
<tr><td colspan="6">11. Observations:</td></tr>
<tr><td colspan="6">I certify that:

– The information in this document is true and accurate and I assume the responsibility for proving such representations. I understand that I am liable for any false statements or material omissions made on or in connection with this document.
– I agree to maintain, and present upon request, documentation necessary to support this declaration, and to inform, in writing, all persons to whom the declaration was given of any changes that would affect the accuracy or validity of this declaration.</td></tr>
<tr><td colspan="6">– The goods originate in the territory of one or both of the Parties and comply with the origin requirements specified for those goods in the Korea – New Zealand Free Trade Agreement.
This declaration consists of ______ pages, including all attachments.</td></tr>
<tr><td>12. Authorized signature:</td><td colspan="5">Company:</td></tr>
<tr><td>Name:</td><td colspan="5">Title:</td></tr>
<tr><td>YYYY MM DD
Date: / / /</td><td colspan="5">Telephone: Fax:</td></tr>
</table>

210mm×297mm[백상지 80g/㎡(재활용품)]

(뒤쪽)

작 성 방 법

※ 이 서식은 수출자 또는 생산자(이하 '작성자')가 원산지신고서를 송품장 등에 기재방식이 아닌 신고서 방식으로 작성하고자 할 경우 사용할 수 있습니다. 작성자는 이 서식을 명료하게 빠짐없이 작성하여야 하며 협정관세의 적용을 신청할 때에 수입자가 갖추고 있어야 합니다. 이 서식은 영문으로 작성되어야 하며 타자로 치거나 인쇄체로 기재하여야 합니다. 작성을 위한 추가 공간이 필요한 경우 별지를 사용하십시오.

1. 제1란에는 수출자의 법적 이름, 주소(도시 및 국가 포함), 전화번호, 팩스번호, 이메일 주소, 참조번호(선택사항)를 적습니다.
2. 제2란은 이 증명서가 제5란의 물품과 동일한 물품의 복수 선적에 적용될 경우 포괄증명기간(최대 12개월)을 적습니다. "FROM"은 증명서가 포괄증명물품에 적용 가능하게 되는 날이며(이 증명서의 서명일보다 앞설 수도 있습니다), "TO"는 포괄증명기간이 종료되는 날입니다. 이 증명서를 근거로 협정관세 적용의 신청이 이루어지는 물품의 수입은 두 날짜 사이에 이루어져야 합니다.
3. 제3란의 생산자가 한 명인 경우에는, 제1란에서 정의한 바와 같이, 그 생산자의 법적 이름과 주소(도시 및 국가 포함), 전화번호, 팩스번호, 이메일 주소 및 참조번호(선택사항)를 적습니다. 둘 이상의 생산자가 신고서에 포함되는 경우에는, "다수"로 기재하고 제5란의 물품과 상호 참조되는, 모든 생산자의 법적 이름, 주소(도시 및 국가 포함), 전화번호, 팩스번호, 이메일 주소 및 참조 번호(선택사항)를 포함하여 모든 생산자의 목록을 첨부합니다. 이러한 정보의 비밀 유지를 희망하는 경우, 'AVAILABLE TO CUSTOMS UPON REQUEST'라고 기재할 수 있습니다.
4. 제4란에는 수입자의 법적 이름과 주소(도시 및 국가 포함), 전화번호, 팩스번호 및 이메일 주소를 적습니다.
5. 제5란에는 각 물품에 대한 상세한 품명을 적습니다. 품명은 송품장 및 HS(국제통일상품분류체계)상의 품명과 연계할 수 있도록 충분한 세부내역을 포함해야 합니다. 이 증명서가 물품의 단일 선적에 적용될 경우에는 각 물품의 수량, 측정단위(가능한 경우 일련번호를 포함한다) 및 상업 송품장에 표시된 송품장번호를 적습니다. 송품장 번호를 알 수 없는 경우 고유의 참조번호(배송주문번호, 구매주문번호 또는 물품을 식별하는 데 사용될 수 있는 번호 등)를 적습니다.
6. 제6란에는 제5란의 각 물품에 대한 HS 품목번호를 6단위까지 적습니다.
7. 제7란에는 제5란의 각 물품에 적용되는 원산지 결정기준을 아래의 표에 따라 적습니다. 원산지 결정기준은 뉴질랜드와의 협정(이하 "협정") 제3장(원산지규정 및 원산지절차) 및 부속서3-가(품목별 원산지기준)에 규정되어 있습니다.

기재 문구	원산지 결정기준
A	협정 제3.2조 가호에 따라 체약당사국의 영역에서 완전생산된 경우
B	협정 제3.2조 다호에 따라 체약당사국의 영역에서 전적으로 원산지재료로만 생산된 경우
C	협정 제3.2조 나호에 따라 체약당사국의 영역에서 전적으로 생산되고 품목별 원산지기준을 충족하는 경우
D	체약당사국의 영역에서 전적으로 생산되지만 특정 비원산지 재료가 필요한 세번변경을 거치지 않아 품목별 원산지기준을 충족하지 않는 경우
E	협정 부속서 3-나(한반도역외가공지역 위원회)에 근거하여 역외가공지역에서 생산된 경우

8. 제8란에는 제5란의 물품을 작성자가 생산한 경우 'YES'라고 적습니다. 작성자가 생산하지 아니한 경우 'NO'를 적고 그 옆에 아래의 표에 따라 (1), (2), (3) 중 해당하는 것을 적습니다.

기재 문구	원산지증명서 작성근거
(1)	물품이 원산지물품 자격을 갖추었는지에 대한 작성자의 인지
(2)	물품이 원산지물품 자격을 갖추었다는 생산자의 서면진술(원산지신고서를 제외한다)에 대한 작성자의 신뢰
(3)	생산자가 수출자에게 자발적으로 제공한 원산지신고서(해당 물품에 대하여 작성되고 서명)

9. 제9란에는 제5란의 물품이 역내 부가가치 기준을 적용받는 경우에 한정하여, 협정 제3.4조의 공제법에 따라 계산된 경우 'BD', 집적법에 따라 계산된 경우 'BU'를 적습니나.
10. 제10란에는 해당 물품의 원산지국가('KR'또는 'NZ')를 기재합니다.
11. 제11란에는 제5란의 각 물품에 대해 사전심사, 품목분류 및 역내 부가가치 등에 대한 판정를 받은 경우 이 증명서와 관련된 다른 참고사항이 있는 경우에 적습니다.(발급당국, 참조번호 및 발급날짜 포함)
12. 제12란에는 수출자가 작성, 서명하고 날짜를 적어야 합니다. 수출자의 사용을 위하여 생산자가 증명서를 작성하는 경우에는 생산자가 작성, 서명하고 날짜를 적어야 합니다. 이 란의 날짜는 이 증명서가 작성되고 서명된 날이어야 합니다.

거. FTA 원산지 결정기준 [한-베트남 FTA]

1. 원산지결정에 관한 일반적 기준

(1) 완전생산기준

당해 국가에서 채굴·수확한 광산물 및 농수산물이나 이들을 원료로 한 생산물품은 그 나라를 원산지로 인정한다.

(2) 2개국 이상에 걸쳐 생산된 물품의 원산지 결정(실질적변형기준)

당해 물품이 2개국 이상에 걸쳐 생산, 가공 또는 제조된 경우에는 당해 물품의 본질적인 특성을 부여하기에 충분한 정도의 실질적인 변형이 최종적으로 수행된 나라를 원산지로 인정한다.

완전생산품 기준 적용 품목을 제외하고 실질적 변형기준으로 세번변경기준(HS 2, 4, 6단위 세번변경), 부가가치기준(역내가치포함비율)을 적용한다.

부가가치기준이 적용되는 물품의 역내 부가가치 비율은 다음 계산식에 따라 계산하며, 그 가격은 관세평가협정에 따라 결정한다.

ㄱ. 직접법/집적법 : $역내가치비율 = \frac{원산지재료가치}{물품의\ 본선인도가격} \times 100\%$

ㄴ. 간접법/공제법 : $역내가치비율 = \frac{물품의\ 본선인도가격-비원산지\ 재료의\ 가치}{물품의\ 본선인도가격} \times 100\%$

ㄷ. "본선인도가격"이란 생산자로부터 해외 최종 선적 항구 또는 장소까지 드는 운송 비용을 포함한 상품의 본선인도가격의 가치를 말한다.

ㄹ. "원산지 재료가치"는 원산지 재료의 가치를 말하며, 다음의 원산지재료비용, 노무비, 간접비, 이윤과 그 밖의 비용의 가치를 포함한다.

1) 재료비용은 그 상품의 생산에서 생산자에 의하여 획득되거나 자가 생산된 재료, 부품 또는 상품의 가치이다.
2) 노무비는 임금, 보수 및 그 밖의 피고용인 수당을 포함한다.
3) 간접비는 총 간접비용이다.
4) 그 밖의 비용은 수출을 위하여 선박 또는 그 밖의 운송 수단에 상품을 적재하는데 발생하는 비용으로서, 국내운송비용, 보관 및 창고, 항만, 중개 수수료 및 서비스 요금을 포함하지만 이에 국한되지 아니한다.

ㅁ. "비원산지 재료의 가치"는 비원산지 재료의 가치를 말하며, 다음과 같다.

1) 그 재료, 부품 또는 상품의 수입 시 운임보험료 포함가격
2) 작업 또는 공정이 발생한 당사국의 영역에서 원산지가 결정되지 아니한 재료, 부품 또는 생산에 지불이 된, 최초로 확인할 수 있는 가격

(3) 단순한 작업 공정만을 거쳐 생산된 물품에 대한 원산지 결정(불인정 공정)

단순 · 경미한 공정을 거쳐서 생산된 물품의 경우에는 품목별 원산지규정에 정하는 원산지 요건을 충족시킨 경우에도 원산지를 인정하지 않는다.

① 운송되고 보관되는 동안 상품이 양호한 상태로 유지되도록 보장하는 보존 공정
② 포장의 변경, 포장물의 해체 및 조립
③ 단순한 세탁, 세척, 먼지 · 녹 · 기름 · 페인트 또는 그 밖의 막의 제거
④ 섬유의 다림질 또는 압착
⑤ 단순한 페인팅 및 광택 공정
⑥ 곡물 및 쌀의 탈각, 부분 또는 전체 표백, 연마 및 도정
⑦ 당류 착색 또는 각설탕 공정
⑧ 단순한 탈피, 씨 제거, 또는 탈각
⑨ 연마, 단순 분쇄 또는 단순 절단
⑩ 감별, 체질, 선별, 분류, 등급화 또는 매칭
⑪ 병, 캔, 플라스크, 가방, 케이스 상자에 단순히 넣기, 카드 또는 판에 붙이기 그리고 그 밖의 모든 단순한 포장 공정
⑫ 마크, 라벨, 로고 및 그 밖의 이와 유사한 구별 표시를 제품 또는 제품의 포장에 부착하거나 인쇄하는 것
⑬ 다른 종류인지 여부에 관계없이 제품의 단순한 혼합
⑭ 완전한 물품을 구성하는 부품의 단순한 조립 또는 제품의 부품으로의 분해
⑮ 단순한 시험 또는 측정
⑯ 동물의 도살

(4) 누적기준

한쪽 당사국의 원산지 상품 또는 재료가 다른 쪽 당사국의 영역에서 상품에 결합된 경우, 다른 쪽 당사국의 영역을 원산지로 간주한다.

(5) 직접운송원칙

특혜대우는 협약에 의하여 원산지 물품으로의 요건을 충족하면서 수출 당사국과 수입 당사국 간에 직접적으로 운송되는 물품에만 적용된다. 그러나 비당사국에서 경유하여 운송되는 경우 다음의 조건을 충족하면 원산지 당사국 간 직접 운송된 것으로 간주한다.

① 그 통과가 지리적 이유로 또는 오직 운송 요건에만 관련된 고려에 의하여 정당화 될 것
② 그 상품이 경유국에서 거래 또는 소비되지 아니할 것
③ 그 상품이 하역 및 재선적 또는 그 상품을 양호한 상태로 유지하기 위하여 요구되는 공정 외의 어떠한 공정도 거치지 아니할 것

2. 품목별 기준

원산지 결정기준은 일반적인 결정기준이 있으나, 품목별로 세부기준을 두고 있으므로 각 품목별 HS Code를 확인한 후 각각의 관세 인하 스케줄 및 원산지 결정기준을 찾아야 한다.

(예) 전기면도기 : 제8510.10호

① 관세인하 스케줄 : 일반품목에 대하여는 각 국의 계획에 따라 최혜국 실행관세를 점진적으로 인하 또는 철폐함

② 원산지기준 : 다른 호에 해당하는 물품이 이 호의 물품으로 변경된 것, 또는 역내가치포함비율이 FOB가격의 40% 이상인 것

3. 분야별 특례 기준

(1) 원산지 인정의 최소기준

세번 변경기준을 충족하지 아니하는 상품은 그럼에도 불구하고 다음의 경우 원산지 상품이다.

① 그 상품의 생산에 사용되었거나 소비된 세번변경요건을 충족하지 아니하는 모든 비원산지 재료의 가치가 그 상품의 본선인도가격 가치의 10%를 초과하지 아니하는 경우 원산지상품으로 인정(HS 50~63류 제외)

② HS 50~63류에 해당하는 상품에 대해서는, 세번변경이 이루어지지 않은 비원산지 재료의 중량이 그 상품의 총중량의 10%를 초과하지 아니하는 경우, 또는 필요한 세번변경이 이루어지지 않은 비원산지 재료의 가치가 그 상품의 본선인도가격의 10%를 초과하지 않은 경우 원산지상품으로 인정

(2) 포장재료 및 용기

① 운송용 포장재료 및 용기는 상품의 원산지를 결정함에 있어 고려되지 않는다.

② 소매용 포장재료 및 용기는, 그 상품과 함께 분류되는 경우 상품의 원산지를 결정함에 있어 고려되지 않는다. 그러나 그 상품이 역내가치포함비율 요건의 적용대상이 되는 경우, 그상품의 원산지 결정시 고려된다.

(3) 부속품, 예비부품 및 공구

기계, 기구, 장치 또는 차량 등과 함께 수입되는 부속품, 예비부품, 공구 및 사용설명서 또는 그 밖의 안내서는 그 상품의 원산지를 결정함에 있어 고려되지 아니한다. 다만, 그러한 부속품, 예비부품, 공구 및 사용설명서 또는 그 밖의 안내서는 수입 당사국에 의하여 그 상품과 함께 분류되고 그 상품과 함께 관세가 징수되어야 한다.

(4) 중립재

상품이 원산지 상품인지 여부를 결정하기 위하여, 그 상품의 생산에 사용될 수 있으나 그 상품에 결합되지 아니할 수 있는 다음 각 호의 원산지는 결정할 필요가 없다.

① 연료 및 에너지
② 공구, 형판 및 주형
③ 설비 및 건물의 유지에 사용되는 예비부품 및 재료
④ 생산에 사용되거나 설비 및 건물의 운영에 사용되는 윤활제, 그리스, 혼합물 및 그 밖의 재료
⑤ 장갑, 안경, 신발, 의류, 안전장비 및 보급품
⑤ 상품의 시험 또는 검사에 사용되는 설비, 장치 및 보급품
⑥ 상품에 결합되지는 아니하나 그 상품 생산의 일부로 사용되었음이 합리적으로 입증될 수 있는 그 밖의 모든 상품

(5) 동일하고 대체가능한 상품 및 재료

생산에 사용된 재료의 원산지를 결정하기 위하여 모든 대체가능한 재료는 수출 당사국의 영역에서 시행되는 재고관리의 일반적으로 인정되는 회계원칙의 사용에 의하여 결정될 수 있으며 재고관리 기법이 일단 결정되면, 그 기법이 그 회계연도 내내 사용된다.

4. 원산지증명 방식

(1) 증명방식 : 기관증명

(2) 발급자 : 세관, 지정기관

(3) 증명서식 : 통일증명서식

(4) 유효기간 : 1년

(5) 사용언어 : 영어사용원칙

(6) 사용회수 : 1회 사용원칙

■ 자유무역협정의 이행을 위한 관세법의 특례에 관한 법률 시행규칙[별지 제22호서식]

베트남과의 협정에 따른 원산지증명서의 서식

(앞쪽)

<table>
<tr><td colspan="6" align="center">Original(Duplicate/Triplicate)</td></tr>
<tr><td colspan="3">1. Goods Consigned from(Exporter's business name, address, country)</td><td colspan="3" rowspan="2">Reference No.

KOREA-VIETNAM FREE TRADE AGREEMENT PREFERENTIAL TARIFF CERTIFICATE OF ORIGIN
(Combined Declaration and Certificate)
FORM KV
Issued in ______________ (country)
See Notes Overleaf</td></tr>
<tr><td colspan="3">2. Goods Consigned to(Consignee's name, address, country)</td></tr>
<tr><td colspan="3">3. Means of transport and route(as far as known)

Departure date

Vessel's name/Aircraft etc.

Port of Discharge</td><td colspan="3">4. For Official Use
□ Preferential Treatment Given Under Korea-Viet Nam Free Trade Agreement

□ Preferential Treatment Not Given (Please state reason/s)

....
Signature of Authorized Signatory of the Importing Country</td></tr>
<tr><td>5.Item number</td><td>6. Marks and numbers on packages</td><td>7. Number and type of packages, description of goods (including quantity where appropriate and HS code of the good in the importing country)</td><td>8. Origin Criterion (See Overleaf Notes)</td><td>9. Gross weight or other quantity and Value(FOB only when RVC criterion is used)</td><td>10. Number and date of Invoices</td></tr>
<tr><td></td><td></td><td></td><td></td><td></td><td></td></tr>
<tr><td colspan="3">11. Declaration by the exporter
The undersigned hereby declares that the above details and statement are correct, that all goods were produced in

....
(Country)
and that they comply with the origin requirements specified for these goods in the Korea-Viet Nam Free Trade Agreement for the goods exported to

....
(Importing Country)

....
Place and date, signature of authorized signatory</td><td colspan="3">12. Certification
It is hereby certified, on the basis of control carried out, that the declaration by the exporter is correct.

....
Place and date, signature and stamp of certifying authority</td></tr>
<tr><td colspan="6">13. Remarks</td></tr>
</table>

210mm×297mm[백상지 80g/㎡(재활용품)]

(뒤쪽)

작성방법

※ 이 서식은 영문으로 작성합니다.

1. 베트남과의 협정에 따른 원산지증명서의 서식은 다음 국가에 적용됩니다.
   대한민국, 베트남사회주의공화국
2. 모든 물품은 각 해당 물품별로 베트남과의 협정에 따른 협정관세를 적용받기 위해서 다음 각 호의 요건을 충족하여야 합니다.
   가. 협정관세 적용 대상 물품의 품명과 일치하여야 합니다.
   나. 베트남과의 협정 제3.8조에 따른 직접운송요건을 충족하여야 합니다.
   다. 베트남과의 협정 제3장의 원산지규정 및 절차를 준수하여야 합니다.
3. 제1란에는 수출자의 성명(상호), 주소, 수출국을 적습니다.
4. 제2란에는 수입자의 성명(상호), 주소, 수입국을 적습니다.
5. 제3란에는 물품을 운송하는 선박(항공기)의 출항일, 선박명(편명), 양륙항 등 운송수단 및 운송경로를 알고 있는 범위에서 적습니다.
6. 제4란에는 수입당사국의 세관공무원이 해당 물품의 협정관세 적용여부를 "√" 표시한 후 서명합니다.
7. 제5란에는 품목번호가 다른 물품들은 같은 종류별로 구분하여 일련번호를 부여합니다.
8. 제6란에는 물품에 대한 표시 및 일련번호를 적습니다.
9. 제7란에는 포장개수 · 포장형태 · 품명 · 수량 · 품목번호 등을 적습니다.
   가. 품명은 해당 물품을 검사하는 세관공무원이 확인할 수 있도록 상세하게 적고, 상표도 적습니다.
   나. 품목번호(HS)는 수입당사국의「통일상품명 및 부호체계에 관한 국제협약」에 따른 품목번호를 적습니다.
10. 제8란에는 수출자(제조자 및 생산자 포함)가 해당 물품에 대한 원산지 결정기준을 아래 표에 정한 방법으로 적습니다.

제11란에 기재된 수출당사국의 생산 또는 제조환경	제8란 기입사항
가. 수출당사국의 영역에서 완전생산된 물품	"WO"
나. 품목별 원산지 결정기준을 충족하는 물품 (1) 세번 변경기준을 충족하는 물품 (2) 역내 부가가치기준을 충족하는 물품 (3) 세번 변경기준+역내 부가가치기준 등 결합기준을 충족하는 물품 (4) 특정공정기준을 충족한 물품	 "CTC" "RVC %"(예: RVC 45%) "CTH+RVC 40%" 등 "Specific Processes"
다. 원산지재료로만 전적으로 수출당사국의 영역에서 생산된 물품	"PE"
라. 베트남과의 협정 제3.5조를 충족하는 물품(개성공업지구 생산물품)	"Article 3.5"

11. 제9란에는 해당 물품의 총중량을 기재하고 물품의 원산지 결정기준으로 역내 부가가치기준이 사용된 경우로 한정하여 FOB가격까지 적습니다.
12. 제10란에는 송장의 일련번호 및 발급일자를 적습니다.
13. 제11란에는 수출자(제조자 및 생산자 포함)가 원산지, 수입국, 신청일자, 장소를 적은 후 서명합니다.
14. 제12란에는 원산지증명서 발급담당자가 원산지증명서의 발급일자 및 발급장소를 적고, 서명한 후 발급기관 인장을 날인합니다.
15. 제13란에는 필요 시 그 밖의 비고사항들을 적습니다. 특히, 체약당사국이 아닌 비당사국에서 송장이 발급된 경우 반드시 "비당사국송장(Non-Party Invoicing)"이라 적고 송장을 발행한 회사의 상호 및 국가명을 기재하여야 합니다.

너. FTA 원산지 결정기준 [한-중미 FTA]

1. 원산지결정에 관한 일반적 기준

(1) 완전생산기준

당해 국가에서 채굴·수확한 광산물 및 농수산물이나 이들을 원료로 한 생산물품은 그 나라를 원산지로 인정한다.

(2) 2개국 이상에 걸쳐 생산된 물품의 원산지 결정(실질적 변형기준)

당해 물품이 2개국 이상에 걸쳐 생산, 가공 또는 제조된 경우에는 당해 물품의 본질적인 특성을 부여하기에 충분한 정도의 실질적인 변형이 최종적으로 수행된 나라를 원산지로 인정한다. 완전생산품기준 적용 품목을 제외하고 실질적 변형기준으로 세번변경기준(HS 2, 4, 6단위 세번 변경), 부가가치기준(역내가치포함비율)을 적용한다. 부가가치기준이 적용되는 물품의 역내 부가가치 비율은 다음 계산식에 따라 계산하며, 그 가격은 관세평가협정에 따라 결정한다.

ㄱ. 간접법/공제법 : $역내가치비율 = \frac{물품의\ 본선인도가격 - 비원산지\ 재료의\ 가치}{물품의\ 본선인도가격} \times 100\%$

ㄴ. 직접법 : $역내가치비율 = \frac{원산지\ 재료의\ 가치}{물품의\ 본선인도가격} \times 100\%$

ㄷ. "본선인도가격"이란 생산자로부터 해외 최종 선적 항구 또는 장소까지 드는 운송비용을 포함한 상품의 본선인도가격의 가치를 말한다.

ㄹ. "원산지 재료가치"는 원산지재료의 가치를 말하며, 다음의 원산지재료비용, 노무비, 간접비, 이윤과 그 밖의 비용의 가치를 포함한다.

1) 재료비용은 그 상품의 생산에서 생산자에 의하여 획득되거나 자가 생산된 원산지 재료, 부품 또는 상품의 가치이다.
2) 노무비는 임금, 보수 및 그 밖의 피고용인 수당을 포함한다.
3) 간접비는 총 간접비용이다.
4) 그 밖의 비용은 수출을 위하여 선박 또는 그 밖의 운송 수단에 상품을 적재하는데 발생하는 비용으로서, 국내운송비용, 보관 및 창고, 항만, 중개 수수료 및 서비스 요금을 포함하지만 이에 국한되지 아니 한다.

ㅁ. "비원산지 재료의 가치"는 비원산지 재료의 가치를 말하며, 다음과 같다.

1) 상품의 생산자에 의하여 직접 수입된 재료의 경우, 재료 수입 시 운임보험료 포함가격
2) 상품이 생산된 영역에서 생산자에 의하여 획득된 재료의 경우, 화물비, 보험료, 포장비 및 공급자의 창고로부터 생산자의 소재지로 그 재료를 운송하는데 발생한 그 밖의 비용을 고려하지 아니하는 거래 가치

3) 자가 생산된 재료의 경우 또는 상품의 생산자와 재료의 판매자 간의 관계가 그 재료에 실제로 지급되었거나 지급되어야 할 가격에 영향을 미치는 경우는, 일반적인 비용을 포함하여 재료의 생산에서 발생된 모든 비용의 총합을 말한다. 추가적으로, 통상적인 거래과정에서 부가되는 이윤에 상당하는 이윤액을 추가할 수 있다.

(3) 단순한 작업 공정만을 거쳐 생산된 물품에 대한 원산지 결정(불인정 공정)

단순·경미한 공정을 거쳐서 생산된 물품의 경우에는 품목별 원산지규정에서 정하는 원산지 요건을 충족시킨 경우에도 원산지를 인정하지 않는다.

① 운송 및 보관 중 상품이 양호한 상태로 보존되도록 보장하기 위한 공정
② 포장의 변경 또는 포장물의 해체 또는 조립
③ 세탁, 세척, 먼지 · 녹 · 기름 · 페인트 또는 그 밖의 막의 제거
④ 방직용 섬유의 다림질 또는 압착
⑤ 단순한 페인팅 및 광택 공정
⑥ 곡물 및 쌀의 탈각, 부분 또는 전체 표백, 연마 및 도정
⑦ 병, 캔, 플라스크, 가방, 케이스 상자에 단순히 넣기, 카드 또는 판에 붙이기 그리고 그 밖의 모든 단순한 포장 공정
⑧ 다른 종류인지 여부에 관계없이 제품의 단순한 혼합
⑨ 완전한 물품을 구성하는 부품의 단순한 조립 또는 제품의 부품으로의 분해
⑩ 동물의 도살
⑪ 건조, 염장(또는 염수장), 냉장 또는 냉동
⑫ 상품 또는 그 포장에 표장, 라벨, 로고 및 이와 유사한 그 밖의 구별표시의 부착
⑬ 과일, 견과류 및 채소에 대한 탈피, 씨 제거 및 탈각
⑭ 연마, 단순 분쇄 또는 단순 절단

(4) 누적기준

① 코스타리카, 엘살바도르, 온두라스, 니카라과, 파나마 또는 한국의 영역을 원산지로 하는 상품이나 재료가 코스타리카, 엘살바도르, 온두라스, 니카라과, 파나마 또는 한국의 영역 내에서 최종재의 재료로 사용되는 경우, 그 상품이나 재료는 그 최종재의 작업 또는 가공이 발생한 후자의 영역의 원산지 상품으로 간주된다. 당사국의 원산지 상품 또는 재료가 다른 쪽 당사국의 영역에서 상품에 결합된 경우, 다른 쪽 당사국의 영역을 원산지로 간주한다.
② 한국과 최소 1개의 중미공화국은 양당사국 모두 무역협정을 체결한 제3국과 원산지를 누적하기 위한 목적으로 원산지 규정의 규약을 개선할 가능성을 고려할 수 있다.

(5) 직접운송원칙

특혜대우는 협약에 의하여 원산지 물품으로의 요건을 충족하면서 수출 당사국과 수입 당사국 간에 직접적으로 운송되는 물품에만 적용된다. 그러나 하나 이상의 당사국 또는 비당사국을 경유하여 운송되는 상품은 경유국에서의 환적 또는 일시 보관 여부와 관계없이 다음을 조건으로 수출 당사국에서 수입 당사국으로 직접 운송된 것으로 간주된다.

① 그 상품이 관세당국의 통제 하에 있을 것
② 그 상품이 경유국에서 하역 및 재선적, 재포장
③ 그 상품을 양호한 상태로 유지하기 위하여 요구되는 공정 이외의 어떠한 공정도 거치지 아니할 것

2. 품목별기준

원산지 결정기준은 일반적인 결정기준이 있으나, 품목별로 세부기준을 두고 있으므로 각 품목별 HS Code를 확인한 후 각각의 관세 인하 스케줄 및 원산지 결정기준을 찾아야 한다.

(예) 전기면도기 : 제8510.10호
① 관세인하 스케줄 : 일반품목에 대하여는 각 국의 계획에 따라 최혜국 실행관세를 점진적으로 인하 또는 철폐함
② 원산지기준 : 다른 소호에 해당하는 물품이 이 호의 물품으로 변경된 것, 또는 공제법으로 역내가치포함비율이 FOB가격의 40% 이상인 것

3. 분야별특례 기준

(1) 원산지 인정의 최소기준

세번변경기준을 충족하지 아니하는 상품은 그럼에도 불구하고 다음의 경우 원산지 상품이다.
① 그 상품의 생산에 사용되었거나 소비된 세번변경기준을 충족하지 아니하는 모든 비원산지 재료의 가치가 그 상품의 본선인도가격 가치의 10%를 초과하지 아니하는 경우 원산지상품으로 인정 (HS 01~24류, 50~63류 제외)
② HS 15~24류에 해당하는 상품에 대해서는, 그 상품의 생산에 사용되었거나 소비된 세번변경기준을 충족하지 아니하는 모든 비원산지 재료의 가치가 그 상품의 본선인도가격의 10%를 초과하지 아니하는 경우 원산지상품으로 인정
③ HS 50~63류에 해당하는 상품에 대해서는, 세번변경이 이루어지지 않은 비원산지 재료의 중량이 그 상품의 총중량의 10%를 초과하지 아니하는 경우, 또는 필요한 세번변경이 이루어지지 않은 비원산지 재료의 가치가 그 상품의 본선인도가격의 10%를 초과하지 않은 경우 원산지상품으로 인정

(2) 포장재료 및 용기

① 운송용 포장재료 및 용기는 상품의 원산지를 결정함에 있어 고려되지 않는다.
② 소매용 포장재료 및 용기는, 그 상품과 함께 분류되는 경우 상품의 원산지를 결정함에 있어 고려되지 않는다. 그러나 그 상품이 역내가치포함비율 요건의 적용대상이 되는 경우, 그 상품의 원산지 결정시 고려된다.

(3) 부속품, 예비부품 및 공구

수입 시 상품과 함께 인도된 부속품, 예비부품 또는 공구의 원산지는 다음의 원산지결정기준에 따라 인정 여부가 달라진다.
① 그 상품이 세번변경기준의 적용대상인 경우, 고려되지 아니한다.
② 그 상품이 역내가치포함비율 요건(부가가치기준)의 적용대상인 경우, 그 상품의 역내가지포함비율의 산정을 할 때 각 경우에 맞게 원산지 또는 비원산지 재료로 고려된다. 다만, 그 부속품, 예비부품 또는 공구가 그 상품과 별도로 송장이 발부되지 아니하여야 하며, 그 부속품, 예비부품 또는 공구의 수량과 가치는 그 상품에 대하여 통상적인 수준이어야 한다.

(4) 간접재료

상품이 원산지 상품인지 여부를 결정하기 위하여, 그 상품의 생산에 사용될 수 있으나 그 상품에 결합되지 아니할 수 있는 다음 각 호의 원산지는 결정할 필요가 없다.
① 연료, 에너지, 촉매제 및 용제
② 상품의 시험 또는 검사를 위하여 사용되는 설비, 장치 및 보급품
③ 장갑, 안경, 신발, 의류, 안전장비 및 보급품
④ 공구, 금형 및 주형
⑤ 설비 및 건물의 유지에 사용되는 예비부품 및 재료
⑥ 생산에 사용되거나 설비 및 건물의 운영에 사용되는 윤활제, 그리스, 혼합물 및 그 밖의 재료
⑦ 상품에 결합되지는 아니하나 그 상품 생산의 일부로 사용되었음이 합리적으로 입증될 수 있는 그 밖의 모든 상품

(5) 동일하고 대체가능한 상품 및 재료

생산에 사용된 재료의 원산지를 결정하기 위하여 모든 대체가능한 재료는 수출 당사국의 영역에서 시행되는 재고관리의 일반적으로 인정되는 회계원칙의 사용에 의하여 결정될 수 있으며 재고관리 기법이 일단 결정되면, 그 기법이 그 회계연도 내에 사용된다.

4. 원산지증명 방식

(1) 증명방식 : 자율증명

(2) 발급자 : 수출자, 생산자

(3) 증명서식 : 협정문 부속서 3-C에 규정된 서식

(4) 유효기간 : 1년

(5) 사용언어 : 영어사용원칙

(6) 사용회수 : 1년의 범위 내에서 포괄발급 가능

ANNEX 3-C
CERTIFICATE OF ORIGIN

FREE TRADE AGREEMENT BETWEEN THE REPUBLIC OF KOREA AND THE REPUBLIC OF CENTRAL AMERICA

<table>
<tr><td>1. Exporter's Name and Address:
Telephone: Fax(optional):
E-Mail:</td><td colspan="5">2. Blanket Period:
YYYY MM DD YYYY MM DD
From: ___/___/___/ To: ___/___/___/</td></tr>
<tr><td>3. Producer's Name and Address:
Telephone:
E-Mail:</td><td colspan="5">4. Importer's Name and Address:
Telephone: Fax(optional):
E-Mail:</td></tr>
<tr><td>5. Description of Good(s)</td><td>6. HS Tariff Classification</td><td>7. Origin Criterion</td><td>8. Producer</td><td>9. RVC</td><td>10. Country of Origin</td></tr>
<tr><td></td><td></td><td></td><td></td><td></td><td></td></tr>
<tr><td>11. Remarks:</td><td colspan="5"></td></tr>
<tr><td colspan="6">I certify that:
– The information in this document is true and accurate and I assume the responsibility for proving such representations. I understand that I am liable for any false statements or material omissions made on or in connection with this document.
– I agree to maintain, and present upon request, documentation necessary to support this Certificate, and to inform, in writing, all persons to whom the Certificate was given of any changes that would affect the accuracy or validity of this Certificate.
– The goods originate in the territory of one Party and comply with the origin requirements specified for those goods in the Free Trade Agreement between the Republic of Korea and the Republics of Central America.
This Certificate consists of pages, including all attachments.</td></tr>
<tr><td>12. Authorized signature:</td><td colspan="5">Company:</td></tr>
<tr><td>Name:</td><td colspan="5">Title:</td></tr>
<tr><td>YYYY MM DD
Date: ___/___/___/</td><td colspan="5">Telephone: Fax (optional):</td></tr>
</table>

더. FTA 원산지 결정기준 [한-영국 FTA]

1. 원산지결정에 관한 일반적 기준

(1) 완전생산기준

당해 국가에서 채굴•수확한 광산물 및 농수산물이나 이들을 원료로 한 생산물품은 그 나라를 원산지로 인정한다.

(2) 2개국 이상에 걸쳐 생산된 물품의 원산지 결정(실질적 변형기준)

당해 물품이 2개국 이상에 걸쳐 생산. 가공 또는 제조된 경우에는 당해 물품의 본질적인 특성을 부여하기에 충분한 정도의 실질적인 변형이 최종적으로 수행된 나라를 원산지로 인정한다.

① 완전생산품 기준 적용 품목을 제외하고 실질적 변형기준으로 세번변경기준(HS 2, 4, 6단위 세번변경), 부가가치기준 또는 주요공정기준을 적용

② 부가가치기준이 적용될 때에는 공장도 가격을 기준으로 하여 역외산 부품의 사용 비율의 상한선을 규정

③ 주요공정기준은 특정한 공정을 거쳐 생산된 경우에 원산지로 인정하는 기준

(3) 단순한 작업 공정만을 거쳐 생산된 물품에 대한 원산지 결정(불인정 공정)

① 운송되고 보관되는 동안 제품이 양호한 상태로 유지되도록 보장하는 보존 공정

② 포장상태의 변경, 포장의 해체 및 조립

③ 세탁, 세척, 그리고 먼지, 녹, 기름, 페인트, 또는 그 밖의 막의 제거

④ 섬유의 다림질 또는 압착

⑤ 단순한 페인팅 및 광택 공정

⑥ 곡물 및 쌀의 탈각, 부분 또는 전체 표백, 연마 및 도정

⑦ 당류 착색이나 착향 또는 각설탕 공정, 결정당의 부분 또는 전체 제분

⑧ 과일, 견과류 및 채소에 대한 탈피, 씨 제거 및 탈각

⑨ 연마, 단순 분쇄 또는 단순 절단

⑩ 감별, 체질, 선별, 분류, 등급화 또는 매칭(물품 세트의 구성을 포함한다.)

⑪ 병, 캔, 플라스크, 가방, 케이스 또는 상자에 단순히 넣기, 카드 또는 판에 붙이는 것, 그리고 그 밖의 모든 단순 포장 공정

⑫ 마크, 라벨, 로고 및 그 밖의 유사한 구별 표시를 제품 또는 제품의 포장에 부착하거나 인쇄하는 것

⑬ 다른 종류인지 여부에 관계없이 제품의 단순한 혼합, 모든 재료와 설탕의 혼합

⑭ 완전한 물품을 구성하는 부품의 단순한 조립 또는 제품의 부품으로의 분해

⑮ 시험 또는 측정

⑯ ①호부터 ⑮호까지에 명시된 2 이상의 공정의 조합

⑰ 동물의 도살

(4) 원산지인정의 누적기준

한-영 FTA에서 EU와의 누적기준은 이 협정의 발효일로부터 3년후에는 적용이 중단될 것이며, 이 협정 발효 후 2년 내에 양 당사국이 검토를 개시하여 원안대로 3년이되는 시점에 중단 또는 연장 등을 결정할 수 있다.

1) 재료 누적

다른 쪽 당사국이나 EU를 원산지로 하는 재료를 결합하여 당사국 내에서 제품이 획득된 경우, 그러한 제품은 그 당사국이 원산지로 간주된다. 다만, 수행된 작업 또는 가공이 불인정 공정이상의 공정을 거친 경우로 한정한다. 그러한 재료는 충분한 작업 또는 가공을 거쳤을 필요는 없다.

2) 공정 누적

EU에서 수행된 작업 또는 가공은 취득된 상품이 그에 후속하는 작업 또는 가공을 당사국 내에서 거쳤을 경우 그 당사국 내에서 수행된 것으로 간주된다. 다만, 그 당사국에서 수행된 작업 또는 가공이 불인정 공정이상의 공정을 거친 경우로 한정한다.

(5) 직접운송원칙

특혜대우는 이 협약의 요건을 충족하면서 양 당사국 간 또는 EU를 경유하여 직접적으로 운송되는 제품에만 적용된다. 그러나 단일 탁송화물을 구성하는 제품은 다른 영역에서 환적 또는 일시적으로 보관될 수 있으나 그 제품이 다음을 충족해야 한다.

한-영 FTA에서 EU를 경유 또는 환적하는 운송조건은 누적기준과 마찬가지로 이 협정의 발효일로부터 3년후에는 적용이 중단될 것이며, 이 협정 발효 후 2년 내에 양 당사국이 검토를 개시하여 원안대로 3년이되는 시점에 중단 또는 연장 등을 결정할 수 있다.

① 통과 또는 창고 보관되는 국가에서 자유로운 유통을 위해 반출되지 아니해야 한다.

② 하역, 재선적 또는 제품을 양호한 상태로 보존하기 위해 고안된 모든 공정 외의 공정을 거치지 아니해야 한다.

③ 조건 충족의 증거를 아래와 같은 서면으로 제출해야 한다.

가. 제3국에서 원산지 제품의 환적 또는 보관과 관련된 상황의 증거

나. 수출 당사국에서 경유국을 통한 통과를 다루고 있는 단일 운송서류

다. 경유국의 관세당국이 발행한 다음의 증명서

a) 제품의 정확한 설명을 제공하는 것

b) 제품의 하역 및 재선적 일자, 그리고 선박명 또는 사용된 다른 운송수단을 기재하는 것

c) 제품이 경유국에 머물러 있는 그 상태를 증명하는 것

(6) 역외가공 물품에 대한 원산지 결정

일반적으로 해당 물품 생산공정이 일부라도 역외에서 이루어지면 원산지물품으로 인정하지 않으나

역내산 물품을 수출하여 역외에서 가공한 후 다시 역내로 수입하더라도 다음의 조건하에 역내산으로 간주하는 역외가공특례를 인정하는 것이다. 다만 양 당사국이 원산지 상품으로 합의한 경우에는 지정지역 내에서 작업한 경우에 한하여 역내산으로 간주한다.

① 재반입되는 물품이 수출된 상품과 동일할 것

② 재반입되는 물품이 양호한 상태로 보존을 위해 필요한 것 이상의 공정을 거치지 아니할 것

2. 품목별 기준

원산지 결정기준은 일반적인 결정기준이 있으나, 품목별로 세부기준을 두고 있으므로 각 품목별 HS Code를 확인한 후 각각의 관세 인하 스케줄 및 원산지 결정기준을 찾아야 한다.

(예) 진공청소기 : 제8508.11호

① 관세인하 스케줄 : 즉시 인하

② 원산지기준 : 모든 호(그 제품의 호는 제외한다)에 해당하는 재료로부터 생산된 것 또는 해당 물품의 생산에 사용된 모든 비원산지재료의 가격이 해당 물품의 공장도가격의 50%를 초과하지 않은 것

3. 분야별 특례 기준

(1) 원산지 인정의 최소기준

비원산지 재료 가격이 당해 물품의 전체가격에서 차지하는 부분이 미미한 경우에는 품목별 원산지 기준에서 규정하고 있는 세번 변경기준 요건을 충족하지 못할 경우에도 예외적으로 원산지를 인정하는 기준으로 다음의 조건을 충족해야 한다. 다만 HS 제50류부터 제63류까지 해당 물품은 적용하지 않는다.

① 세번이 변경되지 않은 비원산지 재료의 총 가치가 그 제품의 공장도 가격의 10%를 초과하지않아야 한다(HS 50~63류 제외).

② HS50~63류에 해당하는 물품은 품목마다 다른 미소기준으로 8~35%, 중량 및 공장도가격기준 등 별도의 기준을 두고 있다.

(2) 간접재료의 원산지 결정

간접재료는 상품의 생산, 시험 또는 검사에 사용되지만 그 상품에 물리적으로 포함되지 않는 물품으로 원산지 결정을 위한 고려대상에서 제외된다.

(3) 대체가능물품의 원산지 결정

원산지가 다르더라도 상품의 본질적 특성이 동일하며, 상업적으로 대체 사용이 가능한 물품은 품목별 기준을 적용하지 않고, 재고관리기법을 이용하여 원산지 결정이 가능하다.

① 당해 회계연도 중에는 동일한 재고관리기법 적용 의무

② 종류 : 개별법, 선입선출법, 후입선출법, 평균법

(4) 부속품, 예비부품 및 공구의 원산지 결정

상품의 표준 부속품, 예비부품 또는 공구는 그 상품의 일부분으로 취급되며 상품의 가격에 부속품 등의 가격에 포함되거나 송품장이 별도로 발급되지 않고 제품과 함께 인도된 경우에는 상품의 원산지와 동일하게 원산지를 결정한다.

(5) 소매 판매를 위한 포장재료와 용기의 원산지결정

상품의 소매 판매를 위한 포장에 필요한 포장재와 용기가 그 상품과 함께 분류된다면 그 포장재는 원산지를 결정함에 있어 그 상품이 원산지 제품인 경우 포장재와 용기도 원산지 제품으로 간주한다.

(6) 세트물품

세트물품은 서로 다른 성질의 물품을 특정 목적을 위해 하나로 조합한 것을 말한다. 세트의 경우 모든 구성 물품이 모두 원산지 요건에 충족하는 경우 원산지 제품으로 간주되고 세트가 원산지 물품과 비원산지 물품으로 구성된 경우에는 비원산지 물품이 15% 이하인 경우에 원산지로 간주된다.

4. 수출입 통관요령

(1) 수입통관

① 수입신고 수리전 원산지증명서 제출(사본가능)
② 수입신고 수리후 원산지증명서 제출
분실 도난 또는 훼손 등의 사유로 수입통관시 원산지증명서를 제출하지 못해 관세를 납부한 경우 당해물품의 수입신고 수리일로부터 1년이내에 원산지증명서를 제출하고 협정관세의 적용 및 세액의 경정을 청구할 수 있다.

(2) 수출통관

특혜관세 해당 물품에 대하여 원산지증명서를 발급하여 선적서류에 첨부하여 수입자에게 송부
※ 6,000유로를 초과하는 물품에 대하여 협정 적용을 받기 위해서는 사전에 세관으로부터 원산지 인증 수출자 자격을 반드시 취득해야 한다.

5. 원산지 증명 방식

(1) 증명방식 : 자율증명

(2) 발급자(기관) : 인증수출자

(3) 증명서식 : 송품장 신고방식, 아래 내용이 기재된 송품장

한국어 본
"이 서류(세관인증번호…1)의 적용대상이 되는 제품의 수출자는, 달리 명확하게 표시되는 경우를 제외하고, 이 제품은 …2) 의 특혜원산지 제품임을 신고한다."

영어 본
The exporter of the products by this document (customs authorization No...) declares that, expect where otherwise clearly indicated, these products are of ... preferential origin.

(4) 유효기간 : 12개월

(5) 사용언어 : 영어사용 원칙

(6) 사용회수 : 1회 사용원칙(분할 가능)

러. RCEP 원산지 결정기준 [역내포괄적경제동반자협정]

※ RCEP(역내포괄적경제동반자협정): 한국, 아세안 10개국(브루나이, 캄보디아, 인도네시아, 라오스, 말레이시아, 미얀마, 필리핀, 싱가포르, 태국, 베트남), 중국, 일본, 호주, 뉴질랜드

※ [발효] 우리나라는 '22. 2. 1. 오전 0시에 발효.

- 먼저 협정을 발효('22.1.1.)한 브루나이, 캄보디아, 라오스, 싱가포르, 태국, 베트남, 중국, 일본, 호주, 뉴질랜드 등 10개국에 대해서는 우리나라의 협정 발효와 동시에 적용.

1. 원산지결정에 관한 일반적 기준

다음의 상품을 협정상 원산지 상품으로 인정한다. 다만, 협정 제3장의 모든 적용 가능한 요건을 충족해야 함.

① [완전생산(WO)] 당사국에서 완전하게 획득되거나 생산된 상품 ② [원산지 재료로만 생산(PE)] 하나 이상의 당사국으로부터의 원산지 재료로만 당사국에서 생산된 상품 ③ [품목별 원산지기준 충족(PSR)] 비원산지 재료를 사용하여 당사국에서 생산하였으나, 품목별 원산지 규정(부속서 3-가)의 요건을 충족하는 상품

완전생산 상품과 원산지 재료로만 생산된 상품은 해당 상품의 품목별 원산지기준과 상관없이 원산지 지위를 인정한다.

(1) 완전하게 획득되거나 생산된 상품

다음은 당사국에서 완전 획득 · 생산으로 간주한다.

① 당사국에서 재배 및 수확, 수집 또는 채집된 과일, 꽃, 채소, 나무, 해초, 균류, 그리고 살아있는 식물을 포함한 식물 및 식물성 상품 ② 당사국에서 출생하고 사육된 살아있는 동물 ③ 당사국에서 사육된 살아있는 동물로부터 획득한 상품 ④ 당사국에서 수행된 수렵, 덫사냥, 어로, 농작, 양식, 채집 또는 포획에 의해 획득된 상품 ⑤ 당사국의 토양, 수역, 해저 또는 해저 하부의 하층토로부터 추출되거나 채취된 ①부터 ④까지에 포함되지 않는 광물 및 그 밖의 천연 자원 ⑥ 국제법에 따라 당사국들 및 비당사국들 영해 밖의 수역, 해저 또는 해저 하부의 하층토에서 그 당사국의 선박에 의하여 획득된 어로 상품 및 그 밖의 해양생물, 그리고 그 당사국 또는 그 당사국의 인에 의하여 획득된 그 밖의 상품. 다만, 어떠한 당사국 또는 비당사국의 배타적

경제수역에서 획득된 어로 상품 및 그 밖의 해양생물의 경우, 그 당사국 또는 그 당사국의 인은 그러한 배타적 경제수역을 개발할 권리가 있어야 하고, 그리고 그 밖의 상품의 경우, 그 당사국 또는 그 당사국의 인은 국제법에 따라 그러한 해저 또는 해저 하부의 하층토를 개발할 권리가 있어야 함

⑦ 그 당사국의 선박에 의하여 국제법에 따른 공해로부터 획득된 어로 상품 및 그 밖의 해양생물

⑧ 그 당사국의 가공선박에서 ⑥부터 ⑦까지에 언급된 상품만을 사용하여 가공되거나 만들어진 상품

⑨ 상품의 처분, 원재료의 회수 또는 재활용 목적으로만 적합한 다음의 상품

가) 당사국에서의 생산 또는 소비로부터 얻어진 폐기물 및 부스러기

나) 당사국에서 수집된 중고품

⑩ ①부터 ⑨까지에 언급된 상품 또는 그 파생품만으로 그 당사국에서 획득되거나 생산된 상품

(2) 원산지 재료로만 생산된 상품

한 당사국의 원산지 재료로만 당사국의 영역에서 생산된 경우 이외에도

- 다른 당사자에서 원산지 지위를 획득한 재료를 사용하는 경우에도 협정 제3.4조에 따라 원산지 재료의 누적을 인정하여 원산지 재료로만 생산된 상품으로 인정 가능
- 수출당사국에서 수행된 공정이 협정 제3.6조의 "최소 공정 및 가공"에 해당하더라도 원산지 지위가 인정되나, 원산지 국가는 원산지 재료 중 최고가치를 기여한 당사국으로 달리 결정될 수 있음

  * 상세 내용은 「관세차별」 항목 참조.

1. 품목별원산지기준

(1) 개요

RCEP 협정 부속서 3-가에서 총 5,205개 세번(HS 2012, 6단위기준)에 대해 원산지 지위를 인정받을 수 있는 개별 조건을 규정하고 있다. 우리나라가 旣 체결한 FTA와 유사하나, 최신 생산공정 반영과 역내 공급망 활용 극대화 등을 위해 일부 기준 완화한 것이 특징이다.

○ RCEP 품목별 원산지기준(PSR) 현황

업종	PSR 구조
화학	· 대부분 "세번변경기준(CTH, CTSH)" 또는 "역내가치포함비율 40% 이상" 중 선택 · 일부 품목은 공정기준에 해당하는 "화학반응(Chemical Reaction)"도 선택 가능
섬유제품	· 대부분 "세번변경기준(CC, CTH)"으로 규정 · 한-아세안 FTA 등에서 규정된 의류의 공정기준(재단 및 봉제 수행) 삭제

철강	· 대부분 "4단위 세번변경기준(CTH)" 또는 "역내가치포함비율 40% 이상" 중 선택 · 스테인레스강 중 일부 품목은 "6단위 세번변경(CTSH)" 또는 "역내가치포함비율 40% 이상" 중 선택
자동차	· [완성차] "역내가치포함비율 40% 이상"으로 한-아세안 FTA(RVC45) 대비 완화 · [부분품] "4단위 세번변경기준(CTH)" 또는 "역내가치포함비율 40% 이상" 중 선택
기계, 전기 · 전자	· 대부분 "4단위 세번변경기준(CTH)" 또는 "역내가치포함비율 40% 이상" 중 선택 · 세탁기 · 냉장고 · 에어컨 등 일부 품목은 "6단위 세번변경(CTSH)" 또는 "역내가치포함비율 40% 이상" 중 선택
농축수산물	· 대부분 "완전생산기준(WO)" 또는 "2단위 세번변경기준(CC)" · 수산물(어육 등), 낙농품(분유 등), 화초류 등 일부 품목은 "2단위 세번변경기준 (CC) 또는 "역내가치포함비율 40% 이상" 중 선택
가공식품류	· 대부분 "2단위 세번변경기준(CC)" 또는 "4단위 세번변경기준(CTH)" 적용

출처: 관세청(2022).

※ RCEP 품목별 원산지결정기준은 HS2012 기준이며, 협정 발효 後 당국간 이행협상을 통해 HS2022로 현행화 될 예정(관세청 FTA포털사이트를 통해 공지)

(2) 역내가치포함비율의 산정

ㅇ 역내가치포함비율 계산 방법

· 공제법(Build-down): 상품에 포함된 비원산지 재료의 가치를 제외

$$= \frac{\text{본선인도가격(FOB)}-\text{비원산지재료의가치(VNM)}}{\text{본선인도가격(FOB)}} \times 100\%$$

· 집적법(Build-up): 상품에 포함된 원산지 재료의 가치와 제조에 사용된 경비 등을 합산

$$= \frac{\text{원산지재료가치(VOM)}+\text{직접노무비}+\text{직접경비}+\text{이윤}+\text{그 밖의 비용}}{\text{본선인도가격(FOB)}} \times 100\%$$

※ (FOB 가격의 특례)
수출자 또는 생산자가 물품의 실제 FOB 가격을 알 수 없거나 확인할 수 없는 경우, 최종 확인 가능한 가격으로 대체하여 사용할 수 있음.

○ 비원산지 재료의 가치 산정방법

> ▣ 획득 경로별 비원산지 재료의 가치 산정 기준
> ① (수입된 재료) 수입 시 재료의 운임보험료포함가격(CIF)
> ② (당사국에서 획득된 재료) 최초로 확인 가능한 지불된 가격 또는 지불해야 하는 가격
>
> ▣ 원산지가 결정되지 않은 재료는 비원산지 재료로 취급
>
> ▣ 확인 및 입증이 가능한 다음의 비용은 비원산지 재료 또는 원산지가 결정되지 않은 재료의 가치에서 차감할 수 있음
> ① 상품을 생산자에게 운송하는데 발생한 화물비, 보험료, 포장비 및 그 밖의 운송 관련 비용
> ② 면제, 환급되거나 달리 회수되는 관세 외의 관세, 조세 및 통관 중개수수료
> ③ 재활용 가능한 부스러기나 부산물의 가치를 차감한 폐기물과 손상물의 비용

(3) 품목별 원산지 규정

○ 세번변경기준(CTC)

비원산지 재료에 대해서만 세번변경기준이 적용되며, 특정 세번으로부터의 변경을 명시적으로 배제하는 경우 그 배제는 비원산지 재료에만 적용함.

○ 화학반응(CR)

해당 화학반응의 결과로 생산된 모든 상품에 대해 원산지 지위 인정하는 것을 말하며, 화학반응의 정의 및 제외 대상은 다음과 같음.

> ▣ (정의) 생화학 가공을 포함하여, 분자 내 결합의 파괴 및 새로운 분자 내 결합의 생성, 또는 분자 내 원자의 공간배열 변경을 통하여 새로운 구조를 가진 분자를 만들어내는 가공을 의미
>
> ▣ (제외대상) 아래 중 어느 하나에 해당하는 경우에는 화학반응으로 불인정
> ① 물 또는 그 밖의 용제에 용해되는 것
> ② 용매수를 포함한 용제의 제거
> ③ 결정수의 첨가 또는 제거

○ 최소 공정 및 가공(협정 제3.6조)

· 협정 제3장(원산지 규정)의 어떠한 규정에도 불구하고, 생산에 사용된 비원산지 재료에 다음에 해당하는 공정만 수행된 상품에 대해서는 원산지 지위를 불인정.

· 협정 제3.6조의 품목별 원산지기준을 충족하기 위한 '최소 공정 및 가공' 요건은 협정 제2.6조제5항의 관세차별 상품이 수출당사국 원산지를 인정받기 위한 '최소공정'과 동일(적용범위는 상이)

① 운송 또는 보관 목적상 상품이 양호한 상태로 유지되도록 보장하기 위한 보존 공정
② 운송 또는 판매를 위한 상품의 포장 또는 전시
③ 감별, 체질, 선별, 분류, 연마, 절단, 쪼개기, 분쇄, 구부리기, 감기 또는 풀기로 구성되는 단순한 가공
④ 상품 또는 그 상품의 포장에 마크, 라벨, 로고 또는 그 밖의 유사한 구별 표시의 부착 또는 인쇄
⑤ 상품의 특성을 실질적으로 변경하지 않으면서 물이나 다른 물질로 단순 희석
⑥ 제품의 부품으로의 분해
⑦ 동물의 도살
⑧ 단순한 페인팅 및 광택 공정
⑨ 단순 탈피, 씨 제거 또는 탈각
⑩ 다른 종류인지 여부와 관계없이 상품의 단순한 혼합
⑪ ①부터 ⑩까지의 공정 중 둘 이상의 조합
※ "단순한"은 특별한 기술 또는 그 활동을 수행하기 위하여 특별히 생산되거나 설치된 기계, 기기 또는 장비를 필요로 하지 않는 활동을 의미

ο 누적(협정 제3.4조)

재료누적은 협정 발효 즉시 시행, 완전누적(공정 및 부가가치의 누적)은 모든 회원국에 대한 협정 발효 後 5년 내 검토함.

· (재료누적) 한 당사국의 원산지 상품 또는 재료가 다른 당사국에서 상품 또는 재료의 생산에 재료로 사용되는 경우, 그 최종 상품 또는 재료의 작업이나 가공이 발생한 당사국의 원산지 지위 인정
· (완전누적) 당사국들에서 수행되는 모든 생산(공정누적) 및 상품에 부가되는 가치(부가가치 누적)에 대한 누적 확대의 적용 여부를 모든 회원국이 협정을 발효하는 날부터 검토

ο 누적 적용의 예외

협정 부속서 I 부록에 따른 민감물품의 원산지 결정에 필요한 추가요건* 충족 여부를 계산할 때는 재료누적을 적용하지 않음.

* 수출당사국에서 수출물품 총 가액의 20% 이상 부가가치가 발생

ο 누적 증빙

수입당사국의 관세당국은 수입물품의 원산지검증 수행 시 누적의 입증서류로서 원산지증명을 요구할 수 있음.

※ (유의사항) 다만, 현재까지 누적이 적용된 재료(또는 상품)에 대한 원산지검증 방법, 입증서류 등이 합의되지 않았으므로, 안정적 특혜 적용을 위해 누적을 활용하려는 상품에 대한 RCEP 원산지증명 확보 권고

2. 분야별특례기준

(1) 최소허용수준(미소기준)

부속서 3-가(품목별 원산지 규정)에 규정된 세번변경기준을 충족하지 않는 상품이라도 아래 중 어느 하나에 해당하는 경우에는 원산지 상품으로 인정함.

o 최소허용수준 인정 기준(협정 제3.7조)

① 그 상품의 생산에 사용되고 세번 변경이 이루어지지 않은 비원산지 재료의 가치가 상품 본선인도가격(FOB)의 10% 이하

② 섬유 및 의류(제50류~제63류로 분류되는 상품)의 경우에는 그 상품의 생산에 사용되고 세번 변경이 이루어지지 않은 비원산지 재료의 중량이 상품 중량의 10% 이하

(2) 포장과 포장재료 및 용기의 취급

포장재료 및 용기는 용도에 따라 달리 적용함.

o (운송 · 선적용) 상품의 원산지 지위 결정 시 고려하지 않음

o (소매 포장용) 해당 상품에 역내가치포함비율(RVC)을 적용하는 경우*를 제외하고 원산지 지위 결정 시 고려하지 않음.

* 역내가치포함비율을 적용하는 경우에는 해당 포장재료, 용기의 원산지 지위에 따라 각각 원산지 재료 또는 비원산지 재료의 가치에 포함하여 계산

(3) 부속품, 예비부품 및 공구

상품과 함께 제시된 부속품, 예비부품, 공구 및 사용 설명서나 그 밖의 안내서는 다음 조건에 따라 원산지 지위 결정에 반영함.

o 원산지 지위 결정 시 부속품 등의 적용 기준(협정 제3.9조)

① 세번변경기준 또는 가공공정기준을 적용하는 경우에는 부속품 등을 고려하지 않음

② 역내가치포함비율(RVC) 요건을 적용하는 경우에는 해당 부속품 등의 원산지 지위에 따라 각각 원산지 재료 또는 비원산지 재료의 가치에 포함하여 계산

※ 다만, 부속품 등은 해당 상품과 동일한 송장이 발급되어야 하며, 수량 및 가치가 해당 상품 대비 통상적 수준이어야 함.

(4) 간접재료

아래의 물품은 간접재료로 인정 가능한 물품으로 생산된 장소와 관계없이 원산지 재료로 취급됨

* 상품의 생산, 시험 또는 검사에 사용되지만 그 상품에 물리적으로 결합되지 않거나, 상품의 생산과 관련된 건물의 유지 및 설비의 운영에 사용되는 물품

① 연료 및 에너지 ② 도구, 형판 및 주형 ③ 설비 및 건물의 유지에 사용되는 예비부품 및 상품 ④ 생산에 사용되거나 설비 및 건물의 운영에 사용되는 윤활제, 그리스, 혼합물 및 그 밖의 재료 ⑤ 장갑, 안경, 신발, 의류, 그리고 안전장비 및 보급품 ⑥ 상품의 시험 또는 검사에 사용되는 설비, 장치 및 보급품 ⑦ 촉매제 및 용제 ⑧ 상품에 결합되지 않으나 그 상품 생산의 일부로 사용되었음이 합리적으로 입증될 수 있는 그 밖의 모든 상품

(5) 대체가능 상품 또는 재료

대체가능 상품 또는 재료란 동종이고 상업적으로 동질하며, 동일한 기술적 및 물리적 특성을 가지고, 최종 상품에 결합되는 경우 별도로 구별되지 않는 상품 또는 재료를 의미하며, 아래 기준 중 어느 하나에 따라 원산지 지위가 결정됨.

① 각각의 대체가능 상품 또는 재료를 물리적으로 분리하여 보관
② 대체가능 상품 또는 재료가 혼합되는 경우 수출당사국에서 일반적으로 인정되는 회계원칙에서 사용되는 재고관리기법*에 따라 원산지 판정
※ 다만, 해당 재고관리기법은 해당 회계연도에 동일하게 사용되어야 함.

(6) 생산에 사용된 재료

비원산지 재료를 사용하여 생산된 원산지 상품이 다른 상품의 생산에 재료(중간재)로 사용되는 경우 해당 재료(중간재)가 최종 상품의 생산자에 의하여 생산되었는지 여부와 관계없이 원산지 재료로 인정(협정 제3.12조).

3. 직접운송

(1) 직접운송의 원칙

수출당사국에서 수입당사국으로 직접 운송되지 않는 상품은 원산지 지위 불인정함. 직접운송의 입증 책임은 수입자에게 있음 (협정 제3.15조)

(2) 직접운송 예외

상품이 수출당사국과 수입당사국 외에 하나 이상의 당사국들(이하 "중간 경유 당사국들") 또는 비당사국들을 경유하여 운송되는 경우에는 아래 요건을 모두 충족해야 직접 운송된 것으로 간주

> ① 중간 경유 당사국들 또는 비당사국들에서 하역, 재선적, 보관 또는 그 상품을 양호한 상태로 보존하거나 수입 당사국으로 운송하기 위하여 필요한 그 밖의 모든 공정 이외의 공정이 수행되지 않아야 하고,
>
> ② 상품이 경유하는 중간 경유 당사국들 또는 비당사국들에서 관세당국의 통제하에 있어야 함.
>
> ※ 상기 요건이 충족됨을 입증하기 위해 수입자는 수입당사국의 관세당국에서 요구하는 경우 아래와 같은 서류를 제출하여야 함(예: 항공화물운송장, 선하증권, 복합 또는 결합운송 서류, 그 상품에 대한 상업송장 원본의 사본, 재무 기록, 비조작증명서 또는 그 밖의 관련 증명서류 같은 상업선적 서류나 화물운송 서류 등)

4. 수출입 통관요령

(1) 수입통관

① 수입신고 수리 전 원산지증명서 제출(사본가능)

ㄱ. 수입물품에 협정관세를 적용받으려는 수입자는 수입신고가 수리되기 전까지 세관장에게 협정관세 적용신청서를 제출하여 협정관세 적용을 신청(원칙)

ㄴ. 협정 제3.16조에 따른 원산지증명을 포함하여 수입물품이 협정 제3장의 요건을 충족함을 입증하는 원산지증빙서류를 갖추고, 세관장이 요구하면 제출함.

② 수입신고 수리 후 원산지증명서 제출

ㄱ. 수입신고 수리 전까지 협정관세 적용을 신청하지 못한 경우, 수입신고 수리일로부터 1년 이내에 협정관세 적용신청 가능

ㄴ. 수입물품은 수입 당시 협정 제3장의 요건을 충족해야 하며, 협정관세 적용을 신청할 때 이를 입증하는 원산지증빙서류를 제출해야 하며, 세관장에게 ①협정관세 적용신청서, ②수입·납세신고정정신청서, ③원산지증명서를 포함한 원산지증빙서류를 제출함.

(2) 수출통관

① 특혜관세 해당 물품에 대하여 원산지증명서를 발급하여 선적서류에 첨부하여 수입자에게 송부

② 수출물품의 선적 전까지 원산지증명서 발급신청서*에 아래의 서류를 첨부하여 발급기관에 제출

* 관세청전자통관시스템(http://unipass.customs.go.kr)또는 대한상공회의소 원산지증명센터(http://cert.korcham.net)에 접속하여 전자적 방식으로 신청·발급

※ (인증수출자 혜택) 기관발급 원산지증명서를 신청하고자 하는 업체별 또는 RCEP 품목별 원산지인증수출자는 첨부서류 제출 생략

① 수출신고 수리필증 사본(증명서발급기관이 수출사실 등을 전산으로 확인할 수 있는 경우 생략 가능) 또는 이에 갈음하는 서류
가. 자유무역지역에서 생산된 물품: 국외반출신고서 사본
나. 개성공업지구에서 생산된 물품: 보세운송신고서 사본
다. 우편물 · 탁송품 및 별송품: 영수증 · 선하증권 사본 또는 그 밖에 체약상대국으로 수출하였거나 수출할 것임을 나타내는 서류
② 송품장 또는 거래계약서
③ 원산지확인서(최종물품에 대한 원산지확인서로서 해당 물품의 생산자와 수출자가 다른 경우)
④ 원산지소명서. 다만, 수출자와 생산자가 다른 경우 생산자는 원산지소명서를 증명서발급기관에 직접 제출할 수 있음
⑤ 원산지소명서에 기재된 내용을 입증할 수 있는 서류 · 정보 및 국내제조확인서 (발급기관이 요청하는 경우에 한하며, 수출자와 생산자가 다른 경우 생산자는 해당 서류를 증명서발급기관에 직접 제출할 수 있음)

5. 원산지증명 방식

(1) 원산지 증명방식

① 수출당사국의 기관발급 원산지증명서 (Certification of Origin)
② 수출당사국 인증수출자가 작성한 자율발급 원산지증명서 (Declaration of Origin)
※ 우리나라의 완전 자율발급 시행 이전에 수출당사국이 완전 자율발급을 시행하더라도 수출당사국의 수출자(또는 생산자)가 작성한 원산지증명은 불인정
※ 자율발급 원산지증명의 경우 작성자의 수출당사국 인증수출자 여부 사전 확인* 필요
* 국가별 인증수출자 확인 방법은 관세청 FTA포털사이트를 통해 안내

(2) 발급자(기관)

세관 또는 대한상공회의소(각 회원국별 원산지증명서 발급기관은 RCEP 홈페이지 (https://rcepsec.org/rules-of-origin)에서 확인 가능)

(3) 발급자(자율): 원산지인증수출자

① 영 제7조제1호에 따른 업체별 원산지인증수출자 또는,
② 영 제7조제2호에 따른 품목별 원산지인증수출자. 다만, RCEP 협정에 대해 인증받은 품목(HS6 단위 기준)으로 한정한다.
※ 인증수출자가 아닌 수출자 · 생산자에 의한 원산지신고(완전 자율증명)는 협정발효 후 10년 이내 이행될 예정

(4) 증명서식 : 통일증명서식

① 기관발급방식 : FORM RCEP, 영어로 작성

② 연결 원산지증명서 : 협정 제3.19조에 따라 최초 수출국에서 작성·발급된 원산지증명을 기초로 하여 중간 경유 당사국에서 작성·발급되는 원산지증명서

※ 연결원산지증명서의 작성(발급)주체는 ① 중간 경유 당사국의 발급기관 또는 ② 중간 경유 당사국의 인증수출자. 다만, 중간 경유 당사국의 권한 있는 당국에 의해 인증 품목으로 지정된 원산지 상품에 대해서만 작성

※ 중간 경유 당사국과 수입당사국 모두가 완전 자율증명을 이행하는 경우에만 중간 경유 당사국에서 인증수출자가 아닌 수출자가 연결 원산지증명 작성 가능

※ 연결 원산지증명 작성(발급) 요건

① 유효한 원산지증명 원본 제시 ② 연결 원산지증명의 유효기간은 원본 원산지증명의 유효기간 이내 ③ 연결 원산지증명은 협정 부속서 3-나에 따른 원본 원산지증명의 정보 포함 ④ 재포장 또는 하역, 재선적, 보관, 탁송물의 분리나 수입당사국의 법, 규정, 절차, 행정적 결정 및 정책에 따라 요구되는 경우로 한정한 라벨링 같은 물류 활동 또는 상품을 양호한 상태로 보존하거나 상품을 수입당사국에 운송하기 위하여 필요한 그 밖의 모든 공정을 제외하고, 연결 원산지증명을 사용하여 재수출될 탁송물은 중간 경유 당사국에서 추가 가공을 거치지 않을 것 ⑤ 분할 수출 선적되는 경우, 그 분할 수출 수량은 원산지증명 원본의 전체 수량을 대신하여 제시되고, 분할 선적에 따라 재수출된 전체 수량은 원산지증명 원본의 전체 수량을 초과하지 않을 것 ⑥ 연결 원산지증명에 원본 원산지증명의 발급일 및 발급 번호 포함

(5) 유효기간 :

원산지증명은 발급 또는 작성일로부터 1년간 유효함. 우리나라의 협정 발효일('22.2.1.) 부터 발급(작성) 가능함. 다만, 우리나라 협정 발효일에 아직 협정이 발효되지 않는 국가에 대해서는 해당 국가의 협정 발효일부터 발급(작성) 가능.

(6) 사용언어 : 영어사용원칙

(7) 사용회수 : 1회 사용원칙

자유무역협정의 이행을 위한 관세법의 특례에 관한 법률 시행규칙[별지 제24호의5서식] 〈신설 2022. 1. 28.〉

「역내포괄적경제동반자협정」 제3.17조에 따른 원산지증명서의 서식

<table>
<tr><td colspan="4">1. Goods Consigned from (Exporter's name, address and country)</td><td colspan="4">Certificate No. Form RCEP

REGIONAL COMPREHENSIVE ECONOMIC PARTNERSHIP AGREEMENT

CERTIFICATE OF ORIGIN

Issued in..............................
(Country)</td></tr>
<tr><td colspan="4">2. Goods Consigned to (Importer's/ Consignee's name, address, country)</td><td colspan="4"></td></tr>
<tr><td colspan="4">3. Producer's name, address and country (if known)</td><td colspan="4" rowspan="2">5. For Official Use
Preferential Treatment:
☐ Given ☐ Not Given (Please state reason/s)

....
Signature of Authorised Signatory of the Customs Authority of the Importing Country</td></tr>
<tr><td colspan="4">4. Means of transport and route (if known)
Departure Date:
Vessel's name/Aircraft flight number, etc.:
Port of Discharge:</td></tr>
<tr><td>6. Item number</td><td>7. Marks and numbers on packages</td><td>8. Number and kind of packages; and description of goods.</td><td>9. HS Code of the goods (6 digit-level)</td><td>10. Origin Conferrig Criterion</td><td>11. RCEP Country of Origin</td><td>12. Quantity (Gross weight or other measurement), and value (FOB) where RVC is applied</td><td>13. Invoice number(s) and date of invoice(s)</td></tr>
<tr><td></td><td></td><td></td><td></td><td></td><td></td><td></td><td></td></tr>
<tr><td colspan="8">14. Remarks</td></tr>
<tr><td colspan="4">15. Declaration by the exporter or producer

The undersigned hereby declares that the above details and statements are correct and that the goods covered in this Certificate comply with the requirements specified for these goods in the Regional Comprehensive Economic Partnership Agreement. These goods are exported to:

....
(importing country)

....
Place and date, and signature of authorised signatory</td><td colspan="4">16. Certification

On the basis of control carried out, it is hereby certified that the information herein is correct and that the goods described comply with the origin requirements specified in the Regional Comprehensive Economic Partnership Agreement.

....
Place and date, signature and seal or stamp of Issuing Body</td></tr>
<tr><td colspan="8">17. ☐ Back-to-back Certificate of Origin ☐ Third-party invoicing ☐ ISSUED RETROACTIVELY</td></tr>
</table>

OVERLEAF NOTES

1. **CONDITIONS:** To be eligible for the preferential tariff treatment under the Regional Comprehensive Economic Partnership Agreement (the Agreement), goods should:
   a. fall within a description of goods eligible for concessions in the importing Party; and
   b. comply with all relevant provisions of Chapter 3 (Rules of Origin) and if applicable, Article 2.6 (Tariff Differentials) of Chapter 2 of the Agreement.

2. **EXPORTER AND CONSIGNEE/IMPORTER:** Provide details of the exporter of the goods (including name, address and country) and consignee/importer (including name, address, and country) in Box 1 and Box 2, respectively.

3. **PRODUCER:** Provide the details of the producer of the goods (including name, address and country) in Box 3, if known. In case of multiple producers, indicate "SEE BOX 8" in Box 3 and provide the details in Box 8 for each item. If the producer wishes the information to be confidential, it is acceptable to state "CONFIDENTIAL", however, the producer information may be available to the competent authority or authorised body upon request. In case the details of the producer are unknown, it is acceptable to state "NOT AVAILABLE".

4. **DESCRIPTION OF GOODS:** The description of each good in Box 8 should be sufficiently detailed to enable the products to be identified by the customs officer examining them.

5. Harmonized Commodity Description and Coding System (HS): The HS should be at the 6-digit level of the exported product and based on Annex 3A of the Agreement.

6. **ORIGIN CONFERRING CRITERIA**: For the goods that meet the origin conferring criteria, the exporter should indicate in Box 10 of this Form, the origin conferring criteria met, in the manner shown in the following table:

Origin conferring criteria	Insert in Box 10
(a) Goods wholly obtained or produced satisfying Article 3.2(a) of Chapter 3 of the Agreement	WO
(b) Goods produced exclusively from originating materials satisfying Article 3.2(b) of Chapter 3 of the Agreement	PE
(c) Goods produced using non-originating materials provided that the goods satisfy the product specific requirements set out in Annex 3A of the Agreement:	
- Change in Tariff Classification	CTC
- Regional Value Content	RVC
- Chemical Reaction	CR
(d) Goods comply with Article 3.4 of Chapter 3 of the Agreement	ACU
(e) Goods comply with Article 3.7 of Chapter 3 of the Agreement	DMI

7. **EACH GOOD CLAIMING PREFERENTIAL TARIFF TREATMENT QUALIFIES IN ITS OWN RIGHT:** It should be noted that all the goods in a consignment qualifies separately in their own right.

8. **RCEP COUNTRY OF ORIGIN:** The RCEP country of origin should be indicated separately for each good in the manner shown in the following table:

Circumstances	Insert in Box 11 – RCEP country of origin
(a) Goods are in Appendix to Annex I of the importing Party but do not meet the additional requirement specified in the Appendix to Annex I i.e. a Domestic Value Addition of 20% (DV20). (b) Goods that are not in the Appendix to Annex I of the importing Party, are produced exclusively from originating materials in accordance with Article 3.2(b) of Chapter 3 of the Agreement but are not processed beyond minimal operations set out in Article 2.6.5 of Chapter 2 of the Agreement in the exporting Party.	Indicate the name of the Party that contributed the highest value of originating materials used in the production of that good in the exporting Party in accordance with Article 2.6.4.
IN ALL OTHER CIRCUMSTANCES, including (c) Goods are in Appendix to Annex I of the importing Party and meet the additional requirement specified in Appendix to Annex I i.e. a Domestic Value Addition of 20% (DV20). (d) Goods are wholly obtained or produced in accordance with Article 3.2(a) of Chapter 3 of the Agreement (e) Goods that are not in the Appendix to Annex I of the Importing Party and satisfy the applicable requirements set out in Annex 3A (Product-Specific Rules) in accordance with Article 3.2(c) of Chapter 3 of the Agreement. (f) Goods that are not in the Appendix to Annex I of the importing Party, are produced exclusively from originating materials in accordance with Article 3.2(b) and are processed beyond minimal operations set out in Article 2.6.5 of Chapter 2 of the Agreement in the exporting Party.	Indicate the name of the exporting Party

Notes: Notwithstanding the above, under paragraph 6 of Article 2.6 of Chapter 2 of the Agreement the importer is allowed to make a claim for preferential tariff treatment at either:

- the highest rate of customs duty the importing Party applies to the same originating good from any of the Parties contributing originating materials used in the production of such good, (Article 2.6.6(a)), or
- the highest rate of customs duty that the importing Party applies to the same originating good from any of the Parties (Article 2.6.6(b)).

When the RCEP country of origin cannot be ascertained, based on the information provided by the exporter/producer and importer, indicate the name of the Party with the highest rate of customs duty followed by " * " if the Article 2.6.6(a) of Chapter 2 of the Agreement is being used or " ** " if the Article 2.6.6(b) of Chapter 2 of the Agreement is being used. For example: Australia * or Indonesia **.

9. **FOB VALUE:** The FOB value in Box 12 only needs to be provided when the Regional Value Content criterion is applied in determining the originating status of goods.

10. **INVOICES:** Indicate the invoice number and date in Box 13. If multiple invoices are used, indicate the invoice number and date for each item. The invoice is the one issued for the importation of the good into the importing Party. In cases where invoices used for the importation are not issued by the exporter or producer, in accordance with Article 3.20 of Chapter 3 of the Agreement, the "Third-party invoicing" box in Box 17 should be ticked (✓), and the name and country of the company issuing the invoice should be provided in Box 14.

11. **BACK-TO-BACK CERTIFICATE OF ORIGIN:** In the case of a back-to back Certificate of Origin issued in accordance with Article 3.19 of Chapter 3 of the Agreement, the "Back-to-back Certificate of Origin" box in Box 17 should be ticked (✓), and the original Proof of Origin reference number, date of issuance, issuing country, RCEP country of origin of the first exporting Party, and, if applicable, approved exporter authorisation code of the first exporting Party should be indicated in Box 14.

12. **ISSUED RETROACTIVELY:** Where a Certificate of Origin is issued retrospectively in accordance with paragraph 8 of Article 3.17 of Chapter 3 of the Agreement, the "ISSUED RETROACTIVELY" box in Box 17 should be ticked (✓).

13. **CERTIFIED TRUE COPY**: Where a certified true copy of the original Certificate of Origin is issued in accordance with paragraph 9 of Article 3.17 of Chapter 3 of the Agreement, the words "CERTIFIED TRUE COPY" and the date of issuance of the certified true copy should be indicated in Box 14.

14. **FOR OFFICIAL USE:** The customs authority of the importing Party may indicate (✓) in the relevant box in Box 5 in accordance with their domestic laws and regulations.

15. **REMARKS:** Box 14 should only be filled out when necessary and contain information including as specified in Paragraphs 10, 11, and 13 of the Overleaf Notes.

Continuation Sheet

Certificate No.　　　　　　　　　　　　　　　　　Form RCEP

6. Item number	7. Marks and numbers on packages	8. Number and kind of packages; and description of goods.	9. HS Code of the goods (6 digit-level)	10. Origin Conferrig Criterion	11. RCEP Country of Origin	12. Quantity (Gross weight or other measurement), and value (FOB) where RVC is applied	13. Invoice number(s) and date of invoice(s)
14. Remarks							
15. Declaration by the exporter or producer The undersigned hereby declares that the above details and statements are correct and that the goods covered in this Certificate comply with the requirements specified for these goods in the Regional Comprehensive Economic Partnership Agreement. These goods are exported to: .... (importing country) .... Place and date, and signature of authorised signatory				16. Certification On the basis of control carried out, it is hereby certified that the information herein is correct and that the goods described comply with the origin requirements specified in the Regional Comprehensive Economic Partnership Agreement. .... Place and date, signature and seal or stamp of Issuing Body			

머. FTA 원산지 결정기준 [한-이스라엘 FTA]

1. 원산지결정에 관한 일반적 기준

A. 원산지 상품

다음의 상품을 협정상 원산지 상품으로 인정함.

① 완전생산(WO): 당사국에서 완전하게 획득되거나 생산된 상품

② 품목별 원산지기준 충족(PSR): 당사국에서 완전히 획득되지 않은 재료를 결합하여 당사국에서 획득된 상품. 다만, 그 상품의 제조에 사용된 비원산지 재료가 당사국에서 충분한 작업 또는 가공을 거쳐 부속서 3-가의 목록에 규정된 조건을 충족해야 함

③ 원산지 재료로만 생산(PE): 당사국에서 원산지 자격을 갖춘 재료로만 획득된 상품

B. 완전생산기준

완전 생산이란 당사국에서 완전하게 획득되거나 생산된 상품으로 다음은 당사국에서 완전 획득 · 생산으로 간주한다(협정 제3.3조).

① 당사국의 토양, 수역, 해저 또는 하층토로부터 취득되거나 추출된 광물과 그 밖의 자연적으로 발생하는 물질

② 당사국에서 재배, 수확, 수집 또는 채집된 식물과 식물성 상품

③ 당사국에서 출생하고 사육된 살아있는 동물

④ ③의 살아있는 동물로부터의 상품

⑤ 당사국의 육지, 내수 또는 영해 내에서 수행된 수렵, 덫사냥, 수집, 어로, 양식 및 포획에 의하여 획득된 상품

⑥ 당사국에서 수집된 것으로 원재료 회수용으로만 적합한 중고 물품

⑦ 당사국에서 수행된 사용, 소비 또는 제조 공정으로부터 발생하는 폐기물 및 부스러기

⑧ 당사국의 선박에 의해서만 당사국 영해 밖의 수역, 해저 또는 하층토에서 취득한 어로 상품 및 그 밖의 상품

⑨ ⑧의 상품으로만 당사국의 가공선박에서 만들어진 상품

⑩ 당사국 영해 밖의 수역, 해저, 하층토에서 취득되거나 추출된 상품. 다만, 그 당사국이 그러한 수역, 해저 또는 하층토를 개발할 수 있는 권리를 가진 경우로 한정한다. 그리고

⑪ ①부터⑩까지에 명시된 상품으로만 양 당사국 중 어느 당사국에서 생산된 상품

C. 영역 원칙

누적 또는 완전생산기준이 적용되는 경우를 제외하고, 협정 제3.4조에 규정된 원산지 지위 획득을 위한 조건은 한국 또는 이스라엘에서 중단 없이 충족되어야 함.

D. 재수입물품의 원산지 인정 특례

원산지 상품이 체약당사국에서 비당사국으로 수출되었다가 다시 해당 체약당사국으로 수입된 경우에는 다음의 요건을 모두 입증하는 경우에 한정하여 원산지 상품으로 간주

① 수출된 물품과 동일한 상태로 재수입한 경우
② 재수입된 물품이 체약당사국이 아닌 국가에 있거나 수출되는 동안 그 물품을 양호한 상태로 보존하는데 필요한 작업 또는 공정 이상을 거치지 않은 경우

E. 전시상품

원산지 상품이 전시를 위하여 비당사국으로 발송되었다가 전시 후에 체약당사국으로의 수입을 위해 판매된 전시상품은 아래 요건을 충족하는 경우 특혜 대우 가능

① 전시회의 명칭 및 주소가 기재된 원산지증명서를 협정 제3장에 따라 발급하여 수입당사국의 관세 당국에 제출
② 전시 기간 동안 세관의 통제하에 있는 경우, 외국 상품의 판매를 목적으로 하여 상점 또는 사업장에서 개인적인 목적으로 개최되지 않은 모든 무역, 산업, 농업 또는 공예품 전시회, 박람회 또는 이와 유사한 공개 전시에 적용
③ 전시상품을 수입할 때 수입당사국의 세관 당국에 다음 사항을 모두 입증하여야 함
(1) 수출자가 그 상품을 우리나라 또는 이스라엘로부터 전시회가 개최된 비당사국으로 운송하고, 그 상품을 그 비당사국에서 전시한 사실
(2) 상품이 그 수출자에 의하여 우리나라 또는 이스라엘의 인에게 판매 또는 달리 처분된 사실
(3) 상품이 전시를 위하여 발송된 비당사국에서 전시회 기간 동안 또는 전시회 직후에 운송된 사실
(4) 상품이 전시를 위하여 운송된 후 전시회에서 시연 외의 목적으로 사용되지 않은 사실

F. 역외 가공(비당사국)

체약당사국에서 수출한 재료가 체약당사국 영역 밖에서 추가적인 제조 또는 가공을 거친 후 다시 해당 체약당사국으로 수입되어 최종 생산된 경우에는 아래 요건을 모두 충족하는 경우로 한정하여 원산지 상품으로 인정함

① 재료가 체약당사국에서 완전하게 획득되거나 수출되기 전에 협정 제3.6조에 따른 공정(불충분한 작업 또는 가공) 이상의 공정을 거칠 것
② 역외가공 후 재수입된 물품이 체약당사국에서 수출된 재료에 대한 작업 또는 가공으로

획득되었을 것

③ 수출된 상품과 역외가공 후 재수입된 상품의 HS6단위가 동일할 것

④ 비당사국에서 역외가공으로 발생한 총 부가가치가 원산지 지위가 신청된 최종 상품의 공장도 가격의 10% 이하일 것

⑤ 협정 제3.4조에 규정된 조건을 충족하지 않는 상품에는 적용되지 않음

⑥ 역외가공에 대한 사실 정보를 원산지증명서에 기재할 것

G. 역외 가공(개성공단)

체약당사국에서 수출한 재료가 체약당사국 영역 밖에서 추가적인 제조 또는 가공을 거친 후 다시 해당 체약당사국으로 수입되어 최종 생산된 경우에는 아래 요건을 모두 충족하는 경우로 한정하여 원산지 상품으로 인정함.

※ 향후 구성될 한반도 역외가공지역 위원회에서 역외가공 지역 및 해당 지역에서 최대 투입 가능한 부가가치 한도 등을 마련할 예정

H. 직접 운송

협정에 따른 특혜 대우는 협정 제3장의 요건을 충족하면서 체약당사국간 직접 운송되는 상품에 한정하여 적용됨이 원칙임

※ (예외 인정) 단일 탁송화물을 구성하는 상품은 아래의 요건을 모두 충족하는 경우 비당사국 영역에서 관세당국의 통제 하에 환적 또는 일시적으로 창고보관 되거나, 해당 영역을 통과하여 운송될 수 있음.

① 상품이 통과 중인 비당사국에서 거래, 소비 또는 사용이 의도되지 않아야 함

② 하역, 재선적 또는 그 상품을 양호한 상태로 보존하기 위하여 고안된 공정 외의 공정을 거치지 않아야 함

③ ① 및 ②의 요건이 충족됨을 입증하는 아래와 같은 증빙자료를 수입 당사국에 제출하여야 함

ㄱ. 원산지국으로부터 수입국까지의 운송을 증명하는 항공화물운송장, 선하증권 또는 복합운송이나 결합운송 서류와 같은 운송서류

ㄴ. 상품이 통과 중이었던 비당사국의 관세 당국에 의하여 발급된 증명서로서, 상품의 정확한 설명, 그 비당사국에서의 상품의 하역 및 재선적 날짜와 장소, 그리고 상품이 놓인 상태를 포함한 것

ㄷ. 가. 또는 나.에 해당하는 서류가 없는 경우 직접 선적을 증빙하는 그 밖의 서류

2. 품목별 기준

A. 충분하게 작업 또는 가공된 상품

① 협정 부속서 3-가의 목록에 규정된 조건이 충족되는 경우, 충분하게 작업 또는 가공된 것으로 간주하여 원산지 지위 인정

② 부속서 3-가 목록의 조건은 적용대상이 되는 모든 상품의 제조에 사용된 비원산지 재료에 수행되어야 하는 작업 또는 가공을 의미하며, 해당 비원산지 재료에 대해서만 적용됨

B. PSR 특징 및 현황

HS 2단위별 공통 원칙에 따른 단순한 품목별 원산지결정기준 도입하였으며, 한-이스라엘 FTA 품목별 원산지결정기준은 HS 2012 기준으로 작성됨.

한-이스라엘 FTA 품목별 원산지기준(PSR)현황

업종	PSR 구조
자동차	• 4단위 세번변경기준(CTH) 또는 비원산지재료가치 60% 이하 중 선택
기계, 전기 · 전자	• 4단위 세번변경기준(CTH) 또는 비원산지재료가치 50~60% 이하 중 선택
섬유 · 의류	• 4단위 세번변경기준(CTH) 또는 비원산지재료가치 60% 이하 중 선택 • 다만, 의류(61류 및 62류)는 역내에서 재단 · 봉제 공정 수행 필요
화확제품	• 대부분 품목은 4단위 세번변경기준(CTH) 또는 비원산지재료가치 50% 이하 또는 특정 화학공정 중 선택
철강 · 비철금속	• 4단위 세번변경기준(CTH) 또는 비원산지재료가치 50% 이하 중 선택 • 다만, 기타비금속제품(81류)의경우 6단위 세번변경기준(CTSH) 적용

C. 부가가치비율 계산

부가가치기준이 적용물품 물품의 부가가치 비율은 아래의 계산식에 따라 계산

$$\bullet\ \text{부가가치 비율(MC)} = \frac{\text{비원산지재료의 가격 (VNM)}}{\text{물품의 공장도가격 (EXW)}} \times 100\%$$

D. 세번변경기준

① 세번변경기준은 비원산지재료에만 적용

② 세번변경기준이 적용되는 경우, 상품의 생산에 사용된 각각의 비원산지 재료는 세번변경을 거친 경우에만 원산지 결정기준이 충족된 것으로 간주

③ 세번변경기준이 적용되고, 그 기준이 류(類), 호(號) 또는 소호(小號) 단위에서 특정 품목번호를 제외하도록 규정한 경우 그 품목번호에 해당하는 재료는 원산지재료여야 함.

E. 화학반응

협정 부속서 3-가(품목별 원산지 규정)의 제6부(제28류~제38류), 제7부(제39류~제40류)의 물품은 해당 류.부의 주석에 따른 화학반응이 수행된 경우 원산지 상품으로 인정

※ 화학반응 원산지 인정 기준 등 세부내용은 협정 부속서 3-가의 제6부 및 제7부의 주석 참조

F. 불충분한 작업 또는 가공

협정 제3.4조의 요건을 충족하는지 여부와 관계없이 다음의 공정 또는 가공이 수행된 경우 상품의 원산지 지위를 인정하지 아니함.

불충분한 작업 또는 가공

① 운송 및 보관되는 동안 물품이 양호한 상태로 유지되도록 보장하는 보존 공정 ② 포장의 단순한 변경이나 포장물의 해체 및 조립 ③ 세척, 세탁, 먼지 · 녹 · 기름 · 페인트 또는 그 밖의 막의 제거 ④ 기름 도포를 포함한 단순한 페인팅 및 광택 공정 ⑤ 곡물 및 쌀의 탈각, 부분 또는 전체의 표백, 연마 및 도정 ⑥ 방직용 섬유의 다림질 또는 압착 ⑦ 당류 착색 또는 각설탕 공정 ⑧ 과일, 견과류 및 채소에 대한 탈피, 씨 제거 및 탈각 ⑨ 연마, 단순한 분쇄 또는 단순한 절단 ⑩ 감별(sifting), 체질(screening), 선별(sorting), 분류(classifying), 등급화(grading) 또는 매칭(matching). 단, 매칭에 물품 세트의 구성도 포함한다. ⑪ 마크, 라벨, 로고 및 이와 유사한 그 밖의 구별표시를 상품 또는 그 포장에 부착 또는 인쇄 ⑫ 물 또는 그 밖의 물질에 단순한 희석. 다만, 상품의 특성이 변화하지 않는 경우로 한정한다. ⑬ 단순한 시험 또는 측정 ⑭ 병, 캔, 플라스크, 가방, 케이스, 상자에 단순한 넣기, 카드 또는 판에 붙이기, 그리고 그 밖의 모든 단순한 포장 공정 ⑮ 완전한 물품을 구성하기 위한 부품의 단순 조립 또는 상품의 부품으로의 분해 ⑯ 다른 종류인지의 여부에 관계없이 물품의 단순한 혼합. 다만, 분자 내 결합의 파괴를 통하여 새로운 구조를 가진 분자를 만들어 내는 공정(생화학 공정을 포함한다)인 "화학 반응(chemical reaction)"은 제외한다. ⑰ 동물의 도살 ⑱ ①~⑰까지 명시된 공정의 조합 ※ 이 표에 언급된 "단순한"이란 일반적으로 특별한 기술이나 그 활동을 수행하기 위하여 특별히 생산되거나 설치된 기계, 기기 또는 장비를 필요로 하지 않는 활동을 의미

3. 분야별 특례 기준

A. 원산지 인정의 최소허용기준(미소기준)

부속서 3-가(품목별 원산지 규정)에 규정된 세번변경기준을 충족하지 않는 상품이라도 아래 중 어느 하나에 해당하는 경우에는 원산지 상품으로 인정. 단, 부가가치기준에는 적용하지 아니한다.

① 협제15류~제24류에 해당하는 상품에 대해서는, 상품의 생산에 사용되고 세번 변경이 발생하지 않은 모든 비원산지재료의 가치가 그 물품의 공장도 가격의 10% 이하인 경우. 다만, 상품 생산에 사용된 비원산지재료의 HS번호가 그 상품과 다른 HS6단위로 분류되는 경우로 한정

② 제25류~제49류, 제64류~97류에 해당하는 상품에 대해서는 상품의 생산에 사용되고 세번 변경이 발생하지 않은 모든 비원산지재료의 가치가 그 물품의 공장도 가격의 10% 이하인 경우

③ 제50류~제63류에 해당하는 상품에 대해서는 해당 상품의 품목번호를 결정하는 구성요소의 생산에 사용된 모든 비원산지 섬유원료 또는 원사의 총 중량이 그 구성요소의 총 중량의 10% 이하로 사용된 경우

B. 누적기준

어느 하나의 체약당사국에서 생산되는 원산지 상품에 결합된 다른 체약당사국의 원산지 재료는 완제품의 작업 · 가공이 발생한 당사국의 원산지 상품으로 간주한다.

C. 부속품, 예비부품 및 공구

일반 장비의 일부로서 그 가격에 포함되거나 송장이 별도로 발급되지 않고 장비, 기계, 기기 또는 차량과 함께 발송되는 부속품, 예비부품 및 공구는 해당 장비, 기계, 기기 또는 차량과 일체로 간주한다.

D. 중립재

중립재란 상품의 생산, 시험 또는 검사에 사용되지만 그 상품에 물리적으로 결합되지 않거나, 상품의 생산과 관련된 건물의 유지 및 설비의 운영에 사용되는 물품으로, 상품의 생산에 사용될 수 있으나 그 상품에 결합되지 않는 아래의 물품은 원산지 결정 시 고려하지 아니한다.

① 에너지 및 연료

② 설비 및 장비

③ 기계 및 공구

④ 그 상품의 최종 구성에 들어가지 않고 들어가도록 의도되지 않은 상품

E. 동일하고 대체가능한 상품 및 재료

대체가능 재료란 동종이고 상업적으로 동질하며, 동일한 기술적 및 물리적 특성을 가지고, 최종 상품에 결합되는 경우 원산지 목적상 별도로 구별되지 않는 재료를 의미하고, 대체가능 재료에 대한 원산지 인정 기준은 아래 기준 중 어느 하나에 따라 원산지 결정을 한다.

① 동일하고 대체 가능한 원산지 재료와 비원산지 재료가 상품의 생산에 사용되는 경우, 그 재료의 원산지에 따라 물리적으로 구분 보관하여야 함.

② ①에도 불구하고 원산지 재료와 비원산지 재료를 물리적으로 구분 · 보관하는데 기술적으로 어려움이 있거나 상당한 비용이 드는 경우에는 그 상품이 제조된 당사국에서 일반적으로 인정되는 회계원칙에 근거한 재고관리기법을 사용할 수 있음.

* 다만, 해당 재고관리기법은 해당 회계연도에 동일하게 사용되어야 함.

F. 중간재

비원산지 재료가 충분한 작업 또는 가공을 거쳐 원산지 지위를 갖춰 다른 상품의 생산에 재료(중간재)로 사용되는 경우 해당 재료(중간재)에 포함된 비원산지 재료는 고려하지 아니함.

G. 세트상품

아래 기준 중 어느 하나를 충족하는 경우 세트 상품 전체를 원산지 상품으로 간주함.

① 통일상품명 및 부호체계(HS) 통칙 제3호에 따른 세트의 모든 구성 상품이 원산지 상품인 경우

② 세트가 원산지 상품과 비원산지 상품으로 구성된 경우에는 비원산지 상품의 가격이 그 세트의 공장도 가격의 15% 이하인 경우

4. 원산지증명 방식

A. 증명방식 : 기관발급 방식과 자율증명 방식 중 선택적으로 활용 가능함.

① (기관발급) 수출 당사국의 발급기관이 수출자 · 생산자 등의 신청을 받아 부속서 3-다에 규정된 서식으로 서면 또는 전자 발급

② (자율증명) 원산지 상품의 가격, 원산지 인증수출자 여부에 따라 다른 서식 사용이 가능하며, 관세당국이 인증한 인증수출자는 부속서(3-라-1) 서식의 원산지신고서 작성 가능, 1천불 이하의 상품에 대해서는 수출자가 부속서(3-라-2) 서식에 따른 원산지신고서 작성 가능

가) 원산지신고서 작성 가능한 자

ㄱ. 영 제7조제1호에 따른 업체별 원산지인증수출자

ㄴ. 영 제7조제2호에 따른 품목별 원산지인증수출자. 다만, 이스라엘과의 협정에 대해 인증 받은 품목(HS6단위 기준)으로 한정

ㄷ. 수출자. 다만, 원산지 상품의 가치가 미화 1천달러를 초과하지 않은 경우로 한정

나) 작성 시 유의사항

원산지 상품의 가격, 원산지 인증수출자 여부에 따라 다른 서식 사용이 가능하며, 인증수출자는 원산지 상품의 가격과 관계없이 아래 서식 사용 가능

ㄱ. 원산지신고서에 기재할 사안(협정 부속서 3-라-1 서식)

상업서류에 기재할 문안	The exporter of the goods covered by this document, (customs authorization No ....1)) declares that, except where otherwise clearly indicated, these goods are of (2)) (location & postal code3)) preferential origin.
작성방법	인증수출자는 송품장 등의 상업서류에 위 문안을 다음과 같이 타자로 치거나, 인장을 찍거나 인쇄하여 영문으로 작성함. 수기로 작성하는 경우에는 잉크를 사용하되, 정자로 기재해야 함 1) 수출당사국의 관세당국에 의하여 부여받은 인증수출자 번호 기재 2) 원산지 국가(즉, Korea 또는 Israel)를 기재 3) 원산지 지위를 부여하는 생산이 발생한 장소(우편번호 포함) 기재

ㄴ. 원산지신고서에 기재할 사안(협정 부속서 3-라-2 서식)

상업서류에 기재할 문안	The exporter of the goods covered by this document declares that these goods of(1)) (location & postal code2)), unless otherwise clearly specified, comply with the provisions of the Free Trade Agreement between the State of Israel and the Republic of Korea. Place and Date Signature of the Exporter
작성방법	수출자는 송품장 등의 상업서류에 위 문안을 다음과 같이 타자로 치거나, 인장을 찍거나 인쇄하여 영문으로 작성함. 수기로 작성하는 경우에는 잉크를 사용하되, 정자로 기재해야 함 1) 원산지 국가(즉, Korea 또는 Israel)를 기재 2) 원산지 지위를 부여하는 생산이 발생한 장소(우편번호 포함) 기재

B. 발급자 : 세관, 대한상공회의소, 이스라엘의 경우 재무부 이스라엘조세당국 관세국에서 발급

C. 증명서식 : 통일증명서식

D. 유효기간 : 1년

E. 사용언어 : 영어사용원칙

F. 사용회수 : 1회 사용원칙

■ 자유무역협정의 이행을 위한 관세법의 특례에 관한 법률 시행규칙 [별지 제24호의7서식] <신설 2022. 7. 5.>

이스라엘과의 협정에 따른 원산지증명서의 서식

(앞쪽)

CERTIFICATE OF ORIGIN – KOREA - ISRAEL FTA	
1. Exporter *(name, address, country)*	***2. Certificate no.***
3. Importer*(name, full address, country)*	***4. Country of Origin***
5. Port of shipment and Transport Details *(Optional)*	***6. Country of destination***
7. Observations	***8. Commercial invoices***

9. Description of goods

No.	*Tariff item number*	*Description of the goods*	*Origin Criterion*	*Gross weight or other measure*

ORIGIN CERTIFICATION

10. Declaration by:	***11. Certification by the Issuing Authority:***
□ ***The Producer*** □ ***The Exporter (if not the producer)***	
The undersigned hereby declares that he has read the instructions for filling out this Certificate, and that the goods comply with the origin requirements specified in the Agreement.	*We hereby certify the authenticity of this certificate and that it was issued in accordance with the provisions of the Agreement.*
Date:	***Date:***
Signature	***Stamp and signature***

210mm×297mm[백상지(80g/㎡)]

(뒤쪽)

작 성 방 법

※ 이 서식은 영문으로 작성하며, 작성방법은 전자 및 종이 원산지증명서 모두에 적용됩니다.

1. 제1란에는 수출자의 성명(상호), 주소, 수출국을 적습니다.
2. 제2란에는 증명서 고유번호(발급 일련번호)를 적습니다.
3. 제3란에는 최종 목적지국 상품 수입자의 성명(상호), 주소, 수입국을 적습니다. 상업적인 이유로 수입자를 지정하는 것이 불가능한 경우에는 "Unknown" 이라고 적습니다.
4. 제4란에는 해당 상품이 원산지 지위를 획득한 국가명을 적습니다.
5. 제5란에는 한국 또는 이스라엘의 선적항을 적습니다.(해당란은 선택 기재사항입니다.)
6. 제6란에는 상품의 최종 목적지인 국가명을 적습니다.
7. 제7란에는 제2사본(해당 시 "DUPLICATE" 기재), 소급발급(해당 시 "ISSUED RETROSPECTIVELY" 기재), 역외가공에 대한 언급(해당 시 "OUTWARD PROCESSING" 기재), 생산 지역[1] 등에 대한 정보를 적습니다.
8. 제8란에는 증명서의 적용대상이 되는 송장의 번호를 적습니다. 상업적인 이유로 송장의 번호를 지정하는 것이 불가능한 경우에는 이 란에 "Unknown" 이라고 적습니다.
9. 제9란에는 이 증명서의 적용대상이 되는 모든 상품에 대하여 그 상품을 검사하는 세관 공무원이 그 상품을 식별할 수 있도록 충분히 상세하게 적습니다. "No." 란에는 상품의 연번을 적고, "Tariff item number" 란에는 HS 품목번호를 6단위까지 적습니다. "Origin Criterion" 란에는 원산지 기준을 충족하는 상품의 경우, 수출자 및 생산자는 충족한 원산지 기준을 아래 표와 같은 방식으로 적고, "Gross weight or other measure "란에는 총 중량 또는 상품의 그 밖의 모든 수량 단위를 상세히 적습니다.
   * 원산지증명서에 상세히 기술된 HS 품목번호와 수입 당사국의 권한 있는 당국에 의한 실제 품목분류가 상응하지 않는다는 이유만으로 증명서가 무효화되지는 않습니다.

가. 협정 제3.3조의 의미 내에서 당사국에서 완전하게 획득되거나 생산된 상품	"WO"
나. 당사국에서 완전히 획득되지 않은 재료를 결합하여 그 당사국에서 획득된 상품. 다만, 그러한 재료가 협정 제3.4조의 의미 내에서 당사국에서 충분한 작업 또는 가공을 거친 경우로 한정한다.	"PSR"
다. 협정의 원산지 규정에 관한 장에 따른 원산지 자격을 갖춘 재료만으로 당사국에서 획득된 상품	"PE"
라. 협정 부속서 3-나(한반도 역외가공지역 위원회)에 기초하여 합의된 대로 역외가공 지역에서 생산된 상품	"OP"

   원산지증명서에 상세히 기술된 원산지 기준과 실제 원산지 기준이 상응하지 않는다는 이유만으로 원산지증명서가 무효화되지는 않습니다.

10. 제10란에는 이 증명서를 작성하는 수출자와 생산자가 동일한 경우 "The Produce" 란에 "√" 표시합니다. 만약 수출자가 생산자가 아닌 경우 "The Exporter (if not the producer)" 란에 "√" 표시합니다.
11. 제11란에는 증명기관의 세부사항을 기재하고, 그 기관이 서명하고 인장을 찍습니다.

1. 원산지 지위를 부여하는 생산이 발생한 장소(우편번호를 포함한다)

210mm×297mm[백상지(80g/㎡)]

버. FTA 원산지 결정기준 [한-캄보디아 FTA]

1. 원산지결정에 관한 일반적 기준

(1) 원산지 상품

당사국 영역으로 수입된 다음 중 어느 하나의 상품을 특혜관세대우 대상이 되는 원산지 상품으로 간주함. 완전생산 상품 또는 원산지 재료로만 생산된 상품인 경우 부속서 3-가의 품목별 원산지기준과 상관없이 원산지 지위 인정함. 또한 협정 제3.6조의 누적이 적용되는 경우를 제외하고 협정 제3장에 규정된 원산지 지위를 획득하기 위한 조건은 수출 당사국의 영역에서 중단 없이 충족되어야 함.

① 완전생산(WO): 수출 당사국 영역에서 완전하게 획득되거나 생산된 상품을 말함.

② 원산지 재료로만 생산(PE): 원산지 재료로만 수출 당사국의 영역에서 생산된 상품

③ 품목별 원산지기준 충족(PSR): 비원산지 재료를 사용하여 수출 당사국영역에서 생산되고, 품목별 원산지 규정(부속서 3-가)의 요건을 충족하는 상품

(2) 원산지 상품

다음은 당사국에서 완전 획득 · 생산으로 간주

① 당사국의 영역에서 재배된 후 수확, 수집 또는 채집된 식물과 식물 생산품

② 당사국의 영역에서 출생하고 사육된 살아있는 동물

③ ②에서 언급된 살아있는 동물로부터 획득된 상품

④ 당사국의 영역에서 수행된 수렵, 덫사냥, 어로, 양식, 채집 또는 포획으로부터 획득된 상품

⑤ 당사국의 토양, 수역, 해저 또는 해저 하부에서 추출되거나 채취된 ①부터 ④까지에 포함되지 않는 광물 및 그 밖의 천연 자원

⑥ 당사국 영해 밖의 수역, 해저 또는 해저 하부에서 그 당사국에 등록되고 그 당사국의 국기를 게양할 자격이 있는 선박에 의하여 잡힌 어류, 패류 및 그 밖의 해양생물, 그리고 그 당사국 또는 그 당사국의 인에 의하여 잡힌 그 밖의 생산품. 이 경우 그 당사국은 국제법에 따라 그러한 수역, 해저 및 해저 하부의 천연자원을 개발할 수 있는 권리가 있어야 함

⑦ 당사국에 등록되고 그 당사국의 국기를 게양할 자격이 있는 선박에 의하여 공해에서 잡힌 어류, 패류 및 그 밖의 해양생물

⑧ 당사국에 등록되고 그 당사국의 국기를 게양할 자격이 있는 가공선박에서 ⑥ 또는 ⑦에 언급된 생산품만으로 생산되거나 만들어진 상품

⑨ 우주에서 취득된 상품. 이 경우 이 상품은 그 당사국 또는 그 당사국의 인에 의하여 획득되어야 함

⑩ 상품의 처분, 원재료의 회수 또는 재활용 목적으로만 적합한 다음의 상품
가) 당사국에서의 생산 또는 소비로부터 얻어진 폐기물 및 부스러기
나) 당사국에서 수집된 중고품

⑪ ①부터 ⑩까지에 언급된 상품으로만 그 당사국에서 획득되거나 생산된 상품

(3) 누적기준

① 한쪽 당사국의 원산지 상품이 다른 쪽 당사국에서 특혜관세대우 자격이 있는 완제품의 재료로 사용되는 경우, 완제품의 작업 · 가공이 발생한 당사국의 원산지 상품으로 간주

② 향후 양 당사국은 누적 적용 확대를 위한 검토에 합의할 수 있음

(4) 직접운송원칙

A. 원칙

수출당사국에서 수입당사국으로 직접 운송되지 않는 상품은 원산지 지위 불인정이 원칙임. 다만, 상품이 수출당사국과 수입당사국 외에 하나 이상의 비당사국을 경유하여 운송되는 경우에는 아래 요건을 모두 충족해야 직접 운송된 것으로 간주함. 직접운송의 입증 책임은 수입자에게 있으며, 직접운송 예외 인정 요건은 아래와 같음.

① 상품이 경유하는 중간 경유국의 관세당국의 통제하에 있어야 함

② 상품이 하역, 재선적, 보관 또는 그 상품을 양호한 상태로 유지하기 위하여 요구되는 공정 외의 어떠한 공정도 수행되지 않아야 함

B. 입증서류

수입자는 수입당사국의 관세당국이 요구하는 경우 아래 중 어느 하나의 직접운송 입증 서류를 제출해야 함

① 수출 당사국의 영역에서 발급된 통과선하증권. 수출당사국부터 수입당사국까지의 상품의 전체 운송 경로를 포함한 운송 서류를 결합한 서류도 이에 포함됨

② 직접운송 요건을 충족함을 입증하는 그 밖의 증명서

2. 품목별기준

(1) 품목별 원산지기준

旣 체결한 FTA와 유사하나, 최신 생산공정 반영 및 역내 공급망 활성화 등을 위해 일부 기준 완화하였으며, 한-캄보디아 FTA 품목별 원산지결정기준은 HS2017 기준으로 체결됨.

한-캄보디아 FTA 품목별 원산지기준(PSR)현황

업종	PSR 구조
석유 · 화학	• 대부분 "세번변경기준(CTH, CTSH)" 또는 "역내가치포함비율 40% 이상" 중 선택
섬유 · 의류	• 대부분 "세번변경기준(CC, CTH)"으로 규정 • 한-아세안 FTA 등에서 규정된 의류의 추가 공정기준(재단 및 봉제 수행) 삭제

철강	• 대부분 "4단위 세번변경기준(CTH)" 또는 "역내가치포함비율 40% 이상" 중 선택
자동차	• [전기차] "역내가치포함비율 40% 이상"으로 한-아세안 FTA(RVC45) 대비 완화 • [부분품] "4단위 세번변경기준(CTH)" 또는 "역내가치포함비율 40% 이상" 중 선택
기계, 전기 · 전자	• 대부분 "4단위 세번변경기준(CTH)" 또는 "역내가치포함비율 40% 이상" 중 선택
농축수산물	• 대부분 "완전생산기준(WO)" 또는 "2단위 세번변경기준(CC)"

(2) 역내가치포함비율(RVC) 계산

공제법 또는 집적법을 사용

역내가치포함비율 계산 방법

• 간접법/공제법(Indirect/Build-Down Method): 상품에 포함된 비원산지 재료의 가치 제외

$$\frac{\text{본선인도가격(FOB)} - \text{비원산지재료가치(VNM)}}{\text{본선인도가격(FOB)}} \times 100\%$$

• 직접접/집적법(Direct/Build-Up Method): 상품에 포함된 원산지 재료의 가치와 제조에 사용된 경비 등을 합산

$$\frac{\text{원산지재료가치(VOM)+직접노무비+직접경비+이윤+그 밖의 비용}}{\text{본선인도가격(FOB)}} \times 100\%$$

(3) 세번변경기준

2단위(CC), 4단위(CTH), 6단위(CTSH) 기준 규정이며, 세번 변경의 요건은 비원산지 재료에만 적용됨

(4) 불인정 공정

협정 제3장(원산지 규정)의 어떠한 규정에도 불구하고, 당사국 영역에서 다음의 공정이 그 자체로만 또는 결합되어 수행된 상품에 대해서는 원산지 지위 불인정

① 운송 · 보관 중 상품이 양호한 상태로 유지되도록 보장하는 보존 공정
② 포장의 변경, 포장물의 해체 및 조립
③ 단순1) 세탁, 세척, 먼지, 녹, 기름, 페인트 또는 그 밖의 막의 제거

④ 방직용 섬유의 다림질 또는 압착
⑤ 단순 페인팅 및 광택 공정
⑥ 곡물 및 쌀의 탈각, 부분 또는 전체 표백, 연마 및 도정
⑦ 당류 착색 또는 각설탕 제조 공정
⑧ 단순 탈피, 씨 제거 또는 탈각
⑨ 연마, 단순 분쇄 또는 단순 절단
⑩ 감별, 체질, 선별, 분류, 등급화 또는 매칭
⑪ 병, 캔, 플라스크, 가방, 케이스, 상자에 단순히 넣기, 카드 또는 판에 붙이기, 그리고 그 밖의 모든 단순 포장 공정
⑫ 마크, 라벨, 로고 및 그 밖의 유사한 구별 표시를 제품 또는 제품의 포장에 부착하거나 인쇄하는 것
⑬ 다른 종류인지 여부와 관계없이 제품의 단순한 혼합2)
⑭ 완전한 물품을 구성하는 물품 부품의 단순 조립 또는 제품의 부품으로의 분해
⑮ 단순 시험 또는 측정
⑯ 동물의 도살3)

(각주1) “단순한”은 일반적으로 특별한 기술 또는 그 활동을 수행하기 위하여 특별히 생산되거나 설치된 기계, 기기나 장비를 필요로 하지 않는 활동을 의미 (이하 협정 제3.7조에서 같은 의미로 사용)

(각주2) “단순한 혼합”은 화학반응을 포함하지 아니함. 화학반응이란 분자 내 결합의 파괴 및 새로운 분자 내 결합의 생성, 또는 분자 내 원자의 공간배열 변경을 통해 새로운 구조를 가진 분자를 만들어내는 가공(생화학 가공을 포함)을 말함

(각주3) “도살”이란 동물의 단순한 도살 및 저장과 운송을 위한 보존을 목적으로 한 절단, 냉장, 냉동, 염장, 건조 또는 훈제와 같은 그 이후 이루어지는 과정을 말함

3. 분야별특례기준

(1) 원산지 인정의 최소기준

세번변경기준이 충족되지 않는 상품이라도 아래 중 어느 하나에 해당하는 경우 원산지 상품으로 인정

① 섬유 및 의류(제50류~제63류)를 제외한 상품은 그 상품의 생산에 사용되고 세번변경이 이루어지지 않은 비원산지 재료의 가치가 상품 본선인도가격(FOB)의 10% 이하
② 섬유 및 의류(제50류~제63류)의 경우에는 그 상품의 생산에 사용되고 세번변경이 이루어지지 않은 비원산지 재료의 중량이 상품 중량의 10% 이하

※ ① 및 ②가 적용되는 상품이 원산지 상품으로 인정되기 위해서는 협정 제3장의 모든 요건을 충족해야함
※ ①에 언급된 비원산지 재료의 가치는 그 상품에 적용되는 RVC 요건 충족 여부를 판정하기 위한 비원산지 재료의 가치에는 포함됨

(2) 포장재료 및 용기

① 운송용 또는 수송용 포장재료 및 용기는 상품의 원산지를 결정함에 있어 고려되지 않는다.
② 소매용 포장재료 및 용기는, 해당 상품에 역내가치포함비율(RVC)을 적용하는 경우를 제외하고 원산지 지위 결정 시 고려하지 않음
* 역내가치포함비율을 적용하는 경우에는 해당 포장재료, 용기의 원산지 지위에 따라 각각 원산지 재료 또는 비원산지 재료의 가치에 포함하여 계산

(3) 생산에 사용된 재료(중간재)

비원산지 재료를 사용하여 생산된 원산지 상품이 다른 상품의 생산에 재료(중간재)로 사용되는 경우 해당 재료(중간재)가 최종 상품의 생산자에 의하여 생산되었는지 여부와 관계없이 원산지 재료로 인정

(4) 부속품, 예비부품 및 공구

상품과 함께 제시된 부속품, 예비부품, 공구 및 사용 설명서나 그 밖의 안내서는 다음 조건에 따라 원산지 지위 결정에 반영
① 그 상품이 세번변경기준 또는 가공공정기준을 적용하는 경우에는 부속품 등을 고려하지 않음.
② 그 상품이 역내가치포함비율(RVC) 요건을 적용하는 경우에는 해당 부속품 등의 원산지 지위에 따라 각각 원산지 재료 또는 비원산지 재료의 가치에 포함하여 계산. 다만, 부속품 등은 해당 상품과 동일한 송장이 발급되어야 하며, 수량 및 가치가 해당 상품 대비 통상적 수준이어야 함.

(5) 중립재(간접재료)

중립재란 상품의 생산, 시험 또는 검사에 사용되지만 그 상품에 물리적으로 결합되지 않거나, 상품의 생산과 관련된 건물의 유지 및 설비의 운영에 사용되는 물품을 말하며, 해당 상품의 생산에 사용될 수 있으나, 결합되지 않을 수 있는 아래의 물품은 원산지 결정 시 제외함

① 연료 및 에너지
② 도구, 형판 및 주형
③ 설비 및 건물의 유지에 사용되는 예비부품 및 상품
④ 생산에 사용되거나 설비 및 건물의 운영에 사용되는 윤활제, 그리스, 혼합물 및 그 밖의 재료
⑤ 장갑, 안경, 신발, 의류, 그리고 안전장비 및 보급품
⑥ 상품의 시험 또는 검사에 사용되는 설비, 장치 및 보급품
⑦ 촉매제 및 용제
⑧ 상품에 결합되지 않으나 그 상품 생산의 일부로 사용되었음이 합리적으로 입증될 수 있는 그 밖의 모든 상품

(6) 부속품, 예비부품 및 공구

상품과 함께 제시된 부속품, 예비부품, 공구 및 사용 설명서나 그 밖의 안내서는 다음 조건에 따라 원산지 지위 결정에 반영

① 그 상품이 세번변경기준 또는 가공공정기준을 적용하는 경우에는 부속품 등을 고려하지 않음.
② 그 상품이 역내가치포함비율(RVC) 요건을 적용하는 경우에는 해당 부속품

(7) 대체가능 상품 및 재료

대체가능 상품 또는 재료에 대한 원산지 인정 기준은 아래 기준 중 어느 하나에 따라 원산지 지위 결정됨

① 각각의 대체가능 상품 또는 재료를 물리적으로 분리하여 보관
② 대체가능 상품 또는 재료가 혼합되는 경우 수출당사국에서 일반적으로 인정되는 회계원칙에서 사용되는 재고관리기법에 따라 원산지 판정

4. 원산지증명 방식

(1) 증명방식 : 기관발급 방식과 인증수출자에 의한 자율증명 방식 중 선택하여 활용 가능

(2) 발급자 : 수출자, 생산자

(3) 증명서식 : 협정문 부속서 3-마에 규정된 서식 또는 규칙 별지 제24호의9 서식 참조

(4) 유효기간 : 원산지증명은 발급 또는 작성일로부터 1년간 유효

(5) 사용언어 : 영어사용원칙

(6) 소급발급 : 선적일부터 1년 이내에 소급발급(선적 후 발급)을 신청

■ 자유무역협정의 이행을 위한 관세법의 특례에 관한 법률 시행규칙 [별지 제24호의10서식] <신설 2022. 7. 5.>

캄보디아와의 협정(제3.17조)에 따른 원산지증명서의 서식

(앞쪽)

Declaration of Origin
Korea-Cambodia Free Trade Agreement

1. Exporter's Name and Address:

Telephone: Fax: E-Mail:

Approved exporter authorization code: Reference No.:

2. Producer's Name and Address (if known):

Telephone: Fax: E-Mail:

3. Importer's or Consignee's Name and Address:

Telephone: Fax: E-Mail:

4. Description of Goods (including invoice number, quantity)	5. HS Tariff Classification #	6. Origin Criterion	7. Producer	8. FOB value only when the RVC criterion is used	9. Country of Origin

10. Observations/Findings:

I certify that:

- The information in this document is true and accurate, and I assume the responsibility for proving such representations. I understand that I am liable for any false statements or material omissions made on or in connection with this document.
- I agree to maintain, and present upon request, documentation necessary to support this declaration, and to inform, in writing, all persons to whom the declaration was given of any changes that would affect the accuracy or validity of this Declaration.
- The goods originate in the territory of the exporting Party and comply with the origin requirements specified for those goods in the Korea-Cambodia Free Trade Agreement.

This Declaration consists of ______ pages, including all attachments.

11. Authorized signature:	Company:
Name:	Title:
YYYY MM DD Date: / / /	Telephone: Fax :

210㎜×297㎜[백상지(80g/㎡)]

XI FTA 관세특례제도

(뒤쪽)

작 성 방 법

※ 이 서식은 수출당사국의 원산지인증수출자가 캄보디아와의 협정 제3.17조에 따라 원산지증명서를 작성할 때 사용됩니다. 작성자는 이 서식을 영문으로 명료하게 빠짐없이 작성하여야 하며 타자로 치거나 수기로 기재할 수 있습니다. 작성을 위한 추가 공간이 필요한 경우에는 별지를 사용하십시오.

1. 제1란에는 수출자의 법적 이름, 주소(도시 및 국가 포함), 전화번호, 팩스번호, 이메일 주소, 인증수출자 인증번호, 원산지증명서의 고유한 참조번호를 적습니다.
2. 제2란의 생산자가 한 명인 경우에는, 그 생산자의 법적 이름과 주소(도시 및 국가 포함), 전화번호, 팩스번호 및 이메일 주소를 적습니다. 둘 이상의 생산자가 증명서에 포함되는 경우에는, "VARIOUS" 로 기재하고, 제4란의 물품과 상호 참조되는, 모든 생산자의 법적 이름, 주소(도시 및 국가 포함), 전화번호, 팩스번호, 이메일 주소를 포함하여 모든 생산자의 목록을 첨부합니다. 제공된 정보가 비밀인 경우, "AVAILABLE TO CUSTOMS UPON REQUEST" 라는 문구를 기재합니다.
3. 제3란에는 수입자의 법적 이름, 주소(도시 및 국가 포함), 전화번호, 팩스번호 및 이메일 주소를 적습니다.
4. 제4란에는 각 물품에 대한 상세한 품명을 적습니다. 품명은 송품장 및 HS(국제통일상품분류체계)상의 품명과 연계할 수 있도록 충분한 세부내역을 포함해야 합니다. 물품의 수량을 포함하여 상업 송장에 기재된 송장 번호를 적습니다. 원산지인증수출자는 수출당사국의 권한있는 당국으로부터 인증받은 품목에 대해서만 원산지증명서를 작성할 수 있습니다.
5. 제5란에는 제4란의 각 물품에 대한 HS 품목번호를 6단위까지 적습니다.
6. 제6란에는 제4란의 각 물품에 적용되는 원산지결정기준을 아래의 표에 따라 적습니다. 원산지결정기준은 캄보디아와의 협정(이하 "협정") 제3장(원산지 규정) 및 부속서 3-가(품목별 원산지 규정)에 규정되어 있습니다.

가. 협정 제3.3조에 규정·정의된 수출 당사국의 영역에서 완전하게 획득되거나 생산된 물품	"WO"
나. 원산지 재료로만 수출 당사국의 영역에서 생산된 물품	"PE"
다. 품목별 원산지 규정을 충족하는 물품 - 세번변경기준을 충족하는 물품 - 일정 역내가치포함비율을 충족하는 물품 (예: 역내가치포함비율이 45% 이상인 물품) - 세번변경기준과 역내가치포함비율을 동시에 충족하는 물품	 "CTC" "RVC %" (예: "RVC 45%") "CTH + RVC %"
- 특정 공정을 수행한 물품	"Specific Processes"
라. 협정 제3.5조를 충족하는 물품(개성공업지구에서 생산된 물품)	"Article 3.5"

7. 제7란에는 수출자가 제4란의 물품의 생산자인 경우 "YES" 라고 적습니다. 수출자가 그 물품의 생산자가 아닌 경우, "NO" 를 적고 그 옆에 아래의 표에 따라 (1), (2) 중 해당하는 것을 적습니다.

기재 문구	원산지증명서 작성근거
(1)	해당 물품이 원산지물품 자격을 갖추었는지에 대한 수출자의 완전한 인지
(2)	해당 물품이 원산지물품 자격을 갖추었다는 생산자의 서면 확인에 대한 수출자의 신뢰

8. 제8란에는 물품의 원산지 결정 시 역내가치포함비율 기준이 사용된 경우로 한정하여 본선인도가격(FOB가격)을 적습니다.
9. 제9란에는 해당 물품의 원산지국가를 기재합니다: 한국(KR), 캄보디아(CA)
10. 제10란에는 제4란의 각 물품에 대해 품목분류 및 역내부가가치 등에 대한 사전심사, 판정을 받은 경우 이 증명서와 관련된 다른 참고사항이 있는 경우에 적습니다.(발급당국, 참조번호 및 발급날짜 포함)
11. 제11란에는 수출자가 작성, 서명하고 날짜를 적어야 합니다. 이 란의 날짜는 이 증명서가 작성되고 서명된 날이어야 합니다.

210mm×297mm[백상지(80g/㎡)]

서. FTA 원산지 결정기준 [한-인도네시아 FTA]

1. 원산지결정에 관한 일반적 기준

A. 원산지 상품

당사국 영역으로 수입된 다음 중 어느 하나의 상품을 특혜관세대우 대상이 되는 원산지 상품으로 간주함. 협정 제3.6조의 누적이 적용되는 경우를 제외하고 협정 제3장에 규정된 원산지 지위를 획득하기 위한 조건은 수출 당사국의 영역에서 중단 없이 충족되어야 함.

① 완전생산(WO): 수출 당사국 영역에서 완전하게 획득되거나 생산된 상품을 말함.
② 원산지 재료로만 생산(PE): 원산지 재료로만 전적으로 수출 당사국의 영역에서 생산된 상품
③ 품목별 원산지기준 충족(PSR): 비원산지 재료를 사용하여 전적으로 수출 당사국 영역에서 생산되고, 협정 부속서 3-가에 규정된 요건을 충족하는 상품

B. 완전생산기준

다음은 당사국에서 완전 획득 · 생산으로 간주

① 당사국의 영역에서 재배되고 수확된 식물과 식물 생산품
② 당사국의 영역에서 출생하고 사육된 살아있는 동물
③ ②에서 언급된 살아있는 동물로부터 획득된 상품
④ 당사국의 영토에서 수렵 또는 덫사냥에 의하여 획득된 상품, 또는 당사국의 내수 또는 영해에서 수행된 어로 또는 양식에 의하여 획득된 상품
⑤ 당사국의 영역에서 추출되거나 채취된 ①부터 ④까지에 포함되지 않는 광물 및 그 밖의 천연자원
⑥ 당사국에 등록되고 그 당사국의 국기를 게양한 선박에 의하여 당사국 영해 밖의 바다, 해저 또는 하부토양에서 획득한 어로 상품 및 그 밖의 해양생물. 이 경우 그 당사국은 국제법에 따라 그러한 바다, 해저 또는 하부토양을 개발할 수 있는 권리가 있어야 함
⑦ 당사국에 등록되고 그 국기를 게양할 자격이 있는 가공선박에서 ⑥에 언급된 상품만으로 생산되거나 만들어진 상품
⑧ 당사국의 영역 밖의 해저 또는 하부토양으로부터 당사국 또는 당사국의 인에 의하여 채취된 상품. 이 경우 그 당사국은 국제법에 따라 그러한 해저 또는 하부토양을 개발할 수 있는 권리가 있어야 함
⑨ 우주에서 취득된 상품. 이 경우 이 상품은 그 당사국 또는 그 당사국의 인에 의하여 획득되어야 함
⑩ 당사국의 영역에서 수집된 물품으로서 더 이상 본래 목적을 수행할 수 없고 저장 또는 수리할 수 없으며 그리고 부품 또는 원재료의 처분이나 회수 또는 재활용 목적으로만 적합한 물품

⑪ 다음으로부터 얻어진 폐기물 및 부스러기
　가) 당사국 영역에서의 생산
　나) 당사국 영역에서 수집된 중고품. 다만, 그러한 상품은 원재료 회수용으로만 적합한 것이어야 함
⑫ ①부터 ⑪까지 언급된 상품으로만 그 당사국 영역에서 획득되거나 생산된 상품

C. 불인정 공정

협정 제3장(원산지 규정 및 원산지 절차)의 어떠한 규정에도 불구하고, 당사국 영역에서 다음의 공정이 그 자체로만 또는 결합되어 수행된 경우 원산지 상품으로 불인정

협정 제3.7조에 따른 불인정 공정

① 운송 · 보관 중 상품이 양호한 상태로 유지되도록 보장하는 보존 공정
② 포장의 변경, 포장물의 해체 및 조립
③ 단순한1) 세탁, 세척, 먼지, 녹, 기름, 페인트 또는 그 밖의 막의 제거
④ 방직용 섬유의 다림질 또는 압착
⑤ 단순한1) 페인팅 및 광택 공정
⑥ 곡물 및 쌀의 탈각, 부분 또는 전체 표백, 연마 및 도정
⑦ 당류 착색 또는 각설탕 제조 공정
⑧ 단순한1) 탈피, 씨 제거 또는 탈각
⑨ 연마, 단순 분쇄 또는 단순 절단
⑩ 감별, 체질, 선별, 분류, 등급화, 매칭
⑪ 병, 캔, 플라스크, 가방, 케이스, 상자에 단순히 넣기, 카드 또는 판에 붙이기, 그리고 그 밖의 모든 단순 포장 공정
⑫ 마크, 라벨, 로고 및 그 밖의 유사한 구별 표시를 제품 또는 제품의 포장에 부착하거나 인쇄하는 것
⑬ 다른 종류인지 여부와 관계없이 제품의 단순한 혼합2)
⑭ 완전한 물품을 구성하는 물품 부품의 단순 조립 또는 제품의 부품으로의 분해
⑮ 단순한 시험 또는 측정
⑯ 동물의 도살

(각주1) "단순한"은 일반적으로 특별한 기술 또는 그 활동을 수행하기 위하여 특별히 생산되거나 설치된 기계, 기기나 장비를 필요로 하지 않는 활동을 의미

(각주2) "단순한 혼합"은 화학반응을 포함하지 아니함. 화학반응이란 분자 내 결합의 파괴 및 새로운 분자 내 결합의 생성, 또는 분자 내 원자의 공간배열 변경을 통해 새로운 구조를 가진 분자를 만들어내는 가공(생화학 가공을 포함)을 말함

(각주3) "도살"이란 동물의 단순한 도살 및 저장과 운송을 위한 보존을 목적으로 한 절단, 냉장 또는 냉동과 같은 그 이후 이루어지는 과정을 말함

D. 누적기준

한쪽 당사국의 원산지 상품이 다른 쪽 당사국에서 특혜관세대우 자격이 있는 완제품의 재료로 사용되는 경우, 완제품의 작업 · 가공이 발생한 당사국의 원산지 상품으로 간주

E. 직접운송원칙

가) 원칙

수입당사국으로 직접 운송되지 않는 상품은 원산지 지위 불인정이 원칙임. 다만, 상품이 수출당사국과 수입당사국 외에 하나 이상의 비당사국을 경유하여 운송되는 경우에는 아래 요건을 모두 충족해야 직접 운송된 것으로 간주함. 직접운송의 입증 책임은 수입자에게 있으며, 직접운송 예외 인정 요건은 아래와 같음

① 해당 경유가 지리적 이유 또는 운송요건에만 관련된 고려에 의하여 정당화되어야 함
② 상품이 경유국에서 거래 또는 소비되지 않아야 함
③ 상품이 하역, 재선적, 그 상품을 양호한 상태로 유지하기 위하여 요구되는 공정 외의 어떠한 공정도 수행되지 않아야 함

나) 입증서류

수입자는 수입당사국의 관세당국이 요구하는 경우 아래 중 어느 하나의 직접운송 입증 서류를 제출해야 함

① 수출 당사국의 영역에서 발급된 통과 선하증권. 이는 수출 당사국부터 수입 당사국까지의 상품의 전체 운송 경로를 포함한 운송 문서를 결합한 것을 포함
② 직접운송 예외 인정 요건이 준수되고 있음을 입증하는 그 밖의 증명서류

2. 품목별기준

A. 품목별 원산지기준

한-아세안 FTA 원산지기준과 일관성을 유지하되, 원재료 조달 편의 등을 위해 일부 품목은 기준 완화됨.

한-인도네시아 CEPA 품목별 원산지기준(PSR)현황

업종	PSR 구조
섬유 · 의류	• 대부분 "세번변경기준(CC, CTH)" • 한-아세안 FTA 등에서 규정된 의류의 추가 공정기준(재단 및 봉제 수행) 삭제
철강	• 대부분 "4단위 세번변경기준(CTH)" 또는 "역내가치포함비율 40% 이상" 중 선택 • 스테인리스강 중 일부품목은 "6단위 세번변경기준(CTH)" 또는 "역내가치포함비율 40% 이상" 중 선택

자동차	• "역내가치포함비율 40% 이상" 으로 한-아세안 FTA(대부분 RVC45) 대비 완화
기계, 전기 · 전자	• 대부분 "4단위 세번변경기준(CTH)" 또는 "역내가치포함비율 40% 이상" 중 선택 • 세탁기, 냉장고, 에어컨 등 일부 품목은 "6단위 세번변경기준(CTSH)"

B. 역내/인정가치포함비율(RVC/QVC) 계산

역내/인정가치포함비율 계산 방법

• 공제법(Build-down): 상품에 포함된 비원산지 재료의 가치를 제외

$$\frac{\text{본선인도가격(FOB)} - \text{비원산지재료가치(VNM)}}{\text{본선인도가격(FOB)}} \times 100\%$$

• 집적법(Build-up): 상품에 포함된 원산지 재료의 가치와 제조에 사용된 경비 등을 합산

$$\frac{\text{원산지재료가치(VOM)}}{\text{본선인도가격(FOB)}} \times 100\%$$

C. 세번변경기준

2단위(CC), 4단위(CTH), 6단위(CTSH) 기준 규정되어 있으며, 세번 변경의 요건은 비원산지 재료에만 적용됨.

3. 분야별특례 기준

A. 원산지 인정의 최소기준

세번변경기준이 충족되지 않는 상품이라도 아래 중 어느 하나에 해당하는 경우 원산지 상품으로 인정

① 섬유 및 의류(제50류~제63류)를 제외한 상품은 그 상품의 생산에 사용되고 세번변경이 이루어지지 않은 비원산지 재료의 가치가 상품 본선인도가격(FOB)의 10% 이하

② 섬유 및 의류(제50류~제63류)의 경우에는 그 상품의 생산에 사용되고 세번변경이 이루어지지 않은 비원산지 재료의 중량이 상품 중량의 10% 이하

※ ① 및 ②가 적용되는 상품이 원산지 상품으로 인정되기 위해서는 협정 제3장의 모든 요건을 충족해야 함

※ ①에 언급된 비원산지 재료의 가치는 그 상품에 적용되는 RVC/QVC 요건 충족 여부를 판정하기 위한 비원산지 재료의 가치에는 포함됨

B. 포장 및 포장재료의 취급

세번변경기준이 충족되지 않는 상품이라도 아래 중 어느 하나에 해당하는 경우 원산지 상품으로 인정

① 운송용, 수송용 상품의 원산지 지위 결정 시 고려하지 않음

② 소매 포장용 포장 및 포장재료는 다음의 결정 방법에 의해 결정됨

① (부가가치기준 적용 시) 해당 상품과 일체로 간주되는 경우에는 상품의 원산지 결정 시 고려함 ② (세번변경기준 적용 시) 해당 상품과 같이 분류되는 경우에는 상품의 세번변경 충족 여부 결정 시 고려하지 아니함

C. 중간재

비원산지 재료를 사용하여 생산한 원산지 상품이 다른 상품의 생산에 재료(중간재)로 사용되는 경우에는 해당 재료(중간재)에 포함된 비원산지 재료는 고려하지 아니함. 비원산지 상품이 다른 상품의 생산에 재료로 사용되는 경우에는 해당 상품에 포함된 원산지 재료와 비원산지 재료의 가치를 목적에 따라 구분하여 산정

D. 부속품, 예비부품 및 공구

상품과 함께 인도된 상품의 표준 부속품, 예비부품, 공구는 다음 조건에 따라 원산지 지위 결정에 반영

① 그 상품이 세번변경기준을 적용하는 경우 부속품 등을 고려하지 않음. 다만, 부속품 등은 해당 상품과 동일하게 분류되고, 동일한 송장이 발급되어야 하며, 수량 및 가치가 해당 상품 대비 통상적 수준이어야 함

② 부가가치기준 적용 시 해당 부속품 등의 원산지 지위에 따라 각각 원산지 재료 또는 비원산지재료의 가치에 포함하여 계산

E. 최소허용수준(미소기준)

세번변경기준이 충족되지 않는 상품이라도 아래 중 어느 하나에 해당하는 경우 원산지 상품으로 인정하며, 최소 허용 수준 인정 기준은 다음과 같음.

① 섬유 및 의류(제50류~제63류)를 제외한 상품은 그 상품의 생산에 사용되고 세번변경이 이루어지지 않은 비원산지 재료의 가치가 상품 본선인도가격(FOB)의 10% 이하
② 섬유 및 의류(제50류~제63류)의 경우에는 그 상품의 생산에 사용되고 세번변경이 이루어지지 않은 비원산지 재료의 중량이 상품 중량의 10% 이하
※ ① 및 ②가 적용되는 상품이 원산지 상품으로 인정되기 위해서는 협정 제3장의 모든 요건을 충족해야 함
※ ①에 언급된 비원산지 재료의 가치는 그 상품에 적용되는 RVC/QVC 요건 충족 여부를 판정하기 위한 비원산지 재료의 가치에는 포함됨

F. 중립재(간접재료)

중립재란 상품의 생산, 시험 또는 검사에 사용되지만 그 상품에 물리적으로 결합되지 않거나, 상품의 생산과 관련된 건물의 유지 및 설비의 운영에 사용되는 물품으로 해당 상품의 생산에 사용될 수 있으나, 결합되지 않을 수 있는 아래의 물품은 원산지 결정 시 제외함

① 연료 및 에너지
② 도구, 형판 및 주형
③ 설비 및 건물의 유지에 사용되는 예비부품 및 재료
④ 생산에 사용되거나 설비 및 건물의 운영에 사용되는 윤활제, 그리스, 혼합물 및 그 밖의 재료
⑤ 장갑, 안경, 신발, 의류, 그리고 안전장비 및 보급품
⑥ 상품의 시험 또는 검사에 사용되는 설비, 장치 및 보급품
⑦ 상품에 결합되지 않으나 그 상품 생산의 일부로 사용되었음이 합리적으로 입증될 수 있는 그 밖의 모든 상품

G. 부속품, 예비부품 및 공구

상품과 함께 인도된 상품의 표준 부속품, 예비부품, 공구는 다음 조건에 따라 원산지 지위 결정에 반영하며, 원산지 지위 결정 시 부속품 등의 적용 기준은 다음과 같음.

① 세번변경기준 적용 시 부속품 등을 고려하지 아니함. 다만, 부속품 등은 해당 상품과 동일하게 분류되고, 동일한 송장이 발급되어야 하며, 수량 및 가치가 해당 상품 대비 통상적 수준이어야 함
② 부가가치기준 적용 시 해당 부속품 등의 원산지 지위에 따라 각각 원산지 재료 또는 비원산지 재료의 가치에 포함하여 계산

H. 대체가능 상품 및 재료

대체가능 상품 또는 재료에 대한 원산지 인정 기준은 아래 기준 중 어느 하나에 따라 원산지 지위가 결정됨.

① 각각의 대체가능 상품 또는 재료를 물리적으로 분리하여 보관
② 대체가능 상품 또는 재료가 혼합되는 경우 수출당사국에서 일반적으로 인정되는 회계원칙에서 사용되는 재고관리기법에 따라 원산지 판정

4. 원산지증명 방식

A. 증명방식 : 협정 발효 시점('23.1.1.)에서는 기관발급만 활용 가능하며, 자율발급은 단계적으로 시행될 예정

① 수출 당사국의 권한 있는 발급기관에서 발급한 원산지 증명서
② 인증수출자에 의해 작성된 원산지 신고서
※ 협정 발효일부터 2년 이내에 관세 및 무역원활화 위원회를 통해 규정 및 서식을 합의하고, 수출 당사국이 수입 당사국에 이를 이행함을 통보하는 경우 적용 가능
③ 수출자 또는 생산자에 의한 원산지 신고서
※ 협정 발효일 후 10년 내에 이행. 다만, 최대 10년까지 이행기간 추가 연장 가능

B. 신청인 : 수출자, 생산자 또는 권한을 받은 그들의 대리인

C. 발급기관: 세관 또는 대한상공회의소(※ 인도네시아의 경우 인도네시아 통상부에서 발급)

D. 증명서식 : 협정문 부속서 3-마에 규정된 서식 또는 규칙 별지 제24호의3 서식참조

E. 유효기간 : 원산지증명은 발급 또는 작성일로부터 1년간 유효

F. 사용언어 : 영어사용원칙

G. 소급발급 : 비자발적 오류, 누락 또는 그 밖의 사유 및 정정발급 상황에서 원산지증명서가 선적일로부터 달력상의 7일 (선적일을 포함) 이내에 발급되지 않은 경우 선적일부터 1년 이내에 소급발급(선적 후 발급)을 신청할 수 있음.
※ 소급 발급된 원산지증명서에는 "ISSUED RETROACTIVELY" 기재

[별지 제24호의3서식]

인도네시아와의 협정에 따른 원산지증명서의 서식

Certificate of Origin
ORIGINAL (Duplicate/Triplicate)

1. Exporter's name and address: 2. Importer's name and address:	Reference No.: KOREA-INDONESIA COMPREHENSIVE ECONOMIC PARTNERSHIP AGREEMENT CERTIFICATE OF ORIGIN (Combined Declaration and Certificate) FORM KI-CEPA Issued in ___________ (Country) (see Overleaf Notes)
3. Means of transport and route (as far as known): Departure Date: Vessel/Flight/Train/Vehicle No.: Port of loading: Port of discharge:	4. Remarks:

5. Item number	6. Description of goods(including number and type of package, and quantity)	7. HS code (Six digit code)	8. Origin criterion	9. Gross weight or other measurements and FOB Value (only when RVC/QVC criterion is used)	10 Number and date of invoice

11. Declaration by the exporter: The undersigned hereby declares that the above details and statement are correct, that all the goods were produced in .... (Country) and that they comply with the origin requirements specified in the Korea-Indonesia Comprehensive Economic Partnership Agreement for the goods exported to .... (Importing Country) .... (Place and date, signature of authorized signatory)	12. Certification: It is hereby certified that the information herein is correct and that the goods described comply with the origin requirements specified in the Korea-Indonesia Comprehensive Economic Partnership Agreement. .... (Place and date, signature and stamp of issuing body)

작 성 방 법

※ 참조번호 : 발급 기관이 부여한 원산지 증명서의 일련번호

제1란 "수출자의 성명 및 주소"에는 수출자의 법적 이름과 주소(국가를 포함한다)를 적습니다.

제2란 "수입자의 성명 및 주소"에는 수입자의 법적 이름과 주소(국가를 포함한다)를 적습니다.

제3란 "운송수단 및 경로"에는 운송수단 및 경로, 출발일, 운송수단의 편명, 선적항 및 하역항을 적습니다.

제4란 "비고"에는 추가적인 정보를 기재할 수 있습니다. 다만, 다음의 어느 하나에 해당하는 경우에는 아래 표에서 정한 방법으로 적습니다.

조건	기재 문구
비당사국에서 송장이 발급된 경우	"NON-PARTY INVOICING"및 송장을 발급한 회사의 성명(상호)와 국가를 적습니다.
원산지증명서가 소급 발급된 경우	"ISSUED RETROACTIVELY"
인증된 진본의 경우	"CERTIFIED TRUE COPY"

제5란 "물품번호"에는 물품의 일련번호를 적습니다.

제6란 "상품명"에는 각 상품의 품명과 포장의 수량, 종류, 번호를 적습니다. 품명은 그 상품을 검사하는 세관 공무원이 상품을 식별하고 송장의 품명과 연계할 수 있도록 자세히 적어야 합니다. 상품이 포장되지 않은 경우"IN BULK"라고 적습니다.

제7란 "품목번호"에는 제6란에 기재된 각 물품에 대한 수입당사국의 HS 품목번호를 6단위까지 적습니다.

제8란 "원산지 기준"에는 수출자가 상품이 특혜관세대우를 위한 자격을 갖추었다는 주장의 근거가 되는 원산지 기준을 아래 표에서 정한 방법으로 적습니다. 상품이 역내가치포함비율/인정가치포함비율(RVC/QVC)의 적용대상이 되는 경우, 역내가치포함비율/인정가치포함비율(RVC/QVC)이 공제법에 따라 계산된 경우에는 "BD"를, 집적법에 따라 계산된 경우에는 "BU"를 적습니다.

원산지 기준	기재 문구
가. 전적으로 수출 당사국의 영역에서 완전하게 획득되거나 생산된 상품	"WO"
나. 제3장(원산지 규정 및 원산지 절차)에 부합하는 원산지 재료로만 전적으로 수출 당사국의 영역에서 생산된 상품	"PE"
다. 품목별원산지규정을 충족하는 상품 - 세번변경 - 역내가치포함비율/인정가치포함비율(RVC/QVC) - 세번변경 또는 역내가치포함비율/인정가치포함비율(RVC/QVC) - 그 밖의 사항	"CC"/"CTH"/"CTSH" "RVC / QVC40" "CC"/"CTH"/"CTSH" 또는 "RVC/QVC40" "CC ex" / "CTH ex" / "CTSH ex" 또는 "RVC/QVC40"
라. 제3.5조(특정상품의 취급)를 충족하는 상품	"Article 3.5"

상품이 역내가치포함비율/인정가치포함비율(RVC/QVC)의 적용대상이 되는 경우, 역내가치포함비율 인정가치포함비율(RVC/QVC)이 공제법에 따라 계산된 경우에는 "BD"를, 집적법에 따라 계산된 경우에는 "BU"를 적습니다.

제9란 "총중량 또는 그 밖의 치수 및 본선인도가격(FOB)"에는 킬로그램으로 표시된 총중량을 기재하고 물품의 원산지결정기준으로 역내가치포함비율/인정가치포함비율(RVC/QVC)이 사용된 경우에 한정하여 FOB 가격까지 적습니다. 관례적인 경우 정확한 수량을 표시하는 그 밖의 측정 단위(예: 부피)를 적을 수 있습니다.

제10란 "송장 번호 및 날짜"에는 송장 번호와 날짜를 적습니다. 비당사국 운영인이 상품에 대한 송장을 발급하여 상업용 송장의 번호 및 날짜를 알 수 없는 경우, 수출국에서 발급된 상업용 송장 원본의 번호 및 날짜를 적습니다.

제11란 "수출자 신고"에는 수출자 또는 생산자가 작성 및 서명하고, 날짜를 적습니다.

제12란 "증명"에는 원산지증명서의 발급 권한이 있는 당국 또는 발급기관의 발급담당자가 작성, 서명, 날짜를 기재하고 발급 기관 인장을 날인합니다.

어. 한- 싱가포르 DPA

1. 협정개요

우리나라 최초의 디지털 통상협정으로 최근 디지털전환 추세를 반영한 디지털 통상규범과 협력 기반을 합의하였음.

싱가포르는 우리의 11위 교역 상대국이자 FTA 체결국으로 아세안 중 디지털 분야에서 앞서 있는 디지털 허브 국가에 해당함.

양국은 2020년 6월 협상 개시 선언 후, 10차례의 공식협상과 다수의 회기간 협상을 거쳐 2021년 12월 협상을 타결함.

※ 싱가포르는 2021년 IMD에서 발표한 디지털경쟁력평가IMD 세계 2위 (韓 8위), WIPO 글로벌혁신지수 세계 8위(韓 5위)를 기록하였으며, 디지털경제동반자협정(DEPA), 싱가포르-호주 디지털경제협정, 싱가포르-영국 디지털경제협정 등 디지털 통상협정 다수 체결

한-싱가포르 DAP 주요 추진경과

2023. 01. 14	한-싱가포르 DPA 발효
2021. 12. 15	한-싱가포르 DPA 협상 타결 선언(싱가포르)
2021. 12. 08	한-싱가포르 DPA 제10차 공식협상 개최(화상) 및 협상 타결
2021. 08. 05	한-싱가포르 DPA 제9-2차 공식협상 개최(화상)
2021. 06. 30	한-싱가포르 DPA 제9차 공식협상 개최(화상)
2021. 05. 25	한-싱가포르 DPA 제8차 공식협상 개최(화상)
2021. 04	한-싱가포르 DPA 제7차 공식협상 개최(2.16, 2.24)
2021. 02	한-싱가포르 DPA 제6차 공식협상 개최(3.23, 4.01)
2021. 01. 15	한-싱가포르 DPA 제5차 공식협상 개최(화상)
2020. 11. 19	한-싱가포르 DPA 제4차 공식협상 개최(화상)
2020. 10. 23	한-싱가포르 DPA 제3차 공식협상 개최(화상)

2020. 09. 02	한-싱가포르 DPA 제2차 공식협상 개최(화상)
2020. 07. 29	한-싱가포르 DPA 제1차 공식협상 개최(화상)
2020. 06. 22	한-싱가포르 통상장관간 한-싱가포르 DPA 협상 개시 공식 선언
2020. 05	한-싱가포르 DPA 추진 간련 예비 협의(화상, 총 2차례)
2020. 03	경제적 타당성 검토 (대외경제정책연구원)

2. 주요내용

(1) 주요 조항

본문, 부속서 가, 부속서 나, 부속서한으로 구성되며 부속서 가의 내용이 기존 한-싱가포르 FTA 제14장(전자상거래)을 대체하며, ▲ 전자상거래 원활화, ▲ 디지털 비즈니스 활성화, ▲ 온라인 소비자 보호 등 전자적 방식으로 이루어지는 국가 간 교역에 대한 무역 규범과 ▲ AI, ▲ 핀테크 등 디지털 신기술 분야에서의 협력을 포함함.

한-싱가포르 DPA 분야별 주요 조항

분야	주요 조항
전자상거래 원활화	전자적전송 무관세, 전자인증 · 전자서명, 전자송장, 전자지급, 종이서류 없는 무역, 특송화물 등
디지털 비즈니스 활성화	디지털제품 비차별대우, 국경간 정보이전 원활화, 컴퓨터설비 현지화 요구금지, 소스코드 공개 요구금지, 인공지능(AI), 협력, 핀테크 협력, 디지털 경제에서의 표준 협력등
온라인 소비자보호	개인정보 보호, 온라인소비자 보호, 스팸 메시지 규제, 사이버보안 등

(2) 전자상거래 원활화

전자화된 무역문서의 활용을 촉진하고, 신속한 통관절차를 보장하며, 전자결제, 전자인증 · 서명, 전자송장 등 국경 간 무역 과정 전반을 전자화하기 위한 다양한 협력 사항들을 규정함. 또한, 콘텐츠를 포함한 전자적 전송에 대해 무관세를 유지하고, 상대국의 디지털제품에 대해 자국의 제품과 불리하게 대우할 수 없도록하여, 전자적 형식의 제품 및 콘텐츠의 자유로운 교역을 가능하도록 함.

(3) 디지털 비즈니스 활성화

개인정보를 포함하여 국경 간 자유로운 데이터 이전을 보장하고, 상대국 영역에서의 사업수행을 조건으로 컴퓨터 설비를 자국내 두도록 요구하는 것을 금지하여 자유로운 디지털 비즈니스 환경을 제공함. 다만, 정당한 공공정책 목적달성을 위한 정부의 조치는 예외적으로 인정함. 또한, 소프트웨어의핵심요소인 소스코드나 알고리즘에 대해 이전 · 공개하도록 하거나, ICT 제품에 대해 특정 암호기법을 사용하도록 요구할 수 없도록 하여 기업의 영업비밀을 보호하고, 새로운 무역기술장벽이 도입되는 것을 방지함. 그 외 디지털 분야 협력으로 AI 윤리적 거버넌스 체계 개발, 양국 핀테크 기업 간

네트워크 확대, 디지털경제 분야 표준 개발에 대한 기술협력 및 공동연구 등 협력을 증진하기로 하였음.

(4) 온라인 소비자 보호

기업과 소비자가 안전하고 신뢰할 수 있는 디지털 교역환경 조성을 위해, 온라인 소비자 보호, 스팸메시지 규제, 개인정보보호 등에 대한 국내법 체계를 도입, 유지하고, 국경 간 발생하는 소비자 이익 침해를 구제하는 데 협력하도록 함. 나아가, 소비자의 인터넷 접근 권한을 보장하고, 사이버보안 분야 자격 상호인정 등 협력을 강화하기로 하였음.

3. 기대효과

양국 간 무역과정 전자화, 안정적인 데이터 비즈니스 환경 조성 등을 통해 디지털 상품 · 서비스 교역을 활성화하고, 우리 중소 · 창업기업의 아세안 디지털 시장진출 기회를 확대하고, 디지털 신기술 분야 협력 토대를 마련할 것으로 기대됨.

저. DEPA(Digital Economy Partnership Agreement, 디지털경제동반자협정)

1. 협정개요

CPTPP 회원국인 싱가포르, 뉴질랜드, 칠레간 디지털 통상규범 정립과 협력 강화를 위해 체결한 디지털통상 협정이며, 우리는 DEPA가 글로벌 디지털 협력 프레임워크로 발전해나갈 가능성을 고려하여 최초 가입국으로서 가입절차 추진하였음. 이에, 2024년 5. 3.(금) 우리나라의 디지털경제동반자협정 가입이 공식 발효하여 한국이 DEPA의 제1호 추가 가입국이 되었음. 아세안(싱) · 대양주(뉴) · 중남미(칠) 권역별 주요국과의 디지털통상 네트워크를 구축, 향후 동북아(중) · 북미(캐) 및 중동지역으로도 확대될 것으로 기대됨.

〈 DEPA 주요 추진경과 〉

· 2024년 5월 3일 한국의 DEPA 가입 공식 발효
· 2023년 6월 8일 한국의 DEPA 가입협상 실질타결 선언
· 2022년 8월 25일 캐나다의 DEPA 가입 절차 개시
· 2022년 8월 18일 중국의 DEPA 가입 절차 개시
· 2022년 5월 9일 캐나다의 DEPA 가입 공식 신청
· 2021년 11월 1일 중국의 DEPA 가입 공식 신청
· 2021년 9월 13일 한국 DEPA 가입 공식 신청
· 2021년 11월 23일 DEPA 발효(칠레)
· 2021년 1월 7일 DEPA 발효(싱가포르, 뉴질랜드)
· 2020년 6월 12일 DEPA 서명(싱가포르, 칠레, 뉴질랜드)
· 2020년 1월 21일 DEPA 협상 타결(싱가포르, 칠레, 뉴질랜드)
· 2019년 5월 16일 DEPA 협상 개시(싱가포르, 칠레, 뉴질랜드)

2.주요내용

(1) 주요조항

原 협정문은 서문 · 본문(16개 모듈) 및 부속서(분쟁해결절차 관련)으로 구성되며, 개정의정서(protocol)가 일부 조항을 대체하며, 전자상거래 원활화, 신뢰 가능한 디지털 환경, 디지털 비즈니스 활성화 측면에서 통상 규범과 협력 체계 규정하였음.

DEPA 주요 조항

분 야	규 범	협 력
전자상거래 원활화	· 종이없는 무역 · 전자인증/전자서명 · 전자적 전송물 무관세 영구화	· 물류 · 특송화물 · 전자송장 · 전자지급
신뢰가능한 디지털환경	· 개인정보 보호 · 온라인 소비자 보호 강화 · 스팸메시지 규제	· 사이버 보안 협력 · 온라인 안전 및 보안 · 인터넷 접근 및 이용 원칙 등
디지털 비즈니스 활성화	· 국가간 정보이전 원활화 · 컴퓨터 설비 현지화 요구 금지 · 디지털 제품에 대한 비차별대우 · 암호화 ICT 제품에 특정 암호기술 요구 금지	· AI 협력 · 핀테크 협력 · 경쟁 정책 협력 · 중소기업 협력, 디지털 SME 대화 · 데이터 혁신 · 디지털 신원

(2) 전자상거래 원활화

① (종이 없는 무역) 전자화된 무역행정문서의 효력을 인정하고, 무역행정 관련 데이터 교환 및 데이터 교환 시스템 구축을 협력함.

→ 전자무역문서 활용을 촉진하여 문서처리 · 물류비용 절감, 통관시간 단축 등 효율성 증진

② (특송화물) 투명하고 일관된 신속통관 절차 마련 및 과세대상이 되지 않는 금액/물품 기준(최저면세한도)을 설정함.

→ 대부분(99% 이상) 특송화물을 통해 이루어지는 전자상거래 물품에 대해 신속한 통관 및 면세를 제공하여 B2C(직구) 거래지원을 강화함.

③ (전자지급) 효율적이고 안전한 국경간 전자 지급(electronic payment)을 지원하고, 결제 시스템간 상호운용성 제고를 위한 표준 채택 등을 협력함.

→ 국내 전자결제 시스템(삼성페이, 카카오페이 등)이 상대국에서도 편리하게 사용될 수 있는 제도적 기반 구축을 위한 협력 가능

(3) 신뢰가능한 디지털환경

① (개인정보 보호) 개인정보 보호 법제를 도입하고, 개인정보를 보호하면서 국경간 정보이전을 촉진하는 매커니즘 도입 및 확장을 노력함.

② (소비자 보호) 전자상거래에서의 사기 · 기만 행위 방지 및 소비자 구제를 위한 소비자보호 법제를 도입하고, 원활한 법집행에 협력함.

③ (스팸메시지) 수신자의 사전동의 및 수신 거부방안 마련 등을 의무화하고, 이와 관련한 피해자 구제수단을 제공하도록 규정함.

④ (안전한 보안 환경) 디지털 비즈니스 기반이 되는 안전한 온라인 환경을 조성하고 사이버보안 역량을 강화하기 위해 협력함.

(4) 디지털 비즈니스 활성화

① (국경 간 데이터 이전 자유화) 비즈니스를 목적으로 한 국경 간 데이터(개인정보 포함) 이전을 허용함.

※ 단, 정당한 공공정책 목적을 위한 조치는 목적달성에 요구되는 한도 내에서 가능

→ A국에 본사를 둔 기업이 B국 지사에서 수집한 데이터를 본사로 자유롭게 이전하여, 데이터 기반 혁신 및 가치 창출 도모 가능

② (컴퓨터설비 현지화 요구금지)데이터처리 · 저장서버 등 컴퓨터설비를 데이터를 획득하는 현지에 두도록 요구하는 것을 금지함

※ 단, 정당한 공공정책 목적을 위한 조치는 목적달성에 요구되는 한도 내에서 가능

→ 우리 기업의 해외 진출시 현지에서 수집된 데이터 처리를 위한 서버 등 인프라를 별도로 구축할 필요가 없어 진출 비용 절감

③ (디지털제품 비차별) 디지털 콘텐츠 등에 대해 자국 제품과의 차별적 요건 부과를 금지하여 안정적인 해외시장 진출 여건을 확보함.

④ (암호기법 ICT 제품) 암호기법을 사용하는 해외 ICT 제품*에 대해 암호기술 공개, 특정 암호기술 사용 등 요구를 금지함.

* 케이블 TV, 디지털 셋탑박스, 스마트 미터기 등이 해당되며, 상업용 제품에 한정

⑤ (정부데이터 공개) 정부가 보유한 공공 데이터를 대중에게 공개하여 이를 활용한 다양한 서비스 개발 기회를 제공함.

(5) 디지털 신기술 등 협력 확대

① (AI 협력) 신뢰할 수 있고 안전하며, 책임감 있는 AI 기술 사용을 위한 윤리적 거버넌스 체계 개발 및 도입에 협력함.

② (핀테크 협력) 핀테크 산업의 진흥을 위해 핀테크 솔루션 개발, 스타트업 기업 역량 강화 등 기업 중심의 협력 증진함.

③ (디지털 ID) 자국 디지털 ID(모바일 신분증 등)를 상대국에서 상호 사용 가능하도록 관련 제도 및 기술 표준 동조화를 위해 협력함.

④ (중소기업 협력) 중소기업의 디지털 경제 참여 및 플랫폼 활용 확대를 장려하고, 기업 간 연결을 위한 디지털 SME 대화 개최함.

3. 주요 사례별 기대 효과 예시

① (클라우드) 클라우드 서비스를 제공하는 A사는 해외 진출시 데이터센터 구축 필요

→ 국내에서 정보 처리가 가능해 서비스 제공시 현지 데이터센터 증설 불요

② (자율주행) 자율주행차 제조업체 B사는 자율주행 서비스 제공을 위해 현지 도로, 주행 정보, 교통상황 등 현지 데이터 수집·처리 필수
→ 국내 본사에서도 직접 정보 분석 · 개선 가능

③ (AI화장품) 화장품 업체 C사는 얼굴 색상 진단 위해 피부톤 · 피부질감 · 헤어 등 현지 데이터 수집 · 처리 필수
→ 국내 R&D센터에서도 정보 분석, 제품 생산 가능

④ (배터리) 전기차 배터리 잔존수명 인증서비스를 제공하는 D사는 현지 수출 혹은 생산 · 판매된 배터리 데이터 수집 필수
→ 국내 서버를 통해 정보 분석, 서비스 제공 가능

처. FTA 원산지 결정기준 [한-필리핀 FTA]

1. 원산지결정에 관한 일반적 기준

(1) 완전생산물품의 원산지결정

필리핀과의 협정 제4.3조에 따라 다음의 어느 하나에 해당하는 물품으로서 대한민국 또는 필리핀(이하 “체약당사국”)의 영역에서 완전하게 획득되거나 생산된 물품은 원산지 물품으로 인정한다.

1) 체약당사국의 영역에서 재배 및 수확, 수집 또는 채집된 식물과 식물 생산품
2) 체약당사국의 영역에서 출생하고 사육된 살아있는 동물
3) 2)에서 언급된 살아있는 동물로부터 획득된 물품
4) 체약당사국의 영역에서 수행된 수렵, 덫사냥, 어로, 양식, 채집 또는 포획으로 획득된 물품
5) 체약당사국의 토양, 수역, 해저 또는 해저 하부에서 추출되거나 채취된 1)에서 4)까지에 포함되지 않는 광물 및 그 밖의 천연 자원
6) 체약당사국 영해 밖의 수역, 해저 또는 해저 하부에서 그 체약당사국에 등록되고 그 체약당사국의 국기를 게양할 자격이 있는 선박이 추출하거나 채취한 어획물 및 그 밖의 해산물, 그리고 체약당사국이나 그 체약당사국의 인(人)이 추출하거나 채취한 그 밖의 생산물. 다만 체약당사국이나 그 체약당사국의 인(人)은 그러한 수역, 해저 및 해저 하부를 개발할 권리를 국제법에 따라 가져야 한다.
7) 체약당사국에 등록되고 그 체약당사국의 국기를 게양할 자격이 있는 선박이 공해상에서 추출하거나 채취한 어획물 및 그 밖의 해산물
8) 체약당사국에 등록되고 그 체약당사국의 국기를 게양할 자격이 있는 가공선박에서 6) 또는 7)에 언급된 물품만으로 생산되거나 만들어진 물품
9) 체약당사국의 영역에서 수집된 물품으로서 더 이상 본래의 목적을 수행할 수 없고 저장 또는 수리할 수 없으며 원재료의 부품 회수 또는 재활용 목적으로만 적합한 물품
10) 다음 중 어느 하나로부터 얻어진 폐기물 및 부스러기
  가) 체약당사국의 영역에서 수행된 제조 또는 가공 공정

나) 체약당사국의 영역에서 수집된 중고품. 다만 그러한 물품은 원재료의 회수용으로만 적합한 것이어야 한다.

11) 1)부터 10)까지에 언급된 물품으로만 그 체약당사국 영역에서 획득되거나 생산된 물품

(2) 둘 이상의 국가에 걸쳐 생산된 물품의 원산지결정

1) 체약당사국의 영역에서 원산지재료로만 생산된 물품은 원산지물품으로 인정한다.

2) 상기 (1)에 해당되지 않은 물품으로서 법 제7조제1항제2호 각 목과 필리핀과의 협정 제4.2조나호에 따라 원산지를 결정하는 물품의 원산지결정기준은 [품목별 원산지 결정기준]과 같다.

(3) 단순한 작업 또는 공정만을 거쳐 생산된 물품에 대한 원산지결정

위 규정에도 불구하고 해당 물품이 체약당사국의 영역에서 다음에 해당하는 작업 또는 공정 중 어느 하나 또는 둘 이상의 조합을 거쳐 생산된 경우에는 원산지물품으로 인정하지 않는다.

가) 운송되고 보관되는 동안 물품이 양호한 상태로 유지되도록 보장하는 보존 공정

나) 포장, 포장물의 재포장과 해체 및 조립

다) 단순 세탁, 세척, 먼지ㆍ녹ㆍ기름ㆍ페인트 또는 그 밖의 막의 제거

라) 방직용 섬유나 방직용 섬유 제품의 다림질 또는 압착

마) 단순 페인팅 및 광택

바) 곡물 및 쌀의 탈각, 부분 또는 전체 표백, 연마 및 도정

사) 당류 착색 또는 각설탕 제조

아) 단순 탈피, 씨 제거 또는 탈각

자) 연마, 단순 분쇄 또는 단순 절단

차) 감별, 체질, 선별, 분류, 등급화 또는 매칭

카) 병ㆍ캔ㆍ플라스크ㆍ가방ㆍ케이스ㆍ상자로의 단순 배치, 카드 또는 판 위에 고정, 그리고 그 밖의 모든 유사한 단순 포장 공정

타) 마크, 라벨, 로고 및 그 밖의 유사한 구별 표시를 제품 또는 제품의 포장에 부착하거나 인쇄하는 것

파) 다른 종류인지 여부와 관계없이 물품의 단순 혼합

하) 완전한 물품을 구성하는 물품 부품의 단순 조립

거) 제품의 부품으로의 분해

너) 단순 시험 또는 측정

더) 동물의 도살

2. 원산지결정에 관한 보충적 기준

(1) 누적기준

한쪽 체약당사국 원산지물품이 다른 쪽 체약당사국에서 특혜관세대우를 받을 자격이 있는 물품의 재료로 사용되는 경우, 그 물품의 작업 또는 가공이 발생한 다른 쪽 체약당사국의 원산지물품으로 본다.

(2) 최소기준

1) [품목별 원산지 결정기준]에 따른 세번변경기준을 충족하지 못한 물품이라도 다음의 (가) 또는 (나) 중 어느 하나에 해당하고, 필리핀과의 협정 제4장의 적용 가능한 다른 모든 요건을 충족하는 경우에는 원산지물품으로 인정한다.

(가) 제50류부터 제63류까지에 해당하지 않는 물품은 해당 물품의 생산에 사용되고 세번변경이 발생하지 않은 모든 비원산지재료의 가격이 그 물품의 본선인도가격의 100분의 10을 초과하지 않는 경우

(나) 제50류부터 제63류까지에 해당하는 물품은 그 물품의 생산에 사용되고 세번변경이 발생하지 않은 모든 비원산지재료의 중량이 그 물품 총중량의 100분의 10을 초과하지 않는 경우

2) [품목별 원산지 결정기준]에 따라 부가가치기준을 적용하여 물품의 원산지를 결정하는 경우에는 1)(가)의 "비원산지 재료의 가격"도 그 물품 생산에 사용된 비원산지 재료의 가격에 포함한다.

(3) 역내가치포함비율의 계산방법

[품목별 원산지 결정기준]에서 부가가치기준이 적용되는 물품의 역내가치포함비율은 다음 어느 하나의 계산식에 따라 계산한다.

(가)직접법 / 집적법

$$\text{역내가치포함비율} = \frac{\text{원산지 재료의 가격} + \text{직접 노무비} + \text{직접 경비} + \text{운송비} + \text{이윤}}{\text{물품의 본선인도가격}} \times 100$$

(나)간접법 / 공제법

$$\text{역내가치포함비율} = \frac{\text{물품의 본선 인도가격} - \text{비원산지 재료의 가격}}{\text{물품의 본선인도가격}} \times 100$$

(4) 중간재

원산지물품이 다른 물품의 생산에 재료로 사용되는 경우, 재료로 사용된 원산지물품에 포함된 비원산지재료는 다른 물품의 원산지를 결정할 때 고려하지 않는다.

(5) 중립재의 원산지결정

해당 물품의 생산에 사용될 수 있으나, 그 물품에 결합되지 않을 수 있는 재료로서 다음 어느 하나에 해당하는 것은 그 물품의 원산지를 결정할 때 고려하지 않는다.

1) 연료 및 에너지
2) 도구, 형판 및 주형
3) 설비 및 건물의 유지에 사용되는 예비부품 및 재료
4) 생산에 사용되거나 설비 및 건물의 운영에 사용되는 윤활제, 그리스, 혼합물 및 그 밖의 재료
5) 장갑, 안경, 신발, 의류 및 안전장비와 보급품

6) 물품의 시험 또는 검사에 사용되는 설비, 장치 및 보급품

7) 물품에 결합되지는 않으나 그 물품의 생산에 사용되어 그 생산의 일부가 되었음이 합리적으로 입증될 수 있는 그 밖의 모든 물품

(6) 대체가능재료의 원산지결정

물품이 혼합되거나 물리적으로 결합된 원산지 재료 및 비원산지 재료를 사용해 제조한 경우, 그러한 재료의 원산지는 수출 체약당사국의 영역에서 시행되는 일반적으로 인정되는 회계원칙에 따른 재고관리기법에 따라 결정될 수 있다.

이 경우 동일 회계연도에는 해당 재고관리기법이 계속 적용되어야 한다.

(7) 부속품, 예비부품 및 공구의 원산지 결정

1) 물품과 함께 제공되는 부속품, 예비부품, 공구 및 사용 설명서나 그 밖의 안내서(이하 이 표에서 "부속품등"이라 한다)는 그 물품의 원산지를 세번변경이나 특정 제조 또는 가공 공정을 통해 결정할 때 고려하지 않는다. 다만, 부속품등이 그 물품과 별도로 송장이 발부되지 않아야 하며, 부속품등의 수량과 가치가 그 물품에 대하여 통상적인 수준인 경우로 한정한다.

2) 1)의 본문에도 불구하고, 물품의 원산지결정기준으로 역내가치포함비율을 적용하는 경우에는 부속품등의 가치를 각각 원산지 재료 또는 비원산지 재료로 고려한다.

(8) 포장 및 포장재료의 원산지 결정

1) 물품의 원산지결정기준으로 역내가치포함비율이 적용되는 경우, 물품의 소매용 판매를 위한 포장 및 포장재료의 가치는 그 포장 및 포장재료가 그 물품과 일체를 이루는 것으로 여겨지면, 그 물품의 원산지를 결정할 때 고려된다.

2) 1)이 적용 가능하지 않은 경우, 소매용 판매를 위한 포장 및 포장재료는 그 포장된 물품과 같이 분류될 때, 그 물품의 제조에 사용된 모든 비원산지재료가 그 물품의 세번변경 또는 특정 제조나 가공 공정 요건을 충족하는지 여부를 검토할 때 고려하지 않는다.

3) 물품의 운송을 위한 포장재료 및 용기는 그 물품의 원산지를 결정할 때 고려하지 않는다.

(9) 세트

1) 통일상품명 및 부호체계(HS) 일반해석규칙의 규칙3에 정의된 대로, 세트는 세트의 모든 구성품이 원산지물품인 경우 원산지물품으로 본다.

2) 1)에도 불구하고 세트가 원산지물품과 비원산지물품으로 구성되어 있는 경우, 그 세트 전체를 원산지물품으로 본다.

다만 필리핀과의 협정 제4.4조에 따라 결정된 비원산지물품의 가치가 그 세트의 본선인도가격 가치의 100분의 10을 초과하지 않는 경우로 한정한다.

3. 직접운송원칙

(1) 특혜관세대우는 원산지 결정기준을 충족하면서 수출 당사국과 수입 당사국의 영역간에 직접

운송되는 상품에 적용된다.

(2) (1)에도 불구하고, 상품이 양 당사국의 영역 외에 하나 이상의 비당사국을 경유하여 운송되더라도, 다음의 경우 직접 운송되는 것으로 여겨진다.

1) 그 경유가 지리적 이유로 또는 오직 운송 요건에만 관련된 고려에 의하여 정당화되는 경우

2) 그 상품이 경유국에서 거래되거나 소비되지 않은 경우

3) 그 상품이 하역 및 재선적, 또는 그 상품을 양호한 상태로 유지하기 위하여 요구되는 공정 외의 어떠한 공정도 거치지 않은 경우

(3). (2)를 이행하기 위한 목적상, 수출 당사국과 수입 당사국의 영역 외에 하나 이상의 중간 경유국들의 영역을 통하여 운송이 이루어지는 경우, 다음의 서류를 수입 당사국의 관련 정부 당국에 제출한다.

1) 수출 당사국의 영역에서 발급된 통과선하증권. 이는 수출 당사국부터 수입 당사국까지의 상품의 전체 운송 경로를 포함한 운송 문서를 결합한 것을 포함한다. 또는

2) (2)의 요건이 준수되고 있다는 증거로서 그 밖의 관련 증명서류가 있는 경우 그 서류

4. 원산지결정기준 기재요령

(1) 수출당사국의 영역에서 완전하게 획득되거나 생산된 물품: "WO"

(2) 한국-필리핀 자유무역협정(KR-PH FTA) 제4.4조제1항을 충족하는 상품: "RVC 40 또는 CTH"

(3) 품목별 원산지 규정을 충족하는 물품

1) 세번변경: "CTC"

2) RVC: 원산지 상품의 자격을 갖추기 위하여 충족될 필요가 있는"RVC": 예를 들어 "RVC 45퍼센트"

3) RVC + 세번변경: 원산지 상품의 자격을 갖추기 위하여 충족될 필요가 있는 결합 규정: 예를 들어, "CTH + RVC 40"

4) 특정공정: "특정 공정"

(4) 양 당사국의 원산지 재료로만 당사국의 영역에서 전적으로 생산된 상품: "PE"

5. 원산지증명방식

(1) 발급방식

1) 기관발급 원산지 증명서(CO: Certificate of Origin) (별지 제24호의11 서식)

- 필리핀 원산지 증명서 발급기관: 필리핀 세관

2) 자율발급 원산지 신고서(DO: Declaration of Origin)

(가) 원산지인증수출자가 자율적으로 서면 또는 전자적 방식으로 작성하고 서명한 원산지 신고서

(나) 수출자 또는 생산자가 자율적으로 작성한 원산지 신고서: 협정 발효 후 10년 이내 시행 예정

(2) 유효기간: 원산지 증명서는 발급일로부터 12개월, 원산지 신고서는 작성일로부터 12개월 이내

(3) 원산지 증명의 면제

1) 당사국 영역의 원산지 상품으로서 본선인도가격(FOB) 기준 미화 200달러 이하의 물품
2) 당사국 영역에서 우편으로 송부된 상품으로서 본선인도가격(FOB) 기준 200달러 이하의 물품

(4) 발급시기: 선적일 포함 3근무일 이내 (선적일로 부터 1년 이내에 'ISSUED RETROACTIVELY'이라는 문구를 기재하여 소급발급할 수 있음)

한-필리핀 FTA 기관발급 원산지증명서 서식

■ 자유무역협정의 이행을 위한 관세법의 특례에 관한 법률 시행규칙 [별지 제24호의11서식] <신설 2024. 12. 30.>

필리핀과의 협정(부속서 4-가)에 따른 원산지증명서의 서식

(앞쪽)

<table>
<tr><td colspan="6">CERTIFICATE OF ORIGIN
Original (Duplicate/Triplicate)</td></tr>
<tr><td colspan="3">1. Goods consigned from (Exporter's business name, address, country)</td><td colspan="3" rowspan="2">Reference No.

KOREA-PHILIPPINES FREE TRADE PREFERENTIAL TARIFF CERTIFICATE OF ORIGIN
(Combined Declaration and Certificate)

FORM KR-PH

Issued in ....
(Country)

(See Overleaf Notes)</td></tr>
<tr><td colspan="3">2. Goods consigned to (Importer's name, address, country)</td></tr>
<tr><td colspan="3">3. Means of transport and route (as far as known)

Departure Date:

Vessel's name/Aircraft etc.:

Port of Discharge:</td><td colspan="3">4. For Official Use

☐ Preferential Treatment Given under KR-PH Free Trade Agreement Preferential Tariff

☐ Preferential Treatment Not Given (Please state reason/s)

....
Signature of Authorized Signatory of the Importing country</td></tr>
<tr><td>5. Item number</td><td>6. Marks and numbers on packages</td><td>7. Number and type of packages, description of goods (including quantity where appropriate, and HS six digit number)</td><td>8. Origin criterion (see Overleaf Notes)</td><td>9. Gross weight or other quantity and Value (FOB) only when the RVC criterion is used</td><td>10. Number and date of Invoices</td></tr>
<tr><td></td><td></td><td></td><td></td><td></td><td></td></tr>
<tr><td colspan="3">11. Declaration by the exporter

The undersigned hereby declares that the above details and statement are correct; that all the goods were produced in

....
(Country)

and that they comply with the origin requirements specified for these goods in the KR-PH Free Trade Agreement Preferential Tariff for the goods exported to

....
(Importing Country)

....
Place and date, signature of authorized signatory</td><td colspan="3">12. Certification

It is hereby certified, on the basis of control carried out, that the declaration by the exporter is correct.

....
Place and date, signature and stamp of certifying authority</td></tr>
<tr><td colspan="6">13. ☐ Third Party Invoicing ☐ Exhibition</td></tr>
</table>

작 성 방 법

* 이 서식은 영문으로 작성합니다.

1. 필리핀과의 협정(이하 "협정")에 따른 원산지증명서의 서식은 한국 · 필리핀 양 당사국에 적용됩니다.
2. 모든 물품은 각 해당 물품별로 협정에 따른 협정관세를 적용받기 위해서 다음 각 호의 요건을 충족해야 합니다.
   가. 협정관세 적용 대상 물품의 품명과 일치해야 합니다.
   나. 협정 제4장 제4.15조에 따른 직접 운송 요건을 충족해야 합니다.
   다. 협정 제4장(원산지 기준)의 규정을 준수해야 합니다.
3. 제1란에는 수출자의 상호, 주소 및 국가를 적습니다.
4. 제2란에는 수입자의 이름, 주소 및 국가를 적습니다.
5. 제3란에는 물품을 운송하는 선박(항공기)의 출항일, 선명(편명), 하역항 등 운송수단 및 경로를 아는 범위에서 적습니다.
6. 제4란에는 수입당사국의 세관공무원이 해당 물품의 협정관세 적용여부를 "√" 표시한 후 서명합니다.
7. 제5란에는 해당 물품에 대한 품목번호를 적습니다.
8. 제6란에는 해당 물품에 대한 포장의 표시와 번호를 적습니다.
9. 제7란에는 해당 물품에 대한 포장의 개수 및 종류 · 품명 · 수량 · 품목번호 등을 적습니다.
   가. 품명은 해당 물품을 검사하는 세관공무원이 확인할 수 있도록 상세하게 적고, 상표도 적습니다.
   나. 품목번호(HS No.)는 수입당사국의 「통일상품명 및 부호체계에 관한 국제협약」에 따른 품목번호(6자리)를 적습니다.
10. 제8란에는 수출자(제조자 및 생산자 포함)가 해당 물품에 대한 원산지결정기준을 아래 표에 정한 방법으로 적습니다.

가. 수출 당사국의 영역에서 완전하게 획득되거나 생산된 물품	"WO"
나. 협정 제4.4조제1항을 충족하는 물품	"RVC 40 또는 CTH"
다. 품목별 원산지 규정을 충족하는 물품 - 세번변경기준을 충족하는 물품 - 일정 역내가치포함비율을 충족하는 물품 (예 : 역내가치포함비율이 45% 이상인 물품) - 세번변경기준과 역내가치포함비율을 동시에 충족하는 물품 - 특정 공정을 수행한 물품	 "CTC" "RVC %" (예 : "RVC 45%") "CTH + RVC %" "Specific Processes"
라. 양 당사국의 원산지 재료로만 당사국의 영역에서 전적으로 생산된 물품	"PE"

11. 제9란에는 해당 물품의 총중량과 역내가치포함비율 기준이 사용된 경우로 한정하여 본선인도가격(FOB가격)을 적습니다.
12. 제10란에는 송장의 일련번호 및 발급일자를 적습니다.
13. 제11란에는 수출자(제조자 및 생산자 포함)가 수출국, 수입국, 신고일자 및 장소를 적은 후 서명합니다.
14. 제12란에는 원산지증명서 발급담당자가 원산지증명서의 발급일자 및 발급장소를 적고, 서명한 후 발급기관의 인장을 날인합니다.
15. 제13란은 다음의 구분에 따라 "√" 표시를 합니다.
   가. 수출당사국이 아닌 제3국에서 송장을 발급된 경우 "Third Party Invoicing"에 "√" 표시를 하고 송장을 발급한 회사의 상호와 국가명을 적습니다.
   나. 수출당사국이 아닌 제3국에서의 전시를 위해 수출당사국에서 제3국으로 송부된 물품으로서 전시 도중 또는 전시 후에 수입당사국으로의 수입을 위해 판매된 경우 "Exhibition" 란에 "√" 표시를 하고 그 전시의 이름과 주소를 적습니다.

한-필리핀 FTA 자율발급 원산지증명서 권고서식

■ 자유무역협정의 이행을 위한 관세법의 특례에 관한 법률 시행규칙 [별지 제24호의12서식] <신설 2024. 12. 30.>

필리핀과의 협정(부속서 4-가)에 따른 원산지증명서의 서식

(앞쪽)

<table>
<tr><td colspan="6">Origin Declaration
Korea-Philippines Free Trade Agreement</td></tr>
<tr><td>1. Exporter's Name and Address:
Telephone: Fax:
E-Mail:
Authorization Code:</td><td colspan="5">2. Blanket Period:
YYYY MM DD YYYY MM DD
From: ………/……/……/ To: ………/……/……/</td></tr>
<tr><td>3. Producer's Name and Address (if Known):
Telephone: Fax:
E-Mail:</td><td colspan="5">4. Importer's Name and Address
Telephone: Fax:
E-Mail:</td></tr>
<tr><td>5. Description of Goods</td><td>6. HS Tariff Classification #</td><td>7. Origin Criterion</td><td>8. Producer</td><td>9. RVC</td><td>10. Country of Origin</td></tr>
<tr><td></td><td></td><td></td><td></td><td></td><td></td></tr>
<tr><td colspan="6">11. Observations/Findings:</td></tr>
<tr><td colspan="6">I certify that:

- The information in this document is true and accurate and I assume the responsibility for proving such representations. I understand that I am liable for any false statements or material omissions made on or in connection with this document.

- I agree to maintain, and present upon request, documentation necessary to support this declaration, and to inform, in writing, all persons to whom the declaration was given of any changes that would affect the accuracy or validity of this Declaration.

- The goods originate in the territory of one Party and comply with the origin requirements specified for those goods in the Free Trade Agreement between Korea and the Philippines.

This Declaration consists of _____ pages, including all attachments.</td></tr>
<tr><td>12. Authorized signature:</td><td colspan="5">Company:</td></tr>
<tr><td>Name:</td><td colspan="5">Title:</td></tr>
<tr><td>YYYY MM DD
Date: ………/……/……/</td><td colspan="5">Telephone:
Fax:</td></tr>
</table>

작성방법

※ 이 서식은 원산지인증수출자가 필리핀과의 협정 부속서 4-가에 따라 원산지증명서를 작성할 때 사용됩니다. 작성자는 이 서식을 영문으로 명료하게 빠짐없이 작성하여야 하며 타자로 치거나 수기로 기재할 수 있습니다. 작성을 위한 추가 공간이 필요한 경우에는 별지를 사용하십시오.

1. 제1란에는 수출자의 법적 이름, 주소(도시 및 국가를 포함), 전화번호, 팩스번호, 이메일 주소, 인증번호를 적습니다.
2. 제2란은 증명서가 제5란의 물품과 동일한 물품의 복수선적에 적용될 경우 포괄증명기간(최대 12개월)을 적습니다. "From" 은 증명서가 포괄증명물품에 적용 가능하게 되는 날이며(이 증명서의 서명일보다 앞설 수도 있습니다), "To"는 포괄증명기간이 만료되는 날입니다.
3. 제3란의 생산자가 한 명인 경우에는 제1란에 정의된 대로 그 생산자의 법적 이름, 주소(도시 및 국가 포함), 전화번호, 팩스번호 및 이메일 주소를 적습니다. 둘 이상의 생산자가 증명서에 포함되는 경우, "VARIOUS" 로 적고, 제5란에 기술된 물품과 상호 참조된 모든 생산자의 법적 이름, 주소(도시 및 국가 포함), 전화번호, 팩스번호 및 이메일 주소를 포함하여 모든 생산자의 목록을 첨부합니다. 제공된 정보가 비밀인 경우에는 "AVAILABLE TO CUSTOMS UPON REQUEST" 라고 적습니다.
4. 제4란에는 수입자의 법적 이름, 주소(도시 및 국가 포함), 전화번호, 팩스번호 및 이메일 주소를 적습니다.
5. 제5란에는 물품의 품명을 적습니다. 그 품명은 그 물품에 대한 송장의 품명과 통일상품명 및 부호체계(HS)의 품명과 일치하는 충분한 세부사항을 포함해야 합니다. 증명서가 물품의 단일선적에 적용될 경우에는 물품의 수량, 측정 단위(가능한 경우 일련번호를 포함) 및 상업 송장에 표시된 송장 번호를 적습니다. 송장 번호를 알 수 없는 경우에는 선적주문번호, 구매주문번호 또는 물품을 식별하는 데 사용될 수 있는 그 밖의 번호와 같은 다른 고유 참조번호를 적습니다.
6. 제6란에는 제5란에 기술된 물품에 대한 HS 세번을 6단위까지 적습니다.
7. 제7란에는 제5란에 기술된 물품에 적용되는 원산지 기준을 다음 각 목 중 해당하는 것을 적습니다. 원산지 기준은 필리핀과의 협정 제4.2조(원산지 기준)에 규정되어 있습니다.
   가. 제4.2조가호에 따라 한쪽 당사국의 영역에서 "완전하게 획득되거나 전적으로 생산된" 물품
   나. 제4.2조나호에 따라 한쪽 당사국의 영역에서 전적으로 생산되고 부속서 4-나(품목별 원산지 규정)에 규정된 세부 원산지 규정을 충족하는 물품
   다. 제4.2조다호에 따라 원산지 재료로만 한쪽 당사국의 영역에서 전적으로 생산된 물품
8. 제8란에는 수출자가 제5란의 물품의 생산자인 경우 "YES" 를 적습니다. 수출자가 그 물품의 생산자가 아닌 경우 "NO" 를 적고, 그 옆에 아래의 (1), (2), (3) 중 해당하는 것을 적습니다.
   (1) 물품이 원산지 물품으로서 자격을 갖추었는지에 대한 수출자의 완전한 인지
   (2) 물품이 원산지 물품으로서 자격을 갖추었다는 생산자의 서면 진술(원산지 신고서 외)에 대한 수출자의 신뢰
   (3) 생산자가 수출자에게 자발적으로 제공한 원산지 신고서(해당 물품에 대하여 작성 및 서명)
9. 제9란에는 제5란에 기술된 물품이 역내가치포함기준(RVC)을 적용받는 경우에 한정하여 필리핀과의 협정 제4.4조의 공제법에 따라 계산된 경우에는 "BD" 를, 집적법에 따라 계산된 경우에는 "BU" 를 적습니다.
10. 제10란에는 해당 물품의 원산지 국가("KR" 또는 "PH")를 적습니다.
11. 제11란에는 제5란에 기술된 물품이 품목분류 또는 재료의 가치에 대한 사전심사 또는 판정을 받는 경우와 같이 특이사항/비고가 있는 경우 적습니다.(발급 당국 및 발급일 포함)
12. 제12란에는 수출자가 작성 및 서명을 하고, 날짜를 적습니다. 수출자의 사용을 위하여 생산자가 증명서를 작성하는 경우에는 생산자가 작성 및 서명을 하고 날짜를 적습니다. 이 란에 기재하는 날짜는 증명서가 작성되고 서명된 날이어야 합니다.

제4절 원산지 인증수출자(Approved Exporter)

1. 의의

원산지 인증수출자제도란, 원산지증명 능력이 있다고 관세당국이 인증한 수출자에게 원산지증명서 발급절차 또는 첨부서류 간소화의 혜택을 부여하는 것을 말한다. 기존의 원산지 인증수출자제도를 수출기업의 FTA 활용도 제고를 위해 2010년 4월 1일 개정하여 업체별 원산지 인증수출자와 품목별 원산지 인증수출자로 확대하여 적용하고 있다.

2. 종류 및 인증효력의 범위

(1) 업체별 원산지 인증수출자

해당 업체가 수출 또는 생산하는 모든 물품에 대하여 5년간 인증혜택 부여 (연장가능)

(2) 품목별 원산지 인증수출자

해당 업체의 인증 품목(HS 6단위)이 속하는 HS 4단위에 대해 5년(법규준수도에 따라 차등가능)간 인증 혜택 부여 (연장가능)

3. 원산지 인증수출자의 협정별 혜택

협정	인증 前	인증 後
한 · EU 한 · 영국	6,000유로 이하의 수출물품에 대하여만 원산지 신고서 작성 가능	6,000유로 초과 물품을 수출할 경우 인증 수출자에 한하여 원산지증명서 발급 가능 (특혜관세 적용 가능)
한 · 아세안 한 · 싱가포르 한 · 인도, 한 · 중국 한 · 베트남 한-중 RCEP 한-이스라엘 한-캄보디아 한-인도네시아 한-필리핀	• 원산지증명서 발급신청시 첨부서류 제출 1. 수출신고필증 사본 2. 송품장 또는 거래계약서 3. 원산지소명서 4. 원산지확인서 (생산자와 수출자가 다른 경우) 5. 그 밖의 원산지 증빙자료 • 현지확인(필요한 경우)	• 원산지증명서 발급신청시 첨부서류 제출 생략 • 현지확인 생략 가능
한 · EFTA	자율발급 원산지증명서로 (통상 Invoice 신고시) 수출자의 서명 필요	자율발급 원산지증명서로 (통상 Invoice 신고시) 수출자의 서명 생략
RCEP 한 · 캄보디아		• 원산지증명서 자율발급 권한 부여 • 원산지증명서 기관발급 시 첨부서류 제출 생략

한 · 이스라엘	• 미화 1천달러 이하의 수출물품에 대하여만 – 원산지신고서 작성가능	• 미화 1천달러 초과 물품을 수출할 경우 인증수출자에 한하여 자율증명 방식 활용 가능 • 원산지증명서 기관발급 시 첨부서류 제출 생략
한 · 페루	미화 2,000달러 초과 물품을 수출할 경우 원산지증명서 기관발급만 가능	미화 2,000달러 초과 물품을 수출할 경우 원산지증명서 기관발급 및 자율발급 모두 가능
한– 필리핀	원산지증명서 자율발급 불가	원산지증명서 자율발급 가능
기타	동 제도 미 적용	

4. 원산지 인증수출자 인증절차

업무 절차		신청인 준비사항
1. 인증신청/접수 (UNI-PASS)		1. 구비서류 ① 인증 신청서 -회사소개책자 -제품생산공정 설명서 -전산처리시스템 설명서 -기타 관세청장 또는 세관장의 요구자료 ② 원산지인증 주요 품목의 원산지소명서 ③ 원산지확인서(생산자와 수출자가 다른 경우) ④ 원산지 소명서에 기재된 내용을 입증 할 수 있는 원산지 확인서류(원산지(포괄)확인서 등) ⑤ 원산지 인증수출자 확약서(별지 제30호 서식)
2. 신청서 배부	인증요건 미충족시 보완요구 또는 반려	
본부세관 (서울, 인천, 부산, 대구, 광주) 및 평택직할세관		
3. 서면심사 (필요시 보정요구/현지확인)		3. 보정요구사항에 대한 자료보완
4. 인증서 교부(20일 이내)		
5. 인증변경신고/수리(7일 이내)		5. 인증사항 변경 신고 (대표자성명, 주소, 사업자등록번호, 원산지 관리 전담자 등 변경 시)
6. 유효기간 연장신청 및 인증		6. 인증만료일 30일 이전 연장신청
7. 인증수출자 사후관리		
8. 시정명령	실질요건 미충족	8. 기간 내 시정 (30일 이상)
9. 인증취소(청문)	형식적요건 미충족시	9. 청문시 소명자료 제출

5. 업체별 원산지 인증수출자

(1) 인증요건 및 혜택

가) 인증요건

① 원산지관리시스템 또는 원산지증명능력을 보유하여야 한다.
② 인증신청일 이전 최근 2년간 원산지에 관한 서면조사나 현지조사를 거부한 사실이 없어야 한다.
③ 원산지 관리 전담자 지정 및 운영여부(외부 원산지전문가 지정 가능)
④ 최근 2년간 수출자의 서류보관의무 위반이 없어야 한다.
⑤ 최근 2년간 속임수 또는 부정한 방법으로 원산지증명서를 발급신청한 사실이 없어야 한다.

나) 혜택

1회 인증으로 인증수출자의 모든 수출물품에 대해 C/O발급절차 간소화 기능

(2) 유효기간

가) 원산지 인증수출자 유효기간 : 5년
나) 유효기간의 연장 : 인증유효기간의 만료 30일 전까지 세관장에게 신청 ☞ 5년 연장가능
인증유효기간을 연장한 때에는 이를 지체없이 관세청장 및 증명서발급기관에 통보

(3) 사후관리

가) 개요

원산지 인증수출자의 포괄적 인증에 따른 협정의 원활한 이행 및 체결상대국 세관의 원산지 검증에 대비 원산지 발급내역 등에 대한 사후관리가 필요하다.

나) 원칙

다음에 해당하는 사실이 발생하는 때에는 원산지 인증수출자가 인증요건에 해당하는지 여부를 확인하되, 확인대상 및 시기는 자체 계획에 따라 결정한다.
① 국제원자재 가격의 급격한 변동 등 인증물품의 원산지결정에 영향을 미치는 요인이 발생한 경우
② 인증물품의 생산공정이 변경된 경우
③ 인증물품의 원산지 결정기준이 변경된 경우
④ 세관의 위험관리 분석결과 원산지 인증수출자가 위험관리 대상업체로 선정된 경우
⑤ 세관장이 원산지 인증수출자의 인증사항 변경에 관한 정 · 첩보를 입수한 경우
⑥ 원산지 인증수출자의 요청이 있는 경우

다) 확인방법

현지확인시 FTA원산지 인증수출차 운영에 관한 고시 제12조 현지확인절차를 준용한다.

(4) 시정명령 및 인증취소(청문)

가) 시정명령의 의의

인증취소 사유가 발생한 경우, 시정명령을 통해 인증취소 전 또는 시정명령을 통해 인증취소 전에 자율적으로 요건을 보완할 수 있도록 기회를 부여하는 것을 말한다.

나) 시정명령의 요건

① 업체별 인증수출자가 수출 또는 생산하는 물품의 원산지 결정기준 충족여부를 증명할 수 있는 시스템 또는 능력을 보유하지 못한 경우
② 원산지증명서 작성대장을 비치 · 관리하지 않거나 원산지 관리 전담자를 지정 · 운영하지 않는 경우

다) 시정명령 기간

30일 이상 관세청장 또는 세관장이 정하는 기간

라) 인증의 취소

① 요건

시정명령을 받고 정해진 기간 이내 시정하지 아니하거나 다음의 요건에 해당하지 아니한 것으로 확인된 경우

ㄱ. 최근 2년간 자유무역협정(FTA)관세법 제17조제1항 또는 자유무역협정(FTA)관세법 제18조 1항에 따른 서면조사 또는 현지조사를 거부한 사실이 없는 자
ㄴ. 최근 2년간 자유무역협정(FTA)관세법 시행령 제10조1항제2호에 따른 서류의 보관의무를 위반한 사실이 없는 자
ㄷ. 최근 2년간 속임수 또는 부정한 방법으로 원산지증명서를 발급 신청하거나 작성 · 발급한 사실이 없는 자

② 절차

취소 전 반드시 청문을 실시하여야 하며, 청문예정일 10일 전까지 해당 원산지 인증수출자에게 서면으로 통지

6. 품목별 원산지 인증수출자

(1) 인증요건

① (원산지기준 충족) 해당품목(HS6단위)원산지 결정기준 충족여부
② (서류보관) 원산지증명서 작성대장 비치 · 관리여부
③ (Specialist) 원산지 관리 전담자 지정 및 운영여부(외부 원산지전문가 지정 가능)

(2) 혜택

업체별 인증요건 미충족시 품목별 인증을 통해 인증품목에 대해 C/O발급절차 간소화 가능(협정별로 적용)

(3) 유효기간

① 원산지 인증수출자 유효기간 : 5년

다만, 최근 2년간 자유무역협정(FTA)관세법 제17조1항 또는 자유무역협정(FTA)관세법 제18조 제1항에 따른 조사를 거부한 사실이 있거나, 최근 2년간 자유무역협정(FTA)관세법 시행령 제10조1항 2호에 따른 서류 보관의무를 위반한 사실이 있는 자에 대해서는 관세청장이 정하는 바에 따라 인증유효기간을 달리 할 수 있다.

② 유효기간의 연장 : 인증유효기간의 만료 30일 전까지 세관장에게 신청 ☞ 5년 연장가능
인증유효기간을 연장한 때에는 이를 지체없이 관세청장 및 증명서발급기관에 통보

(4) 사후관리

가) 개요

원산지 인증수출자의 포괄적 인증에 따른 협정의 원활한 이행 및 체결상대국 세관의 원산지 검증에 대비 원산지 발급내역 등에 대한 사후관리가 필요하다.

나) 원칙

다음에 해당하는 사실이 발생하는 때에는 원산지 인증수출자가 인증요건에 해당하는지 여부를 확인하되, 확인대상 및 시기는 자체 계획에 따라 결정한다.

① 국제원자재 가격의 급격한 변동 등 인증물품의 원산지결정에 영향을 미치는 요인이 발생한 경우
② 인증물품의 생산공정이 변경된 경우
③ 인증물품의 원산지 결정기준이 변경된 경우
④ 세관의 위험관리 분석결과 원산지 인증수출자가 위험관리 대상업체로 선정된 경우
⑤ 세관장이 원산지 인증수출자의 인증사항 변경에 관한 정 · 첩보를 입수한 경우
⑥ 원산지 인증수출자의 요청이 있는 경우
⑦ 동 고시 제16조에 따른 자율점검 결과 확인이 필요한 경우

다) 확인방법

FTA특례법 시행령 제4장에서 정한 수출물품에 대한 원산지 조사절차 규정 준용한다.

(5) 시정명령 및 인증취소(청문)

가) 시정명령의 의의

인증취소 사유가 발생한 경우, 시정명령을 통해 인증취소 전에 시정명령을 통해 인증취소 전에 자율적으로 요건을 보완할 수 있도록 기회를 부여하는 것을 말한다.

나) 시정명령요건

품목별 인증수출자가 원산지증명서 작성대장을 비치 · 관리하지 않거나 원산지 관리 전담자를 지정 · 운영하지 않는 경우

다) 시정명령기간

30일 이상 관세청장 또는 세관장이 정하는 기간

라) 인증취소

① 요건

시정명령을 받고 정해진 기간 이내 시정하지 아니하거나 원산지 결정기준을 충족하지 못하는 물품을 수출하는 것으로 확인된 경우

② 절차

취소 전 반드시 청문을 실시하여야 하며, 청문예정일 10일 전까지 해당 원산지 인증수출자에게 서면으로 통지

■ 자유무역협정의 이행을 위한 관세법의 특례에 관한 법률 시행규칙 [별지 제25호서식]

업체별 원산지 인증수출자 인증(연장) 신청서

※ 작성방법을 읽고 작성하여 주시기 바라며, [ ]에는 해당되는 곳에 √표시를 합니다. (2쪽 중 제1쪽)

※ 세관기재란(For Official Use Only)		
접수번호	접수일	처리기간 20 일

구분					
1. 신청 구분	신규인증 [ ]		인증유효기간 연장 [ ]		
2. 신청인	상호	(한글)	사업자등록번호		
		(영문)			
	주소	(한글)	대표자 성명	(한글)	
		(영문)		(영문)	
	전화번호		팩스번호		
	전자우편주소		인증번호 ※ 세관에서 기재		

3. 인증 요건		
	원산지 결정기준을 충족하는 물품을 수출 또는 생산하는 자로서 전산처리시스템 또는 원산지증명능력 보유 여부	[ ]예 [ ]아니오
	신청일을 기준으로 이전 최근 2년간 원산지조사 거부 여부	[ ]예 [ ]아니오
	원산지증명서 작성대장 비치 및 관리 여부	[ ]예 [ ]아니오
	원산지 관리 전담자 지정 및 운영 여부	[ ]예 [ ]아니오
	신청일을 기준으로 이전 최근 2년간 서류의 보관의무 위반 여부	[ ]예 [ ]아니오
	신청일을 기준으로 이전 최근 2년간 속임수 또는 부정한 방법으로 원산지증명서를 발급신청 또는 작성 · 발급 여부	[ ]예 [ ]아니오

4. 주요 수출(생산)물품

연번	품목번호(HS No.)	품명	적용대상협정	원산지	원산지 결정기준

5. 원산지 관리 전담자

연번	성명	직위	소속부서	전화번호	팩스번호	전자우편주소

「자유무역협정의 이행을 위한 관세법의 특례에 관한 법률 시행규칙」 제17조제1항(제8항)에 따라 업체별 원산지 인증수출자 인증(연장)을 신청합니다.

년 월 일

신 청 인: (서명 또는 인)

관 세 청 장
○○ 세 관 장 귀 하

첨부서류		수수료
첨부서류	1. 수출 또는 생산하는 주요 품목의 원산지소명서(원산지증명을 위한 전산처리시스템 현황자료 제출시 생략이 가능합니다) 2. 원산지확인서(최종물품에 대한 원산지확인서로서 생산자와 수출자가 다른 경우에 제출합니다) 3. 원산지소명서에 기재된 내용을 입증할 수 있는 서류 · 정보 및 국내제조확인서(관세청장 또는 세관장이 요구하는 경우에 제출합니다)	수수료 없 음

210mm×297mm[백상지 80g/㎡(재활용품)]

(2쪽 중 제2쪽)

작성방법	
항 목	기재내용
1. 신청구분	ㅇ "신규인증" 또는 "인증유효기간 연장" 중 해당하는 것에 " √"를 기재합니다.
2. 신청인	ㅇ 상호, 사업자등록번호, 주소, 대표자 성명, 전화 및 팩스 번호, 전자우편주소를 기재합니다. ※ 사업장이 다수인 업체가 사업장 단위로 신청을 하는 경우에는 각 사업장의 사업자등록번호를 기재해야합니다. ※ 업체별 원산지 인증수출자 영문인증서 발급을 원하는 경우 영문란을 기재합니다.
3. 인증요건	ㅇ 인증요건 해당란에 " √" 를 기재합니다.
4. 주요수출(생산)물품	ㅇ 물품의 품목번호(6단위)를 기재합니다. ㅇ 품목번호(6단위)에 해당하는 주요 수출(생산)물품의 품명을 기재합니다. ㅇ 해당 품목의 원산지 결정기준을 적용한 자유무역협정(FTA)의 명칭을 기재합니다. 예) 한-칠레 FTA, 한-싱가포르 FTA, 한-EFTA FTA, 한-아세안 FTA, 한-인도 CEPA 등 ㅇ 물품의 원산지를 결정하는데 적용된 기준을 아래 표에서 정한 방법으로 기재합니다. (아래 표 참조) ㅇ 원산지 결정기준을 충족할 경우 "KR" 또는 "한국"으로 적습니다.
5. 원산지 관리전담자	ㅇ 원산지 관리 전담자의 성명, 직위, 소속부서, 전화 및 팩스번호, 전자우편주소를 기재합니다.

원산지기준	기재방법
가. 완전생산 물품	-WO
나. 세번 변경기준 -2단위 세번 변경기준 -4단위 세번 변경기준 -6단위 세번 변경기준	 -CC -CTH -CTSH
다. 부가가치기준 -공제법을 적용한 경우 -집적법을 적용한 경우 -역외산재료최대허용법을 적용한 경우 -순원가법을 적용한경우	 -BD -BU -MC -NC
라. 결합기준 - 세번 변경기준과 부가가치기준 등 두가지 이상의 원산지 결정기준을 동시에 충족한 경우	- CC(CTH 또는 CTSH) + BD(BU, MC 또는 NC) - CC(CTH 또는 CTSH) + SP - BD(BU, MC 또는 NC) + SP - CC(CTH또는CTSH) + BD(BU, MC 또는 NC) + SP
마. 특정공정기준	-SP
바. 역외가공기준(개성공단 생산물품)	-OP
사. 기타기준	-Other

■ 자유무역협정의 이행을 위한 관세법의 특례에 관한 법률 시행규칙 [별지 제26호서식]

[국문본]

업체별 원산지 인증수출자 인증서

CERTIFICATE OF COMPANY-SPECIFIC APPROVED EXPORTER

○ 상 호(Name of Company) :

○ 주 소(Address) :

○ 대 표 자(Representative) :

○ 인 증 번 호(Customs Authorisation No.) :

○ 인증유효기간(Validity Period) :

위 업체를 「자유무역협정의 이행을 위한 관세법의 특례에 관한 법률」 제12조제1항에 따라 업체별 원산지 인증수출자로 인증합니다.

We hereby certify that the above company is authorised as "Company-specific approved exporter" in accordance with Article 12.1 of 「The Act on Special Cases of the Customs Act for the Implementation of Free Trade Agreements」.

년 월 일

(yyyy/mm/dd)

관 세 청 장

○ ○ 세 관 장

직 인

(seal)

Commissioner of

Korea Customs Service

Head of ○ ○ Customs

210mm×297mm[백상지 150g/㎡(재활용품)]

[영문본]

CERTIFICATE OF COMPANY-SPECIFIC APPROVED EXPORTER

○ Name of Company :

○ Address :

○ Representative :

○ Customs Authorisation No. :

○ Validity Period :

We hereby certify that the above company is authorised as "Company-specific approved exporter" in accordance with Article 12.1 of 「The Act on Special Cases of the Customs Act for the Implementation of Free Trade Agreements」.

yyyy/mm/dd

Commissioner of
Korea Customs Service
Head of ○ ○ Customs seal

210mm×297mm[백상지 150g/㎡(재활용품)]

■ 자유무역협정의 이행을 위한 관세법의 특례에 관한 법률 시행규칙 [별지 제29호서식]

품목별 원산지 인증수출자 인증(연장) 신청서

※ 작성방법을 읽고 작성하여 주시기 바라며, [ ]에는 해당되는 곳에 √표시를 합니다. (2쪽 중 제1쪽)

※ 세관기재란(For Official Use Only)				
접수번호		접수일		처리기간 20 일
1. 신청 구분	신규인증 [ ]		인증유효기간 연장 [ ]	
2. 신청인	상호	(한글)	사업자등록번호	
		(영문)		
	주소	(한글)	대표자 성명	(한글)
		(영문)		(영문)
	전화번호		팩스번호	
	전자우편주소		인증번호 ※ 세관에서 기재	
3. 인증 요건	원산지 결정기준을 충족하는 물품을 수출 또는 생산하는 자로서 전산처리시스템 또는 원산지증명능력 보유 여부			[ ]예 [ ]아니오
	신청일을 기준으로 이전 최근 2년간 원산지조사 거부 여부			[ ]예 [ ]아니오
	원산지증명서 작성대장 비치 및 관리 여부			[ ]예 [ ]아니오
	원산지 관리 전담자 지정 및 운영 여부			[ ]예 [ ]아니오
	신청일을 기준으로 이전 최근 2년간 서류의 보관의무 위반 여부			[ ]예 [ ]아니오
	신청일을 기준으로 이전 최근 2년간 속임수 또는 부정한 방법으로 원산지증명서를 발급신청 또는 작성 · 발급 여부			[ ]예 [ ]아니오

4. 주요 수출(생산)물품

연번	품목번호(HS No.)	품명	적용대상협정	원산지	원산지 결정기준

5. 원산지 관리 전담자

연번	성명	직위	소속부서	전화번호	팩스번호	전자우편주소

「자유무역협정의 이행을 위한 관세법의 특례에 관한 법률 시행규칙」 제18조제1항(제7항)에 따라 품목별 원산지 인증수출자 인증(연장)을 신청합니다.

년 월 일

신 청 인: (서명 또는 인)

관 세 청 장
○○세 관 장 귀하

첨부서류	1. 원산지인증 신청품목(품목번호 6단위 기준)별 원산지소명서(원산지 인증수출자가 원산지를 확인한 물품을 공급받아 추가 가공 없이 수출하는 경우 제출 생략할 수 있습니다) 2. 원산지확인서(최종물품에 대한 원산지확인서로서 생산자와 수출자가 다른 경우에 제출합니다) 3. 원산지소명서에 기재된 내용을 입증할 수 있는 서류 · 정보 및 국내제조확인서(관세청장 또는 세관장이 요구하는 경우에 제출합니다)	수수료 없 음

210mm×297mm[백상지 80g/㎡(재활용품)]

(2쪽 중 제2쪽)

<table>
<tr><th colspan="2">작성방법</th></tr>
<tr><th>항 목</th><th>기재내용</th></tr>
<tr><td>1.신청구분</td><td>ㅇ"신규인증" 또는 "인증유효기간 연장" 중 해당하는 것에 " √"를 기재합니다.</td></tr>
<tr><td>2. 신청인</td><td>ㅇ상호, 사업자등록번호, 주소, 대표자 성명, 전화 및 팩스 번호, 전자우편주소를 기재합니다.
※ 품목별 원산지 인증수출자 영문인증서 발급을 원하는 경우 영문란을 기재합니다.</td></tr>
<tr><td>3. 인증요건</td><td>ㅇ인증요건 해당란에 " √" 를 기재합니다.</td></tr>
<tr><td>4. 주요수출(생산)물품</td><td>ㅇ물품의 6단위 품목번호를 기재합니다.
ㅇ품목번호(6단위)에 해당하는 주요 수출(생산)물품의 품명을 기재합니다.
ㅇ해당 품목의 원산지 결정기준을 적용한 자유무역협정(FTA)의 명칭을 기재합니다.
예) 한-칠레 FTA, 한-싱가포르 FTA, 한-EFTA FTA, 한-아세안 FTA, 한-인도 CEPA 등
ㅇ물품의 원산지를 결정하는데 적용된 기준을 아래 표에서 정한 방법으로 기재합니다.
<table>
<tr><th>원산지기준</th><th>기재방법</th></tr>
<tr><td>가. 완전생산 물품</td><td>-WO</td></tr>
<tr><td>나. 세번 변경기준
-2단위 세번 변경기준
-4단위 세번 변경기준
-6단위 세번 변경기준</td><td>
-CC
-CTH
-CTSH</td></tr>
<tr><td>다. 부가가치기준
-공제법을 적용한 경우
-집적법을 적용한 경우
-역외산재료최대허용법을 적용한 경우
-순원가법을 적용한경우</td><td>
-BD
-BU
-MC
-NC</td></tr>
<tr><td>라. 결합기준
- 세번 변경기준과 부가가치기준 등 두가지 이상의 원산지 결정기준을 동시에 충족한 경우</td><td>- CC(CTH 또는 CTSH) + BD(BU, MC 또는 NC)
- CC(CTH 또는 CTSH) + SP
- BD(BU, MC 또는 NC) + SP
- CC(CTH또는CTSH) + BD(BU, MC 또는 NC) + SP</td></tr>
<tr><td>마. 특정공정기준</td><td>-SP</td></tr>
<tr><td>바. 역외가공기준(개성공단 생산물품)</td><td>-OP</td></tr>
<tr><td>사. 기타기준</td><td>-Other</td></tr>
</table>
ㅇ원산지 결정기준을 충족할 경우 "KR" 또는 "한국"으로 적습니다.</td></tr>
<tr><td>5. 원산지 관리전담자</td><td>ㅇ원산지 관리 전담자의 성명, 직위, 소속부서, 전화 및 팩스번호, 전자우편주소를 기재합니다.</td></tr>
</table>

■ 자유무역협정의 이행을 위한 관세법의 특례에 관한 법률 시행규칙 [별지 제30호서식]

[국문본]

품목별 원산지 인증수출자 인증서

CERTIFICATE OF PRODUCT-SPECIFIC APPROVED EXPORTER

○ 상　　호(Name of Company) :

○ 주　　소(Address) :

○ 대 표 자(Representative) :

○ 인 증 번 호(Customs Authorisation No.) :

○ 인증유효기간(Validity Period) :

원산지인증 물품내역(List of Certified Products)	
품목번호(4단위) [HS No.(4-digit)]	자유무역협정 명칭 (Name of FTA)

위 업체를 「자유무역협정의 이행을 위한 관세법의 특례에 관한 법률」 제12조 제1항에 따라 품목별 원산지 인증수출자로 인증합니다.

We hereby certify that the above company is authorised as "Product-specific approved exporter" in accordance with Article 12.1 of 「The Act on Special Cases of the Customs Act for the Implementation of Free Trade Agreements」.

년　　월　　일
(yyyy/mm/dd)

관 세 청 장
○ ○ 세 관 장

직 인
(seal)

Commissioner of
Korea Customs Service
Head of ○ ○ Customs

210㎜×297㎜[백상지 120g/㎡(재활용품)]

[영문본]

CERTIFICATE OF PRODUCT-SPECIFIC APPROVED EXPORTER

○ Name of Company :

○ Address :

○ Representative :

○ Customs Authorisation No. :

○ Validity Period :

List of Certified Products	
HS No.(4-digit)	Name of FTA

We hereby certify that the above company is authorised as "Product-specific approved exporter" in accordance with Article 12.1 of 「The Act on Special Cases of the Customs Act for the Implementation of Free Trade Agreements」.

yyyy/mm/dd

Commissioner of
Korea Customs Service
Head of ○ ○ Customs   seal

210㎜×297㎜[백상지 120g/㎡(재활용품)]

제5절 FTA 원산지 사후검증

1. FTA 원산지 검증의 개요

(1) 의의

FTA에서의 검증(Verification)이란 수입 당사국에 통관된 수입물품이 해당 FTA가 정한 원산지 상품인지 여부, 즉 특혜관세의 수혜요건(원산지규정의 충족, 증빙서류의 유지관리, 직접운송원칙 등)을 충족하였는지 여부를 확인하는 절차와 위반자에 대하여 일정한 제재조치를 취하는 일련의 절차라 할 수 있다. FTA가 확대될수록 검증의 중요성은 날로 높아지고 있다.

(2) 원산지검증의 목적

① 불공정무역행위의 방지
② 제3국 물품의 우회수출입방지를 통한 국내산업보호
③ 관세탈루방지를 통한 세수증대
④ 협정국간 교역과 투자촉진
⑤ 상대국의 검증 요청 수행을 통한 FTA 이행관리

2. 협정별 검증 방법

원산지 검증은 검증의 주체에 따라 직접검증과 간접검증으로 나눌 수 있다.

(1) 직접검증

직접검증이란 수입국 관세당국이 주체가 되어 체약상대국의 검증대상자를 대상으로 원산지검증을 수행하는 것을 말한다. 칠레, 싱가포르 및 미국과의 협정이 이에 해당한다. (단, 미국과의 협정 중 섬유 부분은 간접 또는 공동검증)

(2) 간접검증

간접검증이란 수입국 관세당국이 체약상대국의 관세당국에게 원산지검증을 의뢰(체약상대국 관세당국의 검증에 입회 또는 참관하는 것을 포함한다)하여 검증을 수행하는 것을 말한다. EFTA, EU, 영국과의 협정이 이에 해당한다.

(3) 간접/직접 검증

검증 수행 시, 체약 상대국의 관세당국에게 검증을 의뢰하고, 그 결과 부족한 부분이 있을 시 수출국 관세당국이 주체가 되어 검증하는 방식으로, 先간접검증-後직접검증 이라고도 한다. 아세안, 인도와의 협정이 이에 해당한다.

협정별 검증제도 비교

구분	검증방식	조사 주체
한 – 칠레	직접검증	수입국세관
한 – 싱가포르	직접검증	수입국세관
한 – EFTA	간접검증	수출국세관(수입국 참관 가능)
한 – ASEAN	先간접검증/後직접검증	先수출국세관/後수입국세관
한 – 인도	先간접검증/後직접검증	先수출국세관/後수입국세관
한 – EU 한–영국	간접검증	수출국세관(수입국 참관 가능)
한 – 페루	직접검증	수입국세관
한 – 미국	직접검증(섬유/의류는 간접.공동검증)	수입국세관(섬유, 의류 수출국세관)
한 – 튀르키예	간접검증	수출국세관(수입국 참관 가능)
한 – 호주	직접검증	수입국세관
한 – 캐나다	직접검증	수입국세관
한 – 중국	先간접검증/後직접검증	先수출국세관/後수입국세관
한 – 뉴질랜드	직접검증	수입국세관
한 – 베트남	先간접검증/後직접검증	先수출국세관/後수입국세관
한 – 콜롬비아	先간접검증/後직접검증	先수출국세관/後수입국세관
한 – 중미	先간접검증/後직접검증	조사대상자
RCEP	先간접검증/後직접검증	(간접)수출 당사자국의 관세 당국 (직접)수입자, 수출자, 생산자
한 – 캄보디아	先간접검증/後직접검증	(간접)수출 당사자국의 관세 당국 (직접)수입자, 수출자, 생산자
한 – 이스라엘	先간접검증/後직접검증	(간접)수출 당사자국의 관세 당국 (직접)수입자, 수출자, 생산자
한–인도네시아	先간접검증/後직접검증	(간접)수출 당사자국의 관세 당국 (직접)수입자, 수출자, 생산자
한–필리핀	先간접검증/後직접검증	(간접)수출국세관 (직접)수입국세관

(4) 원산지 증명서의 유효기간 경과 여부

① 한-칠레, 한-호주, 한-캐나다, 한-뉴질랜드 : 2년

② 한-싱가포르, 한-EFTA, 한-아세안, 한-인도, 한-EU, 한-페루, 한-튀르키예, 한-베트남, 한-중국, 한-콜롬비아, 한-중미, 한-영국 , RCEP, 한-캄보디아, 한-이스라엘, 한-인도네시아, 한-필리핀 : 1년

③ 한-미 : 4년

(5) 원산지증명서 양식의 적정 여부

① 협정에서 정하고 있는 서식에 따라 작성되었는지 여부

② 사용된 언어가 협정에서 정하고 있는 언어인지 여부

③ 기재사항이 사실대로 작성되었는지 여부

④ 항목별 기재사항 누락여부

(6) 거래당사자의 요건 충족 여부

수출당사국과 수입당사국간의 직접거래가 원칙이며, 예외적으로 비당사국 중개인이 개입하여 송품장을 발행하는 경우에도 일정조건하에 인정된다. (한-칠레, 한-아세안 FTA의 경우 원산지 증명서에 중개인 정보를 기재하면 가능하다.)

(7) 협정세율 적용대상 품목 및 적정 여부

① 협정관세 대상 품목 여부 또는 양허세율 적용의 적정 여부

② 수입 연도 또는 특정기간 해당 세율(계절관세 등) 적용 적정 여부

(8) 협정별 원산지 결정기준 충족 여부

각협정별 품목별 원산지 결정기준(완전생산기준, 세번 변경기준, 부가가치기준)을 정확하게 적용하고 충족하였는지 여부

(9) 제3국산 물품의 협정당사국 우회수입 여부

① 협정당사국으로 수입 후 원상태 재수출 여부(불인정)

② 협정당사국에서 환적 또는 단순 기항하면서 원산지증명서 취득 여부(불인정)

(10) 직접운송요건 충족 여부

① 물품이 수출당사국을 출발하여 중간 경유 없이 곧바로 수입당사국으로 운송되는 경우에 특혜 제공

② 비당사국 경유 물품에 특혜 부여를 위해서는 세관의 통제 하에서 하역, 재선적 또는 상품을 양호한 상태로 유지하기 위한 작업 등 이외의 가공 또는 작업이 없어야 함

(11) 자료 보관 의무 준수 여부

보관주체	수입자	수출자	생산자
대상	• 원산지 증명서 사본 • 수입거래 계약서 • 수입물품 운송서류 등	• 원산지증명서 사본 • 원산지통보서 • 원산지증명서 발급 신청서류 사본 • 수출품 출납 서류 • 수출품 구매계약서	• 원산지통보서 사본 • 수출물품 · 재료 생산, 구매, 출납 서류 • 공정명세서 • 원가계산서 • 수출품 공급 계약서 등

3. 사후조치

(1) 협정관세 적용보류(자유무역협정(FTA)관세법 제21조)

① 수입물품에 대한 원산지검증이 진행시 검증기간 중에 추가 수입신고 되는 동일물품에 대하여 검증 종결시까지 협정관세 적용을 일시 보류할 수 있는 제도

② 대상물품 : 조사대상 수입자가 추가로 수입한 조사대상 물품 및 동종동질 물품

③ 시기 : 원산지검증을 시작한 날(서면조사 통지일) ~ 검증결과 통지일

④ 해제 : 원산지검증 결과 대상물품의 원산지에 문제가 없는 경우 협정관세 적용보류 해제통지서(서식16 협정관세적용신청서)를 수입자에게 통지하고 해제내역을 시스템에 등록

⑤ 사후조치 : 협정관세를 적용받지 못한 물품에 대해 세액을 경정하고 관세 환급

(2) 협정관세 적용제한(자유무역협정(FTA)관세법 제35조 제1항)

① 수입물품에 대한 원산지검증 결과 원산지기준 미달, 원산지 증빙서류 미제출, 상대국 검증결과 미회신 등의 사유에 해당시 협정관세의 적용을 배제하고 추징

② 제척기간 : 관세부과권의 제척기간으로 협정관세의 적용을 신청한 날로부터 5년

③ 협정관세 적용제한 사유

ㄱ. 정당한 사유없이 원산지확인에 필요한 증빙서류를 제출하지 아니하거나 거짓으로 또는 사실과 다르게 제출한 경우

ㄴ. 체약상대국 관세당국이 정해진 기간 내에 원산지검증 결과를 회신하지 아니한 경우

ㄷ. 원산지검증 결과 원산지가 사실과 다른 것으로 판명된 경우

ㄹ. 현지조사시 체약상대국 수출자 등이 정당한 사유없이 원산지증빙자료 등에 대한 세관공무원의 접근을 거부한 경우

ㅁ. 협정에서 정한 원산지증빙서류를 보관하지 아니한 경우

ㅂ. 사전심사 신청 수입자가 관련 자료를 고의로 제출하지 아니하였거나 거짓으로 제출한 경우

ㅅ. 사전심사 신청 수입자가 사전심사서에 기재된 조건을 이행하지 아니한 경우

ㅇ. 조사대상자의 부도 · 폐업 · 소재불명 또는 그 밖에 이에 준하는 사유로 인해 원산지검증이 불가능한 경우

ㅈ. 조사대상자가 세관의 서면조사 또는 현지조사를 거부 · 방해 또는 기피한 경우

(3) 협정관세 적용제한자 지정(자유무역협정(FTA)관세법 제37조 제1항)

① 체약상대국의 수출자 등이 최근 5년간 2회 이상 반복적으로 원산지를 불성실하게 증명한 것으로 확인된 때에는 5년의 범위 안에서 당해 수출자 등에 대해 협정관세 적용제한자로 지정하여 그 수출자가 수출 또는 생산하는 동종동질의 모든 물품에 대해 협정관세를 제한

② 지정 요건 : 체약상대국 수출자 등이 최근 5년간 2회 이상 반복적으로 원산지 증빙서류의 주요 내용을 거짓으로 작성하거나 잘못 작성한 사실이 인정된 경우

(4) 행정제재(자유무역협정(FTA)관세법 제44조~제46조)

① 과태료

1천만원 이하	500만원 이하
• 정당한 이유 없이 요구자료 미제출자 • 조사 거부 · 방해 · 기피자	• FTA 특혜세율 사후관리 위반 • 원산지증빙서류 오류 통보 받고 정정 · 보정 · 수정 신고 · 경정청구불이행자 • 무단 저세율 용도 사용자 등

② 형벌

3년 이하 징역 또는 3천만원 이하 벌금	2천만원 이하 벌금	300만원 이하 벌금
• 비밀유지의무 위반세관공무원 • 과세자료 용도외 사용 세관공무원	• 원산지증빙서류 허위 · 부정 신청, 발급, 작성, 교부한 자 • 증빙서류를 보관하지 않은 자 • 허위로 자료를 제출한 자 • 자료를 고의로 미제출한 자 • 특정물품을 용도외 사용한 자	• 원산지증빙서류를 사실과 다르게 신청 · 발급 · 작성 · 교부한 자

4. 한-미 FTA 사후검증

한-미 FTA는 수입국 관세당국이 직접 해당 수입품의 원산지 여부에 대한 검증을 수행하는 '직접검증' 방식을 택하고 있다.(섬유/의류의 경우 간접 혹은 공동검증) 따라서 미국 세관에서는 수입자, 수출자 및 생산지를 대상으로 검증을 진행할 수 있다.

(1) 정보제공요청서(CBP Form 28, Request for Information)

① 개요

미국 세관은 서면검증을 위해 정보제공요청서(CBP Form 28, Request for Information)를 사용하여 관련 정보를 요청하고, 심사와 결정을 한다. 정보제공 요청사항은 수입신고 건의 품목분류, 관세율, 과세가격 평가, 특혜관세 원산지국의 적정성, 기타 신고사항의 관세법규의 준법여부를

확정하는데 필요한 정보들이며 특히 원산지 검증과 관련해서 "Verifying the originating status of goods", "under the United States-Korea Free Trade Agreement(KR)" 등의 문구를 통하여 '한-미 FTA 특혜관세 청구 물품에 대한 원산지 검증을 위한 안내' 라는 내용이 포함되어 있다.

② CBP Form 28의 주요내용

일반적으로 요구하는 정보는 'Bill of Materials', 'Cost Data', 'Production and Manufacturing Records', '물품에 대한 설명' 등이 포함되며 물품에 따라 더 자세한 정보 및 샘플을 요청하는 경우도 있다.

(2) FTA 검증에 따른 미국세관의 조치사항

제출 받은 정보를 검토한 미국 세관 담당자는 원산지의 적정성을 확인한 후 결과를 통지하는데, 이때 Notice of Action(CBP Form 29, 결과통지서)를 활용하여 통지한다. 원산지 충족에 대하여 이상이 없을 경우에는 단순히 전화로 그 결과를 통보하는 경우도 있다.

① 예비결정(is proposed)

예비결정은 수입자가 20일 이내에 추가 소명자료를 제출하였을 경우 바꿀 수 있는 여지가 있는 결정을 의미한다. 예비결정 후 20일 이내에 보완하지 못할 경우 특혜관세 배제가 그대로 확정된다. 최종확정 이후 구제는 정산이 종료된 후 행정구제나 소송을 통해 진행할 수 있다.

만약 예비결정문을 받았다면, 어느 부분에 대한 정보가 부족한지 여부를 미국 현지 통관 담당자와 면밀히 협의하여 해당 부분에 대한 증빙자료를 갖추어 적극적으로 대응하여야 한다.

② 최종결정 (has been taken)

예비결정 후, 재검토 한 결과 원산지 충족/불충족 여부를 결정한다. 특혜원산지 요건을 충족하지 못한 것으로 판단하여 통보된 과세통지 등에 이의가 있을 경우, 불복신청이 가능하며 세액확정 통보일로부터 180일 이내에 미국 관세청(본청)에 불복신청 할 수 있다.

이의신청 이후 최종결정이 나오기까지 수개월이 걸릴 수 있기 때문에, Form 28수령 후 원산지 판정과 관련된 자료를 일관되고 면밀히 작성하는 것이 가장 효율적인 검증대처 방법이라 할 것이다.

5. 한-EU FTA 사후검증

한-EU FTA는 수입국 관세당국이 수출국 관세당국에게 해당 수입건에 대한 원산지 진위여부 검사를 위탁하여 수출국 세관이 주체가 되어 검증을 수행하는 '간접검증' 방식을 택하고 있다.(수입국 세관 참관 가능) 따라서 직접검증으로 규정되어 있는 협정보다 검증 당국과의 의사소통 등에 좀 더 효율적으로 대처할 수 있다.

(1) 서면조사통지

한-EU 검증은 세관으로부터 수출자가 '서면조사통지서'를 받는 것으로 시작한다. 해당 통지서에는 검증대상 선적건, 검증 사유 및 서면질의서 등이 포함되어 있다. 보통 원산지신고서의 진위여부, 원산지 판정의 진위여부 및 무작위 선별방식에 따른 사유가 가장 많은것으로 집계되고 있다.

(2) 서면질의서

원산지 결정에 있어 고려하여야 할 각 부분에 대하여 질의서의 흐름에 따라 답하고, 관련 자료를 첨부하여 원산지를 소명할 수 있다. 만약 수입국 세관으로부터 특정 의심사항이 있는 경우, 그 내용에 대해 추가 소명을 하도록 포함시키고 있다.

6. 한-중국 FTA 사후검증

한-중국 FTA는 수입국 관세당국이 수입자를 대상으로 서면검증, 수출국 관세당국을 대상으로 간접검증을 요청할 수 있으며 수출국 관세당국의 검증결과에 만족하지 못하는 경우 방문검증을 수행할 수 있는바 先간접검증 後직접검증의 혼합검증을 채택하고 있다.

(1) 간접검증

① 수입국으로부터 검증 요청을 받으면 수출국 관세당국은 조사를 수행하고 6개월 내 결과를 수입국 관세당국에 통보한다.

② 수입국은 검증결과를 접수한 날부터 3개월 이내에 원산지 판정 결과를 수출 관세당국에 통보한다.

(2) 직접검증

① 수입국이 수출국에 방문검증을 실시할 경우 검증 30일 이내에 수출국에 서면으로 통보해야 하며 수출국은 30일 이내에 승인 여부를 통보하여야 한다.

② 직접 방문 검증은 6개월 이내에 완료해야 한다.

(3) 원산지사후검증의 체계적 대응방안

한-중국 FTA 활용이 본격화되는 올해부터 원산지 검증 요청이 증가할 것으로 전망됨에 따라 업계의 검증 대응 부담이 가중될 것으로 보인다. 원산지 사후검증의 체계적 대응을 위해 계약 단계에서부터 수입자-수출자, 수출자-국내 공급업체 등 당사자간 사후검증 대응의 책임소재를 명확하게 하고, 상호 협력관계를 구축하여야 한다. 특히, 직접검증시 수입자가 한국 수출자에게 검증 요청 사실을 늦게 통보할 시 검증대응에 실패할 우려가 있기 때문에 수입자와 사전에 긴밀한 협의 등이 선행되어야 한다.

제6절 수입물품 원산지 표시제도

1. 의의

공정한 무역거래질서를 확립하고 불법 수입행위를 근절하며 궁극적으로 수입자를 보호하기 위하여 수입물품에 대한 원산지 표시를 보완, 강화하는데 있다. 또한 국제적으로 용인된 원산지 적용기준을 마련하여 1991년 7월 1일부터 시행되고 있는 제도로 원산지 표시제도와 원산지 확인제도의 2가지로 구분, 관리하고 있다.

2. 원산지 표시대상

원산지 표시대상은 일반적인 수입물품 뿐만 아니라, FTA교역품목도 당연히 원산지 표시를 하여야 한다. 원산지 표시는 수입물품 자체에 해야 하는데, 현품에 표시하는 것이 불가능한 경우에는 당해 물품의 포장, 용기에도 원산지를 표시할 수 있다.

3. 수입물품의 원산지 표시

수입물품의 원산지 표시는 한글, 한자 또는 영문으로 하여야 한다. 영문으로 국명을 표시하는 경우에는 약어 또는 변형된 표기를 표시할 수 있으나, 국명의 형용사적 표현이 다른 단어와 결합되어 특정상품의 상표로 최종구매자에게 오인될 우려가 있는 경우에는 원산지 표시로 인정하지 아니한다. 수입물품의 크기가 작아 국제관행상 국명만 표시하는 것으로 인정되는 물품의 경우에는 국명만 표시할 수 있다. 또한 최종구매자가 수입물품의 원산지를 오인할 우려가 없는 경우에는 통상적으로 널리 사용되고 있는 국가명의 약어를 사용하여 원산지를 표시할 수 있다.

(예) 'PRODUCT OF USA'

4. 원산지 표시의 유의사항

① 수입물품의 원산지 표시는 판독이 용이한 크기의 활자체로 표시하여야 한다. 다만, 농수산물 및 그 가공품(관세 · 통계통합품목분류표상 제1류부터 제24류 및 제25류의 식용소금으로 분류되는 물품)은 포장 또는 원산지가 표시된 표시면의 크기에 따라 원산지를 표시하여야 한다.

② 수입물품의 원산지는 최종구매자가 정상적인 물품구매과정에서 표시된 원산지를 용이하게 발견할 수 있는 곳(예: 해당 물품 또는 포장 · 용기의 전면)에 표시하여야 한다.

③ 수입물품의 원산지는 제조단계에서 인쇄, 등사, 낙인, 주조, 식각, 박음질 또는 이와 유사한 방식으로 원산지를 표시하는 것을 원칙으로 한다. 다만, 물품의 특성상 위와 같은 방식으로 표시하는 것이 부적합하거나 물품을 훼손할 우려가 있는 경우에는 날인, 라벨, 스티커, 꼬리표를 사용하여 표시할 수 있다.

5. 원산지 오인 우려 수입물품의 원산지 표시

수입물품은 원칙적으로 당해물품 또는 포장, 용기의 전면에 표시원칙에 따라 원산지를 표시하여야 하지만, OEM 수입식품류와 같이 물품의 특성상 전후면의 구별이 어렵거나 전면에 표시하기 어려운 경우 등 원산지 오인을 초래할 우려가 있는 경우에는 원산지 표시에 사용된 활자체의 크기 및 색상이 주변 활자체와 명확히 구별되어 최종 구매자가 정상적인 구매과정에서 당해물품의 원산지를 분명하게 식별할 수 있도록 원산지를 표시해야 한다. 또한 판매 또는 진열시 소비자가 알아볼 수 있도록 상품에 표시된 원산지와는 별도로 스티커, 푯말 등을 이용하여 원산지를 표시하여야 한다.

① 원산지표시 이외에 원산지 인식에 혼동을 줄 수 있는 용어를 원산지표시와 다른 위치에 표시한 경우 등(예: Italian Mode」,「Brand by Korea」,「Licensed by 회사명 Japan」 등)

② 원산지표시 없이 비원산지 국가언어.국가명.지역명.상표 등으로 원산지를 오인하도록 표시한 경우(예: 중국산 물품에 상표, 국내 업체명, 제품설명 등을 한글로만 표시)

③ KS, JAS, UL 등 비원산지 국가의 품질표준합격증명표시를 그 권한이 없는 자가 원산지를 오인하게끔 현저하게 표시(예: 중국산 철강제품에 국내산인 것처럼 「KS」 표시)

④ 완제품의 원산지를 표시하지 않고 완제품의 원산지와 상이한 재료의 원산지만 표시한 경우(예: 국산 원재료를 사용하여 중국에서 제조한 물품에 「재료 원산지 : 한국」으로 표시)

6. 세트물품의 원산지 표시

세트물품의 경우 당해 세트물품을 구성하는 개별 물품들의 원산지가 동일하고, 세트물품으로 판매되는 경우에는 개별 물품에 원산지를 표시하지 않고 그 물품의 포장 · 용기에 원산지를 표시할 수 있다. 세트물품을 구성하는 개별 물품들의 원산지가 2개국 이상인 경우에는 개별 물품에 각각의 원산지를 표시하고, 세트물품의 포장 · 용기에는 개별 물품들의 원산지를 모두 나열 · 표시해야 합니다(예: Made in China, Taiwan 등).

7. 용기의 원산지 표시

관세율표에 따라 용기로 별도 분류되어 수입되는 물품의 경우에는 용기에 "(용기명)의 원산지 : (국명)"에 상응하는 표시를 하여야 한다(예: "Bottle made in 국명").

다만, 1회의 사용으로 폐기되는 용기의 경우에는 최소 판매단위의 포장에 용기의 원산지를 표시할 수 있으며, 실수요자가 이들 물품을 수입하는 경우에는 용기의 원산지를 표시하지 않아도 무방하다(대외무역관리규정 제80조).

8. 수출물품의 원산지 표시방법

수출물품의 경우에는 원산지 표시의무가 없으나, 표시하는 경우 수입물품과 같이 영문 등으로 소비자가 잘 보이는 위치에 견고하게 표시하여야 한다. 다만, 수입국의 원산지 표시 규정이 우리나라와 다를 경우 수입국의 규정에 따라 표시하여야 하므로, 수입국의 원산지 규정에 대하여 사전에 정보를 수집할 필요가 있다.

【부록 1】

원산지증명서 발급시 구비서류

1. 수출자 사업자등록증 (TEL NO, FAX NO, E-MAIL 기재)

2. 생산자 사업자등록증 (TEL NO, FAX NO, E-MAIL 기재)
   (수출자와 생산자가 상이할 경우에만 해당)

3. 수출신고의 수리필증 사본

4. B/L

5. INVOICE (선적항, 선박명 및 항공기명, 출항일 기재)

6. PACKING LIST (품목별 순중량, 총중량 기재)

7. 원산지(포괄)확인서

8. 원산지소명서

9. 원산지소명서에 기재된 내용을 입증할 수 있는 원산지확인서류
   ※ 세번변경기준적용물품 : 세번변경입증서류
   (예 : 원료구입명세서, 자재명세서(BOM), 생산공정명세서, 사용자설명서, 홍보책자 등)

   ※ 부가가치기준적용물품 : 비원산지재료,원산지재료 및 수출물품 가격관련입증서류
   (예 : 자재명세서(BOM), 원료구입명세서, 원가산출내역서, 노무비, 경비 및 이윤 등의 개략적인 신고서를 포함한다)

   ※ 원산지(포괄)확인서[해당건에 한함]

   ※ 기타 해당 물품의 생산자, 생산장소, 생산공정 등 원산지의 확인이 객관적으로 가능한 서류

【부록 2】

■ 자유무역협정의 이행을 위한 관세법의 특례에 관한 법률 시행규칙 [별지 제4호서식]

원 산 지 소 명 서

※ 작성방법을 읽고 작성하여 주시기 바라며, [ ]에는 해당되는 곳에 "√"를 기재합니다. (2쪽 중 제1쪽)

수출자 · 생산자				
1.수출자	상 호		사업자등록번호	
	성 명		전화/팩스번호	
	주 소 (전자우편주소)			
2.생산자	상 호		사업자등록번호	
	성 명		전화/팩스번호	
	주 소 (전자우편주소)			
물 품 명 세				
3.품명/규격			4.품목번호(HS No.)	
5.물품가격	가격조건	공장도가격(EXW) [ ] 본선인도가격(FOB) [ ]	6.원산지 결정기준	
	금 액		7.자유무역협정명칭	
8.주요생산 공 정				

원재료명세서						
9.연번	10.재료명	11.품목번호 (HS No.)	12.원산지	13.가 격		14.공급자 (생산자)
				수 량	가 격	
15.합 계		원산지재료(국산)				
		비원산지재료(수입산)				
		합 계				

원산지인정요건 검토			
16.완전생산기준 충족여부	예 [ ] 아니오 [ ]	17.세번 변경기준 충족여부	예 [ ] 아니오 [ ]
18.부가가치기준 충족여부	예 [ ] 아니오 [ ]	(부가가치비율 : %)	
19.결합기준	예 [ ] 아니오 [ ]	20.특정공정기준	예 [ ] 아니오 [ ]
21.역외가공기준	예 [ ] 아니오 [ ]	22.최소기준 적용여부	예 [ ] 아니오 [ ]
23.누적기준 적용여부	예 [ ] 아니오 [ ]	24.직접운송 여부	예 [ ] 아니오 [ ]
25.기 타	예 [ ] 아니오 [ ]	26.원산지 결정	충족 [ ] 불충족 [ ]

「자유무역협정의 이행을 위한 관세법의 특례에 관한 법률 시행규칙」 제10조제1항에 따라 작성 · 제출합니다.

작 성 자 : (서명 또는 인)
직 위 :
상 호 및 주 소 :
작 성 일 : 년 월 일

○ ○ 세관장(○ ○상공회의소 회장) 귀 하

210mm×297mm[백상지 80g/㎡(재활용품)]

(2쪽 중 제2쪽)

<table>
<tr><th colspan="2">작성방법</th></tr>
<tr><th>항 목</th><th>작성내용</th></tr>
<tr><td>1.수 출 자</td><td>○ 물품을 실제로 수출한 자의 회사명, 사업자등록번호, 대표자 성명, 전화 및 팩스번호, 회사주소(전자우편주소 포함)를 기재합니다.</td></tr>
<tr><td>2.생 산 자</td><td>○ 물품을 수출한 국가에서 실제로 생산한 자의 회사명, 사업자등록번호, 대표자 성명, 전화 및 팩스번호, 회사주소(전자우편주소 포함) 등을 기재합니다. 생산자가 다수인 경우에는 별지에 기재합니다.</td></tr>
<tr><td>3.품명/규격</td><td>○ 물품의 품명, 모델명, 규격 및 상표명 등을 기재합니다.
예) TV : ○am○○ng ○○-1234 ; ○○ TV
○ 품명은 송품장에 적은 것과 같아야 합니다.</td></tr>
<tr><td>4.품목번호(HS No.)</td><td>○ 물품의 품목번호(6단위)를 기재합니다.</td></tr>
<tr><td>5.물품가격</td><td>○ 가격조건 : 본선인도가격(FOB) 또는 공장도거래가격(EXW) 중 해당하는 것에 "√"를 기재합니다.
○ 금 액 : 물품의 거래가격을 기재합니다. 통화단위는 송품장에 적은 것과 같아야 합니다.</td></tr>
<tr><td>6.원산지 결정기준</td><td>○ 물품의 원산지를 결정하는데 적용된 기준을 아래 표에서 정한 방법으로 기재합니다.
<table>
<tr><th>원산지 결정기준</th><th>기재방법</th></tr>
<tr><td>가. 완전생산 물품</td><td>- WO</td></tr>
<tr><td>나. 세번 변경기준
- 2단위 세번 변경기준
- 4단위 세번 변경기준
- 6단위 세번 변경기준</td><td>
- CC
- CTH
- CTSH</td></tr>
<tr><td>다. 부가가치기준
- 공제법을 적용한 경우
- 집적법을 적용한 경우
- 역외산재료 최대허용법을 적용한 경우
- 순원가법을 적용한 경우</td><td>
- BD
- BU
- MC
- NC</td></tr>
<tr><td>라. 결합기준
- 세번 변경기준과 부가가치기준 등 두가지 이상의 원산지 결정기준을 동시에 충족한 경우</td><td>- CC(CTH또는CTSH) + BD(BU,MC 또는 NC)
- CC(CTH또는CTSH) + SP
- BD(BU, MC 또는 NC) + SP
- CC(CTH또는CTSH) + BD(BU,MC 또는 NC) + SP</td></tr>
<tr><td>마. 특정공정기준</td><td>- SP</td></tr>
<tr><td>바. 역외가공기준(개성공단 생산물품)</td><td>- OP</td></tr>
<tr><td>사. 기타기준</td><td>- Other</td></tr>
</table>
○ 결합기준 기재시 부가가치기준을 동시에 적용하는 경우 부가가치비율을 함께 기재합니다.
예) - 세번 변경기준과 공제법으로 부가가치 비율이 35% 이상
: CTH + BD 35%
- 집적법으로 부가가치 비율이 30% 이상일 것과 특정공정기준이 동시에 적용 될 경우
: BU 30% + SP</td></tr>
<tr><td>7.자유무역협정명칭</td><td>○ 해당 물품에 적용할 자유무역협정 명칭을 기재합니다.
예) 적용협정이 아세안과의 협정일 경우: 한-아세안 FTA</td></tr>
<tr><td>8.주요생산공정</td><td>○ 물품의 주요 제조과정 및 공정방법을 기재합니다.
예) 면사를 수입하여 직물을 가공한 후 의류를 제조하는 경우
① 직조 : 면사 85%, 합성사 15%로 면직물 제조(3m×100m)
② 날염 : 면직물에 국내 ○○업체가 생산한 염료로 염색
③ 재단 및 봉제 : 남성용 셔츠 제작(50Pcs)</td></tr>
<tr><td>9.연 번</td><td>○ 물품의 생산에 사용된 원재료의 일련번호를 기재합니다.
- 사용된 원재료가 다수일 경우 별지에 기재합니다.</td></tr>
<tr><td>10.재 료 명</td><td>○ 물품의 생산에 사용된 원재료의 품명을 기재합니다.</td></tr>
<tr><td>11.품목번호(HS No.)</td><td>○ 원재료의 품목번호(6단위)를 기재합니다.</td></tr>
<tr><td>12.원 산 지</td><td>○ 원재료의 원산지국가명을 기재합니다.</td></tr>
<tr><td>13.가 격</td><td>○ 물품의 생산에 사용된 원재료의 수량과 가격을 적습니다. 다만, 그 물품이 세번 변경기준 적용품목인경우에는 기재하지 않아도 됩니다.</td></tr>
<tr><td>14.공급자(생산자)</td><td>○ 원재료의 공급자(생산자)의 상호 · 주소 · 전자우편주소 · 전화 및 팩스번호를 기재합니다.</td></tr>
<tr><td>15.합 계</td><td>○ 재료 중 원산지재료와 비원산지 재료의 가액과 그 합계액을 기재합니다.</td></tr>
<tr><td>16.~25.원산지기준</td><td>○ 물품의 원산지결정에 적용된 기준의 충족여부를 기재합니다.
예) 부가가치기준을 충족할 경우 "예 [√]"로 기재합니다.
○ 19 ~ 23 란에 "예 [√]"로 기재한 경우 세부 내역을 별지에 작성하여 첨부하여야 합니다</td></tr>
<tr><td>26.원산지결정</td><td>○ 이 원산지소명서에 적은 내용으로 원산지결정이 가능한 경우에는 "충족"에, 불충분한 경우에는 "불충족"에 "√"를 기재합니다.</td></tr>
</table>

작성방법	
항 목	작 성 내 용
※제26란부터 제30란까지는 제7란의 자유무역협정명칭이「역내포괄적경제동반자협정」(RCEP)인 경우에만 작성합니다.	
26.수출 대상국	ㅇ「역내포괄적경제동반자협정」회원국 중 어느 하나를 적습니다. 예) 베트남으로 수출되는 물품인 경우 "VN" 또는 "베트남"으로 기재
27.수출 대상국의 RCEP 부속서 I 양허표 부록지정 물품 여부	ㅇ 수출물품이 해당 수출 대상국에 대한「역내포괄적경제동반자협정」부속서 I 부록에 명시된 물품인지 여부를 확인하여적습니다.
28.국내에서 발생한 부가가치 비율	ㅇ 제27란을 "해당(Y)"으로 기재한 경우에는「역내포괄적경제동반자협정」제3.5조제1항에 따라 산출된 부가가치 비율을 기재합니다. 다만, 공제법으로 계산하는 경우에는 비역내산재료의 가격 대신 비한국산재료의 가격을 사용하며, 집적법으로 계산하는 경우에는 역내산재료의 가격 대신 한국산재료의 가격을 사용합니다
29.최소공정 이외의 공정 수행 여부	ㅇ 수출물품에 대한 제6란의 원산지결정기준을 "PE"로 기재한 경우에만 적습니다.
30.RCEP 원산지 국가	ㅇ「역내포괄적경제동반자협정」제2.6조에 따라 결정된 수출물품의 RCEP 원산지 국가를 적습니다.

【부록 3】

■ 자유무역협정의 이행을 위한 관세법의 특례에 관한 법률 시행규칙 [별지 제5호서식]

원산지(포괄)확인서(Declaration of Origin)

※ 작성방법을 읽고 작성하여 주시기 바라며, [ ]에는 해당되는 곳에 "√"를 기재합니다. (3쪽 중 제1쪽)

1. 발급번호(Reference No.) :		
2. 공급하는 자 (Supplier)	상호(Company Name)	사업자등록번호(Business Registration No.)
	대표자성명(Name of Representative)	전화번호(Tel) 팩스번호(Fax)
	주소(Address) 전자우편주소(E-mail)	인증수출자 인증번호 (Customs Authorization No.)
3. 공급받는 자 (Supplied to)	상호(Company Name)	사업자등록번호(Business Registration No.)
	대표자성명(Name of Representative)	전화번호(Tel) 팩스번호(Fax)
	주소(Address) 전자우편주소(E-mail)	

공급물품 명세서(Good(s) Statements)

4. 연번 (S/N)	5. 자유무역 협정명칭 (Name of FTA)	6. 품목번호 (HS No.)	7. 품명 · 규격 [Description · Specification of Good(s)]	8. 수량 및 단위 (Quantity & Unit)	10. 원산지 결정기준 충족여부 (Fulfillment of Origin Criterion)		11. 원산지 (Country of Origin)	12. 원산지포괄 확인기간 (년 월 일 ~ 년 월 일) [Blanket period (YYYY/MM/DD ~YYYY/MM/DD)]	13. 원산지 간이확인 물품 여부 (Simple Declaration of Origin)
					충족 (Y)	미충족 (N)			
					[ ]	[ ]			[ ]
					[ ]	[ ]			[ ]
					[ ]	[ ]			[ ]
					[ ]	[ ]			[ ]
					[ ]	[ ]			[ ]
					[ ]	[ ]			[ ]
					[ ]	[ ]			[ ]
					[ ]	[ ]			[ ]
					[ ]	[ ]			[ ]
					[ ]	[ ]			[ ]
					[ ]	[ ]			[ ]
					[ ]	[ ]			[ ]
					[ ]	[ ]			[ ]
					[ ]	[ ]			[ ]
					[ ]	[ ]			[ ]

RCEP 원산지 국가 확인(Declaration of RCEP Country of Origin)				
14.공급물품 연번 (S/N)	15.국내 부가가치 20% 이상 발생 여부 (Domestic Value Addition of 20%)		16.최소공정 이외의 공정 국내 수행 여부 (Processed Beyond Minimal Operations)	
	발생(Y)	미발생(N)	발생(Y)	미발생(N)
	[ ]	[ ]	[ ]	[ ]
	[ ]	[ ]	[ ]	[ ]
	[ ]	[ ]	[ ]	[ ]

「자유무역협정의 이행을 위한 관세법의 특례에 관한 법률 시행규칙」제12조에 따라 위와 같이 원산지를 확인합니다.
The undersigned hereby declares the origin of the good(s) in accordance with Article 12.1 of「Enforcement Rules of Act on Special Cases of the Customs Act for the Implementation of Free Trade Agreements」.

작 성 자(Declarer) : (서명 또는 인)(Signature)
직 위(Title) :
상호 및 주소(Company Name/Address) :
작 성 일(Date) : 년 월 일 (YYYY/MM/DD)

(3쪽 중 제3쪽)

<table>
<tr><th colspan="2">작 성 방 법</th></tr>
<tr><th>항 목</th><th>작 성 내 용</th></tr>
<tr><td>1. 발급번호</td><td>○ 원산지확인서를 발급하는 자가 자체적으로 관리하는 발급번호를 기재합니다.</td></tr>
<tr><td>2. 공급하는 자</td><td>○ 원산지확인서의 물품을 공급하는 자의 상호, 사업자등록번호, 대표자 성명, 전화 및 팩스 번호, 주소, 전자우편주소를 기재합니다.
○ 공급하는 자가 인증수출자인 경우, 인증수출자 인증번호를 기재합니다.</td></tr>
<tr><td>3. 공급받는 자</td><td>○ 원산지확인서의 물품을 공급받는 자의 상호, 사업자등록번호, 대표자 성명, 전화 및 팩스 번호, 주소, 전자우편주소를 기재합니다.</td></tr>
<tr><td>4. 연번</td><td>○ 종류가 다른 물품이 여러 개일 경우 각 종류별로 연번을 기재합니다.</td></tr>
<tr><td>5. 자유무역협정명칭</td><td>○ 해당 공급물품의 원산지 결정기준을 적용한 자유무역협정(FTA)의 명칭을 기재합니다.
예) 한-칠레 FTA, 한-싱가포르 FTA, 한-EFTA FTA, 한-아세안 FTA, 한-인도 CEPA 등</td></tr>
<tr><td>6. 품목번호(HS No.)</td><td>○ 공급물품의 품목번호(6단위)를 기재합니다.</td></tr>
<tr><td>7. 품명 · 규격</td><td>○ 공급물품의 품명과 규격을 기재합니다.</td></tr>
<tr><td>8. 수량 및 단위</td><td>○ 원산지포괄확인이 아닌 경우 공급물품의 수량 및 단위를 기재합니다.</td></tr>
<tr><td>9. 원산지 결정기준</td><td>○ 물품의 원산지를 결정하는데 적용된 기준을 아래 표에서 정한 방법으로 기재합니다.
<table>
<tr><th>원산지 결정기준</th><th>기재방법</th></tr>
<tr><td>가. 완전생산 물품</td><td>- WO</td></tr>
<tr><td>나. 세번 변경기준
- 2단위 세번 변경기준
- 4단위 세번 변경기준
- 6단위 세번 변경기준</td><td>
- CC
- CTH
- CTSH</td></tr>
<tr><td>다. 부가가치기준
- 공제법을 적용한 경우
- 집적법을 적용한 경우
- 역외산재료 최대허용법을 적용한 경우
- 순원가법을 적용한 경우</td><td>
- BD
- BU
- MC
- NC</td></tr>
<tr><td>라. 결합기준
- 세번 변경기준과 부가가치기준 등 두가지 이상의 원산지 결정기준을 동시에 충족한 경우</td><td>- CC(CTH또는CTSH) + BD(BU, MC 또는 NC)
- CC(CTH또는CTSH) + SP
- BD(BU, MC 또는 NC) + SP
- CC(CTH또는CTSH) + BD(BU, MC 또는 NC) + SP</td></tr>
<tr><td>마. 특정공정기준</td><td>- SP</td></tr>
<tr><td>바. 역외가공기준(개성공단 생산물품)</td><td>- OP</td></tr>
<tr><td>사. 기타기준</td><td>- Other</td></tr>
</table></td></tr>
<tr><td>10. 원산지결정 기준 충족여부</td><td>○ 원산지 결정기준 충족여부를 기재합니다.
예) 원산지인정요건을 충족한 경우 충족에 "√"를 기재합니다.</td></tr>
<tr><td>11. 원산지</td><td>○ 원산지 결정기준을 충족할 경우 "KR" 또는 "한국"으로 기재합니다.</td></tr>
<tr><td>12. 원산지포괄 확인기간</td><td>○ 물품공급일로부터 12개월을 초과하지 않는 범위에서 반복하여 사용하려는 경우 그 반복사용기간을 기재합니다.
예) 2016.07.01 - 2018.06.30
※ 원산지포괄확인기간을 적지 아니한 때에는 단수원산지확인서로 봅니다.</td></tr>
</table>

항목	작성방법
13. 원산지간이확인 물품 여부	○「자유무역협정의 이행을 위한 관세법의 특례에 관한 법률 시행규칙」 제10조제1항제4호 나목에 따른 원산지간이확인물품에 대해 원산지(포괄)확인서를 발급하는 물품인지 여부를 기재합니다. 예) 원산지간이확인물품에 해당하여 원산지(포괄)확인서를 발급하는 경우 "√" 를 기재합니다.
※ 제14란부터 제16란까지는 수출물품에 대한「역내포괄적경제동반자협정」의 적용을 위해 수출물품의 생산자가 수출자에게 원산지(포괄)확인서를 발급하는 경우에만 작성합니다.	
14. 공급물품 연번	○ 제5란의 자유무역협정명칭이「역내포괄적경제동반자협정」인 경우에는 해당하는 제4란의 연번을 이 란에 기재합니다.
15. 국내 부가가치 20% 이상 발생 여부	○ 수출물품이 체약상대국의 「역내포괄적경제동반자협정」 부속서 I 부록에 명시된 물품인 경우에만 작성합니다.
16. 최소공정 이외의 공정 국내수행 여부	○ 수출물품에 대한 제9란의 원산지결정기준을 "PE"로 기재한 경우에만 기재합니다.

부록

1 무역업고유번호 신청 및 무역협회 회원가입 안내
2 거래알선 및 해외시장개척
3 무역상담 안내
4 무역업고유번호 이외에 자격요건을 갖추어야 하는 물품
5 활용자료(무역서식, 사례)

1. 무역업고유번호 신청 및 무역협회 회원가입 안내

업 무 명	내 용	이용방법 및 절차	처 리 기 관	
무역업고유번호 신청 및 무역협회 회원가입 안내 (www.kita.net)	• 무역업고유번호 신청서 접수, 고유번호 부여 • 무역업고유번호 신청사항 변경신청	• 온라인 신청 (www.kita.net) 신청서, 사업자등록증사본 제출 → 고유번호 부여	한국무역협회 기업현장지원실 및 각 지부	기업현장지원실 부산지역본부 경남지역본부 대구경북지역본부 광주전남지역본부 전북지역본부 대전세종충남지역본부 충북지역본부 인천지역본부 강원지역본부 경기남부지역본부 경기북부지역본부 울산지역본부 제주지부
	• 무역협회 회원 가입	• 온라인 신청 (www.kita.net) • 회원가입신청서, 가입비 200,000원 ┐ 납부 연회비 150,000원 ┘ → 회원증 교부		

2. 거래알선 및 해외시장개척

업 무 명	내 용	이용방법 및 절차	처 리 기 관
거래알선	• 해외의 각종 Inquiry를 관련 국내업체에 연결하여 무역거래가 성립토록 지원 • 수출입상 리스트 작성 및 정기적인 정보제공	Inquiry 정보열람 및 카타로그 등을 통한 내방 외국인에 제품 소개	한국무역협회 TradeKorea KOTRA 안내센터 한국외국기업협회 대한상공회의소 한국수입협회 (주) EC21 매경바이어스가이드
해외홍보	• 홍보매체를 통한 주요 수출상품 및 관련사업에 대한 해외홍보	신청→홍보물작성→배포	대한상공회의소 중소기업중앙회 기계산업진흥회 한국전자정보통신산업진흥회 한국완구공업협동조합 한국금속공업협동조합 한국전자산업협동조합 한국공작기계산업협회 한국조선해양플랜트협회
	• 해외시장조사 및 개척	회원가입→조사의뢰→조사자료통보	KOTRA 안내센터
	• 무역진흥자금 융자	매 월별 신청접수	한국무역협회 무역진흥자금사무국

신용조사	• 거래선의 신용조사	신용조사의뢰→신용 조사→조사결과 통보	한국무역보험공사 신용보증기금 (주)나이스평가정보

3. 무역상담 안내

업무명	내 용	이용방법 및 절차	처리기관	전 화
트레이드프로 (TradePro)	• 디지털 무역상담 플랫폼 (TradePro) • 상담 서비스 – 1:1 상담 : 희망분야 전문가와 사전예약(채팅, 전화) → 1:1 상담 – 오픈상담 : 질문 게시글 작성 → 전문가 답변등록 – AI 상담 : 질문 → 무역 특화 AI가 답변 • 상담 분야 – 무역거래/결제, 관세/통관, 계약/클레임, 외환/환리스크, 세무/회계, 특허/상표, 해외인증, 물류/운송, 인력관리, 마케팅/이커머스, 지역전문가, 품목전문가, ESG	• 홈페이지 접속 및 신청 (tradepro.kr) • 회비 완납 회원사 : 무제한 이용 일반 이용자 : 월 2회 이용	한국무역협회 기업현장지원실 • 홈페이지 – http://tradepro.kr	1566-5114

4. 무역업고유번호 이외에 자격요건을 갖추어야 하는 물품

품 목	수출입요령	해당법령	문의처
개, 고양이, 원숭이	수입시 ① 입항전 6개월 이내에 발행된 광견병 예방접종 증명서와 출항전 10일 이내에 발행된 수의사의 건강진단서가 있어야 수입할 수 있다.	검역법	인천공항검역소 부산검역소 인천검역소
건설기계 (굴삭기, 로우더, 덤프트럭, 기중기, 불도저 등)	수입시 ① 국토교통부장관의 형식승인, 형식신고 또는 동일형식 수입신고를 필해야 한다. 수출시 ① 중고건설기계의 경우 건설기계관리법 제6조의 규정에 의하여 말소등록된 것에 한해 수출할 수 있다(일시반출되는 건설기계는 제외)	건설기계 관리법	국토교통부 건설산업과 한국건설기술연구원 대한건설기계안전관리원
계량기	수입시 ① 비법정 단위로 표시된 계량기는 아래의 경우를 제외하고 수입할 수 없다. – 수출물품의 계량, 선박/항공기/군용물품, 연구개발용 물품에 사용하는 계량기, 수출목적의 계량기/원료/부품 ② 비법정 계량단위로 표시된 계량기 수입은 특별시장/광역시장/도지사/특별자치도지사에게 비법정계량단위로 표시된 계량기 수입신청서를 제출하여야 한다. ③ 검정대상계량기수입은지정검정기관으로부터 계량기 검정을 받아야 한다.	계량에 관한 법률	국가기술표준원 계량측정제도과
공업용 및 농업용 비료	수입시 ① 비료의 종류와 명칭별로 시 · 군 · 구청장에 비료수입업 신고를 해야 수입할 수 있다. ② 유기질비료나부산물비료등은국립농업과학기술원장의 중금속 위해성검사를 받아야 한다.	비료관리법	국립농업과학원
국가검정동물용 의약품	수입시 ① 농림축산검역본부장에게 국가검정을 필한 후 한국동물약품협회장에게 진자문서교환방식에 의한 표준통관예정보고서를 제출하고 통관해야 한다. ② 긴급을 요하거나 국가검정이 불가능한 품목은 생산국 정부가 발행한 시험성적을 농림부장관이 인정한 품목이나 특수저장방법 등에 의한 통관전 검정이 불가능한 품목은 예외로 한다.	약사법	농림축산검역본부 동물약품관리과 한국동물약품협회
국보, 보물, 천연기념물, 중요한 민속자료	수출시 ① 국외전시 등 국제문화교류 목적으로 반출하고 2년 이내에 반입할 것을 조건으로 문화재청장의 허가를 받은 물품을 제외하고는 수출이나 반출할 수 없다. ② 표본, 박재 등으로 제작한 천연기념물은 문화재청장의 허가를 받아 수출할 수 있다.	문화재 보호법	문화재청 정책총괄과

품 목	수 출 입 요 령	해당법령	문 의 처
군용, 총포, 도검, 화약류	수입시 ① 군용의 것은 방위사업청장의 허가를 받아 수입할 수 있다. ② 군용이외의 것은 경찰청장 또는 지방경찰청장의 허가를 받아야 수입할 수 있다.	방위사업법 총포·도검·화약류등 단속법	방위사업청
녹용, 녹각, 생녹용, 생녹용각, 우황	수입시 ① 한국의약품수출입협회장에게 품질검사를 신청하여 검체수거증을 받아야 수입할 수 있다.	약사법	식품의약품안전처 의약품품질과 식품의약품안전처 한약정책과 한국의약품수출입협회
북한에서 반출입되는 농수축산물 및 포켓용라이터 등	수입시 ① 북한으로부터의 반입승인대상인 경우 통일부장관의 승인을 받아야 한다. 수출시 ① 북한으로 반출승인대상인 경우 통일부장관의 승인을 받아야 한다.	남북교류 협력에 관한 법률	통일부 남북경협과
농약 및 원제	수입시 ① 농약수입업 등록을 한 자만 수입할 수 있다. ② 최초 수입시 농약 또는 원제를 농촌진흥청장에게 등록을 해야 하며 기존에 등록된 농약이나 원제를 수입할 때는 신고로 갈음할 수 있다.	농약관리법	농촌진흥청 농촌자원과 국립농업과학원
단미사료 및 보조사료	수입시 ① 수입통관이전에 농협중앙회장, 한국사료협회장 또는 한국단미사료협회에 신고해야 하며 다음의 경우에는 제외한다. - 무상반입물품의 견본 및 광고품, 정부나 지자체가 사용하는 경우	사료관리법	농림축산식품부 NH농협 한국사료협회 한국단미사료협회
담배	수입시 ① 외국의 담배제조업자와 담배공급계약을 체결하고 담배수입판매업 등록을 해야 한다. ② 수입판매업자가 수입한 제조담배를 통관하려면 시장, 군수가 발행한 납세담보확인서를 통관지세관에 제출해야 한다.	담배사업법 지방세법	기획재정부 출자관리과 행정안전부 지방세정책과
동물과 그 사체, 뼈, 살, 가죽, 알, 털, 발굽, 뿔 등 동물의 생산물	수입시 ① 농림축산검역본부장에게 신고하고 검역을 받아야 한다. ② 농림부장관이 지정고시하는 수입금지지역에서 생산 또는 발송되었거나 그 지역을 경유한 경우 수입할 수 없다. 수출시 ① 농림축산검역본부장에게 신고하고 검역을 받아야 한다.	가축전염병 예방법	농림축산검역본부

부록

품 목	수출입요령	해당법령	문의처
동물용 의약외품 동물용 의료용구	수입시 ① 농림축산검역본부장 또는 한국동물약품협회장에게 수입품목허가나 신고를 받은 후 동 협회장에게 전자문서 교환방식에 의한 표준통관예정보고서를 제출하고 통관해야 한다.	약사법	농림축산검역본부 한국동물약품협회
마약 및 대마	수입시 ① 마약은 마약류수출입업자만 수입할 수 있다. ② 아편(의약용이 아닌 것), 코카추출물, 인도 대마추출물, Opium tinctrue은 수입할 수 없다. ③ 마약류수출입업자가 마약을 수입하려면 품목마다 식품의약품안전청장의 허가를 받고, 수입할 때마다 식품의약품안전처장의 승인을 받아야 한다. 수출시 ① 마약은 마약류수출입업자만 수출할 수 있다. ② 마약류수출입업자가 마약을 수출하려면 품목마다 식품의약품안전청장의 허가를 받고, 수출할 때마다 식품의약품안전처장의 승인을 받아야 한다.	마약류 관리에 관한 법률	식품의약품안전처 마약정책과
먹는 샘물, 수처리제 또는 그 용기	수입시 ① 시. 도자사에 먹는 샘물의 수입판매업등록을 해야 한다.(수처리제나 용기는 제외) ② 먹는 샘물, 수처리제, 그 용기를 수입하려면 시도지사에 신고하고 검사에 합격해야 한다.	먹는물 관리법	환경부 토양지하수과
무선설비기기 전자파장해기 전자파 영향을 받는 기기	수입시 ① 무선설비기기는 국립전파연구원장의 형식검정 또는 형식등록을 필한 후 수입할 수 있다. ② 전자파장해기기나 전자파 영향을 받는 기기는 국립전파연구원장에게 전자파 적합판정 등록을 필한 후 수입할 수 있다.	전파법	국립전파연구원 전파시험인증센터
미가공 농림축산물, 사육 야생동물의 고기, 알 등	수입시 ① 가공하지 않은 농림축산물, 야생동물의 고기, 알 등을 수입하려면 사전에 유전자조작, 원산지, 품질 등을 표시해야 한다.	농산물품질 관리법	국립농산물품질관리원
미곡, 미곡을 원료로 한 분쇄물, 분말, 압착물 등	수입시 ① 농림축산식품부장관이 필요하다고 인정하는 자가 수입할 수 있으며 농림축산식품부장관의 미곡수입 허가를 받아야 한다. 수출시 ① 농림축산식품부장관이 필요하다고 인정하는 자가 수출할 수 있으며 한국농수산식품유통공사의 추천을 받아야 한다.	양곡관리법	농림축산식품부 식량정책과

품 목	수출입요령	해당법령	문의처
방위산업물자	수출시 ① 주요방산물자 또는 견본은 방위사업청장의 수출허가를 받아야 한다. ② 군용표준차량, 방독면, 낙하산, 화학작용제 탐지기 등 일반방산물자는 방위사업청장의 수출허가를 받아야 한다.	방위사업법	한국방위산업진흥회
방호장치, 보호구, 유해 또는 위험기계/기구, 금지물질	수입시 ① 한국산업안전보건공단에 설계검사를 받은 후 수입할 수 있다. ② 황린성냥, 벤지딘, 벤지딘을 포함한 제제 기타 근로자의 보건상 해롭다고 인정되는 물질로서 대통령령이 정하는 것은 시험/연구용 목적외에 수입할 수 없다.	산업안전 보건법	고용노동부 산업안전과 한국산업안전보건공단
벼, 보리, 콩, 옥수수 (사료용 제외), 감자	수출입시 ① 국가품종목록 등재대상작물의 종자 수입시(수출시) 국립종자원장에게 신고해야 한다.	종자산업법	국립종자원
식량작물, 채소, 과수, 화훼, 버섯, 약용작물, 목초, 사료작물	수입시 ① 판매목적으로 처음으로 수입되는 종자용 품종은 수입적응성 시험에 합격한 것에 한하여 수입할 수 있다. ② 식량작물는농업기술실용화재단, 채소작물종자는 한국종자협회장으로부터 수입적응성시험 합격을 받아야 수입할 수 있다	종자산업법	한국종자협회 농업기술실용화재단
식물, 그 용기, 포장 및 금지품	수입시 ① 식물방역법 제10조의 규정에 의한 수입금지지역으로부터의 수입은 금지 ② 농림축산검역본부에 신고하여 검사를 받아야 한다.	식물방역법	농림축산검역본부
식품, 식품첨가물, 식품용 기구/ 용기/ 포장류	수입시 ① 판매목적, 영업상 사용식품, 식품첨가물 수입은 통관장소 관할 지방식약처나 국립검역소에 신고하여 적합판정을 받아야 한다.	수입식품 안전관리 특별법	식품의약품안전처 수입식품정책 과 서울지방식약청 부산지방식약청 경인지방식약청
안전검사대상 공산품	수입시 ① 한국화학융합시험연구원, 한국건설생활환경시험연구원, 한국기기유화시험연구원, 한국원사직물시험연구원, 한국의류시험연구원, 안전검사를 받아 수입할 수 있다. ② 연구목적 또는 산업통상자원부장관이 정하는 외국의 안전검사기관으로부터 안전검사를 받은 공산품은 안전검사를 면제 받을 수 있다.	전기용품 및 생활용품 안전관리법	한국화학융합시험연구원 한국건설생활환경시험연구원 한국기계전기전자시험연구원 한국원사직물시험연구원 한국완구공업협동조합 한국의류시험연구원

품 목	수출입요령	해당법령	문의처
안전인증대상 전기용품	수입시 ① 한국산업기술시험원, 한국기계전기전자시험연구원, 한국화학융합시험연구원의 안전인증을 받아 수입해야 한다.	전기용품 및 생활용품 안전관리법	국가기술표준원 전기통신제품안전과 한국산업기술시험원 한국기계전기전자시험연구원 한국화학융합시험연구원
야생조수	수출입시 ① 야생조수 및 그 가공품은 시도지사(시군구청장)의 허가를 받아야 수입(수출) 또는 반입할 수 있다. ② 멸종위기에 처한 조수 및 그 가공품은 해당유역환경청장 또는 지방환경청장의 허가를 받아야 수출입이 가능하다.	야생생물 보호 및 관리에 관한 법률	환경부 한강유역환경청
완제동물용 의약품	수입시 ① 농림축산식품부장관이나한국동물약품협회장에게 수입품목허가나 신고를 받은 후 동 협회장에게 전자문서 교환방식에 의한 표준통관예정보고서를 제출하고 통관해야 한다.	약사법	농림축산검역본부 한국동물약품협회
완제의약품 방사성의약품	수입시 ① 수입품목마다 수입품목허가 또는 신고를 필하고 한국의약품수출입협회장에게 표준통관예정보고를 하고 통관해야 한다. ② 통관후 3일이내에 시.도보건환경연구원장에게 검정의뢰서를 제출하여 검정을 받아야 한다.	약사법	식품의약품안전처 의약품 정책과 한국의약품수출입협회
외국간행물	수입시 ① 배포를 목적으로 북한이나 반국가단체에서 발행한 간행물 및 만화, 사진집, 화보집, 잡지, 소설은 한국간행물윤리위원회의 추천을 받아 수입해야 한다.	출판문화산업 진흥법	한국간행물윤리위원회
원료동물용 의약품	수입시 ① 제조품목허가나 신고를 받은 동물용의약품 제조업체와 한국동물약품공업협동조합에 한하여 수입할 수 있다. ② 한국동물약품협회장에게 전자문서교환방식에 의한 표준통관예정보고서를 제출한 후 통관해야 한 다.	약사법	농림축산검역본부 한국동물약품협회
원료의약품	수입시 ① 의약품제조업자의 위탁에 의해 수입하는 경우에만 수입가능하며 한국의약품수출입협회장에게 전자문서교환방식에 의한 표준통관예정보고서를 제출한 후 통관해야 한다.	약사법	식품의약품안전처 의약품정책과 한국의약품수출입협회

품 목	수출입요령	해당법령	문의처
원유 석유제품 천연가스	수입시 ① 석유정제업 및 석유수출입업을 등록해야 수입할 수 있다. ② 수입부담금 부과대상 석유 수입시는 수입신고수리일이 속하는 달의 다음달 15일까지 수입부담금을 한국은행에 납부해야 한다.	석유 및 석유대체 연료사업법	산업통상자원부 석유산업과 한국석유공사
유독물 관찰물질	수입시 ① 한국화학물질관리협회장에게 신고를 한 후, 수입할 수 있다. 수출시 ① 한국화학물질관리협회장에게 신고하고 수출해야 한다.	화학 물질관리법	한국화학물질관리협회
의료용구	수입시 ① 한국의료기기산업협회장 또는 한국치과기재산업협회장에게 전자문서 교환방식에 의한 표준통관예정보고를 필한 후 수입해야 한다. ② 통관후 식품의약품안전처가 규정한 의료용구의 허가등에 관한 규정상의 의무를 이행하여야 한다.	의료기기법	식품의약품안전처 의료기기정책과 한국의료기기산업협회
이식/관상용 수산동식물	수입시 ① 양식, 종묘생산, 시험, 연구, 학습, 관상용, 낚시터 방류용 수입은 국립수산물품질관리원장의 검역 또는 농림축산검역본부의 병충해 검사를 받아야 한다. 수출시 ① 치어 및 치패 반출은 국립수산과학원장의 승인을 받아야 한다. ② 수산자원보호령 규정에 의한 체장이하인 품종은 수출할 수 없다.	농수산물품질 관리법 수산업법 수산생물질병 관리법	국립수산과학원 국립수산물품질관리원 농림축산검역본부
일반한약재	수입시 ① 한국의약품수출입협회 한국시험연구소장에게 품질검사 신청서를 제출하고 검체수거증을 발급받은 후 수입할 수 있다. ② 통관후 지정시험기관에서 이화학검사를 신청하여 검사필증을 받아야 한다.	약사법	식품의약품안전처 한약정책과 한국의약품수출입협회
자동차, 이륜차 (중고자동차)	수입시 ① 국립환경과학원에서 자동차 배출가스 및 소음인증을 받은 후 자기인증을 필한 후 수입할 수 있다. 수출시 ① 중고자동차 수출은 말소등록된 차량에 한해 수출할 수 있다.	대기환경 보전법 소음진동 관리법 자동차 관리법	환경부 교통환경과 한국환경공단 교통안전공단 자동차안전연구원
적색/황색 폐기물	수출입시 ① 폐기물은 폐기물처리시설 소재지를 관할하는 유역(지방)환경청의 허가를 받아 수입(수출)할 수 있다.	폐기물의 국가간이동 및 그 처리에 관한 법률	환경부 폐자원관리과

품 목	수 출 입 요 령	해당법령	문 의 처
전기통신기자재	수입시 ① 국립전파연구원장의 형식승인을 받아 수입할 수 있다.	전파법	국립전파연구원
제조용 한약재	수입시 ① 한국의약품수출협회 한국시험연구소장에게 품질검사 신청서를 제출하고 검사필증을 발급받은 후 수입할 수 있다.	약사법	식품의약품안전처 한약정책과 한국의약품수출입협회
종축, 정액, 난자, 수정란, 종란, 종계	수입시 ① 혈통등록된 소/돼지/그 정액, 난자, 수정란, 혈통보증된 닭/ 그 종란은 한국종축개량협회장에게 신고하여 수입할 수 있다. 수출시 ① 한우, 한우정액, 한우수정란은한국종축개량협회장에게 신고하여 수출할 수 있다.	축산법	농림축산식품부 축산정책과 한국종축개량협회
주류	수입시 ① 실수요자가 주류수출입업면허를 갖추고 있어야 수입할 수 있다. ② 일종의 식품으로서 통관전 식품검사를 거쳐야 하며 통관시 주세를 납부해야 한다. 수출시 ① 수출자가 주류 제조면허나 주류수출입업 면허가 있어야 수출할 수 있다.	주세법	국세청 소비세과
주방용 오물분쇄기	수입시 ① 주방에서 발생되는 음식물찌꺼기 등을 분쇄하여 오수와 함께 배출되는 주방용 오물분쇄기는 수입할 수 없다.	하수도법	환경부 물환경정책과
지급수단 귀금속 증권	수입시 ① 한국은행총재의 허가를 받아 수입할 수 있으며 휴대수입하는 경우에는 관할세관장의 허가를 받아야 한다. ② 거주자 또는 비거주자가 미화 1만불이상의 대외지급수단과 내국통화 및 원화표시여행자 수표는 관할세관장에게 신고하여 수입할 수 있다. 수출시 ① 한국은행총재의 허가를 받아 수출할 수 있으며 휴대수출하는 경우에는 관할세관장의 허가를 받아야 한다. ② 거주자 또는 비거주자가 미화 1만불이상의 대외지급수단과 내국통화 및 원화표시 여행자 수표를 휴대 반출하고자 할 경우는 관할 세관장에 신고해야 한다.	외국환 거래법	한국은행 외환심사과
체외진단용 의약품 의약외품	수입시 ① 한국의약품수출입협회장에게 전자문서교환 방식에 의한 표준통관예정보고서를 제출하고 통관해야 한다. ② 통관후 3일 이내에 시도보건환경연구원장에게 검정의뢰서를 제출하여 검정을 받아야 한다. ③ 안전성/유효성 심사대상인 경우 및 생물학적 제재/혈액판정용 의약품은 식품의약품안전처의 품목허가나 신고를 받아야 수입할 수 있다.	약사법	식품의약품안전처 의약품정책과 한국의약품수출입협회

품 목	수 출 입 요 령	해당법령	문 의 처
총포, 도검, 화약류	수출입시 ① 경찰청장이나 지방경찰청장으로부터 총포 등의 제조 및 판매업 허가를 받아야 수입(수출) 할 수 있다.	총포도검, 화약류 등의 안전관리에 관한 법률	경찰청 생활질서과
축산물	수입시 ① 판매목적 또는 영업상 사용목적의 수입은 가공기준 및 성분규격에 적합한 것에 한하며 수입시마다 농림축산검역본부에 신고해야 한다.	축산물 위생관리법	농림축산검역본부
특정물질, 특정물질 포함 제품 (오존파괴물질)	수입시 ① 매년 11월 15일까지 다음연도에 수입할 특정물질에 대한 산업통상자원부장관의 허가를 받아야 한다. ② 수입시마다 당해제품에 대한 수입금을 통관일까지 납부하고 한국정밀화학산업진흥회장으로부터 수입확인서를 발급 받아 수입통관시 세관에 제출해야 한다. 수출시 ① 매년 11월 15일까지 다음연도에 수출할 특정 물질에 대한 산업통상자원부장관의 승인를 받아야 한다.	오존층 보호를 위한 특정물질의 제조규제 등에 관한 법률	산업통상자원부 철강화학과 정밀화학산업진흥회
폐기물 부담금 납부대상 제품/재료/용기, 재활용의무대상 제품/포장재	수입시 ① 한국환경공단에 폐기물 부담금대상여부를 확인받은 후 부담금을 납부하고 수입해야 한다. ② 재활용 의무대상 제품/포장재는 전년도 수입실적을 4월 15일까지 한국환경공단에 제출해야 하며 수입된 제품/포장제에 대해 재활용의무 이행여부를 확인 받아야 한다.	자원의 절약과 재활용 촉진에 관한 법률	환경부 자원재활용과 한국환경공단
1종 화학물질 특정화학물질	수입시 ① 클로르메틴외 31개품목의 1종화학물질은 산업통상자원부장관의 허가를 받아야 수입할 수 있다. ② 1종 화학물질의 수입허가를 받은 자가 당해 물질을 인수하고자 할 때에는 인도받기 40일전까지 산업통상자원부장관에게 신고해야 한다. 수출시 ① 특정화학물질은 산업통상자원부장관의 허가를 받아 수출할 수 있으며 수출절차와 기준은 대외무역법의 전략물자수출입공고를 준용한다. ② 1종화학물질의 수출허가를 받은 자가 당해 물질을 인도하고자 할 때는 인도 40일전까지 허가기관에 신고해야 한다.	화학무기 · 생물무기의 금지와 특정화학물질 · 생물작용제 등의 제조 · 수출입 규제 등에 관한 법률	산업통상자원부 자원개발전략과
핵물질 방사성동위원소 방사선 발생장치	수입시 ① 핵물질은 원자력안전위원회의 수입허가를 받아야 하며, 방사성동위원소 및 방사선발생장치는 한국원자력안전재단의 수입요건확인을 받아야한다. 수출시 ① 핵물질은 원자력안전위원회의 수출허가를 받아야 하며, 방사성동위원소는 한국원자력안전재단의 수출요건확인을 받아야 한다. 신고접수 방법 방사성동위원소 및 방사선발생장치의 수출입신고는 한국원자력안전재단 수출입요건확인 업무시스템(gate.kofons.go.kr)을 통하여 신고하고 관련 구비서류는 팩스 또는 우편 접수(단, 요건면제의 경우에는 관련서식의 신청서를 작성하여 우편으로 접수하여야 함)	원자력 안전법	과학기술정보통신부 원자력안전위원회 한국원자력안전재단

품 목	수출입요령	해당법령	문의처
향정신정의약품	수입시 ① 향정신성의약품은 마약류수출입업자만 수입할 수 있다. ② 마약류수출입업자가 되고자 하는 자는 약사법에 따른 수입자로서 식품의약품안전처장에게 의약품 품목허가를 받거나 품목신고를 한 자로서 식품의약품안전청장의 허가를 받아야 한다. ③ 아편(의약용이 아닌 것), 코카추출물, 인도 대마추출물, Opium tinctrue은 수입할 수 없다. ④ 마약류수출입업자가 향정신성의약품을 수입하려면 품목마다 식품의약품안전청장의 허가를 받고, 수입할 때마다 식품의약품안전처장의 승인을 받아야 한다. 수출시 ① 향정신성의약품은 마약류수출입업자만 수출할 수 있다. ② 마약류수출입업자가 되고자 하는 자는 약사법에 따른 수입자로서 식품의약품안전처장에게 의약품 품목허가를 받거나 품목신고를 한 자로서 식품의약품안전청장의 허가를 받아야 한다. ③ 마약류수출입업자가 향정신성의약품을 수출하려면 품목마다 식품의약품안전청장의 허가를 받고, 수출할 때마다 식품의약품안전처장의 승인을 받아야 한다.	마약류 관리에 관한 법률	식품의약품안전처 마약정책과
홍삼 태극삼 백삼	수입시 ① 자체검사 또는 인삼류 검사기관(국립농산물 품질관리원, 농협중앙회, 인삼연초연구원)의 검사를 받아야 한다. 수출시 ① 자체검사 또는 인삼류 검사기관(국립농산물 품질관리 원, 농협중앙회, 한국인삼공사연구원)의 검사를 받아야 한다.	인삼산업법	농림축산식품부 원예산업과 국립농산물품질관리원 농협중앙회 한국인삼공사연구원
화장품	수입시 ① 기능성화장품은 품목별로 식품의약품안전처에 안정성 및 유효성 심사를 받아 수입할 수 있다. ② 멸종위기에 처한 동식물 대상물품을 함유한 화장품은 수출국이 발행한 수출증명서 사본과 사용계획서를 첨부하여 식품의약품안전처에서 허가를 받아 수입해야 한다. ③ 화장품 수입자는 통관전에 한국의약품수출입협회장에게 전자문서 교환방식에 의한 표준 통관예정보고서를 제출해야 한다.	화장품법	식품의약품안전처 화장품정책과 한국의약품수출입협회
CITES 규제대상 품목, 생태계위해 외래동식물	수입시 ① 해당유역환경청장 또는 지방환경청장의 승인을 받아서 수입해야 한다. 수출시 ① 해당유역환경청장 또는 지방환경청장의 승인 또는 허가를 받아서 수출할 수 있다.	자연환경보전법 야생생물 보호 및 관리에 관한 법률	환경부 한강유역환경관리청
CITES대상 야생동식물가공 한약재	수입시 ① 한국의약품수출입협회에 품질검사를 신청해야 한다. ② 해당 학명이 CITES대상 동식물에 해당되는 경우 수출국이 발행한 수출증명서 사본과 사용계획서를 첨부하여 식품의약품안전처에 허가를 받아야 한다.	약사법	식품의약품안전처 한약정책과 한국의약품수출입협회

LSJ Automobile Tire Co., Ltd.
C.P.O. Box 5678, Seoul, Korea
Tel : 82-2-6000-9999　Fax : 82-2-6000-8888
www.lsjtire.com

Proforma Invoice

No. LSJ-PI221808-2
Date : Aug. 22, 2022

DC & HR Co., Ltd.
Floor 26, No. 620, Zhang Yang Road,
Pudong, Shganhai Zhongrong Hengrui International Plaza, P.R.China 200122
Tel : 00 86 2128 999 888　Fax 00 86 24 2299 1111

Dear Sirs,

We take pleasure to make the proforma invoice of the under mentioned commodities as per conditions and details described as follow ;

Quality : To be the same as per sample provided by the seller
Commodity & Descriptions : LT-11 R16 TIRE (for sedan)
Quantity : 1,000 pcs
Price : FOB BUSAN PORT UNIT PRICE USD 100.00/PC X 1,000 PCS
Incoterms 2020 by ICC
Packing : Each tire to be packed with poly pack and 4 tires per carton, total 250 cartons
Shipment : Within 60 days after the date of acceptance of this P/I
Shipping port : Busan, Korea
Destination : Shanghai, P.R.China
Payment : By T/T remittance within 60 days after the date of shipment
Account No. with Bank : Hana Bank Samsung dong Branch, (SWIFT Code : HNBNKRSE),
XXX-XXXXXX-XXXXX,
LSJ Automobile Tire Co., Ltd.
Validity : End of November, 2022
Remark : Min. Quantity to be 1,000 pcs

Looking forward to your valued order for the above offer and if you accept this P/I please return to us an acknowledgement by e-mail.

Accepted
(Buyer의 서명)

Date : 반드시 날짜 기재

Very truly yours,
(서명)
LSJ Automobile Tire Co., Ltd.
Dong-Chan, Lee/ President

○○○ CO., LTD

Address
Tel :
Fax :

SALES CONTRACT

○○○ CO., LTD., as seller, hereby confirms having concluded the sales contract with you(your company), as Buyer, to sell following goods on the date and on the terms and conditions herein after set forth. The Buyer is hereby requested to sign and return the original attached.

<table>
<tr><td>MESSRS</td><td colspan="2">CONTRACT DATE</td><td>CONTRACT NO.</td></tr>
<tr><td></td><td colspan="2"></td><td></td></tr>
<tr><td>COMMODITY DESCRIPTION</td><td>QUANTITY</td><td>UNIT PRICE</td><td>AMOUNT</td></tr>
<tr><td></td><td></td><td></td><td></td></tr>
</table>

Time of Shipment:
Port of shipment:
Port of Destination:

Marking

Payment:
Insurance:
Packing:
Special Terms & Conditions:
Subject to the general terms and conditions set forth on back hereof:

Accepted by	○○○ CO., LTD
(Buyer)	(Seller)
(Signature)	(Signature)
(Name & Title)	(Name & Title)
Date	Date

GENERAL TERMS AND CONDITIONS

All business hereunder shall be transacted between the Buyer and the Seller on a principal to principal basis and both parties agree to the following terms and conditions :

(1) Quantity : Quantity shall be subject to a variation of (   )% plus or minus at the Seller's option.

(2) Shipment : Date of bill of lading shall be accepted as conclusive of the date of shipment. Partial shipment and/or transhipment shall be permitted. If shipment is prevented or delayed in whole or in party, by reason of Acts of God, or the consequence of, affecting Seller or any supplier to Seller of the goods sold hereunder or any manufacturer of the goods sold hereunder or any supplier to such manufacturer, such Acts of God to include but not limited to fire, flood, typhoon, earthquake, or by reason of riots, wars, hostilities, governmental restrictions, trade embargoes, strikes, lockouts, labour disputes boycotting of Korean goods, unavailability of transportation or any other causes of a nature beyond the Seller's control, then, the Seller may, at its option perform the contract of the unfulfilled portion here of within a reasonable time from the removal of the cause preventing or delaying performance, or rescind unconditionally and without liability this contract or the unfulfilled portion here of.

(3) Payment : Irrevocable and confirmed letters of credit negotiable at sight draft shall be established through a prime bank satisfactory to Seller immediately after conclusion of contract with validity of at least 15 days after the last day of the month of shipment for negotiation of the relative draft. The amount of such letter of credit shall be sufficient to cover the contract amount and additional charges and/or expenses to be borne by the Buyer. If the Buyer fails to provide such letter of credit, the Seller shall have the option of reselling the contracted goods for Buyer's account, holding the goods for the Buyer's account and risk, and/or cancelling the contract and claiming for damages caused by the Buyer's default.

(4) Inspection : The inspection of quantity shall be done according to the export regulation of the Republic of Korea and/or by the manufacturers which shall be considered as final. Should any specific inspector be designated by the Buyer, all additional charges thereby incurred shall be borne by the Buyer and shall be added to the invoice amount, for which the letter of credit stipulates accordingly.

(5) Packing : Packing shall be at the Seller's option. In case special instructions are necessary the same should be intimated to the Seller in time so as to enable the Seller to comply with it.

(6) Insurance : In case of CIF or CIP basis, 110% of the invoice amount, will be insured unless otherwise agreed. Any additional premium for insurance coverage over 110% of the invoice amount, if so required, shall be borne by the the Buyer and shall be added to the invoice amount for which the letter of credit shall stipulate accordingly.

(7) Increased Costs : If the Seller's costs of performance are increased after the date of this agreement by reason of increased freight rates, taxes or other governmental charges and insurance rates including war risk, or if any variation in rates of exchange increases the Seller's costs or reduces the Seller's return, The Buyer agrees to compensate the Seller of such increased cost or loss of income.

(8) Price : The price stated in the contract is subject to change and the actual price to be paid will be that of the Seller's current price list ruling at the time of dispatch of the goods. The Seller shall notify the Buyer in writing or by telex, cable or telegram of any revised price which shall be applied to goods still to be shipped, unless the Buyer cancels in writing or by cable or telex the undelivered balance within 15 days from such notification.

(9) Any Claim : Dispute, or complaint by Buyer of whatever nature arising under this contract, shall be made in cable within 10 days after arrival of the cargo in the destination port. Full particulars of such claim shall be made in writing and forwarded by airmail so as to reach the Seller within 20 days after cabling. The Buyer must submit with such particulars as Public Surveyor's report when the quality and quantity of merchandise is in dispute. A claim made after the said 30-day period shall have no effect and the Seller shall not be obligated honor it. The Seller shall not under any circumstance be liable for indirect or consequential damages.

(10) Trade Terms : The trade terms used herein such as CIF, CIP and FOB shall be in accordance with Incoterms 2020. This Contract shall be governed as to all matters, including validity, construction and performance by and under the laws of Republic Korea

(11) Arbitration : All disputes, controversies, or differences which may arise between the parties out of or in relation to or in connection with this contract or for the breach thereof, shall be finally settled by arbitration in Seoul, Korea in accordance with the Commercial Arbitration Rules of the Korean Commercial Arbitration Board and under the Laws of Korea. The award rendered by arbitrator(s) shall be final and binding upon both parties concerned.

(12) Deduction : The Buyer may not deduct any amount from the price without the Seller's advance written authorization.

(13) Infringement: The Buyer is to hold the Seller harmless from liability for any infringement Marks, Designs, etc: with regard to patent, trade mark, copyright, design, pattern, construction, stamp, etc., originated or chosen by the Buyer.

(14) Force Majeure : The Seller shall not be responsible for nondelivery or delay in delivery resulting from causes beyond its control. In the event of such an occurrence, The Seller may at its option either postpone delivery until removal of the causes, or cancel the balance of the order in the Contract.

IN WITNESS WHEREOF, the parties have caused this Agreement to be executed by their duly authorized representatives as of the date first above written :

For and on behalf of,	For and on behalf of,
By :	By :
Typed Name :	Typed Name :
Title :	Title :

■ UN 양식 Commercial Invoice(C/I), 상업송장

COMMERCIAL INVOICE

Seller	Invoice No. and date L/C No. and date
Consignee	Buyer (If other than consignee)_
Departure date	Other references
Vessel/flight From	Terms of delivery and payment
To	

Shipping Marks/No. & Kind of pkgs :	Goods description	Quantity	Unit price	Amount

Signed by

P. O. Box :
Cable Address :
Telex Code :
Telephone No. :
Facsimile No. :

UN Layout Key by UN/ECE (210mm x 297mm)

COMMERCIAL INVOICE

Seller Samsung Electronics Co., Ltd. Korea. COEX 4F, 511 Youngdongdae-Ro, Gangnam-Gu, Seoul, Korea Tel : 82-2-6000-7000 Fax : 82-2-6000-7001	Invoice No. and date SEL-1010 October 10, 2022 L/C No. and date ILC9019800642 September 13, 2022
Consignee To the order of Tokyo Bank Tokyo Branch (송금방식은 "Same as Buyer")	Buyer (If other than consignee)_ XYZ Co., Ltd., Tokyo Prudential Tower 3F, 2-13-10, Nagatacho, Chyoda-Ku, Tokyo, 100-0014, Japan
Departure date October 8, 2022	Other references Other details as per Sales Contract No. E15 dated May 1, 2022
Vessel/flight: HJ Osaka 0007E From: Busan Port, Korea To	Terms of delivery and payment FOB Busan Port L/C at sight Incoterms 2020

Shipping Marks/No. & Kind of pkgs :	Goods description	Quantity	Unit price	Amount
XYZ (IN DIAMOND) TOKYO JAPAN C/T NO. 1-1,000	LED MONITOR +6546-6BN(JP)	1,000 PCS	USD 100.00	USD 100,000.00
	Total	1,000 PCS		USD 100,000.00

O R I G I N A L

P. O. Box :
Cable Address :
Telex Code :
Telephone No. :
Facsimile No. :

Signed by
Samsung Electronics Co., Ltd. Korea.
(signature)
Seung-Jae, Lee/CEO

UN Layout Key by UN/ECE (210mm x 297mm)

PACKING LIST

Seller Samsung Electronics Co., Ltd. Korea. COEX 4F, 511 Youngdongdae-Ro, Gangnam-Gu, Seoul, Korea Tel : 82-2-6000-7000 Fax : 82-2-6000-7001	Packing List No. and date SELPK-2020 October 10, 2022 Buyer (If other than consignee) XYZ Co., Ltd., Tokyo Prudential Tower 3F, 2-13-10, Nagatacho, Chyoda-Ku, Tokyo, 100-0014, Japan
Consignee To the order of Tokyo Bank Tokyo Branch (송금방식은 "Same as Buyer")	Other references Other details as per Sales Contract No. E15 dated May 1, 2022 FOB Busan Port Incoterms 2020
Departure date October 8, 2022	
Vessel/flight HJ Osaka 0007E From Busan Port, Korea	
To Tokyo Port, Japan	

Shipping Marks/No. & Kind of pkgs :	Goods description	Quantity or Net weight	Gross eight	Measurement
	LED MONITOR			
	Packed in accordance with the Seller's export standard packing specification			
XYZ	+6546-6BN(JP)	1,000 PCS	10.00 KG/PC	0.07 CBM/PC
(IN DIAMOND)		8.00 KG/PC	10,000.00 KG	70.00 CBM
TOKYO JAPAN				
C/T NO. 1-1000	Total		10,000.00 KG	70.00 CBM
MADE IN KOREA				

Signed by

Samsung Electronics Co., Ltd. Korea.

LEE Seung Jae

Seung-Jae, Lee/CEO

- Check B/L

HANJIN SHIPPING **BILL OF LADING**

Hanjin Internet Service
(NON-NEGOTIABLE)

SHIPPER/EXPORTER(COMPLETE NAME AND ADDRESS)	BOOKING NO. / (DOCUMENT NO.) / EXPORT DEC
XYZ CO., LTD. COEX 4F, 511 YOUNGDONGDAE-RO, GANGNAM-GU, SEOUL, KOREA	SEL4E4377100 / Y EXPORT REFERENCES
CONSIGNEE(COMPLETE NAME AND ADDRESS)NON-NEGOTIABLE UNLESS CONSIGNED TO ORDER) TO ORDER OF AMERICAN EXPRESS BANK GMBH. FRANKFURT AM MAIN FRANKFURT, GERMANY	FORWARDING AGENT REFERENCES(COMPLETE NAME AND ADDRESS) ONE TOP SHIPPING CO., LTD.
NOTIFY PARTY(COMPLETE MAILING ADDRESS) ABC INDUSTRIES CO. REGUS BUSINESS CENTRE "LE PALAIS"HERRENGASSE 1-1, 2020 VIENNA, AUSTRIA FAX. +43 1 999 99 9998 TEL. +43 1 999 99 8888	POINT AND COUNTRY OF ORIGIN ALSO NOTIFY(NAME AND FULL ADDRESS)/DOMESTIC ROUTING
PIER OR PLACE OF RECEIPT *: BUSAN WAREHOUSE / PRE-CARRIAGE BY *:	
VESSEL VOY (FLAG): SM SINGAPORE 0022W / PORT OF LOADING: BUSAN, KOREA	TYPE OF MOVE / CONTAINERIZED(Vessel only): ☑Yes ☐No
PORT OF DISCHARGE: HAMBURG, GERMANY / PLACE OF DELIVERY (BY ON CARRIER) *: HAMBURG, GERMANY	FINAL DESTINATION(FOR THE MERCHANT'S REFERENCE ONLY)

PARTICULARS FURNISHED BY SHIPPER

CONTAINER NO. SEAL NO MARKS & NOS.		NO OF PKGS. OR CONTAINERS	H/M **	KIND OF PACKAGES:DESCRIPTION OF GOODS	TOTAL GROSS WEIGHT KGS (POUNDS)	TOTAL MEASUREMENT CBM(CFT)
				=SHIPPER'S LOAD & COUNT=	15,000.000	31.000
HJCU7723123	CY/CY	1		CARTONS IN TOTAL		
S/160883	1 CT	1X40ST		CONTAINER SAID TO CONTAIN :		
				3-D WELDING TABLE 1SET AT EUR 20,000		
15,000.000KGS	31.000CBM			ORIGIN : KOREA		
N/M				EX-WORKS BUSAN WAREHOUSE INCOTERMS 2020		
				L/C NO. : M39L6009NS00001		
					=FREIGHT COLLECT=	
					CY/CY	

COPY
NON-NEGOTIABLE

Optional Declared Value for increased freight charges to avoid Package Limitation US$ ________

TOTAL NO. OF PACKAGES OR CONTAINERS(IN WORDS) 1 X 20 ST CONTAINER ONLY

FREIGHT AND CHARGES	RATED AS	RATE	PER	PREPAID	COLLECT
		FREIGHT ALL AS ARRANGED			
TOTAL					
AT					

LADEN ON BOARD THE VESSEL
Date 20 Sep 2024
BY Seung-Jae Lee

PLACE OF B(s)/L ISSUE: SEOUL, KR
NO.OF ORIGINAL B(s)/L SIGNED: THREE (3)
DATE OF B(s)/L ISSUE: 21 Sep 2024
BILL OF LADING NO.: HJSCSELE4377000

RECEIVED by the Carrier from the Shipper in apparent good order and condition unless otherwise indicated herein, the Goods, or the container(s) or package(s) said to contain the cargo herein mentioned, to be carried subject to all the terms and conditions provided for on the face and back of this Bill of Lading by the Vessel named herein or any substitute at the Carrier's option and/or other means of transport, from the place of receipt or the port of loading to the port of discharge or the place of delivery shown herein and there to be delivered to Consignee or on-carrier on payment of all charges due thereon.

If REQUIRED by the Carrier, this Bill of Lading duly endorsed must be surrendered in exchange for the Goods or delivery order None of the terms of this Bill of Lading can be waived by or for the Carrier except by written waiver signed by a duly authorized agent of the Carrier.

IN ACCEPTING THIS BILL OF LADING the Merchant agrees to be bound by all the stipulations, exceptions, terms and conditions on the face and back hereof, whether written, typed, stamped or printed, as fully as if signed by the Merchant any local custom or privilege to the contrary notwithstanding.

IN WITNESS WHEREOF, the undersigned, on behalf of Hanjin Shipping Co., Ltd. the master and the owner of the Vessel has signed the number of Bill(s) of Lading stated above all of the same tenor and date, one of which being accomplished, the others to stand void. (Terms of Bill of Lading Continued on Back Hereof).

* Applicable only when used for multimodal or through transportation. ** Check "HM" column if hazardous material.

HANJIN SHIPPING CO., LTD.
As Carrier
BY SEUNG JAE LEE

■ Original Bill of lading

Page 2

Liner Bill of Lading

B/L No. FEWA028974

Reference No

NileDutch

NileDutch is operated by Nile Dutch Africa Line

Original

Shipper
ROYAL INTERNATIONAL TRADING CO LTD
RM 720 HANWHA OBELISK 78-1
GARAK-DONG SONGPA-GU
SEOUL 138-951 SOUTH KOREA

Consignee
TO ORDER

Notify Address
PORTLAND STEEL INTERNATIONAL PTY
LTD
2ND FLOOR 24 CRESCENT DRIVE
MELROSE ARCH 2196, JOHANNESBURG,
SOUTH AFRICA
P.O.BOX 784387 SANDTON 2146
SOUTH AFRICA

Pre-carriage by *	Place of Receipt by pre-carrier *
Vessel KYOTO EXPRESS	Port of loading 057W BUSAN, SOUTH KOREA
Port of discharge DURBAN, SOUTH AFRICA	Place of delivery on-carrier *

FCL/FCL

Particulars furnished by the Merchant — Page 1 of 1

Container No. / Seal No. Marks and Nos.	Number and kind of packages; description of goods	Gross weight	Measurement
cntrnr: CUBU 202944-2 sealnr: N1128899	3 X 20'DV SAID TO CONTAIN 12 COILS ELECTRO GALV COILS	65,430.000 kgs Tare 6,600.000 kgs	65.4300 cbm
cntrnr: NDSU 212651-2 sealnr: N1128912	CONTAINER LOADING SPECIFICATION: CUBU2029442/N1128899/4COILS/21900KGS NDSU2126512/N1128912/4COILS/21750KGS NDSU2166393/N1128918/4COILS/21780KGS		
cntrnr: NDSU 216639-3 sealnr: N1128918	ON BOARD DATE : 2015.03.16		
ORDER NO 5455/03/RI/ SIZE/ COIL NO/ NET WEIGHT/ GROSS	"SHIPPER'S LOAD,STOW,COUNT&SEAL" FCL/FCL *LINE'S OWNED CONTAINER FREIGHT PREPAID TOTAL: TWELVE COILS ONLY.		

------------------------------ CLAUSES ------------------------------

(cityl) containers to remain within city limits of the port of discharge. Prior approval of local office is required if containers are to be carried outside city limits.
(conpr) container is and remains carrier property. merchant will reimburse damages, loss and demurrage/detention during period container is in merchants custody.
(demu) Containers are subject to demurrage & detention and deposit might be required. Free time and rates are published on our website www.niledutch.com
(endor) whenever bills of lading covering containerised cargo shall be endorsed, the merchant undertakes in informing the line and/or his agents beforehand in writing, stating full style of final receiver.
(genex) before loading and after discharge cargo is at merchants risk & expense and carrier is not liable for any damage or pilferage.
(seal) carrier shall be under no liability in the event of damage to or shortage of cargo from containers which have not been provided with a container-seal by shippers.
(sslc) shippers load, stow and count. contents, quantity and quality not checked by master and/or agents.
(expdis) all expenses from discharge on quay onwards incl redelivery of containers to terminal are for receivers account.

SHIPPED on board in apparent good order and condition weight, measure, marks, numbers, quality, contents and value unknown, for carriage to the port of discharge or so near thereunto as the vessel may safely get and lie always afloat, to be delivered in the like good order and condition at the aforesaid Port unto Consignees or their Assigns, they paying freight as indicated above plus other charges incurred in accordance with the provisions contained in this Bill of Lading. In accepting this Bill of Lading the Merchant expressly accepts and agrees to all its stipulations on both pages, whether written, printed, stamped or otherwise incorporated as fully as if they were all signed by the Merchant.
One original bill of Lading must be surrendered duly endorsed in exchange for the goods or delivery order. IN WITNESS whereof the Master of te said Vessel has signed the number of original Bills of Lading stated to the right, all of this tenor and date, one of which being accomplished, the others to stand void.

Freight payable at SEOUL	Place and date of issue SEOUL, KOREA 16/03/2015
Freight payable as per agreement but deemed earned ship and/or cargo lost or not lost.	Signature
Number of original Bs/L 3 / THREE	KUKBO EXPRESS AS AGENTS FOR NILEDUTCH (CARRIER) FOR AND ON BEHALF OF THE MASTER

Kuk Bo Express Co., Ltd.

* Applicable only when document used as Through Bill of Lading

부록

■ Non-negotiable Sea Waybill(SWB), 해상화물운송장

HANJIN SHIPPING **NON-NEGOTIABLE WAYBILL**

SHIPPER/EXPORTER(COMPLETE NAME AND ADDRESS)
YOUNGONE SHIPPING CO., LTD.
RM.1104 CORYO DAEYUNGAK TOWER, 97 T
OEGYE-RO, JUNG-GU, SEOUL, KOREA
TEL : 02-756-9600 FAX : 02-756-5030

BOOKING NO. SEL519275200 (DOCUMENT NO.) EXPORT DEC Y

EXPORT REFERENCES

CONSIGNEE(COMPLETE NAME AND ADDRESS/NON-NEGOTIABLE UNLESS CONSIGNED TO ORDER)
ASIA PACIFIC EXPRESS CORPORATION
UNIT2501 ANTEL CORPORATE CENTRE,121
VALERO ST.,SALCEDO VILL.,MAKATI CI
TY,METRO MANILA,PHILIPPINES

FORWARDING AGENT REFERENCES(COMPLETE NAME AND ADDRESS)

NOTIFY PARTY(COMPLETE MAILING ADDRESS)
ASIA PACIFIC EXPRESS CORPORATION
UNIT2501 ANTEL CORPORATE CENTRE,121
VALERO ST.,SALCEDO VILL.,MAKATI CI
TY,METRO MANILA,PHILIPPINES

POINT AND COUNTRY OF ORIGIN

ALSO NOTIFY(NAME AND FULL ADDRESS)/DOMESTIC ROUTING

PIER OR PLACE OF RECEIPT*	PRE-CARRIAGE BY*	
BUSAN		
VESSEL VOY (FLAG)	PORT OF LOADING	TYPE OF MOVE / CONTAINERIZED(Vessel Only)
MAREN S 0009W	BUSAN	☑ YES ☐ NO
PORT OF DISCHARGE	PLACE OF DELIVERY (BY ON CARRIER)*	FINAL DESTINATION(FOR THE MERCHANT'S REFERENCE ONLY)
MANILA	MANILA	CAVITE EXPORT PROCESSING ZONE

PARTICULARS FURNISHED BY SHIPPER

CONTAINER NO. SEAL NO. MARKS & NOS.	NO OF PKGS. OR CONTAINERS	KIND OF PACKAGES:DESCRIPTION OF GOODS	TOTAL GROSS WEIGHT KGS(POUNDS)	TOTAL MEASUREMENT CBM(CFT)
		=SHIPPER'S LOAD & COUNT=	13,100.000	47.000
HJCU4369746 CY/CY S/HE254164 590 CT 13100.000KGS 47.000CBM C/T NO : 1-569 P/B NO : 1-21	590 1X40ST	CARTONS IN TOTAL CONTAINER(S) SAID TO CONTAIN: 100% CM MELANGE DYED ON CONE YARN 9,660.30KG (20'S/1 COMBED COTTON YARN) NYLON COVERED SPANDEX YARN 2,557.10KG (30/70 DYED) NYLON COVERED RUBBER 216KG (90/70 DYED) 100% NYLON STRETCH YARN DYED 205KG (70D/24F/2) PAPER LABEL 40,000PCS NEEDLE OF KNITTING MACHINE 9,000PCS PART OF KNITTING MACHINE 3SET TOTAL : 12,638.40KGS/49,000PCS/3SETS		

* SEE ATTACHED RIDER *

NON NEGOTIABLE

=FREIGHT PREPAID=
CY / CY

Optional Declared Value for increased freight charges to avoid Package Limitation : US $ ______________

TOTAL NO. OF PACKAGES OR CONTAINERS(IN WORDS) 1X40ST CONTAINER ONLY

FREIGHT AND CHARGES	RATED AS	RATE	PER	PREPAID	COLLECT
FREIGHT ALL AS ARRANGED					
			TOTAL		
			AT		

LADEN ON BOARD THE VESSEL
Date 21Feb2015
BY Young-Hee Jeon

PLACE OF WAYBILL ISSUE SEOUL , KR

NO. OF WAYBILL SIGNED NONE

DATE OF WAYBILL ISSUE 23Feb2015

WAYBILL NO. ** SEA WAYBILL ** HJSCSEL519275200

Received by the Carrier from the Shipper in apparent good order and condition unless otherwise indicated herein, the Goods, or the container(s), or package(s) said to contain the cargo herein mentioned, to be carried subject to the terms and conditions provided by this Waybill by the Vessel named herein or any substitute at the Carrier's option and/or other means of transportation, from the place of receipt or the port of loading to the port of discharge or the place of delivery shown herein and there to be delivered to Consignee or on-carrier on payment of all charges due thereon.
The Cargo shipped under this Waybill will be delivered to the Party named as Consignee or its authorized agent, on production of proof of identity without any documentary formalities. Should the Shipper require delivery of the cargo to a party other than the Consignee stated in this Waybill, then written instructions must be given to the Carrier or his agent. The Carrier shall exercise due care ensuring that delivery is made to the proper party. However, in case of incorrect delivery, the Carrier will accept no responsibility unless due to fault or neglect on his part. This Waybill is not a Document of Title and shall not be deemed as evidence of title for the Cargo. However, this Waybill is subject to the terms and conditions of the then effective Carrier's Bill of Lading including but not limited to the Paramount clause, limitation of liability and declared value clauses, which are applicable mutatis mutandis.
The Terms and Conditions applying to this Waybill are available from the carrier, its agent and also at www.hanjin.com.

HANJIN SHIPPING CO., LTD.
As Carrier
BY HJS

■ Multimodal Transport Bill of lading, 복합운송선하증권

Consignor/Shipper
JEONGWON P&G CO.,LTD
436-6, ANSEOG-DONG, HWASUNG-SI
GYEONGGI-DO, SOUTH KOREA.
TEL :82-31-366-7296
FAX :82-31-366-7298

Negotiable KIFFA
MULTIMODAL TRANSPORT BILL OF LADING
B/L No. YOSP1406025
Reg.No. 751

Consignee
SAGLAMCILAR ORMAN URUNLERI INS.TEKS.
KUSGET C BLOK A.KARLIDAG CAD. NO:1/3
SEHITKAMIL, GAZIANTEP, TURKEY
TEL:+90 342 234 01 02/FAX:+90 342 235 11 07

YOUNGONE SHIPPING CO.,LTD.
TEL:756-9600(REP.) FAX:756-5030

Notify Party
SAGLAMCILAR ORMAN URUNLERI INS.TEKS.
KUSGET C BLOK A.KARLIDAG CAD. NO:1/3
SEHITKAMIL, GAZIANTEP, TURKEY
TEL:+90 342 234 01 02/FAX:+90 342 235 11 07

For delivery of goods please apply to:
KITA ULASTIRMA HIZMETLERI TIC.A.S.
ISTANBUL TICARET SARAYI
ORUC REIS MH.VADI CD. NO:108 KAT:5 D:325
GIYIMKENT-ESENLER-ISTANBUL
TEL:902124104141 FAX:902124104142
TAX ID : 5590181694

Pre-carriage by	Place of Receipt

Vessel/Voyage No.
ZIM LIVORNO 39W

Port of Loading	Port of Discharge	Place of Delivery	Final Destination(For the Merchant Ref.)
BUSAN PORT, KOREA	MERSIN, TURKEY		

PARTICULARS FURNISHED BY CONSIGNOR/SHIPPER

Container No. & Seal No. Marks and No.	No. & Kinds of Containers or P'kgs	Description of Goods	Gross Weight	Measurement
N/M ZIMU2891660/ZZDY25930	9 PKGS 20`DV x 1	"SHIPPER'S LOAD & COUNT" SAID TO CONTAIN: PVC SHEETS INVOICE NO. JW140624CI-MP JUNE.24, 2014	12,246.000KGS	20.000CBM

C O P Y
NON-NEGOTIABLE

ON BOARD DATE:
JUN.28,2014

SURRENDER

CY/CY "FREIGHT PREPAID"

Excess Value Declaration(Refer to § Ⅰ-4. 3):

Total Number of Containers or Packages(in words)	Freight Payable at
SAY : ONE (1) CONTAINER ONLY.	SEOUL, KOREA

Freight & Charges	Prepaid	Collect
FREIGHT PREPAID AS ARRANGED		

Received by the Carrier, the Goods specified herein in apparent good order and condition unless otherwise stated, to be transported to such place as agreed, authorized or permitted herein and subject to all the terms and conditions appearing on the front and reverse of this Multimodal Transport Bill of Lading(hereinafter called the 'K B/L') to which the Merchant agrees by accepting this K B/L, notwithstanding any local privileges, customs or any other agreements between the parties. The particulars of the Goods provided herein were stated by the shipper and the weight, measurements, quantity, condition, contents and value of the Goods are unknown to the Carrier. In witness whereof three(3) original K B/L(s) have been signed unless otherwise stated herein. If two(2) or more original K B/L(s) have been issued and either one(1) has been surrendered, all the other(s) shall be null and void. If required by the Carrier one(1) duly endorsed original K B/L must be surrendered in exchange for the Goods or delivery order.

Place and Date of Issue	No. of Original B/L
SEOUL, KOREA JUN.28,2014	ZERO(0)

B/L No.
YOSP1406025

Signature
ACTING AS A CARRIER

YOUNGONE SHIPPING CO., LTD.

Authorized by KIFFA 1997(210×297mm)

부록

■ Certificate of Beneficiary, 수익자 증명서

XYZ Co., Ltd.

C.P.O. Box 5678, Seoul, Korea
Tel : 82-2-6000-5180
Fax : 82-2-6000-5500
www.xyz.com

SEP. 30, 2021

Applicant : ABC INDUSTRIES CO.

Regus Business Centre "Le Palais" Herrengasse 1-1, 2020 Vienna, Austria
Fax. +43 1 999 99 9998
Tel. +43 1 999 99 8888

Dear Sirs,

CERTIFICATE OF BENEFICIARY

1. L/C No. : M39L6009NS00001
2. L/C issuing date : SEP. 01, 2021
3. Issuing bank's name and address : AMERICAN EXPRESS BANK GMBH. FRANKFURT AM MAIN.
4. Amount : EUR 20,000.00
5. Commodity : 3-D Welding Table
6. Quantity : 1 Set
7. On board date : SEP. 30, 2021

We, beneficiary, duly certify that we have sent non-negotiable copies of all document except bill of exchange to applicant by DHL on OCT. 02, 2021 and this certificate evidencing the '47A Additional Condition 1)' of above mentioned L/C have been accompanied with original documents.

Sincerely yours,
LEE Dong-chan
XYZ Co., Ltd.
Dong-Chan, LEE/President

■ Bill of Exchange, 환어음

NO. LSJ-25-03-001

BILL OF EXCHANGE

Date MAR. 01, 2025 Seoul, Korea

FOR USD 100,000.00

AT 90 DAYS AFTER SIGHT OF THIS SECOND BILL OF EXCHANGE (FIRST OF THE SAME TENOR AND DATE BEING UNPAID) PAY TO HANA BANK, OR ORDER THE SUM OF

SAY U.S DOLLARS ONE HUNDRED THOUSAND ONLY

VALUE RECEIVED AND CHARGE THE SAME TO ACCOUNT OF DC & HR CO.,LTD. SHANGHAI, P.R.CHINA

DRAWN UNDER BANK OF CHINA, SHANGHAI, CHINA

L/C NO. ILC9019800642 DATED JAN. 05, 2025

TO. BANK OF CHINA
SHANGHAI, CHINA

LSJ AUTOMOBILE TIRE CO.,LTD.
NO.10 Samseong-dong, Kangnam-gu, Seoul, Korea
S.J. LEE / PRESIDENT

부록

■ Air Waybill(AWB), 항공화물 운송장

988-08597514 YOSA-1503007

Shipper's Name and Address

HANSUNG INDUSTRY INC.
DONGSUN BLDG, 77# GOCHEOK-DONG,
GURO-GU, SEOUL, KOREA
TEL:+82-2-2688-7335
FAX:+82-2-2688-7725

YOUNG ONE SHIPPING CO.,LTD.

RM1104, CORYO DAEYUNGAK TOWER,
97 TOEGYE-RO, JUNG-GU,
SEOUL, KOREA
TEL:756-9600 FAX:756-5030

Copies 1, 2 and 3 of this Air Waybill are originals and have the same validity

Consignee's Name and Address

SHANGHAI SANFU INTERNATIONAL TRADE
CO.,LTD EASTERN 2TH FLOOR NO.14
BUILDING NO 3199 ZHENBEI RAOD.
PUTUO DISTRICT, SHANGHAI, CHINA
TEL:0086-21-65112992 **

It is agreed that the goods described herein are accepted in apparent good order and condition (except as noted) for carriage SUBJECT TO THE CONDITIONS OF CONTRACT ON THE REVERSE HEREOF. ALL GOODS MAY BE CARRIED BY ANY OTHER MEANS INCLUDING ROAD OR ANY OTHER CARRIER UNLESS SPECIFIC CONTRARY INSTRUCTIONS ARE GIVEN HEREON BY THE SHIPPER, AND SHIPPER AGREES THAT THE SHIPMENT MAY BE CARRIED VIA INTERMEDIATE STOPPING PLACES WHICH THE CARRIER DEEMS APPROPRIATE. THE SHIPPER'S ATTENTION IS DRAWN TO THE NOTICE CONCERNING CARRIERS' LIMITATION OF LIABILITY. Shipper may increase such limitation of liability by declaring a higher value for carriage and paying a supplemental charge if required.

Issuing Carrier's Agent Name and City

YOUNG ONE SHIPPING CO.,LTD.

Accounting Information

SAME AS CONSIGNEE
** FAX:0086-21-65112975

"FREIGHT PREPAID "

Agent's IATA Code	Account No.
17-3 7138/0014	

Airport of Departure (Addr. of first Carrier) and requested Routing

INCHEON AIRPORT,KOREA

To	By first Carrier	To	By	To	By	Currency	WT/VAL	Other	Declared Value for Carriage / Customs
PVG	OZ					KRW	PP	PP	N.V.D

Airport of Destination	Flight/Date	Amount of Insurance	
PUDONG, CHINA	OZ987 / 18,MAR,2015	NIL	INSURANCE—If carrier offers insurance, and such insurance is requested in accordance with the conditions thereof indicate amount to be insured in figures in box marked "amount of insurance"

Handling Information

ATTACHED : COMM INV & P/LIST

No. of Pieces RCP	Gross Weight	kg lb	Rate Class / Commodity Item No.	Chargeable Weight	Rate / Charge	Total	Nature and Quantity of Goods (incl. Dimension or Volume)
15	306.0	K		306.0	AS AGREED		15 CTNS OF PARTS FOR SPRAYING EQUIPMENT INV NO.: HSI15003
SSIT SHANGHAI P/G NO.: 1~15 INV NO.: HSI15003 MADE IN KOREA							

Prepaid	Weight Charge	Collect
AS AGREED		
	Valuation Charge	
	Tax	
	Total other Charges Due Agent	
	Total other Charges Due Carrier	
Total prepaid		Total collect
Currency Conversion Rates		CC charges in Dest

Shipper certifies that the particulars on the face hereof are correct and that insofar as any part of the consignment contains dangerous goods, such part is properly described by name and is in proper condition for carriage by air according to the applicable Dangerous Goods Regulations.

YOUNG ONE SHIPPING CO.,LTD.

Signature of Shipper or his Agent

AS AGENT FOR THE CARRIER : ASIANA AIRLINES
18,MAR,2015 SEL / GSTAIR2

Executed on (Date) at (Place) Signature of issuing Carrier or its Agent

YOSA-1503007

■ Marine Cargo Insurance Policy, 해상적하보험증권

CHUBB®

ACE American Fire and Marine Insurance Company Korea, A Chubb Company
14,15th Floor, Lina Tower, 48, Sambong-ro, Jongno-gu, Seoul 03156, Korea
82 2 2127 2400 tel / 82 2 2127 2304 fax

대한민국정부
인지세
100원
종로세무서
후납승인
2017-36191호

Marine Cargo Insurance Policy

Policy No. ABC 1122334 – KORP00111 "ORIGINAL"

Assured(s), etc. ABC CO., LTD.	
Claim, if any, payable at THE NATIONAL SURVEY JOINT-STOCK COMPANY 11 (01st Fl) Nguyen Cong Tru Street, District.1, Hochiminh City, Vietnam. TEL 8113 – 11122334 FAX 8113 - 11122335 E-mail address: badforgood@xyz.com.vn	Survey should approved by THE NATIONAL SURVEY JOINT-STOCK COMPANY 11 (01st Fl) Nguyen Cong Tru Street, District.1, Hochiminh City, Vietnam. TEL 8113 – 11122334 FAX 8113 - 11122335 E-mail address: badforgood@xyz.com.vn
Amount insured hereunder USD 110,000.00 (USD 100,000.00 X 110%)	Ref No. INV NO.DI-202410-02 L/C NO. & DATE: 10242681 SEP. 01, 2024
Conveyance SM HOPE 0037W	Sailing on or about OCT. 15, 2024
at and from BUSAN, KOREA	transhipped at
arrived at HO CHI MINH PORTS, VIETNAM	thence to
subject-matter insured DESCRIPTIONS OF GOODS: CONTINUOUS WASHING RANGE AFTER PRINT(ROPE TYPE) - -AUTO CHEMICAL INJECTION SYSTEM -SCUTCHER HEAD -- TOTAL QUANTITY: 1 SET *SUBJECT TO WAIVER OF SUBROGATION RIGHT AGAINST SM SHIPPING CO.	Conditions and Warranties INSTITUTE CARGO CLAUSE(ALL RISKS) SPECIAL REPLACEMENT CLAUSE

This insurance is subject to the following clauses current at time of shipment

- Institute Cargo Clauses (as specified above)
- Institute Classification Clause
- Communicable Disease Exclusion(JC2020/11)
- On-deck Clause(A)/(B)
- Sanction Limitation and Exclusion Clause
- Special Replacement Clause(applying to machinery)
- Transit termination clause (30 days) (applicable to only for cargo imported to korea)
- Five Powers War Clause
- Termination of Transit Clause (Terrorism)
- Institute Radioactive, Contamination, Chemical, Biological, Bio-chemical, Electromagnetic Weapons Exclusion Clause
- Cyber Attack Exclusion(LMA5402)
- Marine Cyber Endorsement (LMA5403)

Place and date signed in SOUTH KOREA / OCT. 15, 2024	No. of Certificates issued 2 (TWO)

For the use only with the Old Marine Policy Form

1. Warranted free of capture, seizure, arrest, restraint or detainment, and the consequences there of or any attempt there at, also from the consequences of hostilities or warlike operations, whether there be a declaration of war or not, but this warranty shall not exclude collision, contact with any fixed or floating object (other than a mine or torpedo), stranding, heavy weather or fire unless caused directly (and independently of the nature of the voyage or service which the vessel concerned or, in the case of a collision, and other vessel involved there in, is performing) by a hostile act by or against a belligerent power, and for the purpose of this warranty "power" includes any authority maintaining naval, military or air forces in association with a power. Further warranted free from the consequences of civil war, revolution, rebel- lion, insurrection Or civil strife arising therefrom, or piracy.
2. Warranted free of loss or damage
   (a) Caused by strikers, locked-out workmen, or persons taking part in labour disturbances riots or civil commotions;
   (b) resulting from strikes, lock-outs, labour disturbances, riots or civil commotions.
3. (a) Should the risks excluded by Clause 1(F.C. & S.Clause)be reinstated in this Policy by deletion of the said Clause, or should the risks or any of them mentioned in that clause or the risks of mines,torpedoes, bombs or other engines of war be insured under this Policy, Clause(b) below shall become operative and anything contained in this contract which is inconsistent with Clause(b) or which affords more extensive protection against the afore-said risks than that afforded by the Institute War Clause relevant to the particular form of transit covered by this insurance is null and void.
   (b) This policy is warranted free of any claim based upon loss of, or frustration of, the insured voyage or adventure caused by arrests restraints or detainments of Kings Princes Peoples Usurpers or persons attempting to usurp power.
4. This insurance does not cover any loss or damage to the property which at the time of the happening of such loss or damage is insured by or would but for the existence of this Policy be insured by any fire or other insurance policy or policies except in respect of any excess beyond the amount which would have been payable under the fire or other insurance policies had this insurance not been effected.

The descriptions to be inserted in the following clauses are shown as above. **Be it Known that**

as well in his or their own Name, as for and in the Names and Names of all and every other Person or persons to whom the same doth, may, or shall appertain, in part or in all, doth make Assurance, and cause himself or themselves and them and every of them, to be Assured, lost or not lost, at and from upon any kind of Goods and Merchandises, in the good Ship or Vessel called the whereof is Master, for this present Voyage, or whosoever else shall go for Master in the said Ship, or by what so ever other Name or Names the said ship, or the Master thereof, is or shall be named or called, beginning the Adventure upon the said Goods and Merchandises from the loading thereof aboard the Adventure upon the said during her abode there, upon the said Ship, & C. and further, until the said Ship, & c.,and further, until the said Ship, with all her goods and Merchandises whatsoever, shall be arrived at and upon the Goods and Merchandises until the same be there discharged and safely landed; and is shall, be lawful for the said Ship, & C., in this Voyage to proceed and sail to and touch and stay at any Ports or Places Whatsoever without Perjudice to this Assurance. The said Goods and Merchandises, & C., for so much as concerns the Assured by Agreement between the Assured and Assurers inthis Policy, are and shall be valued at

TOUCHING the Adventures and Perils which the said Company are contented to bear and do take upon themselves in this voyage, they are, of the Seas, Men-of-War, Fire, Enemies, Pirates, Rovers, Thieves, Jettisons, Letters of Mart and Countermart, Surprisals, Takings at Sea, Arrests, Restraints and Detainments of all Kings, Princes and People, of what Nation, Condition, or Quality soever, Barratry of the Master and Mariners, and of all other Perils, Losses and Misfortunes that have or shall come to the Hurt, Detriment or Damage of the said Goods and Merchandises, or any part thereof, and in case of any Loss or Misfortune, it shall be lawful to the Assured, his or their Factors, Servants and Assigns, to sue, labour and travel for, in and about the Defence, Safeguard and Recovery of the said Goods and Merchandises, or any part thereof, without Prejudice to this Assurer, to the Charges whereof the said Company will contribute. And it is assured, shall be considered as a waiver or acceptance of abandonment.

And it is agreed that this writing or Policy of Assurance shall be of as much Force and Effect as the surest Writing or Policy of Assurance made in London. And so the said Company are contented, and do hereby promise and bind themselves to the Assured, his or their Executors, Administrators, or Assigns, for the true Performance of the Premises; confessing themselves paid the Consideration due unto them for this Assurance, at and after the rate of as arranged per Cent.

N.B.-Corn, Fish, Salt, Fruit, Flour and Seed are warranted free from Average, unless general, or the Ship be stranded. Sugar, Tobacco, Hemn Flax Hides and Skins are warranted free from Average, under Five Pounds per Cent.; and all other Goods, also the Ship and Freight, are warranted free from Average under Three Pounds percent., unless general, or the ship be stranded, sunk or burnt.

All questions of liability arising under this policy are to be governed by the laws and customs of England.

IN WITNESS whereof, I the Undersigned of the ACE American Insurance Company on behalf of the said Company have subscribed my NAME in to Policies of the same tenor and date, one of which being accomplished, the others to be void, as of the date specified as above.

For the use only with the New Marine Policy Form

Notwithstanding anything contained herein or attached hereto to the contrary, this insurance is understood and agreed to be subject to English law and practice only as to liability for and settlement of any and all claims.

This insurance does not cover any loss or damage to the property which at the time of the happening of such loss or damage is insured by or would but for the existence of this Policy be insured by any fire or other insurance policy or policies except in respect of any excess beyond the amount which would have been payable under the fire or other insurance policy or policies had this insurance not been effected.

We, ACE American Insurance Company hereby agree, in consideration of the payment to us by or on behalf of the Assured of the premium as arranged, to insure against loss damage liability or expense to the extent and in the manner herein provided.

In witness whereof, I the Undersigned of ACE American Insurance Company on behalf of the said company have subscribed my Name in the place specified as above to the policies, the issued numbers there of being specified as above, of the same tenor and date, one of which being accomplished, the others to be void, as of the date specified as above.

For ACE American Fire and Marine Insurance Company Korea, A Chubb Company

In the event of loss or damage arising under this Policy, no claims will be admitted unless a survey has been held with the approval of this Company's office or Agents specified in this Policy.

In case of loss or damage, please follow the "IMPORTANT CLAUSE" printed on the back hereof.

AUTHORIZED SIGNATURE

부록

■ Certificate of Origin(C/O), 비특혜원산지증명서

Reference No. 001-10-0197651
Reference Code. 0d80-b1be

ORIGINAL

CERTIFICATE OF ORIGIN

issued by

THE KOREA CHAMBER OF COMMERCE & INDUSTRY

Seoul, Republic of Korea

1. Exporter (Name, address, country)

HONG KIL DONG CO., LTD.
45, NAMDAEMUN-RO 4GA, JUNG-GU, SEOUL
100-743 KOREA

2. Consignee (Name, address, country)

SANG KONG MOTORS UKRAINE LTD.
WITH IT PRINCIPAL ADDRESS AT 2-A
ELECTRIKOV STR., 0001 KYIV, UKRAINE

3. Country of Origin

THE REPUBLIC OF KOREA

4. Transport details

FROM : BUSAN PORT, KOREA
TO : ILLICHEVSK, UKRAINE
BY : HANJIN XIAMEN 0002W
ON OR ABOUT : AUG 28, 2009

5. Remarks

L/C NO. 010000H410
INVOICE NO. HKD002-5

Invoice number & date :
HKD07-0100 & 2009-10-28

6. Marks & numbers; number and kind of packages; description of goods

KIL DONG MOTORS
UKRAINE LTD.

AT 2-A ELECTRIKOV
STR., 0001 KYIV
UKRAINE

Ultrasonic fish finders
Ultrasonic fish finders ... SET 80KG 81KG

... PCS 80KG 81KG 20PC

7. Quantity

8. Declaration by the Exporter

The undersigned, as an authorized signatory, hereby declares that the above-mentioned goods were produced or manufactured in the country shown in box 3.

(Signature) K. D. Hong.

(Name) PRESIDENT HONG KIL DONG

9. Certification

The undersigned authority hereby certifies that the goods described above originate in the country shown in box 3 to the best of its knowledge and belief.

THE KOREA CHAMBER OF COMMERCE & INDUSTRY 대한상공회의소

Manager
KYUNG-SOOK LEE

29 MAR 2010

Authorized Signatory

※Identify the authenticity of certificate for verification with the website.(http://cert.korcham.net/search)

〈출처 : 대한상공회의소 원산지증명센터〉

I. 수출입절차 무역상담 사례

제목 : 3국간 4자거래(외국인도수출, 외국인수수입)

1. 컨설팅 요청 내용

A : 인도 업체(최초 수출제조업체)
B : 한국 B 상사
C : 한국 광명전기(컨설팅 요청 업체)
D : 말레이시아 업체(최종 수입업체)

당사 C는 B로부터 말레이지아 D에게 물품을 공급해주도록 주문을 받았습니다. 당사는 이 물품을 당사의 거래선인 인도의 A에게 주문하여 말레이시아 D에게 공급하도록 하였습니다.

따라서 실제 물건은 A로부터 D에게 직접 인도되고(내용상으로는 A→C→B→D), 대금지급은 D→B, B→C, C→A 형태로 결제됩니다.

이러한 거래형태가 성립 가능한 거래형태인지, 국내 및 국제규정 상 문제가 없는 지 문의합니다.

또한 국내 업체인 B는 당사에게 대금을 지급하면서 세금계산서의 발급을 요구하는데 세금계산서를 발급해야 하는 지 문의합니다.

부록

2. 컨설팅 내용

말레이지아 D는 한국의 B에게 주문하고 한국의 B는 한국의 C에게 주문하여 D에게 인도하도록 합니다. 또 한국의 C는 인도의 A에게 주문하여 D에게 공급하도록 요청하는 거래형태입니다.

인도 A는 말레이시아 D에게 물품을 인도하고 B/L 등 선적서류를 받아 C에게 인보이스와 함께 인도하여 대금청구를 하게 되고, C는 B에게 B/L과 거래명세서인 Commercial Invoice 등을 인도하면서 대금청구를 하게 되며, B는 D에게 B/L 등 선적서류와 인보이스를 인도하여 대금청구를 하는 거래입니다.

이러한 거래형태를 대외무역법령의 규정에 의하면 B는 국내에서 통관되지 않은 물품을 외국의 D에게 인도하고, 외화대금을 영수하므로 외국인도수출에 해당되고, C는 수입대금은 외국의 A에게 지급하지만 국내로 물품을 들어오지 않고 외국의 D 업체가 직접 인수하게 되므로 외국인수수입에 해당됩니다.

* 외국인수수입은 대외무역관리규정 제2조(정의) 제12호, 외국인도수출은 동 제13호에 규정되어 있습니다.

B, C 간에는 물품을 매입, 매도하지만 국내에서 물품의 이동이 발생하지 않고 외국에서 물품이 이동되는 국외거래이므로 부가가치세 신고대상 거래에 해당되지 않으며, 세금계산서 발행의무가 없습니다. 따라서 거래명세서와 계산서 또는 영수증은 발행할 수 있으나 세금계산서 발행은 하지 않습니다.

3. 성과 및 시사점

현대무역은 업체들간의 유통망(Network) 발달에 따라 단순히 두 업체 간의 수출입으로 이루어지지 않고 몇 개 업체가 관여하는 경우가 많아 업체들이 혼란스러워하는 경우가 많습니다.

그러나 무역의 거의 모든 부분이 자유화되어 거래의 원칙과 규정을 준수하면 문제가 되지 않습니다.

즉 계약당사자간에 사실대로 계약을 체결하고, 계약을 이행하고 계약이행의 증빙으로 대금을 결제하면 문제되지 않습니다.

Ⅱ. 통관분야 무역상담 우수사례

주요사례 제목 : 멕시코현지 DDP 통관 및 IMMEX제도 문의

1. 컨설팅 요청 내용

신청업체는 인증 수출자를 획득한 업체로서 자동차용 시트원단, 시트봉재, 카페트 및 트렁트 부품을 생산하는 자동차 내장재 전문 제조업체이다. 금번 멕시코 바이어의 요청으로 멕시코에 DDP 조건으로 계약 체결 시 관세, 부가세 납부 방법 및 IMMEX 제도에 대하여 문의 하였다.

2. 컨설팅 내용

1) 멕시코 통관제도의 개관

수입신고를 위해서는 경제부(SE)에 수입자등록(Padron de Importadores)이 필수이며, 일부품목은 수입허가가 필요하다. 일반적인 통관절차의 구비서류는 수입신고서, 상업송장, 선하증권, 수입허가서, 원산지증명서, 기타 제 증명서이며, 구비서류 준비 시 스페인어 번역본을 첨부하여 언어장애로 인한 통관지체를 사전에 방지할 수 있도록 해야 한다. 또한, 수입신고 시 가격인증 보고서(Informe De Verification Sobre El Precio)를 작성해야 하는데, 물품의 과세가격 신고단가가 재무부(SHCP)의 산정단가보다 낮을 경우 경제부 사전검사기관에서 인증서를 발급받아 제출해야 한다. 이것은 신고납부제도를 악용하여 관세가격을 과소신고를 방지하기 위한 조치이다. 세관신고 시 무엇보다도 중요한 것은 일관된 가격제시이지만 아직까지 많은 제품들, 특히 섬유제품의 경우 실제가격보다 낮게 책정해서 세관에 신고하는 경우가 많이 발생하고 있다. 이에 대하여 멕시코 세관에는 수입물품 검사 시 BASE GRAVABLE(수입물품 가격 데이터)를 활용하고 있으므로 동일한 제품을 반복적으로 수입할 경우 일관된 가격으로 신고하지 않으면 통관이 지연되거나 큰 벌금이 부과될 수 있으므로 주의하여야 한다. 또한 멕시코 정부는 밀수방지, 무자격 수입업체 정비, 복잡한 대외무역법 및 관세법 활용 용이성 차원에서 정부에 공인된 통관사(Agente Aduanal Mexicano)를 이용하도록 규정하고 있다. 그러므로 수입업체는 지정된 통관사를 재무부에 의무적으로 통보해야 하며, 사전에 통보하지 않는 수입업체는 수입업무가 금지된다.

2) DDP 조건의 통관

멕시코 정부는 기업 및 개인의 세금납부 상황을 정확히 파악하고자 하는 목적으로 수입자의 모든 세금납부현황을 회계자료로 보관하도록 규정하고 있다. 따라서 모든 세금 및 수입관련 수수료는 수입자 계좌에서 세관에 직접 납부되어야 하며, 세무당국에서 자료를 요청하는 경우 관련 자료를 제출하여야 한다. 멕시코 수입자는 일반적으로 정부 관공서 물품 조달 납품의 경우에는 수출자의 최대 의무 부담조건인 DDP (Delivered Duty Paid) 조건을 선호한다. 동 조건으로 멕시코로 수출시 수출자는 멕시코 도착한 물품에 대한 수입세를 포함한 모든 통관비용뿐만 아니라 수입제품에 대한 NOM(Normas Oficiales Mexicanas, 멕시코 표준규격제도), 안전 평가서 등 추가적인 의무도 함께 이행해야 하므로 주의가 필요하다. 멕시코 통관사(Agenge aduanal)가 수출자 대행 업무를 진행할 때 부가가치세(IVA) 적용 및 관세(DTA) 산정도 명확한 사전 확인이 필요하다. DDP 조건에서 수출자가 관세는 부담하지만 부가세를 부담하지 않는 조건, 즉 수입자가 부가세를 부담하는 조건으로 진행하려면 계약서 상에 'VAT excluded'를 명시하여야 한다. DDP 조건의 통관은 멕시코 현지 관세사의 선정이 매우 중요하므로 멕시코로 물품을 수출하기 전에 수출자는 멕시코의 수입자가 멕시코 정부로부터 수입업허가를 받아 등록된 업체인가를 반드시 확인하여야 한다. 수입물품 통관 시에는 "PEDIMENTO DE IMPOTACION"라고 알려진 수입통관서류를 작성하고, 당해물품이 멕시코 대외무역법 및 관세법 등에 적합한지 여부를 확인해 주는 관세사(MCB : Mexican Customs Broker)를 필수로 통해야 한다. 한국 수출업체가 현지 통관사(관세사) 사용시 반드시 자격 있는 자를 고용해야 하며 수입신고 서류에 수입가격, 선하증권, 원산지증명서 등 수입 통관관련 서류 작성시 각별한 주의가 요망된다.

중국, 한국, 일본 등 아시아산 제품의 수입증가에 따라 실시했던 "아시아산 제품 대상 자동수입신고제도(API)는 2008년 6월 통관 간소화 조치의 목적으로 아시아산 섬유, 의류, 장난감, 공구류에 대한 특별 원산지 규정이 폐지되고, 일반 원산지 규정을 받게 됐다. 따라서, 한국산 섬유나 의류에 적용됐던 일종의 비관세 장벽이 철폐된 것으로 볼 수 있다. 관세 등은 물품 검사 전에 납부하여야 하고 정확한 HS Code(HS Code 8단위 사용)를 확인해서 신고를 하여야 한다. 부정확한 HS Code 기입으로 인한 수정신고 시에는 벌금이 부과될 수 있다.

멕시코는 수입물품에 대해 일반적으로 Advalorem, DTA(Derecho de Tramite Aduana), IVA(Impuesto al Valor Agregado)와 같은 3가지 종류의 세금을 부과하고 있다.

- ㅇ Advalorem: 수입관세로 HS Code No.에 따라 관세가 0~35%까지 정해져 있음.
- ㅇ DTA: 세관수수료로 CIF 인보이스 가격의 0.8%이며 최소금액이 170페소임.
- ㅇ IVA: 부가가치세로 인보이스가격(CIF) + Advalorem(수입관세) + DTA(세관수수료) 를 합한 금액의 15%임.

3) IMMEX 제도

IMMEX(Fomento de la Industria Manufacturera, Maquiladora, y de Servicios de Exportación)는 멕시코 정부가 수출 부문의 경쟁력 강화와 투명성 부여를 목적으로 제조업, 마킬라도라 사업과 수출 서비스 진흥을 위해 진행중인 제도이다.

IMMEX는 제조, 보세임가공, 수출서비스산업 진흥프로그램의 약자로서 수출용 상품을 생산하는데 투입되는 원자재, 기계, 장비, 부품, 소재 등을 '임시 수입'으로 보아 관세 및 부가가치세 IVA (Impuesto al Valor Agregado)의 납부시기를 일정 기간 동안 유예해주는 정책이다. IMMEX 는 종전의 Maquila(보세임가공)제도와 수출 상품 생산을 위한 임시수입 프로그램(PITEX)제도를 통합한 제도로서 2006년 11월에 법령이 발효되어 도입되었다. 이러한 IMMEX를 도입하는 이유는 미국과의 접한 북쪽 국경 부근지대의 가공무역 활성화 및 외국인 투자유치를 통한 기술이전, 고용효과를 위한 정책이라고 할 수 있다. 상담업체와 같이 자동자 시트에 투입되는 원재료를 멕시코에 수출하는 경우 IMMEX제도를 활용하면 임시 수입 상태로 수입한 재화로 간주하여 약 180일 동안 관세유예 및 부가세 이연으로 자금부담 완화 및 자금 활용도를 높일 수 있다는 장점이 있으며, 임시 수입 허용기간이 지나면 수입 재화의 HS CODE에 따라서 관세 및 부가세를 납부해야 한다. 이러한 프로그램을 통해 수입한 부품 · 소재가 임시수입 허용기간(일반적으로 18개월)을 초과하여 멕시코 영토 내에 머물게 될 경우, 허용기간 내에 확정수입 상태로 변경하고 수입 당시 납부하지 않았던 수입관세와 부가세를 납부하는 구조이다. 부가세 면제 혜택은 2014년 말 종료됐으나 VAT certification (http://www.sat.gob.mx/gobmx/Paginas/Certificacion_exportadoras.html)을 통해 동일한 혜택을 받을 수 있도록 조치했다.

3. 업체 조치결과 및 예상되는 성과

신청업체의 경우 현지에 원부자재를 공급하면서 원활한 공급망 사슬의 구축과 물류비용 절감을 목표로 하고 있어 IMMEX 제도의 도입을 검토 중이며, IMMEX를 통해 한국에서 원부자재를 임시 수입하여 제품을 생산하는 경우, 수입 당시에는 관세와 부가세 납부를 일정기간 유예 받더라도 최종 산출물이NAFTA나 EU, EFTA국가로 수출되거나 내수시장에 판매되는 경우에는 관세와 부가세를 납부하게 되는 구조임을 설명하였다. IMMEX는 갱신을 통해 자격을 유지할 수 있는데, 직전연도 수출액 USD 500,000 이상 또는 총 매출의 10%이상을 수출 비중을 가지고 있어야 하고, 관련 법규정을 준수해서 자격이 박탈되지 않으면 계속 지속할 수 있는 프로그램이라는 장점이 있다. 그러나 품목별로 IMMEX임시 수입 허용기간이 정해져 있고, IMMEX 법령 부록 I에 동 제도의 혜택을 받을 수 없는 품목을 명시하고 있으므로 사전에 현지 전문가를 통해 최신 법령을 확인해야 한다.

4. 시사점

멕시코는 현재 우리나라와 FTA 협상을 진행중인 국가로서 북미의 생산공장 역할을 하므로 멕시코 정부에서는 자국에서의 생산 지원을 위해 수입하는 원부재료와 기계장치, 설비 등에 대해 다양한 세제 혜택을 부여하고 있다. IMMEX 제도뿐만 아니라 멕시코에서 회사가 생산한 제품이 수출여부와는 상관없이 해외 원재료 및 기계장비를 수입하여 멕시코에서 생산하였다면 특혜관세율을 적용하는 산업진흥 프로그램인 PROSEC도 있으므로 우리 기업이 멕시코 진출 시 현지 전문가와의 자문을 통해 동 제도의 적극적인 도입 검토 및 최적화된 비즈니즈 모델 및 프로세스 구축이 중요하다.

Ⅲ. 국제계약/클레임 분야 무역상담 사례

제목 : 베트남 항구 체류 화물 처분 방안

1. 컨설팅 요청 내용

베트남 바이어와 자동차 12대 매매계약을 체결하였으며, 결제조건은 선적 후 선하증권 사본을 보내면 바이어가 송금을 하고 입금확인 후 선하증권 원본을 보내주는 조건이었다.

그런데, 화물 선적 후 선하증권 사본을 보냈음에도 바이어가 물품대를 송금하지 않고 화물 인수까지 거절해서 수출자는 자신이 가지고 있던 원본 선하증권을 타 수입자에게 양도하여 화물을 현지에서 전매하고자 하였다. 그런데 베트남 세관에서 원 바이어의 동의가 없으면 전매가 불가하다고 하여 체화료만 발생 중인 상황에 처했고 이에 대한 해결책을 문의하였다.

2. 컨설팅 내용

본 건은 수출자가 아직 원본 선하증권을 보유 중이므로 화물에 대한 소유권을 가지고 있다고 볼 수 있다. 그 이유는 선하증권(Bill of Lading : B/L)은 송하인과 수하인 간의 물품의 인도, 인수를 위하여 물품운송의 임무를 맡은 운송인이 송하인의 청구에 의하여 발행하는 운송서류로서 증권면에 기재된 물품의 소유권을 표창하고 있기 때문이다. 그리고 선하증권은 성격 및 특성으로 선하증권을 유상으로 취득한 자 또는 선의의 소지인(bona fide holder) 등은 동 물품에 대한 지배권을 가지게 되고(권리증권), 일단 선하증권이 발행되면 그에 명시된 물품의 처분은 전적으로 이 증권에 의해서 행하여지며(처분증권성), 또한 이 증권의 인도는 물품의 인도와 동일한 효력을 갖는 것(인도증권성) 등의 성격 및 특성을 가지고 있다.

그런데 베트남 세관에서 바이어의 동의를 받아오라고 하므로, 이를 해결하기 위해서는 바이어의 동의가 불필요하다는 베트남 현지 변호사의 법률의견서를 받아 베드남 세관에 제출하거나 바이어와의 매매계약서 상 중재 조항에 의거 대한상사중재원에 중재를 제기하여 화물의 소유권이 원본 선하증권 소지자에게 있다는 중재 판정을 받아 화물을 전매하는 방안을 조언하였다.

3. 업체 조치결과 및 예상되는 성과

베트남 세관이 화물의 소유권이 원본 선하증권 소지자에게 있다는 중재판정문을 받아오면 전매 허용하겠다고 함에 따라 중재 절차 진행하였다.

Ⅳ. 수출입분야 무역상담 사례

제목 : 한 선박에 선적했으나 B/L은 벌크화물과 컨테이너 화물로서 2건일 경우 분할선적 여부

1. 컨설팅 요청 내용

신용장에서 분할선적이 금지되어 있는데(Partial shipment not allowed), 거대 중량 화물로서 한 선박에 벌크화물과 컨테이너 화물을 나누어 선적함으로써 B/L이 2개 발행됨.

이 경우 분할선적으로 신용장 조건 위반인지, 그리고 원산지증명서, 상업송장, 포장명세서 등을 B/L 건별로 발행하는지 문의함.

2. 컨설팅 내용

분할선적은 UCP 600 제31조 분할어음 발행 또는 분할선적(Partial Drawing or Shipments)에서 자세하게 규정하고 있습니다.

a항에는 분할청구 또는 분할 선적은 허용된다고 규정하고 있어서 신용장에서 분할선적에 대한 금지문구가 없으면 분할선적이 허용되는 것으로 봅니다. 환적의 경우 환적금지 조항이 없더라도 환적은 금지된다고 해석하는데, 이는 당사자 간에 논쟁의 여지가 있으므로 분할선적 허용여부와 환적 허용여부는 신용장에서 명확하게 규정하는 것이 좋습니다.

동 b항은 같은 운송수단에서 개시되고 같은 운송구간을 위한 선적을 증명하는 두 세트 이상의 운송서류로서 이루어진 제시는 그 운송서류가 같은 목적지를 표시하고 있는 한 비록 다른 선적일자 또는 다른 선적항, 수탁지 또는 발송지를 표시하더라도 분할선적으로 보지 않는다라고 규정하고 있고, 이는 문의업체의 상황과 동일하므로 이는 분할선적 금지 조건의 위반이 아닙니다. 동일 항구에서 B/L만 2세트로 발급됐으므로 분할선적으로 보지 않아 신용장에서 요구한 분할선적금지에 위배되지 않습니다.

또한 문의사항은 아니지만 인천, 광양, 평택항 등에서 선적하여 부산항에서 동일한 선박에 하나로 재선적한 경우에도 분할선적이나 환적으로 보지 않음을 알 수 있습니다.

그리고 일반적으로 B/L 건별로 수출신고필증을 받게 되므로 이에 맞추어 Commercial Invoice, Packing List, 원산지증명서(C/O), 포장명세서 등도 2건으로 작성함이 타당할 것입니다.

3. 업체 조치결과 및 예상되는 성과

본건의 경우 수출업체에서 거대 벌크화물과 컨테이너 화물을 하나의 B/L로 발급받을 수 없어 2개로 발급받아야 하는 상황인데 이를 분할선적으로 간주하여 신용장 결제방식에서 하자로 처리한다면 수출업체는 많은 불편을 겪었을 것이지만 다행히 UCP 600에 이에 대한 명확한 규정이 있으므로 무난하게 수출을 이행하고 처리할 수 있었습니다.

4. 시사점

신용장 결제조건은 서류거래이므로 서류의 작성이 가장 중요합니다.

신용장에서 요구하는 선적조건 등을 엄격히 준수했을지라도 서류가 신용장조건과 일치하지 않으면 하자(Discrepancy)가 되어서 하자 수수료 부담은 물론 심한 경우에는 지급거절을 당할 수도 있습니다.

따라서 항상 신용장을 개설하기 전에 개설의뢰인에게 개설신청서 사본을 먼저 요구해서 검토하고 독소조항이나 이행하기 어려운 사항은 미리 수정 및 삭제되도록 하여야 하며 애매한 사항은 무역협회와 상담하여 해결하는 것이 좋겠습니다.

Ⅴ. 수출입분야 무역상담 사례

제목 : 중계무역에서 스위치 B/L은 왜 하는 것이며, 실무적인 진행절차 및 방법은?

1. 컨설팅 요청 내용

지금까지 국내 제조사로부터 구매하여 수출을 해온 당사(A)는 이번에 외국에 소재한 제조사를 아웃소싱하여 중국의 B로부터 구매하여 인도의 C에게 수출하려고 합니다. 이 경우에 물품을 한국에 들여오지 않고 바로 최종 바이어인 인도로 직송시키려고 합니다. 그런데 문제는 중국의 공급자 B가 인도의 실수요자인 C와 서로 알게되면 양당사자인 B와 C가 직접거래를 하게 됨으로 당사가 더 이상 중계무역을 통한 이익을 획득할 수 없게 됩니다.

따라서 당사는 중국의 B와 인도의 C가 서로의 정보를 알지 못하도록 하는 것이 절대적으로 필요합니다. 이 경우 B/L상에 나와있는 공급자와 수화인을 노출하지 않기 위해 B/L을 스위치하면 된다고 하는데 스위치 B/L은 어떻게 하는것이며, 그 실무적인 진행절차 및 방법에 대해서 Trade SOS에 문의를 하게 되었습니다.

부록

2. 컨설팅 내용

○ Switch B/L은 B/L상에 Switch(변경)라는 문구가 있는 B/L을 지칭하며, 중계무역에서 주로 이용된다. 중계업자가 원수출자(공급자)를 수입자에게 노출시키지 않기 위해서 원수출자가 Shipper, 중계업자가 Consignee로 기재되어 발행된 B/L을 중계업자 국가의 운송인에게 반납하고 Shipper가 중계업자, Consignee가 수입자로 기재된 B/L로 Switch하여 발급받는 B/L이다. 이 B/L을 중계업자가 수입자에게 제시하면 수입자와 원수출자의 정보가 노출되지 않으므로 중계업자는 안전한 중계무역을 지속할 수 있다. Switch B/L은 선적정보인 선박명, 선적항, 도착항, 도착지 등은 변경할 수 없다.

관련화물이 국내에서 수입절차를 밟고 재수출되든, 아니면 END USER 에게 원선적지에서 직운송되든 상관없이 원본 B/L은 FULL SET가 SWICTH B/L 발행자에게 반드시 제시되어야 발행자(운송인)는 Switch B/L을 발행해 준다.

○ 중계업자는 B/L 이외의 나머지 서류, 대표적으로 상업송장을 자신의 것으로 대체하여 수입자에게 송부하고 대금을 영수하면 그 차액에 대해서 거래 외국환은행에서 수출실적으로 인정받을 수 있다. 즉 원수출자가 Seller, 중계업자가 Buyer로 기재되어 원수출자가 발행한 상업송장을 근거로 해서 중계업자가 Seller, 수입자가 Buyer로 기재된 상업송장을 중계업자가 발행하여 수입자에게 송부하면 된다.

3. 업체 조치결과 및 예상되는 성과

대금회수와 함께 중계무역을 완료한 동사는 수출실적인정을 받기위해 외화가 송금되고 입금된 외국환거래은행에 수출실적의 확인 및 증명발급신청을 하게되었고 문제없이 중계차익(수출금액 FOB - 수입금액 CIF)에 대해 기타수출실적증명도 발급받을 수 있었다.

4. 시사점

스위치 B/L을 필요로 하는 중계무역에서는 반드시 그 계약초기단계부터 운송인과 함께 작성해야 할 운송서류와 화물의 선적운송처리 절차에 대해 상호 논의가 선행되어야 한다.

그렇지 않으면 운송지연 혹은 B/L 발행등 무역대금 결재시(네고)에 전혀 예상하지 못한 난관에 봉착하게 된다.

중계무역에 의한 수출은 부가가치세법에 의해 영세율 적용대상이다. 영세율은 수출지원을 위해 수출하는 재화 등에 일반적인 10%의 세율이 아닌 0%의 세율을 적용해주고, 매입세액공제까지 허용해 주어서 국내에서 부과된 세금을 모두 없애주는 과정이다. 중계무역에서는 수출할 때 공제받을 수 있는 매입세액이 없으므로(관세법 상 수입된 적이 없고 따라서 수입할 때 부가가치세를 낸 적이 없으므로) 매입세액공제는 하지 않고 영세율 적용신청만 한다. 따라서 수출계약서 사본이나 외화입금증명서(은행 발급)를 첨부하여 영세율을 적용받고 영세율 과세표준신고를 따로 하여 매출세액에 반영되지 않도록 한다.

Ⅵ. 수출입분야 무역상담 사례

제목 : 중국보세물류원구를 활용한 중계무역

1. 컨설팅 요청 내용

동사는 원사를 원단으로 가공하여 해외로 수출하는 중견 전문업체이다.

중국 바이어로부터 원단을 공급하는 수출오더를 받고 계약을 하였으나 한국에서 생산하는 경우 가격 경쟁력이 없어 부득이 중국에 있는 원사 가공업체에 가공위탁을 하여 원단을 바로 중국내 계약업체에 납품을 하기로 하는 전략을 활용하기로 하였다.

그러나 중국에서 중국으로 납품되는 경우 내수거래가 되어 정작 중국 매수인이 수출대금의 외화를 은행을 통해 송금 할 수 있는 외화송금 명분이 없어 물품공급계약은 되었으나 대금회수를 할 수 있는 방법에 문제가 발생한다.

이에 중국에서 가공생산된 물품으로 제3국이 아닌 중국내 업체로 물품의 이동이되는(중국에서 중국으로) 내수거래의 경우 수출대금의 외화송금이 원활히 될 수 있는 거래 방법 및 절차에 대해서 문의하였다.

2. 컨설팅 내용

문제의 근원은 중국에서 중국으로 물품이 이동되는 중국내 내수거래로만 한정 지울 경우 해당 수요처 바이어는 수입이 아닌 국내조달의 형태로 간주되어 은행에서의 수입대금에 대한 외화송금을 할 수 있는 명분이 없는 거래형태가 됩니다.

이에 외화송금을 할 수 있는 명분을 은행에 제시하여 대금결제가 될 수 있도록 하는 관건이므로 동사의 거래는 2국간(한국과 중국) 중계무역형태로 볼 수 있으며 이 중계무역은 외국인수수입과 동시에 외국인도수출이 혼재된 거래입니다. 따라서 중국내에서 물품의 원부자재 수입(원사)과 가공된 완제품 수출(원단)이란 2가지의 거래형태로 진행하는 전략이 필요합니다.

이러한 중국내에서 2가지의 거래형태를 만들어 내기 위해서는 중국내 소재한〈보세물류원구〉를 활용하면 됩니다.

보세물류원구(BLP-BONDED LOGISTIC PARK)는 중국정부가 기존 무역특구 제도의 문제점을 개선하고 물류 혁신에 초점을 맞추어 고안한 시스템으로 보세구의 기능과 물류기능이 복합된 일종의 자유무역지대(Free Trade Zone)입니다.

2004년12월11일 중국의 유통시장 개방 이후 외국기업들의 무역패턴에 큰 변화가 일어나면서 삼각무역(중계무역포함)이 큰 비중을 차지하게 되었지만 아래와 같은 기존의 문제점들이 있어 보세구로써 제대로 기능을 하지 못하였습니다.

부록

즉, 기존 보세구 제도의 취약점 중 가장 문제가 되는 것은 보세구내로 반입된 화물일지라도 중국 국경외로 최종 수출이 되지 않으면 수출로 인정되지 않으므로 매출증치세 면제, 매입증치세 공제 또는 환급 등의 우대혜택을 누릴수 없고, 보세구 안팎으로의 물류문제 및 국제 외환거래에도 불편이 많다는 점이 있었습니다.

중국정부는 이러한 보세구의 한계를 개선하기 위하여 보세구 기능과 물류기능이 복합된 일종의 자유무역지대(Free Trade Zone)로서 "보세물류원구"를 운영하게 되었습니다.

외국기업이 이러한 BLP를 이용할 경우 장점은 아래와 같습니다.

이 지역은 중국의 관세제도상 "국외"로 간주되며 중국의 일반지역(중국내)에서 이 지역 내로 물품을 반입시키는 경우 수출로 인정되어 증치세의 환급이 가능하다는 점에서 보세구와는 구별됩니다. 동시에 국내에서도 화물의 보세운송이 가능해져 중계무역을 하는 외국기업이 유용하게 활용할 수 있습니다.

동사에서 고민하였던 중국에서 중국으로 이동이되는 내수거래의 한계로 한국과 중국간 거래대금의 외환결제를 해결하기위해 이러한 보세물류원구를 활용할 것을 제시하였습니다.

3. 업체 조치결과 및 예상되는 성과

동사의 경우 중국내 원사공급자와 계약시 보세물류원구에서 원사를 인도하는 조건으로 BLP내로 반입을 하게하고(수출로인정) 이를 다시 중국해관에 정식 수입통관절차를 거쳐 중국내 가공업자가 원단을 가공후 최종 중국내 구매자에게 인도하게 함으로써 외국인수수입과 외국인도수출의 두거래를 수행함으로써 한국의 수출자는 원사에 대한 구매대금을 송금할 수 있게 되고, 또한 중국의 구매자는 물품대금을 한국으로 송금할 수 있게 되었다.

4. 시사점

중계무역이 대부분 3국간의 거래로 이루어지지만 해외바이어가 소재한 국가내에서 물품의 조달과 인도가 되는 경우(2국간거래) 발생하는 외환결제의 한계가 발생할 수 있다. 이를 극복하기 위하여 이러한 보세구역을 잘 활용하면 수출실적은 물론 쌍방간의 계약을 문제없이 이행할 수 있을 것이다.

Ⅶ. FTA 분야 무역상담사례

제목 : 한아세안FTA 인도네시아 직접운송원칙

1. 컨설팅 요청 내용

동사는 국내에서 플라스틱 가공품을 제조 및 수출하는 중견기업으로 인도네시아 세관으로부터 1년 전에 인도네시아로 수출된 플라스틱 폼(HS code: 3921.19-1090)에 대하여 수입국인 인도네시아 세관이 수출국 세관인 우리나라 세관을 통하여 직접운송원칙에 대한 원산지 검증을 요청받아 소명자료를 제출하라는 예비검증 통보를 받았다.

따라서 신청업체는 직접운송원칙의 개념과 입증서류의 종류 및 어떻게 대응해야 하는 지를 문의하였다.

2. 컨설팅 내용

FTA원산지요건은 당사자 원칙, 직접운송원칙, FTA 양허대상물품, 원산지결정기준의 충족, 원산지증명서의 적법성 및 발급절차의 적정성, 사후검증에 대비한 원산지 소명자료의 5년간 보관이라는 요건이 모두 충족되어야 수입국에서의 지속적인 관세 혜택을 받을 수 있음을 설명하였다.

ㅁ 한-아세안 FTA의 직접운송 관련 조문 내용

〈상품협정 부속서 3 원산지규정〉

제9조(직접운송)

1. 특혜 관세 대우는 이 부속서의 요건을 충족하고, 수출 당사국과 수입 당사국 영역간에 직접 운송된 상품에 적용된다.
2. 제1항의 규정에 불구하고, 상품이 수출 당사국 및 수입 당사국 영역이 아닌 하나 또는 그 이상의 경유하는 제3국을 경유하여 운송되더라도, 다음을 조건으로, 직접 운송된 것으로 간주한다.

   가. 그 경유가 지리적 이유로 또는 오직 운송 요건에만 관련된 고려에 의하여 정당화될 것
   나. 그 상품이 경유국에서 거래 또는 소비되지 아니하였을 것, 그리고
   다. 그 상품이 하역, 재선적 또는 그 상품을 좋은 상태로 유지하는데 요구되는 공정 외의 어떠한 공정도 거치지 아니하였을 것

부록

〈부속서 3 부록 1, 원산지증명 운영절차(OCP)

제19조 원산지 규정에 관한 부속서 3의 제9조의 이행 목적상, 수출 당사국과 수입 당사국의 영역이 아닌 하나 또는 그 이상의 중간 경유국의 영역을 통하여 운송이 이루어지는 경우, 다음의 각 호의 서류를 수입 당사국의 관련 정부당국에 제출한다.

가. 수출 당사국의 영역 내에서 발행한 통과선하증권
나. 원산지증명서
다. 상품의 상업송장 원본의 사본, 그리고
라. 그 밖에 부속서 3의 제9조의 요건을 충족하였다는 증거인 증빙서류가 있는 경우 그 서류

대한민국 수출물품이 제3국을 경유하여 인도네시아로 운송되는 경우 '모든 경유지가 명시된 통과선하증권(through B/L)' 또는 '수출국 운송사(선사)가 발행하는 경유지 확인서'를 갖추어야 한-아세안 FTA 특혜관세 혜택을 받을 수 있다는 원칙을 설명하였다. 추가로 아세안 회원국만 경유시에는 경유지 확인서 없이도 특혜관세 혜택을 받을 수 있음을 설명하였다.

아세안 비회원국 경유시(예: 홍콩)에는 하기 서류가 필요하며, 특히 ②번의 경우 기존의 제3 국(경유국) 세관 발행 비조작증명서뿐만 아니라 2016년 11월 8일 이후에는 선사(항공사)가 사전에 발행하고 서명한(비조작)증명서로 대체 가능하도록 양국 세관당국이 완화된 절차에 합의하였다.

① 경유지가 명시된 Through B/L 제출시→ 추가 서류 미제출시에도 특혜관세 허용
② 경유지가 명시되지 않은 B/L 제출시→ 제3국 경유지를 명시한 수출국 선사(운송사)의 확인서 반드시 필요

〈제3국 경유시 특혜관세 적용 여부〉

B/L		Statement from Liner of Exporting Country which states Route	Statement from Liner of Exporting Country which states No Further Process	Statement from Liner of Exporting Country which states Route and No Further Process	Preferential Treatment
Through B/L (with routes)	B/L (without routes)				
1. 아세안 비회원국 경유시					
○		x	x	x	○
○		x	○	x	○
	○	○	x	x	○
	○	x	x	○	○
	○	x	○	x	x
	○	x	x	x	x
2. 아세안 회원국 경유시					
○		x	x	x	○
	○	x	x	x	○

출처 : 주 인도네시아 대한민국 대사관

금번 직접운송원칙의 예외를 입증하기 위한 서류는 선사가 발급한 제3경유지를 명시한 상기 확인서인데, 해당 확인서의 본질은 (비조작화물)확인서이고 핵심 내용은 첫째, 당해 선박의 물품은 환적 없이 부산항에서 (홍콩 및 싱가포르 항구를 단순 경유하여) 자카르타 항구까지 직접운송이 되었다는 내용과 둘째, 해당 경유지에서 추가가공(조작)은 없었다는 내용이 들어가야 할 것으로 판단된다. 최근 일부 국적선사의 경우 선사 발행 "비조작화물증명서"를 발행해 주기도 한다.

3. 업체 조치결과 및 예상되는 성과

동사의 경우 원산지 검증 통보를 받은 후 대상 검증물품의 원산지 판정뿐만 아니라 직접운송원칙의 예외인정을 받기 위한 소명자료에 대하여 설명하였다. 이를 통하여 신청기업은 직접운송원칙, 예외

인정 규정 및 구비서류에 대해서 이해를 하였으며, 이를 바탕으로 세관에 관련 소명자료를 준비하여 제출할 수 있게 되었다.

4. 시사점

최근 우리나라의 인도네시아 수출상품에 한-아세안 FTA 협정세율을 적용함에 있어 인도네시아가 '직접운송' 원칙을 엄격히 적용한 바 있으나, 인도네시아 관세청과 지속협의를 통하여 아래와 같이 직접운송 인증 예외 서류로 상기 본문 내용와 같이 대체될 수 있도록 하였다. 그래서 '제3국'을 경유하여 인도네시아로 수출할 경우 우리 수출기업 및 운송인은 선하증권을 발행할 때 다음과 같이 선적지와 적출지외에 반드시 경유지를 표시하고 해당 물품이 제3국에서 가공되지 않고 직접 운송됨을 증명하는 비조작증명서를 사전에 발행하고 서명하여야 하므로 이에 대한 실무적 유의가 필요할 것으로 사료된다.

Ⅷ. 수출입 인증관련 상담 사례

제목 : 베트남 수출 화장품 인증 절차

1. 컨설팅 요청 내용

스킨케어(화장품)을 베트남으로 수출하려면 베트남의약청에 사전 제품등록을 마쳐야 하는 것으로 알고 있습니다. 화장품 제품등록 절차와 준비해야 하는 서류, 또한 그 외 확인해야 할 사항이 있는 것인지 자문을 요청했습니다.

2. 컨설팅 내용

베트남으로 화장품을 수출하기 위해서는 베트남 보건부 산하 베트남 의약청(DAV)에 제품등록을 해야 합니다. 현지 수입자가 직접 등록을 할 수 없다면 국내 또는 현지 등록 대행회사를 통해 진행이 가능하며, 수입자 선정 전 사업자등록 상으로 화장품을 수입할 수 있도록 허가받은 기업인지 확인해야 합니다.

부록

▣ 베트남 화장품 제품등록 절차

1. 베트남 의약청(DAV) 멤버십 등록
2. 위임장과 사업자번호 발행 신청
3. 화장품 제품신고[화장품성분법 규정(06/2011/TT-BYT)] 준수 검토
4. 연간수수료 납부(제한 및 금지성분 포함 시 거절 결정 통보)
5. 통지서 발급(대리인 또는 현지법인 수취)
6. 수입화장품 허가(등록사용성분과 사용목적, 출시제품 사후관리)

▣ 제품 시험항목

1. Lead(Ph) content
2. Asen(As) content
3. Mercury(Hg) content
4. Staphylococcus aureus
5. Pseudomonas aeruginosa
6. Candida albicans
7. Aerobic bacteria
8. Agreement MP 6/2011의 Apendix에 있는 다른 항목(베트남 의약품 관리 방침을 따름)

▣ 베트남 화장품 성분규정

아세안 화장품 위원회는 EU 화장품지침 76/78/EEC 성분리스트를 채택하였으며, 아세안에서의 성분규제는 배합금지성분(Annex II), 배합제한이 있는 성분(Annex III), 보존제 성분(Annex IV), 색소(Annex VI) 및 자외선흡수제(Annex VII)에서 각각 규정하고 있습니다.

더불어 2015년 1월, 일부 화장품 금지성분이 개정되었으니 해당 성분에 대한 유의가 필요합니다.

1. 파라벤(Paraben) 5종 사용금지
   - Isopropyl 4-hydroxybenzoate(INCI : Isopropylparaben) Sodium salt or Salts of Isopropylparaben, Isobutyl 4-hydroxybenzoate(INCI : Isobutylparaben), Sodium salt or Salts of Isobutylparaben, Phenyl 4-hydroxybenzoate(INCI : Phenylparaben), Benzyl 4-hydroxybenzoate(INCI : Benzylparaben), Pentyl 4-hydroxybenzoate(INCI : Pentylparaben)
2. 트리클로산(Triclosan) 성분 사용농도 제한
   - 마우스 워시 제품: 최대 0.2%
   - 이외 화장품(치약, 손세정제, 페이스 파우더 등): 최대 0.3%
3. Methylisothiazolinone(MIT) 안전성 면밀 검토 중
   - EU에서 현재 leave-on(도포 후 흡수시키는) 제품 사용에 대한 안전성 검토 중
   - 동남아에서는 현재 제품의 최대 0.01%(100ppm)의 최대 허용치를 두고 있는 성분으로 유의 필요
4. 보릭산(Boric acid) 적용 품목 조정
   - ASEAN ACD Annex 3에 사용 제한 성분으로 등록되어 있음
   - "위생용품(Hygiene products)" → "구강 위생용품(Oral hygiene products)"로 적용품목 변경
5. 기타 EU 조항 적용
   - Cetrimonium chloride, steartrimonium chloride, behentrimonium chloride, citric acid & silver nitrate 혼합물, nano-UV filter trisbiphenyl triazine 최대 허용치 설정
   - 도포 제품에 methylchloroisothiazolinone & methylisothiazolinone(MCI/MI) 혼합물 사용 금지
   - propylparaben과 butylparaben의 *최대 허용치 설정
   - 단독 사용 시 최대 0.14%, 혼합물 사용 시 최대 0.8%까지 사용 가능

■ **베트남 화장품 라벨감수**

아세안 화장품 규정 ACD를 준수해야 하며, 필수 기재사항은 아래와 같습니다.

1. 제품의 명칭
2. 제품의 효능(기능)
3. 사용방법
4. 전 성분표(ICID 명명법)
5. 제조국
6. 화장품 용량(Net weight)
7. 제조번호(Lot number)
8. 제조일 및 사용기한
9. 수입업자 정보
10. 사용 시 주의사항 기재

3. 업체 조치결과 및 예상되는 성과

베트남은 아세안 화장품 지침(ACD, ASEAN Cosmetic Directive)을 준수하기 때문에 ACD 회원국(브루나이, 캄보디아, 인도네시아, 라오스, 필리핀, 미얀마, 싱가포르, 말레이시아, 태국, 베트남 총 10개국)에 모두 동일한 규정을 적용할 수 있습니다. 따라서 베트남 제품 등록 후 타 아시아 국가 진출 시 수월하게 준비할 수 있습니다.

4. 시사점

베트남으로 화장품을 수출하기 위해서는 사전등록이 필요한 만큼 사전에 규정을 충분히 검토하고 숙지해야 합니다. 등록 과정 중 보완사항이 발생할 경우 인허가 과정이 장기화될 수 있기 때문에 베트남에서 허용하는 성분으로 구성된 제품인지, 시험규격을 충족하는지, 그 외 베트남에서 요구하는 규정을 모두 충족하고 있는지 충분히 검토하는 것이 필요합니다.

Ⅸ. 수출입절차 무역상담 사례

제목 : DDP 수출서류 작성

1. 컨설팅 요청 내용

당사(A회사)는 독일에 있는 바이어(B회사)에게 화장품을 DDP조건으로, 결제는 T/T 방식으로서 선적 전 50% 영수, 물품수령 후 나머지 50% 영수 조건으로 수출하기로 하였다.

그런데 B는 독일 내 다른 회사(C회사)에서 통관 후 물품을 바이어 창고로 전달해 달라고 요청한다. 이 경우 B/L, Invoice, Packing List 상의 CONSIGNEE, NOTIFY PARTY는 누구의 명의로 하여 발급해야 하는 것인지 문의하였다.

2. 컨설팅 내용

대금의 결제방식과는 무관하게 수출입 관련서류는 수출자가 수입자를 대상으로 발급하여 인도하는 것이 원칙입니다. 다만 중계무역의 경우에는 B/L의 Consignee, Notify Party 등을 최종 수입자로 해줄 것을 요청하는 경우, B/L을 스위치하지 않고 바로 사용할 경우에는 요청대로 발급하도록 수출자에게 요청하고, B/L을 스위치할 경우에는 중계무역업자가 최종수입자의 요청대로 스위치하여 발행하면 됩니다.

질의에서는 바이어는 B인데 수입통관은 독일의 C가 자기명의로 하겠다는 것인데 이에 대해서는 수입통관지역인 독일의 법규나 제도를 파악하여 진행해야 할 것이며 이는 독일의 바이어가 이행하여야 할 사안입니다.

참고로 우리나라에서는 수입자가 자신의 명의로 통관하지 않고 국내의 다른 업체 명의로 수입통관을 하고자 한다면 "B/L의 통관 전 양수도계약서(인감날인 및 인감증명서 첨부)" 등을 관할세관에 제출하여야 합니다.

DDP 조건에서는 수입국의 수입통관도 수출자인 A의 책임 하에 이행되어야 하고 관세 등 제세와 최종목적지까지의 모든 위험과 비용을 A가 부담하여 물품을 인도해야 하므로 수출자가 최종 목적지에서 수입자에게 현품만을 인도해야 할 것으로 보이지만, 수입통관서류 등 모든 수입관련 서류에서 수입자, 납세의무자, Consignee 등을 수입자 명의로 해야 하며 B/L도 증빙서류로 제출하여야 합니다.

따라서 B/L의 Consignee, Notify party는 계약당사자인 B와 협의하여 B가 요청하는 대로 B 또는 C로 기재하여 발행받아야 하며, Invoice, Packing List에는 계약당사자인 B를 대상으로 하여 발급하면 됩니다.

여기서 B/L은 유가증권이며 유통증권(지시식인 경우)으로서 양도 즉 유통이 가능하므로 당사자간의 합의로 Consignee, Notify party를 기재하여 다른 사람에게 양도 또는 유가증권으로 사용하도록 할 수도 있습니다.

그러나 Commercial Invoice는 거래명세서이고 대금청구서이므로 계약당사자인 수입자를 대상으로 발급하여야 하므로 굳이 B/L 상의 용어인 Consignee, Notify party 등의 용어를 사용할 필요가 없고 단순하게 "Buyer/Importer"로 표시하고, Notify party는 기재하지 않아도 상관없습니다.

Packing List는 인보이스의 부속서류이므로 인보이스에 준하여 발급하면 됩니다.

참고로 만일 비거주자인 B와 수출계약하고 다른 비거주자인 C로부터 외화대금을 받는 경우에는 외국환거래규정상 제3자 지급 등에 해당하지만 대금의 영수에 관해서는 은행 신고면제사항으로서 허용되고 있습니다.

(제3자 지급의 경우에는 금액 한도에 따라 은행 신고사항이 있습니다)

3. 업체 조치결과 및 예상되는 성과

수출계약서에서 가격(인도)조건을 EXW, FCA, FOB로 계약한 경우, 바이어가 운송계약을 체결해야 하므로 B/L의 Shipper를 바이어 명의로 하고 EXW인 경우에는 수출통관도 바이어의 책임이므로 바이어 명의로 해야 하는지 그리고 DDP조건인 경우에는 목적지에서 현품을 인도해야 하므로 B/L의 Consignee도 수출자 명의(또는 수출자의 지정인)로 해야 하는지 문의하는 경우가 있는데, Incoterms 11개 규칙들은 매도인과 매수인 간의 위험의 분기점과 비용의 분기점을 규정하는 것이지 그 규칙에 따라 수출자와 수입자가 변경되거나 B/L의 송화인(Shipper)과 수화인(Consignee)이 변경되는 것은 아니므로 혼동이 있어서는 안 될 것입니다.

4. 시사점

무역업체들이 무역거래를 하면서 종종 발생하는 Incoterms에 의한 비용부담 및 서류 작성에 대해 직접 거래당사자와 거래당사자가 요구하는 제3자에 대한 개념을 명확히 할 필요가 있습니다.

X. 수출입분야 무역상담 사례

제목 : 서렌더 비엘(Surrender B/L)의 실무적 적용사례 및 주의해야 할 사항

1. 컨설팅 요청 내용

우리 회사는 지난 3월에 컨테이너 한 대분(FCL 화물)의 물품을 필리핀에 수출을 하였습니다. 물품대금의 20%는 선적전에 받았고 화물은 10일후에 목적지에 도착하였습니다. 나머지는 잔금 영수 후 원본 B/L과 서류를 보내주는 조건입니다.

우리 회사는 원본 B/L을 바이어에게 보내는 대신에 Original B/L Surrender하는 조건으로 바이어와 합의하여, 바이어가 잔금을 전액 송금한 것을 우리측에서 확인하고 OB/L Surrender를 진행하고자 하였고, 수출국 운송인을 통해서 목적지 운송인에게 SURRENDER NOTICE가 없으면 화물을 인도해 주지 말라는 전문을 발송하였습니다. 그러나 바이어는 갑자기 도착한 화물을 찾아서 확인 후 이상이 없을 경우 나머지 잔금을 주겠다고 하면서 OB/L Surrender를 먼저 해 주어야 물품을 바로 찾아서 물품의 이상유무를 확인할 수 있고, 물품의 이상유무가 확인이 되는대로 바로 즉시 송금을 할 수 있다고 OB/L Surrender를 독촉을 하고 있습니다. 당사는 OB/L Surrender는 유가증권상의 권리를 포기하는 것으로 알고 있는데, 잔금의 빠른 회수를 위해서 바이어측의 서렌더요구를 수용해야하는지, 이렇게 할 경우 어떤 위험이 발생할 수 있는 지 등을 확인하고자 Trade SOS에 문의를 하게 되었습니다.

2. 컨설팅 내용

OB/L Surrender는 화물의 도착지에서 원본 선하증권의 제시없이 수입자가 선하증권 상의 Consignee가 자신임을 입증하면 운송인으로부터 화물을 인수받을 수 있도록 하는 권리포기 선하증권이다.

송하인은 운송인(선사 혹은 포워더)에게서 일반적으로 full set의 Original B/L을 발급 받아야 하나 선사 혹은 포워더의 창구에서 Original B/L 뒷면에 배서하여 운송인에게 반환(제출=surrenderd) 함으로써 B/L의 유통성을 소멸시킨다. 결국은 수하인이 양하지에서 OB/L없이 화물을 찾을 수 있게 하는 것이다.

Surrender B/L은 대금결제조건이 신용장 방식에서는 발생하지 않고 T/T방식에서는 사용가능하다. 즉 기명식 B/L에서는 사용이 가능하나 신용장 또는 추심방식에서는 지시식 B/L로 진행되기 때문에 Order B/L에서는 거의 사용하지 않는다.

실무상에서는 B/L copy 에 'OB/L Surrender 또는 SURRENDERED'라는 스템프를 날인하여 선하증권 부본만 발행해주는 것으로 결국 'surrender '의 의미는 선하증권의 권리증권의 기능을 포기하는 것이다. 이러한 Surrender B/L은 수하인이 목적지에서 Original B/L이나 L/G(Letter of Guarantee : 화물선취보증서)없이 신속하게 화물을 인수받기 위해 이용되고 있다.

OB/L Surrender는 우리 상법 및 국제규정에 그 근거가 없고 아시아에서 화물이 서류보다 수입국에 먼저 도착하는 선박의 고속화에 따라 관행적으로 생성된 것이라고 할 수 있다.

Surrender 절차는 다음과 같다.

- 수출업자와 수입업자가 OB/L을 Surrender 하기로 합의 (수출업자 임의로 해서는 안 됨)
- 수출업자는 발급된 OB/L 뒷면에 동 B/L의 사용을 포기한다는 의미로 배서하고 선사에 반납(한국에서는 직인과 명판을 찍음)
  ⇨ 또는 OB/L 발급 전에 수출국 선사에 별도의 Surrender 요청서를 제출함(OB/L 발행과정 생략 가능)
- 수출국 선사는 수입국 지점에 Surrender 전문 발송(일부 선사에서는 전문비용 징수)
- 수출업자는 수입업자에게 Surrender 통지(B/L Copy 또는 선사의 Surrender 전문을 fax로 송부)
- 수입업자는 수입국 선사에서 기명된 Consignee가 본인임을 입증하고 D/O를 발급 받음(한국 수입업자는 사업자 등록증으로 입증) 또는 수출업자가 Fax나 E-mail 보내 준 Surrender B/L(Copy B/L)을 제시하고 입증.
- Surrender B/L을 발급해준다는 것은 쌍방간 신뢰가 많이 쌓였다는 것을 의미한다. 상기 상담업체의 경우 수출대금을 전액 회수하기 전에 OB/L Surrender를 진행하면 수입자가 원본 선하증권의 제시 없이 화물을 인수받을 수 있으므로 매우 위험한 것으로 판단된다. 따라서 수입자의 신용상태를 먼저 확인하는 것이 중요하다고 생각되어서 전문위원은 마닐라소재 코트라 KBC의 협조를 받아 업체의 신용상태를 알아보도록 조언을 하였다.

3. 업체 조치결과 및 예상되는 성과

동사에서는 수입자의 신용을 마닐라에 소재한 코트라 KBC를 통해 사업자등록증 사본을 입수하고 거래은행과 동업계를 통해 알아본 결과 거래업력도 10년 이상 되었고 해서 바이어의 요구대로 ORIGINAL B/L을 서렌더 시키고 그 조건부로 잔금을 회수함으로써 큰 위험없이 거래를 종결시킬 수 있었다. 그리고 바이어측은 서렌더 B/L로 물품을 바로 찾게 되어서 물품 도착후 발생하는 창고료나 기타 부대비용도 최대한 절약할 수 있었다.

4. 시사점

B/L을 서렌더하는 행위는 유가증권의 고유의 권리를 포기하는 것으로 무역대금결제가 T/T가 아닌 신용장 거래에서는 Surrender B/L은 일반적으로 허용되지 않는다. 그러나 개설은행이 동의하여 Surrender B/L을 허락하는 조건을 신용장에 삽입하는 경우에는 신용장 거래에서도 OB/L Surrender가 가능하다. 신용장 거래는 수입자의 거래은행(개설은행)이 조건부 지급확약을 하는 거래조건이기 때문에 화주(Consignee)가 '개설은행'이다. 그런데 화주의 허락도 없이 OB/L Surrender 진행은 불가능하다. 또한 신용장 거래일 경우에는 상기 언급된 화물(배)이 서류보다 먼저 수입국에 도착하는 경우 신용장 않음에 유의하여야 한다.

신용장 거래에서는 통상 개설은행이 발행하는 L/G (Letter of Guarntee, 수입화물 선취보증서)라는 서류를 운송인에게 제시하고 수입자는 선하증권 제시 없이 화물을 인도받을 수 있다. L/G는 개설은행이 발행하는 보증서로서, 원본 선하증권의 제시가 없어도 운송인은 이 보증서를 담보로 수입자에게 화물을 인도해 주게 된다. 그래서 신용장 거래에서는 필요한 경우 L/G를 사용하면 되므로 개설은행이 OB/L Surrender를 허용해 주는 경우는 거의 없다.

[참고]

수입화물선취보증서 (Letter of Guarantee, L/G]

- 신용장 거래에서 운송서류의 도착 전에 수입자가 먼저 도착한 수입물품을 인도 받을 때 발생하는 모든 문제에 대해서 L/G 발행은행이 책임을 지고 추후 운송서류의 원본이 도착하면 이를 운송인에게 제출할 것을 보증하는 은행의 보증서이다.(원본 선하증권의 제시 없이 운송인으로부터 화물을 인도받을 수 있음)
- 근거리 국제운송 또는 항공운송인 경우, 그리고 수출자의 운송서류 매입지연에 따라 서류송달의 지연이 발생하는 경우에 사용.
- 수입자는 통관지연으로 인해 발생될 수 있는 창고료 및 보험료 등의 부담을 경감 할 수 있음.

- L/G 발행은 수입자에 대한 L/G 발행은행의 여신행위의 일종임. 따라서 신청인(수입자)에 대한 채권보전조치, 신청인의 신용도 등을 검토하여 은행이 발급함.

알기 쉬운 **무역실무 길라잡이**

발행일자 | 1992년 10월 초판
2016년 4월 제18차 개정판
2017년 5월 제19차 개정판
2019년 4월 제20차 개정판
2021년 4월 제21차 개정판
2023년 4월 제22차 개정판
2025년 4월 제23차 개정판

발 행 처 | 한국무역협회
발 행 인 | 윤진식
주 소 | 서울 강남구 영동대로 511(삼성동)
등록일자 | 1960년 5월 26일
등록번호 | 2-97호
디자인/인쇄 | (주)보성인쇄기획 02-566-8020
정 가 | 35,000원
I S B N | 978-89-8393-442-0 93300

본문 내용 중 문의사항이나 개선사항에 대해서는 한국무역협회 콜센터(1566-5114)로 연락하여주시기 바랍니다.